Kohlhammer

Basiswissen Strafprozess für Polizeibeamte

Mit praktischen Beispielsfällen

von

Dr. Annette Marquardt
Erste Staatsanwältin, Sonderdezernat Kapitaldelikte,
Staatsanwaltschaft Verden (Aller)

Carola Oelfke, M.A. Criminology & Police Science
Oberstaatsanwältin, Abteilungsleiterin der Abteilung für
Sexualstraftaten und Häusliche Gewalt,
Staatsanwaltschaft Verden (Aller)

Verlag W. Kohlhammer

1. Auflage 2022

Alle Rechte vorbehalten
© W. Kohlhammer GmbH, Stuttgart

Print:
ISBN 978-3-17-041734-2

E-Book-Formate:
pdf: 978-3-17-041735-9
epub: 978-3-17-041736-6

Dieses Werk einschließlich aller seiner Teile ist urheberrechtlich geschützt. Jede Verwendung außerhalb der engen Grenzen des Urheberrechts ist ohne Zustimmung des Verlags unzulässig und strafbar. Das gilt insbesondere für Vervielfältigungen, Übersetzungen, Mikroverfilmungen und für die Einspeicherung und Verarbeitung in elektronischen Systemen.
Für den Inhalt abgedruckter oder verlinkter Websites ist ausschließlich der jeweilige Betreiber verantwortlich. Die W. Kohlhammer GmbH hat keinen Einfluss auf die verknüpften Seiten und übernimmt hierfür keinerlei Haftung.

Vorwort

Dieses Buch soll den Studierenden die notwendigen Grundlagen vermitteln, die in der täglichen Praxis benötigt werden.
Gleichzeitig richtet es sich an die Polizeibeamtinnen und -beamten[1], die schon länger im Dienst sind und den Bedarf sehen, Wissen aufzufrischen bzw. sich über Rechtsänderungen (wie etwa im Bereich der Belehrungen) sachgerecht zu informieren.
Deshalb werden ausschließlich Themen behandelt, die in der täglichen Praxis auftreten und bei denen aus Sicht der Autorinnen die größten Unsicherheiten bei Polizisten bestehen.
Die Darstellung wird gezielt übersichtlich gehalten. Die strafprozessualen Grundlagen werden anhand einer Vielzahl von Fällen, die in der Praxis tatsächlich aufgetreten sind, erläutert. Schwerpunkte sind dabei die Belehrungspflichten und das Auftreten des Polizeibeamten vor Gericht.
Schwierige Rechtsfragen werden verständlich präsentiert, auf umfangreiche Darstellung wissenschaftlicher Aspekte wird gezielt verzichtet.
Das Buch bietet auch eine gute Möglichkeit, ohne größeren Zeitaufwand ein Problem nachzuschlagen und sich zu informieren.
Am Ende eines jeden Kapitels werden die wesentlichen Aspekte in Merkpunkten zusammengefasst.
Wir danken Herrn Kriminalrat Andreas Lohmann für das Lesen des Manuskripts und die Ideen und Ratschläge aus polizeilicher Sicht. Einen herzlichen Dank auch an unseren Lektor Tobias Durst.

Dr. Annette Marquardt   Carola Oelfke

---

[1] Allein aus Gründen der besseren Lesbarkeit wird im Folgenden nur die männliche Version verwandt.

Zu den Autorinnen

Erste Staatsanwältin Dr. Annette Marquardt
hat an der Philipps-Universität in Marburg Rechtswissenschaften studiert und dort 1994 das erste Staatsexamen abgelegt. Von April 1994 bis Juni 1995 war sie am Lehrstuhl für Strafrecht und Strafprozessrecht der Philipps-Universität als wissenschaftliche Mitarbeiterin tätig und hat dort im Strafprozessrecht promoviert.
Nach dem Referendariat in Marburg und Gießen hat sie in Kassel das zweite juristische Staatsexamen abgelegt und ist seit März 1999 als Staatsanwältin bei der Staatsanwaltschaft in Verden tätig, wo sie seit Mai 2011 als stellvertretende Abteilungsleiterin die Tötungsdelikte bearbeitet.
Ihr besonderes Augenmerk gilt den Cold Cases. Gerade in diesem Bereich arbeitet sie seit Jahren eng mit der Polizeiakademie Nienburg zusammen.

Oberstaatsanwältin Carola Oelfke (M.A. Criminology & Police Science)
hat an der Leibniz Universität in Hannover Rechtswissenschaften studiert und dort 1991 das erste Staatsexamen abgelegt. Ab 1991 absolvierte sie im Bezirk des Oberlandesgerichts Celle das Referendariat und legte dort 1994 die zweite juristische Staatsprüfung ab. Von 1994 bis 2006 war Carola Oelfke als Staatsanwältin bei der Staatsanwaltschaft Verden, vornehmlich im Bereich der Organisierten Kriminalität tätig, von 2006 bis 2011 bei der Zentralstelle für Betäubungsmittelstraftaten der Staatsanwaltschaft Hannover.
In der Zeit von 2010 bis 2012 studierte sie an der Ruhr-Universität Bochum Kriminologie, Kriminalistik und Polizeiwissenschaft (Master) im Fernstudium.
In der Zeit von 2011 bis 2014 lehrte sie Polizeirecht an der Polizeiakademie Nienburg/Oldenburg. 2014 kehrte sie zur Staatsanwaltschaft Verden zurück und ist dort als Abteilungsleiterin tätig, seit 2017 als Leiterin der Abteilung für Sexualstraftaten und Häusliche Gewalt.

Inhaltsverzeichnis

Vorwort V
Zu den Autorinnen VII
Literaturverzeichnis XXIV

A. Leitung der Ermittlungen 1
I. Geschichtliches 1
II. Herrin des Ermittlungsverfahrens 2
   1. Das Legalitätsprinzip 2
      1.1 Anfangsverdacht 2
      1.2 Hinreichender Tatverdacht 3
   2. Das Opportunitätsprinzip 4
      2.1 Möglichkeiten der Verfahrenseinstellung bei Verfahren gegen Erwachsene 5
          2.1.1 Absehen von der Verfolgung wegen Geringfügigkeit 5
          2.1.2 Öffentliches Interesse an der Strafverfolgung 6
          2.1.3 Absehen von der Verfolgung unter Auflagen und Weisungen 7
          2.1.4 Zusammentreffen von Straftat(en) und Ordnungswidrigkeit(en) 9
          2.1.5 Absehen von der Verfolgung bei möglichem Absehen von Strafe 10
          2.1.6 Teileinstellung bei mehreren Taten 11
          2.1.7 Weitere gesetzliche Grundlagen zwecks Einstellung des Verfahrens trotz Vorliegens eines hinreichenden Tatverdachts 14
      2.2 Täter-Opfer-Ausgleich 16
      2.3 Möglichkeiten der Verfahrenseinstellung nach Jugendrecht 17
          2.3.1 Absehen von der Verfolgung 17
          2.3.2 Beispiel einer staatsanwaltschaftlichen Einstellungsverfügung 17
          2.3.2 Beispiel einer Einstellungsverfügung 20
      2.4 Einstellung oder Absehen von Strafe im Betäubungsmittelrecht 21
      2.5 Verweisung auf den Privatklageweg 22
          2.5.1 Beispiel einer staatsanwaltschaftlichen Verfügung 23

Inhaltsverzeichnis

		2.6	Sonderprobleme Einstellung des Ermittlungsverfahrens bei ausländischen Beschuldigten/Sicherstellung zum Zwecke der Durchführung des Strafbefehlsverfahrens ...	25
		2.6.1	Beispiel einer staatsanwaltschaftlichen Verfügung.	26
	3.		Die Durchführung der Ermittlungen.	27
B.	**Das Strafverfahren**			29
I.	Ermittlungsverfahren			29
	1.		Beginn	29
	2.		Gang/Beendigung des Ermittlungsverfahrens	30
	3.		Anklage.	31
	4.		Beispiel einer staatsanwaltschaftlichen Abschlussverfügung vor Anklageerhebung.	32
	5.		Strafbefehl.	33
	6.		Beispiel einer staatsanwaltschaftlichen Abschlussverfügung im Strafbefehlsverfahren.	34
II.	Zwischenverfahren.			35
III.	Hauptverfahren.			36
IV.	Vollstreckungsverfahren			36
C.	**Antragsdelikte, Verjährung**			38
I.	Antragsdelikte			38
	1.		Delikte	38
	2.		Antragsberechtigte	38
	3.		Strafantrag.	39
	4.		Besonderes öffentliches Interesse an der Strafverfolgung	39
II.	Verjährung			39
D.	**DNA-Unterschiede zwischen § 81a/e und § 81g StPO**			42
I.	Untersuchung von DNA im laufenden Verfahren zum Abgleich mit Tatortspuren			42
	1.		Anwendungsbereich.	43
	2.		Voraussetzungen.	44
	3.		Formulierungsvorschlag.	44
II.	DNA-Identifizierung in zukünftigen Verfahren			45
	1.		Anwendungsbereich.	46
	2.		Voraussetzungen.	46

Inhaltsverzeichnis

		2.1	Straftaten von erheblicher Bedeutung.	46
		2.2	Sexualdelikte.	46
		2.3	Wiederholt begangene Straftaten	46
	3.		Formulierungsvorschlag.	47

E.	Untersuchung Tatunverdächtiger			48
I.	Anwendungsbereich			48
II.	Voraussetzungen			48
	1.	Grundsätzliches		49
	2.	Zweck der Untersuchung.		49
		2.1	Spuren oder Folgen einer Straftat	49
		2.2	Erforschung der Wahrheit.	50
		2.3	Art und Umfang der Untersuchung.	50

F.	Durchsuchung			51
I.	Voraussetzungen			51
	1.	Durchsuchung gemäß § 102 StPO.		51
		1.1	Naheliegende Möglichkeit einer Straftat.	51
		1.2	Konkrete Straftat.	53
		1.3	Dokumentation der Verdachtslage	53
		1.4	Beweismittel – kriminalistische Erfahrung reicht	53
		1.5	Verhältnismäßigkeit.	54
		1.6	Beispiel eines Antrags auf Erlass eines Durchsuchungsbeschlusses.	55
	2.	Durchsuchung gem. § 103 StPO.		56
		2.1	Voraussetzungen	56
		2.2	Abwendungsbefugnis.	57
		2.3	Konkrete Tatsachen dafür, dass Beweismittel dort sind.	57
	3.	Sonderfälle:		58
		3.1	Durchsuchung zum Zwecke der Beschlagnahme von Krankenakten des Geschädigten in einer Klinik	58
		3.2	Durchsuchung zum Zwecke der Beschlagnahme von Jugendamtsakten.	59
		3.3	Nächtliche Durchsuchungen.	61
		3.4	Durchsuchung bei einem Kind?	62
II.	Wer beantragt wo?			63
	1.	Grundsatz		63
	2.	Ausnahmen		64
	3.	Was ist dem Richter bei Antragstellung mitzuteilen?		64

Inhaltsverzeichnis

III.	Wer ordnet an?	64
	1. Grundsatz	64
	2. Ausnahme	65
	2.1 Die Rechtsprechung	65
IV.	Wann wird ein neuer Beschluss benötigt?	66
	1. Zeitablauf	66
	2. Unterbrechung einer Durchsuchungsmaßnahme	66
	3. Verbrauch der Durchsuchungsanordnung	67
V.	Gefahr im Verzug	68
	1. Grundsatz	68
	2. Anordnungsbefugnis	68
	3. Ausnahmen	69
	4. Beispiel einer staatsanwaltlichen Anordnung	69
VI.	Folgen der Verletzung des Richtervorbehalts	70
	1. Grobe Missachtung des Richtervorbehalts	70
	2. Ende der Eilkompetenz der Strafverfolgungsbehörden	70
	3. Nichterreichbarkeit des Richters	71
	4. Keine Eilkompetenz nach ablehnender Entscheidung	72
VII.	Umgang mit Zufallsfunden	73
VIII.	Umgang mit größeren Bargeldbeträgen	74
IX.	Umgang mit Verteidiger am Durchsuchungsort bzw. Verteidiger am Telefon	74
G.	**Sicherstellung und Beschlagnahme**	**76**
I.	Was ist der Unterschied?	76
	1. Sicherstellung	76
	2. Beschlagnahme	76
II.	Voraussetzungen	76
III.	Wer ordnet an?	77
IV.	Wer gibt wieder frei?	77
V.	Worüber ist zu belehren, wenn etwas weggenommen wird?	78
H.	**Anordnung von Sofortmaßnahmen**	**79**
I.	Blutentnahmen	79
	1. Aufweichung des Richtervorbehalts (§ 81a Absatz 2 Satz 2 StPO)	79
	2. Richtervorbehalt und Eilzuständigkeit gemäß § 81a Absatz 2 Satz 1 StPO	80

Inhaltsverzeichnis

II.	Erster Angriff	81
	1. Dokumentation	81
	2. Sonderfall	82

I.	**Vorläufige Festnahme**	**85**
I.	Voraussetzungen	87
	1. Dringender Tatverdacht	88
	2. Verhältnismäßigkeit	89
	3. Haftgrund	89
	3.1 Haftgrund der Fluchtgefahr	89
	3.2 Haftgrund der Verdunkelungsgefahr	90
	3.3 Haftgrund der Schwerkriminalität	90
	4. Haftgrund der Wiederholungsgefahr gem. § 112a StPO	90
II.	Irrtum, dass mit Erlass eines Haftbefehls oder Unterbringungsbefehls alles getan ist	91
	1. Der Haftbeschleunigungsgrundsatz	91
III.	Festnahme in der Nacht	93
IV.	Verfahren	94
V.	Kann ein Haftbefehl mündlich erlassen werden?	94

J.	**Feststellung der Identität (IDF vs. Festnahme)**	**95**
I.	Die Identitätsfeststellung gemäß § 163b StPO	95
II.	Bedeutung der Norm § 163b StPO	96
III.	Anwendungsbereich	96
IV.	Voraussetzungen	97
	1. Exkurs	97
	1.1 Das Strafverfolgungshindernis	97
	1.2. Schuldunfähigkeit vs. Rechtfertigungs- oder Entschuldigungsgründe	97
V.	Rechtsfolge	97
	1. Generalklausel des § 163b Abs. 1 Satz 1 StPO	97
	2. Das Festhalterecht, die Durchsuchung sowie erkennungsdienstliche Maßnahmen gemäß § 163b Abs. 1 Satz 2 und 3 StPO	98
	2.1 Festhalten	99
	2.2 Durchsuchung	100
	2.3 Erkennungsdienstliche Maßnahmen	101
	3. Verhältnismäßigkeit	101

Inhaltsverzeichnis

	4.	Belehrungen.	101
	4.1	§ 163a Abs. 4 Satz 1 StPO entsprechend	101
	4.2	Für Polizeistudenten	101
	4.3	§ 114b StPO entsprechend	102
	4.4	Für Polizeistudenten (und Praktiker)	103
5.		Feststellung der Identität eines Nichtverdächtigen.	104
	5.1	Der Unverdächtige.	104
	5.2	Aufklärungsinteresse	104
	5.3	Belehrung des Unverdächtigen	104
6.		Dauer der Maßnahme	105
	6.1	Unerlässlichkeit.	105
	6.2	Absolute Festhaltedauer	106
7.		Lösung der Fallbeispiele von S. 95 (Rn. 238)	106

K. Belehrung ... 108

I. Belehrung Beschuldigter ... 108

1. Wann ist jemand Beschuldigter? ... 108
2. Zeitpunkt der Belehrung. ... 109
3. Voraussetzungen des § 136 StPO. ... 111
   - 3.1 Eröffnung des Tatvorwurfs ... 111
   - 3.2 Begründung des Tatvorwurfs. ... 112
   - 3.3 Darlegung der in Betracht kommenden Strafvorschriften . 114
     - 3.3.1 Grundsatz. ... 114
     - 3.3.2 Ausnahme nach Gesetz: Polizeibeamte ... 114
     - 3.3.3 Rechtsprechung des Bundesgerichtshofes ... 115
     - 3.3.4 Abweichende Ansicht. ... 115
     - 3.3.5 Sonderproblem „Bandenabrede" ... 117
   - 3.4 Das Schweigerecht des Beschuldigten. ... 118
   - 3.5 Verteidiger ... 119
     - 3.5.1 Wahlverteidiger ... 119
     - 3.5.2 Pflichtverteidiger ... 120
     - 3.5.3 Was ist ein Pflichtverteidiger? ... 120
   - 3.6 Antragsrecht ... 121
     - 3.6.1 Adressaten. ... 121
     - 3.6.2 Voraussetzung „notwendiger Verteidigung" ... 122
     - 3.6.2 Der Antrag muss ausdrücklich gestellt werden. ... 125
     - 3.6.3 Verfahren der Beiordnung des Pflichtverteidigers . 126
   - 3.7 Kostenfolge Pflichtverteidiger ... 127
   - 3.8 Beweisantragsrecht. ... 128
   - 3.9 Der Hinweis auf die Möglichkeit schriftlicher Angaben . . 128
   - 3.10 Der Hinweis auf die Möglichkeit eines Täter-Opfer-Ausgleichs ... 129

Inhaltsverzeichnis

	3.11 Kostenfolge – Beweiserhebungen	129
4.	Wann ist von Amts wegen ein Pflichtverteidiger beizuordnen?	130
	4.1 Psychische Erkrankung des Beschuldigten	130
	4.2 Beschuldigter befindet sich aufgrund richterlicher Anordnung oder mit richterlicher Genehmigung in einer Anstalt	131
	4.3 Richterliche Vernehmung von Zeugen	131
	4.4 Beschuldigter soll dem Haftrichter vorgeführt werden	132
	4.4.1 Verfahren bei vorläufiger Festnahme	132
	4.4.2 Verfahren bei Festnahme mit Haftbefehl/aufgrund eines Haftbefehls	132
	4.5 Vernehmung eines Jugendlichen/Heranwachsenden, wenn Fall notwendiger Verteidigung	132
	4.6 Gegenüberstellungen vor der Bestellung eines Pflichtverteidigers	133
	4.7 Ausnahmen gem. § 141a StPO- Vernehmung und Gegenüberstellung vor der Beiordnung von Amts wegen	133
5.	Anwaltlicher Notdienst	133
6.	Besonderheiten bei Verfahren gegen Jugendliche/Heranwachsende	135
7.	Belehrung grundsätzlich vor jeder Vernehmung	139
8.	Belehrung des rechtlich versierten Beschuldigten	139
9.	Nachfrage trotz Verteidigerwunsch	140
10.	Sonderregelung „Kronzeugenregelung"	143
11.	Nachfrage, ob alles verstanden	144
12.	Trotz Verteidigerwunsch Angaben zum Randgeschehen	144
13.	Folgen einer unzureichenden oder fehlenden Belehrung	145
	13.1 Verstoß gegen § 136 Absatz 1 Satz 1 (Tatvorwurf/Strafrechtsnormen)	146
	13.2 Verstoß gegen § 136 Absatz 1 Satz 2 StPO (Aussagefreiheit)	147
	13.2.1 Grundsatz	147
	13.2.2 Ausnahme	147
	13.2.3 Ein der Verhandlungsunfähigkeit vergleichbarer Zustand	148
	13.3 Der Verstoß gegen § 136 Absatz 1 Satz 2 StPO (Verteidigerzuziehung)	149
	13.4 Verstoß gegen Absatz 1 S. 3 (Hilfe bei Herstellung Verteidigerkontakt), S. 4 (anwaltlicher Notdienst), S. 5 (Beweiserhebungen, Antragsrecht Pflichtverteidiger), Absatz 2 oder 3	149
	13.5 Folgen fehlender Dokumentation der vollständigen Belehrung	150

Inhaltsverzeichnis

	13.6 Übertragung der Grundsätze auf Beschuldigte, die infolge ihrer geistigen/seelischen Zustände die Belehrung nicht verstanden haben	151
14.	Dokumentation	151
15.	Angaben vor der Belehrung	152
16.	Verwertungsverbot nach korrekter Belehrung, aber Verweigerung der Zuziehung eines Verteidigers	152
17.	Protokollierung	153
18.	Pflicht zur audio-visuellen Vernehmung Beschuldigter	154
	18.1 Grundsatz	154
	18.2 Erfolgsqualifizierte Delikte	154
	18.3 Schutzwürdige Interessen des Beschuldigten	155
	18.4 Ausnahmetatbestand	155
	18.5 Aufzeichnungsgegenstand	156
	18.6 Verschriftung	156
	18.7 Folgen fehlender Aufzeichnung	157
	18.8 Keine Kopie der Aufnahme	157
19.	Vorgespräch	159
	19.1 Vorgespräch als Teil der Vernehmung	159
	19.2 Was ist beim sogenannten Vorgespräch zu beachten?	160
	19.3 Vorgespräche bei (versuchten) Kapitaldelikten	160
20.	Abgrenzung informatorische Befragung zur Vernehmung	161
	20.1 Informatorische Befragung von Tatverdächtigen	161
21.	Spontanäußerungen	162
	21.1 Definition	162
	21.2 Was ist bei der Belehrung zu beachten?	162
	21.3 Verwertbarkeit	163
22.	Qualifizierte Belehrung	165
	22.1 Bedeutung	165
	22.2 Was ist zu tun, wenn nicht bekannt ist, ob die Kollegen zuvor vollständig oder richtig belehrt haben?	166
	22.3 Verwertbarkeit bei unterbliebener qualifizierter Belehrung	167
23.	Pflicht zur unverzüglichen Vorführung vs. § 136a Abs. 3 StPO	168
24.	Sonderproblem: Einsatz eines psychiatrischen/rechtsmedizinischen Sachverständigen im Ermittlungsverfahren zur Begutachtung des Beschuldigten	170
II.	Belehrung der Zeugen	172
1.	Das Zeugnisverweigerungsrecht der Angehörigen des Beschuldigten	172
2.	§ 1590 StPO (Schwägerschaft)	174
3.	Gültige Ehe und Verlöbnis	174

		4.	Sonderfälle.	175
		4.1	Sonderfall 1	175
		4.2	Sonderfall 2	176
	5.	Das Zeugnisverweigerungsrecht der Berufsgeheimnisträger		176
		5.1	Verteidiger und andere Rechtsanwälte (§ 53 Abs. 1 Nr. 2 und 3 StPO)	177
		5.2	Das Zeugnisverweigerungsrecht der Berufshelfer (§ 53a StPO):	178
		5.3	Das Auskunftsverweigerungsrecht	178
		5.4	Gefahr der eigenen Strafverfolgung	178
III.	Belehrung Verletzter			180
	1.	Zuständigkeit und Zeitpunkt für die Unterrichtung		181
IV.	Belehrung eines Beschuldigten nach Festnahme			183
	1.	Grundsätze		183
	2.	Zusätzliche Belehrung eines ausländischen Festgenommenen.		184
V.	Belehrung von Zeugen und Beschuldigten im Zusammenhang mit Audio-Video-Vernehmungen			185

L.	**Vernehmungen**				187
I.	Vernehmung des Beschuldigten				187
	1.	Schriftliche Vernehmung des Beschuldigten			187
II.	Vernehmung von Zeugen				188
	1.	Angaben zur Person			188
		1.1	Grundsatz		188
		1.2	Ausnahmen		189
			1.2.1	Angabe des Namens	189
			1.2.2	Angabe des Wohnortes	190
	2.	Angaben zu Sache			190
		2.1	Ablauf der Zeugenvernehmung		190
		2.2	Exkurs Vergewaltigung		192
		2.3	Fragen und Vorhalte		195
			2.3.1	Ausnahmen	195
			2.3.2	Exkurs Missbrauch von Kindern	196
	3.	Besondere praktische Problemstellungen			197
		3.1	Aushändigung von Protokollen		197
		3.2	Täuschungen sind ebenfalls unzulässig		200
III.	Sonderfall Vernehmung eines Beschuldigten/Zeugen bei eventuellem Rücktritt vom Versuch				200
	1.	Vorsatzbegriff			201
	2.	Abgrenzung fehlgeschlagener Versuch/beendeter Versuch/unbeendeter Versuch			203

Inhaltsverzeichnis

			2.1	Äußere Umstände	204
			2.2	Innere Umstände	204
		3.	Freiwilligkeit		205
	IV.	Anwesenheitsrecht und Fragerecht des Verteidigers in der Vernehmung			205

M. Aktenführung 207

- I. Aktenwahrheit und Aktenklarheit 207
  - 1. Die prozessuale Tat und die Problematik des Strafklageverbrauchs 209
    - 1.1 Der verfahrensrechtliche Tatbegriff des § 264 StPO 210
      - 1.1.1 Dieselbe Tat 210
      - 1.1.2 Die strafprozessuale Tat. 210
    - 1.2 Exkurs: Der materielle Tatbegriff. 211
      - 1.2.1 Tateinheit 211
      - 1.2.2 Identität der Handlungen 211
      - 1.2.3 Teilidentität der Handlungen. 211
      - 1.2.4 Tatmehrheit. 212
    - 1.3 Tatidentität gemäß § 264 StPO 212
      - 1.3.1 Frühere Rechtsprechung 213
      - 1.3.2 Neuere Rechtsprechung 214
    - 1.4 Exkurs in das Betäubungsmittelrecht: 215
      - 1.4.1 Tatidentität zwischen Trunkenheit im Verkehr und unerlaubten Handeltreibens mit Betäubungsmitteln (bewaffnet; in nicht geringer Menge) . . . 225
      - 1.4.2 Möglichkeit der Wiederaufnahme des Verfahrens gemäß § 373a StPO 226
- II. Alltägliche Fragen im Zusammenhang mit dem Aktenaufbau 229
  - 1. Datenträger/Lichtbilder 229
  - 2. Spheronaufnahmen. 229
  - 3. Einsatz von Dolmetschern 230
  - 4. Verbindung weiterer Vorgänge ohne Rücksprache zur Hauptakte. 231
- III. Vermerke der Polizeibeamten zu ihren Tätigkeiten 231
- IV. Mehrfachverteidigung. 232
  - 1. Verteidiger 232
  - 2. Dieselbe Tat. 233
  - 3. Verfahrensidentität (§ 146 Satz 2 StPO) 233
  - 4. Zusammenfassung 233

Inhaltsverzeichnis

N.	**Der Polizeibeamte als Zeuge**	**234**
I.	Grundlagen/Hintergrundwissen zum Strafprozess.	234
	1. Die leitenden Prinzipien der Hauptverhandlung.	234
	1.1 Öffentlichkeitsgrundsatz.	235
	1.1.1 Sonderproblem: Prozessbeobachter der Polizei. ...	235
	1.2 Mündlichkeitsgrundsatz.	235
	1.3 Unmittelbarkeitsgrundsatz	236
	1.4 Beschleunigungsgrundsatz	236
	1.5 Sachaufklärungspflicht des Gerichts.	236
	2. Die Beteiligten.	237
	2.1 Gericht und dessen Zusammensetzung	237
	2.2 Sitzungsvertreter der Staatsanwaltschaft	238
	2.3 Angeklagter	238
	2.4 Rolle der Verteidigung.	238
	2.5 Nebenkläger.	239
	2.6 Zeugen	239
	2.6.1 Unterscheidung zwischen Glaubwürdigkeit und Glaubhaftigkeit.	240
	2.7 Sachverständige.	240
	3. (Sachliche) Zuständigkeiten.	242
	3.1 Zuständigkeiten in der gebotenen Kürze erklärt	244
	3.1.1 Amtsgericht oder Landgericht.	244
	3.1.2 Strafrichter oder Schöffengericht	245
II.	Rechtliches.	247
	1. Gang des Verfahrens.	247
	2. Recht des Angeklagten zu schweigen.	248
	3. Beweisverwertungsverbote	248
	4. Erinnerungsfähigkeit von Zeugen/Zeugnisverweigerung	248
	5. Prozessuale Wahrheit als Ergebnis des Prozesses	250
	6. Der sogenannte „Deal".	251
	7. Indizienprozesse.	255
	8. Urteil	256
	9. Strafzumessung.	256
	9.1 Grundsätze der Strafzumessung nach Erwachsenenstrafrecht	257
	9.1.1 Möglichkeit der Strafmilderung, Täter-Opfer-Ausgleich, Kronzeugenregelung.	259
	9.1.2 Kurze Freiheitsstrafe	260
	9.1.3 Besondere (verpflichtende) Milderungsgründe. ..	260
	9.1.4 Anrechnung der Untersuchungshaft.	261
	9.1.5 Strafaussetzung zur Bewährung	261
	9.1.6 Verwarnung mit Strafvorbehalt	264

Inhaltsverzeichnis

		9.1.7	Maßregeln der Besserung und Sicherung	264

      9.2 Grundsätze im Jugendrecht 266
III. Polizeibeamte als Zeugen 269
    1. Vorbemerkungen 269
    2. Die Pflichten des Polizeibeamten als Zeuge vor Gericht 270
        2.1 Eine allgemeine Staatsbürgerpflicht 270
        2.2 Hauptpflichten und die sich daraus ergebenden Nebenpflichten 273
            2.2.1 Die Pflicht, der Ladung des Gerichts zu folgen (Erscheinen) 273
            2.2.2 Das Auftreten des Polizeibeamten vor Gericht. . . 273
            2.2.3 Die Folgen unentschuldigten Fernbleibens 274
            2.2.4 Die Aussagepflicht 278
    3. Die Auskunftsverweigerungsrechte 278
        3.1 Gesetzliche Grundlagen 278
        3.2 Das Aussageverweigerungsrecht aus § 55 StPO 279
        3.3 Das Zeugnisverweigerungsrecht. 279
        3.4 Das Auskunftsverweigerungsrecht aus § 54 StPO 280
            3.4.1 Grundsätzliches 282
        3.5 Ausübung und Umfang des Zeugnisverweigerungsrechts . 283
    4. Zuständigkeit für die Erteilung der Aussagegenehmigung 284
        4.1 Einholung der Aussagegenehmigung 284
        4.2 Entscheidung über die Aussagegenehmigung 285
            4.2.1 Die allgemeine/generelle Aussagegenehmigung per Erlass 286
            4.2.2 Die spezielle Aussagegenehmigung. 287
        4.3 Versagung, Beschränkung und Widerruf der Aussagegenehmigung 288
    5. Maßnahmen bei ungerechtfertigter Aussageverweigerung 288
    6. Die Form der Zeugenaussage 288
    7. Die Wahrheitspflicht. 289
        7.1 Die Strafbarkeit einer falschen Aussage vor Gericht 291
            7.1.1 Der Normzweck 291
            7.1.2 Die falsche uneidliche Aussage 291
            7.1.3 Der Meineid 292
        7.2 Ergänzende Überlegungen: Polizeiliches Fehlverhalten vs. Wahrheitspflicht vor Gericht. 292
            7.2.1 Die verbotenen Vernehmungsmethoden 293
            7.2.2 Das weisungsentsprechende Fehlverhalten im Vorfeld 294
            7.2.3 Die Kenntnisnahme strafrechtlichen Fehlverhaltens von Kollegen 295
            7.2.4 Die Erwartungen an den polizeilichen (Berufs)Zeugen 295

Inhaltsverzeichnis

	7.2.5	Zusammenfassung	299
8.	Die Vernehmung des polizeilichen Zeugen		300
8.1	Angaben zur Person		301
8.2	Angaben zum Wohnort		302
8.3	Angaben zur Sache		303
	8.3.1	Beweisthema	304
	8.3.2	Beweiswert	304
8.4	Vernehmung in Abwesenheit der später zu vernehmenden Zeugen		304
	8.4.1	Erhaltung der Unbefangenheit des Zeugen	305
8.5	Der Zeuge berichtet zunächst ohne Unterbrechung		305
8.6	Das Verhör		309
	8.6.1	Die Befragung des Zeugen	309
	8.6.2	Der Zeuge bringt eigene Unterlagen mit in die Verhandlung	310
	8.6.3	Fragen der Verfahrensbeteiligten	311
	8.6.4	Umgang mit unzulässigen Fragen – Beanstandung von Fragen	312
	8.6.5	Pflicht zur Vorbereitung – im Einzelnen	315
	8.6.6	Grundregel	315
	8.6.7	Lange Wartezeiten	316
	8.6.8	Vorbereitung durch Fortbildung	316
9.	Konfliktverteidigung – „Störfeuer" der Verteidigung?		316
9.1	Das konfrontative Fragerecht		316
9.2	Die Klamauk- oder Chaosverteidigung		318
9.3	Die Gründe der sogenannten Klamaukverteidigung		318
9.4	Die Konfliktbefragung durch den Verteidiger		319
9.5	Die Darstellung des Anfangsverdachts strafbaren Verhaltens des Polizeibeamten durch die Verteidigung		320
9.6	Der (richtige?) Umgang mit Konflikt- und/oder Klamaukverteidigung		320
	9.6.1	Warum greift gleichwohl niemand ein?	322
	9.6.2	Wie geht man als Zeuge mit einer solchen Situation um?	322
10.	Die Rechte des Zeugen vor Gericht		323
10.1	Das Recht auf rechtliches Gehör		323
10.2	Die Wahrung der Persönlichkeitsrechte des Zeugen		324
	10.2.1	Die Fragen zum persönlichen Lebensbereich des Zeugen	324
	10.2.2	Beleidigungen in der Hauptverhandlung	326
10.3	Die Beanstandungen von Fragen und Vorhalten		327
	10.3.1	Die Entziehung der Befugnis zum Kreuzverhör (§ 241 Abs. 1, 239 StPO)	328

Inhaltsverzeichnis

		10.3.2	Die Zurückweisung von Fragen (§ 241 Abs. 2 StPO)	328
		10.3.3	Aus tatsächlichen Gründen ungeeignete Fragen	329
		10.3.4	Aus rechtlichen Gründen ungeeignete Fragen	330

- 10.4 Die Wiederholungsfragen ... 334
- 10.5 Das eigene Beanstandungsrecht des Zeugen ... 335
  - 10.5.1 Die Beanstandung der Sachleitung (§ 238 Abs. 2 StPO) ... 335
  - 10.5.2 Das Beschwerderecht des Zeugen ... 336
- 10.6 Die Zeugenentschädigung ... 337
- 10.7 Recht auf Rechtsbeistand ... 338
  - 10.7.1 Anwaltlicher Beistand nach Wahl ... 339
  - 10.7.2 Anwaltlicher Beistand für den polizeilichen Zeugen ... 340
- 11. Sonderfälle ... 341
  - 11.1 Antrag auf wörtliche Protokollierung der Aussage des Polizeibeamten ... 341
  - 11.2 Anträge auf Belehrung gem. § 55 StPO ... 342
  - 11.3 Antrag auf Entwaffnung des Polizeibeamten ... 342

IV. Exkurs Revision und Berufung ... 343
1. Berufung ... 343
2. Revision ... 343
3. Checkliste zur Vorbereitung für die Vernehmung in der Hauptverhandlung ... 346
   - 3.1 Grundsätzlich ... 346
   - 3.2 In der konkreten Situation – nachdem Sie eine Zeugenladung erhalten haben ... 346
   - 3.3 Am Tag der Hauptverhandlung ... 346
   - 3.4 Vernehmung zur Person ... 346
   - 3.5 Antrag des Verteidigers Sie als Zeuge nach § 55 StPO zu belehren ... 346
   - 3.6 Vernehmung zur Sache ... 347
   - 3.7 Danach das „Frage-Antwort-Spiel" ... 347
4. Muster ... 348
   - 4.1 Anregung gem. §§ 81a, e StPO und Formulierungsvorschlag ... 348
   - 4.2 Anregung gem. § 81g StPO und Formulierungsvorschlag ... 348
   - 4.3 Anregung Durchsuchungsbeschluss gem. § 102 StPO und Formulierungsvorschlag ... 348
   - 4.4 Anregung Durchsuchungsbeschluss gem. § 103 StPO und Formulierungsvorschlag ... 348

Inhaltsverzeichnis

4.5 Anregung Durchsuchung zum Zwecke der Beschlagnahme von Krankenakten des Geschädigten und Formulierungsvorschlag. 349
4.6 Anregung der Beschlagnahme von Jugendamtsakten und Formulierungsvorschlag 349
4.7 Belehrung nach Beschlagnahme ohne gerichtliche Anordnung und Formulierungsvorschlag. 349
4.8 Anregung Beschuldigtenbelehrung nach § 136 StPO und Formulierungsvorschlag 350
    4.8.1 Erwachsene 350
    4.8.2 Jugendliche (Zusätzlich) 350
4.9 Anregung qualifizierte Belehrung und Formulierungsvorschlag 351
4.10 Anregung Belehrung nach Festnahme und Formulierungsvorschlag 351
    4.10.1 Bei Personen unter 18 Jahren und Formulierungsvorschlag. 352
    4.10.2 Bei Ausländern 353
4.11 Formulierungsvorschlag für die Belehrung des Zeugen .. 353
4.12 Formulierungsvorschlag für die Belehrung des nebenklageberechtigten Verletzten 354
4.13 Belehrung des Dolmetschers/der Dolmetscherin 355

Stichwortverzeichnis 357

Literaturverzeichnis

Artkämper, Heiko; Clages, Horst/Neidhardt, Klaus (Hrsg.), Lehr- und Studienbriefe Kriminalistik/Kriminologie. Band 7. Polizeibeamte als Zeugen vor Gericht. Dortmund 2007
Artkämper, Heiko, Umgang mit aggressiven Verteidigungsstrategien. Polizeibeamte als Zeugen vor Gericht. In: Deutsches Polizeiblatt für die Aus- und Fortbildung (DPolBl) 04/2011, S. 22 ff.
BeckOK BtMG; Herausg. Dr. Wolfgang Bohnen, Dr. Detlev Schmidt, 10. Edition München 2021 (zitiert: BeckOK BtMG, Bearbeiter)
BeckOK GVG; Herausg. Prof. Dr. Jürgen Graf, 11. Edition München 2021 (zitiert Beck GVG, Bearbeiter §)
BeckOK StGB; Herausg. Dr. Bernd v. Heintschel-Heinegg 49. Edition München 2021 (zitiert BeckOK StGB, Bearbeiter)
BeckOK StPO; Herausg. Prof. Dr. Jürgen Graf, 39. Edition München 2021 (zitiert BeckOK StPO, Bearbeiter §)
Beck-Online Großkommentar zum BGB; Herausg. Dr. Beate Gsell, Prof. Dr. Wolfgang Krüger, Prof. Dr. Stephan Lorenz, Prof. Dr. Christoph Reymann, München 2020 (zitiert BeckOK BGB, Bearbeiter)
Beck'sche Kurz-Kommentare BtMG; Dr. Harald Hans Körner, Jörg Patzak, Dr. Mathias Volkmer, Jochen Fabricius, 9. Auflage München 2019 (zitiert: KK-BtmG, Bearbeiter)
Beck'sche Kurz-Kommentare StPO Band 6; Erläutert von Dr. Bertram Schmitt unter Mitarbeit von Marcus Köhler, 63. Auflage 2020 (zitiert KK-StPO, Bearbeiter)
Behr, Rafael, Cop Culture. Der Alltag des Gewaltmonopols. Männlichkeit, Handlungsmuster und Kultur in der Polizei. Opladen 2000
Behr, Rafael, Warum Polizisten schweigen, wenn sie reden sollten. Ein Essay zur Frage des Korpsgeistes in der deutschen Polizei. In: *Feltes, Thomas (Hrsg.):* Neue Wege, neue Ziele. Polizieren und Polizeiwissenschaft im Diskurs. Frankfurt a. M. 2009, S. 25 ff.
Behr, Rafael, Korpsgeist oder Binnenkohäsion? Ein Essay zur Organisationskultur in der deutschen Polizei. In: Die Polizei. Heft 11/2010, S. 317 bis 322
Breyer/Endler, AnwaltsFormulare Strafrecht, 4. Aufl., 2018 (zitiert: Breyer in Endler anwaltsFormulare)
Burhoff, Handbuch für das strafrechtliche Ermittlungsverfahren, 8. Aufl., 2019
Diehl, Jörg, Fataler Polizeieinsatz. Todesschuss aus kurzer Distanz. Spiegel Online 4.5.2010; http://www.spiegel.de/panorama/justiz/0,1518,692343,00.html
Döring, NStZ 1988, 143–144, Kurzreferat zur Fernwirkung eines Beweisverwertungsverbotes im Strafverfahren und zur Belehrung des Angeklagten über sein Schweigerecht gegenüber dem untersuchenden Sachverständigen
Detter, Klaus, NStZ 2003, 1 ff., Der Zeuge vom Hörensagen – eine Bestandsaufnahme
Eisenberg, Ulrich, Jugendgerichtsgesetz (Herausgeber)/Dr. Kölbel, Ralf (Bearbeiter), 21. Aufl. München 2020
Eisenberg, Ulrich/Kopatsch, Anja, NStZ 1997, 297–298, Verwertung von Angaben gegenüber Sachverständigen und Verfahrensrüge
Fischer, Thomas, Strafgesetzbuch mit Nebengesetzen, 67. Auflage, 2020
Geppert, Klaus, Jura 1993, 249–256, Der Sachverständigenbeweis
Gercke/Julius/Temming/Zöller, Strafprozessordnung 6. Auflage, 2019 (zitiert Gercke/Julius/Temming/Zöller, Bearbeiter)
Habschick, Klaus, Erfolgreich Vernehmen: Kompetenz in der Kommunikations-, Gesprächs- und Vernehmungspraxis. 2. Auflage. Hamburg 2010
Hanack, Ernst-Walter; Hilper, Hans; Mehle, Volkmar; Widmaier, Gunter, Festschrift für Peter Riss zum 70. Geburtstag am 04. Juni 2002. Berlin 2002
Jahn, Matthias, Keine Eilkompetenz der Staatsanwaltschaft nach Befassung des Ermittlungsrichters JuS 2015, 1135 ff.

Literaturverzeichnis

Karlsruher Kommentar zur StPO; Herausg. Rolf Hannich, 8. Auflage München 2019 (zitiert KK-StPO, Bearbeiter)
Klemke, Olaf; Elbs, Hansjörg, Einführung in die Praxis der Strafverteidigung. 2. Auflage, Heidelberg 2010
Kube, Edwin; Leineweber, Heinz, Polizeibeamte als Zeugen und Sachverständige. BKA Schriftenreihe Band 45. Wiesbaden 1976/77
Kudlich, Prof. Dr. Hans, Dass ich dafür bestraft werde, hat mir am Anfang keiner gesagt... In: JA 2021, S. 80 ff.
Leßmann-Faust, Peter, Polizei und Politische Bildung Wiesbaden 2008
Löwe-Rosenberg, StPO, 27. Aufl., 2020 (zitiert: Löwe-Rosenberg StPO, Bearbeiter)
Meyer-Goßner, Lutz, Strafprozessordnung, 63. Auflage, 2020, erläutert von Dr. Bertram Schmitt (zitiert: Meyer-Goßner/Schmitt StPO)
Metz, Jochen, Rangverhältnis der Staatsanwaltschaft zu ihren Ermittlungspersonen bei Gefahr im Verzug; In: NStZ 2012. S. 242 ff.
Münchner Anwalts-Handbuch Strafverteidigung; Herausg. Prof. Dr. Eckart Müller, Prof. Dr. Reinhold Schlothauer, 2. Auflage 2014
Münchner Kommentar zum StGB; Herausg. Prof. Dr. Wolfgang Joecks, Dr. Klaus Miebach, 4. Auflage München 2020 (zitiert MüKo-StGB, Bearbeiter)
Münchner Kommentar zur StPO; Herausg. Prof. Dr. Christoph Knauer, Prof. Dr. Hans Kudlich, Prof. Dr. Hartmut Schneider Band 1, 1. Aufl. 2014, (zitiert: MüKo-StPO, Bearbeiter)
Münchner Kommentar zum BGB; Herausg.: Dr. Dr. Dres. h.c. Franz Jürgen Säcker, Dr. Roland Rixecker, Dr. Hartmut Oetker, Bettina Limperg, 8. Aufl. 2020 (zitiert: MüKo BGB, Bearbeiter)
Nelle-Rublack, Ursula, Der modernisierte Strafprozess. Zur Soziologie konsensorientierter Wirtschaftsstrafverfahren. Spuren der Wirklichkeit Band 18. Münster 1999
Nomos Kommentar Gesamtes Strafrecht; Herausg. Prof. Dr. Dieter Dölling, Prof. Dr. Gunnar Duttge, Prof. Dr. Stefan König, Prof. Dr. Dieter Rössner, 4. Auflage 2017
Pfeiffer, Gerd, Strafprozessordnung, 5. Auflage, München 2005
Pfeiffer, Gerd, Aus der (vom BGH nichtveröffentlichten) Rechtsprechung des Bundesgerichtshofs in Strafsachen zum Verfahrensrecht; In: NStZ 1982, S. 188 bis 191.
Prondzinski von, Peter, „... nicht verwandt und nicht verschwägert...". Polizeibeamte als professionelle Zeugen vor Gericht. In: Deutsches Polizeiblatt für die Aus- und Fortbildung (DPolBl) 04/2011, S. 2 ff.
Prüfer, H., Der Zeugenbericht (§ 69 Abs. 1 Satz 1 StPO), In: Deutsche Richterzeitung (DRiZ) 1975, S. 334, 335
Schönke/Schröder, Kommentar zum StGB, Herausg. 30. Auflage München 2019 (zitiert: Schönke/Schröder StGB, Bearbeiter)
Sommer, Dr. Ulrich, Das Fragerecht der Verteidigung, seine Verletzung und die Konsequenzen, In: NJW 2005, 1240 ff.
Streicher, Martin, Lügen vor Gericht. Tarnen, Täuschen, Lügen aus der Sicht gerichtlicher Verfahrensordnungen. In: Klosinski, Gunther (Hrsg.): Tarnen Täuschen Lügen. Zwischen Lust und Last. Tübingen 2011
Stürenburg, Holger, Better Days: Der Zeitgeist der kühlen Dekade. München 2001
Systematischer Kommentar zur Strafprozessordnung mit GVG und EMRK, 5. Auflage, 2015 (zitiert: Autor SK-StPO)
Thomas, Sven, Der Zeugenbeistand im Strafprozeß – Zugleich ein Beitrag zu BVerfGE 38, 105, In: NStZ 1982, 489 ff.
Weber, Dr. Klaus, Kommentar zum BtMG, 5. Auflage München 2017
Wetterich, Paul, Der Polizeibeamte als Zeuge. Stuttgart 1970

A. Leitung der Ermittlungen

Die Staatsanwaltschaft ist Herrin des Ermittlungsverfahrens.

§ 150 GVG

Die Staatsanwaltschaft ist in ihren amtlichen Verrichtungen von den Gerichten unabhängig.

§ 152 GVG

(1) Die Ermittlungspersonen der Staatsanwaltschaft sind in dieser Eigenschaft verpflichtet, den Anordnungen der Staatsanwaltschaft ihres Bezirks und dieser vorgesetzten Beamten Folge zu leisten.

Noch deutlicher sind Nr. 1 ff. Allgemeiner Teil RiStBV formuliert:

Nr. 1 RiStBV   Der Staatsanwalt

Das vorbereitende Verfahren liegt in den Händen des Staatsanwalts. Er ist Organ der Rechtspflege. Im Rahmen der Gesetze verfolgt er Straftaten und leitet verantwortlich die Ermittlungen der sonst mit der Strafverfolgung befassten Stellen.

Nr. 2 RiStBV   Zuständigkeit

Die Ermittlungen führt grundsätzlich der Staatsanwalt, in dessen Bezirk die Tat begangen ist. (...)

Nr. 3 RiStBV   Persönliche Ermittlungen des Staatsanwalts

Der Staatsanwalt soll in bedeutsamen oder rechtlich oder tatsächlich schwierigen Fällen den Sachverhalt vom ersten Zugriff an selbst aufklären, namentlich den Tatort selbst besichtigen, die Beschuldigten und die wichtigsten Zeugen selbst vernehmen. Bei der Entscheidung, ob er den Verletzten als Zeugen selbst vernimmt, können auch die Folgen der Tat von Bedeutung sein.
Auch wenn der Staatsanwalt den Sachverhalt nicht selbst aufklärt, sondern seine Ermittlungspersonen, die Behörden und Beamten des Polizeidienstes oder andere Stellen beauftragt, hat er die Ermittlungen zu leiten, mindestens ihre Richtung und ihren Umfang zu bestimmen. (...)

I. Geschichtliches

Die Staatsanwaltschaft ist Teil der sogenannten Exekutive, gehört also – anders als die Gerichte – nicht zur Judikative. Sie ist als Behörde für die Strafverfolgung und Strafvollstreckung zuständig.
Die Staatsanwaltschaften wurden 1846 bis 1849 zuerst in Preußen aufgebaut, 1877 dann nach französischem Vorbild mit den sogenannten Reichsjustizgesetzen im gesamten Deutschen Reich eingeführt. Hintergrund dieses Schrittes war

es, eine strikte Trennung zwischen Richtern sowie Ermittlern bzw. Anklägern sicherzustellen. Andererseits aber erschien es auch wichtig, den staatlichen Einfluss auf die Ermittlungen und die Anklage zu sichern. Zuvor hatten in den sogenannten Inquisitionsprozessen die Richter gleichzeitig die Aufgabe der Ermittlungsbehörden wahrgenommen.

II. Herrin des Ermittlungsverfahrens

3 Die Staatsanwaltschaft leitet die Ermittlungen, entscheidet, ob Anklage erhoben oder das Ermittlungsverfahren anders beendet wird, erhebt Anklage und vertritt die Anklage in der Hauptverhandlung. Ferner vollstreckt die Staatsanwaltschaft die Strafen, die Gerichte nach Erwachsenenstrafrecht verhängt haben.
Ansichten wie „Die Ermittlungen leitet die Polizei", „Die Ermittlungen leite ich als Leiter der EG" u. ä. entsprechen nicht der Gesetzeslage. Deshalb sind auch grundsätzlich, so insbesondere in Großverfahren, die wesentlichen Maßnahmen zuvor mit der Staatsanwaltschaft abzusprechen. Äußerungen wie „Was gemacht wird, entscheide ich als Leiter der MOKO." führen zu vermeidbaren Problemen und Unstimmigkeiten.

1. Das Legalitätsprinzip

4 Ein wesentliches Prinzip des Ermittlungsverfahrens ist das sogenannte Legalitätsprinzip.

1.1 Anfangsverdacht

5 § 152 StPO   Anklagebehörde; Legalitätsgrundsatz

(1) Zur Erhebung der öffentlichen Klage ist die Staatsanwaltschaft berufen.
(2) Sie ist, soweit nicht gesetzlich ein anderes bestimmt ist, verpflichtet, wegen aller verfolgbaren Straftaten einzuschreiten, sofern zureichende tatsächliche Anhaltspunkte vorliegen.

6 Das Legalitätsprinzip verpflichtet somit die Staatsanwaltschaft, bei Vorliegen zureichender (konkreter) tatsächlicher Anhaltspunkte für das Vorliegen einer verfolgbaren Straftat Ermittlungen zu führen.[2] Sie ist verpflichtet, **objektiv** zu ermitteln, also belastende und entlastende Umstände zu ermitteln. Aufgrund dieser Erforschungspflicht ist die Staatsanwaltschaft verpflichtet, die Polizei zur strafverfolgenden Tätigkeit anzuhalten und auch zu überwachen. Eine Kollision mit der weiteren Aufgabe der Polizei, Straftaten zu verhüten, besteht in diesen Fällen nicht, weil das Legalitätsprinzip für bereits begangene Straftaten gilt.[3]
Es sind aber Fälle denkbar, in denen sich die Frage stellt, eine konkrete Strafverfolgungsmaßnahme möglicherweise zunächst zurückzustellen. Dies kann beispielsweise aus Gründen der (Un-)Verhältnismäßigkeit der Fall sein. Ebenso kann

---

2 Löwe-Rosenberg StPO, Mavany § 152 Rn. 16 ff.
3 KK-StPO, Diemer § 152 Rn. 4

eine Zurückstellung der Strafverfolgung geboten sein, um weitere, schwerwiegende Straftaten zu erforschen.[4]
In diesen Fällen ist unseres Erachtens eine enge Zusammenarbeit mit der Staatsanwaltschaft und insoweit eine deutliche Absprache des Zeitpunktes und der Erforderlichkeit durchzuführender Maßnahmen zwingend.
Fiskalische Gründe dürfen das Legalitätsprinzip nicht beeinträchtigen. Der Staat hat insoweit dafür Sorge zu tragen, dass die notwendigen personellen und sachlichen Mittel im Haushalt zur Verfügung stehen.
Zureichende tatsächliche Anhaltspunkte (Anfangsverdacht) liegen vor, wenn nach kriminalistischer Erfahrung die Möglichkeit einer verfolgbaren Straftat gegeben ist. Wenn auch diese Schwelle sehr niedrig angesetzt wird, so reichen reine Vermutungen nicht aus.[5]
„Kriminalistische Erfahrung" bedeutet insoweit „ein Mehr" als nur das sogenannte „Bauchgefühl". So können beispielsweise offenkundige Tatsachen des Zeitgeschehens oder auch Indizien einen Anfangsverdacht begründen. Gerüchte und einseitige Behauptungen können zur Annahme des Anfangsverdachts ausreichen, sofern diese durch weitere Tatsachen plausibel erscheinen.[6]
Eine „handfeste Definition" gibt es insoweit nicht.

> **Merke**
>
> „Je gewichtiger das Rechtsgut ist und je weitreichender es durch die jeweiligen Handlungen beeinträchtigt würde oder beeinträchtigt worden ist, desto geringer darf die Wahrscheinlichkeit sein, mit der auf eine drohende oder erfolgte Verletzung geschlossen werden kann, und desto weniger fundiert dürfen gegebenenfalls die Tatsachen sein, die dem Verdacht zugrunde liegen".[7]

Die vorgenannten konkreten Anhaltspunkte müssen für das Vorliegen einer **verfolgbaren** Straftat gegeben sein. Doch wann wäre eine Straftat nicht oder nicht mehr verfolgbar? Verfolgbarkeit ist beispielsweise dann nicht gegeben, wenn die Strafklage verbraucht ist oder entgegensteht (vgl. dazu M. I. 4.).

> **Merke**
>
> Das Legalitätsprinzip verpflichtet die Strafverfolgungsbehörden Ermittlungen aufzunehmen, sofern tatsächliche Anhaltspunkte für eine Straftat vorliegen.
> Anfangsverdacht: Es liegen konkrete, belastbare Anhaltspunkte für eine verfolgbare Straftat vor.

1.2 Hinreichender Tatverdacht

Ist am Ende des Ermittlungsverfahrens aus Sicht der Staatsanwaltschaft die Straftat hinreichend sicher beweisbar, erhebt sie Anklage.

---

4 KK-StPO, Diemer § 152 Rn. 4
5 KK-StPO, Diemer § 152 Rn. 7
6 KK-StPO, Diemer § 152 Rn. 7
7 BVerfGE 100, 313 (392)

§ 170 StPO   Entscheidung über eine Anklageerhebung

(1) Bieten die Ermittlungen genügenden Anlass zur Erhebung der öffentlichen Klage, so erhebt die Staatsanwaltschaft sie durch Einreichung einer Anklageschrift bei dem zuständigen Gericht.
(2) Andernfalls stellt die Staatsanwaltschaft das Verfahren ein. Hiervon setzt sie den Beschuldigten in Kenntnis, wenn er als solcher vernommen worden ist oder ein Haftbefehl gegen ihn erlassen war; dasselbe gilt, wenn er um einen Bescheid gebeten hat oder wenn ein besonderes Interesse an der Bekanntgabe ersichtlich ist.

9   Die Vorschrift des § 170 StPO gestaltet das vorgenannte Legalitätsprinzip aus. Das Ermittlungsverfahren ist durch eine entsprechende Abschlussentscheidung zu beenden. Je nachdem, ob die Ermittlungen den hinreichenden Tatverdacht strafrechtlich relevanten Verhaltens ergeben, endet das Ermittlungsverfahren mit der Erhebung der Anklage (Absatz 1) oder der Einstellung des Verfahrens (Absatz 2).[8] Diese Struktur wird allein durch das sogenannte Opportunitätsprinzip unterbrochen.

Hinreichender Tatverdacht liegt vor, wenn aufgrund der vorliegenden Beweise mit überwiegender Wahrscheinlichkeit mit einer Verurteilung zu rechnen ist.

Dies setzt in **tatsächlicher Hinsicht** ein hinweiskräftiges, wahrscheinlich realitätsadäquates Ermittlungsergebnis voraus, das sich absehbar beweisen lässt.[9]

> **Merke**
> Hinreichender Tatverdacht: Die vorliegenden, konkreten, belastbaren Beweise für eine verfolgbare Straftat überwiegen die den Tatverdächtigen/Beschuldigten entlastenden Beweise.

Dringender Tatverdacht (vgl. insoweit H. I. 1.) wird also nicht gefordert! Es ist daher nicht geboten, mitunter sogar nicht ratsam, in Abschlussvermerken von einem dringenden Tatverdacht zu sprechen, weil dieser zum einen nicht gefordert wird und zum anderen eine andere Beweisschwelle erfordert, welche eventuell gar nicht vorliegt. Der Beamte, der in Berichten oder Vermerken (ohne Grund) von einem dringenden Tatverdacht schreibt, muss damit rechnen, später gefragt zu werden, warum ein solcher Tatverdacht angenommen wurde, und riskiert im Rahmen der Hauptverhandlung unter Umständen eine Art der Examinierung.[10]

2. Das Opportunitätsprinzip

10   Der sich aus dem Legalitätsprinzip ergebende Verfolgungszwang gilt, „soweit nicht gesetzlich ein anderes bestimmt ist" (§ 152 Abs. 2 StPO).
Die Verfahrenseinstellungen gemäß §§ 153 ff. StPO (spezielle Sondernormen § 45 JGG, §§ 31a, 37 BtMG) sowie §§ 374 ff. StPO (Verweisung auf den Privatkla-

---

8 MüKo StPO, Kölbel § 170 Rn. 1 f.
9 MüKo-StPO, Kölbel § 170 Rn. 15
10 Zur Zulässigkeit entsprechender Fragen vgl. unten N. IV. 3.

geweg) ermöglichen es der Staatsanwaltschaft, das Ermittlungsverfahren trotz des Vorliegens eines hinreichenden Tatverdachts ohne Erhebung der öffentlichen Klage und mitunter auch ohne Einschaltung des für die Eröffnung des Hauptverfahrens zuständigen Richters einzustellen. Dabei wird der Staatanwaltschaft ein Ermessen zuerkannt.

Von den Einstellungsmöglichkeiten wird häufig Gebrauch gemacht, wenn die Delikte eher als geringfügig eingeordnet werden und der Beschuldigte bislang noch nicht strafrechtlich in Erscheinung getreten ist. Ab einer gewissen Schadenshöhe wird die Zustimmung des in der Hauptsache zuständigen Gerichts für die Einstellung des Verfahrens eingeholt, in bestimmten gesetzlichen Fällen sogar gefordert.

2.1 Möglichkeiten der Verfahrenseinstellung bei Verfahren gegen Erwachsene

2.1.1 Absehen von der Verfolgung wegen Geringfügigkeit

§ 153 StPO   Absehen von der Verfolgung bei Geringfügigkeit

(1) Hat das Verfahren ein Vergehen zum Gegenstand, so kann die Staatsanwaltschaft mit Zustimmung des für die Eröffnung des Hauptverfahrens zuständigen Gerichts von der Verfolgung absehen, wenn die Schuld des Täters als gering anzusehen wäre und kein öffentliches Interesse an der Verfolgung besteht. Der Zustimmung des Gerichts bedarf es nicht bei einem Vergehen, das nicht mit einer im Mindestmaß erhöhten Strafe bedroht ist und bei dem die durch die Tat verursachten Folgen gering sind.

(2) Ist die Klage bereits erhoben, so kann das Gericht in jeder Lage des Verfahrens unter den Voraussetzungen des Absatzes 1 mit Zustimmung der Staatsanwaltschaft und des Angeschuldigten das Verfahren einstellen. Der Zustimmung des Angeschuldigten bedarf es nicht, wenn die Hauptverhandlung aus den in § 205 angeführten Gründen nicht durchgeführt werden kann oder in den Fällen des § 231 Abs. 2 und der §§ 232 und 233 in seiner Abwesenheit durchgeführt wird. Die Entscheidung ergeht durch Beschluss. Der Beschluss ist nicht anfechtbar.

Der hinter dieser Vorschrift stehende Zweck besagt insbesondere, dass es nicht in allen Fällen einer Strafverfolgung um jeden Preis bedarf. Jedenfalls in den Fällen, in denen aufgrund geringer Schuld den mit einer Sanktionierung verbundenen Stigmatisierungen entgegengewirkt werden kann, soll eine Verfahrenseinstellung und damit eine Durchbrechung des Legalitätsprinzips möglich sein.[11] Ist der Täter nicht vorbestraft oder ist dieser bereits durch das gegen ihn geführte Verfahren hinreichend beeindruckt (durch Aufnahme der Strafanzeige, die verantwortliche Vernehmung und langes Warten auf den Einstellungsbescheid), dürfte ein Schuldspruch oftmals entbehrlich sein.[12]

Voraussetzung für eine Verfahrenseinstellung gemäß § 153 StPO ist stets, dass es sich bei dem zu beurteilenden Delikt um ein Vergehen (§ 12 Abs. 2 StGB) han-

---

11 MüKo-StPO, Peters § 153 Rn. 2
12 MüKo-StPO, Peters § 153 Rn. 2

delt. Ob ein gesetzlicher Milderungsgrund vorliegt oder es sich um einen minder schweren Fall handelt, spielt insoweit keine Rolle.[13]
Weiter wird eine sogenannte geringe Schuld vorausgesetzt. Das heißt zunächst, dass ein Anfangsverdacht (§ 152 Abs. 2 StPO) gegeben sein muss. Ein hinreichender Tatverdacht wird indes nicht gefordert, weil es sich insoweit um eine hypothetische Schuldbeurteilung handelt. Das heißt, die Staatsanwaltschaft ist nicht verpflichtet, eine Sachverhaltsaufklärung bis zur vollständigen Entlastung des Täters herbeizuführen. Der Vorschrift des § 153 StPO kommt nämlich eine prozessökonomische Bedeutung zu.[14]
Die Frage der geringen Schuld orientiert sich sodann an den Maßstaben des § 46 StGB.[15]

§ 46 StGB Grundsätze der Strafzumessung

(1) Die Schuld des Täters ist Grundlage für die Zumessung der Strafe. Die Wirkungen, die von der Strafe für das künftige Leben des Täters in der Gesellschaft zu erwarten sind, sind zu berücksichtigen.

(2) Bei der Zumessung wägt das Gericht die Umstände, die für und gegen den Täter sprechen, gegeneinander ab. Dabei kommen namentlich in Betracht:
- **die Beweggründe und die Ziele des Täters, besonders auch rassistische, fremdenfeindliche, antisemitische oder sonstige**
- **menschenverachtende,**
- **die Gesinnung, die aus der Tat spricht, und der bei der Tat aufgewendete Wille,**
- **das Maß der Pflichtwidrigkeit,**
- **die Art der Ausführung und die verschuldeten Auswirkungen der Tat,**
- **das Vorleben des Täters, seine persönlichen und wirtschaftlichen Verhältnisse sowie**
- **sein Verhalten nach der Tat, besonders sein Bemühen, den Schaden wiedergutzumachen, sowie das Bemühen des Täters, einen**
- **Ausgleich mit dem Verletzten zu erreichen.**

(3) Umstände, die schon Merkmale des gesetzlichen Tatbestandes sind, dürfen nicht berücksichtigt werden.

2.1.2 Öffentliches Interesse an der Strafverfolgung

14 Schließlich darf kein öffentliches Interesse an der Strafverfolgung bestehen. Das öffentliche Interesse wird in der Regel bei Privatklagedelikten verneint, bei denen lediglich ein Sühnebedürfnis des Verletzten gegeben ist. Für die Annahme des öffentlichen Interesses kommen beispielhaft folgende Gründe in Betracht:

2.1.2.1 Gründe in der Person des Täters

15 - einschlägige Vorbelastung (Vorstrafen oder Einstellung nach § 153a StPO vor nicht langer Zeit),
- gesellschaftsfeindliche Gesinnung,
- bewusste Missachtung der staatlichen Autorität.

---

13 MüKo-StPO, Peters § 153 Rn. 16
14 MüKo-StPO, Peters § 153 Rn. 17
15 MüKo-StPO, Peters § 153 Rn. 18

Die Rechtsprechung und einschlägige Literatur stellen klar, dass die Allgemeinheit durch die Einstellung nicht gefährdet werden darf. In der Person des Täters liegende Gründe, die ihn als eine Gefahr für die Rechtsgemeinschaft oder für Rechtsgüter einzelner erscheinen lassen, stehen einer Verfahrenseinstellung grundsätzlich entgegen. Besteht Wiederholungsgefahr, scheidet eine Verfahrenseinstellung ebenfalls aus. Auch darf die Einstellung des Verfahrens nicht als Ermunterung für den Täter wirken.[16]

2.1.2.2 Belange der Allgemeinheit[17]
- Würdigung der Tatfolgen,
- Erforderlichkeit der Aufklärung eines kriminogenen Hintergrundes, um weitere Straftaten zu vermeiden,
- besonders starkes Interesse der Öffentlichkeit an einer Strafverfolgung,
- herausgehobene Stellung des Verdächtigen und/oder
- politische Irritationen,
- massenhaft auftretende Eigentums- und Vermögensdelikte (auch wenn die Schäden im Einzelfall gering sind),
- Ein berechtigtes Genugtuungsinteresse des Geschädigten an Verfolgung kann das öffentliche Interesse ausnahmsweise begründen, so insbesondere bei starker Beeinträchtigung des Verletzten.

2.1.2.3 Klärung von Rechtsfragen
Ob das Bedürfnis der Klärung von Rechtsfragen ein öffentliches Interesse darstellt, ist streitig. Teilweise wird dieses angenommen.[18] Es wird allerdings auch angemerkt, dass das Justizinteresse mit dem öffentlichen Interesse grundsätzlich nicht gleichgesetzt werden dürfe.[19]

Die Beendigung des Verfahrens gemäß § 153 StPO hat durchaus praktische Relevanz. Die Zustimmung des Gerichts ist nur in den Fällen des § 153 Abs. 1 S. 2 StPO erforderlich, mithin nicht, wenn es sich bei der Tat um ein Vergehen handelt, das nicht mit einer im Mindestmaß erhöhten Strafe bedroht ist und bei dem die durch die Tat verursachten Folgen gering sind.

2.1.3 Absehen von der Verfolgung unter Auflagen und Weisungen

§ 153a StPO Absehen von der Verfolgung unter Auflagen und Weisungen

(1) Mit Zustimmung des für die Eröffnung des Hauptverfahrens zuständigen Gerichts und des Beschuldigten kann die Staatsanwaltschaft bei einem Vergehen vorläufig von der Erhebung der öffentlichen Klage absehen und zugleich dem Beschuldigten Auflagen und Weisungen erteilen, wenn diese geeignet sind, das öffentliche Interesse an der Strafverfolgung zu beseitigen, und die Schwere der Schuld nicht entgegensteht. Als Auflagen oder Weisungen kommen insbesondere in Betracht,

---

16 KK-StPO, Diemer § 153a Rn. 14 m. w. N.
17 KK-StPO, Diemer § 153a Rn. 15 m. w. N.
18 KK-StPO, Diemer § 153a Rn. 17
19 Meyer-Goßner/Schmitt StPO § 153 Rn. 7

1. zur Wiedergutmachung des durch die Tat verursachten Schadens eine bestimmte Leistung zu erbringen,
2. einen Geldbetrag zugunsten einer gemeinnützigen Einrichtung oder der Staatskasse zu zahlen,
3. sonst gemeinnützige Leistungen zu erbringen,
4. Unterhaltspflichten in einer bestimmten Höhe nachzukommen,
5. sich ernsthaft zu bemühen, einen Ausgleich mit dem Verletzten zu erreichen (Täter-Opfer-Ausgleich) und dabei seine Tat ganz oder zum überwiegenden Teil wieder gut zu machen oder deren Wiedergutmachung zu erstreben,
6. an einem sozialen Trainingskurs teilzunehmen oder
7. *an einem Aufbauseminar nach § 2b Absatz 2 Satz 2 oder an einem Fahreignungsseminar nach § 4a des Straßenverkehrsgesetzes teilzunehmen.*
Zur Erfüllung der Auflagen und Weisungen setzt die Staatsanwaltschaft dem Beschuldigten eine Frist, die in den Fällen des Satzes 2 Nummer 1 bis 3, 5 und 7 höchstens sechs Monate, in den Fällen des Satzes 2 Nummer 4 und 6 höchstens ein Jahr beträgt. Die Staatsanwaltschaft kann Auflagen und Weisungen nachträglich aufheben und die Frist einmal für die Dauer von drei Monaten verlängern; mit Zustimmung des Beschuldigten kann sie auch Auflagen und Weisungen nachträglich auferlegen und ändern. Erfüllt der Beschuldigte die Auflagen und Weisungen, so kann die Tat nicht mehr als Vergehen verfolgt werden. Erfüllt der Beschuldigte die Auflagen und Weisungen nicht, so werden Leistungen, die er zu ihrer Erfüllung erbracht hat, nicht erstattet. § 153 Abs. 1 Satz 2 gilt in den Fällen des Satzes 2 Nummer 1 bis 6 entsprechend. § 246a Absatz 2 gilt entsprechend.

(2) Ist die Klage bereits erhoben, so kann das Gericht mit Zustimmung der Staatsanwaltschaft und des Angeschuldigten das Verfahren bis zum Ende der Hauptverhandlung, in der die tatsächlichen Feststellungen letztmals geprüft werden können, vorläufig einstellen und zugleich dem Angeschuldigten die in Absatz 1 Satz 1 und 2 bezeichneten Auflagen und Weisungen erteilen. Absatz 1 Satz 3 bis 6 und 8 gilt entsprechend. Die Entscheidung nach Satz 1 ergeht durch Beschluss. Der Beschluss ist nicht anfechtbar. Satz 4 gilt auch für eine Feststellung, dass gemäß Satz 1 erteilte Auflagen und Weisungen erfüllt worden sind.

(3) Während des Laufes der für die Erfüllung der Auflagen und Weisungen gesetzten Frist ruht die Verjährung.

(4) § 155b findet im Fall des Absatzes 1 Satz 2 Nummer 6, auch in Verbindung mit Absatz 2, entsprechende Anwendung mit der Maßgabe, dass personenbezogene Daten aus dem Strafverfahren, die nicht den Beschuldigten betreffen, an die mit der Durchführung des sozialen Trainingskurses befasste Stelle nur übermittelt werden dürfen, soweit die betroffenen Personen in die Übermittlung eingewilligt haben. Satz 1 gilt entsprechend, wenn nach sonstigen strafrechtlichen Vorschriften die Weisung erteilt wird, an einem sozialen Trainingskurs teilzunehmen.

20 Handelt es sich um einen Fall oberhalb der kleinen Kriminalität und ist § 153 StPO daher nicht mehr anwendbar, so gibt § 153a StPO die Möglichkeit, das Verfahren ohne Schuldspruch zu erledigen. Durch diesen Kompromiss zwischen der Erledigung des Verfahrens ohne Folgen und der Verfolgung nicht besonders schwerwiegender Kriminalität wird eine differenzierte strafrechtliche Beurteilung möglich.[20] Das in diesen Fällen bestehende öffentliche Interesse an der Strafverfolgung soll durch bestimmte Leistungen des Beschuldigten ausgeräumt werden können.[21] Eine Verfahrensweise gemäß § 153a StPO bedeutet nicht, dass kein hinreichender Tatverdacht festgestellt werden kann. In einem solchen Fall wäre das Verfahren nämlich gemäß § 170 Abs. 2 StPO einzustellen (vgl. B. I. 2.)). § 153a StPO verlangt vielmehr einen hinreichenden Tatverdacht, mithin eine Beweislage, bei der eine genügende Verurteilungswahrscheinlichkeit besteht. Eine entsprechende Verfahrenseinstellung entbindet die Staatsanwaltschaft also nicht davon, Rechtsfragen zu beantworten und Beweisfragen zu entscheiden.

Denn: Zum einen kann einem Beschuldigten keine Auflage erteilt werden, wenn die grundsätzliche Frage der Strafbarkeit und Beweisbarkeit des vorgeworfenen Verhaltens nicht geklärt ist.[22] Zum anderen ist eine Verfahrenseinstellung an die Zustimmung des Beschuldigten gebunden. Bei der erteilen Auflage handelt es sich mithin um ein „Angebot" an den Beschuldigten, die Auflage zu erfüllen und damit das öffentliche Interesse an der Verfolgung der Tat auszuräumen. Erteilt der Beschuldigte die erforderliche Zustimmung aber nicht, muss die Staatsanwaltschaft konsequent entscheiden, mithin Anklage erheben können – dies wiederum setzt hinreichenden Tatverdacht voraus (§ 170 Abs. 1 StPO). Gleichwohl kommt eine Verfahrenseinstellung gemäß § 153a StPO bei ungeklärten Rechtsfragen in Betracht, sofern die Rechtsfrage mit Beweisschwierigkeiten tatsächlicher Art (z. B. hinsichtlich des Vorliegens der gesetzlichen Tatbestandsmerkmale oder des Vorsatzes) verbunden ist.[23]

2.1.4 Zusammentreffen von Straftat(en) und Ordnungswidrigkeit(en)

§ 47 OWiG Verfolgung von Ordnungswidrigkeiten

(1) Die Verfolgung von Ordnungswidrigkeiten liegt im pflichtgemäßen Ermessen der Verfolgungsbehörde. Solange das Verfahren bei ihr anhängig ist, kann sie es einstellen.

(2) Ist das Verfahren bei Gericht anhängig und hält dieses eine Ahndung nicht für geboten, so kann es das Verfahren mit Zustimmung der Staatsanwaltschaft in jeder Lage einstellen. Die Zustimmung ist nicht erforderlich, wenn durch den Bußgeldbescheid eine Geldbuße bis zu einhundert Euro verhängt worden ist und die Staatsanwaltschaft erklärt hat, sie nehme an der Hauptverhandlung nicht teil. Der Beschluss ist nicht anfechtbar.

(3) Die Einstellung des Verfahrens darf nicht von der Zahlung eines Geldbetrages an eine gemeinnützige Einrichtung oder sonstige Stelle abhängig gemacht oder damit in Zusammenhang gebracht werden.

Allein bezogen auf die Ordnungswidrigkeit schließt § 47 Abs. 3 OWiG die Einstellung des Verfahrens gegen Zahlung eines Geldbetrages mithin aus.

---

20 KK-StPO, Diemer § 153a Rn. 1, 2
21 KK-StPO, Diemer § 153a Rn. 12
22 MüKo-StPO, Peters § 153a Rn. 8
23 MüKo-StPO, Peters § 153a Rn. 9

Treffen Straftat und Ordnungswidrigkeit aufeinander, kann die Staatsanwaltschaft das gesamte Verfahren gemäß § 153a StPO einstellen. Eine weitere Verfolgung der Ordnungswidrigkeit ist dann ausgeschlossen, weil die Sperrwirkung des § 153a Abs. 1 Satz 5 StPO bei materiell-rechtlicher Tateinheit auch die Ordnungswidrigkeit mit umfasst.[24]

24 Allerdings ist es möglich, neben einer Einstellung des Verfahrens gemäß § 153a StPO eine isolierte Geldbuße gegen ein beteiligtes Unternehmen zu verhängen. Davon wird beispielsweise dann Gebrauch gemacht, wenn der Beschuldigte nicht zum eigenen Nutzen, sondern zugunsten einer juristischen Person gehandelt hat. Etwas anderes gilt nur dann, wenn die Straftat oder Ordnungswidrigkeit bereits aus rechtlichen Gründen nicht verfolgt werden kann.[25]

§ 30 OWiG Geldbuße gegen juristische Personen und Personenvereinigungen

Absätze 1 bis 3: (...)
(4) Wird wegen der Straftat oder Ordnungswidrigkeit ein Straf- oder Bußgeldverfahren nicht eingeleitet oder wird es eingestellt oder wird von Strafe abgesehen, so kann die Geldbuße selbständig festgesetzt werden. Durch Gesetz kann bestimmt werden, dass die Geldbuße auch in weiteren Fällen selbständig festgesetzt werden kann. Die selbständige Festsetzung einer Geldbuße gegen die juristische Person oder Personenvereinigung ist jedoch ausgeschlossen, wenn die Straftat oder Ordnungswidrigkeit aus rechtlichen Gründen nicht verfolgt werden kann; § 33 Absatz 1 Satz 2 bleibt unberührt.

§ 33 OWiG Unterbrechung der Verfolgungsverjährung

Absatz 1 Satz 1: **Die Verjährung wird unterbrochen durch** (...)
Satz 2: Im selbständigen Verfahren wegen der Anordnung einer Nebenfolge oder der Festsetzung einer Geldbuße gegen eine juristische Person oder Personenvereinigung wird die Verjährung durch die dem Satz 1 entsprechenden Handlungen zur Durchführung des selbständigen Verfahrens unterbrochen.

2.1.5 Absehen von der Verfolgung bei möglichem Absehen von Strafe

25 **§ 153b StPO Absehen von der Verfolgung bei möglichem Absehen von Strafe**

(1) Liegen die Voraussetzungen vor, unter denen das Gericht von Strafe absehen könnte, so kann die Staatsanwaltschaft mit Zustimmung des Gerichts, das für die Hauptverhandlung zuständig wäre, von der Erhebung der öffentlichen Klage absehen.
(2) Ist die Klage bereits erhoben, so kann das Gericht bis zum Beginn der Hauptverhandlung mit Zustimmung der Staatsanwaltschaft und des Angeschuldigten das Verfahren einstellen.

26 In den Fällen, in denen das Gericht aufgrund des materiellen Strafrechts von Strafe absehen kann und voraussehbar ist, dass das Gericht dies auch tun wird,

---

24 MüKo-StPO, Peters § 153a Rn. 19
25 MüKo-StPO, Peters § 153a Rn. 20

soll aus prozessökonomischen Gründen auf eine Hauptverhandlung ganz verzichtet und das Verfahren eingestellt werden können.[26] Das Gericht kann beispielsweise dann von Strafe absehen, wenn die Folgen der Tat den Täter bereits schwer getroffen haben.

§ 60 StGB Absehen von Strafe

Das Gericht sieht von Strafe ab, wenn die Folgen der Tat, die den Täter getroffen haben, so schwer sind, dass die Verhängung einer Strafe offensichtlich verfehlt wäre. Dies gilt nicht, wenn der Täter für die Tat eine Freiheitsstrafe von mehr als einem Jahr verwirkt hat.

Ein Absehen von Strafe erfordert stets eine auf den Einzelfall abstellende Beurteilung. Auch wenn das Gesetz als Strafobergrenze ein Jahr Freiheitsstrafe vorsieht (§ 60 Satz 2 StGB), so ist gleichwohl eine Anwendung auf Verbrechenstaten möglich. Denn nach Satz 2 der Vorschrift darf der Täter keine Freiheitsstrafe **von mehr als einem Jahr** verwirkt haben. Bei einer verwirkten Freiheitsstrafe von einem Jahr ist § 60 StGB mithin anwendbar.[27] Doch in welchen Fällen kommt eine solche Verfahrensweise in Betracht? Zunächst einmal ist festzustellen, dass eine „verfehlte Strafverhängung" nicht von vorherein für bestimmte Delikte ausgeschlossen werden kann. Wie bereits dargestellt, ist § 60 StGB auch auf Verbrechen anwendbar, grundsätzlich also auch auf ein vorsätzliches Tötungsdelikt.[28] Die Rechtsprechung hat ein Absehen von Strafe beispielsweise bei den folgenden Delikten für sachgerecht erachtet:
- fahrlässige Tötung eines Säuglings,[29]
- Totschlag eines geliebten Kindes im Zustand einer erheblichen Depression[30]
- Verkehrsunfall, Ehefrau und Drittfahrerin tot, Fahrer schwer verletzt,[31]
- Tötung auf Verlangen des schwerstbehinderten Sohnes mit anschließendem Suizidversuch der Mutter.[32]

2.1.6 Teileinstellung bei mehreren Taten

Besonders zu erwähnen ist noch die Teileinstellung einzelner, abtrennbarer Taten.

§ 154 StPO Teileinstellung bei mehreren Taten

**(1) Die Staatsanwaltschaft kann von der Verfolgung einer Tat absehen,
1. wenn die Strafe oder die Maßregel der Besserung und Sicherung, zu der die Verfolgung führen kann, neben einer Strafe oder Maßregel der Besserung und Sicherung, die gegen den Beschuldigten wegen einer anderen Tat rechtskräftig verhängt worden ist oder die er wegen einer anderen Tat zu erwarten hat, nicht beträchtlich ins Gewicht fällt oder**

---

26 KK-StPO, Diemer § 153b Rn. 1 f.
27 MüKo-StGB, Groß/Kulhanek § 60 Rn. 9
28 MüKo-StGB, Groß/Kulhanek § 60 Rn. 21
29 BGH Urteil vom 14.1.2015 – 5 StR 494/14, in: NStZ 2015, 460
30 BGH Urteil vom 23.11.1977 – 3 StR 397/77, BGHSt 27, 298
31 BayObLG 27.10.1971 – 1 St 71/71, NJW 1972, 696
32 AG Tiergarten 13.9.2005 – 1 Kap Js 2655/04 Ls (19/05), MedR 2006, 298

2. darüber hinaus, wenn ein Urteil wegen dieser Tat in angemessener Frist nicht zu erwarten ist und wenn eine Strafe oder Maßregel der Besserung und Sicherung, die gegen den Beschuldigten rechtskräftig verhängt worden ist oder die er wegen einer anderen Tat zu erwarten hat, zur Einwirkung auf den Täter und zur Verteidigung der Rechtsordnung ausreichend erscheint.

(2) Ist die öffentliche Klage bereits erhoben, so kann das Gericht auf Antrag der Staatsanwaltschaft das Verfahren in jeder Lage vorläufig einstellen.

(3) Ist das Verfahren mit Rücksicht auf eine wegen einer anderen Tat bereits rechtskräftig erkannten Strafe oder Maßregel der Besserung und Sicherung vorläufig eingestellt worden, so kann es, falls nicht inzwischen Verjährung eingetreten ist, wiederaufgenommen werden, wenn die rechtskräftig erkannte Strafe oder Maßregel der Besserung und Sicherung nachträglich wegfällt.

(4) Ist das Verfahren mit Rücksicht auf eine wegen einer anderen Tat zu erwartende Strafe oder Maßregel der Besserung und Sicherung vorläufig eingestellt worden, so kann es, falls nicht inzwischen Verjährung eingetreten ist, binnen drei Monaten nach Rechtskraft des wegen der anderen Tat ergehenden Urteils wiederaufgenommen werden.

(5) Hat das Gericht das Verfahren vorläufig eingestellt, so bedarf es zur Wiederaufnahme eines Gerichtsbeschlusses.

29 Der Zweck dieser Vorschrift ist der, bei umfangreichen Verfahren mit einer Vielzahl von Tatvorwürfen den Prozessstoff zu beschränken, zu vereinfachen und so die Erledigung des Verfahrens zu beschleunigen.[33]
Die Frage, ob eine Strafe oder Maßregel neben einer bereits verhängten oder wegen anderer Taten zu erwartenden Strafe beträchtlich ins Gewicht fällt, kann nur im Einzelfall entschieden werden. Dabei hat eine Abwägung aller Umstände zu erfolgen und es darf nicht allein auf quantitative Gesichtspunkte ankommen. Beispielhaft wird angeführt, dass die Verfahrenseinstellung eines Gewaltverbrechens wie Raub neben einer Serie von Diebstahlstaten zweifelhaft erscheine.[34] Der Grund ist darin zu sehen, dass der Raub als Verbrechenstatbestand (§§ 249, 12 StGB) mit einer Mindestfreiheitsstrafe von einem Jahr Freiheitsstrafe bedroht ist, wohingegen auch eine Mehrzahl von Diebstahlstaten (§ 242 StGB) noch mit einer Geldstrafe geahndet werden könnte.

30 Ein besonderer Fall ist dann gegeben, wenn für die zu bewertende Tat und die weitere Tat eine Gesamtstrafe zu bilden wäre.

> **Merke**
> Bei der Frage der Bildung einer Gesamtstrafe „macht 2 plus 2 nicht 4 …".

§ 53 StGB Tatmehrheit

(1) Hat jemand mehrere Straftaten begangen, die gleichzeitig abgeurteilt werden, und dadurch mehrere Freiheitsstrafen oder mehrere Geldstrafen verwirkt, so wird auf eine Gesamtstrafe erkannt.

---

33 KK-StPO, Diemer § 154 Rn. 1
34 KK-StPO, Diemer § 154 Rn. 7

(2) Trifft Freiheitsstrafe mit Geldstrafe zusammen, so wird auf eine Gesamtstrafe erkannt. Jedoch kann das Gericht auf Geldstrafe auch gesondert erkennen; soll in diesen Fällen wegen mehrerer Straftaten Geldstrafe verhängt werden, so wird insoweit auf eine Gesamtgeldstrafe erkannt.
(3) § 52 Absatz 3 und 4 gilt sinngemäß.

§ 54 StPO Bildung der Gesamtstrafe

(1) Ist eine der Einzelstrafen eine lebenslange Freiheitsstrafe, so wird als Gesamtstrafe auf lebenslange Freiheitsstrafe erkannt. In allen übrigen Fällen wird die Gesamtstrafe durch Erhöhung der verwirkten höchsten Strafe, bei Strafen verschiedener Art durch Erhöhung der ihrer Art nach schwersten Strafe gebildet. Dabei werden die Person des Täters und die einzelnen Straftaten zusammenfassend gewürdigt.

(2) Die Gesamtstrafe darf die Summe der Einzelstrafen nicht erreichen. Sie darf bei zeitigen Freiheitsstrafen fünfzehn Jahre und bei Geldstrafe siebenhundertzwanzig Tagessätze nicht übersteigen.

(3) Ist eine Gesamtstrafe aus Freiheits- und Geldstrafe zu bilden, so entspricht bei der Bestimmung der Summe der Einzelstrafen ein Tagessatz einem Tag Freiheitsstrafe.

§ 55 StPO Nachträgliche Bildung der Gesamtstrafe

(1) Die §§ 53 und 54 sind auch anzuwenden, wenn ein rechtskräftig Verurteilter, bevor die gegen ihn erkannte Strafe vollstreckt, verjährt oder erlassen ist, wegen einer anderen Straftat verurteilt wird, die er vor der früheren Verurteilung begangen hat. Als frühere Verurteilung gilt das Urteil in dem früheren Verfahren, in dem die zugrundeliegenden tatsächlichen Feststellungen letztmals geprüft werden konnten.

(2) Nebenstrafen, Nebenfolgen und Maßnahmen (§ 11 Absatz 1 Nummer 8), auf die in der früheren Entscheidung erkannt war, sind aufrechtzuerhalten, soweit sie nicht durch die neue Entscheidung gegenstandslos werden.

Das heißt, die Bildung einer Gesamtstrafe hat mit Mathematik nichts zu tun. Auch der immer gern erwähnte „Super-Sonder-Rabattmarkt" trifft die Thematik nicht korrekt.
Bei der Methode der Gesamtstrafenbildung werden für die verschiedenen Taten zunächst Einzelstrafen gebildet. Sofern eine dieser Einzelstrafen eine lebenslange Freiheitsstrafe darstellt, so ist auf diese auch als Gesamtstrafe zu erkennen. In den übrigen Fällen wird die höchste der Einzelstrafen angemessen erhöht (§ 54 Absatz 1 Satz 2), wobei die Summe der Einzelstrafen nicht erreicht werden und als absolute Höchstgrenze nicht übersteigen darf (§ 54 Absatz 2),[35] **sprich: 2 plus 2 ist nicht 4!**
In diesen Fällen kann man oftmals zu dem Ergebnis kommen, dass eine zu erwartende Strafe, neben einer in einem anderen Verfahren bereits rechtskräftig verhängten oder zu erwartenden Strafe nicht mehr ins Gewicht fällt, so dass eine Verfahrenseinstellung – oder bei mehreren Taten eine Teileinstellung gemäß

---

35 Schönke/Schröder StGB, Sternberg-Lieben/Bosch § 54 Rn. 2

§ 154 StPO in Betracht kommt. Die Anwendung des § 154 StPO kommt aber auch in anderen Fällen – unabhängig von der Bildung einer Gesamtstrafe – in Betracht.

2.1.7 Weitere gesetzliche Grundlagen zwecks Einstellung des Verfahrens trotz Vorliegens eines hinreichenden Tatverdachts

32 Es gibt weitere gesetzliche Möglichkeiten der Verfahrenseinstellung bei Vorliegen eines hinreichenden Tatverdachts, welche man einfach einmal gelesen haben sollte. Dies sind:

§ 153c StPO   Absehen von der Verfolgung bei Auslandstaten

(1) Die Staatsanwaltschaft kann von der Verfolgung von Straftaten absehen,
1. die außerhalb des räumlichen Geltungsbereichs dieses Gesetzes begangen sind oder die ein Teilnehmer an einer außerhalb des räumlichen Geltungsbereichs dieses Gesetzes begangenen Handlung in diesem Bereich begangen hat,
2. die ein Ausländer im Inland auf einem ausländischen Schiff oder Luftfahrzeug begangen hat,
3. wenn in den Fällen der §§ 129 und 129a, jeweils auch in Verbindung mit § 129b Abs. 1, des Strafgesetzbuches die Vereinigung nicht oder nicht überwiegend im Inland besteht und die im Inland begangenen Beteiligungshandlungen von untergeordneter Bedeutung sind oder sich auf die bloße Mitgliedschaft beschränken

(...)

§ 153d StPO   Absehen von der Verfolgung bei Staatsschutzdelikten wegen überwiegender öffentlicher Interessen

(...)

§ 153e StPO   Absehen von der Verfolgung bei Staatsschutzdelikten wegen tätiger Reue

(...)

§ 153f StPO   Absehen von der Verfolgung bei Straftaten nach dem Völkerstrafgesetzbuch

(...)

§ 154a StPO   Beschränkung der Verfolgung

(1) Fallen einzelne abtrennbare Teile einer Tat oder einzelne von mehreren Gesetzesverletzungen, die durch dieselbe Tat begangen worden sind,
1. für die zu erwartende Strafe oder Maßregel der Besserung und Sicherung oder
2. neben einer Strafe oder Maßregel der Besserung und Sicherung, die gegen den Beschuldigten wegen einer anderen Tat rechtskräftig verhängt worden ist oder die er wegen einer anderen Tat zu erwarten hat, nicht beträchtlich

ins Gewicht, so kann die Verfolgung auf die übrigen Teile der Tat oder die übrigen Gesetzesverletzungen beschränkt werden. § 154 Abs. 1 Nr. 2 gilt entsprechend. Die Beschränkung ist aktenkundig zu machen.
(...)

§ 154b StPO Absehen von der Verfolgung bei Auslieferung und Ausweisung

(1) Von der Erhebung der öffentlichen Klage kann abgesehen werden, wenn der Beschuldigte wegen der Tat einer ausländischen Regierung ausgeliefert wird.

(2) Dasselbe gilt, wenn er wegen einer anderen Tat einer ausländischen Regierung ausgeliefert oder an einen internationalen Strafgerichtshof überstellt wird und die Strafe oder die Maßregel der Besserung und Sicherung, zu der die inländische Verfolgung führen kann, neben der Strafe oder der Maßregel der Besserung und Sicherung, die gegen ihn im Ausland rechtskräftig verhängt worden ist oder die er im Ausland zu erwarten hat, nicht ins Gewicht fällt.
(...)

§ 154c StPO Absehen von der Verfolgung des Opfers einer Nötigung oder Erpressung

(1) Ist eine Nötigung oder Erpressung (§§ 240, 253 des Strafgesetzbuches) durch die Drohung begangen worden, eine Straftat zu offenbaren, so kann die Staatsanwaltschaft von der Verfolgung der Tat, deren Offenbarung angedroht worden ist, absehen, wenn nicht wegen der Schwere der Tat eine Sühne unerlässlich ist.

(2) Zeigt das Opfer einer Nötigung oder Erpressung oder eines Menschenhandels (§§ 240, 253, 232 des Strafgesetzbuches) diese Straftat an (§ 159) und wird hierdurch bedingt ein vom Opfer begangenes Vergehen bekannt, so kann die Staatsanwaltschaft von der Verfolgung des Vergehens absehen, wenn nicht wegen der Schwere der Tat eine Sühne unerlässlich ist.

§ 154d StPO Verfolgung bei zivil- oder verwaltungsgerichtlicher Vorfrage

Hängt die Erhebung der öffentlichen Klage wegen eines Vergehens von der Beurteilung einer Frage ab, die nach bürgerlichem Recht oder nach Verwaltungsrecht zu beurteilen ist, so kann die Staatsanwaltschaft zur Austragung der Frage im bürgerlichen Strafverfahren oder im Verwaltungsstreitverfahren eine Frist bestimmen. Hiervon ist der Anzeigende zu benachrichtigen. Nach fruchtlosem Ablauf der Frist kann die Staatsanwaltschaft das Verfahren einstellen.

§ 154e StPO Absehen von der Verfolgung bei falscher Verdächtigung oder Beleidigung

(1) Von der Erhebung der öffentlichen Klage wegen einer falschen Verdächtigung oder Beleidigung (§§ 164, 185 bis 188 des Strafgesetzbuches) soll abgesehen werden, solange wegen der angezeigten oder behaupteten Handlung ein Straf- oder Disziplinarverfahren anhängig ist.
(...)

§ 154f StPO Einstellung des Verfahrens bei vorübergehenden Hindernissen

Steht der Eröffnung oder Durchführung des Hauptverfahrens für längere Zeit die Abwesenheit des Beschuldigten oder ein anderes in seiner Person liegendes Hindernis entgegen und ist die öffentliche Klage noch nicht erhoben, so kann die Staatsanwaltschaft das Verfahren vorläufig einstellen, nachdem sie den Sachverhalt so weit wie möglich aufgeklärt und die Beweise so weit wie nötig gesichert hat.

2.2 Täter-Opfer-Ausgleich

33   Eine Einstellung kommt unter Umständen auch dann in Betracht, wenn ein sogenannter Täter-Opfer-Ausgleich durchgeführt worden ist.

§ 155a StPO   Täter-Opfer-Ausgleich

Die Staatsanwaltschaft und das Gericht sollen in jedem Stadium des Verfahrens die Möglichkeiten prüfen, einen Ausgleich zwischen Beschuldigtem und Verletztem zu erreichen. In geeigneten Fällen soll sie darauf hinwirken. Gegen den ausdrücklichen Willen des Verletzten darf die Eignung nicht angenommen werden.

§ 46a StGB   Täter-Opfer-Ausgleich, Schadenswiedergutmachung

Hat der Täter
1. in dem Bemühen, einen Ausgleich mit dem Verletzten zu erreichen (Täter-Opfer-Ausgleich), seine Tat ganz oder zum überwiegenden Teil wiedergutgemacht oder deren Wiedergutmachung ernsthaft erstrebt oder
2. in einem Fall, in welchem die Schadenswiedergutmachung von ihm erhebliche persönliche Leistungen oder persönlichen Verzicht erfordert hat, das Opfer ganz oder zum überwiegenden Teil entschädigt,

so kann das Gericht die Strafe nach § 49 Absatz 1 mildern oder, wenn keine höhere Strafe als Freiheitsstrafe bis zu einem Jahr oder Geldstrafe bis zu dreihundertsechzig Tagessätzen verwirkt ist, von Strafe absehen.

§ 136 StPO   Vernehmung

(1) (...)
Satz 6: In geeigneten Fällen soll der Beschuldigte auch darauf, dass er sich schriftlich äußern kann, *sowie auf die Möglichkeit eines Täter-Opfer-Ausgleichs hingewiesen werden.*

34   Der Täter-Opfer-Ausgleich (TOA) hat bereits im Ermittlungsverfahren, also vor Anklageerhebung, eine große Bedeutung. In geeigneten Fällen soll auf die Durchführung eines solchen Ausgleichs hingewirkt werden (§ 155a Satz 2 StPO) – dies allerdings nicht gegen den Willen des Verletzten (§ 155a Satz 3 StPO). Ein erstes „Hinwirken" geschieht bereits dadurch, dass der Beschuldigte im Rahmen der ersten polizeilichen Vernehmung auf die Möglichkeit eines TOA hingewiesen wird (§ 136 Abs. 1 Satz 4 StPO). Zu den Einzelheiten der Durchführung eines TOA haben die jeweiligen Länder Regelungen und individuelle Konzeptionen erlassen.

2.3 Möglichkeiten der Verfahrenseinstellung nach Jugendrecht

Die nachgenannten Regeln betreffen Verfahren gegen Jugendliche und Heranwachsende, sofern bei den Heranwachsenden Jugendrecht zur Anwendung gelangt.
Da das Jugendstrafrecht den erzieherischen Gedanken verfolgt, sind dort auch die Einstellungsmöglichkeiten erweitert.

2.3.1 Absehen von der Verfolgung

§ 45 Abs. 1 und Abs. 2 JGG   Absehen von der Verfolgung

(1) Der Staatsanwalt kann ohne Zustimmung des Richters von der Verfolgung absehen, wenn die Voraussetzungen des § 153 der Strafprozessordnung vorliegen.

(2) Der Staatsanwalt sieht von der Verfolgung ab, wenn eine erzieherische Maßnahme bereits durchgeführt oder eingeleitet ist und er weder eine Beteiligung des Richters nach Absatz 3 noch die Erhebung der Anklage für erforderlich hält. Einer erzieherischen Maßnahme steht das Bemühen des Jugendlichen gleich, einen Ausgleich mit dem Verletzten zu erreichen.
(...)

Beispiel
Der 16jährige A hat im Supermarkt Süßigkeiten im Wert von 12 Euro in die Jacke gesteckt und anschließend die Kasse passiert, ohne die Ware zu bezahlen. Als ihn der Detektiv anspricht, räumt er den Diebstahl ein und gibt die Waren zurück. A wird von der Polizei in Anwesenheit seiner Eltern dazu vernommen. Auch dort ist A, dem das gesamte Verfahren hochgradig peinlich ist, geständig. A ist zuvor nicht strafrechtlich in Erscheinung getreten.

In diesem Fall wird die Staatsanwaltschaft das Ermittlungsverfahren gem. § 45 Abs. I JGG einstellen, weil die Schuld als gering anzusehen und zu erwarten ist, dass der Jugendliche durch das Ermittlungsverfahren so beeindruckt ist, dass er zukünftig nicht mehr stehlen wird.
Hätte A zuvor schon einmal gestohlen und wäre das damalige Verfahren bereits gem. § 45 Abs. I JGG eingestellt worden, hätte das Verfahren nicht den erwarteten erzieherischen Zweck erfüllt und A wäre nunmehr anzuklagen.

2.3.2 Beispiel einer staatsanwaltschaftlichen Einstellungsverfügung

Verfügung

1.) Von der Verfolgung wird abgesehen gemäß § 45 Abs. I JGG i. V. m. § 153 Abs. I StPO, weil die Schuld als gering anzusehen ist, kein öffentliches Interesse an der Verfolgung besteht und der Jugendliche durch die polizeiliche Vernehmung bereits hinreichend gewarnt und nachhaltig beeindruckt sein dürfte. (oder: Von der Verfolgung wird gem. § 45 Abs. II JGG abgesehen, weil eine erzieherische Maßnahme bereits durchgeführt oder eingeleitet ist und weder eine Beteiligung des Richters noch die Erhebung der Anklage für erforderlich gehalten wird.)

2.) Schreiben an den Beschuldigten Alexander Mustermann
(Einstellung gem. § 45 Absatz 1)

Sehr geehrter Herr Mustermann (Sehr geehrter Alexander)
Ermittlungsverfahren gegen Sie/Dich wegen (Tatvorwurf wird genannt)
Tatzeit: (…)
(Es folgt Beispiel eines Schreibens an Alexander)
Weil Du Einsicht gezeigt (oder die Tat eingeräumt, dich entschuldigt, den Schaden wiedergutgemacht hast) gehe ich davon aus, dass Dir das Unrecht Deines Verhaltens auch ohne strafrechtliche Verurteilung bewusstgeworden ist. Ich habe deshalb ausnahmsweise von der Möglichkeit Gebrauch gemacht, von einer Strafverfolgung gemäß § 45 Abs. 1 Jugendgerichtsgesetz abzusehen.
Ich erwarte, dass Du zukünftig keine neue Straftat mehr begehen wirst. Solltest Du diese Erwartung enttäuschen, werde ich andere Maßnahmen ergreifen und gegebenenfalls Anklage vor dem Jugendgericht erheben.
Die Einstellung des Verfahrens wird deshalb auch in das Erziehungsregister eingetragen, so dass diese Information im Falle einer erneuten Straftat allen Staatsanwaltschaften und Gerichten zur Verfügung steht. Die Eintragung gilt jedoch nicht als „Vorstrafe" und wird nicht in das polizeiliche Führungszeugnis aufgenommen.

Oder: (Einstellung gem. § 45 Abs. 2)
Du hast die Tat eingeräumt und eingesehen, dass Du Dich falsch verhalten hast. Ich gehe davon aus, dass das bisherige Verfahren Dich bereits genügend beeindruckt hat und eine Wiederholung nicht zu erwarten ist.
Ich spreche Dir hiermit eine **Ermahnung** aus.
Da eine weitere Ahndung entbehrlich ist, habe ich nach § 45 Abs. 2 Jugendgerichtsgesetz von der weiteren Verfolgung abgesehen.
Nach gesetzlichen Bestimmungen erfolgt allerdings eine Mitteilung zur Erziehungskartei, in die jedoch nur die Staatsanwaltschaft, das Gericht und das Jugendamt Einsicht haben.
Weitere Nachteile entstehen dadurch nicht. Du wirst darauf aufmerksam gemacht, dass Du bei etwaigen künftigen Verfehlungen (insbesondere gleicher Art) nicht mehr mit einer Einstellung wegen Geringfügigkeit rechnen kannst.
Etwaige zivilrechtliche Ansprüche werden durch das Absehen von der Strafverfolgung nicht berührt.

3.) Durchschrift von 2. an Verteidiger zur Kenntnisnahme (sofern der Beschuldigte einen Verteidiger hat).

4.) Durchschrift von 2. an gesetzl. Vertreter zur Kenntnisnahme.

Herrin des Ermittlungsverfahrens

5.) Kein Bescheid, weil Amtsanzeige.

oder:
Einstellungsbescheid an Anzeigeerstatter Herrn Müller
Ermittlungsverfahren gegen Alexander Mustermann
Tatvorwurf:
Tatzeit:
Ihre Strafanzeige vom
Sehr geehrter Herr Müller,
(dann je nach Einstellungsform)
nach § 45 Abs. 1 des Jugendgerichtsgesetzes kann die Staatsanwaltschaft von der Verfolgung einer Straftat absehen, wenn nur ein geringes Verschulden vorliegt und kein öffentliches Interesse an der Strafverfolgung besteht. Diese Voraussetzungen sind erfüllt, wenn die Tat unter Berücksichtigung sämtlicher Begleitumstände im Vergleich zu anderen vorkommenden Taten dieser Art im Schuldgehalt weniger schwer wiegt und eine Strafverfolgung nicht zwingend erforderlich erscheint. Diese Voraussetzungen liegen hier in Anbetracht der Gesamtumstände vor. Alexander hat Einsicht gezeigt, die Rechtsgutverletzung gering, Alexander ist bislang strafrechtlich nicht aufgefallen (oder: nicht in Erscheinung getreten)
Ich habe ihn vor Wiederholungen gewarnt und ihn auch daraufhin gewiesen, dass er nicht noch einmal mit einer Einstellung rechnen kann.
Ich habe von der weiteren Verfolgung der Straftat abgesehen. Das Verfahren bleibt hier allerdings für Wiederholungsfälle vermerkt. Alexander wurde darauf hingewiesen, dass er im Wiederholungsfall mit einer Anklage zu rechnen hat.
Etwaige zivilrechtliche Ansprüche bleiben durch das Absehen von einer Strafverfolgung unberührt.
Derartige Forderungen müssten Sie jedoch selbst gesondert geltend machen.
Mit freundlichen Grüßen

Oder (**§ 45 Abs. 2 JGG**)
Der Beschuldigte hat die Tat gestanden und er sieht sein Fehlverhalten ein. Das bisherige Verfahren sowie eine erzieherische Maßnahme haben ihn bereits ausreichend beeindruckt. Eine weitere Ahndung erscheint nicht erforderlich.
Ich habe deshalb von der weiteren Verfolgung nach § 45 Abs. 2 JGG abgesehen.
Durch diese Einstellung werden mögliche zivilrechtliche Ansprüche nicht berührt.
Sie müssten sie jedoch selbst gesondert geltend machen.

6.) Mitteilung an **Erziehungsregister** gem. § 60 Abs. 1 Nr. 7 BZRG
wegen (...) §§ (...)
und
Erkenntnismitteilung an
a) **Familiengericht** in (...) gem. MiStra Nr. 31
b) **Kreisjugendamt** in (...) gem. MiStra Nr. 32

7.) Erledigungsart: (Zählkarte)

8.) Frau Kostenbeamtin/Herrn Kostenbeamten.

9.) Weglegen.

Staatsanwalt Muster

40 Darüber hinaus kann ein Verfahren gegen einen Jugendlichen auch gem. § 45 Absatz 3 JGG eingestellt werden.

§ 45 Abs. 3 JGG   Absehen von der Verfolgung

(3) Der Staatsanwalt regt die Erteilung einer Ermahnung, von Weisungen nach § 10 Abs. 1 Satz 3 Nr. 4, 7 und 9 oder von Auflagen durch den Jugendrichter an, wenn der Beschuldigte geständig ist und der Staatsanwalt die Anordnung einer solchen richterlichen Maßnahme für erforderlich, die Erhebung der Anklage aber nicht für geboten hält. Entspricht der Jugendrichter der Anregung, so sieht der Staatsanwalt von der Verfolgung ab, bei Erteilung von Weisungen oder Auflagen jedoch nur, nachdem der Jugendliche ihnen nachgekommen ist. § 11 Abs. 3 und § 15 Abs. 3 Satz 2 sind nicht anzuwenden. § 47 Abs. 3 findet entsprechende Anwendung.

2.3.2 Beispiel einer Einstellungsverfügung

41

Verfügung

1. Die Ermahnung ist ausgesprochen (...).
   Die Auflage/Auflagen ist/sind erfüllt.

2. Von der Verfolgung wird gem. § 45 Abs. 3 JGG abgesehen.

3. a) Einstellungsbescheid an Anzeigeerstatter Alexander Muster– Bl. (...)
   b) Einstellungsnachricht an Beschuldigte/n (Bl. ...)

4. Mitteilung an Erziehungsregister gem. § 60 Abs. 1 Nr. 7, Abs. 2 BZRG
   wegen
   und Erkenntnismitteilung an Kreisjugendamt in (...)

5. Erledigungsart: (...)

> 6. Herrn Kostenbeamten/Frau Kostenbeamtin.
> 7. wegl.
>
> Staatsanwalt Muster

2.4 Einstellung oder Absehen von Strafe im Betäubungsmittelrecht

§ 31a BtMG Absehen von der Verfolgung

> (1) Hat das Verfahren ein Vergehen nach § 29 Abs. 1, 2 oder 4 zum Gegenstand, so kann die Staatsanwaltschaft von der Verfolgung absehen, wenn die Schuld des Täters als gering anzusehen wäre, kein öffentliches Interesse an der Strafverfolgung besteht und der Täter die Betäubungsmittel lediglich zum Eigengebrauch in geringer Menge anbaut, herstellt, einführt, ausführt, durchführt, erwirbt, sich in sonstiger Weise verschafft oder besitzt.
> (...)

§ 29 Abs. 5 BtMG Straftaten

> (...)
> (5) Das Gericht kann von einer Bestrafung nach den Absätzen 1, 2 und 4 absehen, wenn der Täter die Betäubungsmittel lediglich zum Eigenverbrauch in geringer Menge anbaut, herstellt, einführt, ausführt, durchführt, erwirbt, sich in sonstiger Weise verschafft oder besitzt.

Der Zweck dieser Vorschriften liegt darin, einen nicht zwingend gebotenen Verfahrensaufwand zu vermeiden und die Strafverfolgungsbehörden von der Verfolgung suchtbedingter Kleinkriminalität zu entlasten. Die mit Betäubungsmittelverstößen betrauten Behörden werden so in die Lage versetzt, die vorhandenen Ressourcen gegen den professionellen Betäubungsmittelhandel einzusetzen.[36] Teilweise wird auch argumentiert, dass die Strafverfolgung nicht jeden und schon gar nicht vor Selbstschädigung schützen kann.[37]

Das Bundesverfassungsgericht hat zur Frage der Verfassungsmäßigkeit des geltenden Betäubungsmittelrechts ausgeführt: „... Soweit die Strafvorschriften des Betäubungsmittelgesetzes Verhaltensweisen mit Strafe bedrohen, die ausschließlich den gelegentlichen Eigenverbrauch geringer Mengen von Cannabisprodukten vorbereiten und nicht mit einer Fremdgefährdung verbunden sind, verstoßen sie deshalb nicht gegen das Übermaßverbot, weil der Gesetzgeber es den Strafverfolgungsbehörden ermöglicht, durch das Absehen von Strafe (vgl. § 29 Abs. 5 BtMG) oder Strafverfolgung (§§ 153 ff. StPO, § 31a BtMG) einem geringen individuellen Unrechts- und Schuldgehalt der Tat Rechnung zu tragen. In diesen Fällen werden die Strafverfolgungsorgane nach dem Übermaßverbot von der Verfolgung der in § 31a BtMG bezeichneten Straftaten grundsätzlich abzusehen

---
36 BeckOK BtMG, Wettley § 31a Rn. 4
37 BeckOK BtMG, Wettley § 31a Rn. 6

haben."[38] Das Bundesverfassungsgericht hat insoweit betont, dass die Länder verpflichtet sind, für eine im Wesentlichen einheitliche Einstellungspraxis der Staatsanwaltschaften Sorge zu tragen.
Die Länder haben die Pflicht durch entsprechende Runderlasse konkretisiert. Der für Niedersachsen geltende Erlass des MJ und des MI vom 14.12.2020 bestimmt beispielsweise in Ziffer 2.2 (Geringe Mengen zum Eigenverbrauch):
„Bezieht sich die Tat auf den Umgang mit Cannabisprodukten ausschließlich zum Eigenverbrauch in einer Menge von nicht mehr als 6g und verursacht die Tat keine Fremdgefährdung, so kann die Staatsanwaltschaft das Ermittlungsverfahren gemäß § 31a BtMG einstellen. Dasselbe gilt, soweit der in Satz 1 bezeichnete unerlaubte Umgang mit Amphetamin in einer Menge bis 3g oder von bis zu fünf Tabletten Ecstasy (bis zu insgesamt 1,8 g) betroffen ist."[39]
In diesem Erlass wird klargestellt, dass dies nur für Fälle des Eigenkonsums gelte: „Dies gilt nicht, sofern zureichende tatsächliche Anhaltspunkte dafür bestehen, dass der Umgang mit Betäubungsmitteln einem anderen Zweck als dem gelegentlichen Eigenkonsum, insbesondere dem Handeltreiben, dient."
Zudem nimmt der Erlass auf andere als die eben genannten Betäubungsmittel Bezug:
„In den Verfahren, die den Umgang mit anderen als in Nummer 2.1.1 genannten unerlaubten Betäubungsmitteln (Heroin, Kokain usw.) betreffen, kommt eine Anwendung von § 31a BtMG nur in Ausnahmefällen in Betracht. Die Staatsanwaltschaft entscheidet über das Absehen von der Verfolgung nach den Umständen des Einzelfalls."[40]
Ist § 31a BtMG auch bei Jugendlichen oder Heranwachsenden anzuwenden? Ja, denn der o. g. niedersächsische Erlass hebt diese Anwendungsmöglichkeit deutlich hervor: Danach soll die Staatsanwaltschaft ein Vorgehen gemäß § 31a BtMG im Einzelfall prüfen und insbesondere berücksichtigen, dass eine solche Verfahrensweise mögliche Stigmatisierungseffekte durch die Eintragung der Verfahrenseinstellung im Erziehungsregister vermeidet. Zudem soll im Rahmen der Verhältnismäßigkeit und Gleichbehandlung berücksichtigt werden, dass bei Erwachsenen eine entsprechende Registrierung nicht erfolgt.[41]

2.5 Verweisung auf den Privatklageweg

Bei Delikten der Kleinkriminalität wird der Anzeigeerstatter bisweilen auf den Privatklageweg verwiesen. Das ist insbesondere bei Beleidigungsdelikten oder Hausfriedensbrüchen der Fall, wenn der Staatsanwalt zu dem Ergebnis gelangt, dass ein öffentliches Interesse an der Strafverfolgung nicht besteht. Der Privatperson bleibt es unbenommen, gem. § 381 StPO Privatklage zu erheben. Die Privatklage muss inhaltlich der Anklage entsprechen (vgl. §§ 381, 200 StPO). Die Privatklage wird wie eine Anklage durch das Gericht zugestellt. Das Gericht entscheidet darüber, ob es Hauptverhandlung anberaumt.

---

38 BVerfG Beschluss v. 9.3.1994 – 2 BvL 43/92 –, NJW 1994, 1577
39 Gem.RdErl. d.MJ u.d. MI v. 14.12.2020 – 4208-401-83 – VORIS 33210
40 Gem.RdErl. d.MJ u.d. MI v. 14.12.2020 – 4208-401-83 – VORIS 33210
41 Zf. 2.4 des vorgenannten Erlasses; Anders Weber BtMG § 29 Rn. 2098 f., der die §§ 45, 47 JGG auf für Straftaten Jugendlicher besser zugeschnitten sieht und darauf hinweist, dass die Eintragung in das Erziehungsregister den jugendstrafrechtlichen Besonderheiten entspreche.

§ 374 StPO Zulässigkeit; Privatklageberechtigte

(1) Im Wege der Privatklage können vom Verletzten verfolgt werden, ohne dass es einer vorgängigen Anrufung der Staatsanwaltschaft bedarf,
1. Hausfriedensbruch (§ 123 des Strafgesetzbuches)
2. eine Beleidigung (§§ 185 bis 189 des Strafgesetzbuches), wenn sie nicht gegen eine der in § 194 Abs. 4 des Strafgesetzbuches genannte politische Körperschaft gerichtet ist,
2a. eine Verletzung des höchstpersönlichen Lebensbereichs durch Bildaufnahmen (§ 201a Absatz 1 und 2 des Strafgesetzbuches),
3. eine Verletzung des Briefgeheimnisses (§ 202 des Strafgesetzbuches),
4. eine Körperverletzung (§§ 223 und 229 des Strafgesetzbuches),
5. eine Nötigung (§ 240 Absatz 1 bis 3 des Strafgesetzbuches) oder eine Bedrohung (§ 241 Absatz 1–3 des Strafgesetzbuches),
5a. eine Bestechlichkeit oder Bestechung im geschäftlichen Verkehr (§ 299 des Strafgesetzbuches)
6. eine Sachbeschädigung (§ 303 des Strafgesetzbuches),
6a. eine Straftat nach § 323a des Strafgesetzbuches, wenn die im Rausch begangene Tat ein in den Nummern 1 bis 6 genanntes Vergehen ist,
7. eine Straftat nach § 16 des Gesetzes gegen den unlauteren Wettbewerb und § 23 des Gesetzes zum Schutz von Geschäftsgeheimnissen,
8. eine Straftat nach § 142 Abs. 1 des Patentgesetzes (...)

(2) Die Privatklage kann auch erheben, wer neben dem Verletzten oder an seiner Stelle berechtigt ist, Strafantrag zu stellen. (...)

§ 376 StPO Anklageerhebung bei Privatklagedelikten

Die öffentliche Klage wird wegen der in § 374 bezeichneten Straftaten von der Staatsanwaltschaft nur dann erhoben, wenn dies im öffentlichen Interesse liegt.

§ 377 StPO Beteiligung der Staatsanwaltschaft; Übernahme der Verfolgung

(1) Im Privatklageverfahren ist der Staatsanwalt zu einer Mitwirkung nicht verpflichtet. Das Gericht legt ihm die Akten vor, wenn es die Übernahme der Verfolgung für geboten hält.

(2) Auch kann die Staatsanwaltschaft in jeder Lage der Sache bis zum Eintritt der Rechtskraft des Urteils durch eine ausdrückliche Erklärung die Verfolgung übernehmen. In der Einlegung eines Rechtsmittels ist die Übernahme der Verfolgung enthalten.

2.5.1 Beispiel einer staatsanwaltschaftlichen Verfügung

Verfügung
1. Das Ermittlungsverfahren wird mangels öffentlichen Interesses an der Strafverfolgung (§§ 170 Abs. 2, 376 StPO) eingestellt. Gründe: (...)
2. Schreiben an Horst Mustermann (Bl. ...) Ermittlungsverfahren gegen Angelika Muster

A II   47   Leitung der Ermittlungen

> Tatvorwurf: Hausfriedensbruch
> Tatzeit: (…)
> Ihre Strafanzeige vom (…)
> Nach Prüfung des Sachverhalts kann ein öffentliches Interesse an der Strafverfolgung der Frau Muster nicht angenommen werden. Das von Ihnen vorgetragene strafbare Verhalten gehört zu den Delikten, die nach der Strafprozessordnung grundsätzlich im Wege der Privatklage zu verfolgen sind.
> Die Staatsanwaltschaft soll in solchen Fällen nur dann einschreiten, wenn der Rechtsfrieden über den Lebenskreis des Verletzten hinaus gestört und die Strafverfolgung ein gegenwärtiges Anliegen der Allgemeinheit ist, das heißt, eine breite Bevölkerungsschicht an der Bestrafung des Täters ein Interesse hat. Die Voraussetzungen liegen hier nicht vor, weil das Delikt (Hausfriedensbruch) nur ihren persönlichen Lebenskreis betrifft. (…)
> Es bleibt Ihnen unbenommen, Privatklage gegen die Beschuldigte vor dem zuständigen Amtsgericht zu erheben, falls Sie sich davon Erfolg versprechen.
> Im Falle der Erhebung der Privatklage steht es Ihnen frei, bei dem zuständigen Gericht die Heranziehung dieser Akten zu beantragen.
> Die Privatklage wegen Hausfriedensbruchs ist in der Regel erst dann zulässig, wenn eine Verhandlung zur Beilegung des Streits (Schlichtungsverhandlung) bei dem Schiedsamt der Gemeinde, in dessen Bezirk die Beschuldigte wohnt, erfolglos geblieben ist. Die Schlichtungsverhandlung kann schriftlich oder zu Protokoll des gemeindlichen Schiedsamts beantragt werden. Das Schiedsamt am Wohnsitz der Beschuldigten oder das gemeindliche Schiedsamt, in dessen Bezirk Sie wohnen, können Ihnen nähere Auskünfte erteilen.
> Durch diese Einstellung werden mögliche zivilrechtliche Ansprüche nicht berührt. Sie müssten sie jedoch selbst gesondert geltend machen.
> Mit freundlichen Grüßen
>
> 3. Erledigungsart (Zählkarte)
>
> 4. Wiedervorlage am (…)
>   (Beschwerde? Sonst Einstellungsnachricht, weglegen)
>
> Staatsanwalt Klein-Mustermann

47 Ist ein Verweis auf den Weg der Privatklage auch bei Jugendlichen oder Heranwachsenden möglich?

§ 80 JGG   Privatklage und Nebenklage

(1) Gegen einen Jugendlichen kann Privatklage nicht erhoben werden. Eine Verfehlung, die nach den allgemeinen Vorschriften durch Privatklage verfolgt werden kann, verfolgt der Staatsanwalt auch dann, wenn Gründe der Erziehung oder ein berechtigtes Interesse des Verletzten, das dem Erziehungszweck nicht entgegensteht, es erfordern.

(2) Gegen einen jugendlichen Privatkläger ist Widerklage zulässig. Auf Jugendstrafe darf nicht erkannt werden.

(3) Der erhobenen öffentlichen Klage kann sich als Nebenkläger nur anschließen, wer verletzt worden ist ...

Gegen einen Jugendlichen ist die Privatklage mithin nicht zulässig. Der Beschuldigte muss zur Zeit der Tat mindestens 18 Jahre alt gewesen sein, sonst fehlt es ihm gegenüber an einer Prozessvoraussetzung.[42] Die Staatsanwaltschaft verfolgt entsprechende Taten, wenn neben den allgemeinen Voraussetzungen (wie beispielsweise bei Antragsdelikten der fristgerechte Strafantrag) gemäß § 80 Abs. 1 S. 2 JGG nur dann, wenn das öffentliche Interesse an der Strafverfolgung, Gründe der Erziehung oder ein berechtigtes Interesse des Geschädigten, das dem Erziehungszweck nicht entgegensteht, dies erfordert. Anderenfalls stellt die Staatsanwaltschaft das Verfahren gemäß § 170 Abs. 2 StPO ein.

2.6 Sonderprobleme Einstellung des Ermittlungsverfahrens bei ausländischen Beschuldigten/Sicherstellung zum Zwecke der Durchführung des Strafbefehlsverfahrens

Die Staatsanwaltschaft kann ein Ermittlungsverfahren gegen einen Beschuldigten, der keinen festen Wohnsitz in der Bundesrepublik hat, einstellen gegen Sicherheitsleistung. Die Staatanwaltschaft wird in der Regel so verfahren, wenn das Delikt der unteren/mittleren Kriminalität zuzuordnen ist, sodass ein Haftbefehl nicht verhältnismäßig wäre, aber damit zu rechnen ist, dass der Beschuldigte wieder einreist. Sie hat so die Möglichkeit, durch die Sicherheitsleistung im Falle der Wiedereinreise die Durchführung des Verfahrens sicherzustellen. Die Anordnung der Sicherheitsleistung erfolgt durch das Amtsgericht. Anschließend wird der Staatsanwalt das Verfahren – vorläufig – gem. § 154f StPO einstellen oder aber den Erlass eines Strafbefehls (Geldstrafe kann u. U. der erbrachten Sicherheitsleistung entsprechen) beantragen, wobei dieser dann an die von dem Beschuldigten genannte Person zugestellt werden kann.

> **Merke**
> Die Person, die der Beschuldigte benennt, muss eingewilligt haben, dass sie als Zustellungsbevollmächtigte Zustellungen entgegennimmt. Sonst ist die Zustellung nicht wirksam möglich.

Deshalb ist dringend zu empfehlen, als Zustellungsbevollmächtigte nur die benennen zu lassen, die von dem jeweils zuständigen Amtsgericht dafür eingesetzt sind. In der Regel sind das jeweils dort tätige Geschäftsstellenbeamte. Die Namen der im Amtsgericht benannten Zustellungsbevollmächtigten können dort erfragt werden.

---

42 Eisenberg/Kölbel JGG § 80 Rn. 3

§ 132 StPO   Sicherheitsleistung, Zustellungsbevollmächtigter

(1) Hat der Beschuldigte, der einer Straftat dringend verdächtig ist, im Geltungsbereich dieses Gesetzes keinen festen Wohnsitz oder Aufenthalt, liegen aber die Voraussetzungen eines Haftbefehls nicht vor, so kann, um die Durchführung des Strafverfahrens sicherzustellen, angeordnet werden, dass der Beschuldigte
1. eine angemessene Sicherheit für die zu erwartende Geldstrafe und die Kosten des Verfahrens leistet und
2. eine im Bezirk des zuständigen Gerichts wohnende Person zum Empfang von Zustellungen bevollmächtigt.

§ 116a Abs. 1 gilt entsprechend.

(2) Die Anordnung dürfen nur der Richter, bei Gefahr im Verzuge auch die Staatsanwaltschaft und ihre Ermittlungspersonen (§ 152 des Gerichtsverfassungsgesetzes) treffen.

(3) Befolgt der Beschuldigte die Anordnung nicht, so können Beförderungsmittel und andere Sachen, die der Beschuldigte mit sich führt und die ihm gehören, beschlagnahmt werden. Die §§ 94 und 98 gelten entsprechend.

2.6.1   Beispiel einer staatsanwaltschaftlichen Verfügung

Verfügung

1. Vermerk:
    a) Der Beschuldigte Igor Muster hat im Inland keinen festen Wohnsitz oder Aufenthaltsort und ist aus dem Bundesgebiet wieder ausgereist (Bl. ...)
    b) Mit einer Wiedereinreise des Beschuldigten Muster in das Bundesgebiet ist zu rechnen. Gegen den Beschuldigten Muster soll deshalb aus den Gründen des Beschlussentwurfs zu Ziffer 4. für den Fall der Wiedereinreise eine Maßnahme gem. § 132 StPO beantragt werden. Die Maßnahme soll in die Personenfahndung aufgenommen und bei Wiedereinreise vollstreckt werden. Die Aufhebung der Maßnahme wird nach Eintritt der Strafverfolgungsverjährung beantragt und die entsprechende Fahndung gelöscht werden.

2. Einstellung gem. § 154f StPO aus den Gründen des vorstehenden Vermerks, dort lit. a).

3. Erledigungsart: (...)

4. Urschriftlich mit Akten
    dem Amtsgericht
    – Ermittlungsrichter –
    in Musterdorf
    unter Bezugnahme auf den vorstehenden Vermerk mit dem Antrag übersandt, einen Beschluss nach nachfolgendem Entwurf zu erlassen:
    In dem Ermittlungsverfahren gegen Igor Muster
    wegen (...)
    wird gemäß § 132 StPO angeordnet, dass der Beschuldigte Igor Muster

> für die zu erwartende Geldstrafe und die Kosten des Verfahrens eine Sicherheitsleistung in Höhe von (...) Euro zu leisten hat.
> Der Betrag ist unter Angabe der Geschäftsnummer (...) zahlbar an die Staatsanwaltschaft Musterdorf
> Igor Muster hat eine in der Bundesrepublik Deutschland wohnende Person zum
> Empfang von Zustellungen zu bevollmächtigt, nämlich (...).
> Befolgt der Beschuldigte diese Anordnung nicht, können Beförderungsmittel und
> andere Sachen, die der Beschuldigte mit sich führt und die ihm gehören, beschlagnahmt werden.
>
> **Gründe:**
> Der Beschuldigte Igor Muster hat im Inland keinen festen Wohnsitz oder Aufenthaltsort. Er ist dringend verdächtig, am (...) in (...) folgende Straftat begangen zu haben (...).
> Der dringende Tatverdacht ergibt sich aus folgenden Umständen (...).
> Wegen der Tat hat der Beschuldigte eine Geldstrafe zu erwarten. Der Erlass eines Haftbefehls wäre unverhältnismäßig.
> Für den Fall einer erneuten Einreise des Beschuldigten erscheint zur Sicherung der Durchführung des Strafverfahrens die angeordnete Maßnahme gem. § 132 StPO erforderlich.
>
> 5. Wiedervorlage 1 Woche
>
> Staatsanwalt Klein-Muster

3. Die Durchführung der Ermittlungen

Um die Ermittlungen umfassend führen zu können, hat die Strafprozessordnung der Staatsanwaltschaft umfangreiche Befugnisse eingeräumt. Sie kann die Ermittlungen selber führen oder die Polizei (ihre Ermittlungspersonen) damit beauftragen.
Sie kann jederzeit Zeugen oder Beschuldigte selber vernehmen, soweit sie dies für erforderlich hält.

Beispiel
Viele Jahre, nachdem ein Todesermittlungsverfahren eingestellt worden war, da die Ermittlungen Hinweise auf einen Suizid ergaben (die Person hatte sich auf ein Bahngleis gelegt und wurde von einem Zug erfasst), meldet sich ein Zeuge bei der Polizei, zunächst anonym, dann unter Bekanntgabe seiner Personalien, und behauptet, dass er in der mutmaßlichen Tatnacht mit zwei Männern nach einer Party auf dem Heimweg gewesen sei, als man das spätere Opfer getroffen habe. Einer seiner Begleiter habe sich auffällig verhalten, sei dem Opfer gefolgt und später aus Richtung des Ortes gekommen, an dem der Zug den Geschädigten erfasst habe.

Wegen der besonderen Relevanz erfolgte die Vernehmung des Zeugen – zum Unverständnis der Polizei – durch die Staatsanwältin.

54 In dem Hauptverfahren vertritt die Staatsanwaltschaft die Anklage, stellt nach Beendigung der Beweisaufnahme einen Antrag und ist darüber hinaus für die Vollstreckung der Strafe gegen Erwachsene zuständig, wohingegen Strafen nach dem Jugendrecht durch das Gericht (grundsätzlich durch das Amtsgericht, in dessen Bezirk der Jugendliche/Heranwachsende wohnt) vollstreckt werden.

55 | **Merke**
- Die Staatsanwaltschaft leitet die Ermittlungen von Beginn der Ermittlungen an bis zu deren Abschluss.
- Sie entscheidet, ob sie Anklage erhebt oder das Ermittlungsverfahren einstellt.
- Bei der Durchführung der Ermittlungen greift sie auf ihre sog. Ermittlungspersonen zurück, kann aber auch jederzeit selber Zeugen und/oder Beschuldigte vernehmen oder auch an Durchsuchungen oder anderen Maßnahmen teilnehmen.
- Sie entscheidet grundsätzlich über Art und Umfang der Ermittlungen.
- Sie vertritt die Anklage in der Hauptverhandlung, stellt nach der Beweisaufnahme einen Antrag und vollstreckt die Strafen gegen Erwachsene.
- Wird von einem ausländischen Beschuldigten eine Sicherheitsleistung erhoben, um später möglicherweise im Strafbefehlswege zu verfahren, so kann zustellungsbevollmächtigt nur eine Person werden, die dem zugestimmt hat. Deshalb sollte stets auf Zustellungsbevollmächtigte des jeweiligen Amtsgerichts zurückgegriffen werden.

B. Das Strafverfahren

Der Strafprozess besteht aus vier Verfahrensabschnitten. Zum Ziel des Prozesses formuliert Schmitt in Meyer-Goßner:[43] „Sein Ziel ist nicht die Überführung des Angeklagten, sondern ein objektiver Ausspruch über Schuld, Strafe oder sonstige strafrechtlichen Maßnahmen." Treffender lässt sich das Ziel des Strafverfahrens, das Ziel der Arbeit der Ermittlungsbehörden und der Gerichte nicht definieren. Es soll von der ersten Minute an objektiv ermittelt werden, die Gerichte sollen objektiv den angeklagten Sachverhalt aufklären und bewerten. Gelingt dies, besteht die größte und beste Chance, die materielle Wahrheit zu ermitteln und festzustellen und so eine gerechte Entscheidung am Ende des Strafverfahrens zu erlangen.
Wer in diesem Prozess wann wie tätig wird oder tätig werden darf und welche Maßnahmen ergreifen kann, wie Beweise erhoben werden dürfen und ob sie verwertbar sind, regelt die Strafprozessordnung. Dabei ist insbesondere die Durchführung der Hauptverhandlung sehr formal gestaltet.

56

I. Ermittlungsverfahren

1. Beginn

Ein Ermittlungsverfahren beginnt, indem die Staatsanwaltschaft (§ 160 StPO) oder die Polizei (§ 163 StPO) Maßnahmen ergreifen, die darauf abzielen, strafrechtlich zu ermitteln, unabhängig davon, ob die ersten Ermittlungen sich schon gegen eine konkrete Person richten oder gegen unbekannt. Dabei können Staatsanwaltschaft und/oder Polizei von Amts wegen Ermittlungen einleiten oder aufgrund einer Anzeige. Das Ermittlungsverfahren ist schriftlich zu führen, das heißt, alle Beweise, alle Ermittlungshandlungen, Aussagen etc. müssen sich aus der Akte ergeben.

57

§ 160 StPO   Pflicht zur Sachverhaltsaufklärung

(1) Sobald die Staatsanwaltschaft durch eine Anzeige oder auf anderem Wege von dem Verdacht einer Straftat Kenntnis erhält, hat sie zu ihrer Entschließung darüber, ob die öffentliche Klage zu erheben ist, den Sachverhalt zu erforschen.

(2) Die Staatsanwaltschaft hat nicht nur die zur Belastung, sondern auch die zur Entlastung dienenden Umstände zu ermitteln und für die Erhebung der Beweise Sorge zu tragen, deren Verlust zu besorgen ist.

(3) Die Ermittlungen der Staatsanwaltschaft sollen sich auch auf die Umstände erstrecken, die für die Bestimmung der Rechtsfolgen der Tat von Bedeutung sind. Dazu kann sie sich der Gerichtshilfe bedienen.

---

43 Meyer-Goßner/Schmitt StPO Einl. Rn. 1

§ 163 StPO   Aufgaben der Polizei im Ermittlungsverfahren

(1) Die Behörden und Beamten des Polizeidienstes haben Straftaten zu erforschen und alle keinen Aufschub gestattenden Anordnungen zu treffen, um die Verdunkelung der Sache zu verhüten. Zu diesem Zwecke sind sie befugt, alle Behörden um Auskunft zu ersuchen, bei Gefahr im Verzug auch, die Auskunft zu verlangen, sowie Ermittlungen jeder Art vorzunehmen, soweit nicht andere gesetzliche Vorschriften ihre Befugnisse besonders regeln.

(2) Die Behörden und Beamte des Polizeidienstes übersenden ihre Verhandlungen ohne Verzug der Staatsanwaltschaft. Erscheint die beschleunigte Vornahme richterlicher Untersuchungshandlungen erforderlich, so kann die Übersendung unmittelbar an das Amtsgericht erfolgen.

(3) Zeugen sind verpflichtet, auf Ladung vor Ermittlungspersonen der Staatsanwaltschaft zu erscheinen und zur Sache auszusagen, wenn der Ladung ein Auftrag der Staatsanwaltschaft zugrunde liegt. (...) Die eidliche Vernehmung bleibt dem Gericht vorbehalten.
(...)

2. Gang/Beendigung des Ermittlungsverfahrens

58 Werden Maßnahmen ergriffen, die strafrechtlich erkennbar gegen eine Person gerichtet sind, ist diese Person als Beschuldigter zu führen. Wird in einer Anzeige gegen eine Person schlüssig ein strafrechtlich relevanter Vorgang geschildert, ist die Person, gegen die sich die Anzeige richtet, als Beschuldigter zu führen. Bei den dann durchzuführenden Ermittlungen ist der Sachverhalt so aufzuhellen, dass die Staatsanwaltschaft in die Lage versetzt wird darüber zu entscheiden, ob angeklagt oder das Ermittlungsverfahren eingestellt wird. Dabei sind die Ermittlungen objektiv zu führen. Es ist alles Belastende und Entlastende zusammenzutragen. Ebenso sind die Umstände zu ermitteln, die für die Bewertung der Schuld, der Schuldfähigkeit und das Strafmaß von Bedeutung sein können. Besteht eine sogenannte Erforschungspflicht gem. § 163 Absatz 1 StPO, wird die Polizei aktiv ohne staatsanwaltschaftlichen Auftrag. Die Polizeibeamten bleiben jedoch auch in dieser Funktion Ermittlungspersonen der Staatsanwaltschaft.[44]
Der Staatsanwaltschaft kommt im Ermittlungsverfahren die Aufgabe der Lenkung zu.[45] Sie hat insbesondere darauf zu achten, dass das gesamte Verfahren rechtmäßig abläuft, Beweise verwertbar erhoben werden, Beteiligte korrekt über ihre Rechte belehrt werden.

59 Je schwerwiegender der Tatvorwurf ist und je komplexer die durchzuführenden Ermittlungen sind, umso frühzeitiger sollte deshalb die Polizei die Staatsanwaltschaft informieren. Ansonsten kann die Staatsanwaltschaft ihre Aufgaben nicht erfüllen. Gerade bei Tötungsdelikten oder auch Sexualdelikten oder Delikten aus der Organisierten Kriminalität kann die Staatsanwaltschaft nur dann Ermittlungen leiten und auf die Ermittlungsrichtung und ihren Umfang Einfluss nehmen, wenn sie frühzeitig und auch intensiv eingebunden ist.

---

44 Meyer-Goßner/Schmitt StPO § 163 Rn. 1
45 BVerfG NJW 76, 231; Meyer-Goßner/Schmitt StPO § 163 Rn. 3; BGH 51, 285 ff.

Die Staatsanwaltschaft ist anders als die Polizei nur Verfolgungsbehörde, die Polizei ist hingegen auch für Gefahrenabwehr/Prävention zuständig.
Die Polizei hat alle Ergebnisse ihrer Ermittlungen der Staatsanwaltschaft vorzulegen. Es besteht der Grundsatz der Aktenvollständigkeit.

Jedes Ermittlungsverfahren ist der Staatanwaltschaft vorzulegen, gänzlich unabhängig davon, ob die Ermittlungen zu einem Beschuldigten geführt haben oder nicht.[46]

Wird die Akte der Staatsanwaltschaft vorgelegt, prüft der Staatsanwalt zunächst, ob und ggf. welche Straftatbestände erfüllt sind und ob alle erforderlichen Ermittlungen geführt worden sind. Gegebenenfalls wird er Nachermittlungen in Auftrag geben oder selber vornehmen. Gelangt er zu dem Ergebnis, dass kein Tatbestand erfüllt, die Tat gerechtfertigt ist oder kein hinreichender Tatverdacht vorliegt, wird er das Ermittlungsverfahren gem. § 170 Abs. 2 StPO einstellen. Ferner wird er prüfen, ob andere Einstellungen in Betracht kommen (§§ 153 ff. StPO).

Entscheidet er sich anzuklagen, vermerkt er in der Abschlussverfügung „Die Ermittlungen sind abgeschlossen".

Sobald dieser Vermerk zur Akte gelangt, ist das Ermittlungsverfahren förmlich abgeschlossen, der Beschuldigte wird nunmehr zum **„Angeschuldigten"**.

Der Vermerk hindert die Staatsanwaltschaft allerdings nicht, auch danach (im Zwischenverfahren oder auch Hauptverfahren) weitere Ermittlungen zu führen, so sie dies für erforderlich hält.

Welchen Inhalt die Anklageschrift zu haben hat, ergibt sich aus **§ 200 StPO**.

§ 200 StPO Inhalt der Anklageschrift

(1) Die Anklageschrift hat den Angeschuldigten, die Tat, die ihm zur Last gelegt wird, Zeit und Ort ihrer Begehung, die gesetzlichen Merkmale der Straftat und die anzuwendenden Strafvorschriften zu bezeichnen (Anklagesatz). In ihr sind ferner die Beweismittel, das Gericht, vor dem die Hauptverhandlung stattfinden soll, und der Verteidiger anzugeben. Bei der Benennung von Zeugen ist deren Wohn- oder Aufenthaltsort anzugeben, wobei es jedoch der Angabe der vollständigen Anschrift nicht bedarf. In den Fällen des § 68 Absatz Satz 2, Absatz 2 Satz 2 genügt die Angabe des Namens des Zeugen. Wird ein Zeuge benannt, dessen Identität ganz oder teilweise nicht offenbart werden soll, so ist dies anzugeben; für die Geheimhaltung des Wohn- oder Aufenthaltsortes des Zeugen gilt dies entsprechend.

(2) In der Anklageschrift wird auch das wesentliche Ergebnis der Ermittlungen dargestellt. Davon kann abgesehen werden, wenn Anklage beim Strafrichter erhoben wird.

3. Anklage

In der Praxis wird nur in Schöffengerichtsanklagen und Anklagen vor dem Landgericht/Oberlandesgericht die Anklage mit einem sogenannten „Wesentlichen Ergebnis" versehen. Je nach Umfang der Ermittlungen kann auch bei einer

---

46 Meyer-Goßner/Schmitt StPO § 163 Rn. 25

Mordanklage die Anklage 150 Seiten umfassen. Der abstrakte und konkrete Anklagesatz, die in der Hauptverhandlung verlesen werden, erstrecken sich in der Regel auch bei Mordanklagen hingegen nur auf wenige Seiten. Es wird der Tatbestand der Delikte aufgeführt (abstrakter Anklagesatz) und die Konkretisierung, also der konkrete Sachverhalt, der den vorgestellten Tatbestand/Tatbestände erfüllt. Dabei ist nicht nur der Sachverhalt darzulegen, der den objektiven Tatbestand schildert, sondern auch der subjektive Tatbestand (etwa: In der Absicht, O sicher zu töten, stach er nunmehr 20mal in Brust und Hals.) Später in der Hauptverhandlung verliest der Staatsanwalt nur den abstrakten und konkreten Anklagesatz, nicht aber das wesentliche Ergebnis der Ermittlungen.

62 **Beispiel**
A wird angeklagt, in Musterhausen am 15.5.2021 um 15 Uhr einen Menschen getötet zu haben, ohne Mörder zu sein. (abstrakter Anklagesatz)
Ihm wird zur Last gelegt: Am 15.5.2021 suchte A den B an dessen Wohnadresse in Musterhausen auf. Beide gerieten in Streit. A schlug mit einem Ast dem B mit Wucht auf den Kopf, wohl wissend, dass dies zu lebensgefährlichen Verletzungen führen kann, was ihm aber gleichgültig war. A erlitt einen Schädelbasisbruch und verstarb noch am Tatort.
Verbrechen strafbar gem. § 212 StGB. (konkreter Anklagesatz).
Sodann folgt das sogenannte „Wesentliche Ergebnis der Ermittlungen", sämtliche relevanten Erkenntnisse zur Person des A und zur Tat (Aussagen der Zeugen, Erkenntnisse der Spurensicherung, Erkenntnisse aus der Obduktion etc.) werden aufgeführt.

63 Die vollständige Akte inklusiv aller Sonderhefte/Fallakten/Bildberichte etc. wird mit der Anklageschrift und der Abschlussverfügung an das zuständige Gericht gesandt. Zeitgleich wird in Haftsachen der Ermittlungsrichter darüber in Kenntnis gesetzt, dass Anklage erhoben worden ist, weil sich die Zuständigkeit für die Haftsache nunmehr auf das Gericht der Hauptsache verlagert.

64 In sogenannten Umfangsverfahren wird neben der Papierakte inzwischen mit elektronischer Akte gearbeitet. Mit Abschluss des Verfahrens wird das elektronische Aktendoppel aktualisiert. Verteidiger, psychiatrische Sachverständige und der Nebenklägervertreter sowie der Leiter der Ermittlungsgruppe/Mordkommission erhalten einen Datenträger, letzterer zur leichteren Vorbereitung der Polizei für die Hauptverhandlung.

4. Beispiel einer staatsanwaltschaftlichen Abschlussverfügung vor Anklageerhebung

65
Verfügung Sofort! HAFT!
1. Die Ermittlungen sind abgeschlossen.

2. Erledigungsart (…)

3. Anklage nach anl. Entwurf 10fach fertigen.

4. BZR – Auszug für Angeschuldigten X erfordern (Bl. ... d.A.)

5. MiStra-Mitteilungen an (...)

6. Mitteilung an Amtsgericht Musterhausen
zu _____ Gs _____/_____, dass Anklage vor dem Landgericht in Musterhausen erhoben worden ist.

7. Anklage an die hiesigen Pressesprecher (...)

8. Akte ab Bl (...) nachscannen und je ein vollständiges elektronisches Aktendoppel an Verteidiger V, Nebenklägervertreter N und den Leiter der MOKO P

9. Urschriftlich mit Akten, Beiakten, Sonderheften und den Asservaten (...)
an das
Landgericht
– Schwurgericht –
Musterhausen
mit dem Antrag aus der anliegenden Anklageschrift übersandt.

10. Handakten-Wiedervorlage 1 Monat (Terminierung erfolgt?)

Staatsanwalt Muster

5. Strafbefehl

Der Staatsanwalt kann in Verfahren gegen Erwachsene oder Heranwachsende aber auch den Erlass eines Strafbefehls beantragen.[47]
Anders als in der Anklage heißt es nun nicht „Dem Angeschuldigten wird vorgeworfen...", sondern „Ihnen wird zur Last gelegt, am ... in..." (es folgen abstrakter und konkreter Anklagesatz sowie die zu verhängende Strafe).
Der Staatsanwalt verfasst den Text des Strafbefehls und sendet seinen Antrag an das zuständige Gericht. Der Richter prüft, ob ein hinreichender Tatverdacht besteht (§ 408 Abs. 2 StPO) und erlässt (unterschreibt) sodann den Strafbefehl.
Der Strafbefehl wird dem Angeschuldigten zugestellt. Dieser hat Gelegenheit, innerhalb einer Frist von zwei Wochen nach Zustellung Einspruch einzulegen (§ 410 StPO). Legt er Einspruch ein, beraumt der Richter Hauptverhandlung an. Legt der Angeschuldigte keinen Einspruch ein, wird der Strafbefehl rechtskräftig und steht einem Urteil gleich (§ 410 Abs. 3 StPO). Hält der Richter das Strafbefehlsverfahren nicht für geeignet, wird er den Strafbefehl nicht erlassen und Hauptverhandlungstermin anberaumen.

---

47 Nicht bei Jugendlichen, vgl. § 79 JGG.

67 Das Strafbefehlsverfahren bietet sich insbesondere bei noch nicht vorbestraften und geständigen Beschuldigten an. In diesen Fällen ist es so möglich, auf eine Beweisaufnahme bzw. eine Hauptverhandlung zu verzichten.
Das Verfahren ist nicht zulässig gegen Jugendliche. Bei ihnen wird der erzieherische Gedanke verfolgt. Der Richter soll im Rahmen einer Hauptverhandlung die Möglichkeit wahrnehmen, mit dem Jugendlichen die Sache zu erörtern und so darauf hinzuwirken, dass der Jugendliche zukünftig nicht mehr straffällig wird.
Im Strafbefehlswege kann eine Geldstrafe oder eine Freiheitsstrafe von **maximal** einem Jahr (mit Strafaussetzung zur Bewährung) verhängt werden.
Wird also das Strafbefehlsverfahren durchgeführt, erfolgt keine Beweisaufnahme. Zeugen werden durch das Gericht nicht vernommen. Das Gericht prüft den hinreichenden Tatverdacht allein anhand der Aktenlage.

§ 407 StPO Zulässigkeit

(1) Im Verfahren vor dem Strafrichter und im Verfahren, das zur Zuständigkeit des Schöffengerichts gehört, können bei Vergehen auf schriftlichen Antrag der Staatsanwaltschaft die Rechtsfolgen der Tat durch schriftlichen Strafbefehl ohne Hauptverhandlung festgesetzt werden. Die Staatsanwaltschaft stellt diesen Antrag, wenn sie nach dem Ergebnis der Ermittlungen eine Hauptverhandlung nicht für erforderlich erachtet. Der Antrag ist auf bestimmte Rechtsfolgen zu richten. Durch ihn wird die öffentliche Klage erhoben.

(2) Durch den Strafbefehl dürfen nur die folgenden Rechtsfolgen der Tat, allein oder nebeneinander, festgesetzt werden:
1. Geldstrafe, Verwarnung mit Strafvorbehalt, Fahrverbot, Einziehung, Vernichtung, Unbrauchbarmachung, Bekanntgabe der Verurteilung und Geldbuße gegen eine juristische Person oder Personenvereinigung,
2. Entziehung der Fahrerlaubnis, bei der die Sperre nicht mehr als zwei Jahre beträgt,
2a) Verbot des Haltens oder Betreuens von sowie der Handel oder des sonstigen berufsmäßigen Umgangs mit Tieren jeder oder einer bestimmten Art für die Dauer von einem Jahr bis zu drei Jahren sowie
3. Absehen von Strafe.

Hat der Angeschuldigte einen Verteidiger, so kann auch Freiheitsstrafe bis zu einem Jahr festgesetzt werden, wenn deren Vollstreckung zur Bewährung ausgesetzt wird.

(3) Der vorherigen Anhörung des Angeschuldigten durch das Gericht (§ 33 Abs. 3) bedarf es nicht.

6. Beispiel einer staatsanwaltschaftlichen Abschlussverfügung im Strafbefehlsverfahren

68

Verfügung:
1. Die Ermittlungen sind abgeschlossen
2. Strafbefehl betr. Horst Muster 6-fach fertigen

> 3. **Vermerk:**
>   Geldstrafe berechnet sich wie folgt:
>   (Gesamt-) Tagessätze: 80
>   Einzeltagessätze: Tat zu Ziffer 1 und 2: je 50 Tagessätze
>   Höhe Tagessatzes: 40 EURO
>   Hinweis Ratenantrag
>   Führerscheinmaßnahme (Entzug der Fahrerlaubnis)
>   Sperrfrist: 12 Monate
>
> 4. den Akten die Beiakten (...) beifügen
>
> 5. Für den Fall des Einspruchs soll verhandelt werden vor dem:
>   Strafrichter bei dem Amtsgericht in Musterhausen
>
> 6. Handakten Wiedervorlage in 6 Monaten
>
> Staatsanwalt Muster

II. Zwischenverfahren

Mit Eingang der Anklage und der Akten ist der Vorsitzende des Gerichts zuständig, an das die Anklage gesandt worden ist (bei Strafrichteranklagen also der jeweilige Strafrichter, bei Anklage an eine Strafkammer der Vorsitzende dieser Strafkammer.) **69**
Der Richter stellt dem Angeschuldigten die Anklage zu und fordert ihn zugleich auf, innerhalb einer zu bestimmenden Frist mitzuteilen, ob er die Vornahme einzelner Beweiserhebungen vor der Entscheidung über die Eröffnung des Hauptverfahrens beantragen oder Einwendungen gegen die Eröffnung des Hauptverfahrens vorbringen wolle (§ 201 StPO). Manchmal ordnet der Richter im Zwischenverfahren weitere Ermittlungen an (§ 202 SPO).
Das Gericht prüft eigenständig, ob ein hinreichender Tatverdacht besteht. Bejaht es den hinreichenden Tatverdacht, eröffnet es das Hauptverfahren, der „Angeschuldigte" wird nun zum **„Angeklagten"**.

Das Gericht (nun nicht mehr nur der Vorsitzende der Kammer, sondern die Richter der Kammer) trifft dabei – genauso wie die Staatsanwaltschaft bei Anklageerhebung – eine Prognoseentscheidung. Verneint das Gericht den hinreichenden Tatverdacht, erlässt es einen Nichteröffnungsbeschluss, der durch die Staatsanwaltschaft im Wege der Beschwerde angegriffen werden kann. **70**
Der Eröffnungsbeschluss/Nichteröffnungsbeschluss wird den Verfahrensbeteiligten zugestellt. Ferner teilt der Vorsitzende den Beteiligten die Besetzung der Kammer mit. Die Verfahrensbeteiligten haben die Gelegenheit, einen Besetzungseinwand zu erheben (§ 222b StPO). Wird der Besetzungseinwand zu Beginn der Hauptverhandlung erhoben, führt dies bereits zu ersten Verzögerungen im Ablauf der Hauptverhandlung.

§ 203 StPO   Eröffnungsbeschluss

Das Gericht beschließt die Eröffnung des Hauptverfahrens, wenn nach den Ergebnissen des vorbereitenden Verfahrens der Angeschuldigte einer Straftat hinreichend verdächtig ist.

§ 204 StPO   Nichteröffnungsbeschluss

(1) Beschließt das Gericht, das Hauptverfahren nicht zu eröffnen, so muss aus dem Beschluss hervorgehen, ob er auf tatsächlichen oder auf Rechtsgründen beruht.
(...)

§ 207 StPO   Inhalt des Eröffnungsbeschlusses

(1) In dem Beschluss, durch den das Hauptverfahren eröffnet wird, lässt das Gericht die Anklage zur Hauptverhandlung zu und bezeichnet das Gericht, vor dem die Hauptverhandlung stattfinden soll.
(...)

III. Hauptverfahren

71 Die Vorbereitung der Hauptverhandlung erfolgt durch den Vorsitzenden, der auch die Hauptverhandlung leitet (§ 238 StPO). Er bestimmt den Termin, lädt den Angeklagten, den Verteidiger, die Zeugen, Sachverständigen, sorgt dafür, dass die geladenen Personen escheinen und ordnet gegebenenfalls notwendige sitzungspolizeiliche Maßnahmen an. Die Hauptverhandlung beginnt mit dem Aufruf der Sache. Während der Hauptverhandlung haben das Gericht, der Sitzungsvertreter der Staatsanwaltschaft und grundsätzlich (anders bei dem Strafrichter) der Urkundsbeamte der Geschäftsstelle durchgängig anwesend zu sein (§ 226 StPO). Dasselbe gilt für den Angeklagten (§ 230 StPO). Erscheint er nicht, wird der Vorsitzende seine Vorführung anordnen oder Haftbefehl erlassen. Nur in ganz engen Ausnahmefällen kann ohne den Angeklagten verhandelt werden (§ 231b, 232, 233 StPO). Die Hauptverhandlung darf nur bestimmte Zeit ausgesetzt werden (§ 229 StPO).

IV. Vollstreckungsverfahren

72 Die verhängte Strafe wird grundsätzlich durch die Staatsanwaltschaft vollstreckt. Ist eine Jugendstrafe verhängt worden, wird diese durch den Jugendrichter (Grundsätzlich zuständig ist das Amtsgericht, in dessen Bezirk der Jugendliche wohnt.) vollstreckt.

73 Neben Geldstrafen werden durch die Staatsanwaltschaft auch die Freiheitsstrafen vollstreckt. Das Vollstreckungsverfahren endet, sobald die Geldstrafe komplett beglichen bzw. die Freiheitsstrafe vollstreckt wurde oder im Falle vorzeitiger Entlassung bei Aussetzung des Strafrests zur Bewährung oder bei zur Bewährung ausgesetzten Freiheitstrafen mit dem Beschluss der Strafvollstreckungskammer,

dass die Strafe erlassen ist. Wird eine lebenslange Freiheitsstrafe vollstreckt, kann das Vollstreckungsverfahren durchaus über 30 Jahre dauern.

Merke
- Das Ermittlungsverfahren beginnt mit der Ergreifung von Maßnahmen, die darauf abzielen, strafrechtlich zu ermitteln.
- Erhebt die Staatsanwaltschaft Anklage, wird aus dem Beschuldigten ein Angeschuldigter, sobald das Gericht das Hauptverfahren eröffnet hat, ein Angeklagter.
- Für die Vollstreckung von Strafen nach Erwachsenenrecht ist die Staatsanwaltschaft zuständig.

C. Antragsdelikte, Verjährung

I. Antragsdelikte
1. Delikte

75 Es gibt sogenannte absolute (§§ 123, 145a, 185, 186, 187, 201, 202, 203, 204, 247, 248b, 248c, 288, 289, 323a, 355 StGB) und relative Antragsdelikte (§§ 106 ff. Urhebergesetz, § 142 Patentgesetz, § 25 Gebrauchsmustergesetz, § 10 Halbleiterschutzgesetz, § 39 Sortenschutzgesetz, §§ 143 und 143a Markengesetz, § 51 und § 65 Designgesetz, § 33 Kunsturhebergesetz, §§ 17–19 Gesetz gegen unlauteren Wettbewerb, aber auch im Strafgesetzbuch, nämlich dort: §§ 182 Abs. 3, 183, 201a, 202a und 202b, 223, 229, 235, 238, 248a, 248c, 299, 303, 303a, 303b).

76 Absolute Antragsdelikte können ohne Strafantrag **nicht** verfolgt werden.
Relative Antragsdelikte können auch dann verfolgt werden, wenn kein Strafantrag vorliegt, die Staatsanwaltschaft aber das besondere öffentliche Interesse an der Strafverfolgung bejaht.

Beispiele
Im § 230 StGB heißt es etwa: „Die vorsätzliche Körperverletzung nach § 233 und die fahrlässige Körperverletzung nach § 229 werden **nur auf Antrag** verfolgt, es sei denn, dass die Strafverfolgungsbehörde **ein Einschreiten von Amts wegen für geboten** hält." (= relatives Antragsdelikt)
Hingegen heißt es im § 123 Absatz 2 klar: „Die Tat wird **nur auf Antrag** verfolgt."

2. Antragsberechtigte

77 Den Strafantrag können nur Antragsberechtigte stellen und das auch nur innerhalb einer Frist von grundsätzlich drei Monaten (ab Kenntnisnahme).

§ 77 StGB Antragsberechtigte

(1) Ist die Tat nur auf Antrag verfolgbar, so kann, soweit das Gesetz nichts anderes bestimmt, der Verletzte den Antrag stellen.

(2) Stirbt der Verletzte, so geht sein Antragsrecht in den Fällen, die das Gesetz bestimmt, auf den Ehegatten, den Lebenspartner und die Kinder über. Hat der Verletzte weder einen Ehegatten oder einen Lebenspartner noch Kinder hinterlassen oder sind sie vor Ablauf der Antragsfrist gestorben, so geht das Antragsrecht auf die Eltern über, und, wenn auch sie vor Ablauf der Antragsfrist gestorben sind auf die Geschwister und die Enkel über. Ist ein Angehöriger an der Tat beteiligt oder ist seine Verwandtschaft erloschen, so scheidet er bei dem Übergang des Antragsrechts aus. Das Antragsrecht geht nicht über, wenn die Verfolgung dem erklärten Willen des Verletzten widerspricht.

(3) Ist der Antragsberechtigte geschäftsunfähig oder beschränkt geschäftsfähig, so können der gesetzliche Vertreter in den persönlichen Angelegenheiten

und derjenige, dem die Sorge für die Person des Antragsberechtigten zusteht, den Antrag stellen.

(4) Sind mehrere antragsberechtigt, so kann jeder den Antrag selbständig stellen.

§ 77b StGB Antragsfrist

(1) Eine Tat, die nur auf Antrag verfolgbar ist, wird nicht verfolgt, wenn der Antragsberechtigte es unterlässt, den Antrag bis zum Ablauf der Frist von drei Monaten zu stellen. Fällt das Ende der Frist auf einen Sonntag, einen allgemeinen Feiertag oder einen Sonnabend, so endet die Frist mit dem Ablauf des nächsten Werktags.

(2) Die Frist beginnt mit Ablauf des Tages, an dem der Berechtigte von der Tat und der Person des Täters Kenntnis erlangt. Für den Antrag des gesetzlichen Vertreters und des Sorgeberechtigten kommt es auf dessen Kenntnis an.

(3) Sind mehrere antragsberechtigt oder mehrere an der Tat beteiligt, so läuft die Frist für und gegen jeden gesondert.

(4) Ist durch den Tod des Verletzten das Antragsrecht auf Angehörige übergegangen, so endet die Frist frühestens drei Monate und spätestens sechs Monate nach dem Tod des Verletzten.

(5) Der Lauf der Frist ruht, wenn ein Antrag auf Durchführung eines Sühneversuchs gemäß § 380 der Strafprozessordnung bei der Vergleichsbehörde eingeht, bis zur Ausstellung der Bescheinigung nach § 380 Abs. 1 Satz 3 der Strafprozessordnung.

3. Strafantrag

Der Antrag ist Prozessvoraussetzung.[48] Strafantrag ist nicht identisch mit Strafanzeige! Eine Straftat kann jedermann anzeigen, einen Strafantrag hingegen kann nur der Geschädigte bzw. sein gesetzlicher Vertreter stellen.

4. Besonderes öffentliches Interesse an der Strafverfolgung

Das besondere öffentliche Interesse kann durch die Staatsanwaltschaft ausdrücklich (Es wird eine entsprechende Erklärung zur Akte genommen.) oder stillschweigend (etwa durch Anklageerhebung) bejaht werden.[49] Die Erklärung der Staatsanwaltschaft kann nicht vom Gericht geprüft werden.

II. Verjährung

Die Strafverfolgung unterliegt – genauso wie die Strafvollstreckung – der Verjährung. Von besonderer Bedeutung für die Polizei ist die sogenannte Strafverfolgungsverjährung. Ist nämlich Strafverfolgungsverjährung eingetreten, darf nicht

---

48 Fischer StGB § 77 Rn. 4
49 Fischer StGB § 230 Rn. 4

mehr ermittelt werden. Sie stellt ein Verfahrenshindernis dar. Das Verfahren ist „ohne Wenn und Aber" einzustellen.

§ 78 StGB Verjährungsfrist

(1) Die Verjährung schließt die Ahndung der Tat und die Anordnung von Maßnahmen (§ 11 Abs. 1 Nr. 8) aus. § 76a Absatz 2 bleibt unberührt.
(2) Verbrechen nach § 211 (Mord) verjähren nicht.
(3) Soweit die Verfolgung verjährt, beträgt die Verjährungsfrist
1. dreißig Jahre bei Taten, die mit lebenslanger Freiheitsstrafe bedroht sind,
2. zwanzig Jahre bei Taten, die im Höchstmaß mit Freiheitsstrafen von mehr als zehn Jahren bedroht sind,
3. zehn Jahre bei Taten, die im Höchstmaß mit Freiheitsstrafen von mehr als fünf Jahren bis zu zehn Jahren bedroht sind,
4. fünf Jahre bei Taten, die im Höchstmaß mit Freiheitsstrafen von mehr als einem Jahr bis zu fünf Jahren bedroht sind,
5. drei Jahre bei den übrigen Taten.

(4) Die Frist richtet sich nach der Strafandrohung des Gesetzes, dessen Tatbestand die Tat verwirklicht, ohne Rücksicht auf Schärfungen oder Milderungen, die nach den Vorschriften des allgemeinen Teils oder für besonders schwere oder minder schwere Fälle vorgesehen sind.

§ 78a StGB Beginn

Die Verjährung beginnt, sobald die Tat beendet ist. Tritt ein zum Tatbestand gehörender Erfolg erst später ein, so beginnt die Verjährung mit diesem Zeitpunkt.

81 **Beispiele**
(1) Dem Beschuldigten wird zur Last gelegt, am 1.1.2021 im Kaufhaus X Waren im Wert von 100,00 EUR entwendet zu haben. Wann tritt Strafverfolgungsverjährung ein?
Lösung: Die Verjährung berechnet sich hier nach § 78 Abs. 1 Nr. 4 StGB und beträgt mithin 5 Jahre. Die dem Beschuldigten zur Last gelegte Tat ist gemäß § 242 StGB mit Strafe bedroht. Die Strafvorschrift droht Freiheitsstrafe bis zu 5 Jahren oder Geldstrafe an – im Höchstmaß also mehr als 1 bis zu 5 Jahre Freiheitsstrafe.
Gemäß § 78a StGB beginnt die Verjährung, sobald die Tat beendet ist. Dies ist dann der Fall, sobald Strafverfolgung möglich ist, also sowohl das tatbestandsmäßige Verhalten als auch eventuell zum Tatbestand gehörende Erfolge vollständig abgeschlossen sind.[50] Der Tag, an dem eben diese Voraussetzungen eintreten, ist bei der Berechnung der Verjährungsfrist mit einzurechnen. Daraus folgt, dass die Verjährung nach Ablauf der Verjährungsfrist in Jahren mit dem Ablauf des Tages eintritt, der seiner Benennung nach dem Tag vor dem Tag der Beendigung entspricht.[51]

---

50 BeckOK StGB/Dallmeyer § 78a Rn. 1
51 BeckOK StGB/Dallmeyer § 78a Rn. 3

Verjährung

In obigem Fallbeispiel tritt mithin am 31.12.2026 Strafverfolgungsverjährung ein.

(2) Dem Beschuldigten wird in dem oben unter (1) dargelegten Fallbeispiel zur Last gelegt, zuvor mittels Schlossstechen in das Kaufhaus eingedrungen zu sein. Wann tritt Strafverfolgungsverjährung ein?
Lösung: Auch hier berechnet sich die Verjährung nach § 78 Abs. 1 Nr. 4 StGB und beträgt 5 Jahre. Die dem Beschuldigten zur Last gelegte Tat ist gemäß § 243 StGB mit Strafe bedroht. Die Strafvorschrift droht Freiheitsstrafe von 3 Monaten bis zu bis zu 10 Jahren an. Hier ist allerdings § 78 Abs. 4 StGB zu berücksichtigen, wonach die Frist sich nach der Strafdrohung des Gesetzes, dessen Tatbestand die Tat verwirklicht richtet, ohne Rücksicht auf Schärfungen oder Milderungen, die nach den Vorschriften des Allgemeinen Teils oder für besonders schwere oder minder schwere Fälle vorgesehen sind. Die Vorschrift des § 243 StGB stellt einen besonders schweren Fall des § 242 StGB dar und bleibt hier daher unberücksichtigt. Auch in diesem Fall tritt mithin am 31.12.2026 Strafverfolgungsverjährung ein.

(3) Dem Beschuldigten wird zur Last gelegt, zur Begehung der Tat in eine dauerhaft genutzte Privatwohnung eingedrungen zu sein. Wann tritt Strafverfolgungsverjährung ein?
Lösung: Dem Beschuldigten wird ein Verbrechen des Wohnungseinbruchdiebstahls gemäß § 244 Abs. 4 StGB zur Last gelegt. Diese Vorschrift droht eine Freiheitsstrafe von 1 Jahr bis zu 10 Jahren an. Unter Anwendung von § 78 Abs. 3 Nr. 3 StGB tritt mithin am 31.12.2031 Strafverfolgungsverjährung ein.

Unter bestimmten Voraussetzungen kann die Verjährungsfrist ruhen (§ 78b StGB) oder auch unterbrochen werden (§ 78c StGB).

> **Merke**
> - Es gibt relative und absolute Antragsdelikte.
> - Absolute Antragsdelikte können nur mit Strafantrag verfolgt werden.
> - Strafantrag kann innerhalb einer Frist von drei Monaten nur von dem Geschädigten oder seinem gesetzlichen Vertreter gestellt werden.
> - Strafantrag und Strafanzeige sind nicht identisch. Strafanzeige kann jeder erstatten.
> - Ist Strafverfolgungsverjährung eingetreten, darf die Tat nicht mehr verfolgt werden.

D. DNA-Unterschiede zwischen § 81a/e und § 81g StPO

83 **Beispiele**

(1) Es wird angeregt, einen Beschluss gem. §§ 81a, c und f StPO einzuholen, weil der Beschuldigte x gewaltbereit ist und in Zukunft mit weiteren Taten zu rechnen ist.

(2) Es wird die Beantragung eines richterlichen Beschlusses zur Entnahme von Körperzellen gem. §§ 81a, f und 81c, f StPO beantragt.
B steht im Verdacht, ein versuchtes Tötungsdelikt begangen zu haben. Zur Annahme, dass gegen ihn zukünftig erneut Strafverfahren von erheblicher Bedeutung zu führen sind, bestehen folgende Gründe: Die Tat ist eine Zufallstat. B zeigt eine geringe Hemmschwelle. Er ist vermutlich suchtkrank, arbeitslos und ohne feste Bindungen.
Es hat ein Abgleich mit Tatortspuren zu erfolgen.

Anregungen wie in obigen Beispielen lesen wir häufig. Fast nie wird sauber unterschieden und deutlich gemacht, auf welcher gesetzlichen Grundlage die Anregung mit welcher Begründung umgesetzt werden soll und mit welchem Ziel.

Im **Fall 1** wird gar nicht unterschieden und auch nur pauschal begründet.

Im **Fall 2** ist zwar die Begründung im Ansatz da, aber nicht ausreichend und vor allem fehlen Angaben dazu, mit welchen Spuren am Tatort ein Abgleich erfolgen soll. Gibt es überhaupt Spuren, mit denen abgeglichen werden kann?

I. Untersuchung von DNA im laufenden Verfahren zum Abgleich mit Tatortspuren

84 § 81a StPO Körperliche Untersuchung des Beschuldigten; Zulässigkeit körperlicher Eingriffe

(1) Eine körperliche Untersuchung des Beschuldigten darf zur Feststellung von Tatsachen angeordnet werden, die für das Verfahren von Bedeutung sind. Zu diesem Zweck sind Entnahmen von Blutproben und andere körperliche Eingriffe, die von einem Arzt nach den Regeln der ärztlichen Kunst zu Untersuchungszwecken vorgenommen werden, ohne Einwilligung des Beschuldigten zulässig, wenn kein Nachteil für seine Gesundheit zu befürchten ist.

(2) Die Anordnung steht dem Richter, bei Gefährdung des Untersuchungserfolges durch Verzögerung auch der Staatsanwaltschaft und ihren Ermittlungspersonen (§ 152 des Gerichtsverfassungsgesetzes) zu. Die Entnahme einer Blutprobe bedarf abweichend von Satz 1 keiner richterlichen Anordnung, wenn bestimmte Tatsachen den Verdacht begründen, dass eine Straftat nach § 315a Absatz 1 Nummer 1, Absatz 2 und 3, § 315c Absatz 1 Nummer 1 Buchstabe a, Absatz 2 und 3 oder § 316 des Strafgesetzbuchs begangen worden ist.

(3) Dem Beschuldigten entnommene Blutproben oder sonstige Körperzellen dürfen nur für den Zweck des der Entnahme zugrundeliegenden oder eines

anderen anhängigen Strafverfahrens verwendet werden; sie sind unverzüglich zu vernichten, sobald sie hierfür nicht mehr erforderlich sind.

§ 81e StPO Molekulargenetische Untersuchung

(1) An dem durch Maßnahmen nach § 81a Absatz 1 oder 81c erlangten Material dürfen mittels molekulargenetischer Untersuchung das DNA-Identifizierungsmuster der Abstammung und das Geschlecht der Person festgestellt und diese Feststellungen mit Vergleichsmaterial abgeglichen werden, soweit dies zur Erforschung des Sachverhalts erforderlich ist. Andere Feststellungen dürfen nicht erfolgen; hierauf gerichtete Untersuchungen sind unzulässig.

(2) Nach Absatz 1 zulässige Untersuchungen dürfen auch an aufgefundenem, sichergestelltem oder beschlagnahmtem Material durchgeführt werden. Ist unbekannt, von welcher Person das Spurenmaterial stammt, dürfen zusätzliche Feststellungen über die Augen-, Haar- und Hautfarbe sowie das Alter der Person getroffen werden. Absatz 1 Satz 2 und § 81a Abs. 3 erster Halbsatz gelten entsprechend. Ist bekannt, von welcher Person das Material stammt, gilt § 81f Absatz 1 entsprechend.

§ 81f StPO Verfahren bei molekulargenetischer Untersuchung

(1) Untersuchungen nach § 81e Abs. 1 dürfen ohne schriftliche Einwilligung der betroffenen Person nur durch das Gericht, bei Gefahr im Verzug auch durch die Staatsanwaltschaft und ihre Ermittlungspersonen (§ 152 des Gerichtsverfassungsgesetzes) angeordnet werden. Die einwilligende Person ist darüber zu belehren, für welchen Zweck die zu erhebenden Daten verwendet werden.

(2) Mit der Untersuchung nach § 81e sind in der schriftlichen Anordnung Sachverständige zu beauftragen, die öffentlich bestellt oder nach dem Verpflichtungsgesetz verpflichtet oder Amtsträger sind, die der ermittlungsführenden Behörde nicht angehören oder einer Organisationseinheit dieser Behörde angehören, die von der ermittlungsführenden Dienststelle organisatorisch und sachlich getrennt ist. Diese haben durch technische und organisatorische Maßnahmen zu gewährleisten, dass unzulässige molekulargenetische Untersuchungen und unbefugte Kenntnisnahme Dritter ausgeschlossen sind. Dem Sachverständigen ist das Untersuchungsmaterial ohne Mitteilung des Namens, der Anschrift und des Geburtstages und -monats der betroffenen Person zu übergeben. (...)

1. Anwendungsbereich

Es sollen **verfahrenserhebliche** Tatsachen festgestellt werden.[52] Dem Beschuldigten soll im laufenden Ermittlungsverfahren molekulargenetisches Material entnommen werden (oder er soll untersucht werden, etwa auf Spuren der Tat), um seine Spuren mit denen am Tatort abzugleichen (beispielsweise Blutspuren am Tatort oder DNA am Tatwerkzeug).

---

52 Meyer-Goßner/Schmitt StPO § 81 a Rn. 6

86 Die Untersuchung macht demzufolge nur dann Sinn, wenn ein Spurenabgleich möglich ist. Im Übrigen ist zu beachten, dass die Entnahme und die Untersuchung des molekulargenetischen Materials nur angeordnet werden darf, wenn zum Abgleich Material vorhanden ist.[53] Das bedeutet aber nicht, dass erst abgewartet werden muss, bis alle Tatortspuren untersucht worden sind. Vielmehr ist es ausreichend, dass aufgrund der Art der Tatbegehung am Tatort bzw. am Tatwerkzeug oder anderen Gegenständen molekulargenetisches Material des Täters zu erwarten ist.[54] Die Vorschrift ermöglicht die einfache körperliche Untersuchung des Beschuldigten, Blutentnahme, Entnahme von Körperzellen, Harn, Samen u. a., aber auch Untersuchungen wie Computertomographie, Hirnstromuntersuchungen, Röntgenuntersuchungen zur Altersbestimmung. Ist der Untersuchungszweck erfüllt, ist das entnommene molekulargenetische Material zu vernichten. Eine Speicherung ist nicht zulässig.

87 Ist unbekannt, von welcher Person das aufgefundene Material stammt, dürfen seit 10.12.2019 auch Feststellungen zu Alter, Augen-, Haar- und Hautfarbe getroffen werden; ein interessanter Ansatz für etwaige Altfälle.

2. Voraussetzungen

88 Die Untersuchung des Beschuldigten dient der Feststellung konkreter Tatsachen im laufenden Verfahren, die Tatsachen sind für das Verfahren von Bedeutung, es entstehen mit an Sicherheit grenzender Wahrscheinlichkeit keine gesundheitlichen Nachteile für den Beschuldigten und die Maßnahme ist im Verhältnis zum Tatverdacht und zur Schwere der Tat verhältnismäßig.

3. Formulierungsvorschlag

89 Der Beschuldigte B steht im Verdacht, (…).
Am Tatort wurden folgende Spuren festgestellt: (…).
Oder: Es sind aufgrund Spurenlage am Tatort DNA-Spuren des Täters zu erwarten, weil (…). Zur Prüfung, ob der Beschuldigte B am Tatort war, das Tatwerkzeug angefasst hat oder (…) ist es für die laufenden Ermittlungen unerlässlich, seine DNA mit den Spuren am Tatort abzugleichen.
Es wird daher angeregt, einen Beschluss gem. §§ 81a, 81e StPO zur Entnahme von molekulargenetischem Material bei dem Tatverdächtigen B und der molekulargenetischen Untersuchung des Materials sowie dem Abgleich mit den Tatortspuren zu beantragen und mit der Untersuchung das Landeskriminalamt in (…) zu beauftragen. Angesichts der Schwere der Tat (…) und des Umstandes, dass andere Möglichkeiten zur Klärung, ob die am Tatort/Tatwerkzeug vorgefundenen Spuren von B stammen, nicht bestehen, ist die Maßnahme auch verhältnismäßig.

---

53 LG Saarbrücken StV 01, 265
54 Meyer-Goßner/Schmitt StPO § 81 e Rn. 4

> **Merke**
> – Die Entnahme molekulargenetischen Materials beim Beschuldigten im laufenden Verfahren zum Zwecke des Abgleichs mit Spuren richtet sich nach
>   §§ 81a, 81e StPO.
> – Ist unklar, ob am Tatort/Leichenfundort vorgefundene Spuren zum Täter gehören, darf das DNA-Material näher untersucht werden.
>   Es dürfen dann auch Augen- Haar- und Hautfarbe ermittelt werden.
>   Dies bietet einen interessanten Ansatz in allen Cold Cases mit Spurenlage.

II. DNA-Identifizierung in zukünftigen Verfahren

§ 81g StPO   DNA-Identitätsfeststellung

(1) Ist der Beschuldigte einer Straftat von erheblicher Bedeutung oder einer Straftat gegen die sexuelle Selbstbestimmung verdächtig, dürfen ihm zur Identitätsfeststellung in künftigen Strafverfahren Körperzellen entnommen und zur Feststellung des DNA-Identifizierungsmusters sowie des Geschlechts molekulargenetisch untersucht werden, wenn wegen der Art oder Ausführung der Tat, der Persönlichkeit des Beschuldigten oder sonstiger Erkenntnisse Grund zu der Annahme besteht, dass gegen ihn künftig Strafverfahren wegen einer Straftat von erheblicher Bedeutung zu führen sind. Die wiederholte Begehung sonstiger Straftaten kann im Unrechtsgehalt einer Straftat von erheblicher Bedeutung gleichstehen.

(2) Die entnommenen Körperzellen dürfen nur für die in Absatz 1 genannte molekulargenetische Untersuchung verwendet werden; sie sind unverzüglich zu vernichten, sobald sie hierfür nicht mehr erforderlich sind. Bei der Untersuchung dürfen andere Feststellungen als diejenigen, die zur Ermittlung des DNA-Identifizierungsmusters sowie des Geschlechts erforderlich sind, nicht getroffen werden; hierauf gerichtete Untersuchungen sind unzulässig.

Ansatz 3: Die Entnahme der Körperzellen darf ohne schriftliche Einwilligung des Beschuldigten nur durch das Gericht, bei Gefahr im Verzug auch durch die Staatsanwaltschaft und ihre Ermittlungspersonen (§ 152 des Gerichtsverfassungsgesetzes) angeordnet werden. Die molekulargenetische Untersuchung der Körperzellen darf ohne schriftliche Einwilligung des Beschuldigten nur durch das Gericht angeordnet werden. Die einwilligende Person ist darüber zu belehren, für welchen Zweck die zu erhebenden Daten verwendet werden. § 81f Abs. 2 gilt entsprechend. In der schriftlichen Begründung des Gerichts sind einzelfallbezogen darzulegen
1 die für die Beurteilung der Erheblichkeit der Straftat bestimmenden Tatsachen,
2. die Erkenntnisse, auf Grund derer Grund zu der Annahme besteht, dass gegen den Beschuldigten künftig Strafverfahren zu führen sein werden, sowie
3. die Abwägung der jeweils maßgeblichen Umstände.

(4) Die Absätze 1 bis 3 gelten entsprechend, wenn die betroffene Person wegen der Tat rechtskräftig verurteilt oder nur wegen
1. erwiesener oder nicht auszuschließender Schuldunfähigkeit,
2. auf Geisteskrankheit beruhender Verhandlungsunfähigkeit oder

3. fehlender oder nicht auszuschließender fehlender Verantwortlichkeit (§ 3 des Jugendgerichtsgesetzes) nicht verurteilt worden ist und die entsprechende Eintragung im Bundeszentralregister oder Erziehungsregister noch nicht getilgt ist.

(5) Die erhobenen Daten dürfen beim Bundeskriminalamt gespeichert und nach Maßgabe des Bundeskriminalamtgesetzes verwendet werden. Das Gleiche gilt
1. unter den in Absatz 1 genannten Voraussetzungen für die nach § 81e Abs. 1 erhobenen Daten eines Beschuldigten sowie
2. für die nach § 81e Abs. 2 Satz 1 erhobenen Daten.
Die Daten dürfen nur für Zwecke eines Strafverfahrens, bei Gefahrenabwehr und der internationalen Rechtshilfe hierfür übermittelt werden. Im Fall des Satzes 2 Nr. 1 ist der Beschuldigte unverzüglich von der Speicherung zu benachrichtigen und darauf hinzuweisen, dass er die gerichtliche Entscheidung beantragen kann.

1. Anwendungsbereich

92 § 81g StPO erlaubt unter engen Voraussetzungen die Identitätsfeststellung in **zukünftigen** Strafverfahren. Es geht nunmehr also nicht darum, aktuelle Spuren in einem laufenden Ermittlungsverfahren abzugleichen, sondern molekulargenetisches Material zu entnehmen, das DNA-Muster zu bestimmen und zu speichern, um in Zukunft bei neuen Verfahren abgleichen zu können, ob der Beschuldigte als Täter in Betracht kommt. Die Maßnahme ist daher insbesondere bei gewaltgeneigten Tätern und bei Sexualstraftätern angezeigt.

2. Voraussetzungen

93 Ziel der Maßnahme ist die Identitätsfeststellung in zukünftigen Verfahren. Zulässig ist dies bei folgenden Deliktsgruppen:

2.1 Straftaten von erheblicher Bedeutung

94 Dazu zählen alle Verbrechen, aber auch andere Delikte mit erheblichen Folgen bzw. Gewalteinsatz (beispielsweise gefährliche Körperverletzung, Diebstahl im besonders schweren Fall).

2.2 Sexualdelikte

95 Anlasstat kann sogar eine Speicherung von Schriften auf dem Computer gem. § 184b Absatz 4 Satz 2 StGB sein.[55]

2.3 Wiederholt begangene Straftaten

96 Die Straftaten müssen nicht der Kategorie a oder b unterfallen. Teilweise wird von den Gerichten verlangt, dass geprüft wird, ob die wiederholt begangenen Delikte in ihrer Gesamtheit einen ähnlichen Unrechtsgehalt wie die Delikte der

---

55 AG Bremen NStZ – RR 08, 346

Kategorie a) aufweisen[56] oder sich aus der wiederholten Begehung eine ähnliche Gefährlichkeit ergibt.

Voraussetzung ist weiter, dass die Gefahr neuer und einschlägiger Straftaten besteht. Bei der Prognose spielen etwa die kriminelle Energie, mit der der Verurteilte bislang vorgegangen ist, seine Persönlichkeit, sein Nachtatverhalten, seine Motive, Vorstrafen, psychische Erkrankungen, Alkohol- oder Drogenabhängigkeit, Rückfallgeschwindigkeit, die aktuellen Lebensumstände sowie allgemeine kriminalistische Erfahrungen eine wesentliche Rolle.

Selbst wenn das Gericht, das den Verurteilten zuletzt zwar zu einer Freiheitstrafe verurteilt, die Vollstreckung aber zur Bewährung ausgesetzt hat, weil es davon ausgeht, dass der Verurteilte zukünftig keine Straftaten mehr begehen wird, kann im Einzelfall die Speicherung des DNA- Musters zur Identitätsfeststellung in zukünftigen Verfahren dennoch zulässig sein.[57]

3. Formulierungsvorschlag

Der Beschuldigte ist zuletzt wegen (...) verurteilt worden (oder der Beschuldigte ist verdächtig (...). Die Straftat ist von erheblicher Bedeutung/es handelt sich um eine Sexualstraftat/eine Wiederholungstat. Es wird angeregt, einen Beschluss gem. § 81g StPO zur Identitätsfeststellung in zukünftigen Verfahren einzuholen, weil aufgrund folgender Umstände auch in Zukunft weitere einschlägige Delikte zu erwarten sind: (...)

Merke
- Die Entnahme molekulargenetischen Materials beim Beschuldigten zur Identifizierung des Beschuldigten in zukünftigen Verfahren richtet sich nach § 81g StPO.
- Warum in Zukunft weitere Straftaten zu erwarten sind, ist ausführlich zu begründen. Pauschale Formeln reichen nicht aus.

---

56 Vgl. dazu: LG Würzburg StraFo 10, 22; LG Bremen StV 11, 403
57 BVerfG 103, 21

E. Untersuchung Tatunverdächtiger

I. Anwendungsbereich

100 Die Vorschrift des § 81c StPO ermöglicht die Untersuchung von Personen, die nicht der Tat verdächtig sind, aber als Zeugen in Betracht kommen. Personen, gegen die kein Tatverdacht besteht, sollen weitgehend vor Eingriffen in Freiheitsrechte und hoheitlichen Eingriffen in Form körperlich wirkender Zwangsmaßnahmen geschützt werden. Die Vorschrift des § 81c StPO lässt entsprechende Maßnahmen daher nur in geringerem Umfang als § 81a StPO zu.[58]

II. Voraussetzungen

101 **§ 81c StPO Untersuchung anderer Personen**

(1) Andere Personen als Beschuldigte dürfen, wenn sie als Zeugen in Betracht kommen, ohne ihre Einwilligung nur untersucht werden, soweit zur Erforschung der Wahrheit festgestellt werden muss, ob sich an ihrem Körper eine bestimmte Spur oder Folge einer Straftat befindet.

(2) Bei anderen Personen als Beschuldigten sind Untersuchungen zur Feststellung der Abstammung und die Entnahme von Blutproben ohne Einwilligung des zu Untersuchenden zulässig, wenn kein Nachteil für seine Gesundheit zu befürchten und die Maßnahme zur Erforschung der Wahrheit unerlässlich ist. Die Untersuchungen und die Entnahme von Blutproben dürfen stets nur von einem Arzt vorgenommen werden.

(3) Untersuchungen oder Entnahmen von Blutproben können aus den gleichen Gründen wie das Zeugnis verweigert werden. Haben Minderjährige wegen mangelnder Verstandesreife oder haben Minderjährige oder Betreute wegen einer psychischen Krankheit oder einer geistigen oder seelischen Behinderung von der Bedeutung ihres Weigerungsrechts keine genügende Vorstellung, so entscheidet der gesetzliche Vertreter; § 52 Abs. 2 Satz 2 und Abs. 3 gilt entsprechend. Ist der gesetzliche Vertreter von der Entscheidung ausgeschlossen (§ 52 Abs. 2 Satz 2) oder aus sonstigen Gründen an einer rechtzeitigen Entscheidung gehindert und erscheint die sofortige Untersuchung oder Entnahme von Blutproben zur Beweissicherung erforderlich, so sind diese Maßnahmen nur auf besondere Anordnung des Gerichts und, wenn dieses nicht rechtzeitig erreichbar ist, der Staatsanwaltschaft zulässig. Der die Maßnahmen anordnende Beschluss ist unanfechtbar. Die nach Satz 3 erhobenen Beweise dürfen im weiteren Verfahren nur mit Einwilligung des hierzu befugten gesetzlichen Vertreters verwertet werden.

(4) Maßnahmen nach den Absätzen 1 und 2 sind unzulässig, wenn sie dem Betroffenen bei Würdigung aller Umstände nicht zugemutet werden können.

(5) Die Anordnung steht dem Gericht, bei Gefährdung des Untersuchungserfolges durch Verzögerung auch der Staatsanwaltschaft und ihren Ermittlungspersonen (§ 152 des Gerichtsverfassungsgesetzes) zu; Absatz 3 Satz 3 bleibt unberührt. § 81a Abs. 3 gilt entsprechend.

---

58 MüKo-StPO/Trück § 81c Rn. 2

(6) Bei Weigerung des Betroffenen gilt die Vorschrift des § 70 entsprechend. Unmittelbarer Zwang darf nur auf besondere Anordnung des Richters angewandt werden. Die Anordnung setzt voraus, dass der Betroffene trotz Festsetzung eines Ordnungsgeldes bei der Weigerung beharrt oder dass Gefahr im Verzuge ist.

1. Grundsätzliches

Die in § 81c StPO enthaltenen Regelungen sind abschließend. Das bedeutet, dass Zeugen die Durchführung von Untersuchungen mittels Zwang nur unter den in dieser Norm bezeichneten, engen Voraussetzungen zu dulden haben. Andere körperliche Untersuchungen schließt Absatz 1 damit aus und andere als in Absatz 2 genannte Eingriffe sind nur mit Einwilligung der betroffenen Person zulässig.[59]

102

2. Zweck der Untersuchung

Die körperliche Untersuchung gemäß § 81c StPO dient der Suche nach Spuren oder Folgen einer Straftat. Dazu zählt beispielsweise auch die Suche nach gewöhnlich nicht sichtbaren Körpermerkmalen (Tätowierungen oder Muttermale), sofern ein entsprechender Zusammenhang besteht.[60] Genauer: „... sofern zur Erforschung der Wahrheit festgestellt werden muss, ob sich an ihrem Körper eine bestimmte Spur oder Folge einer Straftat befindet" (§ 81c Abs. 1 2ter Halbsatz).

103

Beispiel
Der Angeklagte begehrt in einem gegen ihn gerichteten Verfahren wegen des Vorwurfs der Verleumdung die Untersuchung der Zeugin, um zu beweisen, dass diese nicht mehr „geschlechtlich unversehrt" sei.

104

Die o. g. Voraussetzung des § 81c StPO liegt nicht vor; eine körperliche Untersuchung der Zeugin ist mithin nicht zulässig.

2.1 Spuren oder Folgen einer Straftat

Als **Spuren** werden die unmittelbar durch die Tat verursachten Änderungen am Körper verstanden, welche Rückschlüsse auf den Täter oder die Tat ermöglichen (bspw. Wunden, Blutspuren, Hautreste unter den Fingernägeln oder Spermien in der Scheide der Frau bei einem Sexualdelikt).[61]
Als **Folgen** einer Straftat kommen mittelbar durch die Tat hervorgerufene Veränderungen am Körper des Opfers in Betracht. Voraussetzung ist, dass diese Folgen Rückschlüsse darauf ermöglichen sollen, was durch die Tat genau an Merkmalen bzw. Schädigungen entstanden ist. Dabei wird nicht gefordert, dass diese Folgen zum Tatbestand der entsprechenden Strafnorm (beispielsweise Körperverletzung

105

---

59 MüKo-StPO/Trück § 81c Rn. 5
60 MüKo-StPO/Trück § 81c Rn. 9
61 MÜKo-StPO/Trück § 81c Rn. 10

gemäß §§ 223 ff. StGB) gehören; eine Bedeutung für die Strafzumessung ist ebenso ausreichend.[62]
Voraussetzung ist weiter, dass es konkrete Anhaltspunkte dafür gibt, dass bestimmte Spuren oder Tatfolgen vorhanden sind. Bei der entsprechenden Abwägung kommt es wesentlich auf die Schwere des Delikts und die erwartete Qualität des Beweismittels an. Das heißt, dass bei der Aufklärung einer gravierenden Straftat an den Bestimmtheitsgrad der Erwartung und die Genauigkeit ihres Inhalts geringere Anforderungen zu stellen sind als bei weniger erheblichen Straftaten.[63]

2.2 Erforschung der Wahrheit

106 Weitere Voraussetzung ist die Notwendigkeit der Maßnahme. Diese muss zur Erforschung der Wahrheit durchgeführt erforderlich sein. Kommt es auf das Ergebnis der Untersuchung für das Ermittlungsverfahren nicht an, ist die Maßnahme mithin unzulässig.

2.3 Art und Umfang der Untersuchung

107 Aus dem Wortlaut des § 81c StPO folgt eindeutig, dass **eine körperliche Untersuchung** des Zeugen zur Klärung der Frage zulässig ist, ob sich an dem Körper des Zeugen Spuren oder Tatfolgen befinden.
Als körperliche Untersuchung wird klassischerweise die Begutachtung äußerlich sichtbarer Verletzungsfolgen verstanden (bspw. bei Kindesmisshandlungen). Untersuchungen des psychischen Zustandes eines Zeugen, so insbesondere auch aussagepsychologische Begutachtungen werden von § 81c StPO nicht erfasst und sind mithin ohne Einwilligung des Zeugen nicht möglich; ebenso wenig die psychiatrische Begutachtung des Zeugen zur Klärung der Aussagetüchtigkeit.[64]
Unzulässig sind ferner körperliche Eingriffe, denn der Gesetzeswortlaut spricht eindeutig und abschließend von Untersuchungen. Unter körperlichen Eingriffen werden alle Maßnahmen verstanden, die eine Verletzung voraussetzen (und sei diese auch noch so gering).

108 Beispiele für unzulässige Maßnahmen
 – Magenauspumpen, Beibringung einer Narkose, röntgenologische Durchleuchtung, Besichtigung einer Wunde von innen unter Verwendung einer Sonde.[65]
 – Eine gesetzliche und damit zulässige Ausnahme findet sich in § 81c Abs. 2 StPO (Untersuchungen zur Feststellung der Abstammung und Blutproben).

---

62 MüKo-StPO/Trück § 81c Rn. 11
63 MüKo-StPO/Trück § 81c Rn. 12
64 MüKo-StPO/Trück § 81c Rn. 14
65 MüKo-StPO/Trück § 81c Rn. 16 m. w. N. zu Rechtsprechung

F. Durchsuchung

109 Häufiges Fehlerfeld sind in der Praxis Durchsuchungsmaßnahmen. Bei Durchsuchungen ist zu unterscheiden, ob diese bei dem Tatverdächtigen oder Tatunverdächtigen stattfinden sollen.

110 **Beispiel**
Die Polizei will die Wohnung desjenigen durchsuchen, der im Verdacht steht, einen Geschädigten mit einem Messer schwer verletzt zu haben. Man will das Tatmesser und das Mobiltelefon des Beschuldigten beschlagnahmen. In dem Wohnhaus sind neben dem Beschuldigten dessen Ehefrau und zwei Kinder gemeldet. In einer Einliegerwohnung wohnen die Eltern des Beschuldigten. Es kann nicht ausgeschlossen werden, dass der Beschuldigte Beweismittel dorthin „ausgelagert" hat.

111 In der Praxis wird im Regelfall erst auf Nachfrage mitgeteilt, dass in dem zu durchsuchenden Objekt auch Unverdächtige wohnen. Häufig ist bis zur Kontaktaufnahme zum Staatsanwalt die EMA-Anfrage unterblieben, obwohl dies notwendige Vorermittlungen sind, um prüfen zu können, auf welcher rechtlichen Grundlage die Durchsuchung zu erfolgen hat. Dasselbe gilt für von dem Beschuldigten genutzte Fahrzeuge.

112 In dem obigen Beispielsfall ist vorab zu klären, wer dort gemeldet ist. Will man gewährleisten, dass alle Mobilfunktelefone beschlagnahmt werden können (was grundsätzlich Sinn macht, da man dem Telefon nicht ansieht, wer es tatsächlich benutzt) ist es geboten, eine richterliche Anordnung gem. § 102 **und** § 103 StPO einzuholen. Dies gilt insbesondere dann, wenn einzelne Bereiche des Objekts bestimmten Personen zugeordnet sind und von ihnen alleine genutzt werden.

I. Voraussetzungen

1. Durchsuchung gemäß § 102 StPO

113 **§ 102 StPO   Durchsuchung bei Beschuldigten**

> Bei dem, welcher als Täter oder Teilnehmer einer Straftat oder der Datenhehlerei, Begünstigung, Strafvereitelung oder Hehlerei verdächtig ist, kann eine Durchsuchung der Wohnung und anderer Räume sowie seiner Person und der ihm gehörenden Sachen sowohl zum Zweck seiner Ergreifung als auch dann vorgenommen werden, wenn zu vermuten ist, dass die Durchsuchung zur Auffindung von Beweismitteln führen werde.

1.1 Naheliegende Möglichkeit einer Straftat

114 Voraussetzung ist, dass gegen den von der Durchsuchungsmaßnahme Betroffenen die **naheliegende Möglichkeit** einer Straftat besteht. Weiter muss die angedachte Durchsuchungsmaßnahme darauf abzielen und auch geeignet sein, Beweismittel zu finden, oder die Durchsuchung soll zur Ergreifung des Tatver-

dächtigen (Festnahme, Durchführung von Maßnahmen gem. § 81 StPO oder Identifizierungsmaßnahmen) führen. Im Beschluss muss näher benannt werden, was konkret durchsucht werden soll, also ob die Durchsuchungsmaßnahme auf die Durchsuchung von Räumen, Wohnungen, Personen oder Sachen abzielt. Die einzelnen Beweismittel sind so genau zu bezeichnen, dass der Beschuldigte und auch die Beamten die Gegenstände identifizieren können.[66]
Das gezielte Suchen nach Gegenständen, die nicht in der Anordnung benannt sind, ist rechtswidrig.[67]
Und schlussendlich muss die Durchsuchung verhältnismäßig sein. In der Praxis beschränken sich die meisten Durchsuchungsanregungen darauf, dass benannt wird wegen welchen Tatverdachts bei wem durchsucht werden soll. Die Gegenstände, die gesucht werden sollen, werden häufig nur pauschal und nicht abschließend benannt. Die Ermittlungsbehörden sollten aber darauf achten, dass alle Beweismittel, die gesucht werden sollen, benannt und auch möglichst konkret beschrieben werden.

115 Wenn Sie also eine Durchsuchungsmaßnahme anregen wollen, sollten Sie prüfen:
- Besteht die naheliegende Möglichkeit einer Straftat?
- Was ist Ziel der Durchsuchung? (Auffinden von welchen konkreten Beweisen/Ergreifung des Tatverdächtigen)
- Welcher Umfang der Maßnahme ist erforderlich? (wer/was soll durchsucht werden)
- Sind Maßnahme und Umfang verhältnismäßig?

116 Im Einzelnen: Zunächst ist zu prüfen, ob die nahe liegende Möglichkeit einer konkreten Straftat besteht. Dabei ist streitig, ob der Tatverdacht bereits so konkretisiert sein muss, dass der Tatverdächtige Beschuldigter ist.[68]

117 Beispiele
(1) Die Polizei erhält einen anonymen Hinweis: „A hat eine illegale Waffe."
(2) Ein Zeuge meldet der Polizei, dass A bei einem Männerabend unter Alkohol stehend gesagt habe, dass er überlege, seine Frau zu töten. Er habe auch schon konkrete Ideen, wie er an eine Schusswaffe gelangen könne.
(3) Der Polizeibeamte teilt dem Staatsanwalt mit, dass der konkrete Verdacht besteht, dass A auf B eingestochen habe. A halte sich nun in seiner Wohnung auf. Die Tat liege aber bereits 2 Wochen zurück. Man wisse nicht, ob er noch im Besitz des Messers sei.
(4) Die Polizei hat konkrete Hinweise darauf, dass ein 12jähriger im Besitz einer scharfen Waffe ist. Sie teilt dies dem Staatsanwalt mit und regt die Beantragung eines Durchsuchungsbeschlusses gem. § 102 StPO an.

---

66 BVerfG NStZ – RR 2002, 172; BGH NStZ 2002, 215
67 LG Berlin NStZ, 571; LG Bremen StV 1989, 505 (Funde einer solchen Durchsuchung sind unverwertbar!!); LG Berlin StV 1987, 97 f.
68 Meyer-Goßner/Schmitt StPO Einl. Rn. 77 f.

(5) Die Polizei will bei A durchsuchen, um festzustellen, ob dieser über eine waffenrechtliche Erlaubnis verfügt.
Oder: Die Polizei möchte bei A (Verdacht des Betrugs) durchsuchen, um in Erfahrung zu bringen, wie es um dessen wirtschaftlichen Verhältnisse steht.
(6) Das Gericht ordnete die Durchsuchung an gem. § 102 StPO zur Beschlagnahme eines konkreten Tatwerkzeugs (Messer). In der Hauptverhandlung wird P gefragt, warum er alle Handys aus der Wohnung mitgenommen habe. P daraufhin: „Weil ich als Ermittler für Kinderpornographie immer alle Handys mitnehme."
Was halten Sie davon?

1.2 Konkrete Straftat

Es muss der Verdacht einer **konkreten** Straftat vorliegen.
Gerüchte reichen nicht, ebenso wenig straflose Vorbereitungshandlungen, die noch nicht die Schwelle zum „Jetzt geht es los" und damit zum Versuch der Tat überschritten haben.[69] Deshalb:
Im Fall 1 fehlt es an konkreten Angaben. Es ist völlig ungewiss, worauf die Erkenntnis basiert. Hat Anonymus die Waffe gesehen? Handelt es sich überhaupt um eine Waffe, für die eine waffenrechtliche Erlaubnis erforderlich wäre?
Insoweit fehlt es an dem konkreten Verdacht.
Eine Durchsuchung allein aufgrund dieser vagen Angaben wäre daher rechtswidrig.
Im Fall 2 äußert der Zeuge lediglich, dass A sich mit dem Gedanken beschäftigt, seine Frau zu töten. Noch liegt keine konkrete Straftat vor. Es besteht weder der konkrete Verdacht, dass er sich bereits eine illegale Waffe besorgt noch dies versucht hat.

1.3 Dokumentation der Verdachtslage

Die Verdachtslage ist in der Akte so zu dokumentieren, dass Staatsanwalt und Richter in die Lage versetzt werden zu prüfen, ob ein konkreter Tatverdacht vorliegt.
Wird wegen der Eilbedürftigkeit durch den Staatsanwalt der Antrag bei dem Ermittlungsrichter mündlich gestellt, ist ebenfalls die Verdachtslage so zu dokumentieren, dass später überprüft werden kann, ob die Voraussetzungen für eine Durchsuchung vorlagen.

1.4 Beweismittel – kriminalistische Erfahrung reicht

Bei der Frage, ob das Beweismittel noch gefunden werden kann, reicht die kriminalistische Erfahrung aus.[70]
Grundsätzlich besteht etwa die kriminalistische bzw. allgemeine Lebenserfahrung, dass ein Beschuldigter heutzutage über ein Mobiltelefon verfügt und auf einem Mobiltelefon in Vorbereitung einer Straftat oder auch im Zuge einer etwaigen Flucht oder eines Nachtatgeschehens eine Kommunikation zu erwarten ist, die Auskunft über eine Motivlage oder auch den Tathergang oder die

---
[69] Meyer-Goßner/Schmitt StPO § 102 Rn. 2
[70] Meyer-Goßner/Schmitt StPO § 102 Rn. 15 a

Täterschaft ergeben kann. Dies gilt erst Recht dann, wenn mehrere Tatverdächtige gemeinschaftlich agiert haben.

Fall 3
Deshalb ist es auch nicht abwegig, dass A noch weiter im Besitz des Messers ist, etwa, weil er der Meinung ist, dass es bei ihm zu Hause besser aufgehoben und dort vor Zugriffen Dritter sicher ist.

Fall 4
Die Polizei hat einen Verdacht gegen einen Strafunmündigen.
Ein Strafunmündiger kann aber niemals Verdächtiger im Sinne des § 102 StPO sein, deshalb wäre eine Durchsuchung nach Strafprozessrecht auf der Grundlage des § 102 StPO bei ihm rechtswidrig.

1.5 Verhältnismäßigkeit

Jede Durchsuchungsmaßnahme muss verhältnismäßig sein. Fehlt es an der Verhältnismäßigkeit und ist der Anfangsverdacht nicht zureichend begründet, verletzt die Durchsuchung das Grundrecht der Unverletzlichkeit der Wohnung.[71]
Dies scheint häufig in Vergessenheit zu geraten.
Was bedeutet „Verhältnismäßigkeit" konkret?
Es ist vor einer Durchsuchungsmaßnahme zu prüfen, ob es weniger einschneidende Maßnahmen gibt, die zu den zu suchenden Beweisen führen.[72]

Fall 5
Die Polizei kann problemlos durch eine Anfrage bei der Waffenbehörde klären, ob der Beschuldigte über eine waffenrechtliche Erlaubnis verfügt. Eine Durchsuchung wäre deshalb unverhältnismäßig.
Kann die Polizei bei Betrugsverdacht die finanzielle Situation anders klären, etwa durch eine BaFin-Anfrage und durch die Einholung von Kontoübersichten, verbietet sich eine Durchsuchung der Wohnung, um etwaige Kontoauszüge zu finden und diese auszuwerten.
Bei der Abwägung kommt es darauf an, dass das Verhältnis zwischen dem Grundrechtseingriff und dem Ziel der Maßnahme auch vor dem Hintergrund der Art des Deliktes angemessen ist.
Deshalb gilt:
Je schwerer der Tatverdacht ist, umso eher dürfte auch eine Durchsuchungsmaßnahme der Verhältnismäßigkeit entsprechen.
Bei der Verhältnismäßigkeit ist auch zu berücksichtigen, wie wahrscheinlich es erscheint, das zu suchende Beweismittel noch zu finden. Will man etwa 20 Jahre nach einem Tötungsdelikt noch das genutzte Tatmesser finden, drängt sich auf, dass die Chance, das Tatmesser noch zu finden und an dem Tatmesser auch noch tatrelevante Spuren sichern zu können, gen Null gehen wird.

Fall 6
Die Beschlagnahme der Handys ist rechtswidrig. Die Beschlagnahme war weder angeordnet noch sind die Handys als Zufallsfunde einzuordnen.

---

[71] BVerfG, 2. Senat in 2 BvR 31/19
[72] Meyer-Goßner/Schmitt StPO § 102 Rn. 15

1.6 Beispiel eines Antrags auf Erlass eines Durchsuchungsbeschlusses

Verfügung:

1.) Urschriftlich mit Akten
dem Amtsgericht
in Musterhausen
mit dem Antrag übersandt,
gemäß §§ 102, 105 StPO anzuordnen, das die Wohnung und andere Räume des
Beschuldigten Sven Mustermann
in Musterhausen, Bahndamm 26,
geboren am (...) in (...)
sowie seine Person und seine Sachen durchsucht werden, weil er des Diebstahls zum Nachteil des Alexander Muster verdächtig ist und zu vermuten ist,
dass die Durchsuchung zur Auffindung von Beweismitteln führen wird, nämlich folgender
Gegenstände:
Trompete der Marke (...), Trompetentasche, Taschenuhr der Marke (...).
Die Durchsuchung ist verhältnismäßig, weil es keine anderen Maßnahmen zum Auffinden der vorgenannten Beweismittel gibt.
Ferner wird beantragt, für den Fall der Auffindung der bezeichneten Gegenstände gleichzeitig gemäß §§ 94, 98 Abs. 2 StPO deren Beschlagnahme anzuordnen.
Dem Beschuldigten wird zur Last gelegt:
Der Beschuldigte besuchte am (...) den Geschädigten Muster in dessen Wohnung. Während der Geschädigte Muster durch ein Telefonat kurzfristig abgelenkt war, nahm der Beschuldigte vorgenannte Gegenstände an sich und verließ danach sofort die Wohnung. Der Geschädigte Muster bemerkte wenige Minuten später, dass die vorgenannten Gegenstände, die zuvor auf dem Couchtisch gelegen hatten, weg waren und verständigte sofort die Polizei. Als Täter kommt ausschließlich der Beschuldigte in Betracht, da andere Personen zur tatrelevanten Zeit keinen Zugriff auf die Gegenstände hatten. Es ist zu erwarten, dass der Beschuldigte danach in seine Wohnung geflüchtet ist und das Diebesgut mit dorthin genommen hat. Mildere Maßnahmen als die zeitnahe Durchsuchung nach dem Diebesgut sind nicht denkbar.
Von einer vorherigen Anhörung des Beschuldigten gem. § 33 Absatz 4 StPO bitte ich abzusehen, da dadurch der Ermittlungszweck gefährdet würde.

2.) mir

Staatsanwalt Muster

123 | **Merke**
– § 102 StPO gilt ausschließlich für Maßnahmen, die den Tatverdächtigen betreffen.
– Es muss der Verdacht einer konkreten Straftat bestehen.
– Ziel der Durchsuchung muss sein:
  – Auffinden von konkret zu benennenden Beweismitteln (oder/und)
  – Ergreifung des Beschuldigten.
– Die Maßnahme muss verhältnismäßig sein.

2. Durchsuchung gem. § 103 StPO

124 § 103 StPO   Durchsuchung bei anderen Personen

(1) Bei anderen Personen sind Durchsuchungen nur zur Ergreifung des Beschuldigten oder zur Verfolgung von Spuren einer Straftat oder zur Beschlagnahme bestimmter Gegenstände und nur dann zulässig, wenn Tatsachen vorliegen, aus denen zu schließen ist, dass die gesuchte Person, Spur oder Sache sich in den zu durchsuchenden Räumen befindet. Zum Zwecke der Ergreifung eines Beschuldigten, der dringend verdächtig ist, eine Straftat nach § 89a oder § 89c Absatz 1 bis 4 des Strafgesetzbuchs oder nach § 129a, auch in Verbindung mit § 129b Absatz 1 des Strafgesetzbuches oder eine der in dieser Vorschrift bezeichneten Straftaten begangen zu haben, ist eine Durchsuchung von Wohnungen und anderen Räumen auch zulässig, wenn diese sich in einem Gebäude befinden, von dem auf Grund von Tatsachen anzunehmen ist, dass sich der Beschuldigte in ihm aufhält.

(2) Die Beschränkungen des Absatzes 1 Satz 1 gelten nicht für Räume, in denen der Beschuldigte ergriffen worden ist oder die er während der Verfolgung betreten hat.

2.1 Voraussetzungen

125 Richtet sich die Durchsuchungsmaßnahme nicht gegen einen Tatverdächtigen, sondern etwa gegen dessen Familienangehörigen, also einen Tatunverdächtigen, wird eine richterliche Anordnung gem. § 103 StPO benötigt.
Wird eine strafprozessuale Maßnahme gegen einen Tatunverdächtigen umgesetzt, sind die Voraussetzungen besonders sorgfältig zu prüfen. Die Durchsuchung ist nur dann zulässig, wenn Tatsachen dafür vorliegen, dass sich bei dem Unverdächtigen der Beschuldigte aufhält **oder** bei ihm Spuren einer Straftat oder bestimmte Gegenstände zu finden sind.
Die Maßnahme muss ferner verhältnismäßig sein.

126 Weil sich die Maßnahme nach § 103 StPO ausschließlich gegen Personen, die nicht im Tatverdacht stehen oder gegen juristische Personen richtet, ist die Verhältnismäßigkeit der Maßnahme hier besonders zu begründen.
Zusammengefasst heißt das, es sind folgende Punkte in der Anregung darzulegen:
– Ermittlungen wegen welcher Tat und gegen wen
– Maßnahme gegen Unverdächtigen
– zur Ergreifung des sich dort aufhaltenden Beschuldigten **oder**

- zur Beschlagnahme von welchen konkreten Beweisen
- Verhältnismäßigkeit

2.2 Abwendungsbefugnis

Streitig ist, ob der Tatverdächtige wegen der Verhältnismäßigkeit der Maßnahme zunächst aufgefordert werden muss, die zu suchenden Gegenstände freiwillig herauszugeben.[73]
Wegen dieser Problematik ist es sinnvoll, den Durchsuchungsbeschluss mit einer sogenannten Abwendungsbefugnis zu versehen, also dem Dritten vor Vollstreckung des Beschlusses die Möglichkeit zu geben, die im Beschluss benannten Gegenstände freiwillig herauszugeben.

2.3 Konkrete Tatsachen dafür, dass Beweismittel dort sind

Anders als bei einer Durchsuchung bei einem Tatverdächtigen reicht im Rahmen des § 103 StPO die kriminalistische Erfahrung dafür, dass bestimmte Gegenstände in den Räumen oder an der Person des Dritten zu erwarten sind, **nicht aus**, sondern es ist anhand konkreter Tatsachen zu begründen, warum bestimmte Spuren/Beweismittel dort zu erwarten sind.

Beispiel
Die Polizei durchsucht die Wohnung einer Wohngemeinschaft. Die Polizei durchsucht neben den Gemeinschaftsräumen und dem von dem Beschuldigten bewohnten Einzelzimmer auch den unverschlossenen Raum des Mitbewohners X.
Bedenken?

Das Gericht hat nicht nur insoweit Bedenken geäußert, sondern sprach sogar in seinem Urteil von einer „bemerkenswerten Gedankenlosigkeit" der eingesetzten Beamten.
Dazu hat das Landgericht Heilbronn in 41 Js 26937/02 (Juris) ausgeführt:
Die Durchsuchung des Zimmers des Mitbewohners war rechtswidrig. „Selbständige Wohnungen in einer Wohngemeinschaft unterfallen dem Schutz des Art. 13 GG auch dann, wenn sie nicht ständig verschlossen werden. Ein Durchsuchungsbeschluss gegen einen anderen Bewohner berechtigt jedenfalls dann nicht zur Durchsuchung der Räume der Mitbewohner, wenn gegen diese kein Tatverdacht besteht und hinsichtlich derer auch keine Tatsachen vorliegen, dass bei ihnen Beweisgegenstände gefunden werden. Bei einer rechtswidrigen Durchsuchung aufgefundene Beweismittel (hier Betäubungsmittel) unterfallen jedenfalls dann einem Beweisverwertungsverbot, sofern sie auf rechtmäßigem Weg nicht hätten erlangt werden können, weil in Anbetracht der Sach- und Rechtslage ein richterlicher Durchsuchungsbeschluss gegen den Betroffenen nicht hätte erwirkt werden können."

Merke
- Soll bei einem Tatverdächtigen durchsucht werden, müssen die Voraussetzungen des § 103 StPO vorliegen.

---

[73] Meyer-Goßner/Schmitt StPO § 103 Rn. 1

- Ziel der Maßnahme:
  - zur Ergreifung des sich dort aufhaltenden Beschuldigten oder/und
  - zur Beschlagnahme von bestimmten Beweisen.
- Die Maßnahme muss verhältnismäßig sein.
- Weil ein Tatunverdächtiger betroffen ist, ist eine **Abwendungsbefugnis** zu prüfen!

3. Sonderfälle:

3.1 Durchsuchung zum Zwecke der Beschlagnahme von Krankenakten des Geschädigten in einer Klinik

132 **Beispiel**
Der Geschädigte wurde im Rahmen einer Messerstecherei schwer verletzt. Es soll eine rechtsmedizinische Begutachtung erfolgen. Die Polizei will daher die Krankenakten in der Klinik beschlagnahmen.
Bedenken?

133 Krankenakten sind – sofern sie im Gewahrsam des Zeugnisverweigerungsberechtigten sind – beschlagnahmefrei (§ 97 StPO), was fast immer von der Polizei übersehen wird.
Deshalb darf der Ermittlungsrichter weder die Durchsuchung der Klinik noch die Beschlagnahme der Krankenakten anordnen.
Daher ist zunächst eine Schweigepflichtentbindungserklärung des Geschädigten einzuholen. Anschließend kann der vorgenannte Antrag gestellt werden. Häufig sind Ärzte trotz Schweigepflichtentbindungserklärung des Patienten erst bereit, die Akte an Polizei/Staatsanwaltschaft herauszugeben, wenn ein Beschluss vorliegt. Wenn dagegen Krankenakten oder einzelne Arztbriefe im Rahmen einer Durchsuchung gem. § 102 StPO bei dem Beschuldigten gefunden und beschlagnahmt werden, unterfällt diese Maßnahme nicht dem § 97 StPO. Das Beschlagnahmeverbot gilt auch dann nicht, wenn etwa gegen Ärzte wegen des Verdachts des Abrechnungsbetrugs oder eines ärztlichen Kunstfehlers ermittelt wird.
Ein Beschlagnahmeverbot besteht aber nicht nur für Krankenakten bei dem Zeugnisverweigerungsberechtigten.

§ 97 StPO Beschlagnahmeverbot

(1) Der Beschlagnahme unterliegen nicht,
1. **schriftliche Mitteilungen zwischen dem Beschuldigten und den Personen, die nach § 52 oder § 53 Abs. 1 Satz 1 Nr. 1 bis 3b das Zeugnis verweigern dürfen;**
2. **Aufzeichnungen, welche die in § 53 Abs. 1 Satz 1 Nr. 1 bis 3b Genannten über die ihnen vom Beschuldigten anvertrauten Mitteilungen oder über andere Umstände gemacht haben, auf die sich das Zeugnisverweigerungsrecht erstreckt;**
3. **andere Gegenstände einschließlich der ärztlichen Untersuchungsbefunde, auf die sich das Zeugnisverweigerungsrecht der in § 53 Abs. 1 Satz 1 Nr. 1 bis 3b Genannten erstreckt.**

(2) Diese Beschränkungen gelten nur, wenn die Gegenstände im Gewahrsam der zur Verweigerung des Zeugnisses Berechtigten sind, es sei denn, es handelt sich um eine elektronische Gesundheitskarte im Sinne des § 291a des Fünften Buches Sozialgesetzbuch. Die Beschränkungen der Beschlagnahme gelten nicht, wenn bestimmte Tatsachen den Verdacht begründen, dass die zeugnisverweigerungsberechtigte Person an der Tat oder an einer Datenhehlerei, Begünstigung, Strafvereitelung oder Hehlerei beteiligt ist, oder wenn es sich um Gegenstände handelt, die durch eine Straftat hervorgebracht oder zur Begehung einer Straftat gebraucht oder bestimmt sind oder die aus einer Straftat herrühren.
(...)

3.2 Durchsuchung zum Zwecke der Beschlagnahme von Jugendamtsakten

Jugendamtsakten können wichtige Informationen geben über den Werdegang eines Beschuldigten, über aggressive Tendenzen oder auch psychische Auffälligkeiten.
Doch unter welchen Voraussetzungen können diese Akten beschlagnahmt werden?
Ein Zugriff der Strafverfolgungsbehörden auf sogenannte Sozialdaten wie Jugendamtsakten besteht nur gem. § 98 StPO, 73 SGB X, also dann, wenn die Ermittlungen ein **Verbrechen** oder eine **sonstige Tat** von **erheblicher Bedeutung** zum Gegenstand haben.

Beispiele
(1) J steht im Verdacht, ein Kind bis zur Bewusstlosigkeit gewürgt zu haben. Der Polizei ist bekannt, dass J schon seit Jahren durch das Jugendamt betreut wird, weil er psychische Auffälligkeiten zeigt. J macht keine Angaben, auch seine Eltern schweigen. J soll psychiatrisch begutachtet werden zur Klärung seiner Schuldfähigkeit. Es ist zu erwarten, dass sich anhand der Jugendamtsakten ein Gesamtbild über die Persönlichkeit und die Entwicklung des J ergibt.
(2) Die Staatsanwaltschaft fordert im Rahmen eines Ermittlungsverfahrens wegen des Verdachts der Kindesmisshandlung das Jugendamt auf, die Akten des geschädigten Kindes zur Einsicht zu übermitteln, um in Erfahrung zu bringen, wann wegen welcher Verletzungen das Kind behandelt worden ist. Das Jugendamt lehnt dies ab unter Berufung darauf, dass die Akteneinsicht in das Sozialgeheimnis eingreife.

§ 73 SGB X   Übermittlung für die Durchführung eines Strafverfahrens

(1) Eine Übermittlung von Sozialdaten ist zulässig, soweit sie zur Durchführung eines Strafverfahrens wegen eines Verbrechens oder wegen einer sonstigen Tat von erheblicher Bedeutung erforderlich ist.

(2) Eine Übermittlung von Sozialdaten zur Durchführung eines Strafverfahrens wegen einer anderen Straftat ist zulässig, soweit die Übermittlung auf die in § 72 Absatz 1 Satz 2 genannten Angaben und die Angaben über erbrachte oder demnächst zu erbringende Geldleistungen beschränkt ist.

(3) Die Übermittlung nach den Absätzen 1 und 2 ordnet der Richter oder die Richterin an.

136 Im Fall 1 sind die Voraussetzungen des § 73 SGB X erfüllt. Das Gericht wird die Beschlagnahme anordnen.
Im Fall 2 sind Daten Dritter betroffen. Dazu hat das Landgericht Oldenburg ausgeführt:[74] „Inwieweit ein Jugendamt in Erfüllung eigener Aufgaben an einem Strafverfahren mitwirkt und Daten übermittelt (§ 69 SGB X), entscheidet es nach eigenem Ermessen unter Berücksichtigung des Kindeswohls. Verpflichtet ist die Behörde hierzu – mit Ausnahme des § 73 SGB X – nicht. Ärztliche Unterlagen sind gem. § 76 Abs. 1 SGB X besonders geschützt und dürfen nur herausgegeben werden, wenn ein Einverständnis der Betroffenen besteht." Dabei sei auch insbesondere der Schutz vertraulicher Informationen gegenüber dem Jugendamt zu beachten, die das Jugendamt zum Zwecke persönlicher und erzieherischer Hilfe erlangt habe. „Ein Vorrang des Strafverfolgungsinteresses gegenüber dem Vertrauensschutz in der öffentlichen Jugendhilfe besteht nicht. Auch insoweit bedarf es der Einwilligung."

137 Die Jugendämter tun sich mit der Herausgabe dortiger Verfahrensakten an die Strafverfolgungsbehörden (immer noch) schwer. Datenschutz „schwebt über allem".

138 **Beispiel**
In einem strafrechtlichen Ermittlungsverfahren wegen des Verdachts des mehrfachen schweren sexuellen Missbrauchs eines Kindes (§ 176a StGB) hatte das zuständige Amtsgericht die Herausgabe der Jugendamtsakten angeordnet. Der Beschluss wurde dem örtlichen Jugendamt mit der freundlichen Bitte um Übergabe der betreffenden Akten übersandt. Es wurde zweimal an diese Bitte erinnert. Sodann erhielten die Staatsanwaltschaft die entsprechenden Verfahrensakten. Bei Durchsicht dieser Unterlagen wurde jedoch festgestellt, dass Teile der Originalunterlagen geschwärzt worden waren. Auf entsprechende Anfrage beim Jugendamt erhielt der Staatsanwalt die Antwort, dass dort die Personendaten Dritter unkenntlich worden waren, weil diese nicht den Beschuldigten bzw. den Kreis der Geschädigten betrafen. Bedenken?

139 Ja! Denn die richterliche Herausgabeanordnung betrifft die gesamten Verfahrensakten. Eine Entscheidung darüber, was für das Ermittlungsverfahren erforderlich ist und/oder aus anderen Gründen nicht herausgegeben werden soll, steht der Behörde nicht zu!

140 **Beispiel**
In einem ebenfalls wegen des Vorwurfs des schweren sexuellen Missbrauchs (§ 176a StGB) geführten Ermittlungsverfahren hatte der zuständige Ermittlungsrichter alle beim Jugendamt des Landkreises X geführten Verfahrensakten betr. die Personen Y und Z angeordnet. Das Jugendamt wurde unter Vorlage des entsprechenden Beschlusses zur Herausgabe der Akten gebeten und kam dieser Bitte auch unproblematisch nach. Im Rahmen der Auswertung der Verfahrensakten fiel auf, dass weitere – uns nicht vorliegende –

---

[74] LG Oldenburg Beschluss vom 25.7.2017 – 6 Qs 35/17 –, juris

Verfahrensakten existieren mussten. Es gab nämlich Hinweise auf eine mit dem Kinder-Pflegedienst des Landkreises geführte Kommunikation. Dort sollten Hinweise auf einen eventuellen sexuellen Missbrauch eingegangen sein. Eine Nachfrage beim Landkreis ergab, dass der Kinder-Pflegedienst nicht unmittelbar dem Jugendamt zugeordnet ist – der richterliche Beschluss aber „nur" die beim Jugendamt geführten Verfahrensakten betraf. „Ein Fuchs müsste man sein!"

3.3 Nächtliche Durchsuchungen

Nächtliche Durchsuchungen sind gem. § 104 StPO besonders anzuordnen. Die Wohnung eines Menschen genießt – insbesondere zur Nachtzeit – besonderen Schutz. Dieser besondere Schutz gilt auch in den Monaten April bis September im Zeitraum von 4 Uhr bis 6 Uhr morgens.[75]

Das Bundesverfassungsgericht hat dazu ausgeführt: „Der gemäß Art. 13 Abs. 1 GG gebotene Schutz vor nächtlichen Wohnungsdurchsuchungen wird von § 104 StPO jedoch unvollkommen gewährt. Soweit die in § 104 Abs. 3 StPO definierte Nachtzeit und damit die Einschränkungen des § 104 Abs. 1 StPO in den Monaten April bis September bereits um 4 Uhr morgens ende, bildet die Vorschrift nicht mehr die Lebenswirklichkeit ab. Vielmehr sind nach heutigen Lebensgewohnheiten mindestens die Stunden zwischen 4 Uhr und 6 Uhr noch der Nacht zuzurechnen."

Durchsuchungsmaßnahmen in der Nacht sind nur unter sehr engen Voraussetzungen zulässig, nämlich nur, wenn eine der nachgenannten Voraussetzungen erfüllt ist.

Aufgrund der vorgenannten Entscheidung des Bundesverfassungsgerichts hat der Gesetzgeber im Juli 2021 die Vorschrift neu gefasst.

§ 104 StPO   Durchsuchung von Räumen zur Nachtzeit

(1) Zur Nachtzeit dürfen die Wohnung, die Geschäftsräume und das befriedete Besitztum nur in folgendem Fällen durchsucht werden:
1. **bei Verfolgung auf frischer Tat**
2. **bei Gefahr im Verzug,**
3. **wenn bestimmte Tatsachen den Verdacht begründen, dass während der Durchsuchung auf ein elektronisches Speichermedium zugegriffen werden wird, das als Beweismittel in Betracht kommt, und ohne die Durchsuchung zur Nachtzeit die Auswertung des elektronischen Speichermediums, insbesondere in unverschlüsselter Form, aussichtslos oder wesentlich erschwert wäre oder**
4. **zur Wiederergreifung eines entwichenen Gefangenen.**

(2) Diese Beschränkung gilt nicht für Räume, die zur Nachtzeit jedermann zugänglich oder die der Polizei als Herbergen oder Versammlungsorte bestrafter Personen, als Niederlagen von Sachen, die mittels Straftaten erlangt sind, oder als Schlupfwinkel des Glücksspiels, des unerlaubten Betäubungsmittel- und Waffenhandels oder der Prostitution bekannt sind.

(3) Die Nachtzeit umfasst den Zeitraum von *21 bis 6 Uhr*.

---

75 BVerfG Beschluss vom 12.3.2019 – 2 BvR 675/14 – juris

142 Es müssen also folgende Voraussetzungen vorliegen:
- Der Täter wird auf frischer Tat verfolgt.

oder
- Es besteht Gefahr im Verzuge.

oder
- Es besteht der Verdacht, dass während der Durchsuchung auf bestimmte elektronische (unverschlüsselten) Beweismitteln zugegriffen wird.
- Es wird ein entwichener Gefangener gesucht.

143 Von diesem Grundsatz gibt es nur wenige Ausnahmen, nämlich:
- Die Räume sind jedermann zugänglich (etwa Kneipen, Bahnhof, Spielotheken)
- Die Räume sind der Polizei bekannt als Herbergen oder Orte, in denen sich bestrafte Personen aufhalten, die als Hehlerorte, Schlupfwinkel des Glücksspiels oder Orte, an denen Betäubungsmittel oder Waffen gehandelt werden, oder Personen der Prostitution nachgehen.

Es reicht aus, wenn die Räume der Polizei einmal in dieser Hinsicht bekannt wurden und es keine Hinweise auf eine Änderung des Verwendungszwecks gibt.[76]

3.4 Durchsuchung bei einem Kind?

144 Weil Strafunmündige niemals Verdächtige im Sinne des § 102 StPO sein können, ist eine Durchsuchung ihrer Person oder ihrer Sachen auch niemals gem. § 102 StPO zulässig.

Eine Durchsuchung ist allenfalls dann zulässig, wenn die Durchsuchung gem. § 103 StPO durchgeführt wird.[77] Dazu hat das OLG Bamberg die Ansicht vertreten, dass ein strafunmündiges Kind eine „andere Person" im Sinne des § 103 StPO sein könne.[78]

Wenn Durchsuchung/Beschlagnahme etwa gefährlicher Gegenstände nicht auf strafprozessualer Basis erfolgen sollen/können, sind die jeweiligen Vorschriften des Gefahrenabwehrrechts zu prüfen.

---

145 | **Merke**
Nächtliche Durchsuchung:
- Es gilt immer der Zeitraum von 21.00 Uhr bis 06.00 Uhr – unabhängig von der Jahreszeit!
- Eine nächtliche Durchsuchung muss – grundsätzlich – ausdrücklich angeordnet werden.

---

[76] Meyer-Goßner/Schmitt StPO § 104 Rn. 9
[77] Bamberg NStZ 89, 40
[78] So auch: Breyer in Breyer/Endler, AnwaltsFormulare Strafrecht, unter a) Durchsuchung beim Verdächtigen; LG Fürth Jug I Qs 12/90 – CR 1991, 108–109

II. Wer beantragt wo?

1. Grundsatz

Den Antrag auf Erlass eines Durchsuchungsbeschlusses stellt der Staatsanwalt bei dem Ermittlungsrichter am Sitz der Staatsanwaltschaft. Dasselbe gilt auch für andere Ermittlungsmaßnahmen (Telekommunikationsüberwachung, Beschlagnahmen, Observationen etc.). Dabei macht es keinen Unterschied, ob sich das Ermittlungsverfahren gegen einen Erwachsenen oder einen Jugendlichen richtet.

Beantragt die Staatsanwaltschaft zeitgleich einen Haftbefehl oder Unterbringungsbeschluss, so kann sie diesen (Haft-)Antrag in Verbindung mit der Beantragung weiterer Ermittlungsmaßnahmen ausnahmsweise auch bei dem Ermittlungsrichter am Sitz der Staatsanwaltschaft beantragen, obwohl grundsätzlich für den Erlass von Haftbefehlen bzw. Unterbringungsbeschlüssen das Amtsgericht zuständig wäre, in dessen Bezirk die Straftat begangen worden ist bzw. der Beschuldigte seinen Aufenthaltsort hat (vgl. § 125 StPO).

Der Antrag wird grundsätzlich schriftlich unter Vorlage der Akten gestellt, damit der Richter in die Lage versetzt wird, die gesetzlichen Voraussetzungen zu prüfen.

In Eilfällen stellt der Staatsanwalt den Antrag mündlich unter Schilderung der Sachlage. Dann ist es geboten, in der Akte zu dokumentieren, dass die tatsächlichen und rechtlichen Voraussetzungen der Durchsuchungsmaßnahme vorlagen und welcher Richter wann die Durchsuchung und Beschlagnahme welcher Gegenstände angeordnet hat.

> **Merke**
> Niemals aber stellt die Polizei ohne Rücksprache mit dem Staatsanwalt unmittelbar einen Antrag beim Richter!

§ 105 StPO   Verfahren bei der Durchsuchung

(1) Durchsuchungen dürfen nur durch den Richter, bei Gefahr im Verzug auch durch die Staatsanwaltschaft und ihre Ermittlungspersonen (§ 152 des Gerichtsverfassungsgesetzes) angeordnet werden. Durchsuchungen nach § 103 Abs. 1 Satz 2 ordnet der Richter an; die Staatsanwaltschaft ist hierzu befugt, wenn Gefahr im Verzug ist.

(2) Wenn eine Durchsuchung der Wohnung, der Geschäftsräume oder des befriedeten Besitztums ohne Beisein des Richters oder des Staatsanwalts stattfindet, so sind, wenn möglich, ein Gemeindebeamter oder zwei Mitglieder der Gemeinde in deren Bezirk die Durchsuchung erfolgt, zuzuziehen. Die als Gemeindemitglieder zugezogenen Personen dürfen nicht Polizeibeamte oder Ermittlungspersonen der Staatsanwaltschaft sein.

(...)

§ 162 StPO   Ermittlungsrichter

(1) Erachtet die Staatsanwaltschaft die Vornahme einer gerichtlichen Untersuchungshandlung für erforderlich, so stellt sie ihre Anträge vor Erhebung der öffentlichen Klage bei dem Amtsgericht, in dessen Bezirk sie oder ihre den Antrag stellende Zweigstelle ihren Sitz hat. Hält sie daneben den Erlass eines Haft- oder Unterbringungsbefehls für erforderlich, so kann sie, unbeschadet der §§ 125, 126a, auch einen solchen Antrag bei dem in Satz 1 bezeichneten Gericht stellen. Für gerichtliche Vernehmungen und Augenscheineinnahmen ist das Amtsgericht zuständig, in dessen Bezirk diese Untersuchungshandlungen vorzunehmen sind, wenn die Staatsanwaltschaft dies zur Beschleunigung des Verfahrens oder zur Vermeidung von Belastungen Betroffener dort beantragt.

(2) Das Gericht hat zu prüfen, ob die beantragte Handlung nach den Umständen des Falles zulässig ist.

(3) Nach Erhebung der öffentlichen Klage ist das Gericht zuständig, das mit der Sache befasst ist (…)

2. Ausnahmen

147 Die Polizei hat den Staatsanwalt informiert, der hatte Gelegenheit der rechtlichen Prüfung und hat die Polizei gebeten, in seinem Namen (etwa zur Vermeidung von Telefonketten) den Antrag bei dem zuständigen Richter zu stellen.
Dann ist durch die Polizei zu dokumentieren, mit wem wann die Sache erörtert wurde und dass im Namen des Staatsanwalts der Antrag auf Durchsuchung und Beschlagnahme (unter Benennung der Gegenstände) gestellt wurde und auch, wann der Richter was konkret angeordnet hat.

3. Was ist dem Richter bei Antragstellung mitzuteilen?

148 Dem Richter ist darzulegen, welche Straftat vorliegt bzw. wegen welcher Straftat die Anordnung beantragt wird. Es sind die Tatsachen vorzutragen, aufgrund derer der Verdacht besteht (Es reicht bei umfassender Tatsachengrundlage die Zusammenfassung der schlagkräftigen Tatsachen/Argumente, also der wesentlichen Verdachtsmomente/Indizien.). Ferner ist darzustellen, bei wem und was konkret durchsucht werden soll und mit welchem Ziel , und dass/warum es keine mildere Maßnahme gibt.

III. Wer ordnet an?

1. Grundsatz

149 Gem. § 105 StPO ordnet der Richter die Durchsuchung und Beschlagnahme an. Das gilt auch außerhalb der Bürozeiten, weil die Gerichte einen Bereitschaftsdienst bereithalten.
Die Anordnung kann schriftlich oder mündlich ergehen. In Eilfällen und bei nicht besonders komplexen Sachverhalten wird der Richter in der Regel die Durchsuchung mündlich anordnen.[79] In diesen Fällen ist aber sorgsam darauf zu achten, dass in der Akte dokumentiert wird, wer wann dem Richter was

---

[79] BGH 51, 285

vorgetragen hat und welcher Richter wann genau was angeordnet hat. Ungenauigkeiten in diesem Bereich führen fast immer zu Problemen in der Hauptverhandlung!

2. Ausnahme

Eine Ausnahme gilt nur bei **Gefahr im Verzuge**. Dieser Begriff ist aufgrund des Ausnahmecharakters und des besonderen Schutzes aus Art. 13 Abs. 1 GG eng auszulegen. Die Voraussetzungen der Gefahr im Verzug liegen vor, wenn die nahe liegende Möglichkeit dafür besteht, dass durch die vorherige Einholung der richterlichen Anordnung eine Verzögerung eintritt, welche zu einer Gefährdung des Durchsuchungserfolgs führen wird. Diese Entscheidung ist Einzelfall bezogen zu treffen.[80]

Beispiel
P denkt „*Mein Bauch sagt mir…*" und nimmt Gefahr im Verzug an.

2.1 Die Rechtsprechung

„Reine Spekulationen, hypothetische Erwägungen oder lediglich auf kriminalistische Alltagserfahrungen gestützte, fallunabhängige Vermutungen reichen hierfür nicht aus."[81]
Bei Annahme einer Gefahr im Verzug ist grundsätzlich der Staatsanwalt zuständig und – nur im Falle seiner Nichterreichbarkeit – dessen Ermittlungspersonen, also die Polizei.[82] Dies gilt aufgrund der besonderen Eingriffsintensität der Durchsuchung uneingeschränkt, auch wenn § 105 StPO ausdrücklich keinen generell-abstrakten Vorrang der Staatsanwaltschaft gegenüber der Polizei nennt.[83]

> **Merke**
> § 105 StPO unterscheidet insoweit nicht zwischen Durchsuchungen gemäß § 102 StPO oder § 103 StPO.
> **Merke:** § 105 Absatz 1 Satz 2 StPO:
> „Durchsuchungen nach § 103 Abs. 1 Satz 2 ordnet der Richter an; die Staatsanwaltschaft ist hierzu befugt, wenn Gefahr im Verzug ist."

> **Merke**
> – Grundsätzlich wird der Antrag auf Erlass eines Durchsuchungsbeschlusses durch den Staatsanwalt schriftlich unter Vorlage der Akte gestellt.
> – Wird in Eilfällen der Antrag mündlich gestellt, ist sorgsam zu dokumentieren (Wer hat wem was vorgetragen? Wer hat wann was angeordnet?)

---

80 MüKo-StPO, Hauschild § 105 Rn. 8
81 BVerfG, Urteil v. 20.2.2001 – 2 BvR 1444/00, NJW 2001, 1121
82 Meyer-Goßner/Schmitt StPO § 105 Rn. 2: „Eine Zuständigkeit der StA und – sollte auch diese nicht erreichbar sein – ihrer Ermittlungspersonen (im Falle des § 103 I S. 2 nur der StA) besteht nur bei Gefahr im Verzug."
83 MüKO-StPO/Hauschild § 105 Rn. 9

> - Zuständig ist grds. der Ermittlungsrichter des Amtsgerichts am Sitz der Staatsanwaltschaft.
> - Bei Gefahr im Verzug gilt:
>   - Prüfung, ob tatsächlich Beweismittelverlust zu befürchten ist, wenn nicht umgehend gehandelt wird,
>   - Gründe dokumentieren,
>   - Anordnung grundsätzlich durch den Staatsanwalt
>   - Wenn der Staatsanwalt nicht erreichbar oder ein Anruf wegen der Eilbedürftigkeit nicht mehr möglich ist: Anordnung durch die Polizei!

IV. Wann wird ein neuer Beschluss benötigt?

1. Zeitablauf

153 Der Beschluss ist innerhalb von sechs Monaten zu vollstrecken.[84] Spätestens (streitig) dann erlischt die Anordnung.[85]

2. Unterbrechung einer Durchsuchungsmaßnahme

154 Beispiele

(1) Die Mordkommission ermittelt wegen eines vollendeten Tötungsdelikts gegen A. Das zuständige Amtsgericht hat die Durchsuchung der Wohnung des A zum Zwecke des Auffindens relevanter Datenträger und Tatwerkzeuge angeordnet. Weil das Personal zeitnah für die Festnahme des A abgezogen werden muss, entscheidet der Leiter der Mordkommission nach einigen Stunden, dass die Durchsuchung zunächst abgebrochen und am nächsten Tag fortgesetzt werden soll. Die Fortsetzung erfolgt ohne erneuten Durchsuchungsbeschluss. Es wurde nichts Relevantes gefunden.

(2) Die Polizei durchsucht ein Täterfahrzeug nach Falschgeld, nachdem die Fahrzeuginsassen zuvor mit Falschgeld bezahlt haben. Die Durchsuchung und Beschlagnahme etwaigen weiteren Falschgeldes und der Mobiltelefone wurde durch das Amtsgericht am späten Nachmittag angeordnet. Weil es schließlich zu dunkel wurde, entschlossen sich die Beamten, die Durchsuchung des Fahrzeugs zu unterbrechen und am nächsten Tag fortzusetzen. Am nächsten Tag wurde Falschgeld in einem Hohlraum gefunden.

155 Die Durchsuchungsanordnung erlaubt eine **einmalige einheitliche** Durchsuchung. Sie ist **in einem Zuge** durchzuführen, auch mit Pausen.[86]

---

84 BVerfG 96, 44
85 Meyer-Goßner, Schmitt StPO § 105 Rn. 8a; Löwe-Rosenberg/Tsambikakis StPO § 105 Rn. 115, der die Ansicht vertritt, dass es ausreichend ist, wenn der Richter nach Ablauf der 6-Monatsfrist die Fortgeltung des Beschlusses gegenüber der Staatsanwaltschaft bestätigt.
86 Meyer-Goßner, Schmitt StPO § 105 Rn. 14; Löwe-Rosenberg, Tsambikakis StPO § 105 Rn. 110

Wird die Durchsuchung durch ausdrückliche Erklärung der Beamten oder durch schlüssiges Verhalten (etwa Verlassen des Objekts, Verriegeln der Tür ohne Anbringung eines polizeilichen Siegels, um deutlich zu machen, dass die Beschlagnahme andauert) beendet, ist die Anordnung verbraucht.[87]
In beiden Fällen wäre nach der Unterbrechung ein erneuter Beschluss zu beantragen gewesen.

Im Fall 1 wäre dies zu vermeiden gewesen, wenn die Wohnung versiegelt worden und damit deutlich gemacht worden wäre, dass die Maßnahme noch nicht abgeschlossen ist.
Im Fall 2 entschied später das Landgericht, dass die Durchsuchung am Folgetag mangels richterlicher Anordnung rechtswidrig war und damit die am nächsten Tag gefundenen Beweise nicht verwertbar sind.
Deshalb sollten Durchsuchungen grundsätzlich niemals „unterbrochen" werden.
Lässt es sich nicht vermeiden, Personal abzuziehen und später mit der Durchsuchung neu zu starten, muss unbedingt ein neuer richterlicher Beschluss beantragt werden, wenn nicht dokumentiert wird, dass die Durchsuchung nicht abgeschlossen war. Grundsätzlich ist zu beachten, dass kurzfristige Unterbrechungen aufgrund evidenter Belange der Polizei (etwa plötzlich eintretende gefahrenabwehrrechtliche Lage) gegebenenfalls hinzunehmen sind.[88]

Merke

Gibt es eine solche Situation, dass die Durchsuchung unterbrochen werden muss, sollte dies zeitnah der Staatsanwaltschaft mitgeteilt werden, damit diese als Herrin des Verfahrens in die Lage versetzt wird, zeitnah prüfen zu können, ob ein neuer Beschluss benötigt wird bzw. was zu dokumentieren ist.

Merke

Ist die erste Durchsuchung wegen Gefahr im Verzug angeordnet, die Durchsuchung dann – aus welchem Grunde auch immer – unterbrochen worden, bedarf es erst Recht einer neuen Durchsuchungsanordnung.[89]

---

3. Verbrauch der Durchsuchungsanordnung

Ein Durchsuchungsbeschluss erlaubt nur die einmalige und einheitliche Durchsuchung. Stellt man etwa nach Beendigung der Durchsuchung fest, dass man ein Beweismittel in der Wohnung vergessen hat, benötigt man einen neuen Beschluss.

---

87 BVerfG StV 2004, 633 f.
88 Löwe-Rosenberg, Tsambikakis StPO § 105 Rn. 110
89 LG Bremen StV 1998, 180

> **Merke**
> – Der Durchsuchungsbeschluss ist grundsätzlich binnen sechs Monaten zu vollstrecken.
> – Ein Durchsuchungsbeschluss erlaubt nur eine einmalige und einheitliche Durchsuchung.

V. Gefahr im Verzug

1. Grundsatz

158 Gefahr im Verzug besteht dann, wenn die richterliche Anordnung nicht eingeholt werden kann, ohne dass der Ermittlungszweck gefährdet wird.[90]
Hierbei handelt es sich um einen sogenannten unbestimmten Rechtsbegriff, der der gerichtlichen Überprüfung unterliegt.
Es ist im Hinblick auf die zu suchenden Beweismittel eine Prognose vorzunehmen.[91]
Das bedeutet:
Es besteht nicht nur die Möglichkeit, dass Beweismittel verloren gehen, sondern der **Beweismittelverlust muss wahrscheinlich** sein. Dabei darf nicht spekuliert werden, sondern es muss eine Prognose auf der Grundlage der konkreten Tatsachen getroffen werden.
Daher ist es dringend erforderlich, die Gründe, die den Staatsanwalt oder die Polizei dazu bewogen haben, Gefahr im Verzuge zu bejahen, in der Akte zu dokumentieren.
Gefahr im Verzuge liegt regelmäßig dann vor, wenn konkrete Tatsachen dafürsprechen, dass die Beweismittel beiseitegeschafft oder vernichtet werden, wenn ein Antrag auf richterliche Entscheidung gestellt würde. Dabei muss beachtet werden, dass an die Form der gerichtlichen Entscheidung keine konkreten Anforderungen gestellt werden.[92] So kann der Richter grundsätzlich auch eine Durchsuchung in einem eiligen Fall mündlich anordnen. Auch dieser Umstand ist bei der Frage, ob Gefahr im Verzuge vorliegt, abzuwägen.

2. Anordnungsbefugnis

159 § 105 Abs. 1 Satz 1 StPO erlaubt der Staatsanwaltschaft und ihren Ermittlungspersonen, bei Gefahr im Verzug Durchsuchungen anzuordnen.
Dabei ist zu beachten, dass die Eilkompetenz der Ermittlungspersonen gegenüber der der Staatsanwaltschaft **subsidiär** ist.[93]
Das bedeutet, dass der Staatsanwalt nicht erreichbar ist oder für einen Anruf bei dem Staatsanwalt keine Zeit mehr verbleibt, was dann ebenfalls zu dokumentieren ist.

---

90 Meyer-Goßner/Schmitt StPO § 98 Rn. 6
91 Löwe-Rosenberg, Tsabikakis StPO § 105 Ziffer 79
92 Meyer-Goßner/Schmitt StPO § 105 Rn 3
93 Löwe-Rosenberg, Tsabikakis StPO § 105 Ziffer. 75; Meyer-Goßner/Schmitt StPO § 105 Rn. 2

3. Ausnahmen

Bei einer Durchsuchung eines Gebäudes besteht gem. § 105 Abs. 1 Satz 2 StPO nur eine Eilkompetenz des Staatsanwalts!
Für Durchsuchungen bei Presse/Redaktion/Verlag/Rundfunkanstalt ist gem. § 97 Abs. 5 Satz 2 ausschließlich der Richter anordnungsbefugt!

4. Beispiel einer staatsanwaltlichen Anordnung

Verfügung

1. **Vermerk:**
   a) Wegen des Sachverhalts wird auf den Vermerk/den Inhalt der Anzeige/Bericht der Polizei (Bl. ... d.A.) Bezug genommen.
   Dem Beschuldigten Alexander Mustermann wird zur Last gelegt, am (.........) in Musterdorf vor dem Supermarkt Muster von dem Zeugen XY 1 Kilogramm Marihuana gekauft zu haben, um die Drogen zeitnah weiterzuverkaufen.
   Die Erkenntnisse beruhen auf (...).
   b) Es ist zu vermuten, dass die Durchsuchung zur Auffindung folgender konkreter Beweismittel führen wird, nämlich die vorgenannten erworbenen Drogen.
   c) Gefahr im Verzug liegt vor, weil die vorherige Einholung der richterlichen Anordnung den Erfolg der Durchsuchung gefährden würde und die konkrete Gefahr des Beweismittelverlusts droht.
   Der Zeuge X hat sich der Polizei offenbart und ausgesagt, dass der Beschuldigte beabsichtigt, die Drogen zeitnah an seine Kunden W und K weiterzuverkaufen. Die vorgenannten Personen werden sich in 10 Minuten im Park in Musterdorf am dortigen Brunnen treffen, um die Drogen zu übergeben.
   Von der Einschaltung des Ermittlungsrichters wird von vornherein abgesehen, weil dies eine nicht zu vertretende zeitliche Verzögerung bewirkt bewirken würde, denn (...)

   Oder:
   Obwohl versucht wurde, den Ermittlungsrichter zu erreichen, war eine richterliche Entscheidung aus folgenden Gründen nicht zu erlangen:
   (...)
   Versucht wurde im Einzelnen Folgendes (insbesondere: genaue Zeitangaben, Adressat, Art und Weise des Versuchs):
   (...)
   Eine frühere Antragstellung bei dem Ermittlungsrichter war nicht möglich, weil (...)
   d) Die angeordnete Maßnahme ist auch verhältnismäßig, weil (...).

> 2. Aus den Gründen des Vermerks zu Ziffer 1. wird gemäß §§ 102, 98 StPO wegen Gefahr im Verzug die Durchsuchung der Personen (...) und der ihnen gehörenden Sachen (einschließlich Kraftfahrzeugen) sowie die Beschlagnahme von (....) angeordnet.
> 3. Wiedervorlage am (...)
>
> Staatsanwalt Muster

VI. Folgen der Verletzung des Richtervorbehalts

1. Grobe Missachtung des Richtervorbehalts

162 Wird der Richtervorbehalt grob missachtet, sind die erlangten Beweismittel nicht verwertbar.[94]
Das bedeutet, dass auf die durch diese Maßnahme gewonnenen Beweismittel keine Verurteilung gestützt werden darf!

163 Beispiele
(1) A steht im Verdacht in einem Laden Stiefmütterchen entwendet zu haben. Die Polizei entschließt sich, zeitnah nachzusehen, klingelt an der Haustür des A und fragt, wo dieser in der letzten halben Stunde gewesen sei. A ist schlecht gelaunt, weigert sich die Frage zu beantworten und auf die weitere Frage, ob man seine Wohnung betreten dürfe, schlägt A den Beamten die Tür vor der Nase zu.
Daraufhin entschließen sich die Beamten aus Gefahr im Verzuge die Tür gewaltsam zu öffnen.
Bedenken?
(2) Die Polizei ermittelt wegen des Verdachts eines vollendeten Tötungsdeliktes. Es soll zeitnah die Wohnung eines Tatverdächtigen durchsucht werden. Der Staatsanwalt/die Polizei (im Namen des Staatsanwalts) wendet sich daraufhin an den Bereitschaftsrichter, der an diesem Abend Dienst hat, schildert ihm den Fall, woraufhin der Richter mitteilt, dass er innerhalb der nächsten zwei Stunden verhindert sei, da er sich aktuell zur Anhörung zwecks Unterbringung einer Person nach PsychKG in einer Klinik aufhalte.

2. Ende der Eilkompetenz der Strafverfolgungsbehörden

164 Die Eilkompetenz der Strafverfolgungsbehörden endet mit Beantragung einer Durchsuchungsanordnung beim zuständigen Ermittlungs- oder Eildienstrichter.[95]

---

94 BGH 3 StR 210/11
95 BVerfG 2. Senat in 2 BvR 2718/10, 2 BvR 1849/11

Wird der Bereitschaftsrichter kontaktiert und ihm der Sachverhalt geschildert, ist die Eilkompetenz auf den Richter übergegangen. Die Kompetenz der Ermittlungsbehörden lebt nur in ganz engen Grenzen wieder auf, nämlich ausschließlich dann, wenn
- nach der Befassung des Richters
- tatsächliche Umstände eintreten
- oder tatsächliche Umstände bekannt werden,
- die sich nicht aus dem Prozess der Prüfung und Entscheidung über den gestellten Antrag ergeben
- und die die Gefahr des Beweismittelverlustes begründen,
- und die Möglichkeit einer rechtzeitigen richterlichen Entscheidung nicht besteht.

Es müssen also **nachträglich** – nach der Stellung des Antrags – Gründe dafür bekannt werden, die für sich betrachtet eine Anordnung wegen Gefahr im Verzug tragen.[96]

Der vorgenannten Entscheidung lag folgender Fall zugrunde:
Die Staatsanwaltschaft stellte bei dem zuständigen Ermittlungsrichter in einem Ermittlungsverfahren wegen einer Straftat gem. § 30 Abs. 2 StGB (Verabredung eines Verbrechens) gegen 17.15 Uhr den Antrag auf Erlass eines Durchsuchungsbeschlusses, woraufhin der Richter erklärte, ohne Akten nicht zu entscheiden.
Deshalb ordnete um 17.30 Uhr der Staatsanwalt die Durchsuchung an wegen Gefahr im Verzuge. Er begründete dies damit, dass das Protokoll des Anzeigeerstatters noch nicht geschrieben sei und die Übersendung der geforderten Akten einige Stunden dauern werde. Wegen akuter Bedrohungslage (Beschuldigter soll im Besitz einer Schusswaffe sein, dessen Mutter soll dem Anzeigeerstatter gedroht haben, den Sohn mit der Tötung des Anzeigeerstatters zu beauftragen).
Das Gericht hat ausgeführt:
„Auch soweit während des durch den Richter in Anspruch genommenen Entscheidungszeitraums nach dessen Befassung die Gefahr eines Beweismittelverlusts eintritt, etwa, weil dieser auf ein mündlich gestelltes Durchsuchungsbegehren hin die Vorlage schriftlicher Antragsunterlagen oder einer Ermittlungsakte fordert, Nachermittlungen anordnet oder schlicht bis zum Eintritt der Gefahr eines Beweismittelverlusts noch nicht entschieden hat, lebt die Eilkompetenz der Ermittlungsbehörden nicht wieder auf.
Dies gilt unabhängig davon, aus welchen Gründen die richterliche Entscheidung über den Durchsuchungsantrag unterbleibt."

3. Nichterreichbarkeit des Richters

Kann der Richter hingegen trotz ernsthafter Versuche nicht erreicht werden, darf bei drohendem Beweismittelverlust auf die Eilkompetenz zurückgegriffen werden.

---

96 So auch: Matthias Jahn JuS 2015, 1135 ff.

Dann ist Folgendes zu dokumentieren:
- durchgeführte Kontaktversuche mit Richter/Vertreter,
- Gründe für Gefahr im Verzuge.

Deshalb gilt:

Fall 1
Es liegt kein Fall der Gefahr im Verzug vor. Die Beamten hätten sich zunächst um einen richterlichen Beschluss kümmern müssen gem. § 102 StPO. Durch das beschriebene Verhalten wurde unnötig eine Situation erzeugt, die zum Beweismittelverlust führen kann.

> **Merke**
> Wenn Polizei durch unvorsichtiges Verhalten eine Situation des drohenden Beweismittelverlustes selber unnötigerweise provoziert, kann sie sich nicht auf Gefahr im Verzug berufen.

Fall 2
Der Richter war bereits durch Schilderung des Sachverhalts mit der Sache befasst. Gründe für ein Aufleben der Eilkompetenz der Strafverfolgungsbehörden liegen nicht vor.

4. Keine Eilkompetenz nach ablehnender Entscheidung

Beispiel
Der Richter wird erreicht und er lehnt eine Durchsuchungsanordnung ab.

Lehnt der Richter es ab, einen Durchsuchungsbeschluss zu erlassen, lebt nicht etwa die Eilkompetenz des Staatsanwalts wieder auf. Dadurch würde der Richtervorbehalt unzulässig umgangen.
Die Staatsanwaltschaft muss vielmehr gegen die Entscheidung des Ermittlungsrichters Beschwerde einlegen und die Entscheidung des Beschwerdegerichts abwarten.

> **Merke**
> - Gefahr im Verzuge = Die schriftliche/mündliche Anordnung des Richters kann nicht eingeholt werden, weil der Beweismittelverlust durch die zeitliche Verzögerung wahrscheinlich ist!
> - Die Anordnungskompetenz der Polizei ist subsidiär!
> - Die Polizei ordnet wegen Gefahr im Verzug eine Durchsuchung gem. §§ 102/103 StPO nur dann an, wenn der Staatsanwalt nicht zu erreichen ist oder keine Zeit mehr für einen Anruf beim Staatsanwalt verbleibt.
> - Ein Verstoß gegen den Richtervorbehalt führt zur Unverwertbarkeit der Beweismittel.
> - Die Eilkompetenz der Strafverfolgungsbehörden endet grundsätzlich dann, wenn dem Richter der Sachverhalt geschildert wurde.

VII. Umgang mit Zufallsfunden

§ 108 StPO Beschlagnahme anderer Gegenstände 169

(1) Werden bei Gelegenheit einer Durchsuchung Gegenstände gefunden, die zwar in keiner Beziehung zu der Untersuchung stehen, aber auf die Verübung einer anderen Straftat hindeuten, so sind sie einstweilen in Beschlag zu nehmen. Der Staatsanwaltschaft ist hiervon Kenntnis zu geben. Satz 1 findet keine Anwendung, soweit eine Durchsuchung nach § 103 Absatz 1 Satz 2 stattfindet.

(2) Werden bei einem Arzt Gegenstände im Sinne von Absatz 1 Satz 1 gefunden, die den Schwangerschaftsabbruch einer Patientin betreffen, ist ihre Verwertung zu Beweiszwecken in einem Strafverfahren gegen die Patientin wegen einer Straftat nach § 218 des Strafgesetzbuches unzulässig.

(3) Werden bei einer in § 53 Absatz 1 Satz 1 Nr. 5 genannten Person Gegenstände im Sinne von Absatz 1 Satz 1 gefunden, auf die sich das Zeugnisverweigerungsrecht der genannten Person erstreckt, ist die Verwertung des Gegenstandes zu Beweiszwecken in einem Strafverfahren nur insoweit zulässig, als Gegenstand dieses Strafverfahrens eine Straftat ist, die im Höchstmaß mit mindestens fünf Jahren Freiheitsstrafe bedroht ist und bei der es sich nicht um eine Straftat nach § 353b des Strafgesetzbuches handelt.

Zuständig für die einstweilige Beschlagnahme sind die Personen, die die Durchsuchung vornehmen, also auch die Polizeibeamten.[97] Ein gezieltes Suchen nach Zufallsfunden ist unzulässig.[98] 170

Beispiel 171

P durchsucht mit einem Beschluss gem. § 102 StPO die Wohnung der B nach Diebesgut, weil B im Verdacht steht, in einem Supermarkt 2 Flaschen Wein entwendet zu haben. Weil P aber glaubt, dass B ein Drogenproblem hat und ihr Freund Y mit Drogen handelt, entschließt er sich, die gesamte Wohnung zu durchsuchen, nachdem er die Flaschen bereits auf dem Küchentisch gesehen hat. Er findet ein Kilogramm Kokain.
Bedenken?

P hat eindeutig seine Befugnisse überschritten. Die Durchsuchung war nach dem Auffinden des Diebesgutes rechtswidrig. Die gefundenen Drogen sind als Beweismittel unverwertbar. 172
Besonders auffällig (und unzulässig) handelt in vergleichbaren Fällen der Beamte, der zwecks Auffindung des Diebesgutes den Drogenspürhund zum Einsatz bringt.
Wird ein Zufallsfund beschlagnahmt, ist über den Fund unverzüglich die Staatsanwaltschaft zu informieren. Sie hat über den weiteren Gang zu entscheiden.[99]

---
97 Meyer-Goßner/Schmitt StPO § 108 Rn 6
98 LG Berlin StV 87, 97
99 Meyer-Goßner/Schmitt StPO § 108 Rn. 6

VIII. Umgang mit größeren Bargeldbeträgen

173 **Beispiel**
Die Polizei vollstreckt einen Durchsuchungsbeschluss in einem Ermittlungsverfahren wegen des Verdachts des versuchten Tötungsdeliktes im Wohnhaus des Beschuldigten und dessen Angehörigen. Alle Personen verfügen nicht über ein geregeltes Einkommen.
Die Polizei findet einen Bargeldbetrag von 50 000 Euro.

174 Es besteht der Verdacht der Geldwäsche bzw. des Sozialhilfebetrugs. Das Geld **ist** deshalb zu beschlagnahmen.
Die Staatsanwaltschaft hat in derartigen Fällen in angemessener Frist ein neues Verfahren bezüglich des Zufallsfundes einzuleiten und in diesem gesonderten Verfahren die endgültige Beschlagnahme des Bargelds zu beantragen.[100]
Deshalb gilt auch hier: Die Staatsanwaltschaft ist unverzüglich zu informieren, damit sie alles Notwendige veranlassen kann.

IX. Umgang mit Verteidiger am Durchsuchungsort bzw. Verteidiger am Telefon

175 In Einzelfällen wird die Polizei am Durchsuchungsort oder jedenfalls noch während der Durchsuchungsmaßnahme durch den Verteidiger des Beschuldigten kontaktiert. Wie ist damit umzugehen?

176 **Beispiel**
Das zuständige Polizeikommissariat durchsucht aufgrund eines richterlichen Beschlusses (§§ 102, 105, 162 StPO) die Wohnung, Sachen und Person des Beschuldigten und beschlagnahmt (§§ 94, 98 StPO) mehrere digitale Datenträger (PC, Laptop, Tablet etc.). Der Tatvorwurf lautet auf „sexueller Missbrauch von Kindern § 176 Abs. 4 StGB" sowie „Besitz kinderpornographischer Schriften § 184b StGB".
Noch am Durchsuchungsort wird der zuständige Sachbearbeiter der Polizei durch den Verteidiger des Beschuldigten kontaktiert und mit der Geltendmachung von Schadensersatzansprüchen konfrontiert. Der Verteidiger gibt an, dass sich auf dem beschlagnahmten Notebook Steuer-, Firmen- bzw. Vertragsunterlagen des Beschuldigten befinden würden, welche noch am selben Tage zwecks Wahrnehmung eines wichtigen Termins benötigt würden.

177 **Merke**
Eine Herausgabe des betreffenden Notebooks an den Beschuldigten kommt nicht in Betracht! Eine unverzügliche Auswertung der beschlagnahmten Datenträger dürfte in aller Regel nicht möglich sein. Eine Spiegelung der Daten der entsprechenden Datenträger ist ebenfalls nicht ausreichend, weil die Beschlagnahme nicht allein zu Beweiszwecken erfolgt.

---

100 AG Dippoldiswalde 7 Ds 201 Js 49766/06 (in Juris)

> **Merke** — **178**
> Lassen Sie sich durch Kontaktaufnahmen von Verteidigern nicht verunsichern. Diese setzten in aller Regel darauf, Sie mit Zeitdruck und eventuellen Schadensersatzansprüchen zu einer vorschnellen Entscheidung zu bewegen. Nehmen Sie immer Kontakt zu dem zuständigen Staatsanwalt auf.

Die Rückgabe von Datenträgern, auf denen sich mutmaßlich inkriminierte Daten befinden, kommt nicht in Betracht. Insoweit sind Einziehungsvorschriften (§§ 74, 184b, 201a StGB) zu prüfen und in aller Regel werden die entsprechenden Geräte gerichtlich eingezogen.

> **Merke** — **179**
> - Es ist zu unterscheiden, ob die Durchsuchung beim Beschuldigten oder beim Unverdächtigen erfolgen soll.
> - Jede Durchsuchung muss verhältnismäßig sein.
> - Grundsätzlich ist immer die Anordnung des Richters erforderlich, die der Staatsanwalt beantragt.
> - Die Voraussetzungen für eine Durchsuchung sind zu dokumentieren.
> - Nur im Ausnahmefall ordnet die Durchsuchung der Polizeibeamte an, nämlich
>   - bei im Gesetz ausdrücklich benannten Straßenverkehrsdelikten,
>   - bei Gefahr im Verzug, wenn Richter und Staatsanwalt nicht erreichbar sind.
>
> Letzteres gilt nicht für Wohnungen!
> - Der Beschluss muss in einem Zuge vollstreckt werden.
> - Unterbrechungen führen dazu, dass ein neuer Beschluss benötigt wird.
> - Werden Beweise ohne richterlichen Beschluss oder ohne Nachweis von Gefahr im Verzug beschlagnahmt oder ist ein Beschluss aufgebraucht, kann auf diese Beweise keine Verurteilung gestützt werden!
> - Lassen Sie sich durch Verteidiger nicht verunsichern. Nehmen Sie Kontakt zu dem zuständigen Staatsanwalt auf.

G. Sicherstellung und Beschlagnahme

I. Was ist der Unterschied?

180 § 94 Abs. 1 StPO Sicherstellung und Beschlagnahme von Gegenständen zu Beweiszwecken

(1) Gegenstände, die als Beweismittel für die Untersuchung von Bedeutung sein können, sind in Verwahrung zu nehmen oder in anderer Weise sicherzustellen.

§ 98 Abs. 1 Satz 1 StPO Verfahren der Beschlagnahme

(1) Beschlagnahmen dürfen nur durch das Gericht, bei Gefahr im Verzuge auch durch die Staatsanwaltschaft und ihre Ermittlungspersonen angeordnet werden. (...)

1. Sicherstellung

181 Die Sicherstellung ist dabei der Oberbegriff für die Ausübung der staatlichen Gewalt über das Beweismittel.[101]
Sie kann formlos erfolgen, etwa dann, wenn offen ist, wem die Sache gehört oder aber, ob der Eigentümer oder Besitzer die Sache freiwillig der Polizei übergibt.

2. Beschlagnahme

182 Die Beschlagnahme ist hingegen ist die förmliche Ausübung staatlicher Gewalt über den Gegenstand.[102] Beschlagnahmt wird dann, wenn der Gewahrsamsinhaber die Sache der Polizei **nicht freiwillig** überlässt oder erst nach Androhung von Zwang oder als Folge einer Durchsuchung.

II. Voraussetzungen

183 Sichergestellt oder beschlagnahmt werden können bewegliche und unbewegliche Gegenstände (Absatz 1), aber auch Daten.[103]
Die sicherzustellenden/zu beschlagnahmenden Gegenstände/Daten müssen **„für die Untersuchung"** (das Strafverfahren) **von Bedeutung** sein.
Gem. § 152 Abs. 2 StPO müssen demzufolge mindestens zureichende tatsächliche Anhaltspunkte für eine Straftat gegeben sein.
Es muss daher eine konkrete Verdachtslage bestehen, reine Vermutungen sind nicht ausreichend.
Die Beschlagnahme zur Ausforschung ist unzulässig.

---

101 Meyer-Goßner/Schmitt StPO § 98 Rn. 11
102 Meyer-Goßner/Schmitt StPO § 98 Rn. 13
103 Löwe-Rosenberg, Menges StPO § 94 Ziffer 14

Von Bedeutung ist der Gegenstand/sind die Daten dann, wenn er/sie Beweisbedeutung hat/haben.[104]

III. Wer ordnet an?

§ 98 StPO   Verfahren der Beschlagnahme   184

(1) Beschlagnahmen dürfen nur durch das Gericht, bei Gefahr im Verzug auch durch die Staatsanwaltschaft und ihre Ermittlungspersonen angeordnet werden. (…)
(2) Der Beamte, der einen Gegenstand ohne gerichtliche Anordnung beschlagnahmt hat, soll binnen drei Tagen die gerichtliche Bestätigung beantragen, wenn bei der Beschlagnahme weder der davon Betroffene noch ein erwachsener Angehöriger anwesend war oder wenn der Betroffene und im Falle seiner Abwesenheit ein erwachsener Angehöriger des Betroffenen gegen die Beschlagnahme ausdrücklich Widerspruch erhoben hat. (…)

> **Merke**   185
> Die 3-Tage-Frist beginnt mit dem Ende der Beschlagnahme.[105]

IV. Wer gibt wieder frei?

Über die Herausgabe entscheidet **ausschließlich** der Staatsanwalt![106]   186
In der Praxis erleben wir häufig, dass Gegenstände ohne Rücksprache mit dem Staatsanwalt wieder ausgehändigt werden.

Beispiele   187
(1) In einem Todesermittlungsverfahren wird geprüft, ob die Verstorbene sich selber in Brand gesetzt hat. Die Polizei gelangt zur Überzeugung, dass ein Suizid vorliegt und gibt – obwohl ein Zeuge behauptet, dass der Ehemann der Frau zuvor gedroht habe, sie zu verbrennen, sollte sie ihn verlassen – alle Asservate frei, ohne dies zuvor mit dem Staatsanwalt zu erörtern. Dies wird erst bekannt, als der Staatsanwalt zur Abklärung der Rolle des Ehemanns Asservate untersuchen lassen will.
(2) B steht im Verdacht, X per Facebook gestalkt zu haben. Der Ermittlungsrichter hat die Durchsuchung der Wohnung des B gem. § 102 StPO und die Beschlagnahme seines Handys angeordnet. Die Polizei durchsucht die Wohnung, findet das Handy und P prüft vor Ort das Handy. Dabei stellt er fest, dass auf dem Handy keine Facebook-App ist und gibt dem B anschließend das Handy vor Ort ohne Rücksprache mit der Staatsanwaltschaft zurück.
P hat übersehen, dass B auch die Möglichkeit hat, sich ohne App, sondern über www.facebook.de einzuloggen und so die Straftaten zu begehen.

---

104   Löwe-Rosenberg, Menges, StPO § 94 Ziffer 23
105   Meyer-Goßner/Schmitt StPO § 98 Rn. 14
106   OLG Celle NJW 73, 863; Meyer-Goßner/Schmitt StPO § 98 Rn. 29

V. Worüber ist zu belehren, wenn etwas weggenommen wird?

188 Der Beschuldigte ist durch die die Anordnung vollstreckenden Beamten über die Möglichkeit der richterlichen Überprüfung der Anordnung zu belehren, wenn die Maßnahme nicht zuvor durch ein Gericht angeordnet worden ist. Die Belehrung sollte in der Akte dokumentiert werden. Eine gem. § 98 Abs. 2 Satz 7 StPO nicht oder nicht ordnungsgemäße Belehrung kann nur dann die Rechtswidrigkeit der Beschlagnahme bewirken, wenn sie zu einer Vereitelung oder zumindest Beeinträchtigung der effektiven gerichtlichen Kontrolle der Maßnahmen geführt hat.[107]

189 Gem. § 95a StPO (Achtung: neu!) darf die Benachrichtigung des Betroffenen unter bestimmten Voraussetzungen zurückgestellt werden, allerdings ist die Zurückstellung der Benachrichtigung dann durch ein Gericht anzuordnen.

§ 98 Abs. 2 StPO Verfahren bei der Beschlagnahme

(2) Der Beamte, der einen Gegenstand ohne gerichtliche Anordnung beschlagnahmt, soll binnen drei Tagen die gerichtliche Bestätigung beantragen, wenn bei der Beschlagnahme weder der davon Betroffene noch ein erwachsener Angehöriger anwesend war oder der Betroffene und im Falle seiner Abwesenheit ein erwachsener Angehöriger des Betroffenen gegen die Beschlagnahme ausdrücklichen Widerspruch erhoben hat. Der Betroffenen kann jederzeit die gerichtliche Entscheidung beantragen. Die Zuständigkeit des Gerichts bestimmt sich nach § 162. Der Betroffene kann den Antrag auch beim dem Amtsgericht einreichen, in dessen Bezirk die Beschlagnahme stattgefunden hat; dieses leitet den Antrag dem zuständigen Gericht zu. *Der Betroffene ist über seine Rechte zu belehren.*

190 | Merke
— Eine Sicherstellung/Beschlagnahme setzt mindestens tatsächliche Anhaltspunkte für eine Straftat voraus.
— Erfolgt die Beschlagnahme ohne Beschluss oder widerspricht etwa der Berechtigte, soll binnen drei Tagen die Maßnahme richterlich bestätigt werden.
— Beschlagnahmte Gegenstände gibt **ausschließlich** der Staatsanwalt frei! Niemals Gegenstände ohne Rücksprache aushändigen!

---

[107] OLG Frankfurt, Beschluss vom 4.4.2003 – 3 W 301/03-juris

H. Anordnung von Sofortmaßnahmen

I. Blutentnahmen

Fall 1
A fährt nachts in Schlangenlinie mit seinem Porsche über die Autobahn. Er wird von der Polizei gestoppt. P ordnet die Blutentnahme an.

Fall 2
Die Polizei wird nachts zu einem Wohnhaus gerufen, weil es dort in der dritten Etage eine lautstarke Auseinandersetzung zwischen den Eheleuten A geben soll. Als die Polizei dort eintrifft, liegt die Frau leblos am Boden, A steht neben ihr und hält ein blutverschmiertes Messer in der Hand. P ordnet die Blutentnahme an, weil er auf dem Küchentisch zahlreiche leere Bierflaschen sieht und A eine Alkoholfahne hat.

Grundsätzlich ist für die Anordnungen von körperlichen Untersuchungen des Beschuldigten der Richter zuständig (§ 81a Abs. 2 S. 1 StPO).

§ 81a StPO   Körperliche Untersuchung des Beschuldigten; Zulässigkeit körperlicher Eingriffe

(1) Eine körperliche Untersuchung des Beschuldigten darf zur Feststellung von Tatsachen angeordnet werden, die für das Verfahren von Bedeutung sind. Zu diesem Zweck sind Entnahmen von Blutproben und andere körperliche Eingriffe, die von einem Arzt nach den Regeln der ärztlichen Kunst zu Untersuchungszwecken vorgenommen werden, ohne Einwilligung des Beschuldigten zulässig, wenn kein Nachteil für seine Gesundheit zu befürchten ist.
(2) *Die Anordnung steht dem Richter, bei Gefährdung des Untersuchungserfolges durch Verzögerung auch der Staatsanwaltschaft und ihren Ermittlungspersonen (§ 152 des Gerichtsverfassungsgesetzes) zu.* Die Entnahme einer Blutprobe bedarf abweichend von Satz 1 keiner richterlichen Anordnung, wenn bestimmte Tatsachen den Verdacht begründen, dass eine Straftat nach § 315a Absatz 1 Nummer 1, Absatz 2 und 3, § 315c Absatz 1 Nummer 1 Buchstabe a, Absatz 2 und 3, oder § 316 des Strafgesetzbuchs begangen worden ist.
(3) Dem Beschuldigten entnommene Blutproben oder sonstige Körperzellen dürfen nur für Zwecke des der Entnahme zugrundeliegenden oder eines anderen anhängigen Strafverfahrens verwendet werden; sie sind unverzüglich zu vernichten, sobald sie hierfür nicht mehr erforderlich sind.

1. Aufweichung des Richtervorbehalts (§ 81a Abs. 2 S. 2 StPO)

Der Richtervorbehalt ist insoweit für eine kleine Auswahl von Straßenverkehrsdelikten aufgeweicht worden – und auch nur insoweit!
Nicht erfasst ist der gefährliche Eingriff in den Straßenverkehr gem. § 315b StGB.
Anders als häufig gemeint:
Die Anordnungskompetenz gemäß Absatz 2 der Ermittlungsbehörde ist nicht! von Gefahr im Verzug abhängig.

Dabei sind die Kompetenz von Staatsanwaltschaft und Polizei als gleichranging eingeordnet worden.

> **Merke**
>
> Die Polizei muss in den benannten Fällen nicht vorranging versuchen, eine Anordnung des Staatsanwalts einzuholen.
> Die Anordnungskompetenz gemäß Absatz 2 verlangt lediglich:
> Es sind
> – bestimmte Tatsachen vorhanden,
> – die den einfachen Verdacht einer Straftat oder Ordnungswidrigkeit aus dem sachlichen Geltungsbereich begründen.
> Es müssen somit konkrete Tatsachen (wie etwa im Fall 1: Schlangenlinienfahren) vorliegen. Eine vage Vermutung reicht nicht.
> – Die Maßnahme muss verhältnismäßig sein.
> Die Anordnungsvoraussetzungen sind in der Akte zu dokumentieren.

2. Richtervorbehalt und Eilzuständigkeit gemäß § 81a Abs. 2 S. 1 StPO

193 Gemäß § 81 Abs. 2 S. 1 StPO besteht grundsätzlich die Zuständigkeit des Ermittlungsrichters (§ 162 StPO). Nur bei Gefahr im Verzug sind die Staatsanwaltschaft und **nachrangig** ihre Ermittlungspersonen (§ 152 GVG) zuständig. Das heißt, eine Eilanordnungskompetenz der Polizeibeamten besteht in diesen Fällen nur bei Nichterreichbarkeit eines Staatsanwalts.[108]
Gegenteilige Ansichten[109] vermögen nicht zu überzeugen. Denn das BVerfG hat eindeutig formuliert: „Nur bei einer Gefährdung des Untersuchungserfolgs durch die mit der Einholung einer richterlichen Entscheidung einhergehende Verzögerung besteht auch eine Anordnungskompetenz der StA und – **nachrangig** – ihrer Ermittlungspersonen. Die Strafverfolgungsbehörden müssen daher regelmäßig versuchen, eine Anordnung des zuständigen Richters zu erlangen, bevor sie selbst eine Blutentnahme anordnen".[110]
Teilweise wird argumentiert, die Entscheidung des BVerfG beziehe sich (nur) auf den Fall einer Eilanordnung, die während der üblichen Geschäftszeiten und grundsätzlicher Erreichbarkeit eines Richters ergangen sei. Ob das BVerfG auch für Maßnahmen, die außerhalb der Zeiten eines richterlichen Bereitschaftsdienstes wegen Gefahr im Verzug angeordnet werden, einen (generell-abstrakten) Vorrang der Staatsanwaltschaft bejaht, sei der zitierten Entscheidung nicht zu entnehmen.[111] Das mag sein, denn Entscheidungen des BVerfG betreffen in der Regel einen Einzelfall bzw. eine Einzelfallthematik. Man kann an dieser Stelle umfassend und streitig diskutieren. Das aber hilft in der Praxis nicht weiter!

---

108   BeckOK StPO, Goers § 81a Rn. 19
      KK-StPO, Hadamitzky § 81a Rn. 8
109   So bspw. MüKo StPO/Trück § 81a Rn. 30
110   BVerfG, Beschluss v. 12.2.2007 – 2 BvR 273/06, NZV 2007, 581
111   Metz NStZ 2012, 242 ff.

Bei der Prüfung des Vorliegens der Voraussetzungen für Gefahr im Verzug gilt auch: Es steht der Polizei nicht frei zu entscheiden, wann sie einen Antrag stellt bzw. erwägt. Die Beamten dürfen mit der entsprechenden Antragstellung nicht so lange warten, bis tatsächlich Eile geboten ist.[112] Bei willkürlicher, fehlerhafter Annahme von Gefahr im Verzug bzw. bewusster Umgehung des Richtervorbehalts kann es zu Verwertungsproblemen kommen.[113]

In den Fällen des § 81a Absatz 2 S. 1 StPO (Richtervorbehalt) gilt daher:
- Zunächst ist zu versuchen, eine richterliche Anordnung einzuholen.
- Klappt dies nicht, ist dies in der Akte zu dokumentieren.
- Anschließend ist nachranging zu versuchen, den Staatsanwalt zu erreichen.
- Wenn dies nicht klappt oder der Polizeibeamte zu dem Ergebnis gelangt, dass aufgrund bestimmter Tatsachen dafür keine Zeit mehr ist, ist dies zu dokumentieren.
- Erst anschließend besteht eine Anordnungskompetenz der Polizei.

Fall 1: P hat richtig gehandelt.
Fall 2: P hat falsch gehandelt. Zuständig wäre grundsätzlich der Richter. Ist dieser nicht zu erreichen, hat **vorrangig** der Staatsanwalt die Anordnungskompetenz.

II. Erster Angriff

1. Dokumentation

Beim ersten Angriff sollte der Fokus besonders darauf gerichtet sein, die Antreffsituation/Tatsituation möglichst gut zu dokumentieren. **Hilfreich sind Lichtbilder!** Von besonderer Bedeutung sind regelmäßig im späteren Verfahren Lichtbilder, die Verletzungen des Opfers zeigen.
Deshalb: Verletzungen möglichst vor der medizinischen Erstversorgung fotografieren!
Ferner sind alle polizeilichen Maßnahmen auf die Sicherung etwaiger Spuren zu richten, soweit dies unter gefahrenabwehrrechtlichen Aspekten und bei vorrangiger medizinischer Erstversorgung der Verletzter möglich ist.

Beispiel
A hat auf B eingestochen. Als die Polizei, alarmiert von einem Mitbewohner, eintrifft, steht A noch im Schlafzimmer des B, dem eigentlichen Tatort, und hat Blut an den Händen. P fordert A auf: „Waschen Sie sich jetzt erstmal die Hände!"

Wir empfehlen ferner dringend, zeitnah nach dem ersten Zugriff die Erkenntnisse und Feststellungen in Vermerkform niederzulegen. Wenn das nicht passiert

---

112 BeckOK StPO, Goers § 81a Rn. 19 unter Hinweis auf BGH, Urteil vom 18.4.2007 – 5 StR 546/06, NJW 2007, 2269, der sich mit derselben Problematik bzgl. einer Durchsuchungsmaßnahme befasst hat.
113 BeckOK StPO, Goers § 81a Rn. 42 m. w. N.

und Polizeibeamte sechs Monate oder gar noch später nach dem Vorfall in der Hautverhandlung vernommen werden, zeigt eindrucksvoll folgendes

199 **Beispiel**
4 Polizeibeamte werden zu einem alten Gehöft geschickt, nachdem der Leitstelle mitgeteilt worden war, dass dort jemand erstochen worden sei. Im Lauf der Absuche des Hofes findet man den späteren Angeklagten vor, der auf dem Boden liegt.
In einem Vermerk heißt es, dass der Angeklagte auf dem Bauch in einem Nebengebäude liegend vorgefunden worden sei, er habe bei Eintreffen der Beamten das Messer unter den Oberkörper geschoben und den Kopf zur Seite gedreht. Man habe ihn vorläufig festgenommen und auf den Hofvorplatz gebracht.
Bei der Klärung der Frage, in welchem Zustand der Angeklagte gewesen sei, völlig betrunken (und ggfs. schuldunfähig) machten alle vier Zeugen in der Hauptverhandlung unterschiedliche Angaben. Einer meinte, der Angeklagte sei „sternhagelvoll" gewesen, der andere berichtete, der Angeklagte habe sich alleine aufstellen und Richtung Streifenwagen gehen können, der eine Beamte sagte aus, der Streifenwagen habe 15 Meter entfernt gestanden, der andere Zeuge sprach von mindestens 100 Metern. Der andere Beamte sagte aus, dass der Angeklagte zum Streifenwagen hätte „geschleppt werden" müssen, während die vorgenannten Kollegen berichteten, dass der Angeklagte den Weg eigenständig zurückgelegt habe – um nur einige wenige der Unterschiede aufzuzählen.

200 Ergebnis war, dass das Gericht keine sicheren Feststellungen zum Maß der Alkoholisierung und der Ausfallerscheinungen treffen konnte, was letztendlich zu einer Verurteilung wegen Vollrausches (statt Totschlags) und damit zu einer erheblich geringeren Strafe führte.

2. Sonderfall

201 Falsche Belehrung verursacht Rechtswidrigkeit der Diensthandlung.
Passieren bei dem ersten Angriff (hier: im Rahmen der Belehrung) Fehler, so können diese mitunter später nicht mehr behoben werden.

202 **Beispiel – auszugsweise –**
Der Beschuldigte (B) befuhr mit seinem Pkw (…) öffentliche Straßen. Die im Streifendienst tätigen Polizeibeamten (beide POK) bemerkten bei dem B ein auffällig rotes Gesicht. Weil sie der Meinung waren, dass B alkoholisiert einen Pkw im öffentlichen Straßenverkehr fahre, wendeten diese in Fahrzeug und entschlossen sich zu einer Kontrolle. Mit dem Blinksignalgeber „Stop, Polizei" fuhren sie dem B hinterher. Der B stoppte sein Fahrzeug indes nicht, sondern fuhr – wie die Beamten vermerkten – „auffällig" weiter. Erst auf dem Grundstück des B angekommen, stoppte der B sein Fahrzeug. Die Polizeibeamten eröffneten dem B, eine allgemeine Verkehrskontrolle (§ 36 Abs. V StVO) durchzuführen. Weil der B sich den Anweisungen der Beamten widersetzte, wendeten diese (nach entsprechender Ankündigung) einfache

körperliche Gewalt an, indem sie den B gegen die Beifahrerseite seines Fahrzeugs drückten. Der B wehrte sich körperlich, woraufhin schließlich eine Belehrung wegen des Verdachts des Widerstandes gegen Vollstreckungsbeamte (§ 113 StGB) erfolgte und wobei auch eine Körperverletzung (§ 223 StGB) in Betracht zu ziehen war.
Bedenken? Ja!

Lösung: Eine Verurteilung des B wegen Widerstandes gegen Vollstreckungsbeamte in Tateinheit mit Körperverletzung (§§ 113, 223, 52 StGB) kam vorliegend nicht in Betracht. Der B wurde (lediglich) wegen weiterer Delikte (u. a. Beleidigung § 185 StGB, worauf es vorliegend aber nicht ankommen soll), schuldig gesprochen.

Das zuständige Oberlandesgericht hat – unseres Erachtens völlig zu Recht – ausgeführt, dass eine Verurteilung wegen Widerstandes gegen Vollstreckungsbeamte eine rechtmäßige Diensthandlung der Polizeibeamten voraussetze. Könne die Rechtmäßigkeit der Diensthandlung aber nicht festgestellt werden, so lasse deren Unrechtmäßigkeit die Rechtswidrigkeit des Handelns des Beschuldigten entfallen. Denn: Die Diensthandlung der Beamten werde so zu einem rechtswidrigen Angriff gegen den Beschuldigten, gegen den grundsätzlich eine Notwehr zulässig sei und dies erfasse auch eine hiermit in Zusammenhang stehende Körperverletzung.[114]

Etwas genauer erklärt: In obigen Fallbeispiel waren die Polizeibeamten zutreffend davon ausgegangen, dass der B sich im Zustand der Fahruntüchtigkeit befunden haben könnte. Es bestand damit der konkrete Verdacht des Vorliegens einer Straftat (§ 152 Abs. 2 StPO), nämlich der Trunkenheit im Verkehr (§ 316 StGB) oder ggf. einer Ordnungswidrigkeit (§ 24a StVG). Über diesen (konkreten) Tatverdacht wurde der Beschuldigte aber nicht belehrt. Die Beamten haben gegenüber dem B vielmehr angegeben, eine allgemeine Verkehrskontrolle (§ 36 Abs. V StVO) durchführen zu wollen. Diese fehlende Belehrung führt hier zur Rechtswidrigkeit der entsprechenden Diensthandlung! In der Entscheidung des Oberlandesgerichts heißt es dazu deutlich: „Für eine allgemeine Verkehrskontrolle auf der Grundlage von § 36 Abs. V StVO ist demzufolge kein Raum, wenn das Anhalten eines Verkehrsteilnehmers wegen des konkreten Verdachts einer Verkehrsstraftat oder Verkehrsordnungswidrigkeit erfolgt (…). Die fehlerhafte, weil bei Vorliegen eines konkreten Verdachts ausdrücklich auf § 36 Abs. V StVO gestützte Belehrung des Angekl. muss demnach zur Rechtswidrigkeit der maßgeblichen Diensthandlung führen."[115] ( )

Merke

- Grundsätzlich ist für die Anordnung von körperlichen Untersuchungen der Richter zuständig.
- Ist der Richter nicht zu erreichen, nimmt bei Gefahr im Verzug der Staatsanwalt die Anordnung vor, wenn der nicht zu erreichen ist, dann erst der Polizeibeamte.

---

114 OLG Celle, Beschluss v. 23.7.2012 – 31 Ss 27/12, NZV 2013, 409 ff.
115 OLG Celle, Beschluss v. 23.7.2012 – 31 Ss 27/12, NVZ 2013, 409 ff. (410)

- Ausnahme:
§§ 315a Abs. 1 Nr. 1, Abs. 2, 3 und § 316 StGB.
Dann dürfen gleichrangig Polizei/StA die Untersuchung anordnen.
- Beim ersten Zugriff ist zu beachten:
    - Spurenlage dokumentieren!
    - Bilder der Verletzungen fertigen!
    - Spuren sichern!
    - Zeitnah Vermerke fertigen!
- Fehlerhafte Belehrungen können zur Rechtswidrigkeit der polizeilichen Maßnahme führen!

I. Vorläufige Festnahme

Unter welchen Voraussetzungen eine vorläufige Festnahme zulässig ist, ergibt sich aus § 127 StPO. **205**

§ 127 StPO   Vorläufige Festnahme

(1) Wird jemand auf frischer Tat betroffen oder verfolgt, so ist, wenn er der Flucht verdächtig ist oder seine Identität nicht sofort festgestellt werden kann, jedermann befugt, ihn auch ohne richterliche Anordnung vorläufig festzunehmen. Die Feststellung der Identität einer Person durch die Staatsanwaltschaft oder die Beamten des Polizeidienstes bestimmt sich nach § 163b Abs. 1.

(2) Die Staatsanwaltschaft und die Beamten des Polizeidienstes sind bei Gefahr im Verzug auch dann zur vorläufigen Festnahme befugt, wenn die Voraussetzungen eines Haftbefehls oder eines Unterbringungsbefehls vorliegen.
(...)

§ 112 StPO   Voraussetzungen der Untersuchungshaft; Haftgründe

(1) Die Untersuchungshaft darf gegen den Beschuldigten angeordnet werden, wenn er der Tat dringend verdächtig ist und ein Haftgrund besteht. Sie darf nicht angeordnet werden, wenn sie zu der Bedeutung der Sache und der zu erwartenden Strafe oder Maßregel der Besserung und Sicherung außer Verhältnis steht.

(2) Ein Haftgrund besteht, wenn auf Grund bestimmter Tatsachen
1. festgestellt wird, dass der Beschuldigte flüchtig ist oder sich verborgen hält,
2. bei Würdigung der Umstände des Einzelfalles die Gefahr besteht, dass der Beschuldigte sich dem Strafverfahren entziehen werde (Fluchtgefahr), oder
3. das Verhalten des Beschuldigten den dringenden Verdacht begründet, er werde
    a) Beweismittel vernichten, verändern, beiseiteschaffen, unterdrücken oder fälschen oder
    b) auf Mitbeschuldigte, Zeugen oder Sachverständige in unlauterer Weise einwirken oder
    c) andere zu solchem Verhalten veranlassen

und wenn deshalb die Gefahr droht, dass die Ermittlung der Wahrheit erschwert werde (Verdunkelungsgefahr).

(3) Gegen den Beschuldigten, der einer Straftat nach § 6 Absatz 1 Nummer 1 oder § 13 Absatz 1 des Völkerstrafgesetzbuches oder § 129a Abs. 1 oder Abs. 2, auch in Verbindung mit § 129b Abs. 1 oder nach den §§ 211, 212, 226, 306b oder 306c des Strafgesetzbuches oder, soweit durch die Tat Leib oder Leben eines anderen gefährdet worden ist, nach § 308 Abs. 1 bis 3 des Strafgesetzbuches dringend verdächtig ist, darf die Untersuchungshaft auch angeordnet werden, wenn ein Haftgrund nach Absatz 2 nicht besteht.

§ 112a StPO Haftgrund der Wiederholungsgefahr

(1) Ein Haftgrund besteht auch, wenn der Beschuldigte dringend verdächtig ist,
1. eine Straftat nach den §§ 174, 174a, 176 bis 178 oder nach § 238 Abs. 2 und 3 des Strafgesetzbuches oder
2. wiederholt oder fortgesetzt eine die Rechtsordnung schwerwiegend beeinträchtigende Straftat nach den §§ 89a, 89c Absatz 1 bis 4, nach § 125a, nach den §§ 224 bis 227, nach den §§ 243, 244, 249 bis 255, 260, oder nach § 29 Absatz 1 Satz 1 Nummer 1, 10 oder Abs. 3, § 29a Abs. 1 § 30 Abs. 1 § 30a Abs. 1 des Betäubungsmittelgesetzes oder nach § 4 Absatz 3 Nummer 1 Buchstabe a des Neue-psychoaktive-Stoffe-Gesetzes

begangen zu haben, und bestimmte Tatsachen die Gefahr begründen, dass er vor rechtskräftiger Aburteilung weitere erhebliche Straftaten gleicher Art begehen oder die Straftat fortsetzen werde, die Haft zur Abwendung der drohenden Gefahr erforderlich und in den Fällen der Nummer 2 eine Freiheitsstrafe von mehr als einem Jahr zu erwarten ist. In die Beurteilung des dringenden Verdachts einer Tatbegehung im Sinne des Satzes 1 Nummer 2 sind solche Taten einzubeziehen, die Gegenstand anderer, auch rechtskräftig abgeschlossener, Verfahren sind oder waren.

(2) Absatz 1 findet keine Anwendung, wenn die Voraussetzungen für den Erlass eines Haftbefehls nach § 112 vorliegen und die Voraussetzungen für die Aussetzung des Vollzugs des Haftbefehls nach § 116 Abs. 1 Satz 2 nicht gegeben sind.

§ 113 StPO Untersuchungshaft bei leichteren Taten

(1) Ist die Tat nur mit Freiheitsstrafe bis zu sechs Monaten oder mit Geldstrafe bis zu einhundertachtzig Tagessätzen bedroht, so darf die Untersuchungshaft wegen Verdunkelungsgefahr nicht angeordnet werden.

(2) In diesen Fällen darf die Untersuchungshaft wegen Fluchtgefahr nur angeordnet werden, wenn der Beschuldigte
1. sich dem Verfahren bereits einmal entzogen hatte oder Anstalten zur Flucht getroffen hat,
2. im Geltungsbereich dieses Gesetzes keinen festen Wohnsitz oder Aufenthalt hat oder
3. sich über seine Person nicht ausweisen kann.

§ 114 StPO Haftbefehl

(1) Die Untersuchungshaft wird durch schriftlichen Haftbefehl des Richters angeordnet.

(2) In dem Haftbefehl sind auszuführen
1. der Beschuldigte,
2. die Tat, deren er dringend verdächtig ist, Zeit und Ort ihrer Begehung, die gesetzlichen Merkmale der Straftat und die anzuwendenden Strafvorschriften,
3. der Haftgrund sowie
4. die Tatsache, aus denen sich der dringende Tatverdacht und der Haftgrund ergibt, soweit nicht dadurch die Staatssicherheit gefährdet wird.

(3) Wenn die Anwendung des § 112 Abs. 1 Satz 2 naheliegt oder der Beschuldigte sich auf diese Vorschrift beruft, sind die Gründe dafür anzugeben, dass sie nicht angewandt wurde.

Da § 127 Abs. 1 StPO in der Praxis nicht ganz so relevant ist, sollen die Voraussetzungen nur kurz aufgelistet werden: **206**
- Es liegt eine **Straftat** vor, die den Erlass eines Haftbefehls/Unterbringungsbefehls begründe kann.
- Der Täter wird **auf frischer Tat betroffen** (Die Tat kann schon beendet sein, die Festnahme muss aber zum Zwecke der Ergreifung erfolgen.).
- Der Täter soll der Strafverfolgung zugeführt werden.
- Es besteht eine Fluchtgefahr oder die Unmöglichkeit der sofortigen Identitätsfeststellung.

Absatz 2 regelt die Festnahme bei Gefahr im Verzuge. **207**
Der Beamte ist verpflichtet, nach pflichtgemäßem Ermessen die Voraussetzungen zu prüfen.
Und hier zeigen sich häufig Fehler!
Geprüft werden muss nämlich vor der vorläufigen Festnahme, ob die Voraussetzungen eines Haftbefehls gem. §§ 112, 112a, 126a StPO vorliegen.
Zudem muss die Gefahr bestehen, dass bei Zuwarten bis zum Vorliegen eines Haftbefehls oder Unterbringungsbefehls der Beschuldigte geflüchtet ist.

Beispiele **208**
(1) Die Polizei vermutet, dass A den X mit einem Messer verletzt hat. A hat Familie und eine feste Arbeitsstelle.
(2) Es liegen Indizien dafür vor, dass A den X getötet hat. Die Lebensverhältnisse des A sind bislang nicht bekannt.
(3) A lebt in Österreich und hat im Urlaub in Deutschland einen schweren Verkehrsunfall verursacht, bei dem X gestorben ist.
(4) Die Polizei teilt der Staatsanwaltschaft mit, dass A ein an ein Wohnhaus angrenzendes Carport in Brand gesetzt habe, wobei noch unklar ist, wie die Tat begangen wurde. A müsse unbedingt eingesperrt werden, der Schaden sei enorm und es sei lediglich Zufall, dass das Haus nicht auch gebrannt habe. Tatsächlich ist am Haus kein Schaden entstanden.
(5) A steht im Verdacht, X verprügelt zu haben. X hat einen Kieferbruch erlitten. A berichtet der Polizei, dass er kürzlich die Diagnose paranoide Schizophrenie erhalten habe und regelmäßig Stimmen höre.
Was ist zu tun?

I. Voraussetzungen

Es muss zunächst der **dringende** Verdacht bestehen, dass der Beschuldigte eine Straftat begangen hat. **209**

1. Dringender Tatverdacht

210 **Dringender Tatverdacht** liegt dann vor, wenn die Wahrscheinlichkeit groß ist, dass der Beschuldigte Täter oder Teilnehmer einer Straftat ist[116] und die belastenden Gründe die entlastenden Gründe **bei weitem** überwiegen. Vermutungen reichen mithin nicht aus. Bei der Prüfung des dringenden Tatverdacht hat der Richter nämlich eine auf den Stand der Ermittlungen zum Zeitpunkt der Haftentscheidung bezogenes Wahrscheinlichkeitsurteil auf die Frage abzugeben, ob der Verfolgte sich schuldig gemacht hat. Kommt der Richter nach Würdigung des vorliegenden Tatsachenmaterials, also aller sich aus den Akten ergebenden Beweismittel, zu der Entscheidung, dass eine Verurteilung möglich scheint, so liegt dringender Tatverdacht vor.[117]

211 | **Exkurs**

Anfangsverdacht
Es liegen konkrete zureichende Tatsachen für eine Straftat vor (§ 152 Absatz 2 StPO).
Es ist ein Ermittlungsverfahren einzuleiten.
Ausreichend ist, dass es nach kriminalistischer Erfahrung als möglich erscheint, dass jemand eine verfolgbare Straftat begangen hat.

Hinreichender Tatverdacht
Es besteht genügend Anlass, Anklage zu erheben. Nach dem Akteninhalt ist bei vorläufiger Würdigung aller Beweise und der Angaben des Beschuldigten eine Verurteilung mit Wahrscheinlichkeit zu erwarten, weshalb die Staatsanwaltschaft Anklage erhebt (§ 170 Absatz 1 StPO).

Dringender Tatverdacht
Die Wahrscheinlichkeit, dass der Beschuldigte Täter oder Teilnehmer einer Straftat ist, **überwiegt**. Die belastenden Anhaltspunkte überwiegen die den Beschuldigten entlastenden Anhaltspunkte **bei weitem**. Der Tatverdacht ist stärker als der hinreichende Tatverdacht.

212 Das setzt aber immer voraus, dass der Beschuldigte aufgrund der aktuell bestehenden Tatsachengrundlage verdächtig ist, rechtswidrig und schuldhaft gehandelt oder – bei einem Unterlassungsdelikt – trotz Handlungspflicht rechtswidrig und schuldhaft unterlassen oder aber eine Straftat versucht zu (was zwangsläufig voraussetzt, dass der Versuch überhaupt strafbar ist).
Dabei ist bereits zu prüfen, ob die Tat gerechtfertigt oder entschuldigt sein könnte, was den dringenden Tatverdacht ausschließen würde.
Dringender Tatverdacht aber bedeutet, dass die Beweislage größer ist, als zu einem Zeitpunkt, an dem sich der Staatsanwalt aufgrund der Tatsachen- oder Indiziengrundlage dazu entscheidet, Anklage zu erheben, weil er aufgrund der Beweislage eine Verurteilung als wahrscheinlich erachtet.

---

116 Meyer-Goßner/Schmitt StPO § 112 Rn. 5
117 KK-StPO, Graf § 112 Rn. 3 m. w. N.

Vermutungen oder das kriminalistische Gespür reichen nicht!

Beispiel 213
Der Polizist sagt dem Staatsanwalt, als dieser nach dem dringenden Tatverdacht fragt: „Ich glaube schon, dass der das war. Wer soll es denn sonst gewesen sein?"
Die Argumentation reicht ersichtlich nicht aus. Ohne Benennung von Indizien/ Beweisen kann kein Haftbefehl beantragt werden.

2. Verhältnismäßigkeit

Die Untersuchungshaft/vorläufige Unterbringung muss verhältnismäßig sein. 214
Ob die Maßnahme verhältnismäßig ist, richtet sich u. a. nach der Schwere der Tat, der Bedeutung der Tat, der Schwere des Eingriffs in das Leben des Beschuldigten, nach dem verletzten Rechtsgut, den Vorstrafen des Beschuldigten.
Ferner ist zu prüfen, ob die Haft anderweitig vermieden werden kann, etwa durch Auflagen (Abgabe der Ausweisdokumente oder Meldeauflage beispielsweise) oder bei Jugendlichen durch eine U-Haft-Vermeidungseinrichtung.

3. Haftgrund

Es muss ein Haftgrund vorliegen. 215
Welche Haftgründe es gibt, wann sie vorliegen bzw. was zu prüfen ist, soll nun im Detail dargelegt werden.

3.1 Haftgrund der Fluchtgefahr

Der Haftgrund der Fluchtgefahr liegt vor, wenn der Beschuldigte bereits flüchtig 216
ist oder sich verborgen hält und es **dafür bestimmte Tatsachen** gibt oder der Beschuldigte noch da ist, aber die Gefahr der Flucht besteht und die Würdigung der Umstände des Falles es wahrscheinlicher macht, dass sich der Beschuldigte dem Strafverfahren entziehen wird, als sich ihm zur Verfügung zu halten.
Es ist dabei eine **Gesamtabwägung** vorzunehmen, bei der die familiären Umstände und sonstigen Lebensumstände zu berücksichtigen sind (etwa Wohnsitz im Ausland, Ankündigung, Herbeiführen der Verhandlungsunfähigkeit).
Weil diese Voraussetzungen unabdingbar sind und dem Haftrichter dazu vorzutragen ist, sind auch dazu Ermittlungen erforderlich! Diese Ermittlungen fehlen nicht selten, wenn der Staatsanwaltschaft die Akten vorgelegt werden.

Es sind grundsätzlich Ermittlungen zu führen zum Wohnsitz, Arbeitsplatz, zu 217
den Lebensverhältnissen, dem Vorleben, einer etwaigen Labilität, zu Sprachkenntnissen, familiären Bindungen, zu Kontakten oder Wohnungen im Ausland. Die Anforderungen an die Fluchtgründe sind bei bestimmten Delikten (Schwerkriminalität) geringer.
Hintergrund dabei ist die Überlegung, dass bei einer besonders hohen Strafwartung die Flucht besonders reizvoll ist. Je höher die Strafwartung umso eher ist das Augenmerk darauf zu richten, ob Umstände vorliegen, die einer Fluchtgefahr entgegenstehen. Das können beispielsweise enge familiäre Bindun-

gen sein, ein fester Arbeitsplatz, pflegebedürftige enge Angehörige oder schulpflichtige Kinder.

3.2 Haftgrund der Verdunkelungsgefahr

218 Verdunkelungsfahr besteht dann, wenn der dringende Verdacht vorliegt, dass durch bestimmte Handlungen auf sachliche oder persönliche Beweismittel eingewirkt und dadurch die Ermittlung der Wahrheit erschwert wird.
Es muss aufgrund bestimmter Tatsachen eine große Wahrscheinlichkeit von Verdunkelungshandlungen vorliegen. Die Möglichkeit **alleine** reicht nicht.

219 Vielmehr müssen konkrete Tatsachen die Gefahr begründen (aus dem Verhalten, etwa einer psychischen Beeinflussung wie Täuschung oder Bedrohung, den festgestellten Beziehungen, den Lebensumständen (Verurteilung wg. Meineids, kriminelle Vereinigung). Das zu erwartende Verhalten muss unlauter und die Erschwerung der Wahrheitsermittlung wahrscheinlich sein. Hingegen reichen nicht:
- Bestreiten der Tat
- Widerruf des Geständnisses.

3.3 Haftgrund der Schwerkriminalität

220 Bei dem Haftgrund der Schwerkriminalität wird angesichts der Schwere der Tat und der deshalb zu erwartenden Sanktionen vermutet, dass der Tatverdächtige sich dem Strafverfahren entziehen wird.

§ 112 Abs. 3 StPO   Schwerkriminalität

(3) Gegen den Beschuldigten, der einer Straftat nach § 6 Abs. 1 Nr. 1 des Völkerstrafgesetzbuches oder § 129a Abs. 1 oder 2 auch in Verbindung mit § 129b Abs. 1, oder nach den §§ 211, 212, 226, 306b oder 306c des Strafgesetzbuches oder, soweit durch die Tat Leib oder Leben eines anderen gefährdet worden ist, nach § 308 Abs. 1 bis 3 des Strafgesetzbuchs dringend verdächtig ist, darf die Untersuchungshaft auch angeordnet werden, wenn ein Haftgrund nach Absatz 2 nicht besteht.

221 Die Delikte sind **abschließend** aufgezählt! Erfasst sind **vollendete** und **versuchte** Delikte der Schwerkriminalität.

4. Haftgrund der Wiederholungsgefahr gem. § 112a StPO

222 Wiederholungsgefahr liegt dann vor, wenn der Beschuldigte eine der dort genannten Straftaten begangen hat und konkrete Tatsache dafür benannt werden können, dass die Gefahr weiterer **gleichartiger** Delikte besteht und deshalb die Haft zur Abwendung der Wiederholungsgefahr erforderlich ist.
Tatsachen liegen dann vor, wenn eine starke innere Neigung feststellbar ist, vergleichbare ähnliche erhebliche Straftaten zu begehen. Es ist auf Vortaten und die Lebensweise zu schauen.[118]
Etwaige Vortaten dürfen nicht zu lange zurückliegen.

---

[118] Löwe-Rosenberg, Lind StPO § 112 a Ziffer 2; OLG Koblenz, Beschluss vom 4.6.2014 – 2 Ws 300/14-juris

Fehlen Vortaten, müssen sonstige schwerwiegende Gründe die Wiederholung mit hoher Wahrscheinlichkeit erwarten lassen.[119]

> **Merke**
> - Wer vorläufig festnimmt, hat zuvor zu prüfen, ob die Voraussetzungen des Absatz 2 vorliegen, nämlich
>   - dringender Tatverdacht und
>   - ein Haftgrund.
> - Ein Haftgrund kann
>   - Schwerkriminalität
>   - Fluchtgefahr
>   - Verdunkelungsgefahr
>   - Wiederholungsgefahr sein.

II. Irrtum, dass mit Erlass eines Haftbefehls oder Unterbringungsbefehls alles getan ist

1. Der Haftbeschleunigungsgrundsatz

Sobald ein Untersuchungshaftbefehl oder Unterbringungsbefehl vollstreckt ist, hören wir häufig von der Polizei: „Jetzt ist die Sache geklärt." Oder „Jetzt ist der Druck und Stress raus!"

Dabei wird übersehen, dass ab Anordnung der Untersuchungshaft die Frist des § 121 StPO zu laufen beginnt.

§ 121 StPO   Fortdauer der Untersuchungshaft über sechs Monate

(1) Solange kein Urteil ergangen ist, das auf Freiheitsstrafe oder eine freiheitsentziehende Maßregel der Besserung und Sicherung erkennt, darf der Vollzug der Untersuchungshaft wegen derselben Tat über sechs Monate hinaus nur aufrechterhalten werden, wenn die besondere Schwierigkeit oder der besondere Umfang der Ermittlungen oder ein anderer wichtiger Grund das Urteil noch nicht zulassen und die Fortdauer der Haft rechtfertigen.

(2) In den Fällen des Absatzes 1 ist der Haftbefehl nach Ablauf der sechs Monate aufzuheben, wenn nicht der Vollzug des Haftbefehls nach § 116 ausgesetzt wird oder das Oberlandesgericht die Fortdauer der Untersuchungshaft anordnet.

(3) Werden die Akten dem Oberlandesgericht vor Ablauf der in Absatz 2 bezeichneten Frist vorgelegt, so ruht der Fristenlauf bis zu dessen Entscheidung. Hat die Hauptverhandlung begonnen, bevor die Frist abgelaufen ist, so ruht der Fristenlauf auch bis zur Verkündung des Urteils. Wird die Hauptverhandlung ausgesetzt und werden die Akten unverzüglich nach der Aussetzung dem Oberlandesgericht vorgelegt, so ruht der Fristenlauf ebenfalls bis zu dessen Entscheidung.

(4) In den Sachen, in denen eine Strafkammer nach § 74a des Gerichtsverfassungsgesetzes zuständig ist, entscheidet das nach § 120 des Gerichtsverfas-

---
119 OLG Köln StraFo 2002, 534, OLG Frankfurt StV 2010, 583

sungsgesetzes zuständige Oberlandesgericht. In den Sachen, in denen ein Oberlandesgericht nach den §§ 120 oder 120b des Gerichtsverfassungsgesetzes zuständig ist, tritt an dessen Stelle der Bundesgerichtshof.

225 Das bedeutet ab Festnahme ist innerhalb von sechs Monaten spätestens mit der Hauptverhandlung zu beginnen. Der erste Hauptverhandlungstermin hat innerhalb dieser Frist stattzufinden.
Ansonsten sind die Akten über die Generalstaatsanwaltschaft dem Oberlandesgericht vorzulegen, das dann prüft, ob – **ausnahmsweise** – die Fortdauer der Untersuchungshaft/Unterbringung anzuordnen ist.

226 Das bedeutet weiter, dass bis dahin alle wesentlichen Ermittlungen abgeschlossen sein müssen und Anklage erhoben werden muss. Nach Anklageerhebung muss das Gericht ausreichend Zeit haben, die Anklage zuzustellen, die Akten zu lesen, über die Eröffnung des Hauptverfahrens zu entscheiden und Zeugen und Sachverständige zu laden.
Bei der oft hohen Anzahl an Haftsachen heißt das in der Regel: Spätestens drei (Faustregel) Monate nach der Festnahme sollte unbedingt Anklage erhoben werden. Allein eine etwaige Überlastung des Gerichts infolge vieler Haftsachen rechtfertigt nicht eine Fortdauer der Untersuchungshaft über sechs Monate hinaus.[120]

227 Wenn es sich in umfangreichen Verfahren abzeichnet, dass diese Frist nicht einzuhalten ist, ist es unbedingt ratsam, die Bemühungen um Einhaltung der Frist in der Akte zu dokumentieren, damit das Oberlandesgericht in die Lage versetzt wird zu prüfen, ob alles Erforderliche veranlasst wurde, das Verfahren zügig zu führen und abzuschließen.
Etwa:
– Die Auswertung von Beweismitteln wird priorisiert. Die Beweismittel, die bei Tatverdächtigen beschlagnahmt wurden, werden vorrangig ausgewertet.
– Es werden Überstunden geleistet, um die Masse an Datenträgern zeitnah auszuwerten.
– Noch ausstehende Gutachten wurden angemahnt.

228 Demzufolge (Siehe Rn. 208):
Fall 1: Es mangelt am dringenden Tatverdacht. Hinzu kommt, dass die soziale Situation einer Fluchtgefahr entgegensteht.
Fall 2: Es liegt der Haftgrund der Schwerkriminalität vor. Die familiären Verhältnisse sind zeitnah zu klären.
Fall 3: Bei einer fahrlässigen Tötung ist der Haftgrund der Fluchtgefahr zu verneinen. Bei EU-Bürgern ist zudem zu berücksichtigen, dass ein „Absetzen" in ein EU-Land grundsätzlich für eine Fluchtgefahr nicht ausreichend ist.
Fall 4: Der Haftgrund der Schwerkriminalität liegt nicht vor. Konkrete Haftgründe sind nicht zu erkennen. Ermittlungen dazu fehlen bislang gänzlich. Fester Arbeitsplatz? Familie? Ggfs. schulpflichtige Kinder?
Fall 5: Es könnte eine Unterbringung gem. § 126a StPO angezeigt sein. Eine Unterbringung kann jedoch nur dann beantragt werden, wenn ein psychiatri-

---

120 BVerfG, Beschluss vom 20.12.2017 – 2 BvR 2552/17-juris

sches Gutachten vorliegt, aus dem hervorgeht, dass A zur Tatzeit schuldunfähig oder mindestens sicher vermindert schuldfähig war und er für die Allgemeinheit – weiterhin – gefährlich ist, mithin seine Unterbringung gem. § 63 StGB zu erwarten ist. (vgl. § 126a StPO)

Da nicht selten in derartigen Fällen die Schwierigkeit besteht, zeitnah das für eine Unterbringung gem. § 126a StPO erforderliche Gutachten zu erhalten, ist zu erwägen, ggfs. den sozialpsychiatrischen Dienst zuzuziehen und eine Unterbringung gem. PsychKG prüfen zu lassen. Durch eine vorläufige Unterbringung gem. PsychKG kann die Zeit gewonnen, die benötigt wird, um den Beschuldigten fachärztlich begutachten zu lassen.

Merke
- Ab Festnahme gilt der Grundsatz der Haftbeschleunigung.
- Alle noch erforderlichen Ermittlungen sind zügig zu führen, so, dass **spätestens** binnen einer Frist von 6 Monaten die Hauptverhandlung beginnen kann.
- Faustregel: Spätestens drei Monate nach der Festnahme sollte Anklage erhoben werden.
- In der Akte ist regelmäßig zu dokumentieren, dass beschleunigt ermittelt wird!

Es ist in Vermerken niederzulegen, was unternommen wurde, um die Ermittlungen zügig abzuschließen.

III. Festnahme in der Nacht

Beispiel
In der Rettungsleitstelle geht ein Notruf ein. Es wird mitgeteilt, dass es in der Müllerstraße 52 zu einer Messerstecherei gekommen sei. O sei schwerverletzt. Die zum Tatort entsandten Beamten A und B treffen um 23.55 Uhr in der tatbetroffenen Wohnung 4 Personen an, eine Person, nämlich O, liegt leblos am Boden. Um 23.56 Uhr wird den übrigen vor Ort Anwesenden die vorläufige Festnahme erklärt. Die Festgenommenen werden zur Dienststelle verbracht.

Da ein Beschuldigter binnen 24 Stunden dem Haftrichter vorzuführen ist, sind die im Beispielsfall vorläufig Festgenommenen demzufolge am Folgetag vorzuführen. Eine Festnahme kurz vor Mitternacht führt regelmäßig dazu, dass am nächsten Tag alle Beteiligten unter enormem Zeitdruck stehen. In der Regel dauert es bis mindestens mittags, bis die ersten wesentlichen Vernehmungen verschriftet sind. Anschließend sind die Ermittlungsergebnisse dem Staatsanwalt zu übersenden, der sich sodann einen Überblick verschaffen und entscheiden muss, ob er einen Antrag auf Erlass eines Haftbefehls stellt. Danach sind die Akten dem Ermittlungsrichter zu überbringen, der seinerseits den Sachverhalt zu prüfen hat. In der Regel führt eine Festnahme vor Mitternacht dazu, dass innerhalb der Geschäftszeiten des Ermittlungsrichters eine Vorführung zeitlich nicht möglich ist und deshalb der Antrag bei dem Bereitschaftsrichter gestellt

werden muss, der nach 15.30 Uhr für Sofortsachen außerhalb der Dienstzeiten zuständig ist.
Eine Festnahme nach Mitternacht und damit erst am Folgetag führt dazu, dass die Vorführung erst am Folgetag stattfinden muss und dadurch erheblich Zeit gewonnen wird für sachgerechte Prüfungen durch Staatsanwalt, Richter und auch Verteidiger.

IV. Verfahren

233 Über eine vorläufige Festnahme ist **umgehend** der Staatsanwalt zu informieren, der dann zu prüfen hat, ob er Antrag auf Erlass eines Haftbefehls/Unterbringungsbefehls stellt.
Die Prüfung kann er nur vornehmen, wenn ihm Akten zur Verfügung gestellt werden.
Anschließend reicht der Staatsanwalt die Akten mit dem schriftlichen Antrag an den zuständigen Ermittlungsrichter weiter. Das ist entweder der Ermittlungsrichter am Sitz des Amtsgerichts, in dessen Bezirk die Straftat bzw. vorläufige Festnahme erfolgte, des Tatorts oder aber des Amtsgerichts am Sitz der Staatsanwaltschaft, sofern (im letztgenannten Fall) zeitgleich ein Antrag auf Erlass eines weiteren Beschlusses (etwa: Durchsuchung, körperliche Untersuchung des Beschuldigten/des Opfers, Anordnung einer Obduktion) gestellt wird.
Kommt der Richter zu dem Ergebnis, dass er den beantragten Beschluss erlässt, ist der Beschuldigte dem Richter zeitnah vorzuführen.

V. Kann ein Haftbefehl mündlich erlassen werden?

234 Beispiel
Die Polizei wendet sich an den Ermittlungsrichter, teilt ihm mit, dass man zwei Einbrecher auf der Wache habe, die im Verdacht stehen, wiederholt in Wohnhäuser eingebrochen zu sein, und bittet um den Erlass eines Haftbefehls. Der Beamte fragt, ob der Haftbefehl mündlich erlassen werden kann.

235 Der Polizeibeamte hat gleich mehrere Fehler gemacht.
– Den Antrag auf Erlass eines Haftbefehls stellt ausschließlich der Staatsanwalt.
– Der Staatsanwalt benötigt für die Prüfung die Akten.
– Das Gericht erlässt **niemals mündlich Haftbefehle** (vgl. § 114 StPO!)
– Bevor der Haftbefehl verkündet wird, ist dem Beschuldigten rechtliches Gehör zu gewähren, er ist deshalb dem Richter vorzuführen.

236 Merke
Nimmt die Polizei einen Beschuldigten vorläufig fest, hat sie **umgehend** den Staatsanwalt zu informieren.
Ihn sind unverzüglich die Akten vorzulegen, damit er einen schriftlichen Antrag auf Erlass eines Haftbefehls/Unterbringungsbefehls stellen kann. Sodann ist der Beschuldigte dem Richter vorzuführen.

J. Feststellung der Identität (IDF vs. Festnahme)

I. Die Identitätsfeststellung gemäß § 163b StPO

§ 163b StPO Maßnahmen zur Identitätsfeststellung 237

(1) Ist jemand einer Straftat verdächtig, so können die Staatsanwaltschaft und die Beamten des Polizeidienstes die zur Feststellung seiner Identität erforderlichen Maßnahmen treffen; § 163a Absatz 4 Satz 1 gilt entsprechend. Der Verdächtige darf festgehalten werden, wenn die Identität sonst nicht oder nur unter erheblichen Schwierigkeiten festgestellt werden kann. Unter den Voraussetzungen von Satz 2 sind auch die Durchsuchung der Person des Verdächtigen und der von ihm mitgeführten Sachen sowie die Durchführung erkennungsdienstlicher Maßnahmen zulässig.

(2) Wenn und soweit dies zur Aufklärung einer Straftat geboten ist, kann auch die Identität einer Person festgestellt werden, die einer Straftat nicht verdächtig ist; § 69 Absatz 1 Satz 2 gilt entsprechend. Maßnahmen der in Absatz 1 Satz 2 bezeichneten Art dürfen nicht getroffen werden, wenn sie zur Bedeutung der Sache außer Verhältnis stehen; Maßnahmen der in Absatz 1 Satz 3 bezeichneten Art dürfen nicht gegen den Willen der betroffenen Person getroffen werden.

Beispiele 238
(1) Nach einem Raub auf eine Tankstelle werden umgehend polizeiliche Fahndungsmaßnahmen eingeleitet. Aufgrund der Beschreibung der Täter und des Fluchtfahrzeugs werden im Rahmen der ersten Fahndungsmaßnahmen 2 Personen kontrolliert. Person A ist Fahrer, Person B ist Mitfahrer des betreffenden Pkw. Person A weist sich ordnungsgemäß durch Vorlage eines Personalausweises aus. Person B hat keine Ausweispapiere dabei, macht keinerlei Angaben zu seiner Identität. Die Durchsuchung des B vor Ort bringt auch kein Ergebnis.
Kann nun das Fahrzeug nach Ausweispapieren des B durchsucht werden?
(2) Im Rahmen polizeilicher Ermittlungen wird der Täter eines Diebstahls (§§ 242, 243 StGB) festgestellt. Die Personalien des Täters sind ungeklärt. Personaldokumente führt dieser nämlich nicht mit sich. Die Identität lässt sich vorerst nicht feststellen.

Im Rahmen dieses Beispielfalls ist die Frage an uns gerichtet worden, ob eine vorläufige Festnahme gemäß § 127 StPO in Betracht komme oder alternativ ein Rückgriff auf die Generalklausel des § 163 StPO bzw. Anwendung des Polizeirechts möglich sei. Für die nachfolgenden Ausführungen wird diese Frage dahingehend ergänzt, ob eine entsprechende Anwendung des § 163 StPO überhaupt erforderlich ist. Hätten Sie es gewusst? 239

II. Bedeutung der Norm § 163b StPO

240 Die §§ 163b, 163c StPO wurden durch das Gesetz zur Änderung der Strafprozessordnung vom 14.4.1978 geregelt. § 163b StPO regelt **umfassend** die Feststellung der Identität von Tatverdächtigen (§ 163b Abs. 1) und von der Tat Unverdächtigen (§ 163b Abs. 2) durch die Staatsanwaltschaft und die Polizeibeamten, sofern die Maßnahme zum Zweck der Strafverfolgung erfolgt.[121]
In Verbindung mit § 163c StPO, den Vorschriften zu erkennungsdienstlichen Maßnahmen (§ 81b StPO) sowie der Errichtung von Kontrollstellen an öffentlichen Orten (§ 111 StPO) regelt § 163b StPO die Identitätsfeststellung **abschließend**.[122]

III. Anwendungsbereich

241 Die Anwendung des § 163b StPO ist möglich, sofern der Zweck dieser Maßnahme die Verfolgung und Aufklärung einer bestimmten Straftat ist. Wird der Tatverdächtige auf frischer Tat betroffen oder verfolgt, ist § 163b StPO einschlägig.[123] Wichtig ist auch, dass für Maßnahmen, die der Strafverfolgung dienen, ein Rückgriff auf die polizeirechtlichen Regelungen ausgeschlossen ist, dies auch dann, wenn die entsprechenden Ermächtigungen weitreichender sind. In sogenannten Gemengelagen ist die Anwendung des Polizeirechts nur dann möglich, wenn die Feststellung schwerpunktmäßig der Gefahrenabwehr dient.[124]

242 Merke: Allein der Zweck, mögliche Straftaten aufzudecken und/oder mögliche Täter zu ermitteln, ist vom Anwendungsbereich dieser Vorschrift nicht erfasst.[125] Also, für den Fall, dass ein rein präventiver Informationserhebungszweck vorliegt, ist allein das jeweilige Polizeirecht einschlägig. Auch die Anwendung eventueller Zwangsmaßnahmen folgt in diesen Fällen allein aus den entsprechenden polizeirechtlichen Befugnissen. Eventuelle strafprozessuale Einschränkungen sind dann nicht zu beachten.[126]

243 Ergänzend: Bei Maßnahmen gemäß § 111 StPO (Kontrollstellen) gelten die §§ 163b, 163c StPO entsprechend (§ 111 Abs. 3 StPO). Auch für Maßnahmen im Bußgeldverfahren sind die genannten Vorschriften entsprechend anzuwenden (§ 46 Abs. 1 OWiG), sofern das OWiG nichts anderes bestimmt.[127]

---

121 KK-StPO, Griesbaum § 163b Rn. 1
122 MüKo StPO, Kölbel § 163b Rn. 1
123 KK-StPO, Griesbaum § 163b Rn. 3
　　MüKo StPO, Kölbel § 163 Rn. 3
　　ebenso: BeckOK StPO, Graf § 163b Rn. 1
124 MüKo StPO, Kölbel § 163b Rn. 3
125 KK-StPO, Griesbaum StPO § 163b Rn. 3
126 MüKo StPO, Kölbel StPO § 163b Rn. 3
127 KK-StPO, Griesbaum StPO § 163b Rn. 4
　　MüKo StPO, Kölbel StPO § 163b Rn. 4
　　BeckOK StPO, Graf StPO § 163b Rn. 3

IV. Voraussetzungen

Als erste Voraussetzung für eine Identitätsfeststellung gemäß § 163b Abs. 1 StPO ist der Verdacht einer konkreten Straftat zu nennen. „Einer Straftat verdächtig" ist derjenige, der „von dem Verdacht der Beteiligung einer Straftat nicht frei ist", (wobei Versuch genügt) also derjenige, gegen den sich die strafprozessualen Ermittlungen richten können. Anfangsverdacht genügt, ist aber auch erforderlich.[128] Gemäß § 152 Abs. 2 StPO liegt ein solcher Verdachtsgrad vor, wenn **zureichende tatsächliche Anhaltspunkte (wann, wo, was?)** für eine **verfolgbare Straftat (es darf kein Strafverfolgungshindernis bestehen)** vorliegen.

1. Exkurs

1.1 Das Strafverfolgungshindernis

Ein Strafverfolgungshindernis liegt beispielsweise dann vor, wenn
- Strafverfolgungsverjährung eingetreten ist (§§ 78 ff. StGB),
- es sich um ein absolutes Antragsdelikt handelt, kein Strafantrag gestellt wurde und die Frist zur Stellung eines solchen bereits verstrichen ist,
- der Tatverdacht sich gegen eine strafunmündige Person (Kind, § 19 StGB) richtet, denn ein Kind kann kein Verdächtiger/Beschuldigter in einem strafprozessualen Ermittlungsverfahren sein.[129]

1.2. Schuldunfähigkeit vs. Rechtsfertigungs- oder Entschuldigungsgründe

Gegen eine schuldunfähige Person kann sich das Ermittlungsverfahren aber sehr wohl richten, denn in einem Straf- oder Sicherungsverfahren sind neben einer Verurteilung Maßregeln der Besserung und Sicherung möglich (§§ 413 ff. StPO). Anders verhält es sich dann, wenn bereits im Zeitpunkt der beabsichtigten Identitätsfeststellung ein Rechtsfertigungs- oder Entschuldigungsgrund zweifelsohne vorliegt. Diese Person kann nicht mehr Beschuldigter in einem Strafverfahren sein.[130]

V. Rechtsfolge

1. Generalklausel des § 163b Abs. 1 Satz 1 StPO

Liegen die entsprechenden Voraussetzungen vor, so dürfen die Personaldaten festgestellt werden, die erforderlich sind, um die Identität eindeutig zu klären, so dass der Beschuldigte im Strafverfahren zuverlässig und ohne unverhältnismäßige Schwierigkeiten erreicht werden kann. Dazu gehören unzweifelhaft
- Vor- und Familienname,
- Geburtsname, Geburtstag- und ort,

---

128 KK-StPO, Griesbaum § 163b Rn. 9
129 MüKo StPO, Kölbel § 163b Rn. 9
130 KK-StPO, Griesbaum § 163b Rn. 10
so auch: Nomos Kommentar Gesamtes Strafrecht, Pflieger/Ambos StPO § 163b Rn. 2
MüKo StPO, Kölbel § 163b Rn. 8

- Anschrift.

Die Angabe des Berufs und des Familienstandes ist indes nicht erforderlich, die Angabe der Staatsangehörigkeit nur in Ausnahmefällen.[131] Hier ist nämlich die Frage zu stellen, ob und falls ja, warum die Staatsangehörigkeit für die Frage der sicheren Erreichbarkeit des Beschuldigten in dem Ermittlungs- und Strafverfahren von Bedeutung sein soll (in Ausnahmefällen kann dies aber begründet sein).

248 | **Merke**
Erlaubt ist die Erhebung der für die **Identitätsfeststellung erforderlichen** Angaben. Das heißt, **ist die Identität den ermittelnden Beamten bereits zweifelsfrei bekannt, ist die Maßnahme gemäß § 163b StPO nicht begründet.**[132]

249 Als mögliche Maßnahmen kommen namentlich in Betracht:
- das Anhalten des Verdächtigen,
- die Frage nach seinen Personalien (vgl. dazu § 111 OWiG),
- die Aufforderung sich auszuweisen und die mitgeführten Ausweisdokumente den kontrollierenden Polizeibeamten zwecks Einsichtnahme auszuhändigen.

Kann die Identität anhand der getroffenen Maßnahme eindeutig festgestellt werden und liegen keinerlei konkrete Anhaltspunkte für eine Fälschung mitgeführter Dokumente oder andere Unstimmigkeiten vor, so sind weitere Maßnahmen mit derselben Zielrichtung unzulässig. Gegebenenfalls kann auch die Identifizierung durch Angaben gutgläubiger Dritter genügen.[133]

2. Das Festhalterecht, die Durchsuchung sowie erkennungsdienstliche Maßnahmen gemäß § 163b Abs. 1 Satz 2 und 3 StPO

250 Über die in § 163b Abs. 1 Satz 1 StPO genannten Maßnahmen hinaus ist
- das Festhalten der betroffenen Person,
- die Durchsuchung der Person und der mitgeführten Sachen sowie
- die Durchführung erkennungsdienstlicher Maßnahmen

nur unter der weiteren Voraussetzung erlaubt, dass die Identität sonst nicht oder nur unter erheblichen Schwierigkeiten festgestellt werden kann.

251 Der Grund für diese weitere Voraussetzung liegt in dem verfassungsrechtlichen Gebot der Verhältnismäßigkeit. So soll sichergestellt werden, dass ein Eingriff in die persönliche Freiheit aus Art 2 Abs. 2 GG nur dann erfolgt, wenn dies zur Feststellung der Identität **unerlässlich** ist. Der Polizeibeamte muss also zunächst alles dafür tun, die Maßnahme ohne Zeitverlust, an Ort und Stelle und mit den zulässigen Mitteln der Generalklausel aus § 163b Abs. 1 Satz 1 StPO durchzuführen. Das heißt, allein die Begründung, die Identität könne mittels einer Durchsu-

---

131 KK-StPO, Griesbaum § 163b Rn. 11
132 KK-StPO, Griesbaum § 163b Rn. 11
133 MüKo StPO, Kölbel § 163b Rn. 10

chung (somit i. d. R. auch Festhalten) oder einer erkennungsdienstlichen Maßnahme (auch dann also Festhalten) einfacher oder bequemer durchgeführt werden, reicht für die Begründung nicht aus.[134] Auch ein Festhalten der Person und ggf. ein Verbringen auf die Polizeidienststelle mit dem Zweck, die vor Ort angegebenen Personalien mit den Daten des Einwohnermeldeamtes abzugleichen, ist nur dann gerechtfertigt, wenn die Identitätsfeststellung durch die Angaben vor Ort oder die Aushändigung mitgeführter Ausweise nicht oder nur unter erheblichen Schwierigkeiten möglich wäre.[135]

Entsprechend durchgeführte **Maßnahmen wären mithin rechtswidrig.** **252**

Erhebliche Schwierigkeiten, welche Maßnahmen gemäß § 163b Abs. 1 Satz 2 **253**
und 3 StPO rechtfertigen könnten, kommen aber dann in Betracht, wenn zuverlässige Personaldaten nur schwer und unter Zeitaufwand zu beschaffen sind, so beispielsweise, weil
– der Betroffene nicht registrierter Ausländer ist,
– die Vorlage der Papiere verweigert wird,
– der Betroffene falsche Ausweispapiere mit sich führt,
– keine, unrichtige oder widersprüchliche Angaben zu der Person gemacht werden,
mithin weitere Überprüfungen erforderlich sind.

Auch für den Fall, dass der Polizeibeamte durch den Betroffenen oder dritte **254**
Personen ernsthaft bedroht wird, wird ein entsprechendes Erfordernis bejaht.[136]

Die Maßnahmen des § 163b Abs. 1 Satz 2 und 3 StPO im Einzelnen: **255**

2.1 Festhalten

Ein Festhalten liegt immer dann vor, wenn die betroffene Person sich nicht mehr **256**
aus dem räumlichen Machtbereich des Amtsträgers entfernen kann.
Für Studierende der Polizeiakademie ist also wichtig zu wissen: Ein Anfassen, eine tatsächliche Festhalte-Berührung zwischen Beamten und Betroffenen ist nicht erforderlich.

Ein Festhalten liegt daher immer dann vor, wenn der Betroffene unfreiwillig zur **257**
Dienststelle verbracht wird. Gleichwohl ist dieses Mitnehmen zur Dienststelle nicht zwingend erforderlich. Auch eine Aufforderung, sich nicht vom Ort der Überprüfung zu entfernen, kann bereits ein Festhalten darstellen. Dies muss dann aber für eine längere Dauer geschehen, als es üblicherweise vor Ort für die Identifizierung notwendig wäre. Auch, wenn ein nur kurzfristiges Verweilen vor Ort durch eine Gewaltandrohung/-Anwendung ermöglicht wird, stellt dies eine besondere Eingriffsqualität dar und kann nur über § 163b Abs. 1 **Satz 2** StPO gerechtfertigt werden.[137]

---

134 KK-StPO, Griesbaum § 163b Rn. 14
135 BVerfG, Beschluss vom 8.3.2011, 1 BvR 47/05; NStZ 2011, 529
136 Löwe-Rosenberg, Erb StPO § 163b Rn. 31
137 MüKo-StPO, Kölbel § 163b Rn. 12

258 **Merke**

Das Festhalten ist keine Beugemaßnahme, d. h., der Beamte darf diese Maßnahme nicht einsetzen, um den Betroffenen dazu zu bewegen, seine Identität preiszugeben. Die Festhaltebefugnis stellt nämlich kein eigenes Mittel zur Identitätsfeststellung dar, sondern soll die nach § 163b Abs. 1 S. 1 und 3 StPO erlaubten Mittel ermöglichen.

Für Polizeistudenten

Das heißt: Weil bereits die Androhung von Gewalt nur dann rechtmäßig ist, wenn auch die Anwendung von Gewalt rechtmäßig wäre und weil beides kein eigenes Mittel zur Identitätsfeststellung ist, sind beide Maßnahmen nicht erlaubt, um den Betroffenen dazu zu bringen (beugen), seine Identitätsangaben zu machen.
Erlaubt sind diese Maßnahmen nur dann, wenn die erweiterten Voraussetzungen des § 163b Abs. 1 Satz 2 StPO vorliegen, mithin, um die Mittel aus § 163b Abs. 1 Satz 1 (Anhalten, Frage nach den Personalien, Aufforderung sich auszuweisen) zu ermöglichen.

Für Praktiker

Die Festhalteanordnung bedarf keiner besonderen Form. Bereits die unmissverständliche Ansprache, sich nicht zu entfernen, stellt eine solche Maßnahme dar. Mit Blick auf die zulässige Höchstdauer (§ 163c Abs. 1 und 3 StPO – vgl. dazu unten mehr) sollte der Zeitpunkt der Anordnung schriftlich festgehalten werden.
Ist der Betroffene freiwillig bereit für die Identitätsfeststellung anwesend zu bleiben, ist eine entsprechende Anordnung nicht notwendig. Dann liegt auch **kein Festhalten** vor.
Unter Berücksichtigung des Verhältnismäßigkeitsprinzips ist auch die Anwendung unmittelbaren Zwanges erlaubt.

2.2 Durchsuchung

259 Unter den genannten Voraussetzungen des § 163b Abs. 1 Satz 2 StPO ist auch die Durchsuchung des Tatverdächtigen sowie **mitgeführter** Sachen (Brieftasche, Kleidung, Gepäck) erlaubt. Hier kommt es auf die tatsächliche Gewahrsamslage an. Das heißt, besteht Tatverdacht gegen den Fahrer eines Pkw, darf auch der Pkw durchsucht werden. Besteht der Tatverdacht aber gegen den Beifahrer, darf der Pkw nicht durchsucht werden[138]. Ausnahme: Der Beifahrer ist der Halter des Pkw[139], denn dann ist er tatsächlicher Besitzer.

260 Die Durchsuchung von Wohnungen kann nicht auf § 163b StPO gestützt werden.
Auch die Suche nach Beweismitteln ist allein auf der Grundlage der §§ 102, 103 StPO erlaubt.

---

[138] MüKo-StPO, Kölbel § 163b Rn. 17
[139] Löwe-Rosenberg, Erb StPO § 163b Rn.

2.3 Erkennungsdienstliche Maßnahmen

Erkennungsdienstliche Maßnahmen sind i. d. R. nur in der Dienststelle möglich und entsprechend § 81b StPO (Fertigung von Lichtbildern und Fingerabdrücken, Messungen und ähnliche Maßnahmen) durchzuführen.

261

3. Verhältnismäßigkeit

Selbstverständlich müssen die genannten Maßnahmen (§ 163b Abs. 1 Satz 1 und Satz 2) insgesamt verhältnismäßig, mithin – neben der dargelegten Erforderlichkeit – für die Identitätsfeststellung auch tatsächlich geeignet sein.

262

Das heißt, lässt der Betroffene eine der möglichen Maßnahmen freiwillig zu, ist aus Gründen der Verhältnismäßigkeit (bei Eignung) diese Maßnahme zu wählen.

Eine Durchsuchung der Person darf aus Verhältnismäßigkeitsgründen nur am bekleideten Körper erfolgen. Es darf allein die Intensität erreicht werden, die zu Identifizierungszwecken notwendig ist. § 81d StPO ist zu beachten (Vornahme der Maßnahme durch eine Person gleichen Geschlechts).
Eine erkennungsdienstliche Maßnahme kommt bei Ordnungswidrigkeiten nicht mehr in Betracht.[140]

263

4. Belehrungen

4.1 § 163a Abs. 4 Satz 1 StPO entsprechend

Die Vorschrift gilt entsprechend.

264

§ 163a StPO   Vernehmung des Beschuldigten

(1) Der Beschuldigte ist spätestens vor dem Abschluss der Ermittlungen zu vernehmen, es sei denn, dass das Verfahren zur Einstellung führt.
(...)

4.2 Für Polizeistudenten

Im Studium und bei Klausurlagen stellt sich oft die Frage, ob und inwieweit § 163a Abs. 1 Satz 1 StPO auch bei Maßnahmen der Identitätsfeststellung (§ 163b StPO) Anwendung findet. Denn § 163a StPO betrifft – was bereits aus der Überschrift deutlich wird – die Vernehmung des Beschuldigten. Hier (§ 163b StPO) „haben wir es aber doch gar nicht mit einer Vernehmung zu tun," so die Einwände junger GER[141]-Studenten.

265

Gleichwohl hat eine entsprechende Anwendung zu erfolgen, d. h., obwohl es sich nicht um eine klare Vernehmungssituation handelt, ist der vorgenannte Satz anzuwenden. Im Einzelnen:
Der Tatverdächtige ist bereits zu Beginn der polizeilichen Feststellungen über den Grund der Maßnahme zu informieren. Ihm ist zu eröffnen, welcher Straftat

266

---

140 MüKo-StPO, Kölbel § 163b Rn. 16
141 Grund-und Eingriffsrecht; Studienfach an der PA

(oder Ordnungswidrigkeit) er verdächtig ist (zu den Belehrungspflichten vgl. Ausführungen zu § 163a StPO und § 70a JGG). Von dieser Pflicht kann nur ausnahmsweise abgesehen werden, wenn der Grund für die Identitätsfeststellung offensichtlich ist oder die Belehrung den Vollstreckungszweck gefährden würde.[142]

> **Aufgepasst**
> Die genannte Belehrung ist eine wesentliche Förmlichkeit einer Maßnahme gemäß § 163b StPO. Fehlt diese Förmlichkeit und handelt es sich nicht um einen Ausnahmefall, so ist die vorgenommene Diensthandlung rechtswidrig.[143]
> Und eine entsprechend rechtswidrig vorgenommene Identitätsfeststellung führt dazu, dass für den Fall eines eventuellen Widerstandes des Tatverdächtigen eine Strafbarkeit gemäß §§ 113, 114 StGB ausscheidet![144]

4.3 § 114b StPO entsprechend

267 Sofern der Tatverdächtige festgehalten wird, gelten gemäß § 163c Abs. 1 zudem die Belehrungspflichten aus § 114b StPO.[145] § 114b StPO wird entsprechend angewandt.

§ 163c StPO Freiheitsentziehung zur Identitätsfeststellung

(1) Eine von einer Maßnahme nach § 163b betroffene Person darf in keinem Fall länger als zur Feststellung ihrer Identität unerlässlich festgehalten werden. Die festgehaltene Person ist unverzüglich dem Richter bei dem Amtsgericht, in dessen Bezirk sie ergriffen worden ist, zum Zwecke der Entscheidung über Zulässigkeit und Fortdauer der Freiheitsentziehung vorzuführen, es sei denn, dass die Herbeiführung der richterlichen Entscheidung voraussichtlich längere Zeit in Anspruch nehmen würde, als zur Feststellung der Identität notwendig wäre. Die §§ 114a bis 114c gelten entsprechend.

(2) Eine Freiheitsentziehung zum Zwecke der Feststellung der Identität darf die Dauer von insgesamt zwölf Stunden nicht überschreiten.

(3) Ist die Identität festgestellt, so sind in den Fällen des § 163b Absatz 2 die im Zusammenhang mit der Feststellung angefallenen Unterlagen zu vernichten.

§ 114b StPO Belehrung des verhafteten Beschuldigten

(1) Der verhaftete Beschuldigte ist unverzüglich und schriftlich in einer für ihn verständlichen Sprache über seine Rechte zu belehren. Ist eine schriftliche Belehrung erkennbar nicht ausreichend, hat zudem eine mündliche Belehrung zu erfolgen. Entsprechend ist zu verfahren, wenn eine schriftliche Belehrung nicht möglich ist; sie soll jedoch nachgeholt werden, sofern dies in zumutbarer

---

142 OLG Hamm, Beschluss vom 10.5.2012, 3 RVs 33/12, NStZ 2013, 62 ff.
143 OLG Celle, Beschluss vom 8.7.2011, 31 Ss 28/11, BeckRS 2011, 19407 ff.
144 OLG Hamm a. a. O.
145 MüKo-StPO, Böhm/Werner 114b Rn 3
    KK-StPO, Graf § 114b Rn. 3

Weise möglich ist. Der Beschuldigte soll schriftlich bestätigen, dass er belehrt wurde; falls er sich weigert, ist dies zu dokumentieren.

(2) In der Belehrung nach Absatz 1 ist der Beschuldigte darauf hinzuweisen, dass er
1. unverzüglich, spätestens am Tag nach der Ergreifung, dem Gericht vorzuführen ist, das ihn zu vernehmen und über seine weitere Inhaftierung zu entscheiden hat,
2. das Recht hat, sich zur Beschuldigung zu äußern oder nicht zur Sache auszusagen,
3. zu seiner Entlastung einzelne Beweiserhebungen beantragen kann,
4. jederzeit, auch schon vor seiner Vernehmung, einen von ihm zu wählenden Verteidiger befragen kann,
4a. in den Fällen des § 140 die Bestellung eines Pflichtverteidigers nach Maßgabe des § 141 Absatz 1 und des § 142 Absatz 1 beantragen kann,
5. das Recht hat, die Untersuchung durch einen Arzt oder eine Ärztin seiner Wahl zu verlangen,
6. einen Angehörigen oder eine Person seines Vertrauens benachrichtigen kann, soweit der Zweck der Untersuchung dadurch nicht erheblich gefährdet wird,
7. nach Maßgabe des § 147 Absatz 4 beantragen kann, die Akten einzusehen und unter Aufsicht amtlich verwahrte Beweisstücke zu besichtigen, soweit er keinen Verteidiger hat, und
8. bei Aufrechterhaltung der Untersuchungshaft nach Vorführung vor den zuständigen Richter
   a) eine Beschwerde gegen den Haftbefehl einlegen oder eine Haftprüfung (§ 117 Absatz 1 und 2) und eine mündliche Verhandlung (§ 118 Absatz 1 und 2) beantragen kann,
   b) bei Unstatthaftigkeit der Beschwerde eine gerichtliche Entscheidung nach § 119 Absatz 5 beantragen kann und
   c) gegen behördliche Entscheidungen und Maßnahmen im Untersuchungshaftvollzug eine gerichtliche Entscheidung nach § 119a Absatz 1 beantragen kann.

Der Beschuldigte ist auf das Akteneinsichtsrecht des Verteidigers nach § 147 hinzuweisen. Ein Beschuldigter, der der deutschen Sprache nicht hinreichend mächtig ist oder der hör- oder sprachbehindert ist, ist in einer ihm verständlichen Sprache darauf hinzuweisen, dass er nach Maßgabe des § 187 Absatz 1 bis 3 des Gerichtsverfassungsgesetzes für das gesamte Strafverfahren die unentgeltliche Hinzuziehung eines Dolmetschers oder Übersetzers beanspruchen kann. Ein ausländischer Staatsangehöriger ist darüber zu belehren, dass er die Unterrichtung der konsularischen Vertretung seines Heimatstaates verlangen und dieser Mitteilungen zukommen lassen kann.

4.4 Für Polizeistudenten (und Praktiker)

„Das steht in § 163b StPO doch so gar nicht? Die entsprechende Anwendung des § 163a Abs. 4 Satz 1 StPO ist dort explizit erwähnt, § 114b StPO aber nicht?" **Gleichwohl:** Kommt es zu einem Festhalten der betroffenen Person und der insoweit mit der Verhaftung oder vorläufigen Festnahme vergleichbaren Situation (es erfolgt ein Eingriff in das Freiheitsrecht aus Art 2 Abs. 2 GG), ist die Anwendung der entsprechenden Belehrungsvorschrift zwingend.

5. Feststellung der Identität eines Nichtverdächtigen

269 § 163b Abs. 2 StPO Maßnahmen zur Identitätsfeststellung

(2) Wenn und soweit dies zur Aufklärung einer Straftat geboten ist, kann auch die Identität einer Person festgestellt werden, die einer Straftat nicht verdächtig ist; § 69 Absatz 1 Satz 2 gilt entsprechend. Maßnahmen der in Absatz 1 Satz 2 bezeichneten Art dürfen nicht getroffen werden, wenn sie zur Bedeutung der Sache außer Verhältnis stehen; Maßnahmen der in Absatz 1 Satz 3 bezeichneten Art dürfen nicht gegen den Willen der betroffenen Person getroffen werden.

5.1 Der Unverdächtige

270 Jede Person, gegen die kein Anfangsverdacht strafrechtlich relevanten Verhaltens besteht, ist Nichtverdächtiger. Verdachtshinweise oder der Status eines eventuellen Zeugen lassen eine Person nicht zu einem Verdächtigen werden. Zunächst sind also alle die Personen, die überhaupt nicht in den Ermittlungsvorgang eingebunden sind, Unverdächtige i. S. d. Vorschrift.

5.2 Aufklärungsinteresse

271 Weitere Voraussetzung ist daher, dass die Feststellung der Identität der der Tat unverdächtigen Person zur Aufklärung der Straftat geboten ist.

272 Es muss also strafrechtlicher Anfangsverdacht einer verfolgbaren Straftat gegeben sein. In Vorfeld-/Vorermittlungen ist die Feststellung der Identität Unverdächtiger daher unzulässig.[146] Liegt bezüglich der untersuchten Handlung kein Anfangsverdacht vor, ist dieser aufgrund der Ermittlungen wieder entfallen oder richtet sich der Tatverdacht allein gegen sicher Schuldunfähige bzw. Strafunmündige, so ist eine Identitätsfeststellung nach dieser Vorschrift ebenfalls ausgeschlossen. Zudem werden reine Spurenuntersuchungen durch Reihen-/Feststellungen bei beliebigen Dritten für unzulässig erachtet.[147]

5.3 Belehrung des Unverdächtigen

273 § 69 Abs. 1 Satz 2 StPO gilt entsprechend.

§ 69 StPO Vernehmung zur Sache

(1) Der Zeuge ist zu veranlassen, das, was ihm von dem Gegenstand seiner Vernehmung bekannt ist, im Zusammenhang anzugeben. *Vor seiner Vernehmung ist dem Zeugen der Gegenstand der Untersuchung und die Person des Beschuldigten, sofern ein solcher vorhanden ist, zu bezeichnen.*
(...)

274 Dem Nichtverdächtigen wird eine Maßnahme zugemutet, die einen nicht zu vernachlässigenden Grundrechtseingriff darstellt. Daher ist er über den Grund dieser Maßnahme zu informieren. Nur für den Fall, dass der Grund der Maßnahme offenkundig ist, beispielsweise bei Augenzeugen eines Delikts, kann auf

---

146 MüKo-StPO, Kölbel § 163b Rn. 23
147 MüKo-StPO, Kölbel § 163b Rn. 23 m. w. N.

diesen Hinweis verzichtet werden.[148] Gemäß § 114b Abs. 2 Nr. 4 i. V. m. § 68b StPO analog kann bei einer Freiheitsentziehung unter Umständen auch die Beiziehung eines anwaltlichen Beistandes geboten sein, worüber der Betroffene zu belehren ist.[149]

6. Dauer der Maßnahme

§ 163c StPO regelt die Dauer der Freiheitsentziehung. 275

§ 163c StPO Freiheitsentziehung zur Identitätsfeststellung

(1) Eine von einer Maßnahme nach § 163b betroffene Person darf in keinem Fall länger als zur Feststellung ihrer Identität unerlässlich festgehalten werden. Die festgehaltene Person ist unverzüglich dem Richter bei dem Amtsgericht, in dessen Bezirk sie ergriffen worden ist, zum Zwecke der Entscheidung über Zulässigkeit und Fortdauer der Freiheitsentziehung vorzuführen, es sei denn, dass die Herbeiführung der richterlichen Entscheidung voraussichtlich längere Zeit in Anspruch nehmen würde, als zur Feststellung der Identität notwendig wäre. Die 114a bis 114c gelten entsprechend.

(2) Eine Freiheitsentziehung zum Zwecke der Feststellung der Identität darf die Dauer von insgesamt zwölf Stunden nicht überschreiten.

(3) Ist die Identität festgestellt, so sind in den Fällen des § § 163 Abs. 2 StPO die im Zusammenhang mit der Feststellung angefallenen Unterlagen zu vernichten.

Das zum Zweck der Identitätsfeststellung angewandte Festhalterecht ist in zweierlei Hinsicht zeitlich begrenzt. Neben § 163c Abs. 1 Satz 1 StPO (das Festhalten muss zur Feststellung der Identität **unerlässlich** sein) beschränkt § 163c Abs. 2 StPO das Festhalterecht auf eine Dauer von **maximal 12 Stunden**. 276

6.1 Unerlässlichkeit

Das Festhalten des Betroffenen ist zeitlich so zu beschränken, als dies bei schnellstmöglicher Bearbeitung für die Feststellung der Identität unbedingt nötig ist. Das heißt, sobald absehbar ist, dass die polizeiliche Maßnahme nicht mehr zur Identitätsfeststellung beitragen kann, ist das Festhalten **sofort** zu beenden. Also auch für den Fall, dass die Identität des Betroffenen erfolgreich ermittelt wurde, ist der Betroffene umgehend auf freien Fuß zu lassen.[150] 277

Hat die erfolgreich durchgeführte Identitätsfeststellung ergeben, dass der Betroffene per Haftbefehl gesucht wird, schließt sich eine weitere Maßnahme an. Das weitere Festhalten der betroffenen Person stützt sich dann aber nicht mehr auf § 163b StPO. 278

---

148 MüKo-StPO, Kölbel § 163b Rn. 27
149 MüKo-StPO, Kölbel § 163b Rn. 27
150 BeckOK StPO, von Häfen § 163c Rn. 2
BVerfG, Beschluss vom 11.7.2006, NStZ-RR 2006, 381

6.2 Absolute Festhaltedauer

279 Das Festhalten darf insgesamt **maximal 12 Stunden** dauern. Sobald der Betroffene festgehalten wird, also beispielsweise die Festhalteanordnung ausgesprochen wird, beginnt die Frist zu laufen. Sofern der Betroffene zu Beginn der Maßnahme noch freiwillig vor Ort geblieben ist, beginnt die Frist mithin ab dem Zeitpunkt der Unfreiwilligkeit. In diesem Moment muss nämlich (wenn die oben genannten Voraussetzungen vorliegen) die hoheitliche Maßnahme beginnen.

280 Eine eventuelle Unterbrechung – beispielsweise durch ein zwischenzeitlich freiwilliges Verbleiben des Betroffenen[151] – setzt keine neue Frist in Gang.[152]
Nach Ablauf dieser Frist ist der Betroffene zu entlassen. Dies gilt auch dann, wenn die Identität noch nicht geklärt ist. Auch in diesen Fällen gilt daher, dass ein weiteres Festhalten allein aufgrund einer anderen Maßnahme gerechtfertigt sein kann.

281 Die weiteren Form- und Verfahrensvorschriften ergeben sich unseres Erachtens unmittelbar aus dem Gesetz[153], nämlich:
- aufgrund des Gebots aus Art. 104 Abs. 2 GG ist die Entscheidung des Richters über die Zulässigkeit und Dauer der Freiheitsentziehung unverzüglich einzuholen, es sei denn, diese Entscheidung würde länger dauern als die Erledigung der Maßnahme,
- die §§ 114a bis 114c StPO gelten entsprechend (Belehrung [vgl. oben], Benachrichtigungen).

7. Lösung der Fallbeispiele von S. 95 (Rn. 238)

282 **Raub auf Tankstelle:** Die Durchsuchung des in dem Besitz des A stehenden Fahrzeugs ist unzulässig. Die Identität des A ist geklärt. Bei dem Fahrzeug handelt es sich nicht um eine im Gewahrsam des B stehende Sache. In Betracht kommt damit nur das Festhalten, ggf. die Mitnahme des B auf die Dienststelle, um mittels der weiteren dargelegten Maßnahmen die Identität zu klären.
Diebstahlsfall: § 127 Abs. 2, § 163 Abs. 1 oder § 163b StPO?
Vorliegend sind allein die Vorschriften der StPO einschlägig. Die in Betracht kommende Identitätsfeststellung richtet sich allein nach den Erfordernissen des § 163b Abs. 1 StPO. Eine vorläufige Festnahme oder gar ein Rückgriff auf die polizeiliche Generalklausel kommt insoweit nicht in Betracht.

283 Im Rahmen des Diebstahlsfalles ist die Frage an uns herangetragen worden, ob eine vorläufige Festnahme gemäß § 127 StPO in Betracht komme oder alternativ ein Rückgriff auf die Generalklausel des § 163 StPO bzw. Anwendung des Polizeirechts möglich sei. Für die nachfolgenden Ausführungen wird diese Frage

---

151 BeckOK StPO, von Häfen § 163c Rn. 3
152 Nomos Kommentar Gesamtes Strafrecht, Pflieger/Ambos StPO § 163b Rn. 2
153 Wobei die Frage, ob eine Freiheitsbeschränkung oder schon eine Freiheitsentziehung vorliegt, eine Frage des Einzelfalls ist und hier nicht näher problematisiert werden soll

dahingehend ergänzt, ob eine entsprechende Anwendung des § 163 StPO überhaupt erforderlich ist. Hätten Sie es gewusst?

> **Merke**
> - § 163b StPO regelt die Feststellung der Identität zur Verfolgung einer Straftat abschließend; ein Rückgriff auf § 127 StPO, § 163 StPO oder polizeirechtliche Vorschriften ist nicht möglich, es wird strafprozessualer Anfangsverdacht gefordert (wann wo, was?).
> - Erlaubt sind die für die Feststellung der Identität erforderlichen Maßnahmen; ist die Person den Beamten bekannt, sind entsprechende Maßnahmen also unzulässig,
> - Ein Festhalten der Person ist nur erlaubt, wenn die Identität sonst nicht oder nur unter erheblichen Schwierigkeiten festgestellt werden kann,
> - Eine Durchsuchung von Sachen ist nur erlaubt, wenn diese sich im Gewahrsam der betroffenen Person befinden (Bsp. Pkw),
> - Die Belehrung ist eine wesentliche Förmlichkeit; fehlt diese, ist die polizeiliche Maßnahme rechtswidrig. Evtl. Widerstandshandlungen wären dann nicht strafbar (§§ 113, 114 StGB)

K. Belehrung

285 In den letzten Jahren ist zunehmend aufgefallen, dass Beschuldigte und auch Zeugen nicht korrekt belehrt werden. Insbesondere bei der Belehrung Beschuldigter scheinen die Verunsicherung und auch die Unwissenheit besonders groß zu sein, weshalb wir nun im Folgenden ausführlich auf diese Thematik eingehen wollen.
Leider haben wir auch festgestellt, dass es durchaus auch unter Polizeibeamten vereinzelte „Überzeugungstäter" gibt, die ganz gezielt falsch bzw. unvollständig belehren mit der Begründung „Wenn ich so ausführlich belehre, sagt doch keiner mehr was!"
Offenbar ist ihnen nicht bewusst, welche Folgen eine unzureichende oder falsche Belehrung haben kann.
Zunehmend muss deshalb in deutlichen Worten erklärt wird, wozu eine unvollständige/falsche Belehrung führen kann, nämlich, dass die Arbeit „für die Tonne" ist.
Im Folgenden gehen wir deshalb ausführlich auf die Voraussetzungen der gesetzlichen Vorschriften ein und erklären die jeweiligen Begriffe.
Anhand von vielen Beispielen werden die jeweiligen Probleme erläutert und insbesondere auch, welche Folgen unzureichende Belehrungen haben.

I. Belehrung Beschuldigter

286 Die in § 136 StPO verankerten Pflichten der Polizeibeamten sind umfassend. Leider werden diese in der Praxis nicht immer korrekt angewandt. Entsprechend dieser Vorschrift hat der Polizeibeamte den Tatvorwurf zu eröffnen, diesen zu begründen, die Strafrechtsnormen zu nennen (problematisch, dazu später), auf das Schweigerecht und die Rechte, einen Wahlverteidiger vor der Vernehmung hinzuzuziehen, den Antrag auf Beiordnung eines Pflichtverteidigers vor der Vernehmung zu bestellen, den anwaltlichen Notdienst zu kontaktieren, Beweiserhebungen zu beantragen sowie die Kostenfolge des § 465 StPO hinzuweisen.

287 In geeigneten Fällen kommen auch noch die Möglichkeit, sich schriftlich einzulassen sowie ein eventueller Täter-Opfer-Ausgleich zum Tragen. Bei Beschuldigtenbelehrungen gelten stets und ausnahmslos die Regeln des **§ 136 StPO**.

1. Wann ist jemand Beschuldigter?

288 Beschuldigter ist derjenige, gegen den erkennbar wegen einer Straftat ermittelt wird.[154] Er muss ernstlich als Täter/Teilnehmer einer Straftat in Betracht kommen.[155] Nicht selten ändert sich der Status eines Verfahrensbeteiligten im Laufe des Ermittlungsverfahrens. Zunächst wurde eine Person als Zeuge vernommen,

---

154 BGH NJW 1992, 1463 ff.; Hamm NStZ – RR 2009, 283 f.
155 BGH NJW 2007, 2706 ff.

dann verdichten sich aber die Indizien, dass diese Person an der Tat beteiligt war.

Deshalb ist der Status der Beteiligten fortlaufend während der Ermittlungen zu prüfen. Verdichten sich die Hinweise so, dass zureichende Anhaltspunkte für eine Beteiligung an der Straftat bestehen, ist die Person umgehend als Beschuldigter zu belehren.[156] Die Belehrung ist direkt an den Beschuldigten zu richten, die Belehrung der Erziehungsberechtigten eines Jugendlichen (anstelle des Jugendlichen selbst) reicht nicht aus.[157] **289**

Bei der Frage, ob ein Anfangsverdacht vorliegt, kommt es auf die Erkenntnisse der Polizei als solcher an, nicht auf die des Vernehmungsteams. Es ist deshalb erforderlich, dass alle Erkenntnisse sofort an die Verantwortlichen weitergegeben werden. **290**

Beispiel **291**
B erscheint abends bei Bekannten und behauptet, zuvor zusammen mit einer Kollegin in einem Getränkemarkt von einem Unbekannten überfallen worden zu sein. Er glaube, dass die Kollegin wohl tot sei. Der Unbekannte habe immer wieder auf diese eingestochen. Tatsächlich findet die Polizei im Büro des Marktes die tote Frau vor. B wird zunächst als Zeuge vernommen. In der Nacht erfolgt die Spurensicherung. Die Kollegen der Spurensicherung gelangen schon zu einem Zeitpunkt, bevor B erneut in der Nacht vernommen wird (als Zeuge) zu dem Ergebnis, dass kein Unbekannter im Büro gewesen sein kann, weil das Büro viel zu klein ist und das Büro offenbar nur eine Person (Sohlenabdrücke) verlassen hat. Diese Information wird aber nicht sofort an die Kollegen des FK 1 weitergegeben. Das Gericht kommt später zu dem Ergebnis, dass B bereits in der Nacht als Beschuldigter hätte vernommen werden müssen, weil es da bereits Erkenntnisse gab, dass kein Dritter die Tat begangen haben kann.

2. Zeitpunkt der Belehrung

Der Beschuldigte ist **vor** Beginn der Vernehmung gem. § 136 StPO zu belehren. **292**

§ 136 Abs. 1 StPO   Vernehmung

(1) Bei Beginn der Vernehmung ist dem Beschuldigten zu eröffnen, *welche Tat* ihm zur Last gelegt wird und welche *Strafvorschriften* in Betracht kommen. Er ist darauf hinzuweisen, dass es ihm nach dem Gesetz *freistehe, sich zu der Beschuldigung zu äußern* oder nicht zur Sache auszusagen und jederzeit, auch schon vor seiner Vernehmung, einen von ihm zu *wählenden Verteidiger* zu befragen. Möchte der Beschuldigte vor seiner Vernehmung einen Verteidiger befragen, sind ihm Informationen zur Verfügung zu stellen, die es ihm erleichtern, einen Verteidiger zu kontaktieren. Auf bestehende *anwaltliche Notdienste* ist dabei hinzuweisen. Er ist ferner darüber zu belehren, dass er zu seiner Entlastung einzelne *Beweiserhebungen* beantragen und unter den Vor-

---

156 Gercke/Julius/Temming/Zöller, Ahlbrecht StPO § 136 Rn. 6
157 KK-StPO, Diemer § 136 Rn. 11; Gercke/Julius/Temming/Zöller, Ahlbrecht StPO § 136 Rn. 20

aussetzungen des § 140 die Bestellung eines *Pflichtverteidiger*s nach Maßgabe des § 141 Absatz 1 und des § 142 Absatz 1 *beantragen* kann; zu Letzterem ist er dabei auf die *Kostenfolge* des § 465 hinzuweisen. In geeigneten Fällen soll der Beschuldigte auch darauf, dass er sich *schriftlich äußern* kann, sowie auf die Möglichkeit eines *Täter-Opfer-Ausgleichs* hingewiesen werden.

293 Dass sich diese Vorschrift – ebenso wie § 136a StPO – nur auf Vernehmungen bezieht, ist unbestritten. Doch was genau ist eine förmliche Vernehmung?
Ist vor oder nach dem Vorgespräch zu belehren?
Und ist es bereits schon Vernehmung, wenn der Polizeibeamte mit einem Tatverdächtigen zur Dienststelle fährt und sich derweil mit diesem unterhält?

294 **Beispiele**
„Nach einem 1,5-stündigen, rein informellen Vorgespräch…"
„Ich habe nach der förmlichen Vernehmung (beim Rauchen) noch einmal mit dem Beschuldigten gesprochen (…)"

295 Eine Vernehmung im Sinne der Strafprozessordnung liegt vor, sobald der Vernehmende dem Beschuldigten in amtlicher Eigenschaft gegenübertritt und im Rahmen dieser Eigenschaft Auskunft verlangt.[158]
Dennoch werden in der Praxis nach wie vor umfassende, die Sachlage betreffende „Vorgespräche" geführt. In Mode gerät nunmehr auch das „Nachgespräch", welches nach dem Ende der Vernehmung, in lockerer Atmosphäre (beispielsweise beim Rauchen) geführt wird.

296 **Merke**
Ungeachtet der Benennung eines Gesprächs zwischen dem Beschuldigten und dem Vernehmenden findet die Verfahrensvorschrift des § 136 StPO Anwendung!

Deshalb gilt
In beiden Beispielsfällen wird (weiter) vernommen.

297 **Merke**
- Der Beschuldigte ist gleich zu Beginn des Kontaktes zur Polizei ausführlich und insbesondere vollständig zu belehren.
- Die Belehrung darf nicht hinausgeschoben werden.
- Der Status der Verfahrensbeteiligten ist im Laufe der Ermittlungen zu überprüfen.
- Sog. Vor- oder auch Nachgespräche sind Teil der Vernehmung!
- **Jeder** Kontakt eines Ermittlungsbeamten zu einem Beschuldigten mit dem Ziel, den Sachverhalt aufzuklären, ist eine Vernehmung i. S. d. StPO.

---

158 KK-StPO, Diemer § 136 Rn. 3 m. w. N.; ebenso: Ahlbrecht et.al. StPO § 136 Rn. 10

3. Voraussetzungen des § 136 StPO

3.1 Eröffnung des Tatvorwurfs

Was ist damit gemeint? Wie detailliert müssen die Erläuterungen sein?

§ 136 Abs. 1 S. 1 StPO   Vernehmung

(1) Bei Beginn der Vernehmung ist dem Beschuldigten zu eröffnen, welche Tat ihm zur Last gelegt wird und welche Strafvorschriften in Betracht kommen.

Gleich nach der Feststellung der Identität hat die Eröffnung des Tatvorwurfs zu erfolgen. Die Belehrung über den Tatvorwurf steht am Anfang. Sie soll dem Beschuldigten deutlich vor Augen führen, welche konkrete Tat ihm zur Last gelegt wird.

Beispiele
„Sie wissen ja, was Ihnen vorgeworfen wird"
oder
„Tja, dumm gelaufen, dann erzählen Sie mal, wie Sie in den Besitz des Kokains gekommen sind"
Ausreichend?

Beide Vorhalte sind unzulässig und führen grundsätzlich zur Unverwertbarkeit darauf basierender Angaben des Beschuldigten. Auch ist es grundsätzlich nicht ausreichend, einem Beschuldigten, der seiner Frau mit einem Schlagstock mehrfach wuchtige Schläge auf den Kopf versetzt, sie gedrosselt und ihr danach mehrere tiefe Messerstiche zugefügt hat, zu sagen, er habe „seiner Frau etwas Schlimmes angetan und darum gehe es in der Beschuldigtenvernehmung",[159] wenn wegen eines vollendeten Tötungsdeliktes ermittelt und der Beschuldigte über den Todeseintritt im Unklaren gelassen werde.

Der Beschuldigte möchte vor der Vernehmung wissen, was ihm konkret vorgeworfen wird und wegen welchen Delikts bzw. wegen welcher Delikte gegen ihn ermittelt wird.
Schlagwortartige Angaben (beispielsweise Diebstahl, Raub, Betrug) reichen deshalb nicht aus.[160] Es genügt den Anforderungen nicht, einem Tatverdächtigen lediglich zu sagen: „Wir ermitteln wegen Diebstahls gegen Sie. Sie stehen im Verdacht, im Geschäft gestohlen zu haben."

Genauso wenig reicht es unseres Erachtens, den Beschuldigten darauf hinzuweisen, dass er im Verdacht steht ein Tötungsdelikt begangen zu haben, wenn der Vernehmende konkrete Hinweise auf ein Mordmerkmal sieht. So sind dem Beschuldigten die **prägenden** Gesichtspunkte der Tat bekannt zu geben.[161] Wurde etwa das Opfer im Schlaf erstochen, so ist die Heimtücke das die Tat Prägende und ist unseres Erachtens dann auch so zu benennen.

---

159 Vgl. BGH 1 StR 623/11-Juris, wobei der BGH im konkreten Einzelfall ein Verwertungsverbot verneinte, weil der Beschuldigte aufgrund der Tathandlungen die Möglichkeit sehen musste, dass seine Frau verstorben ist, obwohl man ihm dies nicht ausdrücklich mitgeteilt habe.
160 Gercke/Julius/Temming/Zöller, Ahlbrecht StPO § 136 Rn. 16
161 Gercke/Julius/Temming/Zöller, Ahlbrecht StPO § 136 Rn. 16

Dem Beschuldigten ist der **Sachverhalt zumindest in groben Zügen**[162] zu erläutern, und zwar in einem solchen Umfang, dass es ihm möglich ist, sich zu verteidigen.

304 Hinsichtlich des Umfangs der Erläuterungen hat der Vernehmende einen gewissen Beurteilungsspielraum, der aber nicht zu einer Umgehung der Rechte des Beschuldigten führen darf. Ändert sich im Laufe der Ermittlungen oder gar im Laufe der Vernehmung die Situation, liegt nunmehr ein schwerwiegenderer Straftatbestand vor, ist der Beschuldigte darüber zu informieren.[163]

305 **Beispiel einer korrekten Belehrung**
„Sie stehen im Verdacht, am ... (Datum!) in das Wohnhaus ... (Bezeichnung!) eingebrochen zu sein und dort Geld entwendet zu haben." Es gilt die Merkformel: Wann? Was? Wie?

3.2 Begründung des Tatvorwurfs

306 **§ 136 Abs. 2 StPO Vernehmung**

(2) Die Vernehmung soll dem Beschuldigten Gelegenheit geben, die gegen ihn vorliegenden Verdachtsgründe zu beseitigen und die zu seinen Gunsten sprechenden Tatsachen geltend zu machen.

307 Es gehört zum fairen Verfahren, dem Beschuldigten zu erklären, **weshalb** der genannte Tatverdacht gegen ihn besteht, also die zureichenden, tatsächlichen Anhaltspunkte, welche zur Annahme des Anfangsverdachts gemäß § 152 Abs. 2 StPO führen (Zeugenaussagen, Blutspuren an seiner Kleidung u. a.).

308 Die Mitteilung der sogenannten Verdachtsgründe hat grundsätzlich **bei jeder Vernehmung** zu erfolgen unabhängig von der Art oder Schwere der Tat.

309 Der Beschuldigte soll so in die Lage versetzt werden, die Verdachtsgründe zu beseitigen.

310 Auch wenn der Beschuldigte erklärt, nicht zur Sache aussagen zu wollen, sind ihm die Verdachtsgründe zu erläutern,[164] denn gegebenenfalls entschließt er sich später zu einer Aussage.

311 Immer wieder hören wir Einwände der mit den Ermittlungen betrauten Beamten, wie beispielsweise „wir können aber noch nicht alles verraten, so passt der Beschuldigte seine Angaben den Ermittlungsergebnissen doch an" oder „aber das Gesetz kennt doch auch verdeckte Ermittlungen".

312 Diese Einwände sind durchaus verständlich. Im Interesse der weiteren Ermittlungen, der weiteren Sachaufklärung darf die Mitteilung einzelner Verdachtsgründe aus ermittlungstaktischen Gründen **zunächst** unterbleiben, wenn durch die

---
162 Löwe-Rosenberg, Gleß StPO § 136 Rn. 21 und BGH 1 StR 623/11
163 Gercke/Julius/Temming/Zöller, Ahlbrecht StPO § 136 Rn. 18; Löwe-Rosenberg, Gleß StPO § 136 Rn. 26
164 MüKo StPO, Schuhr § 136 Rn. 45 m. w. N.

frühzeitige Bekanntgabe aller Aspekte die Ermittlungen gefährdet würden. Aus Gründen eines fairen Verfahrens darf dies aber nicht dauerhaft so sein.[165]

Daher gilt: Sofern noch verdeckte Maßnahmen andauern (wie etwa Innenraumüberwachungen, Observationen, Telefonüberwachungsmaßnahmen), müssen diese nicht offengelegt werden, wenn man sich von den Maßnahmen weiterhin Erfolg verspricht.

Werden hingegen die verdeckten Maßnahmen beendet (etwa, weil der Beschuldigte festgenommen wurde), sind die verdeckten Maßnahme offen zu legen und etwaige belastende oder entlastende Informationen aus diesen Maßnahmen ebenfalls bekannt zu geben. Auch dies gehört zu einem fairen Verfahren.

Denn nochmal: Nur, wenn ein Beschuldigter weiß, was ihm konkret vorgeworfen wird und wie die Beweislage ist, kann er vernünftig bewerten, ob es aus seiner Sicht sinnvoll ist, sich einzulassen oder nicht oder gegebenenfalls zuvor einen Anwalt zu konsultieren.

Beispiel
Verdacht des schweren Landfriedensbruchs, zunächst eine unübersichtliche Anzahl an Beschuldigten.
In einer der Beschuldigtenvernehmungen heißt es: „Sie stehen im Verdacht **eine Straftat, eine Ordnungswidrigkeit** begangen zu haben, **wobei eine genaue Tatbeteiligung noch nicht konkret feststeht.** Die Beschuldigtenbelehrung und dieser Status dienen Ihres besonderen Schutzes vor strafrechtlicher Verfolgung. Sie können sich zu den gegen Sie erhobenen Vorwürfen äußern oder nicht zur Sache aussagen. Sie können jederzeit einen Verteidiger Ihrer Wahl beauftragen. In den Fällen der notwendigen Verteidigung, insbesondere bei besonders schwerwiegenden Tatvorwürfen oder bei der Vollstreckung von Untersuchungshaft ist Ihnen vom Gericht ein Pflichtverteidiger zu bestellen. Sie können einzelne Beweiserhebungen beantragen.
Auch genannte Belehrungen eines Zeugen: „Sie sollen zu dem Vorfall vernommen bzw. möchten selbst Angaben machen. Wie ich Ihnen eben schon erklärt habe, richtet sich das Verfahren nunmehr gegen Familiennagehörige der Familien X und Y. Bei der Polizei können Sie Angaben zur Sache verweigern, wenn Sie mit handelnden Personen verwandt oder verschwägert sind. Das heißt insbesondere verlobt, verheiratet oder verheiratet gewesen oder sonst im zweiten oder dritten Grad verwandt sind, heißt, die Verwandtschaftsverhältnisse des zweiten oder dritten Grades sind gegebenenfalls nachrangig zu betrachten. Sie können Auskunft auf solche Fragen verweigern, durch deren Beantwortung Sie sich selbst oder einen Angehörigen der Gefahr aussetzen würden, wegen einer Straftat oder Ordnungswidrigkeit belangt zu werden."

Es ist für den Beschuldigten nicht hinreichend erkennbar, was ihm konkret vorgeworfen wird. Gemeint war offenbar: Es gibt Hinweise darauf, dass sich der Beschuldigte an einem (schweren) Landfriedensbruch beteiligt hat. Die Indizien

---
165 MüKo-StPO, Schuhr § 136 Rn. 45

dafür wären zu benennen gewesen. Etwa: Die Kollegen habe Sie vor Ort angetroffen. Oder: Es gibt Zeugen dafür, dass Sie vor Ort gewesen sein und sich an der Auseinandersetzung beteiligt haben sollen. Durch die zusätzliche Belehrung als Zeuge wird es für den Betroffenen noch unklarer, ob er nun einer Straftat verdächtig ist oder nicht. Und wenn Sie sich dann die Belehrung zum etwaigen Zeugnisverweigerungsrecht anschauen – ohne Prüfung, ob bzw. wie der Betroffene mit welchen Beschuldigten verwandt/verschwägert ist, wird klar, dass ein Beschuldigter, der im Zweifelsfall auch nicht weiß, was eine Verwandtschaft zweiten oder dritten Grades ist, völlig überfordert wird. Die Belehrung war gut meint, der Beamte wollte ein faires Verfahren sicherstellen, hat aber sicher viel Verwirrung erzeugt.

318 Die Fragen „Wann? Was? Wie? Weshalb?" wurden weder angesprochen noch beantwortet. Der Beschuldigte (oder Zeuge) wurde im Unklaren gelassen, auch darüber, gegen wen sonst noch ermittelt wird.

319 Deshalb noch einmal: Prüfen Sie, ob ein Anfangsverdacht besteht. Dann teilen Sie die Gründe für den Anfangsverdacht dem Beschuldigten mit. Es ist völlig unproblematisch, wenn Sie offen erklären, dass derzeit die Erkenntnislage noch unübersichtlich ist, Sie aber konkrete erste Indizien für eine Tatbeteiligung haben. So versetzen Sie den Beschuldigten in die Lage, sich gegen konkrete Verdachtsmomente zu verteidigen.

3.3 Darlegung der in Betracht kommenden Strafvorschriften

3.3.1 Grundsatz

320 Gleich zu Beginn der Vernehmung sind dem Beschuldigten von dem Vernehmenden die in Betracht kommenden Strafvorschriften zu nennen.[166]
Das gilt – unstreitig – für den Richter und den Staatsanwalt.
Aber auch für den Polizeibeamten?

3.3.2 Ausnahme nach Gesetz: Polizeibeamte

321 § 163a Abs. 4 StPO Vernehmung des Beschuldigten

(4) Bei der Vernehmung des Beschuldigten durch Beamte des Polizeidienstes ist dem Beschuldigten zu eröffnen, welche Tat ihm zur Last gelegt wird. Im Übrigen sind bei der Vernehmung des Beschuldigten durch Beamte des Polizeidienstes § 136 Absatz 1 Satz 2 bis 6, Absatz 2, 3 Absatz 2 bis 4 und § 136a anzuwenden. (...)

322 Auf Satz 1 des § 136 Absatz 1 StPO wird somit nicht Bezug genommen, woraus hergeleitet wird, dass der Polizist nicht die Strafrechtsnormen benennen **muss**. Häufig sehen wir aber, dass Polizisten die Strafrechtsnormen nennen, was nicht nur unschädlich ist, sondern unseres Erachtens auch bei dem Vorliegen etwa einer Qualifikation und damit einem unter Umständen deutlich höheren Straf-

---

[166] Löwe-Rosenberg, Gleß StPO § 136 Rn. 2: Polizeibeamte brauchen (§ 163a Abs. 4 Satz 1 StPO) nicht die Strafvorschriften zu eröffnen; ebenso: Gercke/Julius/Temming/Zöller, Ahlbrecht StPO § 136 Rn. 3

rahmen die Einschätzung der eigenen Situation und auch die Bewertung der Frage, ob es sinnvoll ist, sich zum Tatvorwurf einzulassen, erleichtern kann. Aber was ist nun geboten, was ist erforderlich oder sinnvoll?

3.3.3 Rechtsprechung des Bundesgerichtshofes

Der Bundesgerichtshof[167] hat 2012 erklärt, dass die Polizei bei der Belehrung **nicht** zwischen Totschlag und Mord unterscheiden müsse, der Sachverhalt nur in **groben** Zügen zu eröffnen sei und der Vernehmende einen gewissen Beurteilungsspielraum habe.

Weiter heißt es dort: „Grundsätzlich gelten für die Belehrung eines Beschuldigten dieselben Regeln, gleichgültig ob er von einem Richter, einem Staatsanwalt oder – wie häufig – von einem Polizeibeamten vernommen wird. Eine Ausnahme gilt, so auch zutreffend die Strafkammer, lediglich insoweit als ein Polizeibeamter, anders als ein Richter oder Staatsanwalt, nicht verpflichtet ist, die möglichen Strafvorschriften zu nennen (§ 163a Abs. 4 Satz 1 StPO), also bei einem Tötungsdelikt zwischen Totschlag und Mord zu unterscheiden."

3.3.4 Abweichende Ansicht

Aber ist es tatsächlich fair, dem Beschuldigten beispielsweise zu verschweigen, dass gegen ihn wegen Mordes ermittelt wird? In der Literatur wird – wir greifen dies an dieser Stelle noch einmal auf – zutreffend die Ansicht vertreten, dass die die Tat **prägenden** Gesichtspunkte mitzuteilen sind.[168] Nur so ist eine sachgerechte Verteidigung möglich.
Deutlich wird die Problematik an folgenden Fällen:

Beispiele
(1) A ersticht den im Bett liegenden und schlafenden B.
   Belehrt man nur darüber, dass A im Verdacht steht, ein Tötungsdelikt begangen zu haben, wird der die Tat prägende und sie besonders verwerflich machende Umstand der Heimtücke verschwiegen. Entspricht das der Fairness?
   Auch, wenn man in der Vernehmung den objektiven und subjektiven Tatbestand erfragen will?
(2) A steht im Verdacht, x erstochen zu haben. Er wird durch P zunächst darüber belehrt, dass er im Verdacht steht, einen Totschlag begangen zu haben. Im Laufe der Vernehmung wird P durch Kollegen mitgeteilt, dass es Hinweise darauf gibt, dass Habgier Motiv sei. So habe man Videoaufnahmen einer nahen gelegenen Bank eingesehen. A habe kurz nach dem Tötungsdelikt vom Konto des X einen größeren Geldbetrag abgehoben. Belehrung über die veränderte Sachlage? Nunmehr Verdacht des Mordes und nicht nur des Totschlags?

Unseres Erachtens gebietet der Grundsatz des fairen Verfahrens eine Aufklärung darüber vor Beginn der Vernehmung bzw. (wie im Fall 2), eine Mitteilung geänderter Sachlage während der laufenden Vernehmung.

---

167 BGH 1 StR 623/11-Juris
168 Gercke/Julius/Temming/Zöller, Ahlbrecht StPO § 136 Rn. 16

Anders als bei einem Totschlag kann ein frühes Geständnis bei Vorliegen eines oder mehrerer Mordmerkmale nicht strafmildernd berücksichtigt werden. Ist es dann aber noch fair, den wesentlichen Aspekt, der das Mordmerkmal aus Sicht der Polizei ausmacht (etwa: auf ein schlafendes Opfer eingestochen zu haben), zu verschweigen und in der Vernehmung alle aus Sicht der Polizei objektiven und subjektiven des Tatbestandes zu erfragen und zu hinterfragen? Wir meinen nein!
Wir halten die Ansicht des Bundesgerichtshofs aufgrund des Schutzzwecks der Vorschrift eher für problematisch – auch wenn sie sich am Gesetzeswortlaut orientiert.

328 Ähnlich problematisch wird es dann, wenn beispielsweise darüber belehrt wird, dass der Beschuldigte im Verdacht steht, einer alten Dame die Handtasche weggenommen zu haben, wenn tatsächlich – bei vorläufiger Würdigung des bis zu Beginn der Vernehmung bekannten Sachverhalts – ein Anfangsverdacht nicht eines Diebstahls, sondern eines Raubes gegeben ist.

329 Dafür, dass auch Polizeibeamte die Strafvorschriften nennen sollten, spricht aus unserer Sicht auch der Umstand, dass die Polizei bereits bei der Prüfung des Anfangsverdachts eine erste vorläufige rechtliche Würdigung vornehmen und spätestens dann den Sachverhalt vorläufig subsumieren **muss**, wenn die Polizei den Vorgang einträgt (etwa: Mord oder Totschlag/Diebstahl oder Diebstahl im besonders schweren Fall/Diebstahl/Raub).
Warum sollte ein Polizeibeamter dann aber diese erste rechtliche Würdigung dem Beschuldigten gegenüber verschweigen? Unseres Erachtens gibt es dafür keinen hinreichenden Grund, im Gegenteil erscheint uns das Gebot der Fairness des Verfahrens auch die Bekanntgabe des Tatbestandes/der Strafvorschriften zu verlangen.

330 Deshalb: Sie halten sich an das Gesetz und die aktuelle BGH-Rechtsprechung, wenn Sie als Polizeibeamter die Strafvorschriften nicht benennen. Unseres Erachtens ist es aber sinnvoll und vor dem Hintergrund der Fairness des Verfahrens aus unserer Sicht auch erforderlich, den Beschuldigten über die vorläufige rechtliche Würdigung aufzuklären, insbesondere dann, wenn aus Sicht der Polizei ein Qualifikationsstraftatbestand erfüllt ist.
Aber noch einmal: Der Gesetzeswortlaut verpflichtet den Polizisten nicht zur Benennung der Normen oder gar zum Vorlesen der Normen.[169]

331 Wir empfehlen aus Gründen der Fairness des Verfahrens: Prüfen Sie, welche Strafrechtsnorm aus ihrer Sicht und bei vorläufiger Bewertung erfüllt ist bzw. auf welcher Norm der Anfangsverdacht beruht. Teilen Sie die aus Ihrer Sicht die Tat prägenden Aspekte dem Beschuldigten mit und stellen Sie so sicher, dass eine vernünftige Grundlage vorliegt für eine Verteidigung.

---

169 Meyer-Goßner/Schmitt StPO § 163 a Rn. 2; Löwe-Rosenberg, Gleß StPO § 136 Rn. 2

3.3.5 Sonderproblem „Bandenabrede"

332 Wenn Polizeibeamte eine vorläufige rechtliche Würdigung vornehmen, taucht in der Praxis immer wieder das Problem „Bandenabrede" auf. Deshalb wollen wir an dieser Stelle einen kurzen Exkurs mit Ihnen vornehmen.
Das dem Beschuldigten konkret zur Last gelegte Verhalten sowie die dafürsprechenden Verdachtsgründe sollten dann – wenn die Polizei die Strafvorschrift benennt – die Voraussetzungen der Strafvorschrift auch tatsächlich erfüllen.
Dies gestaltet sich in der Praxis nicht immer einfach.

333 Polizeibeamte können in der Anfangsphase nur eine vorläufige rechtliche Würdigung vornehmen. Ungeachtet dessen, dass häufig auch am Anfang eines Ermittlungsverfahrens noch nicht alle Tatsachen bekannt sind, die für die rechtliche Einordnung erforderlich sind, ist die abschließende rechtliche Würdigung dem Staatsanwalt vorbehalten.
Sofern abweichende Ansichten und in Einzelfällen sogar abweichende rechtliche Wertungen möglich sind, der Vernehmende jedoch anders bewertet und belehrt hat, macht dies die Belehrung nicht unwirksam, die Angaben des Beschuldigten nicht unverwertbar.

334 **Beispiel**
Dem Beschuldigten wird zur Last gelegt **gemeinsam mit einer weiteren Person** in das Geschäft (…) gegangen zu sein, dort Gegenstände in den mitgeführten Rucksack gepackt und das Geschäft verlassen zu haben, ohne die Gegenstände bezahlt zu haben. Vor dem Geschäft soll eine dritte Person in einem Pkw gewartet haben und nach Einsteigen der beiden Personen sofort losgefahren sein.
Der Vernehmende eröffnete dem Beschuldigten diesen Tatvorwurf, bewertete den Sachverhalt als **bandenmäßig** begangenen Diebstahl und nannte die entsprechenden Strafvorschriften (§§ 242 Abs. 1, 244 Abs. 1 Nr. 2 StGB).

335 Die vorgenannte Belehrung ist falsch. Gibt es keinerlei weitere Anhaltspunkte für einen Bandendiebstahl als denjenigen, dass der Diebstahl durch drei Personen verübt wurde, ist kein entsprechender Anfangsverdacht gegeben.[170]
Warum nicht?
In der Praxis wird, sobald Anhaltspunkte für einen durch mindestens 3 Personen begangenen Diebstahl gegeben sind, gern und schnell eine Bande bejaht. Strafrechtlich relevantes, bandenmäßig begangenes Handeln erfordert aber eine **sogenannte Bandenabrede!**[171]

336 Liegen dafür, wie beispielsweise bei einem einmaligen Vorfall, keinerlei Anhaltspunkte vor, ist ein entsprechender Anfangsverdacht nicht geben.
Bei Versuchstaten ist darauf zu achten, dass der Versuch auch tatsächlich strafbar ist und tatsächlich schon zum Versuch angesetzt wurde und nicht nur eine straflose Vorbereitungshandlung gegeben ist.

---

170 Gemäß § 152 Abs. 2 StPO werden zureichende tatsächliche Anhaltspunkte gefordert!
171 Vgl. dazu: 2. Strafsenat des BGH, 21.7.2015, 2 StR 441/14-juris; 3. Strafsenat des BGH, 16.6.2005 3 StR 492/04-juris; 2. Strafsenat des BGH, 10.10.2012, 2 StR 120/12-juris

3.4 Das Schweigerecht des Beschuldigten

337 § 136 Abs. 1 S. 2 StPO   Vernehmung

(1) Er ist darauf hinzuweisen, dass es ihm nach dem Gesetz freistehe, sich zu der Beschuldigung zu äußern oder nicht zur Sache auszusagen (...).

338 Der Beschuldigte hat das Recht zu schweigen – ohne Wenn und Aber! Schweigt er, darf das Schweigen nicht zu seinem Nachteil ausgelegt werden. Das Schweigerecht ist das „Kernstück des von Art. 6 EMRK garantierten fairen Verfahrens".[172] In der Praxis lesen wir Belehrungen wie „Sie sind verpflichtet, die Wahrheit zu sagen" oder „Ab jetzt kann alles gegen Sie verwendet werden" – und das sogar bei (versuchten/vollendeten) Kapitaldelikten. Beide vorgenannten Belehrungen sind falsch und führen zur **Unverwertbarkeit der Angaben** des Beschuldigten.

339 Durch die Belehrung soll der Beschuldigte eindeutig erkennen, dass es allein seine Entscheidung ist, auszusagen oder nicht, obwohl ihn ein Polizeibeamter (Richter oder Staatsanwalt) in amtlicher Eigenschaft befragt.

340 Es soll also klargestellt werden, dass niemand verpflichtet ist, gegen sich selbst auszusagen. Denn gerade das ist einer der wesentlichen Eckpfeiler unserer Verfassung.

341 Zu **schweigen** ist das grundgesetzlich verbürgte Recht des Beschuldigten; Schweigen kann nicht gegen ihn gewertet werden, weder bei der Frage der Beweisführung noch der zu verhängenden Strafe.

342 Es ist deshalb auch unzulässig, dem Beschuldigten das Schweigen auszureden, etwa mit Aussagen wie: „Wer schweigt, hat etwas zu verbergen" oder „Wer den Tatvorwurf nicht gesteht, hat eine höhere Strafe verdient".

343 **Beispiel**
„Warum wollen Sie mir nicht sagen, was passiert ist, wenn Sie sich nicht strafbar gemacht haben? Sie belasten sich doch so unnötig selber. Ich an Ihrer Stelle würde alles erzählen, was ich weiß!"

344 Auch dieses Beispiel stellt ein unzulässiges Einwirken auf den Beschuldigten dar. Hat der Beschuldigte sich einmal dazu entschieden zu schweigen, dann **ist** der Vernehmungsversuch zu beenden.

Formulierungsvorschlag

Sie haben das Recht zu schweigen oder sich gegen den Tatvorwurf zu verteidigen. Wenn Sie schweigen, darf das nicht gegen Sie verwendet, also nicht zu Ihrem Nachteil ausgelegt werden.

Erlaubt ist

Dem Beschuldigten dürfen die Nachteile des Schweigens erläutert werden.[173]

---

172 Gercke/Julius/Temming/Zöller, Ahlbrecht StPO § 136 Rn. 19
173 Ders. § 136 Rn. 21

Beispiele 345

(1) „Wenn Sie die Tat nicht begangen und ggf. ein Alibi haben, dann macht es Sinn, uns dies zeitnah mitzuteilen, damit entlastende Anhaltspunkte ermittelt werden können".

(2) „Zeitnahe Angaben können später (durch das Gericht) strafmildernd berücksichtigt werden" (Achtung: Nicht bei Mord!).

(3) „Sofern Sie sich zu einer Aussage entscheiden, können Sie jederzeit die Beantwortung einzelner Fragen ablehnen oder jederzeit die Vernehmung beenden."

Die Strafzumessung, also auch die erwähnte Möglichkeit einer Strafmilderung ist Aufgabe des Gerichts. Durch den Polizeibeamten darf daher keine Zusage erteilt werden.

Lösungen: Fälle 1 und 2: zulässig. Fall 3: Inhaltlich ist das zwar so richtig, für den Beschuldigten ist aber unter Umständen eine Teileinlassung riskant, da eine Teileinlassung (anders als komplett zu schweigen) gewertet werden darf.

> **Merke** 346
> – Der Sachverhalt ist dem Beschuldigten zu erläutern und zwar in einem solchen Umfang, dass es dem Beschuldigten möglich ist, sich zu verteidigen. (Wer hat **wann** (?), **wo** (?), **was/wie** (?) gemacht.
> Dabei ist auch auszuführen, warum der Beschuldigte im Verdacht steht, etwa aufgrund von Zeugenaussagen, Blutspuren an seiner Kleidung (**weshalb?**).
> – Es sind die Strafvorschriften durch den Richter/Staatsanwalt zu nennen (**wonach?**). Der Polizeibeamte sollte aus Gründen der Fairness die Strafvorschriften zumindest dann nennen, wenn ein Qualifikationstatbestand in Betracht kommt.
> – **Schweigen** ist ein gutes Recht des Beschuldigten.
> – Schweigen darf deshalb nie ein Anlass dafür sein, eine höhere Strafe zu verhängen.
> – **Schweigen** darf nicht ausgeredet werden, aber dem Beschuldigten darf erläutert werden, dass ein frühes Geständnis Vorteile haben **kann**.

3.5 Verteidiger

Gem. § 136 StPO ist jeder Beschuldigte darüber zu belehren, dass er die Möglichkeit hat, noch **vor** Beginn der Vernehmung einen Wahlverteidiger zuzuziehen oder einen Antrag auf Beiordnung eines Pflichtverteidigers zu stellen. 347
Gerade dieser Teil der Belehrung erweist sich in der Praxis als hochfehlerträchtig. In Fortbildungsveranstalten stellen wir immer wieder fest, dass vielen Teilnehmern der Unterschied zwischen Wahlverteidiger und Pflichtverteidiger nicht bekannt ist. Deswegen wollen wir hier ausführlicher auf diese Thematik eingehen.

3.5.1 Wahlverteidiger

In welchen Fällen ist darüber zu belehren, dass der Beschuldigte jederzeit einen Wahlverteidiger zuziehen kann? 348
Jeder Beschuldigte hat das Recht, zu jeder Zeit einen Wahlverteidiger, also einen Anwalt, den er sich selber aussucht und auch selber bezahlt, zuzuziehen.

Die tägliche Erfahrung zeigt, dass (auch) darüber nicht in jedem Fall belehrt wird. Darüber ist aber **immer zu belehren**, also völlig unabhängig von der Art und Schwere des Delikts! (Bei dem Verdacht des Fahrens ohne Fahrerlaubnis oder des Diebstahls geringwertiger Sachen genauso wie bei dem Tatverdacht des Mordes!)

3.5.2 Pflichtverteidiger

349 Der Beschuldigte ist vor Beginn der Vernehmung darüber zu belehren, dass er jederzeit einen Wahlverteidiger zuziehen oder einen Antrag auf Beiordnung eines Pflichtverteidigers stellen kann.

350 In der täglichen Praxis und auch in Fortbildungsveranstaltungen, die wir bei der Polizei durchführen, stellt sich immer wieder heraus, dass nicht bekannt ist, was ein Pflichtverteidiger ist bzw. worin konkret der Unterschied zum Wahlverteidiger besteht. Häufig ist deshalb auch die Belehrung über die Kostenfolge falsch.

351 Ähnlich problematisch in der Praxis:
Wer ist darüber zu belehren, dass er jederzeit einen Antrag auf Beiordnung eines Pflichtverteidigers stellen kann? Wie ist zu belehren?
Die nachfolgenden Beispiele, die keineswegs erfunden, sondern so Akten entnommen wurden bzw. Äußerungen in Fortbildungen wiedergeben, zeigen die Problematik.

352 **Beispiele**
(1) „Ein Pflichtverteidiger ist ein besonderer Anwalt, den das Gericht eigenständig aussucht. Die Anwälte sind schlechter." Richtig?
(2) „Da gibt es eine Pflichtverteidigerliste! Die habe ich aber nicht." Richtig?
(3) „Den Pflichtverteidiger müssen Sie aber auch bezahlen." Richtig?
(4) „Sie können einen Pflichtverteidiger beantragen. Die Kosten dafür tragen Sie."
(5) Oder im Rahmen einer Fortbildung: „Wie? Der Beschuldigte kann sich irgendwen aussuchen? Auch einen Konfliktanwalt?" Richtig?

3.5.3 Was ist ein Pflichtverteidiger?

353 Der Beschuldigte kann in den Fällen der notwendigen Verteidigung (§ 140 StPO) einen Rechtsanwalt frei wählen (wie Wahlverteidiger), muss den aber zunächst nicht bezahlen, sondern die Kosten übernimmt bis zur rechtskräftigen Verurteilung der Staat.

354 Er kann dabei auf die örtlich bekannten Strafverteidiger oder auch überörtliche Verteidiger zurückgreifen. Diesen Wunschanwalt ordnet das zuständige Amtsgericht als „Pflichtverteidiger" bei, sofern die Voraussetzungen der notwendigen Verteidigung erfüllt sind.

355 Wenn der Beschuldigte selber keinen Anwalt namentlich benennt (auch nicht, nachdem ihm das Gericht dafür eine Frist gesetzt hat), sucht der Richter einen Anwalt aus und ordnet diesen bei.

356 Demzufolge
Zu Beispiel 1: Die Aussage ist falsch.

Zu **Beispiel 2:** Es gibt keine Pflichtverteidigerliste. Denn als Pflichtverteidiger kann jeder in Deutschland zugelassene Rechtsanwalt beigeordnet werden.
Zu **Beispiel 3 und 4:** Der Pflichtverteidiger wird vom Staat bezahlt. Erst im Falle einer Verurteilung hat der Verurteilte grundsätzlich die Kosten zu tragen.
Zu **Beispiel 5:** Der Beschuldigte hat grundsätzlich freie Anwaltswahl. Er ist vor der Beiordnung eines Pflichtverteidigers durch das Gericht anzuhören, wen er als Verteidiger wünscht.

3.6 Antragsrecht

Das Gesetz spricht ausdrücklich davon, dass der Beschuldigte einen **Antrag** stellen kann. Die Formulierung „Sie können beanspruchen", die wir häufig in den Belehrungen finden, trifft deshalb die Gesetzeslage nicht und ist falsch. Nutzen Sie unbedingt die überarbeiteten Formulare!

3.6.1 Adressaten

Wer aber ist über das Antragrecht zu belehren? Jeder Beschuldigter oder nur Beschuldigte, denen ein Verbrechen zur Last gelegt wird? Oder ist jeder Beschuldigte darüber zu belehren, auch der gerade 14 Jahre alt gewordene Junge, der im Laden ein Kaugummi gestohlen hat und von dem die Polizei sicher weiß, dass er zuvor noch nicht strafrechtlich in Erscheinung getreten ist? Was meinen Sie? Wissen Sie es?

Beispiele
(1) In einer Fortbildung zu diesem Thema: „Dann soll ich auch bei jedem, der ohne Fahrerlaubnis erwischt wird, darüber belehren? Das ist mir ganz neu."
(2) Der Beschuldigte sagt: „Ich möchte einen Anwalt haben." Statt zu hinterfragen, ob er einen Wahlverteidiger haben möchte oder einen Antrag auf Beiordnung eines Pflichtverteidigers stellen will, heißt es im Protokoll: „In Ordnung. Dann werde ich jetzt auf Ihrem Vernehmungsbogen auch noch vermerken, dass Sie einen Antrag auf Beiordnung eines Pflichtverteidigers stellen" (was der Beschuldigte aber so gar nicht geäußert hat). Und weiter im Protokoll: „Beschuldigter: Aber ich möchte mir auch einen Anwalt selber bestimmen.", woraufhin der Beamte nicht mehr eingeht.
(3) Der Beschuldigte steht im Verdacht, einem am Boden Liegenden mehrfach gegen den Kopf getreten zu haben. Ohne Klärung etwaiger Vorstrafen oder Beiziehung der Krankenakten des Opfers zu Klärung der Schwere der Verletzungen, kreuzt der Vernehmungsbeamte auf dem Vorblatt an: „Belehrung über Pflichtverteidiger entbehrlich."
(4) Der Beschuldigte hat auf einen auf dem Sofa schlafenden Mitbewohner eingestochen. Der Geschädigte hat eine Stichverletzung am Oberarm erlitten und befindet sich in der Klinik. Der Beschuldigte wird belehrt, gibt an, dass er einen Verteidiger wünscht. Daraufhin nimmt die Polizisten Kontakt zu Anwaltsnotdienst auf und teilt der Anwältin mit: „Es geht um eine schlichte gefährliche Körperverletzung, nur ein Stich in den Oberarm. Das ist kein Fall notwendiger Verteidigung". Woraufhin die Rechtsanwältin das Mandat ablehnt. Im Laufe des Vormittags wird der Geschädigte drei Stunden operiert, teilt der Rechtsmedizinerin dann

mit, dass er geschlafen und der Oberarm auf seinem Brustkorb abgelegt war, als zugestochen worden sei mit einem Küchenmesser (Klingenlänge 20 cm) und es lediglich Zufall sei, dass nur der Oberarm getroffen worden ist. Das Amtsgericht erlässt am nächsten Tag Haftbefehl wegen versuchten Mordes.

360 Ob die Belehrung nur in den Fällen der sogenannten notwendigen Verteidigung zu erfolgen hat oder unabhängig von deren tatsächlichem Vorliegen in allen Fällen, ist von der Rechtsprechung bislang nicht entschieden worden.

361 Nach dem Wortlaut des Gesetzes gilt der Grundsatz:
Jeder Beschuldigte hat das Recht, bei der Polizei oder der Staatsanwaltschaft einen Antrag auf Beiordnung eines Pflichtverteidigers zu stellen und somit **gerichtlich** prüfen zu lassen, ob ein Fall notwendiger Verteidigung vorliegt.[174]
Sofern die Voraussetzungen notwendiger Verteidigung vorliegen, wird der Antrag positiv beschieden, anderenfalls wird der Antrag abgelehnt.

362 Die Belehrung hat sich zu erstrecken auf das Recht als solches und auch darauf, wo der Antrag gestellt werden kann, nämlich bei der Polizei oder bei der Staatsanwaltschaft[175] und wie der Verfahrensablauf ist.[176]
In der Praxis scheint dies weitgehend unbekannt zu sein.
Dass vorsorglich darüber **grundsätzlich** jeder Beschuldigte zu belehren ist, ergibt sich, wenn man sich mit den Voraussetzungen der notwendigen Verteidigung gem. § 140 StPO befasst.

3.6.2 Voraussetzung „notwendiger Verteidigung"

363 Sichere Fälle notwendiger Verteidigung sind zweifelsfrei **Verbrechen** (Freiheitsstrafe von mindestens einem Jahr, § 12 StGB).

364 Gem. § 140 StPO liegt aber auch ein Fall notwendiger Verteidigung u.a. vor, wenn
– Anklage vor dem Schöffengericht, Landgericht oder Oberlandesgericht erhoben wird,
– das Verfahren zu einem Berufsverbot führen kann (was in der Regel der Polizist am Anfang eines Verfahrens noch nicht abschätzen kann),
– wenn wegen der Schwere der Tat (beispielsweise wenn eine Freiheitsstrafe von einem Jahr und mehr oder eine Jugendstrafe ohne Bewährung zu erwarten ist oder Bewährungswiderruf droht oder Entziehung der Fahrerlaubnis bei einem Berufskraftfahrer) oder der Schwierigkeit der Sach- und Rechtslage die Mitwirkung eines Verteidigers geboten erscheint (etwa weil die Schuldfähigkeit des Beschuldigten zu prüfen ist, oder unterschiedliche Ansichten zur Sach- und Rechtslage vertretbar sind, oder zu einer sachgerechten Verteidigung umfassende Akteneinsicht gehört und die Verteidigung sonst nicht möglich erscheint),

---

[174] So auch: Gercke/Julius/Timming/Zöller, Ahlbrecht StPO § 136 Rn. 30; MüKo-StPO, Schuhr § 136 Rn. 37
[175] Meyer-Goßner/Schmitt StPO, Schmitt § 136 Rn. 11 a
[176] Gercke/Julius/Timming/Zöller, Ahlbrecht StPO § 136 Rn. 30

– der Beschuldigte sich nicht selbst verteidigen kann (etwa Verständigungsschwierigkeiten, niedriger Bildungsgrad).

Die wenigen vorgenannten Beispiele notwendiger Verteidigung machen deutlich, dass die Bewertung, ob ein Fall notwendiger Verteidigung vorliegt, alles andere als einfach ist und sehr oft in der Anfangsphase eines Ermittlungsverfahrens gar nicht beurteilt werden kann.

365 Weiß die Polizei tatsächlich bei dem ersten Angriff oder in der ersten Vernehmung, welche Vorstrafen der Beschuldigte hat, ob er unter Bewährung steht?

366 Ist tatsächlich bekannt, ob seit der letzten Vorstrafe im Bundeszentralregisterauszug eine weitere Verurteilung erfolgte, die noch nicht rechtskräftig ist (und deshalb auch noch nicht im Bundeszentralregisterauszug steht), mit der aber gegebenenfalls später eine Gesamtstrafe wegen der aktuellen neuen Tat gebildet werden muss?

367 Weil all das in der Regel zu Beginn der Ermittlungen noch nicht bekannt ist, ist es zwangsläufig erforderlich, dass grundsätzlich **jeder** Beschuldigte über dieses Antragsrecht belehrt wird, also auch derjenige, der ohne Fahrerlaubnis fährt oder der im Supermarkt beim Stehlen erwischt wird.

368 Darüber hinaus ist häufig am Anfang der Ermittlungen noch nicht klar, welche Folgen die Straftat hat. Nicht selten sind psychische Erkrankungen oder andere Faktoren, die der eigenen Verteidigung des Beschuldigten entgegenstehen, noch nicht bekannt.

369 Deshalb darf der Polizeibeamte nicht eigenmächtig die Belehrung des § 136 StPO kürzen, weil er meint, dass ein Fall notwendiger Verteidigung nicht vorliege. Diese Prüfung nimmt nicht der Polizeibeamte vor, sondern das Gericht!

370 Verzichten darf der Polizeibeamte auf die Belehrung über das Antragsrecht lediglich dann, wenn nach pflichtgemäßer Bewertung des Standes der Ermittlungen, aller Tatumstände, der Person des Täters und aller Vorstrafen und noch gegebenenfalls anhängiger Verfahren zu erwarten ist, dass die Hauptverhandlung im ersten Rechtszug nicht vor dem Schöffengericht (für Polizei in der Regel nicht bewertbar) oder dem Landgericht stattfinden wird oder auch der Grad der Schwere der Tat oder ihrer Folge nicht eine notwendige Verteidigung begründen und der Beschuldigte sich selber verteidigen kann[177].

Lösungen
371
Zu 1: Auch in diesen Fällen ist über das Antragsrecht zu belehren.
Zu 2: Es wäre zu hinterfragen gewesen, ob er einen Wahlverteidiger wünscht oder aber einen Antrag auf Beiordnung eines Pflichtverteidigers stellt.
Zu 3: Bei derartig heftigen Delikten ist auch bei Rücktritt vom Versuch eines Tötungsdelikts eine Anklage zum Schöffengericht zu erwarten und auch eine Freiheitsstrafe von 1 Jahr und mehr. Dies gilt erst Recht dann, wenn bereits (einschlägige) Vorstrafen vorliegen.
Deshalb wäre über das Antragsrecht zu belehren gewesen.

---

177 vgl. dazu Meyer-Goßner/Schmitt StPO § 141 Rn. 6

Zu 4: B war über das Antragsrecht zu belehren. P hat weder alle Tatsachen erhoben noch eine richtige rechtliche Bewertung vorgenommen.

372 Beispiele
(1) Der Beschuldigte, gegen den wegen vorsätzlicher Körperverletzung ermittelt wird, fragt, ob er Anspruch auf einen Verteidiger hat. Der Beamte verneint die Frage. „Einen Pflichtverteidiger bekommen Sie nur bei Verbrechen."
(2) Sie können bei Verbrechen einen Pflichtverteidiger beanspruchen, wenn Sie das wollen.
(3) Der Tatverdächtige steht in Verdacht, Waren im Wert von 100 Euro gestohlen zu haben und der Polizeibeamte weiß sicher, dass bislang keine anderen Straftaten begangen wurden.
(4) Der Beschuldigte steht im Verdacht, einem Opfer mit einem langen Küchenmesser 10 cm tief in den Rücken gestochen zu haben.
Belehrung: Ich erkläre dem Beschuldigten, dass er zu den erhobenen Vorwürfen aussagen oder schweigen könne. Er könne jederzeit, auch jetzt sofort, bevor wir ein Gespräch führen, einen Verteidiger oder eine Verteidigerin seiner Wahl befragen.
Zwei Stunden später erfolgt eine weitere Belehrung. Im Vorblatt ist angekreuzt: Belehrung Pflichtverteidiger entbehrlich.
(5) A ist Kraftfahrer und steht im Verdacht, aus Unachtsamkeit einen Motorradfahrer angefahren und so schwer verletzt zu haben, dass dieser verstorben ist.
Alternativen: a) leichte Fahrlässigkeit, b) grobe Fahrlässigkeit
(6) P wird als Zeuge vernommen. Als ihn das Gericht fragt, ob er den Angeklagten über das Antragsrecht (Pflichtverteidiger) belehrt habe, antwortet er: „Nein, das muss ich nur bei Verbrechen. Und wir haben ja hier zuerst nur wegen gefährlicher Körperverletzung ermittelt."

Lösungen
Zu 1: Falsch. Auch dieser Beschuldigte ist über das Antragsrecht zu belehren, sofern der Polizist nicht sicher weiß, dass der Beschuldigte nicht vorbestraft ist, nicht unter Bewährung steht und die Verletzungen so gering sind, dass allenfalls eine Anklage beim Strafrichter zu erwarten ist.
Zu 2: Der Beschuldigte kann einen Antrag stellen und darüber ist er ausdrücklich zu belehren. Ferner ist er darüber zu informieren, wo er den Antrag stellen kann. Die Belehrung – wie erfolgt – ist falsch.
Zu 3: Hier kann auf die Belehrung über das Antragsrecht – ausnahmsweise – verzichtet werden.
Zu 4: Es ist über das Antragsrecht zu belehren. Die erfolgte Belehrung ist falsch.
Zu 5: Unabhängig vom Grad der Fahrlässigkeit ist über das Antragsrecht zu belehren.
Zu 6: Falsch! Es ist grundsätzlich immer über das Antragsrecht zu belehren und gerade eben nicht nur bei Verbrechen!

3.6.2 Der Antrag muss ausdrücklich gestellt werden
Beispiele
Der Beschuldigte sagt nach der Belehrung:
- „Ach, weiß ich momentan noch nicht so genau."
- „Das wäre vielleicht gar nicht so schlecht!"

Ein solche Äußerung ist kein „Antrag". Nach einer solchen unbestimmten und unklaren Äußerung ist die Belehrung fortzusetzen. Es darf nach vollständiger Belehrung in die Vernehmung eingestiegen werden.

Bei Audio-Video-Vernehmungen ist inzwischen im Rahmen der Verschriftung wiederholt das Problem aufgetreten, dass die Antwort des Beschuldigten auf die Belehrung unverständlich war und die Schreibkraft nach der Belehrung verschriftet hat: „Beschuldigter: unverständlich."

Merke
- Dringend den Wortlaut protokollieren, damit es später keinen Streit darüber gibt, ob ein Antrag ausdrücklich gestellt wurde oder nicht!
- Bei Audio-Video-Vernehmungen darauf achten, dass der Beschuldigte eine Antwort gibt, die verschriftbar ist!

Dies ist insbesondere dann wichtig, wenn – was gar nicht so selten ist – Vernehmungsbeamter, Beschuldigter und Dolmetscher sich wechselseitig ins Wort fallen bzw. zeitgleich reden.

Stellt der Beschuldigte einen Antrag (mündlich reicht), sagt also „Ich stelle den Antrag/Ich beantrage das jetzt!", ist die Vernehmung sofort zu beenden und dieser Antrag **unverzüglich** förmlich zu bescheiden, grundsätzlich durch den örtlich zuständigen Ermittlungsrichter, im Eilfall und bei Nichterreichbarkeit des Bereitschaftsrichters durch den zuständigen Staatsanwalt.

Merke

Vor einer Entscheidung über den Antrag: Keine Vernehmung!
Da der Beschuldigte das Recht hat, sich seinen Verteidiger frei zu wählen, ist es in der Praxis sinnvoll, gleich zu fragen, wen er als Pflichtverteidiger wünscht. So kann unnötiger zeitlicher Verzug vermieden werden.

Merke
- Auch der Pflichtverteidiger kann frei ausgewählt werden!
- Über das Antragsrecht ist grundsätzlich j e d e r Beschuldigte zu belehren.
- Ob tatsächlich ein Fall notwendiger Verteidigung vorliegt, prüft der Richter!

Bei Sofortsachen wie etwa Haftsachen reicht es, wenn dem Beschuldigten kurz Gelegenheit gegeben wird, einen Anwalt zu benennen. Bei Nichtsofortsachen gewährt spätestens der Richter im Falle der notwendigen Verteidigung dem Beschuldigten Gelegenheit, binnen einer Frist von einer Woche einen Anwalt zu benennen. Benennt der Beschuldigte keinen Anwalt, wird das Gericht im Falle notwendiger Verteidigung einen Anwalt aussuchen und beiordnen.

3.6.3 Verfahren der Beiordnung des Pflichtverteidigers

379 Der Antrag des Beschuldigten wird mit einer Stellungnahme des Staatsanwalts an den Richter weitergeleitet. Der Staatsanwalt zieht in der Regel einen Bundeszentralregisterauszug bei und schaut in das Verfahrensregister, ob noch weitere Verfahren anhängig sind.

380 Über den Antrag ist **unverzüglich vor** der Vernehmung oder einer Gegenüberstellung zu entscheiden. Ist der Richter (etwa nachts) nicht erreichbar, darf der Staatsanwalt über die Beiordnung des Pflichtverteidigers entscheiden.

381 Ob **tatsächlich** ein Fall notwendiger Verteidigung vorliegt, **prüft der Richter, nicht der Polizeibeamte**.

382 In der Praxis bedeutet dieses Prozedere, dass es im Falle einer notwendigen Verteidigung eine Vernehmung eines Beschuldigten ohne vorherige Beiordnung eines Pflichtverteidigers nur noch gibt, wenn der Beschuldigte keinen Antrag auf Beiordnung gestellt hat oder aber einen Antrag gestellt hat, aber die engen Voraussetzungen des § 141a StPO vorliegen, also die Vernehmung der Abwehr einer gegenwärtigen Gefahr für Leib oder Leben oder für die Freiheit einer Person dringend erforderlich ist. Da es sich insoweit um eine absolute Ausnahme handelt, wird empfohlen, sich zuvor mit dem Staatsanwalt zu besprechen.

Merke
Jeder Beschuldigte kann jederzeit einen Wahlverteidiger hinzuziehen. Dies gilt unabhängig von dem Delikt. Hierüber ist jeder Beschuldigte zu belehren!
In welchen Fällen ist über die Möglichkeit der Antragstellung auf Bestellung eines Pflichtverteidigers zu belehren?
Grundsatz: Immer!
Jeder Beschuldigte hat das Recht auf gerichtliche Prüfung, ob ein Fall notwendiger Verteidigung vorliegt.
Die Prüfung nimmt nicht die Polizei vor!
Ausnahme: Der Vernehmungsbeamte ist sich nach gewissenhafter Prüfung **sicher**, dass kein Fall notwendiger Verteidigung vorliegt (Es wurde geprüft: Vorstrafen, offene Bewährung, offene Verfahren, Struktur der Persönlichkeit, Folgen der Tat, Beschuldigter kann sich selber verteidigen, Fall wird im ersten Rechtszug lediglich vor dem Strafrichter verhandelt).
- Belehrt wird über das Recht, einen Antrag auf Beiordnung stellen zu können und das Verfahren.
Der Antrag kann bei der Polizei, bei der Staatsanwaltschaft oder bei Gericht gestellt werden. Belehrt wird auch darüber, dass über den Antrag unverzüglich und vor der Vernehmung zu entscheiden ist.
- Aktiv wird die Polizei nur bei ausdrücklichem Antrag.
- Nach ausdrücklichem Antrag:
  - Nachfragen, wen er als Verteidiger wünscht!
  - Den Staatsanwalt informieren!
  - Bis zur Entscheidung über den Antrag: keine Vernehmung!
  - Bei Sofortsachen entscheidet ausnahmsweise der Staatsanwalt, wenn der Richter nicht erreichbar ist.

- Um spätere Diskussionen zu vermeiden, ist die Reaktion des Beschuldigten auf die Belehrung wörtlich zu protokollieren.
- Bei Audi-Video-Vernehmungen unbedingt darauf achten, dass die Antwort verständlich ist und auch deutlich verschriftet wird.

Wird nach Belehrung kein Antrag gestellt: Vernehmen! (etwas Anderes gilt nur dann, wenn **ausnahmsweise** von Amts wegen ein Pflichtverteidiger beigeordnet werden muss.)

3.7 Kostenfolge Pflichtverteidiger

Hat das Gericht einen Pflichtverteidiger beigeordnet, entstehen **zunächst** für den Beschuldigten keinerlei Kosten. Wird er später **freigesprochen**, trägt die **Landeskasse** alle Kosten. Wird er **verurteilt**, hat er **grundsätzlich** die Kosten des Verfahrens und damit auch die Kosten der Pflichtverteidigung zu tragen.

Der Beschuldigte ist deshalb darauf hinzuweisen, dass er grundsätzlich im Falle der Bestellung eines Verteidigers die dadurch nach § 465 StPO entstehenden Kosten zu tragen hat, sofern er verurteilt wird. Die vorstehende Belehrungspflicht gilt bereits seit August 2017.

Tatsächlich haben wir seit August 2017 so gut wie keinen Fall gesehen, in dem darüber belehrt worden ist.
Ausnahme kürzlich: „Den Pflichtverteidiger müssen Sie selber bezahlen!" **Achtung: Das ist so falsch!**

Die im Rahmen der polizeilichen Vernehmungen zu nutzenden Formblätter, auf denen die Belehrungspflichten dargelegt sind, helfen in Einzelfällen nur wenig.

Der Polizeibeamte muss in der Lage sein, die entsprechenden Pflichten mit eigenen Worten wiederzugeben und dem nicht versierten Beschuldigten zu erklären. Glaubt der Beschuldigte aufgrund seiner finanziellen Lage keinen Verteidiger hinzuziehen zu können, so darf er im Fall einer notwendigen Verteidigung nicht in diesem Irrtum belassen werden.[178]

Die Frage, mit welchen Kosten der Beschuldigte im Fall seiner Verurteilung zu rechnen hat, kann hier nicht abschließend beantwortet werden. Soweit es um die Belehrungspflicht durch den Vernehmungsbeamten geht, gilt Folgendes: Sofern der Beschuldigte später verurteilt wird, hat er grundsätzlich die Kosten seines Wahlverteidigers/Pflichtverteidigers zu tragen. „Grundsätzlich" deshalb, weil zum Zeitpunkt der Belehrung noch nicht festgestellt werden kann, ob durch das Gericht später die Pflicht zur Kostenübernahme tatsächlich festgestellt wird (Ausnahmen gibt es beispielsweise im Bereich des Jugendgerichtsgesetzes) und ob die Verfahrenskosten tatsächlich auch berechnet und vollstreckt werden.

Die korrekte Formulierung ist: „Sie haben im Falle einer Verurteilung grundsätzlich die Kosten der Pflichtverteidigung zu tragen."

---

[178] Meyer-Goßner/Schmitt StPO § 136 Rn. 11b

390 Eine Kostenfestsetzung, die in der Regel der Kostenbeamte der Staatsanwaltschaft nach Rechtskraft des Urteils vornimmt, erfolgt in der Praxis dann nicht, wenn erkennbar ist, dass der Verurteilte infolge seiner finanziellen Lage (etwa ohne Beruf, ohne Ausbildung, hohe Schulden) nicht in der Lage sein wird, die Verfahrenskosten zu bezahlen. Und selbst dann, wenn die Kostenfestsetzung erfolgt ist, heißt das noch nicht zwangsläufig, dass dann auch später die Kosten beigetrieben werden.

391 Auch wenn die Gerichte in der Regel im Urteil die Kosten des Verfahrens dem Verurteilten auferlegen, werden in der Praxis die Kosten häufig nicht beigetrieben.

3.8 Beweisantragsrecht

392 § 136 Abs. 1 S. 5 StPO   Vernehmung

(1) Er ist ferner darüber zu belehren, dass er zu seiner Entlastung einzelne Beweiserhebungen beantragen kann (...).

393 Im Anschluss an die Belehrung über die Aussagefreiheit hat der Hinweis auf das Beweisantragsrecht zu erfolgen und zwar auch für den Fall, dass der Beschuldigte sich entschließt, nicht zur Sache auszusagen. Dem Beschuldigten steht es nämlich gleichwohl zu, Beweisanträge zu stellen[179], mit welchen er in der Regel Entlastung erstrebt. Mithin darf von diesem Hinweis in keinem Fall abgesehen werden, dieser kann aber im Verlauf der Vernehmung noch nachgeholt werden.[180]

394 Ein einfacher Hinweis dahingehend, „Sie können Beweiserhebungen beantragen, welche Sie entlasten können/sollen", kann problematisch sein. Denn im Allgemeinen wissen Beschuldigte nicht, was unter diesem Begriff zu verstehen ist. Es bietet sich daher an, dieses Recht dem Beschuldigten mit einfachen Worten näher zu erklären.
Vorschlag: Wenn Sie für die Tatzeit etwa ein Alibi haben, sich an einem anderen Ort aufgehalten und dafür Zeugen haben, dann können Sie beantragen, dass diese Zeugen vernommen werden.

3.9 Der Hinweis auf die Möglichkeit schriftlicher Angaben

395 § 136 Abs. 1 S. 6 StPO   Vernehmung

(1) In geeigneten Fällen soll der Beschuldigte auch darauf, dass er sich schriftlich äußern kann, sowie (...) hingewiesen werden.

396 Wie bereits dargelegt, braucht der Beschuldigte sich zur Sache gar nicht zu äußern. Das bedeutet auch, dass er zwar mündliche Angaben ablehnen, sich aber dazu entscheiden kann, schriftlich Angaben zum Tatvorwurf zu machen. Auch auf dieses Recht hat der Vernehmungsbeamte den Beschuldigten vor der Vernehmung ausdrücklich hinzuweisen, **sofern er meint, dass es sich um einen für schriftliche Angaben geeigneten Fall handelt.** Doch welche Fälle sind für eine

---

179   Meyer-Goßner/Schmitt StPO § 136 Rn. 11
180   Meyer-Goßner/Schmitt StPO § 136 Rn. 11

solche Verfahrensweise geeignet? Der Vernehmungsbeamte hat hier über die Frage zu entscheiden, ob der Beschuldigte voraussichtlich bereit und auch fähig sein wird, sich sachgerecht schriftlich zu äußern.[181]

Beispiele 397
- „Das mach ich immer bei einfach gelagerten Verkehrsdelikten",
- „Schriftlich geht es gerade jetzt in der Corona-Zeit einfacher"

oder

- „Wenn der kein Deutsch spricht, mach ich's schriftlich, da kann er sich selber bemühen".

So einfach darf der Polizeibeamte es sich nicht machen. Es handelt sich immer um eine Einzelfallentscheidung, bei welcher der Beamte sorgfältig abwägen muss, ob die eventuell schriftliche Einlassung dem aufzuklärenden Sachverhalt gerecht werden kann. Soll die Vernehmung dazu führen, dass die Angaben auch bei einer späteren Aussageverweigerung des Beschuldigten hinterfragt werden können, lässt bereits der vorliegende Sachverhalt darauf schließen, dass Nachfragen erforderlich sein werden, oder kommt der Polizeibeamte zu der Einschätzung, dass der Beschuldigte ersichtlich so ungewandt ist, dass ihm eine schriftliche Stellungnahme nicht zugetraut werden kann, **so entfällt die Belehrung auf das Recht zur schriftlichen Einlassung.**

Ein entsprechender Hinweis ist aber immer dann angebracht, wenn die zu erwartende Einlassung umfangreich ist, die Auswertung umfangreicher Unterlagen erforderlich ist oder auch dann, wenn der Beschuldigte erklärt, er wolle sich zunächst mit einem Rechtsanwalt beraten. Letztlich hat der Beschuldigte immer die Möglichkeit, seine eventuell mündlichen Angaben durch eine schriftliche Einlassung zu ergänzen.[182] 398

3.10 Der Hinweis auf die Möglichkeit eines Täter-Opfer-Ausgleichs
§ 136 Abs. 1 S. 6 StPO Vernehmung 399

(1) (...) sowie auf die Möglichkeit eines Täter-Opfer-Ausgleichs hingewiesen werden.

Auch dieser Hinweis ist nur in geeigneten Fällen, d. h., wenn ein solcher Täter-Opfer-Ausgleich (im Weiteren: TOA) tatsächlich in Betracht kommt, angebracht. Ist der Beschuldigte nicht geständig oder ist bereits erkennbar, dass der Geschädigte dem TOA nicht zustimmen werde, so ist der Fall für einen TOA nicht geeignet[183]; der Hinweis entfällt dann. 400

3.11 Kostenfolge – Beweiserhebungen
§ 136 Abs. 1 S. 5 StPO Vernehmung 401

(1) Er ist ferner darüber zu belehren, dass er zu seiner Entlastung einzelne Beweiserhebungen beantragen und unter den Voraussetzungen des § 140 die

---

181 Meyer-Goßner/Schmitt StPO § 136 Rn. 11
182 Meyer-Goßner/Schmitt StPO § 136 Rn. 11
183 MüKo StPO, Schuhr § 136 Rn. 41; KK-StPO, Diemer § 136 Rn. 17

Bestellung eines Pflichtverteidigers nach Maßgabe des § 141 Abs. 1 und des § 142 Abs. 1 beantragen kann; *zu Letzterem ist er dabei auf die Kostenfolge § 465 hinzuweisen.*

402 Hier gilt dasselbe wie bei den Kosten für den Pflichtverteidiger. Grundsätzlich hat der Verurteilte im Falle seiner Verurteilung die Verfahrenskosten zu tragen – und nur dann! Wünscht er zusätzliche Beweiserhebungen, hat er im Falle seiner Verurteilung auch dafür die Kosten zu tragen.

4. Wann ist von Amts wegen ein Pflichtverteidiger beizuordnen?

403 Grundsätzlich wird ein Pflichtverteidiger nur auf ausdrücklichen Antrag des Beschuldigten beigeordnet, sofern tatsächlich ein Fall notwendiger Verteidigung gegeben ist.

404 Es gibt aber Ausnahmen, in denen von Amts wegen und damit ohne Antrag des Beschuldigten eine Beiordnung zu erfolgen hat. Dies gilt jedoch nur, wenn der Beschuldigte noch keinen Verteidiger (Wahlverteidiger) hat[184].
Im Folgenden werden die für die Praxis besonders relevanten Fälle der **Beiordnung eines Pflichtverteidigers von Amts wegen – § 141 Absatz 2** dargestellt.

4.1 Psychische Erkrankung des Beschuldigten

405 Ein Fall notwendiger Verteidigung kann vorliegen, wenn der Beschuldigte sich infolge psychischer Erkrankung nicht verteidigen kann.
Aber nicht jede psychische Auffälligkeit hat Krankheitswert und führt dazu, dass sich der Beschuldigte nicht verteidigen kann oder gar später Antrag im Sicherungsverfahren zu stellen sein wird.

406 **Beispiel**
Der Beschuldigte berichtet in der Vernehmung plötzlich von Stimmen, die ihm Befehle erteilen, oder berichtet von anderen akustischen oder optischen Halluzinationen.
„Mir sagt gerade jemand, dass ich Ihnen erzählen soll, was geschehen ist."
Oder
„Mein toter Vater hat mir befohlen, mit dem Messer zu stechen."
„Meine Mutter hat behauptet, dass auf der Terrasse gar keine Elians sind, dass ich spinne." (als Begründung für die Übergriffe auf die Mutter)
„Die Nachbarin hat ständig Werdermusik gehört (tatsächlich nicht der Fall). besonders nachts, laut und mit schrillen Frauenstimmen vermischt. Ich hatte Sorge, dass ich deshalb verrückt werde."
„Mich haben ständig riesengroße Raben und weiße Fledermäuse verfolgt."

407 Ein solcher Beschuldigter ist grundsätzlich nicht in der Lage, sich selber zu verteidigen. Sobald derartige Symptome erkennbar werden, ist umgehend die Vernehmung abzubrechen und von Amts wegen (also ohne Antrag) ein Pflichtverteidiger zu bestellen.

---

184 Meyer-Goßner/Schmitt StPO § 141 Rn. 10

Es gelten dann folgende **Grundsätze:** 408
- Stellen Sie Symptome fest, die auf Halluzinationen oder andere schwerwiegende! psychische Beeinträchtigen hinweisen, brechen Sie die Vernehmung umgehend ab!
- Dokumentieren Sie im Protokoll, welche Symptome Sie wann festgestellt und dass Sie deshalb die Vernehmung sofort abgebrochen haben.
- Wenden Sie sich an den zuständigen Staatsanwalt, der sich um die Beiordnung des Pflichtverteidigers kümmern wird.
- Bei Zweifeln den konkreten Fall mit dem Staatsanwalt erörtern!

4.2 Beschuldigter befindet sich aufgrund richterlicher Anordnung oder mit richterlicher Genehmigung in einer Anstalt

Ein Fall notwendiger Verteidigung liegt auch dann vor, wenn ein Beschuldigter vernommen werden soll, der sich aufgrund richterlicher Anordnung oder mit richterlicher Genehmigung in einer Anstalt befindet (§ 140 Abs. 1 Nr. 5, § 141 Abs. 2 Nr. 2 StPO). 409

Erfasst sind etwa die Fälle der Straf- und Abschiebehaft, Strafarrest, Unterbringungen gem. §§ 63, 64, 66 StGB, stationäre Drogentherapie gem. § 35 BtMG[185].

> **Merke**
>
> Nie einen Beschuldigten in der Haft oder in der Maßregelvollzugsklinik aufsuchen und vernehmen, ohne zuvor mit dem Staatsanwalt die Beiordnung des Pflichtverteidigers zu erörtern, sofern der Beschuldigte noch keinen Verteidiger hat! Dasselbe gilt bei Unterbringung nach PsychKG.

4.3 Richterliche Vernehmung von Zeugen

Bei richterlicher Vernehmung etwa eines Zeugen (§ 140 Abs. 1 Nr. 10) ist grundsätzlich von Amts wegen ein Pflichtverteidiger zu bestellen. 410

> **Beispiel** 411
>
> Es wird wegen gefährlicher Körperverletzung des Ehemannes zum Nachteil seiner Ehefrau ermittelt. Die Ehefrau soll richterlich vernommen werden, da fraglich ist, ob sie später in der Hauptverhandlung noch Angaben machen wird.

Es ist vor der richterlichen Vernehmung dem Beschuldigten von Amts wegen ein Pflichtverteidiger beizuordnen.[186] 412

Dies gilt insbesondere dann, wenn die Zeugenaussage für den Tatnachweis von Relevanz ist und absehbar ist, dass die Zeugin/der Zeuge in der späteren Hauptverhandlung nicht mehr aussagen wird.

Für den Beispielsfall bedeutet das: Erst dem Beschuldigten einen Pflichtverteidiger beiordnen (wenn er noch keinen Wahlverteidiger hat), dann erst erfolgt die richterliche Vernehmung der Ehefrau.

---

185 Meyer-Goßner/Schmitt StPO § 140 Rn. 16
186 Meyer-Goßner/Schmitt StPO § 140 Rn. 20 b

413 **Beispiel**
Ein Beschuldigter steht im Verdacht, vor den Augen seiner Kinder die Ehefrau getötet zu haben. Die Kinder, die bislang bereit sind, Angaben zu machen, sollen richterlich vernommen werden.

414 Da es möglich ist, dass die Kinder später in der Hauptverhandlung von ihrem Zeugnisverweigerungsrecht Gebrauch machen und deshalb die richterliche Vernehmung für die Beweisführung von besonderer Bedeutung ist, ist zum Schutze des Beschuldigten vor der richterlichen Vernehmung ein Pflichtverteidiger beizuordnen, um seine Verteidigungsmöglichkeiten nicht zu beschneiden.

4.4 Beschuldigter soll dem Haftrichter vorgeführt werden

415 Der Beschuldigte soll einem Gericht zur Entscheidung über Haft oder einstweilige Unterbringung vorgeführt werden. (§ 140 Abs. 1 Nr. 4, § 141 Abs. 2 Nr. 1 StPO)
Durch die Bezugnahme auf §§ 128, 129 StPO gilt Nr. 4 zwar auch bereits bei vorläufigen Festnahmen, es ist aber bei der weiteren Verfahrensweise zu unterscheiden, ob der Beschuldigte lediglich vorläufig festgenommen wurde oder mit Haftbefehl.

4.4.1 Verfahren bei vorläufiger Festnahme

416 Bei vorläufigen Festnahmen muss die Beiordnung eines Pflichtverteidigers erst dann erfolgen, **wenn feststeht, dass der Beschuldigte tatsächlich dem Richter vorgeführt wird,** also der Staatsanwalt einen Antrag auf Erlass eines Untersuchungshaftbefehls oder eines Unterbringungsbeschlusses stellen wird.
Das Beiordnungsverfahren ist erst dann in die Wege zu leiten, wenn die Entscheidung gefallen ist, dass ein Haftbefehl beantragt wird. Bis dahin darf ohne Beiordnung vernommen werden!
Es ist ratsam, in der Akte zu dokumentieren, wann die Entscheidung gefallen ist, einen Antrag auf Erlass eines Haftbefehls/eines Unterbringungsbeschusses zu stellen, um später diesbezügliche Diskussionen in der Hauptverhandlung zu vermeiden.

4.4.2 Verfahren bei Festnahme mit Haftbefehl/aufgrund eines Haftbefehls

417 Bei Vollstreckung eines **bestehenden** Haftbefehls steht fest, dass vorzuführen ist. Dann gilt:
- Sofort Beiordnungsverfahren!
- Keine Vernehmung ohne vorherige Beiordnung!
- Keine Vernehmung ohne den beigeordneten Verteidiger!
- Zur Vorbereitung ist dem Anwalt Akteneinsicht zu gewähren (zuständig dafür: Der Staatsanwalt!).

Dasselbe gilt bei Vollstreckung eines Unterbringungsbefehls.

4.5 Vernehmung eines Jugendlichen/Heranwachsenden, wenn Fall notwendiger Verteidigung

418 Vor der Vernehmung eines Jugendlichen/Heranwachsenden (vgl. § 109 Absatz 1 Satz 1 JGG) ist von Amts wegen ein Pflichtverteidiger beizuordnen, wenn ein Fall notwendiger Verteidigung vorliegt (§ 68 Abs. 1 JGG).

Beispiel 419

Steht eine Jugendliche im Verdacht, ihr Kind direkt nach der Geburt getötet zu haben, so ist ihr vor ihrer Vernehmung von Amts wegen ein Pflichtverteidiger beizuordnen.

Dies gilt ausnahmsweise dann nicht, wenn 420
- ein Fall notwendiger Verteidigung allein wegen eines Verbrechensvorwurfs vorliegt,
- das Absehen von der Verfolgung nach § 45 Abs. 2 oder 3 JGG zu erwarten ist **und**
- die Beiordnung zu dem in Satz 1 genannten Zeitpunkt unverhältnismäßig wäre.

In der Praxis heißt das letztendlich: Der beigeordnete Pflichtverteidiger wird zunächst empfehlen, vom Schweigerecht Gebrauch zu machen, sodass es Vernehmungen in diesen Fällen in der Regel nicht mehr gibt.

4.6 Gegenüberstellungen vor der Bestellung eines Pflichtverteidigers

Unabhängig von einem Antrag auf Beiordnung eines Pflichtverteidigers seitens 421
des Beschuldigten hat eine Bestellung zu erfolgen **vor** einer Gegenüberstellung, wenn der Beschuldigte sich selbst nicht verteidigen kann (§ 141 Abs. 2 Nr. 3 StPO).

4.7 Ausnahmen gem. § 141a StPO- Vernehmung und Gegenüberstellung vor der Beiordnung von Amts wegen

- Der Beschuldigte ist damit ausdrücklich einverstanden **und** 422
- dies ist zur Abwehr einer gegenwärtigen Gefahr für Leib oder Leben oder für die Freiheit einer Person dringend erforderlich **oder**
- zur Abwendung einer erheblichen Gefährdung eines Strafverfahrens zwingend geboten.

> **Merke** 423
> - Eine einfache Körperverletzung reicht nicht aus! Die Gefahr muss **konkret** und **gegenwärtig** sein.
> - Es ist in der Akte zu dokumentieren, aufgrund welcher Tatsachen der Polizeibeamte die Ausnahmesituation bejaht hat!

Beispiele für Ausnahmesituation 424
- Vernichtung von Beweismitteln oder ein Einwirken auf Zeugen droht,
- Flucht von Beschuldigten/Mitbeschuldigten oder gesondert Verfolgten.

5. Anwaltlicher Notdienst

Möchte der Beschuldigte vor der Vernehmung einen Anwalt sprechen und kennt 425
die Erreichbarkeit nicht, dann ist ihm die Strafverteidiger-Notrufnummer zu geben und ein Telefon zur Verfügung zu stellen!
Dies gilt nicht, wenn der Beschuldigte keinen Anwalt wünscht.

426 Es gilt aber auch dann nicht, wenn der Beschuldigte erst einen Wunschanwalt nennt, die Polizei vergeblich versucht, diesen zu erreichen, die Polizei dies dem Beschuldigten mitteilt und der Beschuldigte dann keinen anderen Anwalt erlangt. In einem solchen Fall hat die Polizei alles getan, was der Beschuldigte gewünscht hat. Die Polizei muss nicht – quasi darüber hinaus – von sich aus auf den anwaltlichen Notdienst hinweisen.

427 **Beispiel**
B erklärt, dass er die Kontaktaufnahme zu dem Anwalt X wünscht. Die Beamten sind ihm behilflich, den Kontakt zu X herzustellen. X ist jedoch nicht erreichbar. Die Beamten unternehmen darüber hinaus nichts, um einen Verteidiger zu organisieren.
Dazu hat der Bundesgerichtshof[187] ausgeführt: „Nach Scheitern der Verbindung mit dem Rechtsanwalt hat die Beschuldigte nicht zu erkennen gegeben, sie wolle einen anderen Rechtsanwalt wählen. Sie hat damit ihr Recht auf Verteidigerkonsultation letztlich nicht anders ausgeübt, als wenn sie von vorherein zu erkennen gegeben hätte, dass sie keinen Verteidiger konsultieren wolle."

428 **Merke**
– Ein Pflichtverteidiger ist ein Anwalt, der im Falle notwendiger Verteidigung vom Gericht beigeordnet wurde. Der Beschuldigte trägt die Kosten **grundsätzlich** im Falle späterer Verurteilung.
– Der Beschuldigte kann den beizuordnenden Pflichtverteidiger frei auswählen.
– Über das Antragsrecht ist grds. jeder Beschuldigte zu belehren.
– Stellt der Beschuldigte (etwa auch bei einem Verbrechen) keinen Antrag auf Beiordnung eines Pflichtverteidigers, darf grds. ohne Anwalt vernommen werden.
– In einigen Ausnahmefällen ist aber von Amts wegen (also ohne ausdrücklichen Antrag) ein Pflichtverteidiger beizuordnen.
– Liegen klare Hinweise für eine **schwerwiegende** psychische Erkrankung vor (etwa: Der Beschuldigte berichtet von imperativen Stimmen, von erkennbaren Halluzinationen) und bestehen echte Zweifel daran, dass der Beschuldigte selber seine Rechte wahrnehmen kann, dann ist die Vernehmung umgehend abzubrechen und ein Pflichtverteidiger – **von Amts wegen** – beizuordnen.
– Vor einer Wahlgegenüberstellung hat eine Pflichtverteidigerbestellung zu erfolgen – unabhängig von einem ausdrücklichen Antrag – sofern der Beschuldigte sich nicht selber verteidigen kann.
– Bei Vollstreckung eines Haftbefehls: keine Vernehmung mehr vor Beiordnung eines Pflichtverteidigers!
– Bei vorläufiger Festnahme: Wenn feststeht, dass ein Antrag auf Erlass eines Haftbefehls oder eines Unterbringungsbeschlusses gestellt wird, ist von

---

187 BGH 5 StR 200/05- juris

> Amts wegen die Beiordnung eines Pflichtverteidigers zu beantragen. Vor Beiordnung keine Vernehmung mehr!

6. Besonderheiten bei Verfahren gegen Jugendliche/Heranwachsende

§ 68 JGG Notwendige Verteidigung

Ein Fall der notwendigen Verteidigung liegt vor, wenn
1. im Verfahren gegen einen Erwachsenen ein Fall der notwendigen Verteidigung vorliegen würde,
2. den Erziehungsberechtigten und den gesetzlichen Vertretern ihre Rechte nach diesem Gesetz entzogen sind,
3. die Erziehungsberechtigten und die gesetzlichen Vertreter nach § 51 Abs. 2 von der Verhandlung ausgeschlossen worden sind und die Beeinträchtigung in der Wahrnehmung ihrer Rechte durch eine nachträgliche Unterrichtung (§ 51 Abs. 4 Satz)
2. oder die Anwesenheit einer anderen geeigneten volljährigen Person nicht hinreichend ausgeglichen werden kann,
4. zur Vorbereitung eines Gutachtens über den Entwicklungsstand des Beschuldigten (§ 73) seine Unterbringung in einer Anstalt in Frage kommt oder
5. die Verhängung einer Jugendstrafe oder die Anordnung der Unterbringung in einem psychiatrischen Krankenhaus oder in einer Entziehungsanstalt zu erwarten ist.

§ 68a JGG Zeitpunkt der Bestellung eines Pflichtverteidigers

(1) In den Fällen der notwendigen Verteidigung wird dem Jugendlichen, der noch keinen Verteidiger hat, ein Pflichtverteidiger spätestens bestellt, bevor eine Vernehmung des Jugendlichen oder eine Gegenüberstellung mit ihm durchgeführt wird. Dies gilt nicht, wenn ein Fall der notwendigen Verteidigung allein deshalb vorliegt, weil dem Jugendlichen ein Verbrechen zur Last gelegt wird, ein Absehen von der Strafverfolgung nach § 45 Absatz 2 oder 3 zu erwarten ist und die Bestellung eines Pflichtverteidigers zu dem in Satz 1 genannten Zeitpunkt auch unter Berücksichtigung des Wohls des Jugendlichen und der Umstände des Einzelfalls unverhältnismäßig wäre.

(2) § 141 Absatz 2 Satz 2 der Strafprozessordnung ist nicht anzuwenden.

§ 68b JGG Vernehmung und Gegenüberstellung von der Bestellung eines Pflichtverteidigers

(1) Abweichend von § 68a Absatz 1 dürfen im Vorverfahren Vernehmungen des Jugendlichen oder Gegenüberstellungen mit ihm vor der Bestellung eines Pflichtverteidigers durchgeführt werden, soweit dies auch unter Berücksichtigung des Wohls des Jugendlichen
1. zur Abwehr schwerwiegender nachteiliger Auswirkungen auf Leib oder Leben oder die Freiheit einer Person dringend erforderlich ist,

2. ein sofortiges Handeln der Strafverfolgungsbehörden zwingend geboten ist, um eine erhebliche Gefährdung eines sich auf eine schwere Straftat beziehenden Strafverfahrens abzuwenden.

(2) Das Recht des Jugendlichen, jederzeit, auch schon vor der Vernehmung, eine von ihm zu wählenden Verteidiger zu befragen, bleibt unberührt.

§ 109 JGG Verfahren

(1) Von den Vorschriften über das Jugendstrafverfahren (§§ 43 bis 81a) sind im Verfahren gegen einen Heranwachsenden die §§ 43, 46a, 47a, 50 Absatz 3 und 4, die §§ 51a, 68 Nummer 1, 4 und 5, die §§ 68a, 68b, 70 Absatz 2 und 3, die §§ 70a, 70b Absatz 1 Satz 1 und Absatz 2, die §§ 70c, 72a bis 73 und 81a entsprechend anzuwenden.
(...)

430 Bei jugendlichen und heranwachsenden Tätern liegt ein Fall der notwendigen Verteidigung immer dann vor, wenn dieser Fall auch in einem Verfahren gegen einen Erwachsenen bejaht werden würde (§ 68 Abs. 1 Nr. 1 JGG – in Verbindung mit § 140 Abs. 1 und Abs. 2 StPO). § 68 JGG findet in Verfahren gegen Jugendliche **und** Heranwachsende Anwendung, bei Heranwachsenden naturgemäß nur in den Fällen des § 68 Nr. 1 und 4 JGG[188].

431 Über die in § 140 StPO geregelten Fälle hinaus ist im Verfahren nach dem JGG eine notwendige Verteidigung gegeben, wenn
– den Erziehungsberechtigten und den gesetzlichen Vertretern ihre Rechte entzogen sind (Nr. 2 – nur bei Jugendlichen),
– die Erziehungsberechtigten und die gesetzlichen Vertreter von der Verhandlung ausgeschlossen worden sind und die Beeinträchtigung in der Wahrnehmung ihrer Rechte durch eine nachträgliche Unterrichtung oder die Anwesenheit einer anderen geeigneten volljährigen Person nicht hinreichend ausgeglichen werden kann (Nr. 3 – nur bei Jugendlichen),
– zur Vorbereitung eines Gutachtens über den Entwicklungsstand des Beschuldigten seine Unterbringung in einer Anstalt in Frage kommt (Nr. 4 – bei Jugendlichen und Heranwachsenden) oder
– die Verhängung einer Jugendstrafe, die Aussetzung der Verhängung einer Jugendstrafe oder die Anordnung der Unterbringung in einem psychiatrischen Krankenhaus oder in einer Entziehungsanstalt zu erwarten ist (Nr. 5 – bei Jugendlichen und Heranwachsenden).

432 **Beispiele**
(1) Eine 16-Jährige steht in Verdacht ihr Baby nach der Geburt getötet zu haben.
(2) Dem jugendlichen A wird zur Last gelegt, gemeinsam mit einem weiteren strafunmündigen Kind zwei andere Jugendliche unter Vorhalt eines Messers genötigt zu haben, sexuelle Handlungen an sich (onanieren), miteinander (Zungenküsse) und an einem der Täter (Zungenkuss) vorzunehmen. Unter Drohung mit dem Messer soll der Täter einem der

---

188 MüKo-StPO, Kaspar § 68 Rn. 1

Opfer 20,- Euro weggenommen haben. Dem Täter werden damit Verbrechen und Vergehen (in einem besonders schweren Fall) gemäß §§ 177, 249, 253, 250, 255 StGB zur Last gelegt.
Der Jugendliche wurde verantwortlich vernommen. Die Belehrung lautete wie folgt:
- der Tatvorwurf wurde eröffnet,
- die anzuwendenden Strafvorschriften wurden genannt,
- das Schweigerecht sowie die Möglichkeit einen Verteidiger zu befragen wurde bekannt gegeben,
- das Recht Beweiserhebungen zu beantragen, wurde ebenfalls erörtert,
- die Pflicht, die Erziehungsberechtigten zu informieren, wurde bekannt gegeben.

Der Beschuldigte gab an, die Belehrung verstanden zu haben und machte umfassende, geständige Angaben zum Tatvorwurf. Zudem benannte er seinen Mittäter.

433 Die vorstehende Belehrung ist aus mehreren Gründen falsch. Die Angaben des Jugendlichen sind nicht verwertbar.
Bei Jugendlichen und Heranwachsenden findet die Vorschrift des § 68a JGG Anwendung[189].
Das heißt, dass dem **Jugendlichen/Heranwachsenden**, der noch keinen Verteidiger hat, in den Fällen der notwendigen Verteidigung (vgl. § 68 JGG, 140 StPO) ein Pflichtverteidiger spätestens dann bestellt wird, bevor eine Vernehmung des Jugendlichen (oder des Heranwachsenden) oder eine Gegenüberstellung mit ihm durchgeführt wird (§ 68a Abs. 1 Satz 1 JGG).

434 Eine Ausnahme von diesem Grundsatz besteht nur dann, wenn ein Fall der notwendigen Verteidigung allein deshalb vorliegt, weil dem Jugendlichen ein Verbrechen zur Last gelegt wird, aber gleichwohl ein Absehen von der Strafverfolgung nach § 45 JGG in Betracht kommt und die Bestellung eines Verteidigers unverhältnismäßig wäre; dabei ist insbesondere das Wohl des Jugendlichen und der Umstand des Einzelfalls zu berücksichtigen.

435 Diese Entscheidung kann der vernehmende Polizeibeamte nicht treffen, weil eine Hoheit über die Einstellung des Ermittlungsverfahrens nicht vorliegt und im Übrigen eine Verfahrenseinstellung nicht in jedem Fall, wohl bei Verbrechenstatbeständen eher nur in Einzelfällen in Betracht kommen dürfte.

436 Der Zeitpunkt der Notwendigkeit der Beiordnung eines Verteidigers steht nach dem eindeutigen Wortlaut des Gesetzes außer Frage. In dem vorliegenden Beispielsfall wäre dem Beschuldigten mithin vor der Vernehmung ein Verteidiger beizuordnen gewesen.

437 Die Beiordnung hat in dem Verfahren gegen einen Jugendlichen/Heranwachsenden unabhängig von einem Antrag von Amts wegen zu erfolgen. Wird sie unterlassen, sind die Angaben des Beschuldigten in der Regel **nicht verwertbar**.

---

189 Eisenberg/Kölbel JGG, § 68 a Rn. 1, § 68 Rn. 2

438 Darüber hinaus ist der Jugendliche über Folgendes zu informieren (vgl. dazu auch das Hinweisblatt des Landeskriminalamtes!).
- Grundzüge des Jugendstrafrechts,
- die nächsten anstehenden Schritte, sofern der Zweck der Untersuchung nicht gefährdet wird (beispielsweise: die Akten werden an die Staatsanwaltschaft gesandt, die über das weitere Vorgehen entscheidet),
- die Erziehungsberechtigten und die gesetzlichen Vertreter oder eine andere geeignete volljährige Person ist zu informieren,
- im Fall der notwendigen Verteidigung kann die Verschiebung oder Unterbrechung der Vernehmung für eine angemessene Zeit verlangt werden,
- die Verhandlung vor dem erkennenden Gericht ist bei Jugendlichen nicht öffentlich und bei einer ausnahmsweise öffentlichen Verhandlung kann der Ausschluss der Öffentlichkeit oder einzelner Personen beantragt werden,
- einer Überlassung einer Kopie der Aufzeichnung der Vernehmung in Bild und Ton an die zur Akteneinsicht berechtigten Personen kann widersprochen werden und die Überlassung der Aufzeichnung oder die Herausgabe einer Kopie an andere Stellen bedarf seiner Einwilligung,
- bei einzelnen Untersuchungshandlungen kann er von seinen Erziehungsberechtigten und seinen gesetzlichen Vertretern oder anderen geeigneten, volljährigen Personen begleitet werden,
- wegen einer mutmaßlichen Verletzung seiner Rechte durch eine der beteiligten Behörden oder durch das Gericht kann er die Überprüfung der betroffenen Maßnahmen und Entscheidungen beantragen,
- bei vorläufiger Festnahme:
  - sind seine persönlichen Verhältnisse und Bedürfnisse im Verfahren zu berücksichtigen,
  - hat er ein Recht auf medizinische Untersuchung (bei Freiheitsentziehung),
  - andere Maßnahmen, durch die der Zweck des Freiheitsentzugs erreicht werden kann, haben Vorrang, mithin eine Begrenzung des Freiheitsentzugs und die Berücksichtigung der besonderen Belastungen durch den Freiheitsentzug auf das Alter und den Entwicklungsstand,
  - in Betracht kommen Untersuchungshaftvermeidungsmöglichkeiten,
  - die Überprüfung der Haft ist von Amts wegen vorgeschrieben.

439 | **Merke**
- Bei Jugendlichen/Heranwachsenden gibt es über die Vorschrift des § 140 StPO hinaus Erfordernisse einer Pflichtverteidigerbeiordnung. Schauen Sie in das Gesetz (§§ 68, 68a JGG)!
- In Fällen der notwendigen Verteidigung ist dem Jugendlichen/Heranwachsenden von Amts wegen (ohne eigenen Antrag) ein Verteidiger beizuordnen, bevor er vernommen oder eine Gegenüberstellung mit ihm durchgeführt wird!

7. Belehrung grundsätzlich vor jeder Vernehmung

Beispiele
(1) Nach einem Ladendiebstahl ist der Beschuldigte durch den ESD belehrt worden. Deshalb wird später durch die Beamten des Fachkommissariats notiert: *„Sie sind ja heute schon einmal belehrt worden und kennen Ihre Rechte."*
(2) Auf der Fahrt vom Haftrichter nach Verkündung des Haftbefehls, also auf dem Weg in die JVA, wird der Beschuldigte von dem Polizeibeamten befragt. Zu Beginn der Fahrt sagt dieser: *„Ab jetzt kann alles für und gegen Sie verwendet werden."*

Bis Juli 2021 hieß es im § 136 StPO „vor der ersten" Vernehmung. Mit der Streichung des Wortes „ersten" hat der Gesetzgeber deutlich gemacht, dass sich die Vorschrift gerade nicht nur auf die allererste Vernehmung im gesamten Strafverfahren bezieht.[190]
Aus § 243 Abs. 5 StPO folgt vielmehr, dass in § 136 StPO Vorgeschriebenes ggf. später wiederholt werden muss.

§ 243 Abs. 5 StPO   Gang der Hauptverhandlung

Sodann wird der Angeklagte darauf hingewiesen, dass es ihm freistehe, sich zu der Anklage zu äußern oder nicht zur Sache auszusagen.

Diesem Gedanken aus § 243 Abs. 5 StPO folgend ist in jedem Verfahrensabschnitt grundsätzlich erneut zu belehren.[191]
Der Beschuldigte muss seine Rechte kennen. Dies ist Gebot des fairen Verfahrens.
Bestehen insoweit Zweifel, muss die betreffende Belehrung wiederholt und ggf. für den Beschuldigten besser bzw. verständlicher formuliert werden. Hat der Beschuldigte seine Rechte verstanden, ist **innerhalb desselben Termins** grundsätzlich keine erneute Belehrung erforderlich.
Wesentliche Veränderungen des aktuellen Tatvorwurfs oder des rechtlichen Gesichtspunkts erfordern ebenso eine erneute, ergänzende und ggf. klarstellende Belehrung.
Obige beispielhafte Belehrungen genügen den Anforderungen an § 163 StPO mithin **nicht**.

8. Belehrung des rechtlich versierten Beschuldigten

Belehren Sie auch einen Anwalt oder einen Polizeibeamten, wenn er als Beschuldigter vernommen werden soll?

Beispiele
(1) Belehrung eines Intensivtäters: *„Sie wissen ja Bescheid!"*

---

190   Vgl. auch: MüKo-StPO, Schuhr § 136 Rn. 4
191   MüKo-StPO, Schuhr § 136 Rn. 10

(2) Belehrung eines Rechtsanwalts im Rahmen der Festnahme: „Sie kennen Ihre Rechte ja besser als wir. Alles andere erspar ich mir daher."
(3) Eine Polizistin steht im Verdacht, nach der Geburt ihr Kind getötet zu haben. Als sie sich an die ZKD-Leiterin wendet und ihr berichtet, ihr Kind in einem Bachlauf vergraben zu haben, unterbleibt eine Belehrung.

445 Nach § 136 Abs. 1 Satz 1 StPO soll der Beschuldigte stets wissen, in welcher Hinsicht gegen ihn ermittelt wird und welche Verfahrensrechte ihm zustehen.[192] Zwar ist man bei den o. g. Beispielskandidaten geneigt davon auszugehen, dass diese ihre Rechte kennen.

446 Es ist aber **ausnahmslos** dafür Sorge zu tragen, dass der jeweilige Beschuldigte in dem konkreten Fall die sich aus § 136 StPO ergebenden Rechte und Hinweise verstanden hat. Darauf darf aber nicht allein aufgrund der Tatsache geschlossen werden, dass gegen den Beschuldigten bereits wegen einer Vielzahl von Straftaten ermittelt worden ist (Intensivtäter). Dem Beschuldigten muss vielmehr in jedem Einzelfall klar sein, was ihm zur Last gelegt wird und welche Rechte ihm im Detail zustehen. Ebenso verhält es sich mit einem Rechtskundigen, beispielsweise einem als Anwalt tätigen Beschuldigten. Der Tatvorwurf ist dem Beschuldigten in der Regel nicht bekannt, ebenso wenig die vorliegenden Beweismittel. Wenngleich von einem Anwalt grundsätzlich erwartet werden kann, die weiteren sich aus § 136 StPO ergebenden Rechte zu kennen, so muss dies nicht für jeden Einzelfall bzw. in der konkreten Situation gelten.
Dies gilt insbesondere dann, wenn der Beschuldigte sich in einer derartigen Ausnahmesituation befindet, dass es sinnvoll ist, ihm trotz seiner grundsätzlichen Kenntnisse seine Rechte vor Augen zu führen (Fall der Polizistin).
Daher ist die umfassende Information eines Beschuldigten ausnahmslos sicherzustellen.

447
> **Merke**
> – § 136 StPO gilt grundsätzlich vor jeder Vernehmung.
> – § 136 StPO gilt für jeden Beschuldigten, unabhängig von seinem Beruf oder sonstigen Erfahrungen.
> – § 136 StPO kennt keine Ausnahmen!

9. Nachfrage trotz Verteidigerwunsch

448 Die Vernehmungsbeamten dürfen keinen Einfluss auf den Entschluss nehmen, wenn der Beschuldigte klar sagt, dass er keine Angaben machen will[193]. Sagt der Beschuldigte, dass er einen Anwalt sprechen will, ist die Vernehmung umgehend abzubrechen.[194] Die Vernehmungsbeamten müssen sich dann darum kümmern, dass der Beschuldigte die Möglichkeit erhält, zu einem Anwalt Kontakt aufzu-

---

192 MüKo-StPO, Schuhr § 136 Rn. 12
193 BGH NJW 2006, 1008
194 BGH NJW 1993, 142

nehmen. Die Vernehmung ist auch abzubrechen, wenn etwa in der Nacht kein Anwalt erreichbar ist.[195]

Beispiele
(1) Warum wollen Sie sich nicht dazu äußern? Wenn Sie nichts getan haben, können Sie doch auch was sagen.
(2) Sie haben eben gesagt, dass Sie einen Anwalt wünschen. Den können wir nicht erreichen. Wollen Sie sich das nicht nochmal überlegen?
(3) Die Beweislage ist so erdrückend, da nützt Ihnen jetzt auch der Anwalt nichts mehr.

Merke
Niemals das Schweigerecht ausreden!
Niemals die Zuziehung eines Anwalts ausreden!

Deshalb stellen die vorgenannten Beispiele unzulässiges Einwirken auf einen Beschuldigten dar.

Aber die Aussageverweigerung muss nicht sang- und klanglos hingenommen werden. Der Vernehmungsbeamte darf die Nachteile des Verteidigungsverzichtes erklären.
Er darf darauf hinweisen, dass ein frühes Geständnis strafmildernd berücksichtigt werden kann (mit Ausnahme: Tatverdacht vollendeter Mord, denn da ist von Gesetzes wegen eine Strafmilderung ausgeschlossen).
Die Vernehmungsbeamten dürfen dem Beschuldigten jederzeit vor Augen führen, welche **Vor-/Nachteile** eine Einlassung/Schweigen haben **kann**.

Ein erneuter Vernehmungsversuch ist unter folgenden Voraussetzungen zulässig:
(a) Der Beschuldigte hat sich erkennbar anders entschieden.
(b) Das (erneute) Gespräch zielt darauf ab, dem Beschuldigten die derzeit bestehenden Möglichkeiten zu erörtern.
(c) Es haben sich in der Zwischenzeit neue Indizien oder Beweise ergeben.

Zu (a)
Der Beschuldigte hat sich in der Zwischenzeit erkennbar anders entschieden. Er sucht etwa von sich aus das Gespräch zu den Vernehmungsbeamten, fragt nach dem weiteren Gang, welche Folgen die Tat für ihn haben könnte, wenn er der Täter wäre.
Das geschieht in der Praxis gar nicht so selten. In diesen Fällen darf selbstverständlich das Gespräch mit dem Beschuldigten erneut aufgenommen werden, ihm dürfen seine Fragen beantwortet werden und er darf auch gefragt werden, ob es bei der bisherigen Entscheidung, zu schweigen oder einen Anwalt konsultieren zu wollen, bleiben soll.

---

195 Löwe-Rosenberg, Gleß StPO § 136 Rn. 41

Hat er zuvor aber nach einem Verteidiger verlangt, ist zu dokumentieren, dass sich die Beamten ernsthaft um die Kontaktherstellung bemüht haben,[196] etwa die Rufnummer des anwaltlichen Notdienstes zur Verfügung gestellt haben.[197] Um nicht Gefahr zu laufen, dass später der Vorwurf erhoben wird, man habe unzulässig auf den Beschuldigten eingeredet, sollte in das Protokoll aufgenommen werden, dass der Beschuldigte von sich aus das Gespräch gesucht und Fragen gestellt hat, man die Fragen beantwortet und nachgefragt hat, ob er sich nunmehr anders entschieden habe.

454 Beispiele
(1) Eine Beschuldigte erklärt nach der Belehrung, sie wolle keine Angaben machen.
Sie wird daraufhin in die Vorführzelle des Gerichts verbracht. In zwei Stunden soll sie dem Haftrichter vorgeführt werden. Als sie eine Stunde später in der Zelle aufgesucht und gefragt wird, ob alles in Ordnung ist, äußert sie den Wunsch, mit dem Vernehmungsbeamten reden zu wollen. Es folgt eine längere Vernehmung, an deren Ende ein Geständnis steht.
(2) Ein Beschuldigter fragt: Meinen Sie, dass das, was Sie haben, für eine Verurteilung reicht? Kann ich jetzt noch was für mich tun?

455 Zu (b)
Auch wenn der Beschuldigte zunächst erklärt, schweigen zu wollen, darf ihm der Vernehmungsbeamte erklären, dass er nun die Möglichkeit hat
- zu schweigen oder
- wenn er die Tat nicht begangen hat, Entlastendes vorzutragen mit der Folge, dass die Beamten möglicherweise auch frühzeitig die Chance haben, ein etwaiges Alibi zu überprüfen, den Beschuldigten zu entlasten,
- wenn er die Tat begangen hat, er frühzeitig gestehen kann mit der Folge, dass das Gericht später möglicherweise gerade deshalb die Strafe mildert,
- die Kronzeugenregelung zu wählen, wobei diese dann im Folgenden im Detail erklärt wird. Letzteres bietet sich insbesondere dann an, wenn ein Tötungsdelikt im Raum steht, da bei Mord ein Geständnis gerade nicht zur Strafmilderung führen kann.

Merke

Sauber protokollieren, welche Möglichkeiten erörtert wurden, danach Bedenkzeit geben, gerade um später auszuschließen, dass der Vorwurf erhoben wird, man habe auf den Beschuldigten eingeredet, und dann die Entscheidung des Beschuldigten dokumentieren.

---

456 Zu (c)
Es ist gar nicht so selten, dass während der Wartezeit neue Erkenntnisse erlangt werden, etwa neues belastendes Material vorliegt.

---

196 BGH St 42, 15; BGH NStZ 1996, 257 ff.
197 BGH NStZ 2006, 236 ff.; BGH St 42, 15

Dann darf der Beschuldigte hierüber nicht nur informiert werden, sondern es ist unseres Erachtens ein Gebot des fairen Verfahrens, den Beschuldigten in Kenntnis zu setzen. Ihm ist Gelegenheit zu geben, sich dazu zu äußern.
Wenn der Beschuldigte zuvor erklärt hat, dass er einen Anwalt wünscht, nunmehr aber zu erkennen gibt, dass er sich nun doch ohne Konsultation eines Anwalts zu den Tatvorwürfen einlassen will:
Erneut nachfragen, ob er nunmehr ohne Anwalt Angaben machen will!
Wenn dies bejaht wird, kann vernommen werden.
Nochmal: Bei diesen Ausnahmen dringend im Protokoll dokumentieren, was dem Beschuldigten gesagt wurde und warum er sich nunmehr entschieden hat, entgegen der ursprünglichen Entscheidung doch Angaben zu machen.[198]

10. Sonderregelung „Kronzeugenregelung"

§ 46b StGB Hilfe zur Aufklärung oder Verhinderung von schweren Straftaten

(1) Wenn der Täter einer Straftat, die mit einer im Mindestmaß erhöhten Freiheitsstrafe oder mit lebenslanger Freiheitsstrafe bedroht ist,
1. durch freiwilliges Offenbaren seines Wissens wesentlich dazu beigetragen hat, eine Tat nach § 100a Abs. 2 der Strafprozessordnung, die mit seiner Tat im Zusammenhang steht, aufgedeckt werden konnte oder
2. freiwillig sein Wissen so rechtzeitig einer Dienststelle offenbart, dass eine Tat nach § 100a Absatz 2 der Strafprozessordnung, die mit seiner Tat im Zusammenhang steht, von deren Planung er weiß, noch verhindert werden kann,

kann das Gericht die Strafe nach § 49 Absatz 1 mildern, wobei an die Stelle ausschließlich angedrohter lebenslanger Freiheitsstrafe eine Freiheitsstrafe nicht unter zehn Jahren tritt.
Für die Einordnung als Straftat, die mit einer im Mindestmaß erhöhten Freiheitsstrafe bedroht ist, werden nur Schärfungen für besonders schwere Fälle und keine Milderungen berücksichtigt. War der Täter an der Tat beteiligt, muss sich sein Beitrag zur Aufklärung nach Satz 1 Nr. 1 über den eigenen Tatbeitrag hinaus erstrecken. Anstelle einer Milderung kann das Gericht von Strafe absehen, wenn die Straftat ausschließlich mit zeitiger Freiheitsstrafe bedroht ist und der Täter keine Freiheitsstrafe von mehr als drei Jahre verwirkt hat.
(2) Bei der Entscheidung nach Absatz 1 hat das Gericht insbesondere zu berücksichtigen:
1. die Art und den Umfang der offenbarten Tatsachen und deren Bedeutung für die Aufklärung oder Verhinderung der Tat, den Zeitpunkt der Offenbarung, das Ausmaß der Unterstützung der Strafverfolgungsbehörden durch den Täter und die Schwere der at, auf die sich seine Angaben beziehen, sowie
2. das Verhältnis der in Nummer 1 genannten Umstände zur Schwere der Straftat und der Schuld des Täters."

Das bedeutet die Kronzeugenregelung darf thematisiert werden bei Anlasstaten wie Mord und weiteren Katalogtaten im Sinne des **§ 100a Absatz 2 StPO**. Dem

---
198 Vgl. dazu auch: Löwe-Rosenberg, Gleß StPO § 136 Rn. 101

Beschuldigten darf bei dem Verdacht einer entsprechenden Anlasstat erklärt werden, dass das **Gericht** später die Strafe **mildern kann**, wenn
- der Beschuldigte Angaben über den eigenen Tatbeitrag hinaus macht,
- die zur Aufklärung der Tat führen,
- dies bis zur Eröffnung des Hauptverfahrens gilt
- und das Gericht später bei der Strafzumessung berücksichtigen kann:
  - Art und Umfang der Angaben,
  - wie früh die Angaben erfolgten,
  - in welchem Umfang den Ermittlungsbehörden bei der Aufklärung geholfen wird.

459 | **Merke**
Die Ermittlungsbehörden dürfen keine Zusagen machen. Über eine etwaige Strafmilderung entscheidet alleine das Gericht!

460 Um später nicht Gefahr zu laufen, dass der Beschuldigte behauptet, ihm seien konkrete Zusagen gemacht worden, sollte die Belehrung über die Kronzeugenregelung sauber dokumentiert werden.

11. Nachfrage, ob alles verstanden

461 Es ist sinnvoll und auch geboten, am Ende der Belehrung nachzufragen, ob der Beschuldigte alles verstanden oder noch Nachfragen hat. Dies sollte auch dokumentiert werden, um später Behauptungen vorzubeugen, der Beschuldigte habe Einzelheiten nicht verstanden oder sei zu betrunken gewesen oder habe sprachliche Probleme.

462 **Beispiel**
In einer Fortbildungsveranstaltung teilt ein KHK mit, dass er generell dem Beschuldigten lediglich das Formular der Polizei in die Hand drücke. Dann habe dieser Gelegenheit, sich alles durchzulesen. Danach lasse er das Formular unterschreiben. Mehr sei nicht erforderlich und mehr mache er auch nicht. Er sei so abgesichert. Was denken Sie darüber?

Wir sind uns nach dem bislang Erörterten einig, dass eine solche Verfahrensweise nicht ausreichend ist. Sie lässt sich nicht mit dem Sinn und Zweck der Vorschrift und auch nicht mit dem Grundsatz des fairen Verfahrens in Einklang bringen. Die Haltung des Polizeibeamten ist so auch nicht hinnehmbar!

12. Trotz Verteidigerwunsch Angaben zum Randgeschehen

463 Besonderheit: Sagt ein Beschuldigter zunächst, dass er einen Verteidiger wünscht und macht dann doch Angaben zum Randgeschehen, so ist Vorsicht geboten.

464 **Grundsätzlich gilt,** wenn nur Spontanäußerungen zum Randgeschehen fallen, ist nicht von einem konkludenten Einverständnis auszugehen, nunmehr doch ohne Anwalt aussagen zu wollen. **BGH StR 435/12:** „Macht der Beschuldigte deutlich, dass er sich vor einer möglichen Einlassung mit einem Verteidiger beraten will, darf die Vernehmung im Fall der Unerreichbarkeit des Verteidigers nur fortgeführt werden, wenn der Beschuldigte dem in freier Entscheidung unter Aufgabe seines ursprünglichen Entschlusses eindeutig zustimmt. Auch eine Zustimmung durch schlüssiges Verhalten ist möglich, kann aber nicht aus dem Umstand geschlossen werden, dass sich der Beschuldigte spontan zum Randgeschehen äußert."

Wir empfehlen in solchen Fällen: Gehen Sie sensibel vor. Fragen Sie, ob der Beschuldigte nun doch Angaben ohne Anwalt machen will und protokollieren Sie Frage und Antwort!

> **Merke**
> - § 136 StPO gilt für jeden Beschuldigten- ohne Ausnahme!
> - Das Schweigerecht oder das Recht, einen Anwalt zu konsultieren, darf niemals einem Beschuldigten ausgeredet werden.
> - Er darf aber umfassend aufgeklärt werden- auch nachdem er sich bereits entschieden hat, zu schweigen.
>
> Dazu gehört, dass er über die mögliche Bedeutung eines frühen Geständnisses und etwa die Kronzeugenregelung aufgeklärt werden darf.
> - Haben sich neue belastende Umstände ergeben, darf erneut an den Beschuldigten herangetreten werden und gefragt werden, ob es bei der bisherigen Entscheidung verbleiben soll.
>
> Sauber dokumentieren!

13. Folgen einer unzureichenden oder fehlenden Belehrung

Leider ist häufig nicht bekannt, dass eine falsche oder fehlende Belehrung dazu führen kann, dass die Angaben des Beschuldigten nicht verwertbar sind.

> **Einzuprägende Grundregel**
> Wer nicht vollständig über die Voraussetzungen des § 136 StPO belehrt, arbeitet möglicherweise vergebens.

Ob alles unverwertbar ist, richtet sich danach, über welche Teile nicht belehrt wurde und ob der Beschuldigte der Verwertung in der Hauptverhandlung widerspricht.

> **Beispiel**
> (1) „Gesagt ist gesagt. Wenn er das später nicht wiederholt, stehe ich als Zeuge zur Verfügung."
> (2) „Wenn ich den über das alles belehre, was auf Ihrer Belehrungskarte steht, dann sagt der doch nichts mehr."
> (3) „Das habe ich immer so gemacht, es gab noch nie Probleme."

Es handelt sich um wörtliche Aussagen, nachdem Vernehmungsbeamte darauf hingewiesen wurden, dass die Angaben des Beschuldigten nicht verwertbar sind, weil nicht vollständig belehrt wurde.

Zu Mängeln bei der Belehrung hat der Bundesgerichtshof Folgendes ausgeführt:[199]
„Mängel der polizeilichen Belehrung können das Verfahren erheblich belasten, im Einzelfall sogar den Bestand eines Urteils gefährden.
Es gehört auch zu den Aufgaben der Staatsanwaltschaft, im Rahmen ihrer Verantwortung für die Gesetzmäßigkeit des Ermittlungsverfahrens, auch soweit es von der Polizei durchgeführt wird, auf die korrekte Einhaltung der Belehrungsbestimmungen und erforderlichenfalls möglichst auf die Korrektur erkennbarer Mängel hinzuweisen.
Dies gilt für alle Ermittlungsverfahren, hat aber in sog. Kapitalsachen besonders Gewicht."

471 Leider wird häufig übersehen, dass es Aufgabe der Verteidigung ist, Mängel im Ermittlungsverfahren aufzudecken, um die Rekonstruktion des Ermittlungsergebnisses – wozu auch etwaige Aussagen des Beschuldigten gehören – in der Hauptverhandlung zu verhindern.
Dankbarstes Betätigungsfeld ist häufig das Thema Beschuldigtenbelehrung und dort aufgedeckte Mängel, um so die Einführung der im Ermittlungsverfahren getätigten Angaben des späteren Angeklagten zu unterbinden.
Gerade aber, weil im Bereich der Belehrungen sehr häufig Fehler unterlaufen, ist der Bereich Verwertbarkeit von erheblicher praktischer Bedeutung.

13.1 Verstoß gegen § 136 Absatz 1 Satz 1 (Tatvorwurf/Strafrechtsnormen)

472 Die fehlende Belehrung über den Tatvorwurf und den zugrunde liegenden Lebenssachverhalt und die Strafrechtsnormen (letzteres nur zwingend in Bezug auf Richter und Staatsanwälte) führt **grundsätzlich** zur **Unverwertbarkeit** der Aussage.[200]
Unverwertbarkeit bedeutet, dass auf diese Aussage keine Verurteilung gestützt werden kann. Mit anderen Worten: Gelangt das Gericht zu dem Ergebnis, dass ein wesentlicher Belehrungsmangel oder Belehrungsfehler vorliegt, stützt das Gericht auf die Angaben des Beschuldigten nicht die Verurteilung. Die Angaben des Beschuldigten werden im weiteren Verfahren nicht (mehr) berücksichtigt! Auch die Vernehmungsbeamten werden dann nicht mehr dazu vernommen, was der Beschuldigte in der Vernehmung gesagt hat.
Ob die Angaben des Beschuldigten unverwertbar sind, prüft das Gericht für jeden Einzelfall.

473 **Beispiel**
Dem Beschuldigten wird zu Beginn der Vernehmung gesagt, er habe seiner Frau etwas Schlimmes angetan und darum gehe es in der Beschuldigtenvernehmung.

474 Die Formulierung „etwas Schlimmes" ist zu unbestimmt. Tatsächlich wurde dem Beschuldigten in dem vom Bundesgerichtshof entschiedenen Fall ein Tötungsdelikt zur Last gelegt. Dazu hat der Bundesgerichtshof ausgeführt:[201]

---

199 BGH 1 StR 623/11
200 Aber streitig, für Unverwertbarkeit etwa: SK-StPO, Wohlers in 4. Aufl., § 163 a Rn. 75
201 BGH 1 StR 623/11

"Hinsichtlich der Ausgestaltung der Eröffnung im Einzelnen hat der Vernehmende einen gewissen Beurteilungsspielraum. Dessen Grenzen sind jedoch überschritten, wenn dem Beschuldigten eines Gewaltdelikts der Tod des Opfers nicht eröffnet wird. Ohne Hinweise auf diesen die Tat prägenden Gesichtspunkt ist sie nicht einmal in groben Zügen eröffnet. Der ohnehin nicht sehr klare Hinweis, es gehe um das Schlimme, was der Beschuldigte dem Tatopfer angetan habe, reicht daher nicht aus.

(…) Der Senat kann die Frage (ob ein Verstoß zur Unverwertbarkeit führt) aber deshalb offenlassen, weil jedenfalls in dem hier vorliegenden Fall ein Verwertungsverbot selbst dann nicht in Betracht kommt, wenn man dies grundsätzlich für möglich hielte. Belehrungsdefizite begründen dann kein Verwertungsverbot, wenn sie das Aussageverhalten des Vernommenen nicht beeinflusst haben. Dieser Gesichtspunkt, der sich insbesondere dann auswirkt, wenn der Vernommene das Recht hat, über das er nicht ordnungsgemäß belehrt wurde, trotzdem kannte. Der Senat geht davon aus, dass dem Beschuldigten bei der Vernehmung vor Augen stand, dass die Geschädigte tot sein könnte. Das liegt ohnehin schon angesichts des ungewöhnlich massiven Tatgeschehens nahe und wird insbesondere dadurch bestätigt, dass er wiederholt und vor allem auch schon vor der Vernehmung gefragt hat, ob sie noch lebe."

13.2 Verstoß gegen § 136 Absatz 1 Satz 2 StPO (Aussagefreiheit)

Die fehlende Belehrung über das Schweigerecht und/oder das Recht, einen Verteidiger zuzuziehen/den Antrag auf Beiordnung eines Pflichtverteidigers führt **grundsätzlich** zu einem **Verwertungsverbot**[202] = **absolutes Verwertungsverbot**.

Laut Bundesgerichtshof darf der Tatrichter bereits bei Zweifeln darüber, dass über das Schweigerecht belehrt wurde, die Aussage nicht mehr verwerten.[203]

13.2.1 Grundsatz

Das, was der Beschuldigte in der Vernehmung gesagt hat, darf – grundsätzlich – nicht verwertet werden, darauf darf keine Verurteilung gestützt werden. Die Angaben sind also „wertlos".
Bestehen Zweifel über den Inhalt der Belehrung, muss dazu Beweis erhoben werden. Selbst bei Kapitaldelikten sehen wir häufig unvollständige oder falsche Belehrungen bis hin zu „Sie sind verpflichtet, umfassend und wahrheitsgemäß auszusagen." Nach so einer Belehrung kann man getrost darauf verzichten, die Aussage zu lesen.

13.2.2 Ausnahme

Das Verwertungsverbot besteht dann nicht, wenn **feststeht**, dass der Beschuldigte sein Recht zu schweigen ohne Belehrung gekannt hat. (aber umstritten[204]).

---

202 BGH 38, 214; 38, 372; 51,367; BGH StV 2007, 65; Meyer-Goßner/Schmitt StPO § 136 Rn. 20a; Löwe-Rosenberg, Gleß StPO § 136 Rn. 76a
203 BGH JR 2007, 125
204 Meyer-Goßner/Schmitt StPO § 136 Rn. 20a

478 **Beispiel**
Der Intensivtäter, der in den letzten Wochen wiederholt vollständig über seine Rechte belehrt wurde und diese deshalb kennt.

479 Ein allgemeiner Erfahrungssatz, dass Vorbestrafte alle ihre Rechte kennen, existiert jedoch nicht, sodass das Gericht im Einzelfall auch dazu Beweis erheben muss.[205] Lässt sich nicht sicher klären, dass der Angeklagte sein Schweigerecht kannte, ist seine Aussage unverwertbar.
Man sollte deshalb zusätzliche Beweisaufnahmen zu dieser Problematik unbedingt vermeiden!
Falsche oder unvollständige Belehrungen führen in der Regel zu höchst unschönen Situationen für den Vernehmungsbeamten in der Hauptverhandlung.
Das Verwertungsverbot besteht dann nicht, wenn der Beschuldigte ausdrücklich der Verwertung **zustimmt** oder ihr **nicht widersprochen** hat[206].

480 Der Regelfall in der Praxis ist, dass der Verteidiger in der Hauptverhandlung der Verwertung widerspricht (gilt nur bei verteidigten Angeklagten!).[207] Das bedeutet, dass dann auch nicht die Vernehmungsbeamten zum Inhalt der Vernehmung vernommen werden dürfen.
Wenn ein Vernehmungsbeamter als Zeuge geladen ist und der Verteidiger vor Beginn der Vernehmung des Beamten der Verwertung der Aussage widerspricht, kann dies als sicheres Signal dafür gewertet werden, dass bei der Belehrung irgendetwas schiefgelaufen ist.
Hat der Beschuldigte erklärt, dass er von seinem Schweigerecht Gebrauch machen will, dann aber doch Angaben gemacht, nachdem der Vernehmende gedrängelt und weiter auf ihn eingewirkt hat, besteht grundsätzlich ein Beweisverwertungsverbot.[208]

13.2.3 Ein der Verhandlungsunfähigkeit vergleichbarer Zustand

481 Unverwertbar sind weiter die Angaben des Beschuldigten, wenn er zwar ordnungsgemäß über sein Schweigerecht belehrt wurde, der Beschuldigte diese Erläuterung aber infolge geistig-seelischer Störung nicht verstanden hat.[209]
Der Bundesgerichtshof verlangt insoweit, dass **ein der Verhandlungsunfähigkeit vergleichbarer Zustand vorliegt, also die Mängel schwerwiegend sind**.[210]

---

205 BGH NJW 1994, 3365
206 Meyer-Goßner/Schmitt StPO § 136 Rn. 20a
207 Dazu: BGH 38, 214 f.; BGH NStZ 1997, 609; BGH St 61, 266; BGH NStZ 2004, 389
208 Streitig: offen gelassen von: BGH NJW 2006, 1008; NStZ 2004, 450; bejahend hingegen: BGH St 58, 301; Burhoff, Handbuch für das strafrechtliche Ermittlungsverfahren, Rn. 3435
209 BGH St 39, 349
210 BGH NStZ 1993, 395; Das Verwertungsverbot ebenfalls bejahend: Löwe-Rosenberg, Gleß StPO § 136 Rn. 76a

> **Merke** 482
> Bei Alkoholisierten ist bei einem Wert von 1,9 – 2,0 Promille von fehlender Verständnisfähigkeit auszugehen.[211]

Anders dürfte die Situation dann zu bewerten sein, wenn der Beschuldigte eine erhöhte Alkoholtoleranz besitzt. **Deshalb** bei Alkoholisierten vor der Vernehmung den AAK-Wert ermitteln und das Vorhandensein/Nichtvorhandensein etwaiger Ausfallerscheinungen dokumentieren! 483
Warum geht der Vernehmende davon aus, dass der Beschuldigte alles versteht? Gibt der Beschuldigte adäquate Antworten? Vermag er sich auszudrücken?
Bedenken Sie: Monate später werden Sie sich ohne Vermerk nicht mehr an Details erinnern können! Gerade auf diese kommt es aber später möglicherweise in der Hauptverhandlung an!

13.3 Der Verstoß gegen § 136 Absatz 1 Satz 2 StPO (Verteidigerzuziehung)

Der Bundesgerichtshof hat die Nichtverwertbarkeit der Angaben des Beschuldigten bejaht.[212] Das gilt sowohl dann, wenn über das Recht, einen Verteidiger hinzuzuziehen, nicht belehrt wurde, als auch, wenn dem Beschuldigten die Verteidigerkonsultation verwehrt worden ist[213] als auch, wenn er in rechtswidriger Weise zu einer Aussage ohne Anwalt gedrängt worden ist (Etwa: Ein Anwalt nützt Ihnen bei dieser Beweislage nichts mehr.).[214] 484
Wird also der Beschuldigte nicht über die Möglichkeit belehrt, dass er einen Anwalt zuziehen kann, ist die weitere Vernehmung wertlos, auf sie kann grundsätzlich keine Verurteilung gestützt werden.

13.4 Verstoß gegen Absatz 1 S. 3 (Hilfe bei Herstellung Verteidigerkontakt), S. 4 (anwaltlicher Notdienst), S. 5 (Beweiserhebungen, Antragsrecht Pflichtverteidiger), Absatz 2 oder 3

Grundsatz: Kein absolutes Verwertungsverbot! **Sondern:** Es erfolgt eine einzelfallbezogene Abwägung und dazu gegebenenfalls auch die Durchführung einer Beweisaufnahme mit dem Ziel der Klärung, ob der festgestellte Verstoß zum Verwertungsverbot führt. 485

Ein Verstoß gegen die Pflicht zur Belehrung über das Antragsrecht (Pflichtverteidiger) begründet ein relatives Verwertungsverbot,[215] wenn der Verstoß 486
– schwerwiegend ist,
– bewusst/objektiv willkürlich ist.

---

211 BGH St 37, 231; 43, 66; OLG Hamm legt höhere Werte zugrunde vgl. StRR 2011, 24, StRR 2011, 198
212 BGHSt 38, 372; 42,15; 51, 367; ebenso OLG Hamm NStZ-RR 2006, 42; Meyer-Goßner/Schmitt StPO § 136 Rn. 21; Löwe-Rosenberg, Gleß StPO § 136 Rn. 96
213 BGH St 38, 772
214 Löwe-Rosenberg, Gleß StPO § 136 Rn. 100; BGH St 38, 372 ff.; BGH StV 1996, 188 f.
215 Meyer-Goßner/Schmitt StPO § 136 Rn. 21b

487 Die Erfahrung in der Praxis zeigt, dass Gerichte grundsätzlich zu dem Ergebnis gelangen, dass eine fehlende Belehrung über das Antragsrecht als erheblich einzustufen ist mit der Folge der Nichtverwertbarkeit aller Angaben.
Insbesondere dann, wenn die notwendige Verteidigung auf der Hand lag, wird man immer zur Unverwertbarkeit gelangen müssen (etwa wegen der Schwere der Tat oder bekannter Vorstrafen). Eine andere Ansicht hat (noch) 2018 der Bundesgerichtshof vertreten.[216] Vor dem Hintergrund der Einführung des sogenannten Antragsrechts dürfte diese Auffassung wohl nicht mehr vertretbar sein.

488 Abschließend kann zu Belehrungsmängeln/Belehrungsfehlern Folgendes festgehalten werden: Grundsätzlich gilt bei allen vorgenannten Verstößen für Angeklagte mit Verteidiger **in der Hauptverhandlung** die Widerspruchslösung, d. h. der Beschuldigte muss der Verwertbarkeit seiner Angaben widersprechen.[217] Dem Vernehmenden muss klar sein, dass er für erhebliche Probleme in der Hauptverhandlung sorgt, wenn er über obige Punkte nicht (richtig) belehrt.

489 **In der Praxis bedeutet dies:** Der Beschuldigte schweigt in der Hauptverhandlung und der Verteidiger widerspricht der Verwertung der Angaben der Vernehmungsbeamten vor Beginn deren Vernehmung. Das Gericht hat dann zu entscheiden, ob die Angaben in der polizeilichen Vernehmung verwertbar und die Vernehmungsbeamten zu vernehmen sind. Die Widerspruchslösung eröffnet dem Beschuldigten die Möglichkeit, trotz der vorliegenden Belehrungsmängel seine Angaben gegebenenfalls verwerten zu lassen und so die Chance einer Strafmilderung aufgrund eines zeitnah erfolgten Geständnisses zu erhalten. Im Ermittlungsverfahren führen derartige Verstöße **grundsätzlich zur Einstellung des Verfahrens gem.** § 170 II StPO, wenn keine sonstigen hinreichenden Beweise für die Tat vorliegen.

13.5 Folgen fehlender Dokumentation der vollständigen Belehrung

490 Ob allein die fehlende Dokumentation der vollständigen Belehrung zur Unverwertbarkeit führt, ist strittig, dürfte aber wohl abzulehnen sein. Das Gericht hat bei fehlender Dokumentation zu klären, ob bzw. wie belehrt worden ist.[218] Auch dies bedeutet eine zusätzliche – vermeidbare – Beweisaufnahme.

491
> **Merke**
> – Auch (vermeidbare) Fehler in der Belehrung haben immer fatale Folgen. Die Beweisaufnahme wird umfangreicher und schwieriger.
> Es werden überflüssige Streitigkeiten geführt.
> – Im ungünstigsten Fall sind alle Angaben des Beschuldigten unverwertbar!
> – Sind die Angaben unverwertbar, werden die Vernehmungsbeamten zum Inhalt der Vernehmung nicht mehr vernommen.

---

216 BGH NStZ-RR 2018, 219
217 Dazu: BGH St 39, 349
218 So jedenfalls BGH NStZ 1997, 609; anders etwa Burhoff, Handbuch für das strafrechtliche Ermittlungsverfahren, Rn. 3431

13.6 Übertragung der Grundsätze auf Beschuldigte, die infolge ihrer geistigen/seelischen Zustände die Belehrung nicht verstanden haben
Der Bundesgerichtshof wendet die vorgenannten Grundsätze auf diese Fälle entsprechend an, also auch in diesen Fällen ist grundsätzlich die Aussage nicht verwertbar[219].

14. Dokumentation

Worüber belehrt wurde, ist immer sauber zu dokumentieren! Pauschale Formulierungen in Vermerken oder Protokollen führen immer zu Problemen. Deshalb sind diese unbedingt zu vermeiden!

Beispiele
Nicht selten finden wir in Vermerken:
- „Nach erfolgter Beschuldigtenbelehrung räumte der Beschuldigte ein, ..."
- „Der Beschuldigte wurde umfassend belehrt."

Solche Formulierungen werfen Fragen auf, nicht nur Fragen des Staatsanwalts, sondern auch des Verteidigers. Worüber wurde genau belehrt? Wir haben es uns inzwischen angewöhnt, eine dienstliche Stellungnahme anzufordern, worüber konkret belehrt wurde, um nicht später in der Hauptverhandlung „Schiffbruch zu erleiden".
In **fast allen** dieser Fälle war bislang die Belehrung unvollständig, und zwar auch in puncto Schweigerecht, Pflichtverteidigung/Wahlverteidigung.

Spätestens in der Hauptverhandlung fragen Gericht und/oder Verteidiger nach, wie konkret belehrt wurde, wenn sich aus dem Vernehmungsprotokoll dazu nichts ergibt.
Lässt sich aufgrund mangelnder Protokollierung oder gar widersprüchlicher Protokollierung (etwa: Im Vorblatt/Vordruck steht etwas anderes als im eigentlichen Protokoll - auch in der Praxis nicht selten) nicht klären, ob eine vollständige Belehrung erfolgt ist oder bleibt offen, ob der Beschuldigte auch ohne die Belehrung über sein Schweigerecht die Aussagefreiheit gekannt hat, so ist die Aussage ebenfalls nicht verwertbar, also auch dann kann auf die Aussage oder eine Vernehmung der Vernehmungsbeamten keine Verurteilung gestützt werden.
Dasselbe gilt im Übrigen auch dann, wenn feststeht, dass der Beschuldigte die Belehrung infolge seiner geistigen Defizite nicht verstanden hat.

Muss darüber Beweis erhoben werden, ob der Beschuldigte richtig bzw. vollständig belehrt wurde, führt das in der Praxis regelmäßig zu unschönen Szenen in der Hauptverhandlung.
Eine Examenssituation – noch dazu in aufgeheizter Stimmung – sollte jeder Vernehmungsbeamte vermeiden.

Merke
Immer dokumentieren, worüber im Einzelnen belehrt worden ist.

---

219 BGH St 39, 349

15. Angaben vor der Belehrung

499 Was gilt, wenn der Beschuldigte Angaben macht, noch bevor der Vernehmungsbeamte zur beabsichtigten Belehrung angesetzt hat?

500 **Beispiel**
Polizist: „Ich werde Sie jetzt als Beschuldigter belehren".
Beschuldigter platzt dazwischen: „Schon gut, ich habe meine Frau erwürgt."
Der Vernehmungsbeamte belehrt sodann.

501 Äußert sich der Beschuldigte bereits, bevor die Belehrung erfolgen kann und zwar ohne dass der Vernehmungsbeamte in irgendeiner Weise darauf hinwirkt, besteht kein Verwertungsverbot, auch wenn der Verteidiger später in der Hauptverhandlung der Verwertung des Geständnisses widerspricht.[220] Auch eine derartige Vernehmungssituation sollte unbedingt sauber dokumentiert werden!

16. Verwertungsverbot nach korrekter Belehrung, aber Verweigerung der Zuziehung eines Verteidigers

502 Hat der Beschuldigte, der richtig belehrt wurde, um die Hinzuziehung eines Anwalts gebeten und kümmert sich der Beamte nicht darum, dass der Anwalt zugezogen wird, sondern vernimmt den Beschuldigten stattdessen, sind die Angaben ebenfalls grundsätzlich nicht verwertbar[221].

503 Dasselbe dürfte dann gelten, wenn dem Beschuldigten, der einen Verteidiger verlangt hat, der Kontakt zum Verteidiger verwehrt wird bzw. der Verteidiger angekündigt hat, zur Vernehmung zu erscheinen, der Beschuldigte dennoch ohne Anwalt vernommen wird bzw. eine bereits begonnene Vernehmung in Abwesenheit des Anwalts fortgesetzt wird.[222]
Ansonsten würden die §§ 163 Abs. 4 S. 3, 168c Abs. 1 ins Leere laufen.

504 Hat der Beschuldigte bereits einen Verteidiger, ist die Frage, ob dieser von der Polizei vor einer Vernehmung des Beschuldigten zu informieren ist.[223] Zumindest sollte diese Frage mit dem Beschuldigten vorab erörtert werde und ein etwaiger Verzicht schriftlich aufgenommen werden.

505 **Merke**
– Wenn über den Tatvorwurf nicht belehrt wird, führt dies grundsätzlich zur Unverwertbarkeit der Angaben.
Der gesamte Vernehmungsaufwand ist vergebens.

---

220 So BGH NJW 90, 461
221 BGH 38, 372; Meyer-Goßner/Schmitt StPO § 136 Rn. 21
222 Vgl. BGH NStZ 2008, 643
223 Vgl. zu der Problematik: Burhoff, Handbuch für das strafrechtliche Ermittlungsverfahren, Rn. 3438

> – Wenn über das Schweigerecht, die Möglichkeit, einen Wahlverteidiger zuzuziehen oder den Antrag auf Beiordnung eines Pflichtverteidigers nicht belehrt wird, hat dies grundsätzlich ein Verwertungsverbot zur Folge.
> – Wenn nicht über die Möglichkeit, vor der Vernehmung einen Anwalt zuziehen zu können, belehrt wird, sind die nachfolgenden Angaben grundsätzlich unverwertbar.
> – Dasselbe gilt bei fehlender Belehrung über das Recht, Beweiserhebungen zu beantragen.
> – Sind die Angaben unverwertbar, ist es unzulässig, die Aussage des Beschuldigten durch Vernehmung des Vernehmungsbeamten einzuführen.
> – Derartige Fehler sind vermeidbar und führen in der Regel zu zusätzlicher Beweisaufnahme in der Hauptverhandlung und häufig zu unschönen Szenen für den Vernehmungsbeamten, wenn er als Zeuge vor Gericht vernommen wird.
> – Wer den Inhalt der Belehrung nicht sauber protokolliert, muss damit rechnen, dass er in der Hautverhandlung im Detail dazu vernommen wird.

17. Protokollierung

Häufig stellen wir fest, dass vielen Beamte nicht bekannt ist, dass es Grundregeln dafür gibt, wie zu protokollieren ist.
Wo würden Sie nachlesen, um sich darüber zu informieren, was wie und gegebenenfalls auch wörtlich zu protokollieren ist?

Nr. 45 RistBV Form der Vernehmung und Niederschrift

(1) Die Belehrung des Beschuldigten vor seiner ersten Vernehmung nach §§ 136 Abs. 1, 163a Abs. 3 Satz 2 StPO ist aktenkundig zu machen.

(2) Für *bedeutsame* Teile der Vernehmung empfiehlt es sich, die Fragen, Vorhalte und Antworten möglichst wörtlich in die Niederschrift aufzunehmen. Legt der Beschuldigte ein Geständnis ab, so sind die *Einzelheiten der Tat* möglichst mit seinen eigenen Worten wiederzugeben. Es ist darauf zu achten, dass besonders solche Umstände aktenkundig gemacht werden, die nur der Täter wissen kann. Die Namen der Personen, die das *Geständnis* mit angehört haben, sind zu vermerken.

Aber auch Belehrungsinhalte sind zu protokollieren. Die Reaktion des Beschuldigten ist möglichst wörtlich zu protokollieren!
Je gewichtiger das Delikt umso sorgfältiger sollte man handeln. Bei kleineren Delikten kann man den Aufwand geringer halten als etwa bei Verbrechen.
Für die Vernehmung gilt insgesamt:
– Wesentliche Fragen und Antworten, insbesondere bei geständiger Einlassung, nach Möglichkeit wörtlich protokollieren, auch Vorhalte!
Nicht selten kommt es später auf den Wortlaut an.
Werden Vorhalte nicht mit protokolliert (nicht selten bei Kapitaldelikten), ist später die Frage im Raum, ob der Beschuldigte – von sich aus – Täterwissen berichtet hat.

18. Pflicht zur audio-visuellen Vernehmung Beschuldigter

508 Seit 1.1.2020 ist es **Pflicht**, Vernehmungen in den Fällen des § 136 Abs. 4 StPO audio-visuell aufzuzeichnen.

§ 136 Absatz 4 StPO   Vernehmung

Die Vernehmung des Beschuldigten kann in Bild und Ton aufgezeichnet werden. Sie *ist* aufzuzeichnen, wenn
1. dem Verfahren *ein vorsätzlich begangenes Tötungsdelikt* zugrunde liegt und der Aufzeichnung weder die äußeren Umstände noch die besondere Dringlichkeit der Vernehmung entgegenstehen oder
2. die schutzwürdigen Interessen von Beschuldigten, die erkennbar unter eingeschränkten geistigen Fähigkeiten oder schwerwiegenden seelischen Störungen leiden, durch die Aufzeichnung besser gewahrt werden können.

509   Beispiele

(1) „Vermerk: Der Beschuldigte wurde am Tatort angetroffen. Er räumte nach vollständiger Belehrung ein, das Opfer X erstochen zu haben."
(2) Die Vernehmungsbeamtin erkundigt sich telefonisch beim Staatsanwalt. Der Beschuldigte würde ohne Videoaufnahme Angaben machen. Dann darf ich den doch wie bislang vernehmen oder?
(3) Der Beschuldigte lehnt die Aufnahme mit Kamera ab, weil er Angst hat, dass die Vernehmung später bei Youtube zu sehen ist.
(4) Es werden zeitgleich mehrere Tatverdächtige polizeilich vernommen, es steht aber nur eine Kamera zur Verfügung.
(5) Gegen A besteht der Anfangsverdacht einer vorsätzlichen Körperverletzung mit Todesfolge. Audio-Video-Vernehmung?
Was denken Sie?

18.1 Grundsatz

510 Die Vernehmung **ist** (steht nicht zur Disposition) aufzuzeichnen, wenn dem Verfahren ein **vorsätzliches Tötungsdelikt** zugrunde liegt (**auch beim Versuch**) und der Aufzeichnung weder die äußeren Umstände noch die besondere Dringlichkeit der Vernehmung entgegenstehen.

18.2 Erfolgsqualifizierte Delikte

511 Erfasst sind **auch sogenannte erfolgsqualifizierte Delikte**, also die Delikte, bei denen der Vorsatz möglicherweise auch auf den Eintritt der schweren Folge gerichtet war,[224] etwa:
- sexueller Missbrauch von Kindern mit Todesfolge, 176b StGB,
- Körperverletzung mit Todesfolge, § 227 StGB,
- erpresserischer Menschenraub mit Todesfolge, § 239a StGB,
- Raub mit Todesfolge, § 251 StGB,
- Brandstiftung mit Todesfolge, § 306c StGB.

Häufig ist bei diesen Delikten gerade zu Beginn des Ermittlungsverfahrens schwierig zu beurteilen, ob der Erfolg vom Vorsatz zumindest bedingt mitgetragen war.

---

224   Löwe-Rosenberg, Gleß StPO § 136 Rn. 75b

In der Praxis hat es sich als sinnvoll erwiesen, **bei Abgrenzungsfällen** (insbes.: **512**
gefährliche Körperverletzung/versuchtes Tötungsdelikt) **sofort** audio-video-auf-
zuzeichnen, auch wenn man zunächst eher von einem sicheren Rücktritt ausgeht, da die Neigung des Beschuldigten, Angaben zu machen, gen Null geht,
wenn die Vernehmung irgendwann unterbrochen werden muss, um die Video-
technik aufzubauen.

Ähnlich sollte dann verfahren werden, wenn nicht klar ist, ob lediglich Fahrlässigkeit oder eventuell doch Vorsatz (fahrlässige Tötung/Totschlag etwa bei Verkehrsdelikten) vorlag.

Stellt sich im Rahmen der Vernehmung heraus, dass der Erfolg vorsätzlich verur- **513**
sacht wurde oder worden sein könnte, muss „unverzüglich" die restliche Vernehmung audio-video-aufgezeichnet werden.[225]
Wird erst eine Person als Zeuge vernommen und stellt sich dann im Laufe der
Vernehmung heraus, dass ein Anfangsverdacht besteht, ist unverzüglich nicht
nur die Belehrung als Beschuldigter vorzunehmen, sondern dann auch umgehend die Audio-Videoaufzeichnung vorzunehmen.

18.3 Schutzwürdige Interessen des Beschuldigten

Die Vernehmung ist auch bei anderen Delikten als Kapitaldelikten aufzuzeich- **514**
nen, wenn die schutzwürdigen Interessen von Beschuldigten, die erkennbar unter eingeschränkten geistigen Fähigkeiten oder einer schwerwiegenden seelischen Störung leiden, durch die Aufzeichnung besser gewahrt werden können.
Bei **Minderjährigen** und erkennbar **geistig Eingeschränkten** oder Personen
unter schwerwiegenden seelischen Störungen wird dies regelmäßig anzunehmen
sein.[226] Beschuldigte unter 18 Jahren dürften immer schutzbedürftig im Sinne
der Vorschrift sein.

18.4 Ausnahmetatbestand

Weder die äußeren Umstände noch die besondere Dringlichkeit der Verneh- **515**
mung dürfen der **Audio-Videovernehmung** entgegenstehen. Was aber bedeutet
dies?

- Äußere Umstände **516**
  - Die Technik kann wegen der Eilsituation nicht so schnell bereitgestellt
    werden, etwa dann, wenn die Vernehmung noch vor Ort (etwa Tatort)
    erforderlich ist.
- Nicht ausreichend hingegen:
  - Der Beschuldigte stimmt der Aufnahme nicht zu.
  - Die Polizeidienststelle verfügt nicht über die notwendige Technik.[227]
- Dringlichkeit der Vernehmung
  - Das Opfer wurde noch nicht gefunden
  - Der Mittäter/Teilnehmer ist flüchtig, weshalb noch eine Gefahrenlage
    besteht.

---

225 Meyer-Goßner/Schmitt StPO § 136 Rn. 19c
226 Löwe-Rosenberg, Gleß StPO § 136 Rn. 75a
227 Meyer-Goßner/Schmitt StPO § 136 Rn. 19d

- Es ist noch offen, ob der Beschuldigte der Täter ist oder der tatsächliche Täter weiter auf freiem Fuß ist und deshalb eine Gefahrenlage nicht ausgeschlossen werden kann.

Damit in der Hauptverhandlung später geprüft werden kann, ob einer der gesetzlichen Ausnahmetatbestände vorlag, ist dringend zu dokumentieren, warum keine Aufzeichnung erfolgte und welche Gefahrenlage aus Sicht der Polizei bestand.

18.5 Aufzeichnungsgegenstand

517 Die Videoaufzeichnung muss sich auf die **gesamte** Vernehmung erstrecken, also auch auf die Belehrung.[228] Zum Teil wird die Ansicht vertreten, dass die Aufzeichnung bereits bei Betreten des Raumes starten muss.[229] Ob das sog. Vorgespräch mit aufgezeichnet werden muss, ist hingegen umstritten.[230] Wenn man richtigerweise aber von der Definition „Vernehmung" ausgeht (jeder Kontakt des Vernehmungsbeamten zum Beschuldigten/Zeugen mit dem Ziel der Sachaufklärung) ist auch das sog. Vorgespräch Teil der Vernehmung und ist deshalb auch aufzuzeichnen.

Dafür spricht der Sinn und Zweck der Vorschrift, nämlich die Sicherung der Wahrheitsfindung und der Schutz des Beschuldigten.

Teilweise wird empfohlen, Gespräche außerhalb des Vernehmungszimmers zur Sache in „geeigneter Form durch die Vernehmungsperson in der Aufnahme zu dokumentieren."[231] Offenbar ist damit gemeint, nach Betreten des Vernehmungszimmers den Inhalt der Gespräche außerhalb zusammenfassend wiederzugeben und dann vom Beschuldigten die Richtigkeit bestätigen zu lassen.

518 | **Merke**
Um später Streitigkeiten zur Frage, ob die gesamte Vernehmung aufgezeichnet wurde, zu vermeiden, sollte am Ende der Aufzeichnung der Vernehmende in Anwesenheit des Beschuldigten erklären, dass die Vernehmung umfassend aufgezeichnet wurde.

18.6 Verschriftung

519 Wie die Audio-Video-Vernehmung zu verschriften ist, ob wörtlich oder gar nur in einer Zusammenfassung, ist gesetzlich nicht geregelt.

Der Vernehmungsbeamte ist nicht gehindert, trotz der Audio-Video-Aufzeichnung ein Protokoll zu diktieren. Dies hat sich in der Praxis durchaus als sinnvoll erwiesen, wenn Dolmetscher involviert waren. Häufig haben Vernehmungsbeamter/Beschuldigter/Dolmetscher zeitgleich geredet, sodass es später für die Schreibkräfte unmöglich war, alles zu verschriften.

Zu bedenken ist, dass die Verschriftung für die Schreibkraft grundsätzlich einfacher ist, wenn der Vernehmungsbeamte die Vernehmung in Frage und Antwort

---

228 Meyer-Goßner/Schmitt StPO § 136 Rn. 19b
229 Löwe-Rosenberg, Gleß StPO § 136 Rn. 75j
230 Meyer-Goßner/Schmitt StPO § 136 Rn. 19b: „Die Videovernehmung muss die gesamte Vernehmung erfassen; hierzu gehören aber nicht zwingend informatorische Vorgespräche."
231 Löwe-Rosenberg, Gleß StPO § 136 Rn. 75j

diktiert, wobei es durchaus statthaft ist, nicht alles wörtlich zu protokollieren und gegebenenfalls auch zusammenfassend zu diktieren.
Denn bei Dissens über die Richtigkeit des Protokolls steht die Audio-Video-Vernehmung zur Verfügung.

> **Merke**
> Das Gesetz verlangt keine Vollverschriftung.

520

Wenn beabsichtigt ist, nach der Vernehmung einen Haftbefehlsantrag zu stellen und die Verschriftung bis zur Vorführung nicht möglich ist, sollte der Vernehmungsbeamte zumindest den wesentlichen Inhalt der Vernehmung in einem Vermerk zur Akte nehmen.

18.7 Folgen fehlender Aufzeichnung

Da die Audio-Videoaufzeichnung in den im Gesetz genannten Fällen verpflichtend vorgesehen ist, muss nach unserer Ansicht ein Verstoß zwangsläufig grundsätzlich zur **Unverwertbarkeit** führen (Parallele zu Verstößen gegen die Belehrung gem. § 136 StPO), es sei denn, der Beschuldigte widerspricht der Verwertung nicht.[232]
Demzufolge empfehlen wir, in sogenannten Vorgesprächen, die außerhalb der Audio-Videoaufzeichnung erfolgen, keine tatrelevanten Fragen zu erörtern.
In der Literatur werden bislang abweichende Ansichten vertreten,[233] wobei zum Teil unterschieden wird, ob bewusst oder willkürlich gegen die Vorschrift verstoßen worden ist (dann wird zum Teil ein Verwertungsverbot bejaht).
Die Rechtslage ist derzeit unsicher. Wegen dieser Unklarheiten ist zu erwarten, dass die Audio-Video-Vernehmung in den nächsten Jahren im Revisionsverfahren in den Fokus rücken wird.
Wir rechnen damit, dass der Bundesgerichtshof zu dem Ergebnis gelangen wird, dass Angaben im Vorgespräch außerhalb der Audio-Video-Aufzeichnung grundsätzlich nicht verwertbar sind. Alles andere wäre vor dem Hintergrund der Intention des Gesetzgebers verwunderlich.

521

18.8 Keine Kopie der Aufnahme

Was ist zu tun, wenn der Verteidiger nach der Audio-Video-Vernehmung eine Kopie der Aufnahme verlangt?
Akteneinsicht und auch eine etwaige Einsicht in Datenträger erfolgt **ausschließlich** über die Staatsanwaltschaft.
Im Umgang mit der Aufzeichnung ist höchste Vorsicht geboten zum Schutz von Beschuldigten und Vernehmungsbeamten.

522

---

232 Löwe-Rosenberg, Gleß StPO § 136 Rn. 75p
233 Meyer-Goßner/Schmitt StPO § 136 Rn. 20 c, der ein Verwertungsverbot ablehnt; Burhoff, Handbuch zu strafrechtliche Ermittlungsverfahren Ziff. 3502 vertritt die Ansicht, dass es sich lediglich um eine Ordnungsvorschrift handelt, die nicht zur Unverwertbarkeit der Angaben führt oder zwingend den Schluss rechtfertigt, dass die Förmlichkeiten der Vernehmung nicht eingehalten wurden.

Grundsätzlich handhaben wir es so, dass die Einsicht Verfahrensbeteiligten mit grundsätzlichem Akteneinsichtsrecht ausschließlich bei der Staatsanwaltschaft gewährt wird.
Kopien werden von den Aufnahmen **nicht** gefertigt, um verhindern zu können, dass Aufnahmen später in den Händen Unberechtigter landen.

523 **Lösung Fälle S. 154 (Rn. 509): Fall 1:** Die Erstangaben am Tatort sind weiterhin im Vermerk zu dokumentieren. Anschließend muss im genannten Fall eine Audio-Video-Vernehmung erfolgen.

Fall 2: Der Wille des Beschuldigten ist für die Frage, wie die Vernehmung durchgeführt wird, formal nicht von Bedeutung, in der Praxis sieht das natürlich anders aus. Ein Beschuldigter, der bei seiner Einlassung nicht gefilmt werden will, wird eine Audio-Videovernehmung deshalb ablehnen. In der Praxis hören wir oft: Ich sage nur aus, wenn nicht gefilmt wird.
Es bleibt dann nur die Möglichkeit, dem Beschuldigten zu erklären, dass die Aufnahme seinem Schutz dient und die Aufnahme zu seinem Schutz nicht kopiert wird.
Nimmt man die Angaben dennoch zu Protokoll, besteht die Gefahr, dass das Gericht später zum Ergebnis gelangt, dass die Angaben nicht verwertbar sind. Da derzeit insoweit keine obergerichtliche Rechtsprechung existiert, bewegen wir uns alle auf Neuland.
Auf keinem Fall darf die Vernehmung heimlich audio-video-aufgezeichnet werden!

Fall 3: wie 2

Fall 4: Das ist nicht der Fall, in dem „äußere Umstände" einer Audio-Video-Vernehmung entgegenstehen. Zur Not muss man für die Aufnahme auf ein Handy zurückgreifen.

Fall 5: Ja, im Laufe der Ermittlungen wird zu klären sein, ob die schwere Folge vom (bedingten) Vorsatz gedeckt war.

524

Merke

- Protokollierung: Je schwerwiegender die Tat ist, um so sorgsamer hat die Protokollierung zu erfolgen.

Grundsätzlich: Mindestens bei Geständnis wörtliche Protokollierung!
Auch Vorhalte protokollieren!

- Audio-Visuelle Vernehmung bei (versuchten) Kapitaldelikten und dann, wenn zu ermitteln ist, ob der Tod mindestens bedingt vorsätzlich verursacht worden sein könnte, sowie dann, wenn der Beschuldigte unter 18 Jahre alt ist und bei Beschuldigten, die aus anderen Gründen besonders schutzwürdig sind.
- Nur in engen Ausnahmefällen verzichtbar!
- Um später eine Überprüfbarkeit zu ermöglichen, ist es erforderlich, etwaige Gründe aktenkundig zu machen.
- Die Tatsache, dass die Vernehmung an einer Dienststelle erfolgt, an der die Aufzeichnungstechnik nicht zur Verfügung steht, begründet für sich alleine keinen Ausnahmetatbestand!

19. Vorgespräch

Was ist das sogenannte Vorgespräch? Wann ist zu belehren? Vor dem Vorgespräch oder danach? Wegen der Bedeutung dieser Thematik wollen wir den sog. Vorgesprächen ein eigenes Kapitel widmen.

Beispiele
Folgende Zitate aus Fortbildungsveranstaltungen machen die Problematik deutlich:
(1) „Ein Vorgespräch steht vor der Vernehmung, deshalb belehre ich immer erst danach."
(2) „Das Vorgespräch ist ja nicht offiziell. Da unterhält man sich nur mit dem Tatverdächtigen. Häufig rauchen wir draußen zusammen und sind noch gar nicht im Vernehmungszimmer."
(3) „Im Vorgespräch unterhalte ich mich nur mit dem Tatverdächtigen über allgemeine Dinge, nicht über die Tat. Deshalb gehört das noch nicht zur Vernehmung."

Folgende Zitate haben wir aus Originalakten gesammelt:
„Es erfolgte ein 1,5 stündiges Vorgespräch. Frau ... erklärte nun: Ich möchte Angaben machen."
„Nach einem längeren informellen Vorgespräch..."

19.1 Vorgespräch als Teil der Vernehmung

Vorgespräche sind immer Teil der Vernehmung. Was ist eine Vernehmung? Eine Vernehmung liegt immer dann vor, wenn ein Amtsträger einem Beschuldigten/ Zeugen gegenüber tritt mit dem Ziel einen Sachverhalt aufzuklären.

Das Vorgespräch ist somit Teil dieses verfolgten Ziels. Ansonsten würden sich Beschuldigter und Polizist nicht etwa zum Rauchen im Innenhof der Dienststelle treffen.

Die Vernehmung beginnt demzufolge bereits dann, wenn der Polizist den Beschuldigten mit zur Dienststelle nimmt, sich auf der Fahrt oder auf dem Weg zum Vernehmungszimmer mit ihm unterhält, nicht etwa erst, wenn der Vernehmungsbeamte zum förmlichen Teil übergegangen ist und die Personalien aufgenommen oder die Belehrung ausgesprochen hat. Deutlich wird es am folgenden

Fall
Der Polizist nimmt einen Beschuldigten, der im Verdacht steht, seine Ehefrau getötet zu haben, mit zur Dienststelle. Auf dem Weg zur Dienststelle unterhält sich der Polizist mit dem Tatverdächtigen. Er fragt ihn nach seinen Lebensumständen, ob er berufstätig ist, wie es ihm derzeit geht. Weil er der Meinung ist, dass dies nur ein allgemeines Gespräch ist und noch keine Vernehmung, belehrt er auch noch nicht. Plötzlich sagt der Beschuldigte: „Sie können mich auch gleich festnehmen. Ich habe sie heute in einem heftigen Streit umgebracht. Sie hat mich total provoziert. Mehr sage ich jetzt auch nicht. Lassen Sie mich in Ruhe."

Sind die Angaben ohne erfolgte Belehrung verwertbar? Sind das gar Spontanäußerungen?

Natürlich sind das keine Spontanäußerungen, denn es bestand zuvor genügend Gelegenheit, den Beschuldigten, den man auch als Tatverdächtigen erkannt hatte, zu belehren. Der Polizeibeamte hatte bereits den Anfangsverdacht bejaht, war dem Tatverdächtigen in seiner Rolle als Polizist entgegengetreten, um ein Tötungsdelikt aufzuklären.
Dadurch, dass er das Vorgespräch nicht als Teil der Vernehmung erkannt und deshalb nicht gleich zu Beginn des Kontakts den Beschuldigten ordnungsgemäß belehrt hatte, sind die Angaben unverwertbar.

530 | **Merke**
Vorgespräche sind immer Teil der Vernehmung. Erst die Belehrung, dann das Gespräch!

19.2 Was ist beim sogenannten Vorgespräch zu beachten?

531 Vorgespräche werden gerne in der Hauptverhandlung problematisiert, wobei allen bekannt ist, dass ein Vernehmungsbeamter grundsätzlich zunächst mit dem zu Vernehmenden „warm werden" muss, um zum eigentlichen Kern gelangen zu können. Es ist daher immens wichtig, in das Protokoll aufzunehmen,
– ob ein Vorgespräch stattgefunden hat,
– in welchem Zeitraum es erfolgte und
– was Gegenstand dieses Vorgespräches war.
Es bietet sich an, dass der zu Vernehmende aufgefordert wird, den Inhalt in eigenen Worten wiederzugeben und dies in das Protokoll aufzunehmen, oder aber der Vernehmungsbeamte fasst den Inhalt zusammen und fragt anschließend, ob alles richtig und vollständig wiedergegeben worden ist. Wenn so verfahren wird, ist ein Vorgespräch unproblematisch. Die vorgenannten Beispiele laden geradezu zu Nachfragen in der Hauptverhandlung ein. Dieselben Grundsätze sind bei sogenannten Nachgesprächen anzuwenden.

19.3 Vorgespräche bei (versuchten) Kapitaldelikten

532 Gem. § 136 Abs. 4 Nr. 1 StPO ist seit Januar 2020 der Beschuldigte eines (versuchten) Kapitaldeliktes audio-video-zu vernehmen.
Weil das Vorgespräch Teil der Vernehmung ist, ist es grundsätzlich mit aufzuzeichnen, wenn man gewährleisten will, dass die Angaben, die dann möglicherweise auch „spontan" erfolgen und nicht vorhersehbar sind, verwertbar sind.
Unterhält sich der Vernehmungsbeamte hingegen etwa beim Rauchen außerhalb des Vernehmungszimmers mit dem Tatverdächtigen und damit fernab der Kamera, sollten Gespräche zur Tat oder mit etwaiger Relevanz (etwa Verhältnis zum Opfer) dringend vermieden werden.

533 Gespräche außerhalb der Audio-Video-Vernehmung zwischen Polizei und Tatverdächtigem sind nicht zu vermeiden. Tatverdächtige sind häufig nervös oder ängstlich. Es ist deshalb eine Frage der Höflichkeit und auch des menschlichen Umgangs, sich gegenüber einem Tatverdächtigen angemessen zu verhalten, sich mit ihm zu unterhalten, ihn etwa nach seiner Befindlichkeit zu fragen, zu fragen, ob ein Arzt benötigt wird, eine etwaige Entzugsproblematik droht. Gespräche über Alltägliches, um gewisse Sorgen oder Ängste zu nehmen, sind grundsätz-

lich unbedenklich. **Jedoch muss jedem Vernehmungsbeamten bewusst sein: Relevante Angaben außerhalb der Audio-Video-Vernehmung dürften unverwertbar sein.** Zumindest bewegen wir uns aktuell auf ungeklärtem Terrain, solange der Bundesgerichtshof nicht entschieden hat.
Würde man Angaben in Vorgesprächen ausklammern, würde so die gesetzliche Regelung umgangen. Es bleibt abzuwarten, wie sich die obergerichtliche Rechtsprechung positionieren wird.

Merke
- Vorgespräche/Nachgespräche gibt es nicht! Sie sind Teil der Vernehmung.
- Kontakte zwischen Beschuldigtem und Ermittlungsbeamten sind immer Vernehmung.
- Jeder Kontakt eines Ermittlungsbeamten zu einem Beschuldigten mit dem Ziel, den Sachverhalt aufzuklären, ist Vernehmung
- Deshalb: Erst die Belehrung, dann das Gespräch!
- Bei „Vorgesprächen" in den Fällen, in denen die Verpflichtung zur Audio-Video-Aufzeichnung besteht, vorsichtig sein!
- Keine tatbezogenen Gespräche außerhalb der Technik!

20. Abgrenzung informatorische Befragung zur Vernehmung

20.1 Informatorische Befragung von Tatverdächtigen

Informatorische Befragungen werden im Vorfeld eines Anfangsverdachts geführt. Zu diesem Zeitpunkt ist also noch offen, ob überhaupt ein strafrechtlich relevantes Geschehen in Frage kommt. Informatorische Befragungen erfolgen in der Regel vor dem sogenannten ersten Zugriff nach § 163 StPO, wenn etwa die Polizei auf diverse Personen trifft, von denen eine verletzt ist, in dieser Situation aber noch nicht einschätzen kann, ob eine Straftat vorliegt und deshalb zunächst an die dort stehenden Personen Fragen richtet. Informatorische Befragungen liegen auch dann noch vor, wenn gefragt wird, ob die anderen Zeugen sind.

Sobald aber der Anfangsverdacht gegen eine konkrete Person besteht und in deren Richtung intensiver gefragt wird, ist diese Person als Beschuldigter zu belehren.

Informatorische Befragungen sind noch keine Vernehmungen.
Deshalb gilt:
- Ein Aussageverweigerungsrecht besteht.
- Es ist aber noch keine Belehrung nach § 52 Abs. 3 Satz 1, 136 Abs. 1, 55 erforderlich. Das ändert sich erst dann schlagartig, wenn vernommen wird.[234]

Wird der Beschuldigte in einem bestimmten Personenkreis vermutet, müssen nicht alle als Beschuldigte belehrt werden.

---

234 BGH NJW 2009, 3589

538 **Beispiele**
(1) Die Polizei kommt an einen Unfallort. Sie darf alle Anwesenden zunächst formlos befragen. Erst wenn gezielt nach der Beteiligung einer bestimmten Person gefragt wird, ist zu belehren.
(2) Der Polizist gewinnt den Eindruck, dass der Betroffene unter Betäubungsmitteleinfluss steht. Er fragt, wie er zu dem Ort gekommen ist. Der Betroffene verweist auf seinen PKW.
OLG Zweibrücken dazu (1SsBs 2/10): „Die Wahrnehmungen des Polizisten deuteten zunächst auf den Einfluss von Betäubungsmitteln hin. Der Zusammenhang mit dem Führen eines Kfz. wurde erst durch die Antwort hergestellt, die der Betroffene auf Nachfrage gegeben hat. Erst nach dieser Antwort hatte die Beschuldigtenbelehrung zu erfolgen."
(3) Der Polizist tritt bei einer Verkehrskontrolle an das Fahrzeug. Ihm schlägt Alkoholgeruch entgegen. Sitzt nur der Fahrer im PKW, so ist sofort zu belehren. Sitzen im PKW mehrere Insassen, so darf der Beamte zunächst ohne Belehrung fragen, ob der Fahrer Alkohol getrunken hat.

---

539 | **Merke**

Eine informatorische Befragung liegt dann vor, wenn noch nicht abzusehen ist, ob eine Straftat begangen worden ist.
Die Fragen sollen einer ersten Klärung dieser Frage dienen.

---

21. Spontanäußerungen

21.1 Definition

540 Spontanäußerungen sind hingegen Äußerungen eines Auskunfts- oder Zeugnisverweigerungsberechtigten in einer bestimmten Verfahrenssituation, ohne dass vor der Äußerung eine Gelegenheit bestanden hätte, über Beschuldigtenrechte zu belehren, und die getätigt werden ohne Zutun des Vernehmungsbeamten.

---

541 | **Merke**

Spontanäußerung = Der Beschuldigte belastet sich ungefragt selber, ohne dass zuvor Gelegenheit zur Belehrung bestanden hätte.

21.2 Was ist bei der Belehrung zu beachten?

542 Grundsätzlich sind Äußerungen ohne vorherige Belehrung unverwertbar.
Die Spontanäußerung ist aber als Beweis im Verfahren verwertbar. Die Situation, in der es zu einer Spontanäußerung kommt, ist nicht mit einer Vernehmungssituation vergleichbar, weil sie für den Polizeibeamten gänzlich überraschend erfolgt. Die Strafverfolgungsbehörden trifft keine Pflicht, solche Kundgaben zu ignorieren. Spontanäußerungen ohne vorangegangene Belehrung sind deshalb voll verwertbar.[235]

---

[235] BGH StV 1990, 194

Beispiel   **543**
X kommt auf die Wache und sagt: „Meine Frau liegt tot zu Hause. Wir hatten Streit."
Nachfragen? Der Beamte will umgehend wissen, wo die Frau liegt. Lebt sie noch? Kann sie noch gerettet werden?
Er fragt deshalb: „Wo liegt Ihre Frau? Wann ist die Tat geschehen?"
Bedenken?

Es gelten folgende Regeln: **544**
- Wird anlässlich einer Spontanäußerung deutlich, dass sich die Person selbst bezichtigt, hat **umgehend** eine Beschuldigtenbelehrung zu erfolgen.
- Der Polizist muss den Betroffenen nicht im Reden unterbrechen. Bis dahin gilt kein Beweisverwertungsverbot.
- Man sollte sich aber davor hüten, munter mehrere Seiten Spontanäußerungen zu protokollieren. Spontanäußerungen sind ausschließlich dann verwertbar, wenn keine Anhaltspunkte dafür bestehen, dass Belehrungspflichten des § 136 StPO gezielt umgangen werden.
- **Eine Erstäußerung ist problemlos.**
- Wenn sich aber die Beamten Weiteres berichten lassen, ohne zu belehren, kommt das einer gezielten Umgehung unter Umständen bereits ziemlich nahe. Wenn Polizisten nachfragen, ohne zu belehren, liegt eine Umgehung vor.

Für den Beispielsfall bedeutet das: Die ersten Angaben sind verwertbar. Alle   **545**
Antworten, die auf die Nachfrage des Polizisten erfolgten, sind unverwertbar, da vor der ersten Nachfrage zu belehren gewesen wäre.

Merke	**546**
Erst belehren! Dann Nachfragen!	

21.3 Verwertbarkeit
Beispiel   **547**
(1) Der Beschuldigte sucht eine Polizeiwache auf, um sich zu stellen. Ohne vorherige Belehrung macht er Angaben zur Tat, woraufhin er wegen des dringenden Tatverdachts des Tötungsdeliktes festgenommen wird. In der späteren Beschuldigtenvernehmung macht er keine Angaben.
Eine Verwertbarkeit solcher (Erst-)Äußerungen trotz fehlender Belehrung über Beschuldigtenrechte wird in der Regel für zulässig erachtet, wenn keine Anhaltspunkte dafür bestehen, dass die Belehrungspflicht nach § 136 Abs. 1 Satz 2, 163a Abs. 2 Satz 2 StPO gezielt umgangen wurde, um den Betroffenen zu einer Selbstbelastung zu verleiten[236].

Beispiel
(2) Der Beschuldigte wurde wegen versuchten Totschlags vorläufig festgenommen und der Haftrichterin vorgeführt. Dort beantragte der Beschuldigte die Beiordnung eines Anwalts und erklärte, ohne Beistand keine

---
[236] BGH NStZ 1983, 86; BGH NJW 1990, 461

Angaben machen zu wollen. Die Richterin unterbrach die Verhandlung und stellte fest, dass in der Mittagszeit in der Kanzlei nur eine Bandansage lief. Dies teilte sie dem Beschuldigten mit. Dieser sagte daraufhin, dass er sich nicht zur Sache äußern wolle. Er fügte jedoch dieser Äußerung spontan hinzu, dass er eine im Haftbefehl benannte Person gar nicht kenne. Die Ermittlungsrichterin stellte nun diesbezüglich und dann darüber hinaus gezielte Fragen, in deren Verlauf sich der Beschuldigte umfassend zum Tatvorwurf einließ und schließlich einräumte, das Opfer zweimal gegen den Kopf getreten zu haben. Später in der Hauptverhandlung revidierte er diese Angaben.

548 Der Bundesgerichtshof hat dazu ausgeführt:
„Der hohe Rang der Selbstbelastungsfreiheit gebietet es, dass auch Spontanäußerungen – zumal zum Randgeschehen – nicht zum Anlass für sachaufklärende Nachfragen genommen werden, wenn der Beschuldigte nach Belehrung über sein Rechte nach § 136 Abs. 1 Satz 2 StPO die Konsultation durch einen benannten Verteidiger begehrt und erklärt, von seinem Schweigerecht Gebrauch zu machen."
Der Bundesgerichtshof bejahte ein Verwertungsverbot:
„Der aufgezeigte Verstoß bei der Vernehmung des Beschuldigten führt zu einem Verwertungsverbot hinsichtlich seiner Angaben anlässlich der Haftbefehlsverkündung. Zwar zieht nach ständiger Rechtsprechung nicht jedes Verbot, einen Beweis zu erheben, ohne weiteres auch ein Beweisverwertungsverbot nach sich. Vielmehr ist je nach den Umständen des Einzelfalles unter Abwägung aller maßgeblichen Gesichtspunkte und widerstreitenden Interessen zu entscheiden. Bedeutsam sind dabei insbesondere die Art und der Schutzzweck des etwaigen Beweiserhebungsverbotes sowie das Gewicht des in Rede stehenden Verfahrensverstoßes, das seinerseits wesentlich von der Bedeutung der im Einzelfall betroffenen Rechtsgüter bestimmt wird. Ein Verwertungsverbot liegt jedoch stets dann nahe, wenn die verletzte Verfahrensvorschrift dazu bestimmt ist, die Grundlagen der verfahrensrechtlichen Stellung des Beschuldigten im Strafverfahren zu sichern"[237].
Dazu, dass der Beschuldigte zuvor jedoch belehrt worden war, führt der BGH aus: „Grundsätzlich mag der Beschuldigte, der in Kenntnis seiner Rechte gleichwohl Angaben zur Sache macht, weniger schutzbedürftig sein. Der aufgezeigte enge Zusammenhang zwischen dem Verteidigerkonsultations- und dem Schweigerecht erfordert hier jedoch die Annahme eines hohen Schutzniveaus. Der Beschuldigte hatte mit seinem Wunsch nach Verteidigerkonsultation zum Ausdruck gebracht, dass er der Beratung bedurfte. Als diese nicht möglich war, verweigerte er Angaben zur Sache, was zum Abbruch der Vernehmung hätte führen müssen."

---

237 BGH StR 435/13

> **Merke**
> – Spontanäußerungen sind verwertbar, wenn zuvor keine Hinweise für die Polizei bestanden auf einen Anfangsverdacht – die Äußerung sozusagen völlig überraschend ist.
> – Vor der ersten Nachfrage belehren!
> – Wird nicht vor Nachfrage belehrt, sind die weiteren Angaben grundsätzlich unverwertbar.

22. Qualifizierte Belehrung

Wissen Sie, was eine qualifizierte Belehrung ist?

Beispiele
Wenn wir in Fortbildungsveranstaltungen fragen, was eine qualifizierte Belehrung ist, lautet die Standardantwort (und das nicht nur bei Studierenden, sondern auch bei erfahrenen Kriminalhauptkommissaren):
– „Das ist die Belehrung nach § 136 StPO."
– „Wenn ich voll belehre."
Beide Antworten sind falsch!
Ein Beschuldigter ist grundsätzlich immer vollständig gem. § 136 StPO zu belehren – ohne Wenn und Aber!

22.1 Bedeutung

Eine qualifizierte Belehrung ist erforderlich, wenn
– der Beschuldigte vor seiner Beschuldigtenvernehmung Angaben als Zeuge gemacht hat, obwohl zu diesem Zeitpunkt bereits ein Anfangsverdacht vorlag (er also zu diesem Zeitpunkt gar nicht mehr als Zeuge hätte vernommen werden dürfen)[238]
oder aber
– bei einer früheren Beschuldigtenvernehmung zu Unrecht nicht (vollständig) belehrt wurde[239]

Dann **muss** er **zusätzlich** darüber belehrt werden, dass seine früheren Angaben gegebenenfalls unverwertbar sind.
Die qualifizierte Belehrung soll verhindern, dass der Beschuldigte auf sein Aussageverweigerungsrecht nur deshalb verzichtet, weil er möglicherweise glaubt, eine frühere, unter Verstoß gegen die Belehrungspflicht aus § 136 Abs. 1 StPO zustande gekommene Selbstbelastung nicht mehr aus der Welt schaffen zu können.

Was ist also zu veranlassen, wenn festgestellt wird, dass
– in einer vorherigen Vernehmung nicht über alle Punkte des § 136 StPO belehrt worden ist,
der Beschuldigte fälschlicherweise gar nicht gem. § 136 StPO belehrt wurde,

---

[238] BGHSt 53, 112; NJW 2009, 2612; BGH StV 2007, 450 ff.
[239] BGH St 53, 112

– nach Aktenlage offen ist, ob tatsächlich über alles belehrt wurde (etwa in der Akte steht: Nach erfolgter Beschuldigtenbelehrung gab der Beschuldigte an, (...).

Wenn Sie bemerken, dass ein Kollege zuvor nicht vollständig oder gar falsch belehrt hat, dann ist vor der nächsten Vernehmung qualifiziert zu belehren.

555 Beispiel
Der Beschuldigte wurde im Zuge der ersten Belehrung am Tatort (Opfer wurde erstochen) nicht darüber belehrt, dass er einen Antrag auf Beiordnung eines Pflichtverteidigers stellen kann. Der Tatverdächtige räumt ein, das Opfer erstochen zu haben.

Im vorgenannten Fall lautet die korrekte Belehrung nun:
– Volle Belehrung gem. § 136 StPO
– und dann **zusätzlich:** „Sie sind am Tatort nicht vollständig belehrt worden. Die Kollegen haben Sie nicht darüber belehrt, dass sie einen Antrag auf Beiordnung eines Pflichtverteidigers stellen können. Deshalb sind Ihre bisherigen Angaben zu der Tat grundsätzlich nicht verwertbar, das bedeutet, dass ein Gericht auf Ihr bisheriges Geständnis keine Verurteilung stützen kann".

556 Wenn vor der nächsten Vernehmung nicht in der vorgenannten Form qualifiziert belehrt wird, sind alle weiteren Angaben möglicherweise ebenfalls nicht verwertbar.

Dies richtet sich wiederum danach, über welche Teile nicht belehrt worden ist und ob später der Verwertbarkeit widersprochen wird.

22.2 Was ist zu tun, wenn nicht bekannt ist, ob die Kollegen zuvor vollständig oder richtig belehrt haben?

557 Beispiel
Im Vermerk zum ersten Angriff heißt es: Der Beschuldigte wurde neben dem in der Blutlache liegenden leblosen X angetroffen. Er wurde über seine Rechte als Beschuldigter belehrt.

558 Die Erfahrung in der Praxis zeigt leider, dass sich hinter derartigen pauschalen Vermerken sehr häufig eine unvollständige Belehrung verbirgt.

Es wird deshalb empfohlen, vor der Vernehmung zu klären, worüber die Kollegen konkret belehrt haben. Der sicherste Weg ist, die Kollegen zu bitten, darüber einen ergänzenden Vermerk zur Akte zu geben oder selber einen Vermerk zur Akte zu fertigen, dass die Kollegen gefragt wurden und die Kollegen erklärt haben, sie hätten belehrt über (...).

559 Ausreichend ist auch, wenn ein Vermerk zur Akte genommen wird, dass die Kollegen gemäß Belehrungskarte belehrt haben, etwa den Text vorgelesen haben. In Niedersachen gibt es inzwischen sogenannte Belehrungskarten, auf denen der Text des § 136 StPO in kurzer und verständlicher Form niedergeschrieben ist, um so eine vollständige und korrekte Belehrung zu garantieren.

560 Wie verhält man sich aber, wenn die Kollegen nicht erreichbar sind und vor der Vernehmung nicht geklärt werden kann, ob die erste Belehrung vollständig und richtig war?

Für diese Fälle empfehlen wir folgenden **Belehrungstext:**
– zunächst vollständige Belehrung gem. § 136 StPO.
– Dann zusätzlich: „Ich kann momentan nicht sicher feststellen, ob Sie zuvor vollständig belehrt worden sind, insbesondere nicht, ob sie über Ihr Schweigerecht, die Möglichkeit, jederzeit einen Verteidiger beizuziehen oder einen Antrag auf Beiordnung eines Pflichtverteidigers zu stellen, belehrt wurden." Sollten Sie bislang nicht vollständig belehrt worden sein, ist es möglich, dass Ihre bisherigen Angaben nicht verwertbar sind, also das Gericht hierauf keine Verurteilung stützen kann.

Beispiel
Der Beschuldigte wird vorläufig festgenommen wegen des Verdachts des versuchten Tötungsdelikts. P aus dem zuständigen Fachkommissariat 1 soll die Vernehmung durchführen. Er belehrt vollständig gem. § 136 StPO. Und dann heißt es im Protokoll weiter: „Herr B entscheidet sich hier vor Ort auszusagen. In diesem Zusammenhang wird er nochmals befragt, ob er am gestrigen Abend von den Kollegen vor Ort vollständig belehrt wurde und ihn die Kollegen auch über die Hinzuziehung eines Rechtsanwalts aufgeklärt haben. Nun erklärt B, dass er am gestrigen Abend von zwei Kollegen am Tatort darüber belehrt worden sei, dass er nichts sagen muss. Er sei sich aber nicht sicher, ob er darüber belehrt worden ist, dass er einen Rechtsanwalt vor seiner Befragung mit der Wahrnehmung seiner Interessen beauftragen kann."
Im Anschluss erfolgt die Vernehmung zur Person und zur Sache. B hatte bereits am Vorabend bei Eintreffen der Polizei am Tatort die Tat zum Teil eingeräumt.

Der Polizist hat anstatt die Kollegen zu fragen den Beschuldigten gefragt, ob er am Abend zuvor vollständig belehrt worden sei. Zum einen ist zweifelhaft, ob ein Beschuldigter, der zur Festnahmezeit alkoholisiert war, zuverlässige Informationsquelle sein kann. Zum anderen hätte P aber – nachdem er nunmehr durch die Frage an B Erkenntnisse dahingehend gewonnen hat, dass B möglicherweise nicht vollständig belehrt wurde, qualifiziert belehren müssen, was in der Hauptverhandlung durch den Verteidiger gerügt wurde.

22.3 Verwertbarkeit bei unterbliebener qualifizierter Belehrung
Das Fehlen/Unterlassen der qualifizierten Belehrung führt – anders als bei der Beschuldigtenbelehrung – nicht grundsätzlich zu einer Unverwertbarkeit, sondern die Gerichte nehmen insoweit eine einzelfallbezogene Abwägung der Interessen vor.[240]
Die Verwertbarkeit der Angaben ist davon abhängig, welches Gewicht der Verfahrensverstoß hat, ob eine willkürliche Umgehung der Belehrungspflichten vorliegt, wie groß das Interesse an der Sachaufklärung ist.
Es ist in jedem Einzelfall eine Abwägung vorzunehmen.

---

240 Vgl. dazu: Burhoff, Handbuch für das strafrechtliche Ermittlungsverfahren, Rn. 3445

563 Das OLG Hamm hat die Unverwertbarkeit bei unterbliebener Belehrung über das Recht, einen Verteidiger hinzuziehen, bejaht.[241]
Will der verteidigte Beschuldigte die Angaben nicht gelten lassen, muss er deren Verwertung ausdrücklich widersprechen.
Der Bundesgerichtshof[242] hat dazu Folgendes ausgeführt:
„Zwar hätte der Beschuldigte zu Beginn seiner Vernehmung durch den Kriminalbeamten zusammen mit der Belehrung gem. § 136 Abs. 1 Satz 2 StPO darauf hingewiesen werden müssen, dass wegen der bis dahin unterbliebenen Belehrung die zuvor gemachten Angaben unverwertbar seien. Daraus, dass dies nicht geschehen ist, würde jedoch nicht ohne weiteres folgen, dass auch die Angaben, die er nach erfolgter Belehrung über seine Rechte als Beschuldigter gegenüber dem Kriminalbeamten gemacht habe, einem Beweiserhebungs- und Verwertungsverbot unterlagen".

564 Nach der **neueren Rechtsprechung** des Bundesgerichtshofs soll die in einem solchen Fall erforderliche qualifizierte Belehrung verhindern, dass ein Beschuldigter nur deshalb auf sein Aussageverweigerungsrecht verzichtet, weil er möglicherweise glaubt, dass er seine frühere Selbstbelastung nicht mehr aus der Welt schaffen könne.
Die Verwertbarkeit der Aussagen sei in einem solchen Falle durch **Abwägung im Einzelfall** zwischen Sachaufklärung einerseits und Verfahrensverstoß andererseits zu ermitteln.
In **BGH StR 170/09** hat der Bundesgerichtshof die Verwertbarkeit bejaht, u. a. mit der Begründung, dass keine bewusste Umgehung der Beschuldigtenrechte vorgelegen habe.

565 | **Merke**
– Sinn und Zweck einer qualifizierten Belehrung ist, dem Beschuldigten zu erklären, dass gegebenenfalls die bisherigen Angaben nicht verwertbar sind, um so dessen Irrtum auszuschließen, dass er nun auch weiter ihn belastende Angaben machen kann, weil er zuvor schon ausgesagt hat.
– Wird nach einer unvollständigen oder gar fehlenden Belehrung in einer weiteren Vernehmung zwar vollständig gem. § 136 StPO belehrt, aber nicht qualifiziert, sind auch die Angaben in dieser weiteren Vernehmung möglicherweise nicht verwertbar!
– Wenn nicht sicher feststeht, dass zuvor eine vollständige (!) Belehrung erfolgte, immer qualifiziert belehren!

23. Pflicht zur unverzüglichen Vorführung vs. § 136a Abs. 3 StPO

566 Nun zu einem Sonderproblem. Dem vom BGH 2018 entschiedenen Fall lag folgender Sachverhalt zugrunde:[243]

---

241 OLG Hamm NStZ-RR 2006, 47
242 BGH StR 170/09
243 BGH 3 StR 23/18-Juris

„Am Morgen des 28. Januar 2015 fanden bei allen Angeklagten Hausdurchsuchungen statt, die durch am Vortrag erlassene richterliche Durchsuchungsbeschlüsse angeordnet worden waren. Die Angeklagten R und K wurden in der Folge vorläufig festgenommen und nach den entsprechenden Belehrungen nach § 136 Abs. 1 Satz 1 und 2 StPO vernommen, wobei sie sich zur Sache einließen. Danach wurden die Vernehmungsprotokolle dem Ermittlungsleiter übergeben und ihr Inhalt in einer Teamsitzung von den ermittelnden Polizeibeamten besprochen, die am Folgetag Nachvernehmungen unter Vorhalt der Angaben der Mitbeschuldigten durchführten. Danach wurden die Angeklagten noch in der Frist des § 128 Abs. 1 Satz 1 StPO am 29. Januar 2015 dem Haftrichter vorgeführt, der auf Antrag der Staatsanwaltschaft die entsprechenden Haftbefehle erließ."

Die **Verteidigung** rügte mit der **Revision** u. a., dass nicht unverzüglich vorgeführt worden sei. Die Vernehmungen (hier: Nachvernehmungen) hätten nicht mehr erfolgen dürfen. Grundsätzlich gilt:
Der Beschuldigte ist nach der vorläufigen Festnahme unverzüglich dem Haftrichter vorzuführen, wobei es sachdienlich und zulässig sein kann, den Vorführungstermin innerhalb der Frist des § 128 Abs. 1 Satz 1 StPO zur Durchführung einer Nachvernehmung hinauszuschieben.

§ 115 StPO Vorführung vor den zuständigen Richter

(1) Wird der Beschuldigte auf Grund des Haftbefehls ergriffen, so ist er unverzüglich dem zuständigen Gericht vorzuführen.

(2) Das Gericht hat den Beschuldigten unverzüglich nach der Vorführung, spätestens am nächsten Tage, über den Gegenstand der Beschuldigung zu vernehmen.

(3) Bei der Vernehmung ist der Beschuldigte auf die ihn belastenden Umstände und sein Recht hinzuweisen, sich zur Beschuldigung zu äußern oder nicht zur Sache auszusagen. Ihm ist Gelegenheit zu geben, die Verdachts- und Haftgründe zu entkräften und die Tatsachen geltend zu machen, die zu seinen Gunsten sprechen.

(4) Wird die Haft aufrechterhalten, so ist der Beschuldigte über das Recht der Beschwerde und die anderen Rechtsbehelfe (§ 117 Abs. 1, 2, § 118 Abs. 1, 2, § 119 Abs. 5, § 119a Abs. 1) zu belehren. § 304 Abs. 4 und 5 bleibt unberührt.

§ 128 StPO Vorführung bei vorläufiger Festnahme

(1) Der Festgenommene ist, sofern er nicht wieder in Freiheit gesetzt wird, unverzüglich, spätestens am Tage nach der Festnahme, dem Richter bei dem Amtsgericht, in dessen Bezirk er festgenommen worden ist, vorzuführen. Der Richter vernimmt den Vorgeführten gemäß § 115 Abs. 3.

(2) Hält der Richter die Festnahme nicht für gerechtfertigt oder ihre Gründe für beseitigt, so ordnet er die Freilassung an. Andernfalls erlässt er auf Antrag der Staatsanwaltschaft oder, wenn ein Staatsanwalt nicht erreichbar ist, von Amts wegen einen Haftbefehl oder Unterbringungsbefehl. § 115 Abs. 4 gilt entsprechend.

§ 136a StPO Verbotene Vernehmungsmethoden; Beweisverwertungsverbote

(1) Die Freiheit der Willensentschließung und der Willensbetätigung des Beschuldigten darf nicht beeinträchtigt werden durch Misshandlung, durch Ermüdung, durch körperlichen Eingriff, durch Verabreichung von Mitteln, durch Quälerei, durch Täuschung oder durch Hypnose. Zwang darf nur angewandt werden, soweit das Strafverfahrensrecht dies zulässt. Die Drohung mit einer nach seinen Vorschriften unzulässigen Maßnahme und das Versprechen eines gesetzlich nicht vorgesehenen Vorteils sind verboten.

(2) Maßnahmen, die das Erinnerungsvermögen oder die Einsichtsfähigkeit des Beschuldigten beeinträchtigen, sind nicht gestattet.

(3) Das Verbot der Absätze 1 und 2 gilt ohne Rücksicht auf die Einwilligung des Beschuldigten. Aussagen, die unter Verletzung dieses Verbots zustande gekommen sind, dürfen auch dann nicht verwertet werden, wenn der Beschuldigte der Verwertung zustimmt.

24. Sonderproblem: Einsatz eines psychiatrischen/rechtsmedizinischen Sachverständigen im Ermittlungsverfahren zur Begutachtung des Beschuldigten

568 **Beispiel**
B steht im Verdacht versucht zu haben, sich durch einen gezielt herbeigeführten Verkehrsunfall das Leben zu nehmen. Er hat sich bei dem von ihm verursachten Frontalzusammenstoß schwere Verletzungen zugezogen. Es wird der psychiatrische Sachverständige X beauftragt, B in der Klinik aufzusuchen und zu explorieren.
X unterhält sich mit B, B erzählt Details. Weder Polizei noch Sachverständiger belehren B, sodass die Kammer die Ansicht vertritt, dass die zum Tatgeschehen gemachten Angaben nicht verwertbar seien.

569 In der Literatur wird die Auffassung vertreten, dass Befragungen durch Sachverständige keine Vernehmungen seien.[244] Zudem sieht die Strafprozessordnung keine Belehrungspflichten eines Sachverständigen vor.[245] Eine Exploration zur psychischen Situation und zur Schuldfähigkeit zur Tatzeit kann aber nicht isoliert geführt werden, ohne dass das Tatgeschehen als solches thematisiert wird, sodass sich in diesem Bereich die Frage stellt, ob durch die Einschaltung eines Sachverständigen seitens der Ermittlungsbehörden Belehrungsrechte des Beschuldigten umgangen werden.

570 Ähnliche Probleme können durch die Beauftragung eines Rechtsmediziners mit der Untersuchung des Beschuldigten entstehen. Ein Rechtsmediziner kann zwar objektiv Verletzungsmuster feststellen und bewerten, aber häufig geht mit der Untersuchung eine Befragung zum Tatgeschehen einher oder aber der Beschuldigte redet von sich aus, weil er zu einem Arzt mehr Vertrauen hat. Stellt das Gericht später fest, dass bis zu diesem Zeitpunkt der Beschuldigte nicht über

---

244 Gercke/Julius/Temming/Zöller, Ahlbrecht StPO § 136 Rn. 3
245 LG Münster StV 1981, 615; Löwe-Rosenberg, Gleß StPO § 136 Rn. 3; Gercke/Julius/Temming/Zöller, Ahlbrecht StPO § 136 Rn. 4

den Tatvorwurf, sein Schweigerecht und sein Recht, einen Anwalt konsultieren zu können, belehrt wurde, muss das Gericht sich mit der Frage befassen, ob die Angaben des Beschuldigten gegenüber dem Sachverständigen – trotz fehlender Belehrung über seine Rechte – verwertbar sind; bei einer Umgehung der Beschuldigtenrechte wird man eine Verwertbarkeit generell verneinen müssen.

Die Frage, ob und wie eine Umgehung der Belehrungspflichten zu vermeiden ist, wird sehr kontrovers diskutiert[246]. Gesetzliche Regelungen fehlen. **571**
Es wird deshalb empfohlen, generell darauf zu achten, dass die Polizei eine Belehrung gem. § 136 StPO durchführt und auch dokumentiert, in der auch darauf hingewiesen wird, dass der Beschuldigte gegenüber dem Sachverständigen keine Aussage machen muss[247] und auch vor der Exploration sich anwaltlich beraten lassen kann – bevor eine Begutachtung durch einen Sachverständigen erfolgt. Der Bundesgerichtshof hat eine analoge Anwendung des § 136 StPO auf Sachverständige selbst abgelehnt.[248]

Checkliste   **572**
- Welche Tat wird zur Last gelegt?
  - Lebenssachverhalt in groben Zügen reicht.
- Welche Verdachtsgründe gibt es?
  - Wesentliche Gründe reichen.
  - Bei verdeckter Ermittlung müssen Erkenntnisse aus TKÜ **nicht** offenbart werden.
- Strafvorschriften
- Es steht dem B. frei, sich zu äußern oder nichts zu sagen.
- B. kann jederzeit einen Verteidiger zuziehen.

Und neu:
seit 17.12.2019
- Der Beschuldigte hat das Recht, einen Antrag auf Beiordnung eines Pflichtverteidigers vor der Vernehmung zu stellen.
- Hinweis auf anwaltlichen Notdienst
- Im Falle der Verurteilung ist damit zu rechnen, dass er die Kosten für den Verteidiger trägt
- B. kann einzelne Beweiserhebungen beantragen. Hinweis auf Kostenfolge des § 465 StPO im Falle einer Verurteilung
- B. kann sich auch schriftlich einlassen.
- grds. Möglichkeit des TOA (bei Verbrechen überflüssig)
- Soll ein Sachverständiger den Beschuldigte explorieren/untersuchen: Hinweis, dass der Beschuldigte diesem gegenüber keine Angaben machen muss.

---

246 Eine Belehrung hat zuvor in irgendeiner Weise zu erfolgen, zumindest über die Aussagefreiheit: vgl. Döring, NStZ 1988, 143; 296; Eisenberg/Kopatsch NStZ 1997, 298
247 Belehrungspflicht mindestens zur Aussagefreiheit: LG Oldenburg StV 1994, 646; und auch darüber hinaus: Geppert, Jura 1993, 252
248 BGH NJW 1968, 2297; NStZ 1997, 296 f.

II. Belehrung der Zeugen

573 Bei Zeugenvernehmungen sehen wir häufig, dass die Zeugen vor Vernehmung darüber im Unklaren gelassen werden, gegen wen wegen welches Tatverdachts ermittelt wird.
Oftmals wird nicht geklärt, in welchem Verhältnis der Zeuge zum Tatverdächtigen steht.

1. Das Zeugnisverweigerungsrecht der Angehörigen des Beschuldigten

574 **§ 52 StPO   Zeugnisverweigerungsrecht der Angehörigen des Beschuldigten**

(1) Zur Verweigerung des Zeugnisses sind berechtigt
1. **der Verlobte des Beschuldigten;**
2. **der Ehegatte des Beschuldigten, auch wenn die Ehe nicht mehr besteht;**
2a. **der Lebenspartner des Beschuldigten, auch wenn die Lebenspartnerschaft nicht mehr besteht;**
3. **wer mit dem Beschuldigten in gerader Linie verwandt oder verschwägert, in der Seitenlinie bis zum dritten Grad verwandt oder bis zum zweiten Grad verschwägert ist oder war. (...)**

575 Beispiel
Die Zeugin wurde bezüglich ihres Aussage- und insbesondere bezüglich ihres Zeugnisverweigerungsrechts belehrt, da es sich bei dem Beschuldigten um ihren Cousin handelt."
Die obige Belehrung ist falsch. Zwischen Cousin und Cousine besteht kein Zeugnisverweigerungsrecht.
Ob eine Verwandtschaft besteht, richtet sich nach den entsprechenden Vorschriften des BGB.

§ 1589 BGB   Verwandtschaft

Personen, deren eine von der anderen abstammt, sind in gerader Linie verwandt. Personen, die nicht in gerader Linie verwandt sind, aber von derselben dritten Person abstammen, sind in der Seitenlinie verwandt. *Der Grad der Verwandtschaft bestimmt sich nach der Zahl der sie vermittelnden Geburten.*

576 Aber was genau bedeutet „der Grad der Verwandtschaft bestimmt sich nach der Zahl der sie vermittelnden Geburten?"
Anders gefragt: Welche Person hat durch eine Geburt die Verwandtschaft zwischen dem Beschuldigten und dem Zeugen begründet? Betreffend das Verhältnis zwischen Cousin und Cousine war dies nicht, wie oftmals gemeint wird, die jeweilige Mutter, sondern die gemeinsame Oma der beiden Beteiligten. Um den Verwandtschaftsgrad zu errechnen, geht man auf der geraden Linie aufsteigend, hier mithin 2 Stufen nach oben. Als nächste Person in der Geburtenkette ist der jeweilige Onkel zu nennen (Stufe 3), sodann der Cousin (Stufe 4).

Nachfolgendes Schaubild verdeutlicht dies: **577**

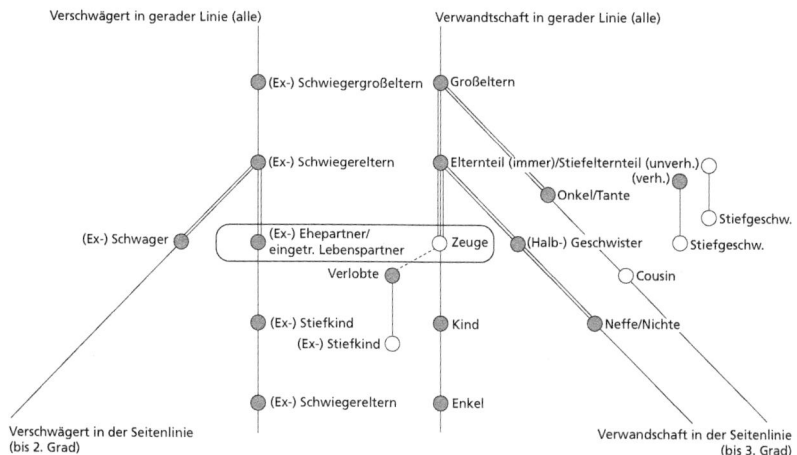

- ● Zeugnisverweigerungsrecht besteht
- ○ Zeugnisverweigerungsrecht besteht **nicht**

Erklärung Stiefgeschwister/Halbgeschwister:

Halbgeschwister werden als Abkömmling einer anderen Verbindung des Vaters oder der Mutter verstanden, die zum Zeugnis verweigerungsberechtigten Personen
haben also einen gemeinsamen Elternteil und sind daher miteinander verwandt.

Als Stiefgeschwister werden die Abkömmlinge des leiblich nicht verwandten Stiefvaters oder Stiefmutter verstanden. Zwischen Stiefgeschwistern besteht also kein Zeugnisverweigerungsberecht, denn diese sind mangels gleicher Abstammung nicht verwandt und auch nicht verschwägert. Schwägerschaft besteht nur zwischen einem Ehegatten und den Verwandten des anderen Ehegatten besteht.

> **Merke**
>
> Einprägsam ist dies auch mit folgender, von einer Kollegin gern genutzten Floskel: „Bis zum Erbonkel geh ich mit ... dann ist Schluss".

> **Merke**
>
> In gerader Linie Verwandte sind ohne Rücksicht auf den Grad der Verwandtschaft berechtigt, das Zeugnis zu verweigern. Dazu zählen mithin auch die Urgroßeltern oder Urenkel des Beschuldigten.
> In der Seitenlinie besteht das Zeugnisverweigerungsrecht nur bis zum dritten Grad. Dazu zählen mithin die Geschwister (auch Halbgeschwister)[249] und Geschwisterkinder (Nichten, Neffen);[250] sowie die Geschwister der Eltern (Onkel, Tanten), aber nicht mehr die Geschwisterkinder (Vettern, Basen bzw. Cousin, Cousine) untereinander[251], vgl. obiges Schaubild.

---

249 BGH StV 1988, 89
250 BGH NJW 2010, 1290,1291
251 BGH 5 StR 554/12

2. § 1590 StPO (Schwägerschaft)

578 § 1590 BGB Schwägerschaft

(1) Die Verwandten eines Ehegatten sind mit dem anderen Ehegatten verschwägert. Die Linie und der Grad der Schwägerschaft bestimmen sich nach der Linie und dem Grade der sie vermittelnden Verwandtschaft.
(2) Die Schwägerschaft dauert fort, auch wenn die Ehe, durch die sie begründet wurde, aufgelöst ist.

579 **Beispiel**
Wie stellt es sich dar, wenn der zu vernehmende Zeuge der Sohn der Ehefrau des Beschuldigten ist (er ist **nicht** der Sohn des Beschuldigten)?

580 Zwischen einer Person und den Verwandten ihres Ehegatten besteht also eine Schwägerschaft. Schwägerschaft setzt zum einen eine Ehe und zum anderen ein Verwandtschaftsverhältnis voraus. Der obige Zeuge ist mit der Ehefrau des Beschuldigten (**Ehe**) verwandt, denn er ist ihr Sohn.

581 Doch auf welcher Linie und in welchem Grad? Linie und Grad der Schwägerschaft entsprechen Linie und Grad der sie vermittelnden Verwandtschaft. Um die Linie und den Grad der Schwägerschaft einer Person mit den Verwandten ihres Ehegatten zu bestimmen, müssen die Linie und der Grad der Verwandtschaft des Ehegatten mit seinem Verwandten bestimmt werden[252]
Ein Ehegatte ist mit den Eltern und Kindern des anderen Ehegatten sowie mit allen sonstigen Vor- und Nachfahren des anderen Ehegatten in gerader Linie verschwägert. Mit den Geschwistern des anderen Ehegatten ist er in der Seitenlinie verschwägert. Zu den Schwiegereltern und zu den Stiefkindern besteht Schwägerschaft im ersten Grad in gerader Linie. Der eine Ehegatte ist mit der Schwester des anderen Ehegatten (der Schwägerin) im zweiten Grad in der Seitenlinie verschwägert (Ders.).

582 Ergebnis: Dem genannten Zeugen (Stiefkind) steht gemäß § 52 StPO ein Zeugnisverweigerungsrecht zu.

3. Gültige Ehe und Verlöbnis

583 Oftmals haben wir es mit Personen zu tun, welche nach den Gepflogenheiten der eigenen Landeskultur verheiratet sind. Besteht insoweit ein Zeugnisverweigerungsrecht gemäß § 52 Abs. 1 Nr. 2 StPO (Ehe)? Oder ist gegebenenfalls von einem Verlöbnis i. S. d. § 52 Abs. 1 Nr. 1 StPO auszugehen?

584 Es muss sich um eine im Inland geschlossene Ehe handeln oder die Ehe muss nach deutschem Recht als gültig anzuerkennen sein. Diesem Erfordernis genügt beispielsweise eine vor dem Iman nach islamischen Regeln in Deutschland geschlossene Ehe nicht.[253]

---

252 BeckOK BGB, Krafka, § 1590 Rn. 20 f.
253 Meyer-Goßner/Schmitt StPO § 52 Rn. 5 m. w. N.

585 Der Bundesgerichtshof hat deutlich gemacht, dass eine entsprechende Ehe auch nicht ohne weiteres in ein Verlöbnis umgedeutet werden könne.[254] Wann handelt es sich um ein wirksames **Verlöbnis**?
Bei einem Verlöbnis muss ein gegenseitiges und von beiden Seiten **ernst gemeintes Eheversprechen** (vgl. oben: nach deutschem Recht!) vorliegen. Was genau ist unter „ernst gemeint" zu verstehen bzw. wie kann dieses subjektive Moment nachgewiesen werden?

586 **Beispiele**
(1) Das Verlöbnis eines Heiratsschwindlers ist unwirksam.[255]
(2) Auch ein Verlöbnis bei noch mit einer anderen Person bestehendem Verlöbnis oder bei noch bestehender Ehe ist unwirksam, weil es gegen die guten Sitten verstößt[256].

587 Liegen Zweifel am Bestehen eines wirksamen Verlöbnisses vor, so ist dieses gemäß § 56 StPO glaubhaft zu machen (Eid).[257]
Eine nach islamischem Recht geschlossene Ehe kann nicht ohne weiteres in ein Verlöbnis umgedeutet werden (BGH a. a. O.), weil damit grundsätzlich nicht das Versprechen verbunden ist, nach deutschem Recht heiraten zu wollen.

588 | **Merke** |
|---|
| Vor der Belehrung eines Zeugen sorgsam prüfen und hinterfragen, ob dieser mit dem Beschuldigten verwandt/verschwägert ist. Bei unübersichtlichen Verwandtschaftsverhältnissen sollten die Details zur Verwandtschaft protokolliert werden. |

4. Sonderfälle

4.1 Sonderfall 1

589 **Zitat aus einem Vernehmungsprotokoll**
„Frau M wird als Zeugin im Strafverfahren belehrt. Sie wird daraufhin hingewiesen, dass sie Angaben bei der Polizei zur Sache grundsätzlich verweigern kann, jedoch auf Ladung der Staatsanwaltschaft oder des Gerichts erscheinen und dort wahrheitsgemäße Angaben tätigen muss. Sie wird weiterhin darauf hingewiesen, dass sie bei Tätigungen von wissentlichen Falschangaben ggf. sich selbst strafbar machen kann.
Nach Rücksprache besteht ein Zeugnisverweigerungsrecht. Hierauf wird jedoch durch die Zeugin M ausdrücklich verzichtet. Frau M möchte zum Sachverhalt aussagen.
Haben Sie das Zeugnisverweigerungsrecht verstanden?
Antwort: Ja.

---

254 BGH 5 StR 379/17
255 BGH 3, NStZ 86, 84
256 BGH NStZ 83, 564
257 Meyer-Goßner/Schmitt StPO, § 52 Rn. 4a m. w. N.

P: Möchten Sie trotzdem zum Sachverhalt aussagen?
Antwort: Ja.
Zwei Seiten weiter:
P: Frau M, über welchen Sachverhalt sprechen wir heute? Wissen Sie, um was es hier geht?"

590 Es bleibt in dem gesamten Protokoll offen, ob M darüber informiert worden ist, gegen wen sich das Verfahren richtet (35 Beschuldigte) und ob hinterfragt wurde, mit wem sie wie verwandt ist.

591
> **Merke**
> 1. Zwischen Cousin und Cousine (Vetter und Base) besteht kein Zeugnisverweigerungsrecht.
> 2. Stiefkinder sind mit dem Beschuldigten in gerader Linie verschwägert; ihnen steht mithin ein Zeugnisverweigerungsrecht zu.
> 3. Eine (bspw.) nach islamischem Recht geschlossene Ehe entspricht grds. keinem Verlöbnis und begründet kein Zeugnisverweigerungsrecht.
> 4. Der **Zeitpunkt der Eheschließung bzw. des Verlöbnisses** spielt keine Rolle; dies kann auch erst nach der Tat geschehen sein.

4.2 Sonderfall 2

592 Darf einem Zeugen verschwiegen werden, gegen wen sich das Verfahren richtet, um etwa zu verhindern, dass im frühen Stadium und während noch laufender verdeckter Maßnahmen der Beschuldigte davon erfährt?
Sofern die Ermittlungsbehörden sicher wissen, dass der zu vernehmende Zeuge nicht mit dem Beschuldigten verwandt/verschwägert ist, darf im Einzelfall dem Zeugen gegenüber verschwiegen werden, gegen wen sich das Verfahren richtet, sofern bei Bekanntgabe die Ermittlungen gefährdet würden.
Es wird empfohlen, im Einzelfall diese Problematik mit dem Staatsanwalt zu erörtern, der dann einen entsprechenden Vermerk zur Akte nehmen kann, dass/ warum der Zeuge nicht darüber informiert werden soll, gegen wen sich das Verfahren richtet.

5. Das Zeugnisverweigerungsrecht der Berufsgeheimnisträger

593 Gemäß § 53 StGB sind u. a. Verteidiger, andere Rechtsanwälte, Ärzte, Zahnärzte, Kinder- und Jugendpsychotherapeuten zur Zeugnisverweigerung berechtigt[258]. Auch insoweit gibt es in der Praxis immer wieder Erörterungsbedarf.

§ 53 StPO   Zeugnisverweigerungsrecht der Berufsgeheimnisträger

(1) Zur Verweigerung des Zeugnisses sind ferner berechtigt
1. **Geistliche** über das, was ihnen in ihrer Eigenschaft als Seelsorger anvertraut worden oder bekanntgegeben worden ist;
2. **Verteidiger** des Beschuldigten über das, was ihnen in ihrer Eigenschaft anvertraut oder bekanntgegeben worden ist;

---

258   und etliche andere, vgl. dazu § 53 StPO

3. Rechtsanwälte und Kammerrechtsbeistände, Patentanwälte, Notare, Wirtschaftsprüfer, vereidigte Buchprüfer, Steuerberater und Steuerbevollmächtigte, Ärzte, Zahnärzte, Psychologische Psychotherapeuten, Kinder- und Jugendlichenpsychotherapeuten, Apotheker und Hebammen über das, was ihnen in dieser Eigenschaft anvertraut worden oder bekanntgegeben worden ist;
Für Syndikusrechtsanwälte (§ 46 Absatz 2 Bundesrechtsanwaltsordnung) und Syndikuspatentanwälte (§ 41a Absatz 2 der Patentanwaltsordnung) gilt dies vorbehaltlich des § 53a nicht hinsichtlich dessen, was ihnen in dieser Eigenschaft anvertraut worden oder bekanntgeworden ist;
(...)
(2) Die in Absatz 1 Satz 1 Nr. 2 bis 3b Genannten dürfen das Zeugnis nicht verweigern, wenn sie von der Verpflichtung zur Verschwiegenheit entbunden sind (...).

Beispiel

„Ich möchte Sie heute als Arzt des Zeugen XY vernehmen. Sie sind verpflichtet, die Wahrheit zu sagen." Bedenken?

Die obige Belehrung ist falsch. § 53 StPO schützt das Vertrauensverhältnis zwischen bestimmten Berufsangehörigen und denen, die ihre Hilfe und Sachkunde in Anspruch nehmen.
Als Arzt i. S. d. Vorschrift gilt, wer in Deutschland als Arzt approbiert hat oder gemäß § 2 Abs. 2 bis 4 BÄO zur vorübergehenden Ausübung des Arztberufs berechtigt ist (wegen der Zahnärzte vgl. § 1 ZahnHkG).
Zwar bedeutet das sich aus § 53 StPO ergebende Zeugnisverweigerungsrecht nicht, dass der Arzt hiervon auch Gebrauch machen muss. Im Hinblick auf die Strafbarkeit gemäß § 203 StGB (Verletzung von Privatgeheimnissen) wird der Arzt dies i. d. R. aber tun.

Merke

Bankangestellte sind mit Rücksicht auf das Bankgeheimnis nicht berechtigt, das Zeugnis zu verweigern. Dies gilt (beispielsweise) ebenso für Bewährungshelfer, Verfahrenspfleger und psychosoziale Prozessbegleiter.

5.1 Verteidiger und andere Rechtsanwälte (§ 53 Abs. 1 Nr. 2 und 3 StPO)

Verteidiger und Rechtsanwalt, ist das nicht dasselbe? Warum wird der Rechtsanwalt hier zusätzlich aufgeführt?
Mit Verteidiger (Nr. 2) sind alle bestellten (§§ 140, 141 StPO) und gewählten Verteidiger gemeint. Auch das Verteidigeranbahnungsverhältnis ist geschützt.[259] Es kommt nicht darauf an, ob der Verteidiger (Zeuge) in dem gegen den Beschuldigten gerichteten Strafverfahren Kenntnisse erlangt hat oder in einem anderen gegen den Beschuldigten oder eine andere Person gerichteten Verfahren. Unter Rechtsanwalt (Nr. 3) ist der gesamte Anwaltsberuf erfasst. Der Rechtsanwalt muss mithin nicht zwangsläufig als Verteidiger in einem Strafverfahren tätig (gewesen) sein.

---

259 Meyer-Goßner/Schmitt StPO § 53 Rn. 13

5.2 Das Zeugnisverweigerungsrecht der Berufshelfer (§ 53a StPO):

597 § 53a StPO ergänzt das Zeugnisverweigerungsrecht der Berufsgeheimnisträger (§ 53 StGB) auf an deren Tätigkeit **Mitwirkende** (aus einem Vertragsverhältnis, einer berufsvorbereitenden Tätigkeit oder einer sonstigen Hilfstätigkeit). Dieses Zeugnisverweigerungsrecht wird von dem der Hauptberufsträger abgeleitet; so werden Umgehungen des dargestellten Schutzes durch die Vernehmung der Mitwirkenden (beispielsweise Sekretärin, Arzthelferin) verhindert.

598
> **Merke**
> 1. Der Arzt eines Beschuldigten oder Zeugen hat das Recht, das Zeugnis zu verweigern.
> 2. Dies gilt ebenso für den Verteidiger des Beschuldigten.
> 3. In § 53 StPO sind weitere Berufsgeheimnisträger dargestellt.
> 4. Auch die an der Tätigkeit der Berufsgeheimnisträger (bspw. des Arztes) Mitwirkenden haben ein Zeugnisverweigerungsrecht (bspw. der Arzthelfer).

5.3 Das Auskunftsverweigerungsrecht

599 **§ 55 StPO Auskunftsverweigerungsrecht**

(1) Jeder Zeuge kann die Auskunft auf solche Fragen verweigern, deren Beantwortung ihm selbst oder einem der in § StPO § 52 Abs. StPO § 52 Absatz 1 bezeichneten Angehörigen die Gefahr zuziehen würde, wegen einer Straftat oder einer Ordnungswidrigkeit verfolgt zu werden.

(2) Der Zeuge ist über sein Recht zur Verweigerung der Auskunft zu belehren.

600 Niemand kann gezwungen werden gegen sich selbst auszusagen (nemo tenetur se ipsum accusare)[260].

601 Das Auskunftsverweigerungsrecht dient dem Schutz des Zeugen und seiner Angehörigen. Das heißt, das Auskunftsverweigerungsrecht dient nicht dem Schutz des Beschuldigten[261] und auch nicht dem Schutz der Wahrheitsfindung[262]. Aus dem Zweck dieser Vorschrift folgt aber auch, dass der Zeuge nur die Beantwortung sog. „verfänglicher Fragen" verweigern kann; er hat kein umfassendes Zeugnisverweigerungsrecht. Nur für den Fall, dass die in Betracht kommende Aussage des Zeugen mit dem strafbaren Verhalten so eng zusammenhängt, dass quasi nichts übrig bleibt, was er ohne die Gefahr der eigenen Strafverfolgung bezeugen könnte, gibt § 55 StPO dem Zeugen das Recht zur Verweigerung der Aussage in vollem Umfang[263].

5.4 Gefahr der eigenen Strafverfolgung

602 Unter Anwendung des § 152 Abs. 2 StPO ist hier die Frage zu stellen, ob der Zeuge bei wahrheitsgemäßer Aussage Beweise dafür liefern müsste, dass so zurei-

---

[260] BVerfGE wistra 2010, 299 m. w. N.
[261] BGH St 1, 39 [40]
[262] BGH St 213, [215]
[263] BGH NStZ 2002, 607

chende tatsächliche Anhaltspunkte für eigenes strafrechtlich relevantes Verhalten gegeben wären (Anfangsverdacht). Die Verfolgungsgefahr kann aber auch bereits erheblich vor der Schwelle des § 152 Abs. 2 StPO liegen. Bereits dann, wenn aus der Antwort des Zeugen Rückschlüsse auf eine Tat möglich wären (vergleichbar einem Mosaikstein in der Beweiskette), steht dem Zeugen ein Aussageverweigerungsrecht zu[264]. **Darüber ist er zu belehren!**

Beispiel 603
Z wurde wegen unerlaubter Einfuhr von und unerlaubten Handeltreibens mit 1 Kg Kokain rechtskräftig verurteilt. Er soll nunmehr als Zeuge in dem gesondert geführten Verfahren gegen den Verkäufer vernommen werden. Z wird nicht gemäß § 55 StPO belehrt. Bedenken?

Die dargestellte Verfahrensweise ist grundsätzlich korrekt. Eine konkrete Verfolgungsgefahr besteht nämlich dann nicht (mehr), wenn der Zeuge für die betreffende Tat nicht mehr belangt werden kann, so bei Eintritt umfassender Rechtskraft des Urteils wegen eben dieser Tat[265].

Eine Verfolgungsgefahr besteht ebenfalls nicht bei Strafunmündigkeit des Zeugen, bei Verfahrenshindernissen wie beispielsweise Verjährung, Fristablauf bei Antragsdelikten, Tod des Angehörigen u. a. 604

Bei obigem Beispielsfall ist allerdings eine genauere Prüfung im Einzelfall geboten. Denn eine weitere Strafverfolgung muss zweifellos ausgeschlossen sein. Bei rechtskräftiger Verurteilung eines wegen unerlaubten Handeltreibens mit Betäubungsmitteln zu befragenden Zeugen besteht die Gefahr der sog. Rückbelastung. Eine Strafverfolgung ist nämlich immer dann nicht ausgeschlossen, wenn durch die Aussage des weiteren Täters weitere Umsatzgeschäfte des Zeugen offenbart werden könnten[266]. Insoweit bedarf es aber konkreter Anhaltspunkte, dafür, dass zwischen der bereits rechtskräftig abgeurteilten Tat und anderen, betreffend diesen Zeugen noch verfolgbaren Straftaten, ein so enger Zusammenhang besteht, dass die Beantwortung von Fragen zu der abgeurteilten Tat die tatsächliche Gefahr der Verfolgung wegen dieser anderen Taten mit sich bringt[267]. 605

Merke 606
1. Das sich aus § 55 StPO ergebende Aussageverweigerungsrecht dient nicht dem Schutz der Wahrheitsfindung. Besteht die Gefahr, dass sich der Zeuge durch eine wahrheitsgemäße Aussage selbst belasten könnte, ist er entsprechend § 55 StPO zu belehren. Diese Gefahr besteht u. U. bereits weit vor der Schwelle des Anfangsverdachts.
2. Im Bereich der Betäubungsmittel-/OK-und Schwerkriminalität ist oftmals mit Konstellationen zu rechnen, in denen der Zeuge trotz eines gegen

---

264 KK-StPO, Bader § 55 Rn. 4
265 KK-StPO, Bader § 55 Rn. 4
266 BGH NStZ 2017, 546 ff.
267 KK-StPO, Bader § 55 Rn. 5

> ihn wegen dieser Tat ergangenen rechtskräftigen Urteils in Gefahr gerät, sich selbst zu belasten („Ping-Pong-Effekt").
> 3. **Übrigens:** Die Gefahr disziplinarrechtlicher Verfolgung genügt nicht!

III. Belehrung Verletzter

607 Sind Verletzte einer Straftat über die ihnen zustehenden Rechte zu belehren? Wer nimmt gegebenenfalls die erforderliche Information vor? Oft finden wir in den Akten gar nichts dazu, ob und gegebenenfalls wie ein Verletzter belehrt wurde. Manchmal finden wir in den Akten eine kurze Notiz darüber, dass dem Verletzten ein Flyer des Weißen Rings oder der Opferhilfe ausgehändigt wurde. Bei Nachfrage stellen wir fest, dass selbst erfahrenen Polizeibeamten nicht bekannt ist, dass auch Verletzte zu belehren sind.

§ 406i StPO   Unterrichtung des Verletzten über seine Befugnisse im Strafverfahren

(1) Verletzte sind möglichst frühzeitig, regelmäßig schriftlich und soweit möglich in einer für sie verständlichen Sprache über ihre aus den §§ StPO § 406d bis StPO § 406h folgenden Befugnisse im Strafverfahren zu unterrichten und insbesondere auch auf Folgendes hinzuweisen:
1. sie können nach Maßgabe des § 158 eine Straftat zur Anzeige bringen oder einen Strafantrag stellen;
2. sie können sich unter den Voraussetzungen der §§ 395 bis 396 oder des § 80 Absatz 3 des Jugendgerichtsgesetzes der erhobenen öffentlichen Klage mit der Nebenklage anschließen und dabei
   a) nach § 397a beantragen, dass ihnen ein anwaltlicher Beistand bestellt oder für dessen Hinzuziehung Prozesskostenhilfe bewilligt wird,
   b) nach Maßgabe des § 398 Absatz 3 und der §§ 185 und 187 des Gerichtsverfassungsgesetzes einen Anspruch auf Dolmetschung und Übersetzung im Strafverfahren geltend machen;
3. sie können einen aus der Straftat erwachsenen vermögensrechtlichen Anspruch nach Maßgabe der §§ 403 bis 406c und des § 81 des Jugendgerichtsgesetzes im Strafverfahren geltend machen;
4. sie können, soweit sie als Zeugen von der Staatsanwaltschaft oder dem Gericht vernommen werden, einen Anspruch auf Entschädigung nach Maßgabe des Justizvergütungs- und entschädigungsgesetzes geltend machen;
5. sie können nach Maßgabe des § 155a eine Wiedergutmachung im Wege eines Täter-Opfer- Ausgleichs erreichen.

(2) Liegen Anhaltspunkte für eine besondere Schutzbedürftigkeit des Verletzten vor, soll der Verletzte im weiteren Verfahren an geeigneter Stelle auf die Vorschriften hingewiesen werden, die seinem Schutze dienen, insbesondere auf § 68a Absatz 1, die §§ 247 und 247a sowie die §§ 171b und 172 Nummer 1a des Gerichtsverfassungsgesetzes.

(3) Minderjährige Verletzte und ihre Vertreter sollten darüber hinaus im weiteren Verfahren an geeigneter Stelle auf die Vorschriften hingewiesen werden, die ihrem Schutze dienen, insbesondere die §§ 58a und 255a Absatz 2, wenn die Anwendung dieser Vorschriften in Betracht kommt, sowie auf § 241a.

§ 404d Auskunft über den Stand des Verfahrens

(1) Dem Verletzten ist, soweit es ihn betrifft, auf Antrag mitzuteilen:
1. die Einstellung des Verfahrens,
2. der Ort und Zeitpunkt der Hauptverhandlung sowie die gegen den Angeklagten erhobenen Beschuldigungen,
3. der Ausgang des gerichtlichen Verfahrens.

(2) Dem Verletzten ist auf Antrag mitzuteilen, ob
1. dem Verurteilten die Weisung erteilt worden ist, zu dem Verletzten keinen Kontakt aufzunehmen oder mit ihm nicht zu verkehren;
2. freiheitsentziehende Maßnahmen gegen den Beschuldigten oder den Verurteilten angeordnet oder beendet oder ob erstmalig Vollzugslockerungen oder Urlaub gewährt werden, wenn er ein berechtigtes Interesse darlegt und kein überwiegendes schutzwürdiges Interesse der betroffenen Person am Ausschluss der Mitteilung vorliegt; in dem im § 395 Absatz 1 Nummer 1 bis 5 genannten Fällen sowie in den Fällen des § 395 Absatz 3, in denen der Verletzte zur Nebenklage zugelassen wurde, bedarf es der Darlegung eines berechtigten Interesses nicht;
3. der Beschuldigte oder Verurteilte sich einer freiheitsentziehenden Maßnahme durch Flucht entzogen hat und welche Maßnahmen zum Schutz des Verletzten deswegen gegebenenfalls getroffen worden sind;
4. dem Verurteilten erneut Vollzugslockerungen oder Urlaub gewährt wird, wenn dafür ein berechtigtes Interesse dargelegt oder ersichtlich ist und kein überwiegendes schutzwürdiges Interesse des Verurteilten am Ausschluss der Mitteilung vorliegt.
(...)

(3) Der Verletzte ist über die Informationsrechte aus Absatz 2 Satz 1 nach der Urteilsverkündung oder Einstellung des Verfahrens zu belehren. *Über die* Informationsrechte aus Absatz 2 Satz 1 Nummer 2 bis 3 ist der Verletzte zudem *bei der Anzeigeerstattung zu belehren*, wenn die Anordnung von Untersuchungshaft gegen den Beschuldigten zu erwarten ist. (...)

Verletzte bestimmter Straftaten haben gesetzliche Rechte:
- Anschluss zum Verfahren als Nebenkläger (§§ 395, 396, 397 StPO, § 80 Abs. 3 JGG)
- Verfahrensbeistand, Beiordnung des Verfahrensbeistandes oder Prozesskostenhilfe (§ 397a StPO)
  ggf. schon im Ermittlungsverfahren (§ 406f, 406h StPO)
- Opferhilfe, psychosoziale Prozessbegleitung (§ 406g StPO)
- Geltendmachung eines aus der Straftat erwachsenen vermögensrechtlichen Schadens (§ 403 StPO)
- Informationen darüber, wann der Tatverdächtige aus der Haft entlassen wird oder aber später nach Verurteilung Lockerungsmaßnahmen erhält (§ 406d StPO)

1. Zuständigkeit und Zeitpunkt für die Unterrichtung

Beispiel
Das weibliche Opfer O erstattet bei der zuständigen Polizeibehörde gegen einen ihr namentlich bekannten Beschuldigten Strafanzeige wegen Vergewal-

tigung (§ 177 Abs. 1, Abs. 5 und Abs. 6 StGB), mithin eines Verbrechenstatbestandes. Die mit der Sachbearbeitung befasste Polizeibeamtin führt Vernehmungen (auch der Opferzeugin) durch und führt weitere, erforderliche Ermittlungsmaßnahmen durch. Weil es (aus rechtlichen Gründen) nicht zu einer Haftsache kommt, verbleiben die Verfahrensakten für weitere Wochen/Monate im Bereich der Polizei.
Wann haben Sie bei einer entsprechenden Konstellation die Geschädigte über die ihr aus den §§ 406d ff. StPO zustehenden Rechte belehrt? Noch nie? Warum nicht?

Zuständig für die Unterrichtung des Verletzten gemäß § 406i StPO ist regelmäßig die Polizei, beim Erstkontakt, im weiteren Ermittlungsverfahren die Staatsanwaltschaft, danach das Gericht[268].
Der Grund dafür ist der, dass die entsprechenden Informationen möglichst frühzeitig erfolgen sollen. Bei einem Erstkontakt mit dem Opfer (Strafanzeige) ist dies in der Regel die Polizei. Gemäß Nr. 174a RiStBV holt die Staatsanwaltschaft diese Belehrung (nur dann) nach, wenn eine entsprechende vorherige Belehrung nicht festgestellt werden kann.

610 Die wichtigsten Hinweispflichten sind im Detail in § 406i StPO dargelegt.

Beispiel für einen Hinweis betr. die Möglichkeiten der Inanspruchnahme eines Opferanwalts, der Opferhilfe sowie der psychosozialen Prozessbegleitung
Achtung: Gilt bei Vorliegen der entsprechenden Voraussetzungen der Nebenklage gemäß §§ 395, 397a StPO:
„Soweit Sie Strafanzeige gegen (…) wegen schweren sexuellen Missbrauchs zu Ihrem Nachteil erstattet haben, möchte ich Sie auf folgende Rechte hinweisen
Sie können sich sowohl während des Ermittlungsverfahrens als auch noch nach Anklageerhebung durch eine Rechtsanwältin oder einen Rechtsanwalt vertreten lassen. Diese sogenannten Opferanwälte haben das Recht zur Anwesenheit bei allen Sie betreffenden Vernehmungen – zudem darf der Opferanwalt/die Opferanwältin die Akten einsehen.
Für den Fall einer eventuellen Hauptverhandlung vor Gericht ist der Opferanwalt/die Opferanwältin anwesend, kann Anträge für Sie stellen und wird am Ende der Hauptverhandlung ein Plädoyer zur Sach- und Rechtslage aus Ihrer Sicht halten.
Ein Opferanwalt/eine Opferanwältin kann Ihnen auf Ihren Antrag schon im Ermittlungsverfahren ohne Kosten für Sie selbst durch das Gericht beigeordnet werden.
Ich weise Sie darüber hinaus auf die Möglichkeit einer Zeugenbegleitung (sogenannte psychosoziale Prozessbegleitung) durch einen Mitarbeiter/eine Mitarbeiterin einer Fachberatungsstelle hin. Sie können sich zu diesem Zweck beispielsweise an … (Opferschutzeinrichtung)
oder an eine andere Opferschutzeinrichtung wenden. Der Mitarbeiter/die Mitarbeiterin der Opferschutzeinrichtung

---

268 BeckOK StPO, Weiner § 406i Rn. 1

- vermittelt Sie ggf. an ein örtliches Opferhilfebüro
- informiert über den Ablauf einer Gerichtsverhandlung
- bietet am Tag der Verhandlung die Begleitung und Unterstützung an
- erläutert nach der Verhandlung auf Wunsch den Verfahrensausgang

Auch wenn Sie bereits einen Opferanwalt/eine Opferanwältin aufgesucht haben, kann eine solche Unterstützung sinnvoll und entlastend sein. Dabei geht es darum, Ihnen in der Zeit vor, während und nach der Verhandlung zur Seite zu stehen und nicht darum, über die Tat zu sprechen.
Die Zeugenbegleitung ist kostenlos und freiwillig. Sie wird von erfahrenen Sozialpädagogen/innen und Psychologen/innen durchgeführt."

Da nach der Verurteilung die Justizvollzugsanstalt bei der Staatsanwaltschaft Nachfrage hält, ob der Geschädigte beantragt hat, über Vollzugslockerungen oder die Entlassung aus der Haft informiert zu werden, **ist es dringend erforderlich, dass in der Akte deutlich sichtbar dokumentiert wird, ob der Geschädigte den Antrag gestellt hat bzw. wann.**

> **Merke**
> - Ein Opfer ist bereits frühzeitig/bei Erstkontakt, mithin i. d. R. durch die Polizei, auf die ihm aus §§ 406d ff. StPO zustehenden Rechte hinzuweisen.
> - Worüber das Opfer belehrt wurde, sollte in der Akte dokumentiert werden.
> - Insbesondere sollte der Akte – auch ohne großes Suchen- schnell zu entnehmen sein, ob der Verletzte beantragt hat, über die Haftentlassung oder Vollzugslockerungen informiert zu werden.

IV. Belehrung eines Beschuldigten nach Festnahme

1. Grundsätze

§ 114b StPO Belehrung des verhafteten Beschuldigten

(1) Der verhaftete Beschuldigte ist unverzüglich und schriftlich in einer für ihn verständlichen Sprache über seine Rechte zu belehren. Ist eine schriftliche Belehrung erkennbar nicht ausreichend, hat zudem eine mündliche Belehrung zu erfolgen. Entsprechend ist zu verfahren, wenn eine schriftliche Belehrung nicht möglich ist; sie soll jedoch nachgeholt werden, sofern dies in zumutbarer Weise möglich ist. Der Beschuldigte soll schriftlich bestätigen, dass er belehrt wurde; falls er sich weigert, ist dies zu dokumentieren.

(2) In der Belehrung nach Absatz 1 ist der Beschuldigte darauf hinzuweisen, dass er
1. unverzüglich, spätestens am Tag nach der Ergreifung, dem Gericht vorzuführen ist, das ihn zu vernehmen und über seine weitere Inhaftierung zu entscheiden hat,
2. das Recht hat, sich zur Beschuldigung zu äußern oder nicht zur Sache auszusagen,
3. zu seiner Entlastung einzelne Beweiserhebungen beantragen kann,

4. jederzeit, auch schon vor seiner Vernehmung, einen von ihm zu wählenden Verteidiger befragen kann.
4a. in den Fällen des § 140 die Bestellung eines Pflichtverteidigers nach Maßgabe des § 141 Absatz 1 und des § 142 Absatz 1 beantragen kann.
5. das Recht hat, die Untersuchung durch einen Arzt oder eine Ärztin seiner Wahl zu verlangen,
6. einen Angehörigen oder eine Person seines Vertrauens benachrichtigen kann, soweit der Zweck der Untersuchung dadurch nicht erheblich gefährdet wird,
7. nach Maßgabe des § 147 Absatz 4 beantragen kann, die Akten einzusehen und unter Aufsicht amtlich verwahrte Beweisstücke zu besichtigen, soweit er keine Verteidiger hat, und
8. bei Aufrechterhaltung der Untersuchungshaft nach Vorführung vor dem zuständigen Richter
   a) eine Beschwerde gegen den Haftbefehl einlegen oder eine Haftprüfung (§ 117 Absatz 1 und 2) und eine mündliche Verhandlung (§ 118 Absatz 1 und 2) beantragen kann,
   b) bei Unstatthaftigkeit der Beschwerde eine gerichtliche Entscheidung nach § 119 Absatz 5 beantragen kann und
   c) gegen behördliche Entscheidungen und Maßnahmen im Untersuchungshaftvollzug eine gerichtliche Entscheidung nach § 119 Absatz 1 beantragen kann.

Der Beschuldigte ist auf das Akteneinsichtsrecht des Verteidigers nach § 147 hinzuweisen. Ein Beschuldigter, der der deutschen Sprache nicht hinreichend mächtig ist oder der hör- oder sprachbehindert ist, ist in einer ihm verständlichen Sprache darauf hinzuweisen, dass er nach Maßgabe des § 187 Absatz 1 bis 3 des Gerichtsverfassungsgesetzes für das gesamte Strafverfahren die unentgeltliche Hinzuziehung eines Dolmetschers oder Übersetzers beanspruchen kann.

2. Zusätzliche Belehrung eines ausländischen Festgenommenen

613 Ein ausländischer Festgenommener ist über sein Recht auf unverzügliche Benachrichtigung seiner Konsularischen Vertretung zu belehren.

§ 114b Absatz 2 Satz 4 StPO Belehrung des verhafteten Beschuldigten

Ein ausländischer Staatsangehöriger ist darüber zu belehren, dass er die Unterrichtung der konsularischen Vertretung seines Heimatstaats verlangen und dieser Mitteilung zukommen lassen kann.

614 Bereits die Polizeibeamten, die die Festnahme durchführen, sind verpflichtet, hierüber zu belehren.[269] Das Unterbleiben der gebotenen Belehrung führt allerdings nicht zu einem Beweisverwertungsverbot.[270] Der Bundesgerichtshof hat dazu ausgeführt: „Indes zieht der Verstoß gegen die Belehrungspflicht aus Art 36 Abs. 1 lit. b Satz 3 WÜK kein Verwertungsverbot nach sich, das anzunehmen

---

269 BVerfG NJW 2007, 499
270 BGH 5 StR 116/01 bzw. BGHSt 52, 48 ff., dazu auch BVerfG 2 BvR 1579/11-juris

Völker- oder Verfassungsrecht nicht gebieten. Insoweit stellt sich die Rechtslage in Abwägung der widerstreitenden Interessen namentlich unter Berücksichtigung von Art und Gewicht des Verstoßes und von wesentlichen Belangen der Urteilsfindung im Strafverfahren anders dar als bei der in § 136 Abs. 1 Satz 2 StPO vorgeschriebenen Belehrung über das Schweigerecht und das Verteidigerkonsultationsrecht. Hierdurch werden die wesentlichen Rechte des Beschuldigten auf Selbstbelastungsfreiheit und effektive Verteidigung unmittelbar bezogen auf die Vernehmungssituation zentral geschützt. Die einem Beschuldigten aus Art. 36 Abs. 1 lit b Satz 3 WÜK zu erteilende Belehrung ist diesen Belehrungspflichten hinsichtlich ihrer Voraussetzungen und – was für die Annahme eines Verwertungsverbots wesentlich sein kann – hinsichtlich ihrer Bedeutung für ein mögliches Beweisergebnis zu Lasten des Beschuldigten nicht ausreichend ähnlich."

V. Belehrung von Zeugen und Beschuldigten im Zusammenhang mit Audio-Video-Vernehmungen

In jüngster Zeit sehen wir immer häufiger nicht nur Audio-Video-Vernehmungen von Beschuldigten, sondern auch von Zeugen. Grundsätzlich sollte man denken, dass es ausreichend ist, wenn die Vernehmungen – insbesondere der Zeugen – wörtlich verschriftet werden. Inzwischen beantragten jedoch erste Verteidiger die Aushändigung von Kopien dieser Vernehmungen. Da eine Aushändigung von Videoaufnahmen an Akteneinsichtsberechtigte jedoch immer die Gefahr in sich birgt, dass die Inhalte weitergereicht werden (schlimmstenfalls ganze Vernehmungen später in den Medien auftauchen), sind Zeugen und auch Beschuldigte insoweit zu belehren.

Beispiel

Der Verteidiger beantragt nach der Vernehmung der Zeugen X und Y vollständige Akteneinsicht, insbesondere auch eine Kopie der polizeilichen Audio-Videovernehmungen der Zeugen X und Y, und solange Aussetzung des Verfahrens, obwohl X und Y bereits in der Hautverhandlung als Zeugen vernommen wurden und dem Verteidiger eine Verschriftung der Vernehmungen der polizeilichen Vernehmungen vorliegen.

§ 58a Absatz 3 StPO   Aufzeichnung der Vernehmung in Bild und Ton

Widerspricht der Zeuge der Überlassung einer Kopie der Aufzeichnung seiner Vernehmung nach Absatz 2 Satz 3, so tritt an deren Stelle die Überlassung einer Übertragung der Aufzeichnung in ein schriftliches Protokoll an die zur Akteneinsicht Berechtigten nach Maßgabe der §§ 147, 406e. Wer die Übertragung hergestellt hat, versieht die eigene Unterschrift mit dem Zusatz, dass die Richtigkeit der Übertragung bestätigt wird. Das Recht zur Besichtigung der Aufzeichnung nach Maßgabe der §§ 147, 406e bleibt unberührt. Der Zeuge ist auf sein Widerspruchsrecht nach Satz 1 hinzuweisen.

§ 136 Absatz 4 StPO   Vernehmung

Die Vernehmung des Beschuldigten kann in Bild und Ton aufgezeichnet werden. Sie ist aufzuzeichnen, wenn
1. dem Verfahren ein vorsätzlich begangenes Tötungsdelikt zugrunde liegt und der Aufzeichnung weder die äußeren Umstände noch die besondere Dringlichkeit der Vernehmung entgegenstehen oder
2. die schutzwürdigen Interessen von Beschuldigten, die erkennbar unter eingeschränkten geistigen Fähigkeiten oder einer schwerwiegenden seelischen Störung leiden, durch die Aufzeichnung besser gewahrt werden können.

§ 58a Absatz 2 gilt entsprechend.

616 Die **Belehrung lautet** also **korrekt:** „Sie können der Überlassung der Kopie der Aufzeichnung der Vernehmung an Akteneinsichtsberechtigte, etwa den Verteidiger oder Nebenklagevertreter (oder sonstige Dritte) widersprechen. Möchten Sie das?"

Die Belehrung und der Widerspruch sind zu dokumentieren. Wird widersprochen, darf die Aufnahme nur in den Räumen der Staatsanwaltschaft oder später des Gerichts in Augenschein genommen werden.

L. Vernehmungen

I. Vernehmung des Beschuldigten

Betreffend die Belehrung des Beschuldigten vgl. unsere umfassenden Ausführungen zu K. I. Für die Beschuldigtenvernehmung durch die Polizeibeamten gelten ergänzend die Nummern 44, 45 RiStBV:

Nr. 44 RiStBV   Ladung und Aussagegenehmigung

(1) Die Ladung eines Beschuldigten soll erkennen lassen, dass er als Beschuldigter vernommen werden soll. Der Gegenstand der Beschuldigung wird dabei kurz anzugeben sein, wenn und soweit es mit dem Zweck der Untersuchung vereinbar ist. Der Beschuldigte ist durch Brief, nicht durch Postkarte, zu laden.

(2) In der Ladung zu einer richterlichen oder staatsanwaltschaftlichen Vernehmung sollen Zwangsmaßnahmen für den Fall des Ausbleibens nur angedroht werden, wenn sie gegen den unentschuldigt ausgebliebenen Beschuldigten in der Ladung darauf hinzuweisen, dass er, sofern er sich zu der Beschuldigung äußern will, einer Aussagegenehmigung des Dienstherrn bedarf. Erklärt der Beschuldigte seine Aussagebereitschaft, soll ihm Gelegenheit gegeben werden, diese Aussagegenehmigung einzuholen. Im Übrigen gilt Nummer 66 Absatz 2 und 3 entsprechend. voraussichtlich auch durchgeführt werden.

(3) Soll ein Richter, Beamter oder eine andere Person des öffentlichen Dienstes als Beschuldigter vernommen werden und erstreckt sich die Vernehmung auf Umstände, die der Amtsverschwiegenheit unterliegen können, so ist der Beschuldigte

Nr. 45 RiStBV   Form der Vernehmung und Niederschrift

(1) Die Belehrung des Beschuldigten vor seiner ersten Vernehmung nach § 136, § 163a Absatz 3 Satz 2 StPO ist aktenkundig zu machen.

(2) Für bedeutsame Teile der Vernehmung empfiehlt es sich, die Fragen, Vorhalte und Antworten möglichst wörtlich in die Niederschrift aufzunehmen. Legt der Beschuldigte ein Geständnis ab, so sind die Einzelheiten der Tat möglichst mit seinen eigenen Worten wiederzugeben. Es ist darauf zu achten, dass besonders solche Umstände aktenkundig gemacht werden, die nur der Täter wissen kann. Die Namen der Personen, die das Geständnis mit angehört haben, sind zu vermerken.

Die Polizei hat keine Befugnis, den Beschuldigten zwangsweise zur Vernehmung vorzuführen, es sei denn, dass die Voraussetzungen der §§ 127, 163b, 163c StPO vorliegen.

1. Schriftliche Vernehmung des Beschuldigten

In einfach gelagerten Fällen ist eine schriftliche Vernehmung des Beschuldigten möglich (§ 163a Abs. 1 S. 2 StPO). Das setzt zunächst einen einfach gelagerten Sachverhalt voraus, was bei Verbrechenstatvorwürfen regelmäßig nicht der Fall sein dürfte. In dem entsprechenden Anschreiben ist der Beschuldigten mit einfachen Worten aber unmissverständlich und deutlich auf die sich aus den §§ 136, 163a StPO ergebenden Rechte hinzuweisen. Zudem ist ihm eine angemessene Frist zur Stellungnahme zu setzen.

Macht der Beschuldigte von seinem Recht sich schriftlich zu äußern Gebrauch und ergeben diese schriftlichen Angaben, dass der Beschuldigte mit der schriftlichen Beantwortung überfordert war, ist eine persönliche Vernehmung erforderlich.[271]

Bereits die Anordnung zur Vernehmung des Beschuldigten hat verjährungsunterbrechende Wirkung (§ 78c Absatz 1 Nummer 1 StGB).

Im Übrigen gelten unsere Ausführungen zu Fragetechnik, Vorhalten und Hinweisen betreffend die Vernehmung von Zeugen ebenso.

II. Vernehmung von Zeugen

1. Angaben zur Person

620 § 68 StPO Vernehmung zur Person

(1) Die Vernehmung beginnt damit, dass der Zeuge über Vornamen, Nachnamen, Geburtsnamen, Alter, Beruf und Wohnort befragt wird. Ein Zeuge, der Wahrnehmungen in amtlicher Eigenschaft gemacht hat, kann statt des Wohnortes den Dienstort angeben.

1.1 Grundsatz

621 Die Vernehmung beginnt mit den Angaben des Zeugen zu seiner Person. Diese Verfahrensweise dient dem Zweck, Personenverwechslungen zu vermeiden[272]. Zudem werden diese Angaben benötigt, um über Belehrungspflichten gemäß §§ 52, 53 StPO (vgl. dazu N. III 5.) d)) entscheiden zu können.

622 Schließlich haben die entsprechenden Angaben für die Beurteilung der Glaubwürdigkeit des Zeugen Bedeutung. Das führt dazu, dass die Personalien des Zeugen vor dem Angeklagten und dem Verteidiger nicht geheim gehalten werden dürfen.[273] Der **Bundesgerichtshof** hat dies unter Hinweis darauf, dass die Verteidigung sonst in einem für die Entscheidung wesentlichen Punkt unzulässig beschränkt werde (§ 338 Nr. 8 StPO) ausdrücklich betont:

623 „Die Personalien eines Zeugen sind unter Umständen geeignet, die Beurteilung seiner Glaubwürdigkeit zu beeinflussen. Dem trägt die StPO durch ausdrückliche Vorschriften Rechnung. Nach ihrem § 68 Satz 1 beginnt die Vernehmung eines Zeugen damit, dass er „über Vornamen und Zunamen, Alter, Stand oder Gewerbe und Wohnort befragt wird". Das mag zwar nur eine Ordnungsvorschrift sein (RGSt. 40, 157, 158), die hauptsächlich bezweckt, Personenverwechslungen zu vermeiden (vgl. RGSt. 55, 22). Nach § 222 Abs. 1 StPO haben aber Gericht und StA, „wenn sie außer den in der Anklageschrift benannten oder auf

---

271 BeckOK StPO, Graf § 163a Rn. 11
272 KK-StPO, Slawik § 68 Rn. 1
273 KK-StPO, Slawik § 68 Rn. 1

Antrag des Angeklagten geladenen Zeugen oder Sachverständigen noch andere Personen laden, dem Angeklagten diese Personen rechtzeitig namhaft zu machen und ihren Wohn- oder Aufenthaltsort anzugeben". Die gleiche Mitteilung hat der Angeklagte dem Gericht und der StA zu machen, wenn er Zeugen oder Sachverständige unmittelbar lädt oder zur Hauptverhandlung stellen will (§ 222 Abs. 2 StPO). Diese Bestimmungen sollen rechtzeitige Erkundigungen über die Zeugen oder Sachverständigen ermöglichen (vgl. § 246 Abs. 2 StPO). Das Gesetz sieht es also als selbstverständlich an, dass jeder Zeuge unter seinem richtigen und nicht unter einem Decknamen in das Verfahren eingeführt und in der Hauptverhandlung vernommen wird. Die StrK hätte daher die Persönlichkeit des Zeugen nicht vor den Angeklagten und den Verteidigern geheim halten dürfen."[274]

Dieser Rechtsprechung aus dem Jahr 1970 bleibt die Aktualität der Problematik nicht versagt.

§ 338 StPO   Absolute Revisionsgründe

Ein Urteil ist stets auf einer Verletzung des Gesetzes beruhend anzusehen, (...)
8. wenn die Verteidigung in einem für die Entscheidung wesentlichen Punkt durch einen Beschluss des Gerichts unzulässig beschränkt worden ist.

Das Gericht benötigt diese Angaben mithin zwingend.

1.2 Ausnahmen

1.2.1 Angabe des Namens

Der Bundesgerichtshof hat festgestellt, dass bei einem aus Sicherheitsgründen zur Identitätsänderung veranlassten Zeugen auf die Angabe seines jetzigen Namens verzichtet werden darf, wenn nur so seine Vernehmung in der Hauptverhandlung ermöglicht werden kann.[275] Diese Annahme darf jedoch nicht zu „einem Selbstläufer" erklärt werden. **Eine entsprechende Verfahrensweise stellt eine absolute Einzelfallentscheidung dar und eine entsprechende Entscheidung durch die Polizei bedarf immer und ausnahmslos einer Rücksprache mit der zuständigen Staatsanwaltschaft.**

Das Gericht darf sich nämlich mit einer eventuellen Weigerung des Zeugen oder der Polizeibehörde, die (wahren) Personalien zu nennen, nicht einfach abfinden. Eine entsprechende Verfahrensweise bedarf immer einer substantiierten Äußerung über die Sicherheitsbedenken. Dabei sind der Verteidigung weniger einschneidender Maßnahmen zu bevorzugen, beispielsweise den Zeugen auf den Wegen zum Gericht und zurück sowie im Gericht selbst zu sichern. Auf die Mitteilung der Anschrift des Zeugen oder – im Falle einer Identitätsänderung – auf die Angabe seines jetzigen Namens zu verzichten, stünde § 68 StPO nur dann nicht entgegen, wenn nur so eine Vernehmung des Zeugen in der Haupt-

---

274 BGH, Urteil vom 14.4.1970 – 5 StR 627/69 (LG Stade)
275 KK-StPO, Slawik § 68 Rn. 2

verhandlung und damit ein rechtsstaatlich besseres Verfahren ermöglicht werden kann.[276]

1.2.2 Angabe des Wohnortes

628 § 68 Abs. 1 S. 3 StPO ermöglicht es, alternativ zur Wohnortangabe den Dienstort anzugeben. Diese Ausnahme ist zulässig bei Personen, die Wahrnehmungen in amtlicher Eigenschaft gemacht haben (z. B. Richter, Staatsanwälte, Polizeibeamte, Steuerfahnder, Strafvollzugsbeamte bei dienstlichen Verrichtungen). Denn bei diesen Personen wird davon ausgegangen, dass auch die Angabe ihres Dienstortes ihre Identitätsfeststellung ermöglicht. Dienstort ist der Ort, an dem die Behörde, der der Zeuge angehört, ihren Sitz hat (nicht eine Außenstelle).[277]

2. Angaben zu Sache

629 Nach der Belehrung des Zeugen (vgl. N. III. 5.)) folgt die Vernehmung zur Sache. In welcher Form die Vernehmung eines Zeugen durchzuführen ist, ergibt sich zunächst aus § 69 StPO.

§ 69 StPO Vernehmung zur Sache

(1) Der Zeuge ist zu veranlassen, das, was ihm von dem Gegenstand seiner Vernehmung bekannt ist, im Zusammenhang anzugeben. Vor seiner Vernehmung ist dem Zeugen der Gegenstand der Untersuchung und die Person des Beschuldigten, sofern ein solcher vorhanden ist, zu bezeichnen.

(2) Zur Aufklärung und zur Vervollständigung der Aussage sowie zur Erforschung des Grundes, auf dem das Wissen des Zeugen beruht, sind nötigenfalls Fragen zu stellen. Zeugen, die durch die Straftat verletzt sind, ist insbesondere Gelegenheit zu geben, sich zu den Auswirkungen, die die Tat auf sie hatte, zu äußern.

(3) Die Vorschrift des § 136a gilt für die Vernehmung des Zeugen entsprechend.

2.1 Ablauf der Zeugenvernehmung

630 Die Vorschrift, die sowohl für richterliche als auch für Vernehmungen durch die Staatsanwaltschaft und die Polizei gilt,[278] gibt den Ablauf der Zeugenvernehmung wieder.
Nach der Vernehmung zur Person, der Belehrung sowie der Unterrichtung über den Untersuchungsgegenstand (vgl. N. III.) folgt mithin die Vernehmung des Zeugen zur Sache (§ 69 Abs. 1 Satz 1 StPO).

631 Der nun folgende, sogenannte Sachbericht stellt sich als **zentraler Teil der Zeugenaussage** dar.[279] Dem Zeugen ist mithin die Gelegenheit zu geben das, was er zur Sachaufklärung beitragen kann, mit eigenen Worten im Zusammenhang (**ohne Unterbrechungen**) zu schildern. Erst im Anschluss daran sollen Fragen

---

276 BGH, Urteil vom 10.10.1979 – 3 StR 281/79 (S) (LG Frankfurt)
277 KK-StPO, Slawik StPO § 69 Rn. 6
278 Nomos Kommentar Gesamtes Strafrecht, Pflieger/Ambos StPO § 163b Rn. 2
KK-StPO, Slawik § 69 Rn. 1
279 BeckOK StPO, Monka, § 69 Vor Rn. 1

zur Vertiefung und Ergänzung gestellt werden, die auch der Überprüfung des zusammenhängenden Berichts dienen können.[280] Dies gestaltet sich nicht immer ganz einfach. Leider sehen wir fast nie, dass ein Zeuge oder auch Beschuldigter (für den gilt in der Vernehmung dasselbe) zunächst die Gelegenheit erhält, den Sachverhalt von sich aus im Ganzen (und ohne Unterbrechungen) zu berichten.

Beispiel 632
Die mutmaßlich Geschädigte (G) bringt eine Vergewaltigung (§ 177 StGB) zur Anzeige. Sie gibt an, von dem Täter (T) „vergewaltigt" worden zu sein. *„Und dann hat er mich vergewaltigt".* Der vernehmende Beamte[281] erfragt zunächst die persönlichen Verhältnisse der Zeugin. Dann gibt er der Zeugin erneut Gelegenheit zu berichten, was eigentlich vorgefallen ist. „Ja, wie gesagt, dann hat er mich vergewaltigt. Er hat..." Der Beamte unterbricht: „Was ist genau passiert? Wo hat T sie berührt? Wie ist T in Sie eingedrungen? Verstehen Sie bitte, dass ich den Vorgang im Einzelnen verstehen und protokollieren muss". Die Zeugin setzt ein weiteres Mal an: „T hat..." Sie stockt. Es fällt ihr schwer zu sprechen. Gleichwohl beginnt sie (unter Tränen) noch einmal zu sprechen: „Er hat seinen Finger...". Die Zeugin wird wieder unterbrochen. Der Beamte bemerkt, wie schwer es G fällt, über das Geschehene zu berichten. Er will es der Zeugin leichter machen: „Hat T seinen Finger vaginal bei Ihnen eingeführt?" Die Zeugin versteht offenbar das Wort „vaginal" nicht. Sie beginnt zu sprechen, schluckt, weint: „Er...". Wieder der Beamte: „Hat er...?"

Erkennen Sie das Problem? Merken Sie, dass und warum diese Vernehmung „für 633 die Tonne" sein wird? So schwer es der Zeugin auch fällt: Für die Würdigung der Angaben der Zeugin werden Angaben im Zusammenhang, ausnahmslos ununterbrochen und mit den eigenen Worten der Zeugin protokolliert, benötigt. Warum?

Was genau die Zeugin unter einer Vergewaltigung versteht, ist unklar und ent- 634 spricht i. d. R. nicht der gesetzlichen Tatbestandsmäßigkeit. Im Rahmen der rechtlichen Würdigung dieser Tat kommt es im Detail auf die Erinnerungen und entsprechende unbeeinflusste Angaben der Zeugin an. Naturgemäß handelt es sich bei entsprechenden Taten um sog. Aussage-gegen-Aussage-Konstellationen, weil objektive Dritte (Zeugen, die das Geschehen beobachtet haben), nicht zur Verfügung stehen. Ob und wenn ja, wie es zu einem Eindringen des Täters in Körperöffnungen der Geschädigten gekommen ist, bedarf der ausnahmslosen Aufklärung und diese kann nur die Zeugin (nicht der Beamte mit entsprechenden Vermutungen und Vorhalten) formulieren. Ob das durch die Zeugin geschilderte Verhalten tatsächlich, wie sie selber meint, eine Vergewaltigung im rechtlichen Sinne darstellt, ist nicht immer einfach zu entscheiden. Es bedarf vorab einer umfassenden Sachverhaltsfeststellung, die nur mit den unbeeinflussten Angaben der Zeugin (und später weiteren Ermittlungserkenntnissen) möglich wird.

---

280 BeckOK StPO, Monka § 69 Vor Rn. 1
281 Auch wenn es sich hier oftmals um eine Vernehmungsbeamtin handelt, verbleibt es bei den Darstellungen rein aus Gründen der Einheitlichkeit bei der männlichen Schreibweise

635 In dem obigen Beispielsfall sind mehrere Fehler passiert, welche im weiteren Verlauf des Verfahrens zu Problemen hinsichtlich der Würdigung der Aussage der Zeugin sowie ggf. der Verwertbarkeit führen. Denn die letztendlich protokollierte Aussage stellt nicht die Aussage der Geschädigten dar. Ob die Zeugin die aus den Akten ersichtlichen Details im Rahmen einer späteren Hauptverhandlung tatsächlich so erinnern wird, erscheint höchst fraglich. Die Zeugin sollte (und wollte) Angaben aus freien Stücken und mit eigenen Worten tätigen, ist dazu aber (aufgrund mehrfacher Unterbrechungen, die gut gemeint gewesen sein können – das Verfahren schlussendlich aber zum Scheitern bringen können) gekommen. Die Angaben, die protokolliert wurden, sind nicht die Angaben der Zeugin, denn im weiteren Verlauf wurden suggestive Fragen gestellt (*„Hat er...?"*) und die Zeugin konnte nicht mehr unbeeinflusst das berichten, was tatsächlich vorgefallen war.

Beispiel
Oftmals meint die Zeugin **nicht** vergewaltigt worden zu sein, weil der Täter sie „nur gefingert" habe. Dies kann der Zeugin zweifelsohne nicht vorgeworfen werden. Der Beamte aber hat eine entsprechende rechtliche Würdigung vorzunehmen, um im weiteren Ermittlungsverfahren entsprechende Vorhalte tätigen und für weitere Belehrungen (insbesondere des Beschuldigten) richtige Entscheidungen treffen zu können. Auch das ist nur mit den (**eigenen**) Angaben der Geschädigten möglich.

2.2 Exkurs Vergewaltigung

636 § 177 StGB   Sexueller Übergriff; sexuelle Nötigung; Vergewaltigung

(1) Wer *gegen den erkennbaren Willen* **einer anderen Person** *sexuelle Handlungen* **an dieser Person vornimmt oder von ihr vornehmen lässt oder diese Person zur Vornahme oder Duldung sexueller Handlungen an oder von einem Dritten bestimmt, wird mit Freiheitsstrafe von sechs Monaten bis zu fünf Jahren bestraft.**

(2) Ebenso wird bestraft, wer sexuelle Handlungen an einer anderen Person vornimmt oder von ihr vornehmen lässt oder diese Person zur Vornahme oder Duldung sexueller Handlungen an oder von einem Dritten bestimmt, wenn
1. **der Täter ausnutzt, dass die Person nicht in der Lage ist, einen entgegenstehenden Willen zu bilden oder zu äußern,**
2. **der Täter ausnutzt, dass die Person auf Grund ihres körperlichen oder psychischen Zustands in der Bildung oder Äußerung des Willens erheblich eingeschränkt ist, es sei denn, er hat sich der Zustimmung dieser Person versichert,**
3. **der Täter ein Überraschungsmoment ausnutzt,**
4. **der Täter eine Lage ausnutzt, in der dem Opfer bei Widerstand ein empfindliches Übel droht, oder**
5. **der Täter die Person zur Vornahme oder Duldung der sexuellen Handlung durch Drohung mit einem empfindlichen Übel genötigt hat.**

(3) Der Versuch ist strafbar.

(4) Auf Freiheitsstrafe nicht unter einem Jahr ist zu erkennen, wenn die Unfähigkeit, einen Willen zu bilden oder zu äußern, auf einer Krankheit oder Behinderung des Opfers beruht.

(5) Auf Freiheitsstrafe nicht unter einem Jahr ist zu erkennen, wenn der Täter

1. gegenüber dem Opfer Gewalt anwendet,
2. dem Opfer mit gegenwärtiger Gefahr für Leib oder Leben droht oder
3. eine Lage ausnutzt, in der das Opfer der Einwirkung des Täters schutzlos ausgeliefert ist.

(6) In besonders schweren Fällen ist auf Freiheitsstrafe nicht unter zwei Jahren zu erkennen. Ein besonders schwerer Fall liegt in der Regel vor, wenn
1. der Täter mit dem Opfer den Beischlaf vollzieht oder vollziehen lässt oder ähnliche sexuelle Handlungen an dem Opfer vornimmt oder von ihm vornehmen lässt, die dieses besonders erniedrigen, insbesondere, wenn sie mit einem Eindringen in den Körper verbunden sind (Vergewaltigung), oder
2. die Tat von mehreren gemeinschaftlich begangen wird.

(7) Auf Freiheitsstrafe nicht unter drei Jahren ist zu erkennen, wenn der Täter
1. eine Waffe oder ein anderes gefährliches Werkzeug bei sich führt,
2. sonst ein Werkzeug oder Mittel bei sich führt, um den Widerstand einer anderen Person durch Gewalt oder Drohung mit Gewalt zu verhindern oder zu überwinden, oder
3. das Opfer in die Gefahr einer schweren Gesundheitsschädigung bringt.

(8) Auf Freiheitsstrafe nicht unter fünf Jahren ist zu erkennen, wenn der Täter
1. bei der Tat eine Waffe oder ein anderes gefährliches Werkzeug verwendet oder
2. das Opfer
   a) bei der Tat körperlich schwer misshandelt oder
   b) durch die Tat in die Gefahr des Todes bringt.

(9) In minder schweren Fällen der Absätze 1 und 2 ist auf Freiheitsstrafe von drei Monaten bis zu drei Jahren, in minder schweren Fällen der Absätze 4 und 5 ist auf Freiheitsstrafe von sechs Monaten bis zu zehn Jahren, in minder schweren Fällen der Absätze 7 und 8 ist auf Freiheitsstrafe von einem Jahr bis zu zehn Jahren zu erkennen.

Die Komplexität dieser Rechtsmaterie wird bereits beim Lesen der Vorschrift deutlich. Im Rahmen dieses Exkurses konzentrieren wir uns allein auf die obigen Beispielsfälle und die insoweit zu klärenden Fragen.

Die Geschädigte meint, vergewaltigt worden zu sein. Dies erfordert gemäß § 177 Abs. 1, Abs. 6 StGB die Vollziehung des Beischlafs oder eine ähnlich schwerwiegende Handlung. Sofern die Handlung mit dem Eindringen in den Körper der Geschädigten verbunden ist, geht die Rechtsprechung i. d. R. von einer solchen Erniedrigung aus, weil das Opfer in diesen Fällen „unter Missachtung der Menschenwürde über die Verwirklichung des Grundtatbestandes hinaus zum bloßen Objekt herabgesetzt wird und dies gerade durch die Art und Weise der sexuellen Handlung zum Ausdruck kommt".[282] Dies wird auch durch die Formulierung des Regelbeispiels „insbesondere bei Handlungen, die mit einem Eindringen in den Körper verbunden sind", deutlich.

Ein Eindringen in den Körper i. S. d. § 177 Abs. 6 StGB erfordert nicht zwangsläufig die Durchführung bzw. den Beginn des Geschlechtsverkehrs. Die Rechtsprechung erfasst auch weitere Formen des Eindringens in den Körper des Opfers als eine besondere Erniedrigung, so beispielsweise das Einführen eines

---

282 Schönke/Schröder StGB, Eisele § 177 Rn. 100

Fingers in die Scheide oder den After, das Einführen von Gegenständen oder auch das Eindringen des Fingers in die mit dem Badeanzug bedeckte Scheide.[283]

640 Aber auch Handlungen, die **nicht mit dem Eindringen in den Körper verbunden sind**, lassen die Tatbestandsmäßigkeit nicht unbedingt entfallen. In diesen Fällen muss der hohe Erheblichkeitsgrad durch andere, ähnlich schwerwiegende Momente festgestellt werden, was beispielsweise bei Fäkalerotik oder Bespritzen mit Sperma bejaht worden ist.[284]

641 In diesen weiteren, dem Beischlaf ähnlichen Fällen kommt es immer auf den Einzelfall und eine entsprechende Würdigung des Sachverhalts an.

642 Zurück zu obigem Beispielsfall (S. 192 (Rn. 635)) und Zusammenfassung: Der Zeugin ist ausdrücklich und ausnahmslos Gelegenheit zu geben, im Zusammenhang zu schildern, was ihr widerfahren ist. Auch in den Fällen, in denen es Zeugen naturgemäß schwerfällt zu sprechen, mithin Worte zu finden, die das Geschehene beschreiben, kommt der Vernehmungsbeamte nicht umhin, die Zeugin sprechen zu lassen.

643 Aus der Aussage des Zeugen selbst (ohne Vorhalte und Vorgaben) muss erkennbar sein, „was der Zeuge über einen Vorgang aus lebendiger Erinnerung zu berichten weiß und was er erst bekunden kann, nachdem seinem Gedächtnis in irgendeiner Weise nachgeholfen worden ist."[285] Der Zeuge soll zunächst unbeeinflusst und im Zusammenhang schildern, was er weiß. Sofern diese Vorschrift konsequent angewandt wird, kommt dem Beweiswert der entsprechenden Aussage eine besondere Bedeutung zu. Zudem hat es Vorteile für den Vernehmenden sowie die weiteren mit der Entscheidung über die Sache befassten Personen (StA, Ermittlungsrichter, erkennendes Gericht). Diesen wird so nämlich ein unverfälschtes Bild des Geschehens – oder zumindest der Angaben des Zeugen – vermittelt und so die Grundlage für die Beurteilung der Glaubhaftigkeit der Darstellung gegeben. Werden dem Zeugen hingegen Vorgaben gemacht oder werden ihm verfrüht Vorhalte aus früheren Angaben bzw. den Angaben weiterer Beteiligter gemacht, wird eine unvoreingenommene und damit im Zweifel auch unverfälschte Aussage kaum möglich sein.

644 Das soll nun nicht bedeuten, dass sich ein Zeuge durch vorherige Einsichtnahme in Unterlagen oder andere urkundlich dokumentierte Erkenntnisse nicht vorbereitet haben könnte. Die Gerichte erwarten eine entsprechende Vorbereitung sogar, dies insbesondere bei Berufszeugen, weil nur so die strafprozessuale Wahrheitsfindung möglich ist. „Nichts ist nämlich der strafprozessualen Wahrheitsfindung abträglicher als ein schlecht vorbereiteter Zeuge, der seine Zeugenpflicht nicht ernst nimmt."

---

283 Schönke/Schröder StGB, Eisele § 177 Rn. 102 m. w. N.
284 Schönke/Schröder StGB, Eisele § 177 Rn. 103 m. w. N.
285 BeckOK StPO, Monka § 69 Rn. 1

> **Merke** 645
> Nehmen Sie keinen Einfluss auf die Angaben von Zeugen, so insbesondere durch verfrühte oder gar suggestive Vorhalte und Nachfragen!

2.3 Fragen und Vorhalte

§ 69 Abs. 2 StPO Vernehmung zur Sache 646

(2) Zur Aufklärung und zur Vervollständigung der Aussage sowie zur Erforschung des Grundes, auf dem das Wissen des Zeugen beruht, sind nötigenfalls Fragen zu stellen.

Damit ein Zeuge den vorgenannten Sachbericht zutreffend und umfassend wiedergeben kann, bestimmt § 69 Abs. 2 Satz 1 StPO, dass der Vernehmende nötigenfalls Fragen stellt. 647
Dabei sind Fragen offen zu formulieren. Das heißt, dass Fragen, die so formuliert sind, dass sie dem Zeugen eine bestimmte Antwort bereits „in den Mund legen, zur Sachverhaltsaufklärung nicht beitragen können. Leider gestaltet sich auch dies in der Praxis nicht immer ganz einfach.

Beispiel 648
Suggestiv: „Warum haben sie sich so schnell vom Tatort entfernt?" Diese Frage suggeriert dem Zeugen, dass er sich schnell vom Tatort entfernt habe. Der Zeuge ist durch die entsprechende Wertung des Fragenden beeinflusst.
Besser: „Warum haben Sie den Tatort verlassen?" Die Frage gibt dem Zeugen keine entsprechende Wertung (schnell?) mit.
Aber: Auch hier gilt, dass zum Zeitpunkt der Frage bereits feststehen muss, dass sich der Zeuge vom Tatort entfernt hat. Sofern diese Tatsache mit dem Zeugen noch nicht besprochen sein sollte, würde die Frage lauten: Wie lange sind Sie am Tatort verblieben? Erst danach könnte gefragt werden, warum sich der Zeuge (Zeitpunkt) vom Tatort entfernt hat.

2.3.1 Ausnahmen

Die Rechtsprechung erkennt teilweise Ausnahmen an. So soll eine suggestive Befragung der Überprüfung der Glaubwürdigkeit eines Zeugen zulässig sein, wenn dies der Überprüfung der Glaubwürdigkeit dient.[286] 649

Beispiel 650
Der 3-jährige Geschädigte Junge (J) wurde am Nachmittag durch seinen 19-jährigen Onkel (O) beaufsichtigt, während sich die Eltern nicht vor Ort befanden. Gemeinsam mit dem Onkel (Täter) befand J sich auf dem großelterlichen landwirtschaftlichen Gehöft, spielte und sah dem O bei kleineren Arbeiten zu. Am Abend erzählte J seiner Mutter (M), dass O ihm gezeigt habe, wie man „den Pullermann" hoch- und runtermachen könne, um so „Pudding" zu bekommen. M konnte es zunächst nicht glauben, griff zielsicher nach ihrem Smartphone, bat J das noch einmal zu erzählen und nahm die Worte des J digital auf. Im Rahmen dieser Aufnahme – insbesondere um

---
[286] MüKo StPO, Gaede § 241 Rn. 22

J zu einem nochmaligen Erzählen der Geschichte zu animieren- begann M suggestiv: „J ... du hast mir doch gerade davon erzählt, dass du mit O zusammen hinter der Scheune gewesen bist ... erzähl das doch bitte noch einmal." Der (3-jährige!) J erwiderte wissend: „Nein, Mama, das mit dem Pullermann hoch- und runter war im Heu, nicht hinter der Scheune!" Die Angaben des J sind in diesem Fall (trotz Suggestion) als besonders glaubhaft und erlebnisbasiert einzustufen. Das Kind hat auf den ihm einen Ort vorgebenden Vorhalt der Mutter spontan und bildlich reagiert, den Ort des Geschehens richtiggestellt und das Geschehen kindlich konkret geschildert. O wurde verurteilt. Sie fragen sich, aufgrund welcher Norm eine Verurteilung erfolgte, weil O den J doch gar nicht „angefasst" habe?

2.3.2 Exkurs Missbrauch von Kindern

651 § 176 StGB Sexueller Missbrauch von Kindern

(1) Mit Freiheitsstrafe nicht unter einem Jahr wird bestraft, wer
1. sexuelle Handlungen an einer Person unter vierzehn Jahren (Kind) vornimmt oder an sich von dem Kind vornehmen lässt,
2. ein Kind dazu bestimmt, dass es sexuelle Handlungen an einer dritten Person vornimmt oder von einer dritten Person an sich vornehmen lässt,
3. ein Kind für eine Tat nach Nummer 1 oder Nummer 2 anbietet oder nachzuweisen verspricht.

(2) In den Fällen des Absatzes 1 Nummer 1 kann das Gericht von Strafe nach dieser Vorschrift absehen, wenn zwischen Täter und Kind die sexuelle Handlung einvernehmlich erfolgt und der Unterschied sowohl im Alter als auch im Entwicklungsstand oder Reifegrad gering ist, es sei denn, der Täter nutzt die fehlende Fähigkeit des Kindes zur sexuellen Selbstbestimmung aus.

652 Sexuelle Handlungen vor Kindern unter 14 Jahren sind strafbar. Bei J (3 Jahre alt) handelt es sich unzweideutig um ein Kind.

> **Merke**
>
> Auch pornographische Reden vor Kindern sind mit Strafe bedroht (§ 176 Abs. 4 Nr. 4 StGB).

Suggestive Vorhalte können mithin positive Wirkungen haben. Gleichwohl ist insoweit Rückhaltung zu wahren. Nicht immer gehen Zeugen darauf ein und finden „den Weg in die eigene Erinnerung". In der Regel sind Kinder besonders suggestibel (i. d. R. je jünger je suggestibler). Auf Suggestion des Vernehmungsbeamten beruhende Angaben, die das Kind in späteren Vernehmungen nicht ausnahmslos widerspruchsfrei wiedergeben kann, haben keinen besonders hohen Beweiswert (mehr). Dies gilt es zu vermeiden.

653 Kinder, die Opfer von Sexualstraftaten geworden sind, sollen, um Mehrfachvernehmungen zu vermeiden, richterlich und nebst Aufzeichnung der Vernehmung in Bild und Ton vernommen werden.

§ 58a StPO Aufzeichnung der Vernehmung in Bild und Ton

(1) Die Vernehmung eines Zeugen kann in Bild und Ton aufgezeichnet werden. Sie soll nach Würdigung der dafür jeweils maßgeblichen Umstände aufgezeichnet werden und als richterliche Vernehmung erfolgen, wenn
1. damit die schutzwürdigen Interessen von Personen unter 18 Jahren sowie von Personen, die als Kinder oder Jugendliche durch eine der in § 255a Absatz 2 genannten Straftaten verletzt worden sind, besser gewahrt werden können oder
2. zu besorgen ist, dass der Zeuge in der Hauptverhandlung nicht vernommen werden kann und die Aufzeichnung zur Erforschung der Wahrheit erforderlich ist.

Die Vernehmung muss nach Würdigung der dafür jeweils maßgeblichen Umstände aufgezeichnet werden und als richterliche Vernehmung erfolgen, wenn damit die schutzwürdigen Interessen von Personen, die durch Straftaten gegen die sexuelle Selbstbestimmung (§ 174 bis 184j des Strafgesetzbuches) verletzt worden sind, besser gewahrt werden können und der Zeuge der Bild-Ton-Aufzeichnung vor der Vernehmung zugestimmt hat.

Merke
- Lassen Sie den Zeugen reden!
- Vermeiden Sie suggestive Vorhalte!

3. Besondere praktische Problemstellungen

3.1 Aushändigung von Protokollen

Beispiel
Am Ende des Protokolls heißt es: „Mit dem Rechtsanwalt des Zeugen wurde vereinbart, dass dieser das Protokoll der Zeugenvernehmung noch mal zur Autorisierung erhält."

Protokolle von Zeugenvernehmungen sollten **niemals** an diese oder deren Rechtsanwälte ausgehändigt werden. Über die Aushändigung von Aktenbestandteilen entscheidet im Ermittlungsverfahren nämlich die Staatsanwaltschaft. Handelt es sich dabei um eine reine „Förmelei" oder gar „Rechthaberei"? Oder warum dies tatsächlich problematisch sein kann:

§ 147 StPO Akteneinsichtsrecht, Besichtigungsrecht; Auskunftsrecht des Beschuldigten

(1) Der Verteidiger ist befugt, die Akten, die dem Gericht vorliegen oder diesem im Falle der Erhebung der Anklage vorzulegen wären, einzusehen sowie amtlich verwahrte Beweisstücke zu besichtigen.

(2) Ist der Abschluss der Ermittlungen noch nicht in den Akten vermerkt, kann dem Verteidiger die Einsicht in die Akten oder einzelne Aktenteile sowie die Besichtigung von amtlich verwahrten Beweisgegenständen versagt werden, soweit dies den Untersuchungszweck gefährden kann. Liegen die Voraussetzungen von Satz 1 vor und befindet sich der Beschuldigte in Untersuchungshaft oder ist diese im Fall der vorläufigen Festnahme beantragt, sind dem Verteidiger die für die Beurteilung der Rechtmäßigkeit der Freiheitsent-

ziehung wesentlichen Informationen in geeigneter Weise zugänglich zu machen; in der Regel ist insoweit Akteneinsicht zu gewähren.

(3) Die Einsicht in die Protokolle über die Vernehmung des Beschuldigten und über solche richterlichen Untersuchungshandlungen, bei denen dem Verteidiger die Anwesenheit gestattet worden ist oder hätte gestattet werden müssen, sowie in die Gutachten von Sachverständigen darf dem Verteidiger in keiner Lage des Verfahrens versagt werden.

(4) Der Beschuldigte, der keinen Verteidiger hat, ist in entsprechender Anwendung der Absätze 1 bis 3 befugt, die Akten einzusehen und unter Aufsicht amtlich verwahrte Beweisstücke zu besichtigen, soweit der Untersuchungszweck auch in einem anderen Strafverfahren nicht gefährdet werden kann und überwiegende schutzwürdige Interessen Dritter nicht entgegenstehen. Werden die Akten nicht elektronisch geführt, können ihm an Stelle der Einsichtnahme in die Akten Kopien aus den Akten bereitgestellt werden.

(5) Über die Gewährung der Akteneinsicht entscheidet im vorbereitenden Verfahren und nach rechtskräftigem Abschluss des Verfahrens die Staatsanwaltschaft, im Übrigen der Vorsitzende des mit der Sache befassten Gerichts. Versagt die Staatsanwaltschaft die Akteneinsicht, nachdem sie den Abschluss der Ermittlungen in den Akten vermerkt hat, versagt sie die Einsicht nach Absatz 3 oder befindet sich der Beschuldigte nicht auf freiem Fuß, so kann gerichtliche Entscheidung durch das nach § 162 StPO zuständige Gericht beantragt werden. Die §§ § 297 StPO bis § 300 StPO, § 302 StPO, §§ 306 StPO bis 309 StPO, § 311a StPO und § 473a StPO gelten entsprechend. Diese Entscheidungen werden nicht mit Gründen versehen, soweit durch deren Offenlegung der Untersuchungszweck gefährdet werden könnte.

(6) Ist der Grund für die Versagung der Akteneinsicht nicht vorher entfallen, so hebt die Staatsanwaltschaft die Anordnung spätestens mit dem Abschluss der Ermittlungen auf. Dem Verteidiger oder dem Beschuldigten, der keinen Verteidiger hat, ist Mitteilung zu machen, sobald das Recht zur Akteneinsicht wieder uneingeschränkt besteht.

657 Gem. § 147 Absatz 5 Satz 1 StPO entscheidet also die Staatsanwaltschaft über Akteneinsicht; diese Befugnis ist ausschließlich.

658 Das heißt im Ergebnis nicht, dass der ermittelnde Polizeibeamte gehindert wäre, im Rahmen von Vernehmungen Vorhalte aus den Akten zu machen. Im Gegenteil: Diese sind wichtig und in der Regel unumgänglich. Auch die Herausgabe der Vernehmungsniederschrift durch die Polizeibehörde wird als zulässig angesehen.[287] Dieses Recht ist jedoch im Gesamtkontext der Vorschrift zu sehen. Die Polizeibehörde ist – je nach Zeitpunkt und Fortschritt der Ermittlungen – aktenbesitzende Stelle – nicht aber aktenführende Behörde- und insoweit **verpflichtet, etwaige Akteneinsichtsanträge an die Staatsanwaltschaft weiterzuleiten.**[288]

659 Die Vorschrift des § 147 StPO ist sehr komplex. Neben der Frage der Zuständigkeit für die Gewährung der Akteneinsicht (Abs. 5), regelt die Vorschrift beispielsweise

---

287 MüKo StPO, Thomas, Kämpfer § 147 Rn. 41
288 MüKo StPO, Thomas, Kämper § 147 Rn. 41

- Einschränkungen vom Recht auf Akteneinsicht wegen Gefährdung des Untersuchungszwecks,
- das Akteneinsichtsrecht des unverteidigten Beschuldigten,
- den Umfang und die Häufigkeit des Akteneinsichtsrechts,
- die Besichtigung amtlich verwahrter Beweisstücke und neben weiteren Details insbesondere
- die Form der Gewährung der Akteneinsicht.

Insbesondere der Beweiswert der Angaben von Zeugen erfordert einen besonders sensiblen Umgang mit entsprechenden Vernehmungsprotokollen. Angaben von (Belastungs-) Zeugen erlangen im Strafverfahren eine besondere Bedeutung. Nicht selten gibt es Widersprüche in den jeweiligen Angaben, welche gewertet werden müssen. Widersprüche, die Reaktion von Belastungszeugen auf entsprechende Vorhalte sowie weitere, sich aus den Ermittlungsakten ergebende Detailerkenntnisse runden das Bild ab, welches für die Beweiswürdigung maßgeblich ist. Sind Angaben von Zeugen erlebnisbasiert? Ein wichtiger Punkt zur Beantwortung dieser Frage ist neben der Entstehung der Aussage deren Übereinstimmung mit weiteren Erkenntnissen sowie letztlich die Aussagekonstanz.

Beispiel
Das Landgericht B verurteilte den Angeklagten wegen schweren sexuellen Missbrauchs von Kindern in sieben Fällen unter Einbeziehung weiterer Strafen zu einer Gesamtfreiheitsstrafe. Dem Urteil lag betreffend die Sexualstraftaten folgender Sachverhalt zugrunde:
„Der Angeklagte missbrauchte seine im Jahr (…) geborene Tochter, die Nebenklägerin, indem er ihren äußeren Genitalbereich massierte und mit einem Finger in die Scheide eindrang. Ein solches Geschehen ereignete sich mindestens dreimal auf dem Sofa des Wohnzimmers und mindestens dreimal im Bett des Angeklagten. Bei einer weiteren Tat auf dem Sofa führte der Angeklagte eine Flasche in die Scheide der Nebenklägerin ein. Als diese vor Schmerzen schrie, führte er stattdessen seinen Finger ein."
Die Verurteilung des Angeklagten beruhte auf den Angaben der Geschädigten. Neutrale Zeugen oder andere objektive Beweise standen nicht zur Verfügung, was bei entsprechenden Sexualstraftaten in der Regel der Fall ist. Das Landgericht hat seine Überzeugung vom Tathergang und der Täterschaft des die Taten bestreitenden Angeklagten allein auf die Angaben der Nebenklägerin gestützt. Dabei kam der Aussagekonstanz eine wesentliche Bedeutung zu. Auf die Revision des Angeklagten wurde dieses Urteil aufgehoben. Der **Bundesgerichtshof** hat u. a. die durch das Landgericht erwähnte Aussagekonstanz nicht feststellen können: „Auch die Bewertung der Angaben als konstant findet in den Urteilsfeststellungen keine Stütze. Vielmehr hat das Landgericht „Abweichungen" im Aussageverhalten der Nebenklägerin ausgemacht, die „einige Details" vergessen, aber „einige wichtige Details" erstmals in der Hauptverhandlung bekundet habe. Die im Hinblick auf diese Besonderheiten erforderliche geschlossene Darstellung ihrer damaligen und ihrer Angaben in der Hauptverhandlung lässt das Landgericht dennoch vermissen und legt auch nicht alle selbst als solche erkannten Abweichungen dar. Insbesondere hätte die gewichtige Aussageerweiterung, der Angeklagte habe zunächst eine Flasche eingeführt – wobei für dieses einzig beträchtlich markante Detail offensichtlich zugrunde gelegt wird, dass dies nur

einen ergänzenden Handlungsteil bei einer von der Anklage erfassten Tat darstellt –, sorgfältiger in den Blick genommen werden müssen. Auf dieser Grundlage lässt sich die Wertung, die Angaben erfüllten das Glaubhaftigkeitskriterium der Konstanz, revisionsrechtlich nicht überprüfen."[289]

661 Das vorgenannte Beispiel ist eines von vielen. Die Frage der Aussagekonstanz bzw. nicht feststellbaren Konstanz der Angaben einer Opferzeugin ist gerade im Bereich des Sexualstrafrechts eine der wichtigsten Komponenten der Beweiswürdigung. Würde einer Geschädigten nunmehr durch die Aushändigung der bisherigen Vernehmungsprotokolle die Möglichkeit gegeben, sich anhand der bisherigen Aussagen im Detail vorzubereiten, um Widersprüche in den jeweiligen Angaben zu vermeiden, ließe sich dieser wichtige Baustein in der Würdigung der Angaben nicht mehr nutzen. Die Wertigkeit der Angaben einer Opferzeugin, die allzu konstant die Angaben der Erstvernehmung wiederholen würde, würde geschmälert. Gerade in derartigen Aussage-gegen-Aussage-Konstellationen würde so das oftmals einzige Beweismittel nicht mehr für eine Verurteilung gereichen.

662 **Merke**

Ohne eine Entscheidung des Staatsanwalts ist die Aushändigung von Protokollen oder sonstigen Aktenbestandteilen unzulässig – und kann fatale Folgen haben.

3.2 Täuschungen sind ebenfalls unzulässig

663 Täuschungen liegen etwa dann vor, wenn dem Beschuldigten gesagt wird, dass er verpflichtet ist, wahrheitsgemäße Angabe zu machen[290] oder es liege eine lückenlose Beweiskette vor, obwohl die Beweislage noch dürftig ist[291].

III. Sonderfall Vernehmung eines Beschuldigten/Zeugen bei eventuellem Rücktritt vom Versuch

664 Welche Fragen sind zu stellen, um den tatsächlich und rechtlich relevanten Sachverhalt zu ermitteln? Nur wer weiß, welche Punkte für die rechtliche Einordnung wesentlich sind, kann die entscheidenden Fragen stellen!

665 Wird einem Beschuldigten zur Last gelegt, versucht zu haben, einen Menschen zu töten, und er zu dem Tatvorwurf vernommen, werden häufig nicht die für die rechtliche und tatsächliche Beurteilung relevanten Fragen gestellt. Erfahrungsgemäß besteht in der Regel bei der Erstvernehmung am ehesten die Chance, herauszufinden, was tatsächlich zur Tatzeit in dem Beschuldigten vorgegangen ist. Diese Chance wird aber oft nicht genutzt. Nicht selten erfolgen vor der Erstvernehmung keine (detaillierten und auf alle Eventualitäten abgestimmten) Absprachen zwischen Staatsanwaltschaft und Vernehmungsteam.

---

289 BGH, Beschluss v. 17.9.2008 – 5 StR 284/08 –, BeckRS 2008, 21008 Rn. 10
290 LG Oldenburg NJW 67, 1096
291 BGH JR 90, 164

Daher erscheint es wichtig, dass die Beamten, die die Vernehmung durchführen, wissen, was für die Gesamtwürdigung rechtlich von Bedeutung ist. Dies gilt insbesondere deshalb, weil das Gericht ohne sichere Klärung der wesentlichen Fragen in dubio pro reo von dem für den Täter günstigeren Sachverhalt ausgehen muss.

Nach der Belehrung hat der Beschuldigte zunächst die Gelegenheit zu erhalten, den Sachverhalt vollständig aus seiner Sicht zu schildern. Dabei sollte er nicht unterbrochen werden.

Anschließend sind folgende Themenkomplexe durch Nachfragen zu erhellen:
– Tötungsvorsatz
– fehlgeschlagener/beendeter/unbeendeter Versuch
– freiwilliger Rücktritt vom Versuch
Dabei ist es wichtig, Fragen und Antworten wörtlich zu protokollieren.

Die nachfolgend erläuterten Begriffe (Vorsatz/Rücktritt vom Versuch u. a.) sind nicht nur relevant bei Kapitaldelikten, sondern auch bei allen anderen Vorsatzdelikten und bei versuchten Straftaten.

1. Vorsatzbegriff

Was unter Vorsatz (gilt für alle Delikte, für die Vorsatz erforderlich ist, also etwa Körperverletzungen, Sexualdelikte etc.) zu verstehen ist, ist häufig den Polizeibeamten nicht klar. Wissen Sie es? Kennen Sie den Unterschied zwischen direktem und bedingtem Tötungsvorsatz? Oder können Sie erklären, was konkret unter bedingtem Tötungsvorsatz zu verstehen ist?Fast durchgängig stellen wir fest, dass (bedingter) Vorsatz mit Absicht gleichgesetzt wird („Der wollte den doch gar nicht umbringen!"). Das ist aber falsch.

Ein **Vorsatz** liegt nicht nur bei Tötungs**absicht**/Verletzungs**absicht** vor, sondern auch dann, wenn der Erfolgseintritt (etwa Tod oder Verletzung) **billigend in Kauf genommen** wird. Für den Tötungsvorsatz beispielsweise formuliert bedeutet dies:

Tötungsabsicht
Der Wille ist auf den Erfolg gerichtet, also den Todeseintritt. Dem Täter kommt es genau darauf (Tod) an.

Bedingter Tötungsvorsatz
Der Todeseintritt ist nicht angestrebt und auch nicht gewollt, aber der Täter hält den Todeseintritt bei der Tatausführung für möglich und nicht ganz fernliegend und ist mit dem Todeseintritt einverstanden oder findet sich mit dem Todeseintritt ab bzw. es ist ihm gleichgültig.

> **Fahrlässigkeit**
> Von dem bedingten Vorsatz abzugrenzen ist die **bewusste Fahrlässigkeit**: Der Täter erkennt, dass der Todeseintritt möglich ist, vertraut aber aufgrund bestimmter Tatsachen darauf, dass trotz der erkannten Gefährlichkeit der Tod nicht eintritt.

Um zu hinterfragen, ob der Tatverdächtige vorsätzlich gehandelt hat, ist daher bei Körperverletzungsdelikten und insbesondere Tötungsdelikten zunächst folgendes zu klären:
- Was ist tatsächlich objektiv an Gewalt ausgeübt worden?
- Wie gefährlich war die Tathandlung objektiv?

Etwa:
- Bei Stichverletzungen: Anzahl der Stiche? Lage der Stiche? Tiefe? Wucht des Zustechens?
- Bei Tritten: Welches Schuhwerk? Welche Körperregionen wurden getroffen? Anzahl der Tritte? Wucht der Tritte?

673 Danach ist zu prüfen, ob der Tatverdächtige vorsätzlich gehandelt hat:
- Was war Tatplan, Tatziel oder Zwischenziel?
- Welche Folgen hat der Beschuldigte in Erwägung gezogen?
- Welche Folgen erschienen ihm möglich?
- Erschien dem Beschuldigten der Todeseintritt ernsthaft für möglich?
- Wie hoch hat er das Risiko bewertet, dass der Tod eintritt?

An dieser Stelle sollte dem Beschuldigten in der Vernehmung vorgehalten werden, wie groß objektiv die Gefahr war.
Je gefährlicher die Tathandlung ist, umso größer ist auch das Risiko des Versterbens und umso eher muss sich das Todesrisiko in der konkreten Tatsituation dem Täter aufdrängen.

674 Behauptet der Tatverdächtige, **gehofft** zu haben, dass der Tod nicht eintritt, sind keine weiteren Fragen im Hinblick die Abgrenzung bedingter Tötungsvorsatz/bewusste Fahrlässigkeit erforderlich.

675 Erklärt er jedoch, darauf **vertraut** zu haben, dass der Tod ausbleibt, ist weiter nachzufragen:
- Aufgrund welcher Tatsachen hat der Beschuldigte darauf vertraut, dass der Tod nicht eintritt? Kann er konkret Tatsachen benennen oder hat er lediglich gehofft, dass der Todeseintritt ausbleibt?

Je gefährlicher die Gewalthandlung ist, umso weniger wird der Beschuldigte einen glücklichen Ausgang erwarten dürfen.

676 **Beispiele**
(1) Wer mit einem abgebrochenen Flaschenhals dem Opfer den Hals aufschneidet, dem drängt sich nahezu auf, dass es lediglich vom Zufall abhängt, ob die Schlagader verletzt wird oder nicht.
(2) Wer mit Arbeitsschuhen (Schuhen mit Stahlkappen) einem auf dem Boden liegenden Opfer weit mit dem Fuß ausholend mehrfach gegen Kopf

und Hals tritt, weiß grundsätzlich ebenfalls, dass ein Opfer solche Attacken nur mit großem Glück überlebt.
(3) Sticht ein Täter einem Opfer in den Oberschenkel und verfehlt dabei nur knapp die Hauptschlagader, wird man intensiver nachfragen müssen, wenn er behauptet, gerade nicht in den Oberkörper gestochen zu haben, um das Opfer nicht zu töten.

2. Abgrenzung fehlgeschlagener Versuch/beendeter Versuch/ unbeendeter Versuch

„Versuch" ist die begonnene, aber nicht vollendete Tat[292]. Unter bestimmten Voraussetzungen kann der Täter von der Versuchstat **strafbefreiend zurücktreten**. 677

Ob ein Rücktritt bzw. unter welchen Voraussetzungen ein Rücktritt möglich war, hängt von einer Gesamtbewertung der Umstände ab, insbesondere aber von der **Vorstellung des Täters**, die zu hinterfragen ist. Entscheidend ist, welche Vorstellung der Täter nach der letzten von ihm konkret vorgenommenen Ausführungshandlung hinsichtlich der Folgen seines Handelns gehabt hat oder, ob er sich zu diesem Zeitpunkt gar keine Gedanken gemacht hat[293]. 678

Fehlgeschlagener Versuch
Der Täter gelangt zu dem Ergebnis, dass er mit den ihm zur Verfügung stehenden Mitteln den Erfolg nicht mehr erreichen kann, ohne dass eine ganz neue Handlungskette in Gang gesetzt werden müsste[294]
Von einem fehlgeschlagenen Versuch kann der Täter nicht zurücktreten. 679

Beendeter Versuch
Beendet ist der Versuch, wenn der Täter glaubt, alles zur Verwirklichung des Tatbestandes Erforderliche getan zu haben und er den Erfolgseintritt als gesichert oder möglich ansieht.[295] Es kommt zum Zeitpunkt des Rücktritts nicht mehr darauf an, ob er den Erfolg noch möchte.
Beendet ist der Versuch auch dann, wenn der Täter sich nach der letzten Handlung keine Vorstellungen über die Folgen seines Tuns macht.
Von dem beendeten Versuch kann der Täter nicht mehr dadurch zurücktreten, dass er nicht weiter auf das Opfer einwirkt, sondern er muss aktiv (eigene Handlungen) und freiwillig den Erfolgseintritt verhindern.

Unbeendeter Versuch
Unbeendet ist der Versuch, wenn der Täter glaubt, zur Vollendung des Tatbestandes bedürfe es noch weiteren Handelns und er endgültig und nicht nur vorübergehend auf die weitere Tatausführung verzichtet.

---

292   Fischer, StGB § 22 Rn. 2
293   BGH NStZ-RR 2006, 6
294   BGH 39, 221
295   BGH NStZ 15, 261

> Von dem unbeendeten Versuch kann der Täter strafbefreiend zurücktreten, indem er von der weiteren Tatausführung Abstand nimmt, also nicht weiter zusticht, nicht weiter auf das Opfer eintritt, nicht weiter würgt.

Demzufolge muss zur Abgrenzung zwischen beendetem und unbeendetem Versuch in der Vernehmung das Vorstellungsbild des Täters unmittelbar nach der letzten Tathandlung ermittelt und möglichst detailliert erfragt werden.

680 Wesentlich ist der Moment, in dem er erkennt, dass der erste Akt gescheitert ist und der Erfolg auf anderem Wege realisierbar ist. Bei der erforderlichen Gesamtwürdigung sind die äußeren und inneren Umstände von Relevanz. Maßgebend ist der sogenannte Rücktrittshorizont, d. h. es kommt auf die Vorstellungen des Täters an. Deshalb ist es auch enorm wichtig, herauszuarbeiten, in welchem Zustand der möglicherweise flüchtende Täter das Opfer zurücklässt.

2.1 Äußere Umstände

681 Wie hat sich das Opfer aus Sicht des Täters nach der letzten Ausführungshandlung verhalten?
z. B.:
– Konnte das Opfer noch Schläge abwehren?
– Hat das Opfer um Hilfe geschrien?
– Stand das Opfer noch oder ist es zu Boden gegangen?
– Hat das Opfer stark geblutet? In welchen Körperregionen?
Wenn das Opfer noch stand, möglicherweise selber fortgelaufen ist, kann ein Täter eher darauf vertrauen, dass es nicht versterben wird und keine Rettungsmaßnahmen erforderlich sind. Anders sieht es hingegen dann aus, wenn das Opfer etwa nach dem Stich in den Bauch zu Boden gesackt ist und der Täter starke Blutungen wahrgenommen hat.

2.2 Innere Umstände

682 – In welchem Moment hat der Beschuldigte erkannt, dass der erste Akt gescheitert ist?
– Ist der Beschuldigte davon ausgegangen, dass er in der Situation mit den ihm zur Verfügung stehenden Mitteln noch töten kann? (wenn nicht: fehlgeschlagen)
– Hat er in dieser Situation eine andere Möglichkeit gesehen, die Tat zu vollenden? Welche?
Ist der Versuch fehlgeschlagen, kommt es auf die Unterscheidung zwischen beendetem und unbeendetem Versuch nicht mehr an.
– Ging er unmittelbar nach der letzten Tathandlung davon aus, dass das Opfer ohne weiteres Zutun stirbt? (beendet)
– Hat er es für möglich gehalten, dass das Opfer stirbt? (beendet)
– Ggfs.: Warum nicht?
– Hat er darüber nachgedacht, ob das Opfer stirbt? (wenn nicht, beendet)
– Hat der Täter die tatsächlichen Umstände, die den Todeseintritt nach der Lebenserfahrung nahelegen, erkannt? (dass er die Umstände hätte erkennen müssen, reicht nicht)

Behauptet der Täter, dass er trotz eines besonders gefährlichen Vorgehens den Todeseintritt nicht für möglich gehalten habe, ist dies zu hinterfragen, denn die Rechtsprechung stellt an diese Fallkonstellation besonders strenge Anforderungen.

3. Freiwilligkeit

Ein Rücktritt setzt weiter voraus, dass das Nicht-weiter-Handeln oder das aktive Einschreiten zur Erfolgsverhinderung freiwillig erfolgt.

Bei dem beendeten Versuch muss entweder der Tod durch das Zutun des Beschuldigten verhindert worden sein oder aber der Beschuldigte muss sich freiwillig und ernsthaft um die Verhinderung des Todeseintritts bemüht haben.

> **Wann liegt „Freiwilligkeit" vor?**
> – Das Motiv für das Nicht-weiter-Handeln oder die Rettungsbemühungen liegt in der Person des Täters.
> – Es besteht keine äußere Zwangslage, etwa, weil Dritte den Täter wegreißen oder festhalten oder ihm das Tatwerkzeug abnehmen.
> – Es besteht kein seelischer Druck.

Auch bei der Prüfung der „Freiwilligkeit" kommt es auf die Vorstellungen des Täters an:
Äußere Umstände: Was hat er zur Erfolgsabwendung getan?
Innere Umstände: Was war aus Sicht des Beschuldigten erforderlich, um den Todeseintritt abzuwenden?
Welche Möglichkeiten hatte er aus seiner Sicht, den Todeseintritt zu verhindern? (die aus seiner Sicht bestehenden Möglichkeiten muss er ausschöpfen).

Die vorgenannten Punkte sind selbstverständlich nicht nur in der Vernehmung des Beschuldigten zu klären, sondern sind auch bei der Vernehmung von Tatzeugen zu hinterfragen (objektive Tatsachen, die auf die innere Einstellung schließen lassen).
Dazu können auch Lichtbilder gehören, die Rettungskräfte oder Polizeibeamte am Tatort/vom Opfer und dessen Verletzungen gefertigt haben.

IV. Anwesenheitsrecht und Fragerecht des Verteidigers in der Vernehmung

Der Verteidiger hat einen Anspruch darauf, in der Vernehmung anwesend zu sein und auch Fragen zu stellen.

§ 163a Abs. 4 S. 3 StPO Vernehmung von Zeugen und Sachverständigen durch die Staatsanwaltschaft

(4) § 168c Abs. 1 und 5 gilt für den Verteidiger entsprechend.

§ 168c Abs. 1 S. 2 StPO Anwesenheitsrecht bei richterlichen Vernehmungen

(1) Diesen ist nach der Vernehmung Gelegenheit zu geben, sich dazu zu erklären oder Fragen an den Beschuldigten zu stellen.

§ 168c Abs. 1 S. 3 StPO Anwesenheitsrecht bei richterlichen Vernehmungen

(1) Ungeeignete oder nicht zur Sache gehörende Fragen oder Erklärungen können zurückgewiesen werden.

688 Das bedeutet: Der Verteidiger hat sich zu gedulden, bis die Fragen/Vorhalte der Polizeibeamten beantwortet/protokolliert sind.

Erst dann, wenn die Vernehmungsbeamten mit ihrer Vernehmung fertig sind, erhält der Verteidiger Gelegenheit, noch Fragen zu stellen oder eine Erklärung zu Protokoll zu geben.

Es ist also zu unterbinden, dass ein Verteidiger während der polizeilichen Vernehmung interveniert.

M. Aktenführung

In diesem Kapitel stellen wir besondere, sich aus der Aktenführung ergebende, prozessuale Problemstellungen vor. Die Aktenordnung, Begrifflichkeiten wie Aktenwahrheit und Aktenklarheit sowie der grundsätzliche Aufbau der Verfahrensakten werden dabei als bekannt vorausgesetzt und nur ergänzend vorgestellt. **689**

Im Folgenden geht es vornehmlich um die Fragestellung des Strafklageverbrauchs, die Anfertigung/Auswahl von Lichtbildern und Videos sowie auch sogenannte Spheronkameraaufnahmen. **690**

I. Aktenwahrheit und Aktenklarheit

Der Aktenaufbau hat sich immer an den Grundprinzipien der Aktenwahrheit und Aktenklarheit (Aktenvollständigkeit) zu orientieren. Das heißt, dass sich aus den Akten alle für die Schuld- und Rechtsfolgenfrage relevanten Erkenntnisse ergeben müssen. **691**

Die Ermittlungsbehörden haben kein Auswahlrecht, bestimmte be- oder entlastende Erkenntnisse zurückzuhalten. **Aber:** Die für den Beschuldigten zweifelsfrei bedeutungslosen Feststellungen müssen den Akten nicht beigefügt werden.[296] Verteidiger rügen oftmals, dass bestimmte Erkenntnisse den Akten nicht beigefügt worden seien, dies mit der Begründung, dass die Frage, ob etwas bedeutungslos oder bedeutend sei, nicht durch die Polizei oder Staatsanwaltschaft zu entscheiden sei. Diese Gründe greifen nach hiesiger Auffassung nicht. Zuzugeben ist zwar, dass eine Dokumentationspflicht immer auch dann besteht, wenn Untersuchungshandlungen ergebnislos geblieben sind.[297] Dieser Fall betrifft nämlich prozessuale Ermittlungen mit Beweiswert (die Ergebnislosigkeit!). Aber nicht alle Erkenntnisse sind von prozessualen Ermittlungen geleitet. So gibt es eine Vielzahl polizeilicher Erkenntnisse aus anderen Erkenntnisquellen (frühere Ermittlungsverfahren, Informationen aus nicht auf das Verfahren bezogenen Quellen u. a.). Das OLG Düsseldorf hat beispielsweise ausgeführt: „Notizen oder Aufzeichnungen eines Zeugen, die es ihm bei massenhaft vorkommenden Vorgängen in der Regel überhaupt erst ermöglichen, später über seine Wahrnehmungen auszusagen („aussageerleichternde Unterlagen"), sind weder Ergebnisse noch Maßnahmen der Ermittlungen und gehören nicht in die Akten".[298] Festzuhalten ist daher, dass alle die Erkenntnisse, die bzgl. des Verfahrensstandes und der Erkenntnislage ohne Informationswert sind (persönliche Notizen, interne Berichte, Rechtsüberlegungen, Entwürfe) nicht in den Akten vermerkt werden **692**

---

296 Meyer-Goßner/Schmitt StPO, § 199 Rn. 2
297 so: Schlothauer in: MAH Strafverteidigung 2014, 3 § Rn: 35 m. H. a. Löwe-Rosenberg, Erb StPO § 168b Rn. 7
298 OLG Düsseldorf NZV 2007, 485

müssen.[299] Die entsprechende Bedeutungslosigkeit und Entscheidung darüber, entsprechendes Wissen nicht aktenkundig zu machen, ist dann sehr wohl eine der ermittelnden Beamten.

693 **Beispiele – Modus Operandi –**
Tatverdächtiger T wurde erwischt, als er am Bahnhof ein Fahrradschloss aufbrach und in Begriff war mit dem Fahrrad davonzufahren. Die Polizei führt die strafprozessualen Ermittlungen durch, führt die verantwortliche Vernehmung des T durch und sendet die Akten sodann an die Staatsanwaltschaft. Die Verfahrensakten bestehen zu diesem Zeitpunkt aus 1 Band Hauptakten und einer Vielzahl von Fallakten (insgesamt 1 Umzugskarton voller Akten). Jede dieser Fallakten hat einen weiteren Fall mit einem entwendeten Fahrrad zum Gegenstand. Die Polizei begründet diese Aktenführung damit, dass jedes dieser Räder mit demselben „modus operandi" entwendet worden sei (nämlich Schlossknacken).

694 Die entsprechende Verfahrensweise ist untunlich. Allein dieselbe Art und Weise des Diebstahls (hier Schlossstechen) begründet noch keinen Anfangstatverdacht gegen denselben Täter.

695 Zur Erinnerung: Strafprozessualer Anfangsverdacht ist gegeben, wenn zureichende (konkrete) Anhaltspunkte für das Vorliegen einer verfolgbaren Straftat gegeben sind. Diese Möglichkeit umfasst folgende Punkte:
– es wurde eine Tat begangen,
– das Handeln lässt sich unter einen strafbewährten, gesetzlichen Straftatbestand subsumieren,
– der Nachweis der Tatbegehung mit prozessual zulässigen Beweismitteln scheint möglich,
– Verfahrenshindernisse liegen nicht vor.
Aufgrund obigen Fallbeispiels konzentrieren wir uns hier auf das Erfordernis der Möglichkeit eines Tatnachweises. Welcher Verdachtsgrad muss vorliegen, um die Bildung eines Umfangsverfahrens mit einer Vielzahl von Fallakten zu rechtfertigen? Für die Annahme eines strafrechtlichen Anfangsverdachts muss kein die Anklageerhebung rechtfertigender Verdachtsgrad vorliegen, denn das hierfür erforderliche Material soll im Ermittlungsverfahren ja erst noch gesammelt werden. „Die Wahrscheinlichkeit einer späteren Verurteilung kann daher merklich unter 50 % liegen."[300] Oftmals wird der Begriff des Anfangsverdachts dahingehend definiert, dass belastende Umstände (Beweise, Anhaltspunkte) vorliegen müssen, um einen Tatverdacht gegen eine Person formulieren zu können.
Aber allein die Feststellung einer Vielzahl, nahezu gleich gelagerter Taten (Modus Operandi; Schlossstechen) rechtfertigt unseres Erachtens eine solche Annahme nicht.

---

299 MüKo-StPO, Kölbel § 168b Rn. 3 m. H. a. Löwe-Rosenberg, Erb StPO § 199 Rn. 25 und mit weiteren Nachweisen
300 MüKo StPO, Peters § 152 Rn. 35

1. Die prozessuale Tat und die Problematik des Strafklageverbrauchs

Art. 103 GG   Grundrechte vor Gericht

(1) Vor Gericht hat jedermann Anspruch auf rechtliches Gehör.

(2) Eine Tat kann nur bestraft werden, wenn die Strafbarkeit gesetzlich bestimmt war, bevor die Tat begangen wurde.

(3) Niemand darf wegen derselben Tat auf Grund der allgemeinen Strafgesetze mehrmals bestraft werden.

§ 264 StPO   Gegenstand des Urteils

(1) Gegenstand der Urteilsfindung ist die in der Anklage bezeichnete Tat, wie sie sich nach dem Ergebnis der Verhandlung darstellt.

(2) Das Gericht ist an die Beurteilung der Tat, die dem Beschluss über die Eröffnung des Hauptverfahrens zugrunde liegt, nicht gebunden.

§ 52 StGB   Tateinheit

(1) Verletzt dieselbe Handlung mehrere Strafgesetze oder dasselbe Strafgesetz mehrmals, so wird nur auf eine Strafe erkannt.

(2) Sind mehrere Strafgesetze verletzt, so wird die Strafe nach dem Gesetz bestimmt, das die schwerste Strafe androht. Sie darf nicht milder sein, als die anderen anwendbaren Gesetze es zulassen.

(3) Geldstrafe kann das Gericht unter den Voraussetzungen des § 41 neben Freiheitsstrafe gesondert verhängen.

(4) Auf Nebenstrafen, Nebenfolgen und Maßnahmen (§ 11 Absatz 1 Nummer 8) muss oder kann erkannt werden, wenn eines der anwendbaren Gesetze dies vorschreibt oder zulässt.

§ 53 StGB   Tatmehrheit

(1) Hat jemand mehrere Straftaten begangen, die gleichzeitig abgeurteilt werden, und dadurch mehrere Freiheitsstrafen oder mehrere Geldstrafen verwirkt, so wird auf eine Gesamtstrafe erkannt.

(2) Trifft Freiheitsstrafe mit Geldstrafe zusammen, so wird auf eine Gesamtstrafe erkannt. Jedoch kann das Gericht auf Geldstrafe auch gesondert erkennen; soll in diesen Fällen wegen mehrerer Straftaten Geldstrafe verhängt werden, so wird insoweit auf eine Gesamtgeldstrafe erkannt.

(3) § 52 Absatz 3 und 4 gilt sinngemäß.

1.1 Der verfahrensrechtliche Tatbegriff des § 264 StPO

697 Dieser Tatbegriff entspricht dem Begriff des Art 103 Abs. 3 GG. „Derjenige, der rechtskräftig abgeurteilt[301] oder freigesprochen[302] wurde, darf wegen **derselben** (**prozessualen**) **Tat** nicht noch einmal verfolgt werden".[303] Was genau das meint, erklären wir wieder anhand von Fallbeispielen:

698 In diesem Kapitel erlangt der sich aus Art. 103 Abs. 3 GG ergebende Grundsatz „ne bis in idem" Bedeutung. Dieses Prozessgrundrecht garantiert jedem, nach einer rechtskräftigen gerichtlichen Entscheidung wegen derselben Sache nicht noch einmal strafrechtlich verfolgt und verurteilt zu werden. Art. 103 Abs. 3 GG formuliert mithin ein „Recht auf Einmaligkeit der Strafverfolgung".[304]

1.1.1 Dieselbe Tat

699 Im Rahmen der folgenden Fallbeispiele aus der Praxis geht es um die Frage, ob es sich um „**dieselbe Tat**" im Sinne dieser Garantie handelt.
Der Begriff „dieselbe Tat" ist verfassungsrechtlich nicht näher bestimmt. Die Rechtsprechung definiert diesen Begriff als „einen geschichtlichen Vorgang, auf welcher Anklage und Eröffnungsbeschluss hinweisen und innerhalb dessen der Angeklagte als Täter oder Teilnehmer einen Straftatbestand verwirklicht haben soll."[305] Diese Definition wird nicht mit dem strafprozessualen Tatbegriff gleichgesetzt. Der sich daraus ergebende Grundsatz erlangt im Folgenden jedoch eine besondere Bedeutung.

1.1.2 Die strafprozessuale Tat

700 „Der Begriff der Tat im verfahrensrechtlichen Sinne umfasst den von der zugelassenen Anklage betroffenen geschichtlichen Vorgang, innerhalb dessen der Angeklagte einen Straftatbestand verwirklicht haben soll; zur Tat als Prozessgegenstand gehört dabei nicht nur der Geschehensablauf, der dem Angeklagten in der Anklage zur Last gelegt worden ist, sondern darüber hinaus dessen gesamtes festgestelltes Verhalten, soweit es mit dem durch die Anklage bezeichneten Vorkommnis nach der Auffassung des Lebens einen einheitlichen Vorgang bildet. Die Frage der Einheitlichkeit des Vorgangs beurteilt sich dabei nach den Umständen des Einzelfalles (...)"[306]

701 Das hier zitierte Urteil des BGH ist aktuell; die darin beschriebene Problematik jedoch seit vielen Jahren allgegenwärtig. Im Einzelnen: Gegenstand der Untersuchung und der späteren Urteilsfindung ist „die Tat". Der Begriff der Tat umfasst dabei den betroffenen geschichtlichen Vorgang, innerhalb dessen der Betroffene einen Straftatbestand verwirklicht haben soll.[307] Das heißt, dass auch die Sach-

---

301 BVerfG, Beschluss vom 7.3.1968 – 2 BvR 354, 355, 524, 566, 567, 710/66, 79, 171, 431/67; NJW 1968, 982
302 BGH, Beschluss vom 28.2.2001 – 2 StR 458/00 (LG Gießen); NJW 2001, 2270
303 KK StPO, Ott § 264 Rn. 3
304 BeckOK Grundgesetz, Radtke, Art. 103 Rn. 44
305 so schon BVerfGE, Beschluss v. 7.3.1968, – 2 BVR 354, 355, 524, 566, 567, 710/66, 79, 171, 431/67; NJW 1968, 982
306 BGH, Urteil vom 17.10.2019, NStZ 2021, 120
307 BeckOK StPO, Graf, Eschelbach § 264 Rn. 4 m. w. N.

verhalte, die in den Akten und der Anklage nicht beschrieben werden, Gegenstand des Verfahrens sind, sofern sich diese auf dieselbe Tat beziehen.
Dieselbe Tat? Was genau meint „dieselbe Tat"?

1.2 Exkurs: Der materielle Tatbegriff

1.2.1 Tateinheit

§ 52 Abs. 1 StGB   Tateinheit

(1) Verletzt dieselbe Handlung mehrere Strafgesetze oder dasselbe Strafgesetz mehrmals, so wird nur auf eine Strafe erkannt. (...)

Dieselbe Handlung verletzt mehrere Strafgesetze oder dasselbe Strafgesetz mehrmals. Tateinheit ist also das Zusammentreffen mehrerer Strafgesetze in einer Handlung.

1.2.2 Identität der Handlungen

So sind zunächst die Fälle zu nennen, in denen sich die tatsächliche Handlung des Tatverdächtigen (oder mehrere Handlungsakte) völlig decken und dabei mehrere Gesetze verletzen.

Beispiele
- Körperverletzung und Sachbeschädigung, wenn ein Schuss beide Erfolge herbeiführt,
- Tötung durch Brandstiftung oder
- Tötung mehrerer Personen durch eine Explosion.[308]

1.2.3 Teilidentität der Handlungen

Aber auch bei (nur) teilweiser Identität der Handlungen des Tatverdächtigen kann Tateinheit vorliegen. So kann auch bei einer bloßen **Überschneidung** der objektiven Ausführungshandlungen Tateinheit i. S. d. § 52 StGB vorliegen. Dies ist u. a. dann der Fall, wenn ein objektiver Teil der einen Tatbestandshandlung zur Verwirklichung des anderen Tatbestands mitgewirkt hat.

Beispiele
- das Zusammentreffen von Körperverletzung und Raub nur in dessen einem Element, der Gewaltanwendung,
- das Zusammentreffen von Vergewaltigung und Raub nur in dem Merkmal der Drohung,
- die gleichzeitige Gewaltanwendung gegenüber zwei Frauen (Einschließen in einem Raum) mit anschließender Vergewaltigung.[309]

---

308   Schönke/Schröder, StGB, Sternberg-Lieben, Bosch, StGB § 52 Rn. 8
309   Schönke/Schröder StGB, Sternberg-Lieben, Bosch, StPO § 52 Rn. 9 u. H. a. BGH 22, 364 und m. w. N.

1.2.4 Tatmehrheit

708 § 53 Abs. 1 StGB Tatmehrheit

(1) Hat jemand mehrere Straftaten begangen, die gleichzeitig abgeurteilt werden, und dadurch mehrere Freiheitsstrafen oder mehrere Geldstrafen verwirkt, so wird auf eine Gesamtstrafe erkannt.
(...)

709 Tatmehrheit (Realkonkurrenz) liegt hingegen vor, wenn der Tatverdächtige durch mehrere selbstständige Straftaten mehrere Strafgesetze verletzt, und zwar mehrere verschiedene Gesetze oder dasselbe Gesetz mehrmals (ungleichartige und gleichartige Tatmehrheit). Die Handlungen dürfen weder im Verhältnis der Gesetzeseinheit noch im Verhältnis der Tateinheit zueinanderstehen.

1.3 Tatidentität gemäß § 264 StPO

710 Doch nun zurück zu dem Begriff der strafprozessualen Tat.

§ 264 Abs. 1 StPO Gegenstand des Urteils

(1) Gegenstand der Urteilsfindung ist die in der Anklage bezeichnete Tat, wie sie sich nach dem Ergebnis der Verhandlung darstellt. (...)

711 Handelt es sich bei Taten, die zueinander in Tatmehrheit stehen, immer um prozessual selbstständige Taten? **NEIN!**
Folgende Aussage wird von uns als problematisch empfunden:
„Materiell-rechtlich selbstständige Taten sind i. d. R. also auch prozessual selbstständig (...) falls nicht weitergehende Umstände die Annahme einer prozessualen Tat rechtfertigen."[310]
Beim ersten Lesen dieser Aussage besteht nämlich die Gefahr, dass nur der erste Halbsatz wahrgenommen wird. Materiell-rechtlich selbstständige Taten sind aber mitnichten immer prozessual selbstständig. Lesen Sie daher auch und besonders kritisch den zweiten Halbsatz „falls nicht weitergehende Umstände die Annahme einer prozessualen Tat rechtfertigen".

712 „Letzteres wird von der Rspr. angenommen, wenn die Handlungen innerlich so verknüpft sind, dass nur ihre gemeinsame Würdigung erlaubt ist, eine getrennte Würdigung sowie Aburteilung in verschiedenen Verfahren mithin als unnatürliche Aufspaltung eines einheitlichen Vorgangs empfunden würde."[311]

713 Und genau das ist der Punkt! Das gesamte Verhalten des Tatverdächtigen, soweit es eben den zu prüfenden Vorgang betrifft und ein einheitliches geschichtliches Vorkommnis betrifft, darf nicht Gegenstand mehrerer Ermittlungsverfahren (Rotakten) sein. Denn dann besteht die Gefahr des Strafklageverbrauchs. Sonderachbearbeiter haben uns nachfolgende Fragestellungen vorgelegt.

---

310 BeckOK StGB, v. Heintschell-Heinegg § 52 Rn. 79
311 BeckOK StGB, v. Heintschell-Heinegg StGB § 52 Rn. 79 u. H. a. BGH, Beschluss vom 15.3.2012, 5 StR 288/12, in: NStZ 2012, 461

Beispiel (1) Der betrunkene Autofahrer
Dem Tatverdächtigen T wird zur Last gelegt mit einem Blutalkoholgehalt von 1,8 Promille mit dem Pkw ... öffentliche Straßen befahren zu haben. An dem Pkw war ein Kennzeichen angebracht, welches auf ein anderes Fahrzeug zugelassen war. Zudem war T nicht in Besitz der erforderlichen Fahrerlaubnis.
Der ermittelnde Polizeibeamte P generiert in dem polizeilichen Vorgangssystem insgesamt 4 Tagesbuchnummern und legt entsprechend 4 Vorgänge (jeweils 1 Rotakte) an, nämlich (1) Trunkenheit im Verkehr gemäß § 316 StGB, (2) Kennzeichenmissbrauch gemäß § 22 StVG, (3) Urkundenfälschung gemäß § 267 StGB sowie (4) Fahren ohne Fahrerlaubnis gemäß § 21 StVG.

Erkennen Sie das Problem? Sie halten das für einen Witz? Dieser und viele weitere hier vorgestellte Fallbeispiele sind aus uns vorliegenden Verfahrensakten entnommen und lediglich zur Anonymisierung und besseren Vorstellung verkürzt wiedergegeben. Auch im Übrigen handelt es sich um reale Fallbeispiele.

Lösung: Es handelt sich um eine Handlung des Beschuldigten, die gegen mehrere Strafvorschriften verstößt (§ 52 StGB). Werden mehrere Vorgänge angelegt und wird der Täter wegen nur einer dieser Vorgänge rechtskräftig verurteilt, tritt hinsichtlich der weiteren in Betracht zu ziehenden Straftaten Strafklageverbrauch ein.

Beispiel (2) Fahren unter Drogeneinfluss und Besitz von BtM
Besteht Tatidentität, wenn der Beschuldigte ein Fahrzeug unter Drogeneinfluss fährt und eine weitere Betäubungsmittelmenge bei ihm vorgefunden wird?

1.3.1 Frühere Rechtsprechung

Noch im Jahr 2004 hat das Oberlandesgericht Köln entschieden, dass das Führen eines Fahrzeugs unter Drogenwirkung und der gleichzeitige Drogenbesitz eine Tat im prozessualen Sinne bilden kann.[312]
Der diesem Urteil zugrunde liegende Sachverhalt betrifft die o. g. Fragestellung exakt. Dem dort Betroffenen war mit einem Bußgeldbescheid der Verwaltungsbehörde zur Last gelegt worden ein Kraftfahrzeug unter der Wirkung von Amphetamin geführt zu haben. Bei einer Verkehrskontrolle mit anschließender Durchsuchung hatten die Polizeibeamten eine weitere Menge Amphetamin vorgefunden. Insoweit war ein gesondertes, strafprozessuales Verfahren geführt worden.

Wegen einer Ordnungswidrigkeit gemäß §§ 24a, 25 StVG war gegen den Betroffenen eine Geldbuße sowie ein Fahrverbot verhängt worden. Nachdem der Betroffene gegen diesen Bußgeldbescheid Einspruch eingelegt hatte, wurde das Verfahren wegen Vorliegens eines dauerhaften Verfahrenshindernisses gemäß § 46 Abs. 1 OWiG i. V. m. § 206 StPO eingestellt. Warum? In den entsprechenden Urteilsausführungen des Amtsgerichts heißt es dazu:

---
312 OLG Köln, Beschluss v. 5.10.2004 – 8 Ss-OWi 25/04 –, NZV 2005, 210

„Durch Urteil des Amtsgerichts (…) vom (…), rechtskräftig seit dem (…), wurde der Betroffene wegen unerlaubten Besitzes von Betäubungsmitteln zu einer Geldstrafe von 40 Tagessätzen zu je 10 Euro verurteilt. Das Verfahren war wegen Strafklageverbrauchs gemäß Art. 103 Abs. 3 GG, § 84 Abs. 1 OWiG einzustellen (…)"Was genau heißt das nun?

720 Im Ergebnis heißt das, dass die Ordnungswidrigkeit nicht mehr verfolgt werden kann; denn es ist Verbrauch der Strafklage eingetreten. Zum Begriff der Tat im Bußgeldverfahren (mithin einer Ordnungswidrigkeit) gilt der Tatbegriff des Art. 103 GG nämlich ebenso. Zu diesem Vorgang (Fahren unter BtM-Einfluss und Besitz von BtM) gehört das gesamte Verhalten des Betroffenen, soweit es nach natürlicher Lebensauffassung einen einheitlichen Lebensvorgang darstellt. Man muss sich also die Frage stellen, ob zwischen den einzelnen Verhaltensweisen [(1) das Fahren unter Drogeneinfluss und (2) der Besitz weiterer BtM] ein derart innerer Zusammenhang besteht, dass die getrennte Aburteilung (also in zwei unterschiedlichen erstinstanzlichen Verfahren) als unnatürliche Aufspaltung eines einheitlichen Lebensvorgangs empfunden würde. Dabei kommt es auf die Umstände des Einzelfalls an Tatidentität (nochmals: das heißt nicht Tateinheit!) ist beispielsweise angenommen worden bei Trunkenheitsfahrt und in deren Verlauf begangener Einfuhr von Betäubungsmitteln, zwischen Diebstahl und der anschließenden Fluchtfahrt unter Drogeneinfluss sowie zwischen einer Trunkenheitsfahrt und der sich anschließenden Rauferei/Körperverletzung.

721 In obigem Beispielsfall hat das erkennende Gericht zwischen dem Führen eines Fahrzeugs unter dem Einfluss von Amphetamin und dem Drogenbesitz einen einheitlichen Lebensvorgang bejaht und festgestellt, dass die getrennte Aburteilung diesen einheitlichen Lebensvorgang unnatürlich aufspalten würde. Denn der Betroffene habe den Drogenbesitz während der Fahrt ausgeübt. Bei der konsumierten Betäubungsmittelmenge handele es sich um Betäubungsmittel derselben Art und die Umstände, die zum Besitz der Betäubungsmittel sowie zum Konsum der Drogen geführt hätten, könnten – jedenfalls sei das nicht auszuschließen, – den Schuldumfang sowohl hinsichtlich der Ordnungswidrigkeit als auch der Straftat kennzeichnen und damit die Rechtsfolgenentscheidung beeinflussen.[313]

1.3.2 Neuere Rechtsprechung

722 Die Rechtsprechung ist zwischenzeitlich von diesem ausdrücklichen Ergebnis abgerückt. Eine verfahrensrechtliche Tatidentität zwischen dem unerlaubten Besitz von Betäubungsmitteln und der zeitgleich begangenen Ordnungswidrigkeit des Führens eines Kraftfahrzeuges unter der Wirkung von berauschenden Mitteln gemäß § 24a StVG bzw. einer Trunkenheit im Straßenverkehr gem. § 316 StGB wird jedenfalls in den Fällen nicht mehr angenommen, in denen das Mitsichführen der Betäubungsmittel im Kraftfahrzeug in keinem inneren Beziehungs- bzw. Bedingungszusammenhang mit dem Fahrvorgang steht.[314] Ein solcher Beziehungs- bzw. Bedingungszusammenhang mit der Folge, dass sowohl

---

313 OLG Köln, Beschluss v. 5.10.2004 – 8 Ss OWi 25/04 –, NZV 2005, 210 f.
314 OLG Braunschweig, Urteil vom 10.10.2014 – 1 Ss 52/14, SVR 2015, 189 ff.

strafprozessual als auch materiell-rechtlich von einer Tat auszugehen ist, **wird nur noch dann festgestellt, wenn die Fahrt unter Drogeneinfluss gerade dem Transport der Drogen dient.**[315]

Warum haben wir die „alte Rechtslage" hier überhaupt dargestellt? Wir halten das Wissen um die Gesamtproblematik für unabdingbar. Jeder strafprozessuale Ermittler sollte sich darüber im Klaren sein, dass zwischen einer strafbewehrten Autofahrt und dem Besitz einer Betäubungsmittelmenge Tatidentität bestehen kann. Die Entscheidung darüber, ob tatsächlich ein Drogentransport zum Zweck des Verkaufs vorliegt (oftmals kommt ein entsprechender und unwiderlegbarer Vortrag erst im gerichtlichen Verfahren) oder ob andere Gründe für Tatidentität gegeben sein könnten, kann nur im Einzelfall getroffen werden. Nur die gemeinsame Führung der entsprechenden Ermittlungen (in einem Verfahren) kann das Risiko des Strafklageverbrauchs minimieren. Und wie Sie an den weiteren Fallbeispielen erkennen werden: „Schlimmer geht immer".

Beispiel (3) Handeltreiben mit derselben BtM-Menge nach rechtskräftigem Urteil
Wie ist der Fall zu beurteilen, wenn der Täter nach der rechtskräftigen Verurteilung wegen unerlaubten Handeltreibens oder des Besitzes von Betäubungsmitteln (in nicht geringer Menge) die Restmenge aus seinem Bunker holt und weiterverkauft?

Wir lösen auf: „Ein Strafklageverbrauch tritt nicht ein, wenn ein wegen unerlaubten Handeltreibens mit Betäubungsmitteln rechtskräftig Verurteilter später den nicht entdeckten Rest aus dem Vorrat gewinnbringend veräußert".[316]
Kritische Fragen lassen an dieser Aussage zweifeln. Warum tritt gerade hier kein Strafklageverbrauch ein? Ist der Tatverdächtige nicht bereits wegen eben dieser Betäubungsmittelmenge zuvor rechtskräftig verurteilt worden?

1.4 Exkurs in das Betäubungsmittelrecht:

Unter Handeltreiben mit Betäubungsmitteln ist jedes eigennützige Bemühen zu verstehen, das darauf gerichtet ist, den Umsatz von Betäubungsmitteln zu ermöglichen oder zu fördern.[317]
Handelt der Täter in Bezug auf eine zuvor erhaltene Gesamtmenge an Betäubungsmitteln, so liegt nur eine Tat im materiellen Sinne vor. Denn „das Handeltreiben gehört zu den Delikten, bei denen mehrere natürliche Handlungen durch den Tatbestand des Gesetzes zu einer (Bewertungs-)Einheit verknüpft werden".[318]

Betätigt sich der Beschuldigte in mehreren Teilakten, aber jeweils in Bezug auf den Umsatz derselben Betäubungsmittelgesamtmenge, so handelt es sich um eine sogenannte Bewertungseinheit und damit um eine Tat im materiell-rechtlichen und prozessrechtlichen Sinne. Bereits mit dem ersten Teilakt ist der Tatbe-

---

315 Körner/Patzak/Volkmer/Patzak BtMG § 29 Rn. 112
316 OLG Hamm, Beschuss v. 22.6.2010 – 2 RVs 31/10 –, NStZ 2011, 102
317 Weber BtMG § 29 Rn. 168
318 Weber BtMG § 29 Rn. 170

stand des Handeltreibens vollendet,[319] so beispielsweise dem Verkauf der ersten Teilmenge oder der Annahme einer Anzahlung für die zu veräußernde (Teil-)Menge. Zu der Bewertungseinheit gehören dann auch alle späteren Veräußerungsaktivitäten und Zahlungsvorgänge. Die im Rahmen desselben Güterumsatzes aufeinander folgenden Teilakte stellen keine mehrfache Verwirklichung des Tatbestands dar, sondern sind als dieselbe Tat des unerlaubten Handeltreibens mit Betäubungsmitteln zu qualifizieren.[320]

727 Zurück zu unserem Fallbeispiel und zurück zu unserer Ausgangsfrage: Warum liegt hier kein Strafklageverbrauch vor? Der Beschuldigte ist doch entsprechend der vorgenannten rechtlichen Ausführungen für Umsatztätigkeiten aus eben dieser (ein und derselben) Betäubungsmittelgesamtmenge bereits rechtskräftig verurteilt worden.

728 **Aber:** In Fällen wie dem vorgenannten Fallbeispiel tritt durch das rechtskräftige Urteil eine Zäsurwirkung ein, die zur Annahme einer neuen selbstständigen prozessualen Tat führt.[321] Der Grund für diese Zäsur liegt darin, dass ein Urteil den „Schuldspruch nur auf die Feststellung von Ereignissen, die sich in der Vergangenheit zugetragen haben, und auf Zustände stützen kann, die in der Gegenwart bestehen. Alles, was nach der Verkündung des Urteils geschieht, kann von diesem nicht erfasst und nicht erledigt werden, sondern bleibt einer künftigen Strafverfolgung zugänglich".[322]

729 Eine solche Zäsurwirkung hat der Bundesgerichtshof auch dann angenommen, „wenn der Täter die zum gewinnbringenden Verkauf gelagerten Drogen (dies begründet vollendetes Handeltreiben) durch einen Dritten entwendet wähnt und daher aus seiner Sicht ihr Verkauf nicht mehr möglich ist. Seine erfolglosen Bemühungen, die vermeintlich entwendeten Drogen von dem Dritten wiederzuerlangen, sind dann als neue Tat des versuchten Handeltreibens zu bewerten".[323]

730 **Beispiel (4) „Schlimmer geht immer"**
Besteht Tatidentität, wenn der Beschuldigte, dem unerlaubtes Handeltreiben mit Betäubungsmitteln zur Last gelegt wird, Munition besitzt?

731 **Antwort:** Das Oberlandesgericht Bremen hat in einem entsprechenden Verfahren mit Beschluss vom 8.9.2017 Tatidentität angenommen. Dort heißt es: „Liegt dem Besitz von Munition als Waffendelikt eine Zielsetzung des Täters zugrunde, damit seinen Drogenbesitz abzusichern, so begründet dies eine innere Verknüpfung im Sinne einer Tateinheit zwischen dem Waffendelikt und einem gleichzeitig begangenen bewaffneten unerlaubten Handeltreiben mit Betäubungsmitteln".[324]

---

319 Weber BtMG § 29 Rn. 170
320 Weber BtMG § 29 Rn. 170
321 OLG Hamm, Beschluss v. 22.6.2010 – 2 RVs 31/10-, NStZ 2011, 102
322 OLG Karlsruhe, Urteil v. 9.10.1997 – 2 Ss 175/97-. StV 1998, 28;
so auch schon: RGSt 66, 45 ff.(48)
323 BGH Beschluss v. 22.10.2019 – 1 StR 91/19 –, BeckRS 2019, 29546
324 OLG Bremen, Beschluss vom 8.9.2017, 1 Ws 98/17, BeckRS 2017, 126887

Dieser Entscheidung lag ein Sachverhalt zugrunde, der der obigen Fragestellung **732**
entspricht und der in der polizeilichen (Betäubungsmittel)-Arbeit regelmäßig
vorkommen dürfte. Im Rahmen einer strafprozessualen Durchsuchungsmaßnahme wurden neben Betäubungsmitteln ein Dolch, eine Schusswaffe, Kleinkaliber- und Schreckschussmunition sowie weitere Gegenstände beschlagnahmt.
Polizei und Staatsanwaltschaft leiteten zwei getrennte Ermittlungsverfahren ein,
nämlich (1) ein Verfahren wegen eines Vergehens nach dem Waffengesetz. In
diesem Verfahren wurde der Betroffene durch einen Strafbefehl wegen unerlaubten Besitzes von 12 Kleinkaliberpatronen nach § 52 Abs. 3 Nr. 2b WaffG rechtskräftig. zu einer Geldstrafe von 30 Tagessätzen verurteilt. In dem weiteren Verfahren (2) wurde dem Angeklagten vorgeworfen, mit Betäubungsmitteln in nicht
geringer Menge unerlaubt Handel getrieben und dabei eine Schusswaffe mit
sich geführt zu haben, die ihrer Art nach zur Verletzung von Personen geeignet
und bestimmt ist. Ihm wurde mithin ein Verbrechen gemäß § 30a Abs. 2 Nr. 2
BtMG zur Last gelegt, welches mit einer Freiheitsstrafe nicht unter 5 Jahren bedroht ist.

Ist nun hinsichtlich des Tatvorwurfs des Verbrechens gemäß § 30a Abs. 2 Nr. 2 **733**
BtMG Strafklageverbrauch eingetreten?
Das Landgericht Bremen und das Oberlandesgericht Bremen haben diese Frage
bejaht! Die Eröffnung des Hauptverfahrens wurde abgelehnt: „Vorliegend ist
zwischen dem unerlaubten Besitz von Munition aus dem Strafbefehl des Amtsgerichts (…) und den Tatvorwürfen aus der Anklageschrift vom (…) Tateinheit im
Sinne von § 52 StGB anzunehmen, die nach den vorstehenden Grundsätzen
auch zum Vorliegen einer einheitlichen prozessualen Tat im Sinne von § 264
StPO und damit zu einem Strafklageverbrauch führt."[325]

Das Oberlandesgericht hat dabei betont, dass in dem dargestellten Fall Tateinheit **734**
(§ 52 StGB) vorliege. Wenn auch eine bloße Gleichzeitigkeit zwischen den Tatvorwürfen für die Annahme der Tateinheit nicht genüge, bestehe hier eine derart
innere Beziehung, dass von einer Einheitlichkeit auszugehen sei.[326]

Zum besseren Verständnis hinterfragen wir die Tatvorwürfe einmal mit anderen **735**
Worten: Kann der Vorwurf des unerlaubten Handeltreibens mit Betäubungsmitteln in nicht geringer Menge unter Beisichführens einer Waffe (mithin der Vorwurf eines Verbrechens gemäß § 30a BtMG) in tatsächlicher (die Sachlage betreffend) oder in rechtlicher (die Rechtslage betreffend) Hinsicht betrachtet werden,
ohne den jeweils anderen Sachverhalt in die Überlegungen miteinfließen zu
lassen?

§ 30a BtMG   Straftaten

(1) Mit Freiheitsstrafe nicht unter fünf Jahren wird bestraft, wer Betäubungsmittel in nicht geringer Menge unerlaubt anbaut, herstellt, mit ihnen Handel treibt, sie ein- oder ausführt (§ 29 Abs. 1 Satz 1 Nr. 1 BtMG) und dabei als Mitglied einer Bande handelt, die sich zur fortgesetzten Begehung solcher Taten verbunden hat.

---

325   OLG Bremen, Beschluss v. 8.9.2017 – 1 Ws 98/17-, BeckRS 2017, 126887
326   OLG Bremen, Beschluss v. 8.9.2017, – 1 Ws 98/17 –, BeckRS 2917, 126887 Rn. 15

(2) Ebenso wird bestraft, wer
1. als Person über 21 Jahre eine Person unter 18 Jahren bestimmt, mit Betäubungsmitteln unerlaubt Handel zu treiben, sie, ohne Handel zu treiben, einzuführen, auszuführen, zu veräußern, abzugeben oder sonst in den Verkehr zu bringen oder eine dieser Handlungen zu fördern, oder
2. mit Betäubungsmitteln in nicht geringer Menge unerlaubt Handel treibt oder sie, ohne Handel zu treiben, einführt, ausführt oder sich verschafft und dabei eine Schusswaffe oder sonstige Gegenstände mit sich führt, die ihrer Art nach zur Verletzung von Personen geeignet und bestimmt sind.

(3) In minder schweren Fällen ist die Strafe Freiheitsstrafe von sechs Monaten bis zu zehn Jahren.

736 § 30a Abs. 2 Nr. 2 BtMG erfordert also neben der Tatbestandsvoraussetzung des unerlaubten Handeltreibens mit Betäubungsmitteln in nicht geringer Menge das Beisichführen eines gefährlichen Gegenstandes. Kann diese weitere Tatbestandsvoraussetzung hier in die erforderliche Feststellung des Sachverhalts und die rechtliche Würdigung einfließen, ohne die Tatsache des Besitzes der Munition dabei zu würdigen? Und kann der Besitz der Munition gesondert festgestellt werden, ohne den Sachverhalt des unerlaubten Handeltreibens mit Betäubungsmitteln in nicht geringer Menge bei gleichzeitigem Besitzes eines gefährlichen Gegenstandes zu würdigen?

737 Bei erster und meist vorschneller Prüfung ist man geneigt entsprechendes festzustellen, die vorstehende Frage also mit „Ja" zu beantworten. Dies liegt daran, dass sich der Vorwurf des Verbrechenstatbestandes gemäß § 30a BtMG bereits aus dem unerlaubten Handeltreibens mit Betäubungsmitteln (in nicht geringer Menge) und des Beisichführens der Schusswaffe ergibt – ohne den Besitz der Munition überhaupt zu erwähnen.

738 **Gleichwohl:** Der Sachverhalt darf nicht ungelöst von der Gesamtsituation (und unter Würdigung einer eventuellen und unwiderlegbaren Einlassung des Täters) erfolgen.

739 Vorliegend war es nämlich so, dass der Angeklagte mit dem Aufbewahren der Schreckschusswaffe nebst passender Munition sowie dem Dolch (alles war Gegenstand der Anklageschrift – nicht des Strafbefehls) den generellen Willen manifestiert, seinen Drogenbesitz aufrechtzuerhalten bzw. abzusichern. Eben dies begründet den Tatvorwurf des § 30a Abs. 2 Nr. 2 BtMG.

740 Obwohl der Angeklagte für die weitere, in seinem Besitz befindliche Kleinkalibermunition keine zum Abfeuern passende Waffe vorrätig gehalten hat, haben das Landgericht und das OLG einen inneren Zusammenhang festgestellt. Denn andererseits konnte auch nicht sicher ausgeschlossen werden, dass der Angeklagte über eben eine solche Waffe verfügte oder sich diese erst noch beschaffen wollte. Dieser Wille sei sogar naheliegend.[327]
Dem ist aufgrund folgender Erwägungen zuzustimmen: Die hohe Strafandrohung des § 30a BtMG ist Folge der besonderen Schwere des Tatvorwurfs. Diese besondere Schwere ergibt sich aus der mit dem gleichzeitigen Besitz einer

---

327 OLG Bremen, Beschluss v. 8.9.2017 – 1 Ws 98/17 –. BeckRS 2017, 126887 Rn. 17

Waffe oder eines gefährlichen Gegenstandes einhergehenden Gefahr in Zusammenhang mit dem unerlaubten Betäubungsmittelhandel. Das Schutzgut der Volksgesundheit wird bereits dann als besonders gefährdet angesehen, „wenn sich der Täter mittels des gefährlichen Gegenstandes im Besitz des zum Verkauf bestimmten Rauschgifts halten kann, ohne dass es auf einen Willen des Täters ankäme, diesen gegebenenfalls einzusetzen".[328] Die Einsatzbereitschaft hinsichtlich der Schreckschusspistole nebst passender Munition sowie des Dolches in Bezug auf die Sicherung der Betäubungsmittelmenge steht vorliegend völlig außer Frage. Aber auch in Bezug auf die besessene Munition kann dann nichts Anderes gelten, weil bei dem Angeklagten der generelle Wille zur Verteidigung der in seinem Besitz und zum gewinnbringenden Weiterverkauf bestimmten Betäubungsmittelmenge anzunehmen ist.

Das Oberlandesgericht Bremen hat dazu ergänzend angemerkt, dass der Zweifelsgrundsatz „in dubio pro reo" auch dann Anwendung finden müsse, wenn es um die Frage eines Verfahrenshindernisses (hier: des Strafklageverbrauchs) gehe.[329] Die vorstehende Entscheidung ist konsequent und der Beispielsfall nicht neu. Immer wieder kommt es zu derartigen Fallkonstellationen. Zudem besteht immer auch die Möglichkeit, dass Anhaltspunkte, welche auf Tatidentität hindeuten, erst durch entsprechende und unwiderlegbare Angaben des Angeschuldigten im Strafverfahren oder des Angeklagten gar erst in der Hauptverhandlung bekannt werden.

Dieses unzufriedenstellende Ergebnis hätte also nur vermieden werden können, indem der Strafbefehl wegen des Vorwurfs des Besitzes von Munition nicht ergangen – das entsprechende Verfahren nicht getrennt vom Vorwurf des Verbrechenstatbestandes geführt worden wäre.

Beispiel (5)
Wie ist der Fall zu beurteilen, wenn der Beschuldigte, dem Mord bzw. Totschlag seiner Ehefrau zur Last gelegt wird, die zur Nutzung dieser Tötung vorliegende Waffe bereits seit mehreren Jahren in Besitz, dafür aber keine Erlaubnis hat und auch nie hatte?

Antwort: Der Bundesgerichtshof hat sich im Jahre 2020 mit einem Fall beschäftigt, dem folgender Sachverhalt zugrunde lag: Dem Angeklagten war zur Last gelegt worden, durch dieselbe Handlung (§ 52 StGB) versucht zu haben, einen anderen Menschen zu töten, wobei Mordmerkmale festgestellt wurden und wobei der Angeklagte die Tat mittels einer Waffe begangen hatte. Die Besonderheit dieser Waffennutzung lag darin, dass der Angeklagte die benutzte Schusswaffe nebst Schalldämpfer bereits 30 Jahre lang in seinem Besitz und die Tauglichkeit zwei Tage vor dem geplanten Mord überprüft hatte.

Die Annahme, dass der Angeklagte eben diese Schusswaffe bereits seit mehreren Jahren (illegal) in Besitz gehabt hat, beruhte auf dessen eigenen, nachvollziehbaren und im Übrigen auch nicht widerlegbaren Angaben.

---

328 BGH, Urteil v. 28.0.21997 – 2 StR 556/96, juris Rn. 12 ff.
329 OLG Bremen, Beschluss v. 8.9.2017 – 1 Ws 98/17 –, BeckRS 2017, 126887 Rn. 18

In dem vor dem Schwurgericht geführten Verfahren war dem Angeklagten (eigentlich „nur") das unerlaubte Führen einer Schusswaffe in Tateinheit mit dem Versuch des Mordes und gleichfalls tateinheitlich begangener gefährlicher Körperverletzung zur Last gelegt worden. Aufgrund der vorgenannten Angaben des Angeklagten (die Waffe bereits 30 Jahre lang in Besitz gehabt zu haben) erfolgte durch das Gericht der rechtliche Hinweis, dass darüber hinaus eine Verurteilung wegen des unerlaubten Waffenbesitzes in Betracht komme. In der Folge wurde der Angeklagte wegen des unerlaubten Besitzes einer Schusswaffe in Tatmehrheit mit dem Führen einer Schusswaffe, dies in Tateinheit mit dem Versuch des Mordes und gleichfalls tateinheitlich mit gefährlicher Körperverletzung verurteilt.

745 Erkennen Sie das Problem? Durfte der Angeklagte wegen der ihm mit der zugelassenen Anklage nicht vorgeworfenen Tat des unerlaubten Waffenbesitzes (seit 30 Jahren) verurteilt werden? Diese Frage ließe sich nur dann mit „JA" beantworten, wenn es sich bei der über die Anklageschrift hinausgehenden Tat (des unerlaubten Waffenbesitzes seit 30 Jahren) um dieselbe strafprozessuale Tat wie die aus der zugelassenen der Anklageschrift handelt (§ 264 StPO). Wäre dies nicht der Fall, wäre auch der rechtliche Hinweis (§ 265 StPO) dergestalt, dass der Angeklagte auch insoweit mit einer Verurteilung rechnen müsse, nicht ausreichend. Es müsste vielmehr eine weitere (Nachtrags-)Anklage (§ 266 StPO) erhoben werden.

746 **Zur Erinnerung:** Als Tat im prozessualen Sinn gilt das gesamte Verhalten des Beschuldigten, soweit es mit dem in der Anklage beschriebenen Sachverhalt nach allgemeiner Lebensauffassung einen einheitlichen, inhaltlich zusammenhängenden Vorgang bildet.
Der Bundesgerichtshof hat die vorstehende Frage deutlich verneint. Das Ausüben der tatsächlichen Gewalt über die Schusswaffe im Vorfeld der Tat stelle sich als prozessual selbstständige Tat dar. Mehrere sachlich-rechtliche selbstständige Handlungen (§ 53 StGB) würden nur dann eine einheitliche prozessuale Tat bilden, wenn die einzelnen Handlungen nicht nur äußerlich ineinander übergingen, sondern auch inhaltlich derart miteinander verknüpft seien, dass der Unrechts- und Schuldgehalt der einen Handlung nicht ohne die Umstände, die zu der anderen Handlung geführt hätten, richtig gewürdigt werden könne und, dass ihre getrennte Würdigung und Aburteilung als unnatürliche Aufspaltung eines einheitlichen Lebensvorgangs empfunden würde.[330]
Die der angeklagten Tat (das Tötungsdelikt) vorgelagerte Tat (Waffenbesitz) stellt sich nicht als einheitliche prozessuale Tat zu der angeklagten Tat dar. Durch die Anklageerhebung ist auch kein deutlicher Verfolgungswille hinsichtlich dieser weiteren prozessualen Tat erkennbar.

747 **Aber aufgepasst:** Anders stellt sich die Rechtslage bezüglich des Ausübens der tatsächlichen Gewalt über die Waffe im Rahmen des versuchten Tötungsdelikts dar. Insoweit liegt unzweifelhaft Tateinheit (§ 52 StGB) vor.

---

330   BGH, Beschluss v. 9.9.2020 – 2 StR 261/20 –, BeckRS 2020, 29307
      Kudlich, JA 2021, 80 ff.

Würde dieser Verstoß gegen das WaffG getrennt von dem Tötungsdelikt geführt und würde der Betroffene allein wegen des Vergehens verurteilt, so bestünde hinsichtlich des Tötungsdelikts Strafklageverbrauch!
Sie meinen das käme nicht vor? Derartige, tateinheitlich begangenen Delikte würden nicht in getrennten Verfahren geführt? Unsere praktische Erfahrung ist da leider eine andere.

Beispiel (6) „Schlimmer geht immer Teil 2"
Ein (weiteres) Beispiel mit unserer Ansicht nach **fast fatalen Folgen:**
Der Beschuldigte führte alkoholisiert (BAK über 1,1 Promille) und ohne Fahrerlaubnis einen Pkw im öffentlichen Straßenverkehr. Aufgrund von Trennungsstreitigkeiten und großer Eifersucht fuhr der Beschuldigte mit dem Pkw in eine Menschenmenge vor einer Diskothek, weil er dort seine Ex-Freundin mit deren neuem Freund sah und sich rächen wollte. Mehrere Menschen wurden schwer verletzt; ein Mensch starb. Die ermittelnden Polizeibeamten eröffneten 2 getrennte Ermittlungsverfahren, nämlich (1) wegen des Vorwurfs Trunkenheit im Verkehr (§ 316 StGB) sowie in Tateinheit (§ 52 StGB) des Fahrens ohne Fahrerlaubnis (§ 21 StVG) und (2) eines wegen des Vorwurfs des Mordes bzw. Totschlags (§§ 211, 212 StGB) in Tateinheit (§ 52 StGB) mit mehrfacher gefährlicher Körperverletzung (§§ 223, 224, 52 StGB). In dem Verfahren zu (1), welches bei der Staatsanwaltschaft im Dezernat eines Amtsanwalts bearbeitet wurde, wurde ein Strafbefehl mit einer Verurteilung zu 40 Tagessätzen sowie einer isolierten Sperrfrist (§ 69a StGB) beantragt. Der zuständige Richter des Amtsgerichts las die Ermittlungsakte sehr genau, stellte fest (denn dies ergab sich sehr wohl aus den polizeilichen Ermittlungsberichten, dass der Beschuldigte bzgl. der betreffenden Autofahrt in eine Menschenmenge hineingefahren war. Der Richter stellte sich sogleich die Frage, ob das weitere dem Beschuldigten zur Last gelegte Verhalten (des Fahrens hinein in eine Menschenmenge) bereits ausermittelt war oder wie mit diesem Tatvorwurf zwischenzeitlich strafprozessual umgegangen worden war. Er nahm telefonischen Kontakt zur Staatsanwaltschaft auf und erhielt die (kurze und knappe) Antwort, dass das weitere Ermittlungsverfahren wegen des Tatvorwurfs des Mordes in Tateinheit mit mehrfacher gefährlicher und schwerer Körperverletzung (§§ 223, 224, 226 StGB) geführt werde und die Ermittlungen andauern würden. Der durch die Staatsanwaltschaft in dem Verfahren zu (1) beantragte Strafbefehl wurde nicht erlassen.
Erkennen Sie das Problem? Warum erließ der zuständige Richter diesen Strafbefehl nicht?

Vorliegend hätte Strafklageverbrauch bzgl. des Tötungsdelikts eintreten können, denn insoweit handelt es sich um ein- und dieselbe strafprozessuale Tat. Einwände der mit der Aktenführung betrauten Polizeibeamten lauteten wie folgt: „Ja, aber hier haben wir es doch mit einem Strafbefehlsverfahren zu tun. Da kann das Verfahren doch auch zuungunsten des Beschuldigten wiederaufgenommen werden?" **Vorsicht! Das stimmt nur zum Teil.**

§ 362 StPO   Wiederaufnahme zuungunsten des Verurteilten

Die Wiederaufnahme eines durch rechtskräftiges Urteil abgeschlossenen Verfahrens zuungunsten des Angeklagten ist zulässig,

1. wenn eine in der Hauptverhandlung zu seinen Gunsten als echt vorgebrachte Urkunde unecht oder verfälscht war;
2. wenn der Zeuge oder Sachverständige sich bei einem zugunsten des Angeklagten abgelegten Zeugnis oder abgegebenen Gutachten einer vorsätzlichen oder fahrlässigen Verletzung der Eidespflicht oder einer vorsätzlichen falschen uneidlichen Aussage schuldig gemacht hat;
3. wenn bei dem Urteil ein Richter oder Schöffe mitgewirkt hat, der sich in Beziehung auf die Sache einer strafbaren Verletzung seiner Amtspflichten schuldig gemacht hat;
4. wenn von dem Freigesprochenen vor Gericht oder außergerichtlich ein glaubwürdiges Geständnis der Straftat abgelegt wird.

§ 373a StPO   Verfahren bei Strafbefehl

(1) Die Wiederaufnahme eines durch rechtskräftigen Strafbefehl abgeschlossenen Verfahrens zuungunsten des Verurteilten ist auch zulässig, wenn neue Tatsachen oder Beweismittel beigebracht sind, die allein oder in Verbindung mit den früheren Beweisen geeignet sind, die Verurteilung wegen eines Verbrechens zu begründen.

(2) Im Übrigen gelten für die Wiederaufnahme eines durch rechtskräftigen Strafbefehl abgeschlossenen Verfahrens die §§ 359 bis 373 entsprechend.

749 Doch was heißt das nun konkret? Voraussetzung für eine Wiederaufnahme des Verfahrens zuungunsten des Verurteilten ist zunächst, dass neue Tatsachen und Beweismittel beigebracht sind, die geeignet sind, die Verurteilung **wegen eines Verbrechens** (§ 12 Abs. 1 StGB) zu begründen.

§ 12 StGB   Verbrechen und Vergehen

(1) Verbrechen sind rechtswidrige Taten, die im Mindestmaß mit Freiheitsstrafe von einem Jahr oder darüber bedroht sind.

(2) Vergehen sind rechtswidrige Taten, die im Mindestmaß mit einer geringeren Freiheitsstrafe oder die mit Geldstrafe bedroht sind.

(3) Schärfungen oder Milderungen, die nach den Vorschriften des Allgemeinen Teils oder für besonders schwere oder minder schwere Fälle vorgesehen sind, bleiben für die Einteilung außer Betracht.

750 Bei dem vorliegend in Betracht kommenden Tötungsdelikt handelt es sich zweifelsohne um den Vorwurf eines Verbrechens.
Obwohl man kritisch hinterfragen könnte, warum – anders als bei einem Urteil – im Strafbefehlsverfahren die Wiederaufnahme des Verfahrens über die Regelung des § 362 StPO hinaus möglich sein soll, ist gegen diese Regelung verfassungsrechtlich nichts einzuwenden. Das Bundesverfassungsgericht hat betont, dass die Rechtskraftwirkung von Strafbefehlen entsprechend einzuschränken sei, „weil dem Strafbefehlsverfahren im Gegensatz zum Urteilsverfahren möglicherweise Unzulänglichkeiten anhaften, die typischerweise zu unvollständiger Sachaufklärung und unvollständiger rechtlicher Würdigung führen können, so dass im Interesse materieller Gerechtigkeit die Möglichkeit einer Korrektur als unumgänglich erscheint".[331]

---

331   BVerfG NStZ 1984, 325; vgl. dazu ergänzend auch KK-StPO, Schmidt, § 373a Rn. 2 ff.

Im **Strafbefehlsverfahren** gibt es also kein Problem? Weit gefehlt! Eine weitere Voraussetzung der Möglichkeit einer Wiederaufnahme des Verfahrens ist es, dass Umstände **nachträglich** eingetreten sind, die **die Tat zu einem Verbrechen aufwerten.**

Beispiel 751
Der mittels einer Waffe Verletzte stirbt an den Folgen der Verletzung oder erleidet besondere Verletzungsfolgen, so dass statt der im Strafbefehl zunächst erfolgten rechtskräftigen Verurteilung wegen gefährlicher Körperverletzung (224 StGB) nunmehr die Bestrafung nach §§ 211, 212, 226 oder 227 StGB zu erwarten ist.

Als weitere Voraussetzung der Zulässigkeit der Wiederaufnahme ist die Beibringung **neuer** Tatsachen oder Beweismittel zu nennen. Doch was ist in diesem Zusammenhang als neu zu bewerten? Diese „Neuheit" lässt sich allein aus dem Sachverhalt herleiten, der im Zeitpunkt des Erlasses des Strafbefehls aus den Verfahrensakten ersichtlich war.[332] Denn der Strafbefehl ergeht ohne mündliche Verhandlung, also allein aufgrund der Aktenlage. 752

Dabei ist zu bedenken: Allein eine Veränderung im tatsächlichen Bereich lässt die Wiederaufnahme des Verfahrens als möglich erscheinen. Eine (nur) falsche, rechtliche Subsumtion des vorliegenden Sachverhalts steht einer Wiederaufnahme entgegen. Wäre die Tat anhand des aus den Akten ersichtlichen Sachverhalts von Anbeginn an als Verbrechen zu werten gewesen und ist dies (aus Unwissenheit oder anderen Fehlerquellen) nicht geschehen, so ist eine Wiederaufnahme des Verfahrens unzulässig. 753

Was genau bedeutet das nun für den o. g. Beispielsfall? In der Regel (und ebenso in dem, dem obigen Beispiel zugrunde liegenden Praxisfall) lassen sich den Verfahrensakten genügende Anhaltspunkte für das Vorliegen einer (weiteren?) Straftat entnehmen. Auch wenn (wie hier) aus der Strafanzeige lediglich die Straßenverkehrstat (§ 316 bzw. 325c StGB) zu entnehmen war, so ließ sich den beigefügten Ermittlungsvermerken und Vernehmungen unzweideutig entnehmen, dass der Beschuldigte während der Fahrt (die Tat!) in eine Menschenmenge gesteuert hatte, um (was im Einzelfall nachzuweisen wäre), Menschen zu töten oder dies zumindest billigend in Kauf genommen hatte. 754

Ohne den besonders aufmerksamen Richter wäre vorliegend Strafklageverbrauch eingetreten! In einem ähnlich gelagerten Fall ging die Sache nicht so gut aus. Aufgrund der besonderen Bedeutung, der Problemstellung, insbesondere aber der Tatsache, dass eine entsprechende Aktenführung nach wie vor gehandhabt wird, wollen wir Ihnen auch diesen Fall nicht vorenthalten: 755

Beispiel (7) Prozessuale Tatidentität zwischen Trunkenheitsfahrt und 756
 Drogendelikt
Der Bundesgerichtshof hatte über einen Fall zu entscheiden, in welchem es um die Frage der Tatidentität zwischen einem Delikt der Trunkenheit im

---
332 KK-StPO, Schmidt, § 397a Rn. 7 m. w. N., so insb. BVerfG NJW, 2007, 207

Verkehr (§ 316 StGB) sowie des bewaffneten, unerlaubten Handeltreibens mit Betäubungsmitteln in nicht geringer Menge (§ 30a BtMG) ging.

§ 316 StGB   Trunkenheit im Verkehr

(1) Wer im Verkehr (§ 315 bis § 315e StGB) ein Fahrzeug führt, obwohl er infolge des Genusses alkoholischer Getränke oder anderer berauschender Mittel nicht in der Lage ist, das Fahrzeug sicher zu führen, wird mit Freiheitsstrafe *bis zu einem Jahr oder mit Geldstrafe bestraft,* wenn die Tat nicht in § 315a oder § 315c mit Strafe bedroht ist.

(2) Nach Absatz 1 wird auch bestraft, wer die Tat fahrlässig begeht.

§ 30a BtMG   Straftaten

(1) Mit Freiheitsstrafe *nicht unter fünf Jahren* wird bestraft, wer Betäubungsmittel in nicht geringer Menge unerlaubt anbaut, herstellt, mit ihnen Handel treibt, sie ein- oder ausführt (§ 29 Abs. Satz 1 Nr. 1) und dabei als Mitglied einer Bande handelt, die sich zur fortgesetzten Begehung solcher Taten verbunden hat.

(2) Ebenso wird bestraft, wer
1. als Person über 21 Jahre eine Person unter 18 Jahren bestimmt, mit Betäubungsmitteln unerlaubt Handel zu treiben, sie, ohne Handel zu treiben, einzuführen, auszuführen, zu veräußern, abzugeben oder sonst in den Verkehr zu bringen oder eine dieser Handlungen zu fördern, oder
2. mit Betäubungsmitteln in nicht geringer Menge unerlaubt Handel treibt oder sie, ohne Handel zu treiben, einführt, ausführt oder sich verschafft und dabei eine Schusswaffe oder sonstige Gegenstände mit sich führt, die ihrer Art nach zur Verletzung von Personen geeignet und bestimmt sind.

(3) In minder schweren Fällen ist die Strafe Freiheitsstrafe von sechs Monaten bis zu zehn Jahren.

757 Den vorstehenden gesetzlichen Grundlagen ist eindeutig zu entnehmen: Bei § 316 StGB handelt es sich um ein Vergehen, welches nicht mit einer im Mindestmaß erhöhten Strafe bedroht ist. Der Verbrechenstatbestand des § 30a BtMG droht eine Strafe von nicht unter 5 Jahren Freiheitsstrafe an.

758 Der BGH hatte in dem Verfahren 3 StR 109/12 über folgenden Sachverhalt zu entscheiden:
Der Betroffene (B) war mit einem Blutalkoholgehalt von 1,43 Promille aufgefallen, als er mit einem Pkw im Straßenverkehr unterwegs war; er beging mithin eine Trunkenheit im Verkehr gemäß § 316 StGB. Zugleich transportierte B in dem betreffenden Fahrzeug eine Betäubungsmittelmenge von ca. 317 Gramm Marihuana mit einem Wirkstoffgehalt von 10,4 % THC. B bezweckte, die Hälfte dieser Marihuanamenge gewinnbringend weiter zu veräußern und die andere Hälfte selbst zu konsumieren. Während der Fahrt mit dem Pkw (während des Transports der Betäubungsmittelmenge) führte B ein beidseitig geschliffenes Messer mit einer Klingenlänge von 12 cm mit sich. B hat sich mithin auch wegen des bewaffneten, unerlaubten Handeltreibens mit Betäubungsmitteln in nicht geringer Menge (§ 30a Abs. 2 Nr. 2 BtMG) in Tateinheit mit unerlaubten Besitzes von Betäubungsmitteln in nicht geringer Menge (§ 29a Abs. 1 Nr. 2

BtMG) strafbar gemacht. Aufgrund des vorgenannten Tatvorwurfs hatte B mit einer Strafe von nicht unter 5 Jahren Freiheitsstrafe zu rechnen.

Prozessual wurde das Verfahren so aufgebaut, dass die Trunkenheitsfahrt (§ 316 StGB) in einem gesonderten Verfahren geführt wurde. B wurde durch einen Strafbefehl rechtskräftig zu einer Geldstrafe von 40 Tagessätzen verurteilt. In einem weiteren, gesondert geführten Verfahren wurde B vor der Strafkammer des zuständigen Landgerichts angeklagt. In dem vor dem Landgericht geführten Verfahren wurde er eine Woche vor Erlass des Strafbefehls unter Annahme eines minderschweren Falles (§ 30a Abs. 3 BtMG) zu einer Freiheitsstrafe von 2 Jahren und 6 Monaten verurteilt.

B legte Revision ein. Der BGH stellte das Verfahren gemäß § 206a StPO wegen eines Verfahrenshindernisses ein.

§ 206a StPO Einstellung des Verfahrens bei Verfahrenshindernis

(1) Stellt sich nach Eröffnung des Hauptverfahrens ein Verfahrenshindernis heraus, so kann das Gericht außerhalb der Hauptverhandlung das Verfahren durch Beschluss einstellen.
(2) Der Beschluss ist mit sofortiger Beschwerde anfechtbar.

Um welches Strafverfolgungshindernis es sich hier handelte, erahnen Sie sicher bereits. Der Bundesgerichtshof nahm Strafklageverbrauch aufgrund des bereits rechtskräftig gewordenen Strafbefehls (Urteil gemäß § 316 StGB) an. Einer weiteren Verurteilung stehe daher das Verfahrenshindernis „ne bis in idem" entgegen (Art. 103 Abs. 3 GG).

Die vorgenannte Fallkonstellation gibt nochmals Anlass zu **zwei Bemerkungen**.

1.4.1 Tatidentität zwischen Trunkenheit im Verkehr und unerlaubten Handeltreibens mit Betäubungsmitteln (bewaffnet; in nicht geringer Menge)

Nicht selten treffen Trunkenheitsfahrten und/oder andere Straßenverkehrsdelikte mit dem Transport einer unerlaubten Betäubungsmittelmenge in eben diesem Fahrzeug zusammen. Die höchstrichterliche Rechtsprechung ist eindeutig und stellt den „inneren Beziehungszusammenhang" jedenfalls dann fest, wenn die Autofahrt dem Transport der Betäubungsmittelmenge dient, was bei dem Tatvorwurf des unerlaubten Handeltreibens mit Betäubungsmitteln zwangsläufig, mithin immer der Fall ist.[333]

Seit mehreren Jahren referieren wir in Aus- und Fortbildungsveranstaltungen der Polizei zu eben dieser Problematik und mit entsprechenden, dem vorgenannten Fall nahezu identischen Beispielsfällen. Verständnis für die dargestellte Verfahrenstrennung scheint es nicht zu geben.

---

333 Zum inneren Beziehungszusammenhang vgl. insb. BGH NStZ 2004, 694 f.; BGH NZV 2010, 39 f;

1.4.2 Möglichkeit der Wiederaufnahme des Verfahrens gemäß § 373a StPO

765 Kann dieser Fehler nunmehr durch eine Wiederaufnahme des Verfahrens gemäß § 373a StPO behoben werden? Auch hier war folglich die Frage zu stellen, ob „neue" Tatsachen oder Beweismittel vorliegen, wobei diese die Strafbarkeit eines Verbrechens (§ 12 StGB) begründen müssten, was vorliegend der Fall wäre (§ 30a BtMG). Was meint „neu" i. S. d. StPO?

766 Als Maßstab für die Beurteilung der Neuheit wird der Sachverhalt verstanden, der sich zum Zeitpunkt des Erlasses des Strafbefehls aus den Akten ergibt.[334] Das Strafbefehlsverfahren trägt die Besonderheit, dass der erkennende Richter nach Aktenlage entscheidet, mithin keine über die sich aus den Akten ergebende Sachverhaltsaufklärung betreibt.

767 In vorstehendem Beispielsfall kommt es also darauf an, welcher Sachverhalt sich aus den Strafakten der Trunkenheitsfahrt (§ 316 StGB) ergab. Befand sich in einem Ermittlungsbericht der Polizei ein Hinweis darauf, dass B während der Trunkenheitsfahrt Betäubungsmittel transportierte, fehlt dem insoweit an dem Erfordernis der „neuen" Tatsache. Sollte dem Strafrichter indes ein Sachverhalt vorgelegen haben, der keinerlei Hinweis auf eine Strafbarkeit gemäß BtMG ergab, wären dieses **„neue" Tatsachen i. S. d. § 373a StPO** und die Wiederaufnahme des Verfahrens wäre möglich.

768 **Beispiel (8) Kinder-/Jugendpornographische Schriften[335] und der sexuelle Missbrauch von Kindern gemäß § 176 StGB**
Wie soll die Akte aufgebaut werden, wenn der Täter Kinder sexuell missbraucht (§§ 176, 176a StGB) und von oder bei diesen Handlungen kinderpornographische Bilder oder Videos selbst erstellt?
Und wie ist das Verhältnis zwischen dem Besitz kinderpornographischer Bilder und dem Sich-Verschaffen dieser oder weiterer Bilder zu sehen?

Die entsprechende Antwort ist eindeutig und unseres Erachtens leicht nachzuvollziehen:
Denn der Besitz kinderpornographischer Schriften steht jeweils in Tateinheit zu den entsprechenden Missbrauchsfällen. Es handelt sich jeweils um eine Tat im prozessualen Sinne. Denn das gesamte Verhalten des Täters bildet einen geschichtlichen und einheitlichen Lebensvorgang (er fertigt Bilder/Videos, während er selbst die Missbrauchstaten begeht). Der jeweilige Unrechts- und Schuldgehalt der einen Tat kann nicht ohne die Umstände, die zu der anderen Handlung geführt haben, tatsächlich und/oder rechtlich gewürdigt werden. Eine getrennte Aburteilung würde sich zweifelsohne als unnatürliche Aufspaltung dieses einheitlichen Lebensvorgangs darstellen.

769 Ganz und klar und unzweideutig steht fest: Der Sachverhalt des Anfertigens und/oder des Besitzes der Missbrauchsbilder kann nicht richtig gewürdigt werden, ohne festzustellen, dass auf eben diesen Bildern/Videos durch eben diesen

---

334 Vgl. dazu BVerfG NJW 2007, 207
335 Bilder, Videos u. a.

Täter ein sexueller Missbrauch begangen wird. Und anders herum: In dem Missbrauchsverfahren werden die Bilder/Videos als Beweismittel benötigt. Selbst für den Fall, dass der Täter vollumfänglich geständig ist, spielen die Bilder/Videos für die Konkretisierung der Taten, die Würdigung eines Geständnisses und die Strafzumessung eine bedeutende Rolle. Ohne die Tatsache zu würdigen, dass Bilder/Videos von Missbrauchstaten vorliegen und eben diese Bilder/Videos strafbares Verhalten gemäß § 184b StGB darstellen, kann das zur Verurteilung anstehende strafbare Verhalten des sexuellen Missbrauchs eines Kindes (§§ 176, 176a StGB) nicht vollumfänglich bewertet werden.

Antwort: Es ist nur 1 Vorgang (in einer Rotakte) zu generieren. 770
Nicht ganz so eindeutig fällt die Antwort hinsichtlich der Frage aus, in welchem **Konkurrenz-Verhältnis** der Tatbestand des Sichverschaffens Kinder und/oder jugendpornographischer Schriften zu dem (Dauer)-Delikt des Besitzes der entsprechenden Bilder/Videos steht.

Der Bundesgerichtshof beschäftigte sich im Jahre 2019 umfassend mit dieser 771
Frage. Der Entscheidung des BGH vom 18.12.2019[336] lagen u. a. die Tatvorwürfe (1) des sexuellen Missbrauchs von Kindern (§ 176 StGB) in Tateinheit mit dem Herstellen kinderpornographischer Schriften (§ 184b Abs. 1 Nr. 3 SGB a. F.[337]) und (2) des schweren sexuellen Missbrauchs von Kindern (§ 176a StGB) in Tateinheit mit dem Herstellen kinderpornographischer Schriften zugrunde.

Das Gericht hat sich zunächst mit der Frage auseinandergesetzt, ob der Ange- 772
klagte in beiden Fällen wegen des Herstellens kinderpornographischer Schriften (§ 184b Abs. 1 Nr. 3 StGB a. F.) oder des Besitzes kinderpornographischer Schriften (§ 184b Abs. 4 Nr. 2 StGB a. F.) schuldig zu sprechen war. Hintergrund dieser Fragestellung ist die Frage der Verjährung entsprechender Taten.

Der BGH hat dazu ausgeführt: „Durch das Herstellen der Videoaufnahmen un- 773
ternahm es der Angeklagte in 2 rechtlich selbstständigen Fällen, sich den **Besitz von kinderpornographischen Schriften zu verschaffen** (§ 184b Abs. 4 Nr. 1 StGB a. F.), denn auch das **eigenhändige Anfertigen** einer Aufnahme **zum Eigenverbrauch** erfüllt den Tatbestand des Sich-Verschaffens."[338] Der Verfolgbarkeit des Tatbestandes des Sich-Verschaffens stehe jedoch das Verfahrenshindernis der Verjährung entgegen, weil ab dem Zeitpunkt dieser Tatvariante bereits mehrere Jahre vergangen waren und daher zwischenzeitlich Verjährung eingetreten war (§§ 78 Abs. 1, Abs. 3 Nr. 4, 78a S. 1 StGB). Der BGH hat sodann festgestellt, dass der subsidiäre Tatbestand des Besitzes kinderpornographischer Schriften, der eigentlich hinter dem Tatbestand des Sich-Verschaffens zurücktrete, wiederauflebe, wenn der Verfolgbarkeit des verdrängenden Tatbestandes das Verfahrenshindernis der Verjährung entgegenstehe.[339] Betreffend den Tatbestand des Besitzes

---

336 BGH Beschluss v. 18.12.2019 – 3 StR 264/19 –, NStZ-RR 2020, 172 ff.
337 i. d. F. vom 1.4.2004, denn die Taten wurden während der Geltung dieser Fassung begangen und § 184b Abs. 1 Nr. 3 StGB a. F. stellt gegenüber der nachfolgenden Fassung das mildere und damit das nach § 2 StGB anwendbare Gesetz dar.
338 BGH Beschluss v. 18.12.2019 – 3 StR 264/19 –, NStZ-RR 2020, 172 ff. (173)
339 BGH Beschluss v. 18.12.2019 – 3 StR 264/19 –, NStZ-RR 2020, 172 ff. (173)

kinderpornographischer Schriften war indes noch keine Strafverfolgungsverjährung eingetreten, weil der Besitz bis zum Zeitpunkt der Sicherstellung des entsprechenden Datenträgers angedauert hatte.

774 Der BGH hat sich sodann mit der Frage des Konkurrenzverhältnisses zwischen dem Tatbestand des Besitzes der jeweiligen kinderpornographischen Schriften und den Tatbeständen des jeweiligen Missbrauchs beschäftigt und hat dazu u. a. ausgeführt: „Zwar stellt der gleichzeitige Besitz verschiedener Datenträger mit kinderpornographischen Schriften grundsätzlich nur eine Tat dar (...)³⁴⁰. Die ihrerseits in Tatmehrheit stehenden § 176 Abs. 1 StGB und § 176a Abs. 2 StGB werden jedoch nicht durch § 184b Abs. 4 Nr. 2 StGB a. F. zu einer Tat verklammert, weil es aufgrund der erheblich unterschiedlichen Strafandrohungen an der insoweit vorausgesetzten annähernden Wertgleichheit der Delikte fehlt (...)"³⁴¹

775 Zudem hat der Bundesgerichtshof sich mit der Frage auseinandergesetzt, ob der gleichzeitige Besitz der selbst erstellten kinderpornographischen Schriften (siehe oben) mit dem Besitz weiterer, sich aus dem Internet beschaffter kinderpornographischer Schriften eine prozessuale Tat darstelle, mithin insoweit³⁴² Strafklageverbrauch möglich sei. Der Bundesgerichtshof hat dies mit der Begründung verneint, dass für den Besitz der jeweiligen Bilder/Videos „jeweils ein gesonderter, wenn auch mit Blick auf das zwischenzeitlich eingetretene Verfahrenshindernis der Verjährung als solcher nicht mehr verfolgbarer Verschaffungsvorgang festgestellt" sei.³⁴³

776 **Beispiel (9) Weitere Mittäter/Beteiligte**
Gilt das dann auch für weitere Mittäter oder Tatbeteiligte?
Nein! Strapazieren wir das Problem nicht über. Es geht hier immer nur um den einen Tatverdächtigen, dem eben diese eine strafprozessuale Tat (das können materiell-rechtlich mehrere Handlungen sein) zur Last gelegt wird. „Nicht angeklagte Personen werden nicht erfasst, auch wenn sie Mittäter oder Teilnehmer der Tat des Angeklagten waren. Ihr Verhalten kann dann vom Gericht nur festgestellt werden, soweit es zur Illustration der Tat des Angeklagten erforderlich ist."³⁴⁴

777 Denn: Gegen diese andere Person richtet sich das Verfahren nicht. Diese andere Person ist nicht Gegenstand der Anklage und auch nicht der abzuurteilenden Tat. Eine Aburteilung nicht angeklagter Personen wäre rechtswidrig, ihr steht das Prozesshindernis aus § 151 StPO entgegen.

---

340 Vgl. dazu u. a. BGH Beschluss v. 2.7.2019 – 2 StR 130/19, juris Rn. 8 und weitere Nachweise
341 BGH, Beschluss v. 18.12.2019 – 3 StR 264/19 –, NStZ-RR 2020, 172 ff.(173)
342 und dann fatalerweise wohl auch mit den tateinheitlich begangenen Missbrauchstaten(!)
343 BGH, Beschluss v. 18.12.2019 – 3 StR 264/19 –, NStZ-RR 2020, 172 ff. (174)
344 BeckOK StGB, v. Heintschell-Heinegg § 52 Rn. 79

II. Alltägliche Fragen im Zusammenhang mit dem Aktenaufbau

1. Datenträger/Lichtbilder

Am Tatort oder etwa bei Obduktionen werden häufig unzählige Bilder gefertigt. In den Bildberichten befinden sich später in der Akte in der Regel längst nicht alle Bilder. Häufig trifft die Polizei eine eigene Auswahl.

Beispiel
Während der Obduktion des X werden über 100 Bilder gefertigt. Die Polizei fertigt einen Bildbericht, in den sie 30 Bilder aufnimmt. Als die Kammer mit dem Obduzenten Details der Obduktion erörtert, sucht der Obduzent einige ganz bestimmte Lichtbilder, die jedoch nicht in die Bildmappe aufgenommen wurden. Das Gericht und auch der Verteidiger werfen nun der Polizei vor, unberechtigt eine Auswahl an Bildern getroffen und nicht deutlich gemacht zu haben, dass nicht alle Bilder in den Bildbericht aufgenommen wurden.

Es ist völlig legitim, nicht alle gefertigten Bilder in Bildberichte zu heften. Um insoweit jedoch Irritationen beim Gericht (oder gar den Vorwurf, die Polizei habe wesentliche Bilder absichtlich zurückgehalten) zu verhindern, wird folgende Vorgehensweise empfohlen:
- Auswahl von Lichtbildern ausdrucken,
- den Lichtbildern den Datenträger nachheften,
- vor die ausgedruckten Bilder einen Vermerk heften, aus dem hervorgeht, dass nur eine Auswahl an Bildern ausgedruckt zur Akte genommen wurde und alle gefertigten Lichtbilder sich auf dem beigefügten Datenträger befinden.

2. Spheronaufnahmen

Spheronaufnahmen (360 Grad-Rundumblick) zeigen viel eindrucksvoller einen Tatort, als es anhand von Lichtbildern möglich wäre. Derartige Aufnahmen sind deshalb häufig – insbesondere bei Kapitaldelikten – wichtig.
Nicht selten sehen die Gerichte aber davon ab, die Aufnahmen in die Hauptverhandlung einzuführen, was häufig bei Polizeibeamten für Verwunderung sorgt.

Denn § 267 Abs. 1 S. 3 StPO erlaubt dem Gericht lediglich, im Urteil auf Abbildungen Bezug zu nehmen („Auf Abbildungen, die sich bei den Akten befinden, kann hierbei wegen der Einzelheiten verwiesen werden."). Damit sind lediglich Lichtbilder gemeint, nicht aber Videos.

Sobald das Gericht Spheronaufnahmen in der Hauptverhandlung in Augenschein nimmt, reicht es daher nicht, auf den Datenträger Bezug zu nehmen und dessen Inaugenscheinnahme, sondern es müsste im Detail im Urteil beschrieben werden, was auf dem Datenträger zu sehen ist.

Deshalb verzichten die Gerichte bisweilen auf die Einführung der Aufnahmen in die Hauptverhandlung, was aber nicht dazu führen sollte, diese Technik zukünftig nicht mehr einzusetzen.

3. Einsatz von Dolmetschern

785 Wird ein Dolmetscher eingesetzt, sollte stets hinterfragt werden, welche Erfahrungen der Dolmetscher hat, ob er allgemein vereidigt ist und bei welchem Gericht er vereidigt worden ist.

786 In letzter Zeit haben wir häufig feststellen müssen, dass Beschuldigte später behaupteten, den Dolmetscher, der in der polizeilichen Vernehmung zugezogen wurde, nicht verstanden zu haben. Deshalb sollte vor Beginn der Vernehmung stets geklärt werden, dass beide dieselbe Sprache sprechen und eine gute Verständigung möglich ist. Dies bitte auch protokollieren!

787 Dolmetscher sind darüber zu belehren, dass sie wörtlich zu übersetzen haben und nichts hinzufügen/weglassen dürfen, was der Beschuldigte/Zeuge (nicht) gesagt hat.

788 Erfahrene Ermittler kennen die Situation, dass der zu Vernehmende lange redet und dann der Dolmetscher nur 2/3 Wörter übersetzt- somit offensichtlich die Angaben zusammengefasst hat.

789 Wir empfehlen deshalb jeden Dolmetscher ausdrücklich zu belehren, dass 1 zu 1 zu übersetzen ist, nichts unterschlagen oder gar hinzugefügt werden darf, und folgende Belehrung zur Akte zu nehmen:

790
> **Staatsanwaltschaft (…)**
> **Polizei (…)**
> **Aktenzeichen: (…)**
> **Belehrung des Dolmetschers/der Dolmetscherin**
>
> Der Dolmetscher/die Dolmetscherin wurde für den Beschuldigten/die Beschuldigte/den Zeugen/die Zeugin
> _____ für die Sprache _____ zugezogen.
>
> Personalien:
> Name _____
> Adresse _____
> Büro _____
> Telef. Erreichbarkeit _____
>
> Ich bin allgemein vor dem Landgericht _____ vereidigt.
> Ich bin nicht allgemein vereidigt.
>
> Ich bin darüber belehrt worden, dass ich treu und gewissenhaft zu übersetzen habe. Ich habe Fragen und Antworten **wörtlich und vollständig** zu übersetzen. Ist eine wörtliche Übersetzung nicht möglich, so bin ich verpflichtet, dies dem Vernehmungsbeamten mitzuteilen. Wenn sich der zu Vernehmende/die zu Vernehmende mit Fragen an mich wendet, etwa um Beratung bittet, ob er/sie Angaben machen soll oder was er/sie aussagen soll, so habe ich dies umgehend dem Beamten mitzuteilen. Wenn ich den Eindruck habe, dass

> mich der zu Vernehmende/die zu Vernehmende nicht versteht, werde ich dies umgehend dem Beamten mitteilen. Private Gespräche während der Vernehmung sind untersagt.
> Ich habe die Belehrung verstanden.
>
> _____ _____
> Unterschrift   Datum

Sind im Laufe der Ermittlungen mehrere Personen vernommen worden (etwa Massenschlägerei mit Ausländern unterschiedlicher Herkunft), für die ein Dolmetscher benötigt wird, erleichtern Sie dem Gericht die Arbeit enorm, wenn Sie ein Vorblatt vor Blatt 1 der Hauptakte heften (etwa in Form einer Tabelle), in der aufgelistet wird: **791**
- wer spricht welche Sprache,
- welcher Dolmetscher wurde eingesetzt (mit Erreichbarkeit).

4. Verbindung weiterer Vorgänge ohne Rücksprache zur Hauptakte

Beispiel **792**
A verprügelt und würgt B und befindet sich in Untersuchungshaft wegen des Tatverdachts eines versuchten Tötungsdelikts in Tateinheit mit gefährlicher Körperverletzung. Als die Akten übersandt werden, sind der Hauptakte 20 Fallakten beigefügt (Vorwürfe: BtM-Besitz, diverse Diebstähle und Sachbeschädigungen, jeweils mit gänzlich anderen Tatzeiten).

Bisweilen mag es durchaus sinnvoll sein, ein sogenanntes Gesamtpaket zu schnüren, aber bitte niemals ohne Rücksprache mit dem Staatsanwalt!

Erörtern Sie mit dem Staatsanwalt vorab telefonisch, ob die weiteren Vorgänge gesondert an ihn, den jeweils zuständigen (Sonder-) Dezernenten übersandt oder tatsächlich als Fallakten geführt werden sollen. Sollen die Akten nämlich gesondert geführt werden, führt ein eigenmächtiges Sammeln von Fallakten und Auszeichnen der Akten als Fallakten zu erheblichem zusätzlichen Arbeitsaufwand bei der Staatsanwaltschaft, da die Vorgänge dann wieder abgetrennt werden müssen. **793**

III. Vermerke der Polizeibeamten zu ihren Tätigkeiten

Beispiel **794**
In der Akte befindet sich ein Durchsuchungsbericht, an dessen Ende der Name des P steht. P hat den Vermerk auch unterschrieben, weshalb P als Zeuge geladen wird. Die Kammer hat Fragen zum Ablauf der Durchsuchung und möchte u. a. wissen, wo was konkret gefunden wurde.
P: „Ich hatte lediglich den Auftrag, mit meinem Klemmbrett mich vor Ort aufzuhalten und das zu notieren, was mir die Kollegen, die durchsuchten, mitgeteilt haben. Details weiß ich nicht, ich selber habe nicht durchsucht."

795 Weil P somit keine der Fragen des Gerichts beantworten kann und auch nicht weiß, wer tatsächlich durchsucht hat, muss das Gericht ermitteln, wer als Zeuge in Betracht kommt und diesen Beamten laden.

796 Es entstehen vermeidbare Verzögerungen. Leider handelt es sich hierbei um kein selten auftretendes Problem, sondern in fast jedem größeren Prozess werden Polizeibeamte geladen, die letztendlich keine Angaben zu den relevanten Fragen machen können, weil die Vermerke in den Akten unvollständig oder unklar sind.

797 | Merke
Jeder Vermerk sollte eindeutig und zweifelsfrei erkennen lassen, welcher Beamte welche Aufgabe vor Ort hatte, welche Tatsachen zur Kenntnis genommen hat.

IV. Mehrfachverteidigung

798 § 146 StPO   Verbot der Mehrfachverteidigung

Ein Verteidiger kann nicht gleichzeitig mehrere derselben Tat Beschuldigte verteidigen. In einem Verfahren kann er auch nicht gleichzeitig mehrere verschiedener Taten Beschuldigte verteidigen.

§ 138 StPO   Wahlverteidiger

(1) Zu Verteidigern können Rechtsanwälte sowie die Rechtslehrer an deutschen Hochschulen im Sinne des Hochschulrahmengesetzes mit Befähigung zum Richteramt gewählt werden.

(2) Andere Personen können nur mit Genehmigung des Gerichts gewählt werden. Gehört die gewählte Person im Fall der notwendigen Verteidigung nicht zu den Personen, die zu Verteidigern bestellt werden dürfen, kann sie zudem nur in Gemeinschaft mit einer solchen als Wahlverteidiger zugelassen werden.

(3) Können sich Zeugen, Privatkläger, Nebenkläger, Nebenklagebefugte und Verletzte eines Rechtsanwalts als Beistand bedienen oder sich durch einen solchen vertreten lassen, können sie nach Maßgabe der Absätze 1 und 2 Satz 1 auch die übrigen dort genannten Personen wählen.

1. Verteidiger

799 Als Verteidiger im Sinne der vorgenannten Norm ist der Wahlverteidiger, dem im Ermittlungs- oder Strafverfahren ein Mandat erteilt worden ist und der dieses Mandat auch angenommen hat, zu verstehen sowie auch derjenige, der dem Beschuldigten als notwendiger Verteidiger (§§ 140, 141 StPO) durch das Gericht beigeordnet worden ist. Andere Verfahren (als Ermittlungs- oder Strafverfahren) werden von der Vorschrift des § 146 StGB nicht erfasst. Das heißt, dass der Rechtsanwalt, dem ein Mandant von einem Beschuldigten erteilt worden ist, einen weiteren derselben Tat bereits rechtskräftig Verurteilten in dem Vollstreckungsverfahren gleichwohl vertreten darf.[345] Auch die Verteidigung mehrerer Beschuldigter durch mehrere Rechtsanwälte derselben Sozietät ist zulässig.[346]

2. Dieselbe Tat

Der Begriff derselben Tat meint den Tatbegriff des § 264 StPO (vgl. M I.). **800**

Beispiel **801**
Wird einem Beschuldigten Begünstigung, Hehlerei oder Strafvereitelung an der Tat eines anderen Beschuldigten zur Last gelegt, ist § 146 StPO nicht anwendbar. Dies gilt selbst dann, wenn ein Interessenkonflikt „auf der Hand liegt".[347]

3. Verfahrensidentität (§ 146 Satz 2 StPO)

Bei Verfahrensidentität besteht ebenfalls das Verteidigungsverbot. Dies gilt für alle Fälle der Verfahrensverbindung. Insoweit kommt es auf die gemeinsame und gleichzeitige Hauptverhandlung an; in Ermittlungsverfahren reicht es nicht aus, dass die Ermittlungen gleichzeitig geführt werden. Verfahrensidentität tritt dann durch eine prozessuale Entscheidung der Staatsanwaltschaft ein. **802**

4. Zusammenfassung

Der Gesetzeswortlaut ist eindeutig. Beachten Sie daher beim Aktenaufbau sowie eventueller Korrespondenz mit dem Verteidiger, dass dieser nur einen der wegen derselben Tat verfolgten Beschuldigten verteidigen kann.[348] **803**

---

345 KK-StPO, Willnow § 146 Rn. 5
346 KK-StPO, Willnow § 146 Rn. 6
347 KK-StPO, Willnow § 146 Rn. 7 m. w. N.
348 KK-StPO, Willnow § 146 Rn. 8

N. Der Polizeibeamte als Zeuge

I. Grundlagen/Hintergrundwissen zum Strafprozess

1. Die leitenden Prinzipien der Hauptverhandlung

804 Wer die Hauptverhandlung und seine Rolle in der Hauptverhandlung als Polizeibeamter verstehen will, muss die wesentlichen Verfahrensgrundsätze kennen.

805 Nach dem Ermittlungsverfahren (Beginn mit der Anzeige oder der Ermittlungen von Amts wegen, Ende mit dem Abschluss des Verfahrens durch den Staatsanwalt) und dem Zwischenverfahren (Beginn mit Eingang der Akte bei dem Gericht, Ende mit der Eröffnung des Hauptverfahrens) ist das Hauptverfahren das Kernstück des Strafprozesses.

806 Ziel des Hauptverfahrens ist die Rekonstruktion des Ermittlungsergebnisses, das zur Anklage führte und die endgültige Feststellung eines konkreten Sachverhalts nach festen Regeln.

807 Zur Verhandlung gehört dabei alles, was vor Gericht mündlich erörtert wird, alle Vernehmungen sowie die Schlussvorträge und auch das letzte Wort des Angeklagten.[349]

808 Ausschließlich aus dem Inbegriff der Hauptverhandlung hat das Gericht seine Überzeugung zu bilden. Denn in § 261 StPO heißt es: „Über das Ergebnis der Beweisaufnahme entscheidet das Gericht nach seiner freien, aus dem Inbegriff der Verhandlung geschöpften Überzeugung".

809 Nicht selten läuft es in der Hauptverhandlung anders, als aufgrund der Ermittlungsergebnisse zu erwarten war. Ein Angeklagter macht nun plötzlich keine Angaben mehr, Zeugen erscheinen nicht oder erinnern sich nicht oder machen ganz andere Angaben. Oder aber – auch das ist nicht selten – Beweise sind nicht verwertbar, weil etwa der Angeklagte im Ermittlungsverfahren nicht richtig oder nicht vollständig belehrt wurde oder Zeugen nicht richtig belehrt worden sind. Oder ein Zeuge beruft sich nun auf sein Zeugnisverweigerungsrecht.
Die Verfahrensgrundsätze, nach denen sich die Feststellung des Sachverhalts richtet, sind:
- Öffentlichkeitsgrundsatz
- Mündlichkeitsgrundsatz
- Unmittelbarkeitsgrundsatz
- Beschleunigungsgrundsatz
- Sachaufklärungspflicht des Gerichts

---

[349] Meyer-Goßner/Schmitt StPO § 261 Rn. 2

1.1 Öffentlichkeitsgrundsatz

§ 169 GVG Öffentlichkeit

Die Verhandlung vor dem erkennenden Gericht einschließlich der Verkündung der Urteile und Beschlüsse ist öffentlich. Ton- und Fernseh-Rundfunkaufnahmen sowie Ton- und Filmaufnahmen zum Zwecke der öffentlichen Vorführung oder Veröffentlichung ihres Inhalts sind unzulässig.

Ausnahme: Die Verhandlung gegen Angeklagte, die zur Zeit der Tat Jugendliche waren, ist nicht öffentlich (§ 48 Absatz 1 JGG). Diese Ausnahme wird auf entwicklungspsychologische und jugendpädagogische Erwägungen gestützt

1.1.1 Sonderproblem: Prozessbeobachter der Polizei

Häufig werden wir vor dem Beginn von Hauptverhandlungen in Großverfahren gefragt: Bestehen Bedenken, wenn ein Prozessbeobachter der Polizei den Prozess begleitet und sich dort Notizen macht? Ja, es bestehen Bedenken.

Vom Einsatz polizeilicher Prozessbeobachter sollte grundsätzlich Abstand genommen werden. Stattdessen sollte es nach Abschluss eines Großverfahrens regelmäßig Abschlussbesprechungen von Polizei und Staatsanwaltschaftgeben, in denen erörtert werden kann, was besonders gut oder auch schlecht gelaufen ist, um zukünftig ähnliche Fehler – so welche aufgetreten sind – zu vermeiden.

Werden Prozessbeobachter eingesetzt, ist damit zu rechnen, dass der Verteidiger – verständlicherweise – den Vorwurf erheben wird, dass polizeiliche Zeugendurch den Kollegen „fit" für ihre Aussage gemacht, auf besondere Probleme des Falles hingewiesen werden und die Kollegen dann bemüht sein werden, etwaige Fehler auszubügeln.
Derartige zusätzliche „Baustellen" sollte man in Großverfahren möglichst vermeiden!

1.2 Mündlichkeitsgrundsatz

§ 261 StPO Grundsatz der freien richterlichen Beweiswürdigung

Über das Ergebnis der Beweisaufnahme entscheidet das Gericht nach seiner freien, aus dem Inbegriff der Verhandlung geschöpften Überzeugung.

§ 264 Abs. 1 StPO Gegenstand des Urteils

(1) Gegenstand der Urteilsfindung ist die in der Anklage bezeichnete Tat, wie sie sich nach dem Ergebnis der Verhandlung darstellt.

Nur das, was mündlich in der Hauptverhandlung vorgetragen und erörtert wurde, darf das Gericht in seinem Urteil zugrunde legen.[350]

Dabei werden nicht nur Zeugen und Gutachter vernommen, Vermerke/Berichte verlesen, sondern auch etwa Lichtbilder oder Tatwerkzeuge in Augenschein genommen.

---

[350] BGH NStZ 90, 229

1.3 Unmittelbarkeitsgrundsatz

818 § 250 StPO   Grundsatz der persönlichen Vernehmung

Beruht der Beweis einer Tatsache auf der Wahrnehmung einer Person, so ist diese in der Hauptverhandlung zu vernehmen. Die Vernehmung darf nicht durch Verlesung des über eine frühere Vernehmung aufgenommenen Protokolls oder einer schriftlichen Erklärung ersetzt werden.

819 Das Gericht ist also verpflichtet, sich einen persönlichen Eindruck von Zeugen zu verschaffen, sie selber zu vernehmen und nicht lediglich Protokolle früherer Vernehmungen zu verlesen. Deshalb darf das Gericht auch nur ausnahmsweise auf sogenannte Zeugen vom Hörensagen zurückgreifen. Die Zeugen sind einzeln zu vernehmen und jeweils in Abwesenheit der später zu vernehmenden Zeugen.

Beispiel
A wird wegen Mordes nach 35 Verhandlungstagen zu lebenslanger Haft verurteilt. Als der Mittäter ermittelt wird, fragt die Polizei: Sie können doch jetzt auf alle Feststellungen von damals zurückgreifen. Eigentlich dürfte doch jetzt die Hauptverhandlung nur noch wenige Tage dauern.

820 Nein, denn auch in dem weiteren Verfahren, das im Wesentlichen dasselbe Tatgeschehen zum Gegenstand hat, muss das Gericht alle Beweise erneut erheben. Es muss sich – erneut – unmittelbar einen Eindruck von den Zeugen und allen weiteren Beweisen verschaffen.

1.4 Beschleunigungsgrundsatz

821 Der Beschleunigungsgrundsatz ist Ausfluss aus Art. 6 MRK und dient dem Schutz des Angeklagten. Eine **rechtsstaatswidrig lange Verfahrensdauer** wirkt sich **strafmildernd** auf die Strafe aus.

1.5 Sachaufklärungspflicht des Gerichts

822 § 244 Abs. 2 StPO   Beweisaufnahme; Untersuchungsgrundsatz; Ablehnung von Beweisanträgen

(2) Das Gericht hat zur Erforschung der Wahrheit die Beweisaufnahme von Amts wegen auf alle Tatsachen und Beweismittel zu erstrecken, die für die Entscheidung von Bedeutung sind.

823 Das Gericht muss alle Möglichkeiten ausschöpfen, einen angeklagten Sachverhalt aufzuklären. **Als Beweismittel stehen dem Gericht zur Verfügung:**
- die Angaben des Angeklagten,
- Augenscheineinnahmen,
- Urkunden,
- Zeugen
- Sachverständige

2. Die Beteiligten

2.1 Gericht und dessen Zusammensetzung

Die Besetzung des Amtsgerichts stellt sich wie folgt dar: **824**
- Der Strafrichter: Ein Berufsrichter
- Das Schöffengericht: Ein Berufsrichter und zwei Schöffen

Wird gegen ein Urteil des Amtsgerichts Berufung eingelegt, kann das Urteil in tatsächlicher und rechtlicher Hinsicht geprüft werden. Zuständig ist dann die Kleine Strafkammer des Landgerichts, die aus einem Berufsrichter und zwei Schöffen besteht. **825**

Die Besetzung der Großen Strafkammer am Landgericht (Zuständigkeit in erster Instanz, Besetzung gem. § 76 Abs. 3 GVG): **826**

Vorsitzender Richter: Berufsrichter, der die Akten liest und die Hauptverhandlung vorbereitet und leitet
Berichterstatter: Berufsrichter, der die Akten liest, die Hauptverhandlung vorbereitet und später das Urteil schreibt
Beisitzer: Berufsrichter, der die Akten nicht gelesen hat.
Zwei Schöffen: Laienrichter

Eine Große Strafkammer kann aber in einfacheren Fällen mit nur zwei Berufsrichtern besetzt sein (vgl. § 76 Abs. 4 GVG). **827**

Gegen ein Urteil des Landgerichts kann lediglich Revision eingelegt werden. Das bedeutet, dass das Urteil nur noch auf Rechtsfehler geprüft wird. **828**

Die Schöffen sind sogenannte Laienrichter, häufig Beschäftigte im öffentlichen Dienst. Die ehrenamtlichen Richter (vgl. § 31 GVG) dürfen nicht Juristen und auch nicht aktive Polizeibeamte u. a. (vgl. § 34 GVG) sein. **829**

Die Schöffen haben dasselbe Stimmrecht wie die Berufsrichter. Sie nehmen an der gesamten Hauptverhandlung und auch an den Beratungen teil (§ 30 GVG). Sie haben grundsätzlich auch das Recht, in der Hauptverhandlung unmittelbar Fragen zu stellen (§ 240 Abs. 2 StPO). Die Schöffen kennen den Akteninhalt nicht, denn auch sie sollen aus dem Inbegriff der Hauptverhandlung schöpfen. **830**

Wird eine Hauptverhandlung voraussichtlich länger dauern, können Ergänzungsschöffen eingesetzt werden (die dann im Falle der Erkrankung eines der zwei Schöffen einspringen und so verhindern, dass der Prozess platzt). **831**

Der Vorsitzende leitet die Verhandlung (§ 238 Abs. 1 StPO). Er bestimmt, in welcher Reihenfolge die Zeugen vernommen werden, entscheidet etwa darüber, was in der Hauptverhandlung verlesen wird oder ob einzelne Fragen Verfahrensbeteiligter nicht zugelassen werden. Er kann Verfahrensbeteiligten das Wort entziehen. Er entscheidet über die Entlassung von Zeugen. Er trifft sitzungspolizeiliche Maßnahmen. Er erteilt den Beteiligten das Wort. **832**

Ferner hat der Vorsitzende auch die Möglichkeit, zahlreiche oder umfangreiche Urkunden, die Gegenstand der Beweisaufnahme werden sollen, im Selbstlesever- **833** fahren (§ 249 Abs. 2 StPO) einzuführen. Dann ordnet der Vorsitzende an, dass die Richter der Kammer (Berufsrichter und Schöffen) die Urkunden bis zu einem bestimmten Zeitpunkt zu lesen haben. Ferner muss er den anderen Verfahrensbeteiligten die Gelegenheit geben, die Urkunden ebenfalls in dem Zeitraum zu lesen. In der Praxis stellt sich das Verfahren so dar, dass der Vorsitzende in der Hauptverhandlung an alle Beteiligten Ordner (oder auch Datenträger) aushändigt, in denen die betreffenden Urkunden in Kopie abgeheftet sind.

2.2 Sitzungsvertreter der Staatsanwaltschaft

834 Die Anklage wird in der Hauptverhandlung durch einen Sitzungsvertreter der Staatsanwaltschaft vertreten, der häufig nicht der Dezernent in der Sache ist. Er kennt dann in der Regel nicht das gesamte Verfahren, sondern häufig lediglich die Anklage.

835 In den großen Prozessen wird – soweit möglich – die Sitzungsvertretung durch den zuständigen Dezernenten wahrgenommen. Der Staatsanwalt hat ein eigenes Fragerecht, welches er nach dem Gericht ausübt. Er kann **selber Beweisanträge** stellen.

2.3 Angeklagter

836 Vor dem Strafrichter tritt der Angeklagte in der Regel ohne Verteidiger auf. Bei Verhandlungen vor dem Schöffengericht oder der Großen Strafkammer ist dem Angeklagten ein Anwalt beizuordnen, wenn er sich nicht selber um einen Verteidiger gekümmert hat (§§ 140, 141 StPO).

837 Der Angeklagte hat das Recht zu schweigen- ohne dass ihm das in irgendeiner Weise zum Nachteil gewertet werden darf. Ein Schweigen darf sich auch nicht straferschwerend niederschlagen.

838 Auch der Angeklagte hat ein Fragerecht. Er bzw. sein Anwalt kann Fragen stellen, sobald Gericht und Staatsanwalt und gegebenenfalls der Nebenkläger ihre Fragen gestellt haben. Er kann **selber Beweisanträge** stellen.

839 Der Angeklagte sitzt im Gerichtssaal grundsätzlich dem Staatsanwalt gegenüber und in der Regel der dem Fenster gegenüberliegenden Seite des Sitzungssaals.

2.4 Rolle der Verteidigung

840 Aufgabe des Verteidigers ist, alle Fehler zu finden, dem Gericht zu präsentieren und so eine Rekonstruktion der bisherigen Ermittlungsergebnisse zu verhindern.

841 Haben die Ermittlungsbehörden im Ermittlungsverfahren viele Fehler gemacht, liefern sie viele „Steilvorlagen", die ein Verteidiger – macht er seinen Job gut – aufzugreifen hat.

842 Aufgabe des Verteidigers ist es schlicht, alles für seinen Mandanten „rauszuholen", was möglich ist, ganz unabhängig davon, wie er zum Mandaten oder dessen Straftaten steht.

Auch der Rechtsanwalt ist **Organ der Rechtspflege**, aber als Verteidiger zur 843 Einseitigkeit, zur Fürsorge für seinen Mandanten verpflichtet. Er kann **selber Beweisanträge** stellen. Seine Aufgabe ist deshalb:
- die Ermittlung entlastender Umstände,
- das Infragestellen der bisherigen Ermittlungsergebnisse,
- das Hinterfragen, ob alles verwertbar ist,
- das Hinterfragen, ob einseitig ermittelt worden ist,
- das Herausstellen aller strafmildernden Umstände,
- das Herausarbeiten aller Umstände, die die Schuldfähigkeit in Frage stellen können.

Selbst wenn die Unschuld des Angeklagten nicht bewiesen werden kann, heißt das aber, dass der Verteidiger Zweifel an der Schuld des Angeklagten wecken muss.

2.5 Nebenkläger

Verletzte haben eine Möglichkeit umfassender Beteiligung am gesamten Verfahren, sofern ein sogenanntes nebenklagefähiges Delikt vorliegt. 844

Der Nebenkläger sitzt auf der Seite des Sitzungsvertreters der Staatsanwaltschaft 845 und kann seine eigenen Interessen an Genugtuung verfolgen. Zu den **Nebenklagefähige Delikten** zählen u. a.
- einzelne Sexualdelikte,
- Körperverletzungsdelikte,
- Gewaltschutzdelikte,
- Tötungsdelikte (dann sind enge Verwandte nebenklageberechtigt), vgl. § 395 StPO.

Der Nebenkläger hat das Recht gegebenenfalls auf Beiordnung eines Anwalts (§ 397a StPO). Er kann **selber Beweisanträge** stellen.

2.6 Zeugen

Der Zeuge ist eines der Beweismittel, die dem Gericht zur Verfügung stehen. Der 846 Zeuge ist eine Beweisperson, die in einem nicht gegen sich selbst gerichteten Strafverfahren **Auskunft über die Wahrnehmung von Tatsachen** gibt.[351]

Seine Aufgabe ist **nicht**, auszusagen zu 847
- Rechtsfragen,
- Erfahrungssätzen,
- allgemeinen Eindrücken,
- Schlussfolgerungen,
- Mutmaßungen und Werturteilen.[352]

So kann ein Zeuge in der Regel nichts darüber aussagen, was innerlich in dem Angeklagten zur Tatzeit vorgegangen ist, nichts über sein Tatmotiv, sofern er dies nicht nach außen hin bekundet hat.

Grundsätzlich gilt der Personalbeweis hat Vorrang vor dem Sachbeweis.[353] Dieser 848 Grundsatz wurde in den letzten Jahren aber zunehmend „aufgeweicht". So ist es inzwischen möglich, auch viele Berichte oder Vermerke der Polizei zu verlesen.

---

351 Meyer-Goßner/Schmitt StPO vor § 48 Rn. 1
352 Meyer-Goßner/Schmitt StPO vor § 48 Rn. 2
353 Meyer-Goßner/Schmitt StPO § 250 Rn. 2

849 Der Zeuge gilt als das unsicherste Beweismittel. Die tägliche Praxis zeigt, dass Zeugen sich nicht selten irren, irgendetwas falsch wahrgenommen oder auch vergessen haben oder sich durch Unterhaltungen mit anderen Personen über die Zeit hinweg falsche andere Erinnerungen festgesetzt haben. Manchmal wurde auch unbewusst nur ein Teil des Geschehens wahrgenommen, weil das Ereignis viel zu überraschend kam und den Zeugen völlig unvorbereitet getroffen hat.

850 Und eines darf man nicht vergessen: Es gibt auch immer wieder Zeugen, die gezielt und bewusst lügen.

851 Es gehört deshalb zu den wohl schwierigsten Aufgaben des Gerichts, herauszufinden, was Zeugen tatsächlich wahrgenommen haben und ob Zeugen dem Gericht vollumfänglich die Wahrheit sagen.

852 Inwieweit das Gericht auf die Angaben eines Zeugen Tatsachenfeststellungen zu stützen vermag, hängt insbesondere von folgenden Faktoren ab:
– der Qualität der Wahrnehmung des Zeugen
– Handelt es sich nur um eine Momentaufnahme oder eine genaue Beobachtung?
– Handelt es sich ggf. um einen subjektiv gefärbten Bericht?
– Wie gut ist das Erinnerungsvermögen?
– Wie lange liegt die Beobachtung zurück?
– Wie stark ist der Wille, sich zu erinnern und die Wahrnehmungen bzw. Erinnerungen im Detail zu schildern?
– Erfolgt eine Trennung von objektiven Wahrnehmungen/objektivem Tatsachenbericht und Bericht vom Hörensagen/Bewertung des Erinnerten?
– Bildungsgrad des Zeugen, Art seines Ausdrucks und seines Auftretens.

2.6.1 Unterscheidung zwischen Glaubwürdigkeit und Glaubhaftigkeit

853 Der Zeuge ist glaubwürdig, seine Aussage glaubhaft. Ob ein Zeuge glaubwürdig ist, kann grundsätzlich das Gericht selber bewerten.[354] Bei der Glaubhaftigkeit prüft das Gericht etwa, ob die Angaben des Zeugen durch Tatsachen oder andere Aussagen gestützt werden. Vorstrafen wegen uneidlicher Falschaussage oder falscher Verdächtigung können eine Glaubwürdigkeit in Frage stellen, ebenso geistige Erkrankungen oder schwere psychische Erkrankungen.

2.7 Sachverständige

854 Das Gericht bedient sich eines Sachverständigen, wenn ihm die Sachkunde fehlt, z. B.:
– psychiatrische Sachverständige (z. B.: Blutalkoholrückrechnung/Schuldfähigkeit)
– Verkehrsunfallsachverständige (z. B.: Unfallhergang/Vermeidbarkeit)
– Molekularbiologe (DNA-Spuren, Wahrscheinlichkeitsberechnungen) Toxikologen/Rechtsmediziner.

---

[354] Meyer-Goßner/Schmitt StPO § 244 Rn. 74

Grundlagen/Hintergrundwissen zum Strafprozess

Zuschauer

Fenster

Jugendgerichts-hilfe

SV

NKV

STA

Zeuge

Verteidiger

Angeklagter

| S | B | Vorsitzender | B | S | Protokoll-kraft |

Türe

Beratungszimmer

3. (Sachliche) Zuständigkeiten

855 Wonach richtet es sich, ob ich als Zeuge vor einem Strafrichter, dem Schöffengericht oder einer kleinen oder großen Strafkammer aussagen muss?

§ 24 GVG   Zuständigkeit in Strafsachen

(1) In Strafsachen sind die Amtsgerichte zuständig, wenn nicht
1. *die Zuständigkeit des Landgerichts nach §§ 74 Absatz 2 oder § 74a oder des Oberlandesgerichts nach den §§ 120 oder 120b begründet ist,*
2. im Einzelfall eine höhere Strafe als vier Jahre Freiheitsstrafe oder die Unterbringung des Beschuldigten in einem psychiatrischen Krankenhaus, allein oder neben einer Strafe, oder in der Sicherungsverwahrung (§§ 66 bis 66b des Strafgesetzbuches) zu erwarten ist oder
3. die Staatsanwaltschaft wegen der besonderen Schutzbedürftigkeit von Verletzten der Straftat, die als Zeugen in Betracht kommen, des besonderen Umfangs oder der besonderen Bedeutung des Falles Anklage beim Landgericht erhebt.

Eine besondere Schutzbedürftigkeit nach Satz 1 Nummer 3 liegt insbesondere vor, wenn zu erwarten ist, dass die Vernehmung für den Verletzten mit einer besonderen Belastung verbunden sein wird, und deshalb mehrfache Vernehmungen vermieden werden sollten.

(2) Das Amtsgericht darf nicht auf eine höhere Strafe als vier Jahre Freiheitsstrafe und nicht auf die Unterbringung in einem psychiatrischen Krankenhaus, allein oder neben einer Strafe, oder in der Sicherungsverwahrung erkennen.

§ 25 GVG   Zuständigkeit des Strafrichters

Der Richter beim Amtsgericht entscheidet als Strafrichter bei Vergehen,
1. wenn sie im Wege der Privatklage verfolgt werden oder
2. wenn eine höhere Strafe als Freiheitsstrafe von zwei Jahren nicht zu erwarten ist.

§ 74 GVG   Zuständigkeit in Strafsachen in 1. und 2. Instanz

(1) Die Strafkammern sind als erkennende Gerichte des ersten Rechtszuges zuständig für alle Verbrechen, die nicht zur Zuständigkeit des Amtsgerichts oder des Oberlandesgerichts gehören. Sie sind auch zuständig für alle Straftaten, bei denen eine höhere Strafe als vier Jahre Freiheitsstrafe oder die Unterbringung in einem psychiatrischen Krankenhaus, allein oder neben einer Strafe, oder in der Sicherungsverwahrung zu erwarten ist oder bei denen die Staatsanwaltschaft in den Fällen des § 24 Absatz 1 Nr. 3 Anklage beim Landgericht erhebt.

(2) Für die Verbrechen
1. des sexuellen Missbrauchs von Kindern mit Todesfolge (§ 176b des Strafgesetzbuches),
2. des sexuellen Übergriffs, der sexuellen Nötigung und Vergewaltigung mit Todesfolge (§ 178 des Strafgesetzbuches),
3. des Mordes (§ 211 des Strafgesetzbuches),
4. des Totschlags (§ 212 des Strafgesetzbuches),
5. [aufgehoben]

Grundlagen/Hintergrundwissen zum Strafprozess 855 I N

6. der Aussetzung mit Todesfolge (§ 221 Absatz 3 des Strafgesetzbuches),
7. der Körperverletzung mit Todesfolge (§ 227 des Strafgesetzbuches),
8. der Entziehung Minderjähriger mit Todesfolge (§ 235 Absatz 5 des Strafgesetzbuches),
8a. der Nachstellung mit Todesfolge (§ 238 Absatz 3 des Strafgesetzbuches),
9. der Freiheitsberaubung mit Todesfolge (§ 239 Absatz 4 des Strafgesetzbuches),
10. des erpresserischen Menschenraubes mit Todesfolge (§ 239a des Strafgesetzbuches),
11. der Geiselnahme mit Todesfolge (§ 239b Absatz 2 in Verbindung mit § 239a Absatz 3 des Strafgesetzbuches),
12. des Raubes mit Todesfolge (§ 251 des Strafgesetzbuches),
13. des räuberischen Diebstahls mit Todesfolge (§ 252 in Verbindung mit § 251 des Strafgesetzbuches),
14. der räuberischen Erpressung mit Todesfolge (§ 255 in Verbindung mit § 251 des Strafgesetzbuches),
15. der Brandstiftung mit Todesfolge (§ 306c des Strafgesetzbuches),
16. des Herbeiführens einer Explosion durch Kernenergie (§ 307 Absatz 1 bis 3 des Strafgesetzbuches),
17. des Herbeiführens einer Sprengstoffexplosion mit Todesfolge (§ 308 Absatz 3 des Strafgesetzbuches),
18. des Missbrauchs ionisierender Strahlen gegenüber einer unübersehbaren Zahl von Menschen (§ 309 Absatz 2 und 4 des Strafgesetzbuches),
19. der fehlerhaften Herstellung einer kerntechnischen Anlage mit Todesfolge (§ 312 Absatz 4 des Strafgesetzbuches),
20. des Herbeiführens einer Überschwemmung mit Todesfolge (§ 313 in Verbindung mit § 308 Absatz 3 des Strafgesetzbuches),
21. der gemeingefährlichen Vergiftung mit Todesfolge (§ 314 in Verbindung mit § 308 Absatz 3 des Strafgesetzbuches),
22. des räuberischen Angriffs auf Kraftfahrer mit Todesfolge (316 a Absatz 3 des Strafgesetzbuches),
23. des Angriffs auf den Luft- und Seeverkehr mit Todesfolge (§ 316c Absatz 3 des Strafgesetzbuches),
24. der Beschädigung wichtiger Anlagen mit Todesfolge (§ 318 Absatz 4 des Strafgesetzbuches),
25. einer vorsätzlichen Umweltstraftat mit Todesfolge (§ 330 Absatz 2 Nummer 2 des Strafgesetzbuches),
26. der schweren Gefährdung durch Freisetzen von Giften mit Todesfolge (§ 330a Absatz 2 des Strafgesetzbuches),
27. der Körperverletzung im Amt mit Todesfolge (§ 340 Absatz 3 in Verbindung mit § 227 des Strafgesetzbuches),
28. des Abgebens, Verabreichens oder Überlassens von Betäubungsmitteln zum unmittelbaren Verbrauch mit Todesfolge (§ 30 Absatz 1 Nummer 3 des Betäubungsmittelgesetzes,
29. des Einschleusens mit Todesfolge (§ 97 Absatz 1 des Aufenthaltsgesetzes) ist eine Strafkammer als Schwurgericht zuständig. § GVG § 120 bleibt unberührt.

(3) Die Strafkammern sind außerdem zuständig für die Verhandlung und Entscheidung über das Rechtsmittel der Berufung gegen die Urteile des Strafrichters und des Schöffengerichts.

3.1 Zuständigkeiten in der gebotenen Kürze erklärt

3.1.1 Amtsgericht oder Landgericht

856 § 24 GVG normiert die erstinstanzliche Zuständigkeit und damit auch den Instanzenzug. Zunächst einmal besteht also für Strafsachen eine (grundsätzliche) Zuständigkeit der Amtsgerichte. Die Zuständigkeit der Landgerichte oder des Oberlandesgerichts (in erster Instanz) besteht nur ausnahmsweise, nämlich:

3.1.1.1 Bei bestimmten Deliktsgruppen

857 Details ergeben sich aus dem Katalog der § 74 Abs. 2, 74a GVG betr. die Landgerichte und §§ 120, 120b GVG betr. das jeweilige Oberlandesgericht.

3.1.1.2 Aufgrund der Straferwartung

858 Wenn eine höhere Strafe als vier Jahre Freiheitsstrafe oder die Unterbringung des Beschuldigten in einem psychiatrischen Krankenhaus, allein oder neben einer Strafe, oder in der Sicherungsverwahrung zu erwarten ist, ist das Landgericht (Große Strafkammer) bereits in 1. Instanz zuständig.

859 Insoweit handelt es sich um eine Prognoseentscheidung der Anklagebehörde. Die Staatsanwaltschaft hat also bei Erhebung der Anklage eine auf den Einzelfall bezogene Entscheidung hinsichtlich der zu erwartenden Freiheitsstrafe oder einer zu erwartenden Unterbringung des Beschuldigten in einem psychiatrischen Krankenhaus (§ 63 StGB) oder in der Sicherungsverwahrung (§§ 66 bis 66b StGB) zu treffen. Eine Unterbringung in einer Entziehungsanstalt (§ 64 StGB) ist indes nicht maßgeblich, weil diese auch durch das Amtsgericht angeordnet werden kann.

3.1.1.3 Aus Opferschutzgründen

860 Die Anklageerhebung zum Landgericht erfolgt in diesen Fällen zum Schutz von Opferzeugen vor einer zweiten Tatsacheninstanz. Insoweit handelt es sich um einen Spezialfall von dem noch zu nennenden Fall der besonderen Bedeutung der Sache. Die „Ausschaltung der zweiten Tatsacheninstanz" (Berufung) erfolgt also, um dem Opfer eine weitere Zeugenvernehmung zu ersparen. Die gesetzliche Vorschrift trägt damit der Gefahr einer tertiären Viktimisierung von Opferzeugen Rechnung. Diese Belastung der Geschädigten wird als unzumutbar erachtet, weshalb der Gesetzgeber ihnen dies ersparen will.[355]

3.1.1.4 Wegen des besonderen Umfangs des Falles

861 Sogenannte Großverfahren sollen vor der Strafkammer (mit 2 oder 3 Berufsrichtern zzgl. Schöffen) verhandelt werden, weil der enorme Aktenumfang in mehr als einer Instanz kaum verhandelbar wäre. Ein besonderer Umfang der Sache kann sich beispielsweise aus einer Vielzahl von Angeklagten, der Notwendigkeit von Sachverständigen oder allgemein wegen der Komplexität des Sachverhalts ergeben.[356] Auch die Anzahl der angeklagten Taten, die Anzahl der zu vernehmenden Zeugen und Sachverständigen und die weiteren Beweismittel wie

---

355 Beck OK GVG, Eschelbach § 24 Rn. 12
356 Beck OK GVG, Eschelbach § 24 Rn. 14

Urkunden und Augenscheinobjekte (also allgemein der Umfang des Akteninhalts) sowie die zu erwartende Dauer der Hauptverhandlung sind Anhaltspunkte, die auf einen besonderen Umfang der Sache schließen lassen.[357]

3.1.1.5 Wegen der besonderen Bedeutung des Falles

Eine Zuständigkeit des Landgerichts wird auch begründet, wenn sich der Fall aus tatsächlichen oder rechtlichen Gründen von anderen Fällen deutlich unterscheidet. Die Staatsanwaltschaft hat zwar zum Zeitpunkt der Anklageerhebung eine entsprechende Vorentscheidung zu treffen. Die Zuständigkeit des Landgerichts wird aber erst durch deren Entscheidung (die Eröffnung des Hauptverfahrens vor der Kammer des Landgerichts) begründet. Das Landgericht kann das Hauptverfahren anderenfalls auch vor dem Amtsgericht eröffnen. **862**

Das Gesetz selbst nennt keine Kriterien für die Annahme einer besonderen Bedeutung der Sache. In der Rechtsprechung wird argumentiert, eine Sache sei dann von besonderer Bedeutung, wenn sie sich aus tatsächlichen oder rechtlichen Gründen aus der Masse der durchschnittlichen Strafsachen heraushebt, etwa **863**
- wegen des Ausmaßes der Rechtsverletzung,
- wegen der Auswirkungen der Straftat,
- wegen der Erhöhung des Unrechtsgehalts durch die hervorragende Stellung des Beschuldigen oder Verletzten,
- wenn die Klärung einer grundsätzlichen, für eine Vielzahl gleich gelagerter Fälle bedeutsamen Rechtsfrage durch den Bundesgerichtshof ermöglicht werden soll.

Es handelt sich immer um eine Einzelfallentscheidung.[358]

3.1.2 Strafrichter oder Schöffengericht

3.1.2.1 Grundsatz

Die Zuständigkeit des Amtsgerichts teilt sich sodann in die Zuständigkeit des Strafrichters (als Einzelrichter) und die des Schöffengerichts (ein Berufsrichter als Vorsitzender und zwei Schöffen). **864**

§ 25 GVG grenzt die genannten Spruchkörper des Amtsgerichts voneinander ab. Für Privatklageverfahren (§ 374 StPO) ist der Strafrichter ebenso zuständig (§ 25 Nr. 1 GVG) wie auch für Delikte, bei denen keine höhere Strafe als 2 Jahre Freiheitsstrafe zu erwarten ist (§ 25 Nr. 2 GVG). Für alle übrigen Strafsachen, die in die Zuständigkeit des Amtsgerichts fallen, ist das Schöffengericht zuständig,[359] (vgl. insoweit die Notwendigkeit eines Verteidigers § 140 Abs. 1 Nr. 1 StPO). **865**

3.1.2.2 Privatklageverfahren

Die Vorschrift des § 25 Nr. 1 GVG macht deutlich, dass der Strafrichter für Privatklageverfahren zuständig ist, also nicht generell für Privatklagedelikte des **866**

---

357 Beck OK GVG, Eschelbach § 24 Rn. 15
358 Beck OK GVG, Eschelbach § 24 Rn. 16 f.
359 Beck OK GVG, Eschelbach § 25

Katalogs aus § 374 StPO. Wird ein Privatklagedelikt im Offizialverfahren, also durch die Staatsanwaltschaft betrieben, so gilt die allgemeine Zuständigkeitsregelung des § 25 Nr. 2 GVG.

3.1.2.3 Straferwartung bis zu 2 Jahren Freiheitsstrafe

867 Die Zuständigkeit des Strafrichters liegt vor, wenn die Straferwartung zwei Jahre Freiheitsstrafe nicht übersteigt. Diese Prognoseentscheidung ist (kann nur) zum Zeitpunkt der Anklageerhebung (durch die Staatsanwaltschaft) bzw. zum Zeitpunkt der Eröffnung des Hauptverfahrens (durch das Gericht) zu treffen. Ist die Zuständigkeit durch einen entsprechenden Beschluss des Strafrichters begründet worden, so steht diesem die Strafgewalt des Amtsgerichts (mithin bis zu vier Jahren Freiheitsstrafe) zu. Aber für den Fall, dass sich die angeklagte Tat nachträglich als Verbrechen (§ 12 StGB) darstellt, entfällt die Zuständigkeit des Strafrichters und das Verfahren ist an das Schöffengericht abzugeben.[360]

3.1.2.4 Die Zuständigkeit des Amtsgerichts bei Anwendung des JGG

868 § 25 GVG ist indes nicht anzuwenden, sofern es sich um Strafsachen handelt, welche nach Jugendrecht zu beurteilen sind. Insoweit gilt § 39 JGG.

§ 39 JGG   Sachliche Zuständigkeit des Jugendrichters

(1) Der Jugendrichter ist zuständig für Verfehlungen Jugendlicher, wenn nur Erziehungsmaßregeln, Zuchtmittel, nach diesem Gesetz zulässige Nebenstrafen und Nebenfolgen oder die Entziehung der Fahrerlaubnis zu erwarten sind und der Staatsanwalt Anklage beim Strafrichter erhebt. Der Jugendrichter ist nicht zuständig in Sachen, die nach § 103 gegen Jugendliche und Erwachsene verbunden sind, wenn für die Erwachsenen nach allgemeinen Vorschriften der Richter beim Amtsgericht nicht zuständig wäre. § 209 Absatz 2 der Strafprozessordnung gilt entsprechend.

(2) Der Jugendrichter darf auf Jugendstrafe von mehr als einem Jahr nicht erkennen; die Unterbringung in einem psychiatrischen Krankenhaus darf er nicht anordnen.

§ 108 JGG   Zuständigkeit

(1) Die Vorschriften über die Zuständigkeit der Jugendgerichte (§§ 39 bis 42) gelten auch bei Verfehlungen Heranwachsender.

(2) Der Jugendrichter ist für Verfehlungen Heranwachsender auch zuständig, wenn die Anwendung des allgemeinen Strafrechts zu erwarten ist und nach § 25 des Gerichtsverfassungsgesetzes der Strafrichter zu entscheiden hätte.

(3) Ist wegen der rechtswidrigen Tat eines Heranwachsenden das allgemeine Strafrecht anzuwenden, so gilt § 24 Absatz 2 des Gerichtsverfassungsgesetzes. Ist im Einzelfall eine höhere Strafe als vier Jahre Freiheitsstrafe oder die Unterbringung des Beschuldigten in einem psychiatrischen Krankenhaus, allein oder neben einer Strafe, oder in der Sicherungsverwahrung (§ 106 Absatz 3, 4, 5 und 7) zu erwarten, so ist die Jugendkammer zuständig. Der Beschluss einer verminderten Besetzung in der Hauptverhandlung (§ 33b) ist nicht zulässig, wenn die Anordnung der Unterbringung in der Sicherungsverwahrung, de-

---

360   Beck OK GVG, Eschelbach § 25 Rn. 3 f.

ren Vorbehalt oder die Anordnung der Unterbringung in einem psychiatrischen Krankenhaus zu erwarten ist.

§ 103 JGG Verbindung mehrerer Strafsachen

(1) Strafsachen gegen Jugendliche und Erwachsene können nach den Vorschriften des allgemeinen Verfahrensrechts verbunden werden, wenn es zur Erforschung der Wahrheit oder aus anderen wichtigen Gründen geboten ist.

(2) Zuständig ist das Jugendgericht. Dies gilt nicht, wenn die Strafsache gegen Erwachsene nach den allgemeinen Vorschriften einschließlich der Regelung des § 74e des Gerichtsverfassungsgesetzes zur Zuständigkeit der Wirtschaftsstrafkammer oder der Strafkammer nach § 74a des Gerichtsverfassungsgesetzes gehört; in einem solchen Fall sind diese Strafkammern auch für die Strafsache gegen den Jugendlichen zuständig. Für die Prüfung der Zuständigkeit der Wirtschaftsstrafkammer und der Strafkammer nach § 74a des Gerichtsverfassungsgesetzes gelten im Falle des Satzes 2 die §§ 6a, § 225a Absatz 4, 270 Absatz 1 Satz 2 der Strafprozessordnung entsprechend; § 209a der Strafprozessordnung ist mit der Maßgabe anzuwenden, dass diese Strafkammern auch gegenüber der Jugendkammer einem Gericht höherer Ordnung gleichstehen.

(3) Beschließt der Richter die Trennung der verbundenen Sachen, so erfolgt zugleich Abgabe der abgetrennten Sache an den Richter, der ohne die Verbindung zuständig gewesen wäre.

Der Jugendrichter des Amtsgerichts entscheidet bei Verfehlungen[361] Jugendlicher und Heranwachsender (vgl. § 108 Abs. 1 JGG), dies auch für den Fall, dass Erwachsenenstrafrecht zur Anwendung kommt (vgl. § 108 Abs. 2 JGG).

Auch für den Fall, dass das Verfahren gegen einen Jugendlicher oder Heranwachsenden mit einem Verfahren gegen einen Erwachsenen verbunden ist (was aus sachlichen Gründen der Fall sein kann; vgl. § 103 Abs. 1 JGG), ist der Jugendrichter zuständig (vgl. § 103 Abs. 2 JGG).

II. Rechtliches

Neben den grundlegenden Verfahrensgrundsätzen, die soeben dargestellt wurden, gibt es feste rechtliche Regeln, die den Strafprozess prägen.

1. Gang des Verfahrens

Der Ablauf der Hauptverhandlung ist strikt geregelt.

§ 243 StPO   Gang der Hauptverhandlung

(1) Die Hauptverhandlung beginnt mit dem Aufruf der Sache. Der Vorsitzende stellt fest, ob der Angeklagte und der Verteidiger anwesend und die Beweis-

---

361 Der Begriff ist identisch mit einer rechtswidrigen Tat i. S. d. § 11 Abs. 1 Nr. 5 StGB, also eine solche, die den Tatbestand eines Strafgesetzes verwirklicht;

mittel herbeigeschafft, insbesondere die geladenen Zeugen und Sachverständigen erschienen sind.
(2) Die Zeugen verlassen den Sitzungssaal. § 406g Abs. 1 Satz 1 bleibt unberührt. Der Vorsitzenden vernimmt den Angeklagten über seine persönlichen Verhältnisse.
(3) Daraufhin verliest der Staatsanwalt den Anklagesatz. (...)
(4) Sodann wird der Angeklagte darauf hingewiesen, dass es ihm freistehe, sich zu der Anklage zu äußern oder nicht zur Sache auszusagen. Ist der Angeklagte zur Äußerung bereit, so wird er nach Maßgabe des § 136 Abs. 2 zur Sache vernommen. Vorstrafen des Angeklagten sollen nur insoweit festgesellt werden, als sie für die Entscheidung von Bedeutung sind. Wann sie festgestellt werden, bestimmt der Vorsitzende.

873 Nachdem der Angeklagte die Möglichkeit hatte, sich zur Anklage einzulassen, beginnt die Beweisaufnahme, es werden die Zeugen und gegebenenfalls auch geladenen Sachverständigen vernommen, Urkunden verlesen, Bilder oder Gegenstände in Augenschein genommen.

874 Wenn alle Beweise erhoben worden sind, schließt der Vorsitzende die Beweisaufnahme. Im Anschluss daran plädieren der Staatsanwalt, der Nebenkläger und der Verteidiger.

875 Ganz am Ende der Verhandlung – bevor sich das Gericht zur Beratung zurückzieht – erhält der Angeklagte die Gelegenheit zum „letzten Wort".

2. Recht des Angeklagten zu schweigen

876 Schweigt der Angeklagte in der Hauptverhandlung, wirkt ihm dies – wie im Ermittlungsverfahren – nicht zum Nachteil.[362]

877 Denn es **gilt** durchgängig im gesamten **Verfahren** der **Grundsatz**: Nemo tenetur se ipsum accusare = **Niemand muss sich selbst belasten.**

3. Beweisverwertungsverbote

878 Wurden im Ermittlungsverfahren Fehler gemacht, die zum Verbot der Verwertung der Beweise führen, können in der Hauptverhandlung Beweise „wegbrechen". In der Praxis von besonderer Relevanz sind Verstöße gegen die Belehrungspflichten oder Verstöße gegen den Richtervorbehalt.

4. Erinnerungsfähigkeit von Zeugen/Zeugnisverweigerung

879 Verweigert ein Zeuge, der ein **Zeugnis**verweigerungsrecht hat, seine Aussage in der Hauptverhandlung, darf gemäß § 252 StPO seine Aussage nicht verlesen

---

362 BGH JR 88, 78; BVerfG NStZ 95, 555

werden.³⁶³ Auch jede nur mittelbare Verwertung ist dann unzulässig. ³⁶⁴ Dies gilt selbst dann, wenn alle Verfahrensbeteiligten mit der Verlesung des Protokolls einverstanden wären.³⁶⁵ Die Vernehmung des Polizeibeamten (als Vernehmungsbeamten) ist in diesen Fällen ebenso unzulässig.

Beruft sich ein Zeuge erst in der Hauptverhandlung auf das ihm zustehende Zeugnisverweigerungsrecht, dürfen auch die Vernehmungsbeamten nicht in der Hauptverhandlung dazu vernommen werden. **880**

Etwas anders gilt lediglich dann, wenn der Zeuge zuvor richterlich vernommen worden ist. Dann kann der Richter als Vernehmungsperson in der Hauptverhandlung vernommen werden.³⁶⁶ **881**

Das Vernehmungsprotokoll darf ferner dann ausnahmsweise bei Ausübung des Zeugnisverweigerungsrechts verlesen werden, wenn der Zeuge der Verlesung selber zustimmt.³⁶⁷ **882**

Beispiel
Die Freundin des Angeklagten hat sich nach ihrer polizeilichen Vernehmung mit A verlobt.

Sind hingegen andere Hindernisse eingetreten, wie etwa der Tod eines Zeugen, kann das Protokoll einer förmlichen Vernehmung verlesen werden.

§ 252 Verbot der Protokollverlesung nach Zeugnisverweigerung

Die Aussage eines vor der Hauptverhandlung vernommenen Zeugen, der erst in der Hauptverhandlung von seinem Recht, das Zeugnis zu verweigern, Gebrauch macht, darf nicht verlesen werden.

§ 251 Urkundenbeweis durch Verlesung von Protokollen

(1) Die Vernehmung eines Zeugen, Sachverständigen oder Mitbeschuldigten kann durch die Verlesung eines Protokolls über eine Vernehmung oder einer Urkunde, die eine von ihm erstellte Erklärung enthält, ersetzt werden,
1. **wenn der Angeklagte einen Verteidiger hat und der Staatsanwalt, der Verteidiger und der Angeklagte damit einverstanden sind;**
2. **wenn die Verlesung lediglich der Bestätigung eines Geständnisses des Angeklagten dient und der Angeklagte, der keinen Verteidiger hat, sowie der Staatsanwalt der Verlesung zustimmen;**
3. **wenn der Zeuge, Sachverständige oder Mitbeschuldigte verstorben ist oder aus einem anderen Grunde in absehbarer Zeit gerichtlich nicht vernommen werden kann;**
4. **soweit das Protokoll oder die Urkunde das Vorliegen oder die Höhe eines Vermögensschadens betrifft.**

---

363 BGH St 29, 230 ff.
364 OLG Hamm 2 Ss 348/02
365 BGH NStZ 1997, 95
366 BGH St 27, 231
367 BGH St 45, 23 (aber in der Literatur umstritten)

(2) Die Vernehmung eines Zeugen, Sachverständigen oder Mitbeschuldigten darf durch die Verlesung des Protokolls über seine frühere richterliche Vernehmung auch ersetzt werden, wenn
1. dem Erscheinen des Zeugen, Sachverständigen oder Mitbeschuldigten in der Hauptverhandlung für eine längere oder ungewisse Zeit Krankheit, Gebrechlichkeit oder andere nicht zu beseitigende Hindernisse entgegenstehen;
2. dem Zeugen oder Sachverständigen das Erscheinen in der Hauptverhandlung wegen großer Entfernung unter Berücksichtigung der Bedeutung seiner Aussage nicht zugemutet werden kann;
3. der Staatsanwalt, der Verteidiger und der Angeklagte mit der Verlesung einverstanden sind.

(3) Soll die Verlesung anderen Zwecken als unmittelbar der Urteilsfindung, insbesondere zur Vorbereitung der Entscheidung darüber dienen, ob die Ladung und Vernehmung einer Person erfolgen sollen, so dürfen Protokolle und Urkunden auch sonst verlesen werden.

(4) In den Fällen der Absätze 1 und 2 beschließt das Gericht, ob die Verlesung angeordnet wird. Der Grund der Verlesung wird bekanntgegeben. Wird das Protokoll über eine richterliche Vernehmung verlesen, so wird festgestellt, ob der Vernommene vereidigt worden ist. Die Vereidigung wird nachgeholt, wenn sie dem Gericht notwendig erscheint und noch ausführbar ist.

883 Macht ein Zeuge hingegen von seinem Aussageverweigerungsrecht Gebrauch (§ 55 StPO), so gilt das Vorgenannte nicht. In diesen Fällen kommt dem Vernehmungsbeamten eine besondere Bedeutung zu (dazu später mehr).

5. Prozessuale Wahrheit als Ergebnis des Prozesses

884 Am Ende des Strafprozesses steht die Feststellung einer lediglich prozessualen Wahrheit. Was ist „prozessuale Wahrheit"? Wenn wir im Ermittlungsverfahren versuchen, einen Sachverhalt aufzuklären, geht es darum herauszufinden, was sich wirklich zugetragen hat.

885 Doch was sich wirklich zugetragen hat, was historisch wahr ist, ist bereits schon im Ermittlungsverfahren häufig schwierig festzustellen. Oftmals gibt es unterschiedliche Sichtweisen von Opfer und Tatverdächtigem, wer im Recht war und wer nicht. Oder Beteiligte können sich nicht erinnern, Beteiligte schildern divergierende Sachverhalte und objektive Beweise (wie etwa Videoaufzeichnungen) fehlen.

886 Demzufolge steht am Ende unserer Ermittlungen bereits nicht selten eine „eingeschränkte" Wahrheit.
Bei einfach und unkompliziert erscheinenden Sachverhalten wird im Weiteren auf die Möglichkeit des verkürzten Strafverfahrens zurückgegriffen, das Strafbefehlsverfahren oder das sogenannte Beschleunigte Verfahren, um den Strafprozess schnell abzuschließen.

887 Die nicht erfolgende Beweisaufnahme oder die vereinfachte Beweisaufnahme schränkt hier (zusätzlich) die Möglichkeit, die objektive Wahrheit herauszufinden, ein. Aber selbst am Ende eines oft langwierigen Strafprozesses mit umfang-

reicher Beweisaufnahme steht nicht selten nur das, was sich prozessual beweisen lässt, eben die prozessuale Wahrheit („Passiert ist, was im Urteil steht!")

Dabei wird nicht selten die Ermittlung des wirklichen Sachverhalts durch fehlende Beweismittel verhindert (Aussageverweigerungsrechte, Zeugnisverweigerungsrechte, Unverwertbarkeit von Beweismitteln oder Aussagen). Immer häufiger sind es aber auch lügende Zeugen, die es schwierig machen herauszufinden, was sich tatsächlich zugetragen hat. **888**

Der Richter war während der zu beurteilenden Ereignisse nicht dabei, er kann nur anhand der Ergebnisse der Beweisaufnahme versuchen, sich möglichst nah dem anzunähern, was er für wahr hält. Bleiben aus Sicht des Gerichts am Ende **vernünftige Zweifel**, dass der Angeklagte das getan hat, was ihm die Anklage vorwirft, bleibt lediglich der Freispruch. **889**

Die Strafprozessordnung schreibt dem Richter gem. §§ 244- 256 StPO die Einhaltung des sogenannten Strengbeweises vor mit dem Ziel, die prozessuale Wahrheit so weit wie möglich der historischen Wahrheit anzunähern. **890**

6. Der sogenannte „Deal"

Bestimmt der Angeklagte im Wege des Deals seine eigene Strafe? Verständigung im Strafverfahren – ein Kuhhandel hinter verschlossenen Türen? Um ein informelles Verfahren zu verhindern, hat der Gesetzgeber 2009 die Verständigung im Strafverfahren gesetzlich geregelt. Das Gesetz wurde von dem Bundesverfassungsgericht als verfassungskonform erklärt. **891**

257c StPO Verständigung zwischen Gericht und Verfahrensbeteiligten

(1) Das Gericht kann sich in geeigneten Fällen mit den Verfahrensbeteiligten nach Maßgabe der folgenden Absätze über den weiteren Fortgang und das Ergebnis des Verfahrens verständigen.
(2) Gegenstand dieser Verständigung dürfen nur die Rechtsfolgen sein, die Inhalt des Urteils und der dazugehörigen Beschlüsse sein können, sonstige verfahrensbezogene Maßnahmen im zugrundeliegenden Erkenntnisverfahren sowie das Prozessverhaltens der Verfahrensbeteiligten. Bestandteil der Verständigung soll ein Geständnis sein. Der Schuldspruch sowie Maßregel der Besserung und Sicherung dürfen nicht Gegenstand einer Verständigung sein.
(3) Das Gericht gibt bekannt, welchen Inhalt die Verständigung haben könnte. Es kann dabei unter freier Würdigung aller Umstände des Falles sowie der allgemeinen Strafzumessungserwägungen auch eine Ober- und Untergrenze der Strafe angeben (...)

Während die frühere Rechtsprechung es für statthaft hielt, dass das Gericht dem Angeklagten für den Fall eines – glaubhaften Geständnisses – eine Strafobergrenze (Höchststrafe) ohne Zustimmung der Staatsanwaltschaft zusagte (einseitige Verständigung), verlangt das Gesetz nunmehr, dass eine Vereinbarung zwischen Gericht, Angeklagtem **und** Staatsanwaltschaft erfolgt und diese protokolliert wird. Kommt es zu einer Verständigung, muss das Gericht gleich- **892** wohl prüfen, ob das Geständnis glaubhaft ist und sich mit den Beweisen oder Indizien, die sich aus der Aktenlage ergeben, in Einklang bringen lässt. Die Amtsaufklärungspflicht bleibt somit von der Verständigung grundsätzlich unberührt.

893 Der Gesetzgeber hat unmissverständlich deutlich gemacht, dass Deals hinter verschlossenen Türen ungewünscht und – mehr noch – unzulässig sind. Die Staatsanwaltschaft als Anklagehörde nimmt bei den Verständigungen nunmehr eine besondere Rolle ein. Ohne ihre Zustimmung kann keine Verständigung herbeigeführt werden. Einseitige Deals zwischen Angeklagtem/Verteidigung und Gericht sind demzufolge unzulässig. Die Staatsanwaltschaft hat somit eine Kontrollfunktion.

894 Eine Verständigung ist generell ausgeschlossen, wenn zweifelhaft ist, ob der Angeklagte zur Tatzeit schuldfähig war.[368]
Im Jugendstrafverfahren ist ebenfalls die Verständigung untersagt.[369]

895 Eine Verständigung darf in den übrigen Fällen auch nur in Bezug auf die Rechtsfolge herbeigeführt werden, nicht etwa über die Frage, ob ein Diebstahl oder ein Diebstahl im besonders schweren Fall vorliegt. Also niemals ist der Schuldspruch Gegenstand der Verständigung.[370] Ebenso darf die Frage, ob ein Führerschein entzogen oder ein Berufsverbot verhängt wird, nicht ausgehandelt werden oder die Frage, wie die Strafvollstreckung (Vollstreckung einer Freiheitsstrafe, vorzeitige Entlassung etc.) zu gestalten ist, da dafür nicht das erkennende Gericht, sondern die Strafvollstreckungskammer zuständig ist.

896 Es darf auch keine Verständigung über eine konkrete Strafe erzielt werden. (Also etwa: Wir verständigen uns auf die Verhängung einer Freiheitsstrafe von einem Jahr), sondern das Gericht darf zum Gegenstand einer Verständigung nur einen Strafrahmen benennen, muss also eine Untergrenze und eine Obergrenze der möglichen Strafe benennen und protokollieren, um weiter dem Gericht die Möglichkeit offenzuhalten, nach Ende der Beweisaufnahme beraten zu können, welche Strafe tat- und schuldangemessen ist. Hingegen darf darüber verhandelt werden, ob die Vollstreckung der zu verhängenden Freiheitsstrafe zur Bewährung ausgesetzt wird. In die Verständigung darf auch einbezogen werden, ob die Verfahrensbeteiligten noch Beweisanträge stellen werden,[371] sofern die Aufklärungspflicht des Gerichts nicht tangiert wird.

897 Der Inhalt der Verständigung ist zu protokollieren. Die Verfahrensbeteiligten dürfen nicht auf Rechtsmittel verzichten, wenn dem Urteil eine Verständigung vorausgegangen ist, damit die Kontrollfunktion des Revisionsgerichts erhalten bleibt.[372]

---

368 BGH 5 StR 482/11
369 Meyer-Goßner/Schmitt StPO § 257 c Rn. 7
370 BGH 43, 195; NStZ-RR 07, 2
371 Meyer-Goßner/Schmitt StPO § 257 c Rn. 14
372 Meyer-Goßner/Schmitt StPO § 257 c Rn. 15 b

Beispiel
In öffentlicher Hauptverhandlung verständigen sich Staatsanwalt, Verteidiger und Kammer auf einen Strafrahmen mit einer Untergrenze von 2 Jahre 6 Monaten und einer Obergrenze von 3 Jahre 3 Monaten. Der Angeklagte legt daraufhin ein Geständnis ab. Die Kammer verurteilt ihn zu einer Freiheitsstrafe von 3 Jahren. Anschließend fragt der Vorsitzende, ob Angeklagter und Staatsanwalt Rechtsmittelverzicht erklären (Letzteres wäre gesetzeswidrig.).

Das Gericht ist zudem unter bestimmten Voraussetzungen an die protokollierte Verständigung nicht gebunden. Das gilt insbesondere dann, wenn das weitere Prozessverhalten des Angeklagten nicht der Verständigung entspricht. Dann hat das Gericht in der Hauptverhandlung deutlich zu machen, dass es sich nun nicht mehr an die Verständigung gebunden sieht. Es hat die Aufhebung der Verständigung zu begründen.[373] Das Geständnis des Angeklagten darf dann gem. § 257c Absatz 4 Satz 3 nicht mehr verwertet werden.

2013 hat sich das Bundesverfassungsgericht mit der gesetzlichen Regelung befasst und Leitsätze für die Verständigung im Strafprozess aufgestellt.[374]
Dort heißt es:
„Verständigungen im Strafprozess sind nicht schlechthin ausgeschlossen. Der Strafprozess darf sich jedoch nicht von den Zielen der bestmöglichen Erforschung der materiellen Wahrheit sowie der rechtlichen Beurteilung durch ein unabhängiges, neutrales Gericht entfernen. Dabei trägt das Gebot der schuldangemessenen Bestrafung dem Verlangen nach Rechtsgleichheit Rechnung.
Das verfassungsrechtliche Schuldprinzip steht nicht zur Disposition des Gesetzgebers. Auch soweit Ausnahmen – etwa in Fällen geringfügiger Kriminalität – zulässig sind, darf die Geltungskraft des Schuldprinzips nicht in Frage gestellt werden.
Zur Verwirklichung des Schuldprinzips ist die Pflicht der Gerichte zur bestmöglichen Sachaufklärung unerlässliche Voraussetzung; auch sie steht nicht zur Disposition des Gesetzgebers. Allerdings kann der Gesetzgeber darüber bestimmen, wie er die Verwirklichung des Schuldprinzips gewährleistet. Für Fälle einfach gelagerter und eindeutiger Sachverhalte kann er zudem ein vereinfachtes Verfahren zur Bestimmung von Schuld oder Unschuld des Angeklagten einrichten.
Die berührten verfassungsrechtlichen Belange und Prinzipien schließen es aus, die Sachverhaltsermittlung sowie die rechtliche Beurteilung und die Strafzumessung in der Hauptverhandlung zur Disposition der Beteiligten und des Gerichts zu stellen. Gericht und Staatsanwaltschaft dürfen sich nicht auf den „Handel mit der Gerechtigkeit" einlassen. Eine Verfahrensgestaltung, die auf eine vertragsähnliche Erledigungsform hinausläuft, ist der Rechtsanwendungspraxis untersagt.
Der Gesetzgeber darf zur Verfahrensvereinfachung Verständigungen zwischen Gericht und Verfahrensbeteiligten zulassen, auch wenn solche Verständigungen das Risiko bergen, dass verfassungsrechtliche Vorgaben nicht vollumfänglich beachtet werden. Der Gesetzgeber muss jedoch die Wahrung der verfassungsrecht-

---

373 BGH 57, 273
374 BVerfG NJW 13, 1058 (2. Senat, Entscheidung vom 19.3.2013 2 BvR 2628/10-juris)

lichen Vorgaben sicherstellen; die Wirksamkeit der vorgesehenen Schutzmechanismen muss er fortwährend überprüfen und ggfs. nachbessern.
Das Gesetz zur Regelung der Verständigung im Strafverfahren, mit dem der Gesetzgeber der Forderung nach einer Regelung der Verständigungen im Strafverfahren Rechnung tragen wollte, genügt den verfassungsrechtlichen Anforderungen.
Das Verständigungsgesetz ist nach dem objektivierten Willen des Gesetzgebers darauf gerichtet, die Verständigung in das System des geltenden Strafprozessrechts zu integrieren, ohne jedoch die Grundsätze der richterlichen Sachaufklärung und Überzeugungsbildung anzutasten. Hingegen wollte der Gesetzgeber kein neues, konsensuales Verfahrensmodell einführen.
§ 257c Abs. 2 Satz 3 StPO schließt aus, dass der Schuldspruch oder Maßregeln der Besserung und Sicherung zum Gegenstand einer Verständigung gemacht werden. Auch von der Beachtung der Strafzumessungsregeln sind die Gerichte nicht entbunden.
Ausgeschlossen ist darüber hinaus eine Verfahrensverkürzung um den Preis der Erforschung der materiellen Wahrheit.
Vielmehr verdeutlicht § 257c Abs. 1 Satz 2 StPO die Integration der Möglichkeit einer Verständigung in das Strafprozessrechtssystem. Eine Verständigung kann niemals als solche die Grundlage eines Urteils bilden; weiterhin bleibt allein und ausschließlich die Überzeugung des Gerichts vom festgestellten Sachverhalt maßgeblich.
§ 257c Abs. 1 Satz 2 StPO kann zudem nur so verstanden werden, dass das verständigungsbasierte Geständnis zwingend auf seine Richtigkeit zu überprüfen ist.
Das Verständigungsgesetz genügt darüber hinaus auch der Forderung des Grundsatzes der Verfahrensfairness, indem es dem Angeklagten die autonome Entscheidung darüber lässt, den Schutz der Selbstbelastungsfreiheit aufzugeben, sich auf eine Verständigung einzulassen und sich mit einem Geständnis seines Schweigerechts zu begeben. Der Belehrungspflicht des § 257c Abs. 5 StPO kommt insofern besondere Bedeutung zu, der auch im Bereich der Revision Rechnung getragen werden muss.
Wurde gegen diese Belehrungspflicht verstoßen, so wird im Rahmen der revisionsgerichtlichen Prüfung regelmäßig davon auszugehen sein, dass das Geständnis und damit auch das Urteil auf dem Unterlassen der Belehrung beruht. Anderes gilt nur, wenn sich feststellen lässt, dass der Angeklagte das Geständnis auch bei ordnungsgemäßer Belehrung abgegeben hätte.
Des Weiteren trifft das Verständigungsgesetz umfangreiche Vorkehrungen dafür, das maßgebliche Verständigungsgeschehen in die Hauptverhandlung einzubeziehen und zu dokumentieren. Die Staatsanwaltschaft erhält durch das Zustimmungserfordernis des § 257c Abs. 3 Satz 4 StPO ein Mittel zur Wahrung rechtsstaatlicher Standards; hinzu kommt die Überprüfung durch Rechtsmittel, die effektiv zu handhaben ist.
Die Gewährleistung der Transparenz und der Dokumentation des mit einer Verständigung verbundenen Geschehens bildet einen Schwerpunkt des Verständigungsgesetzes. Der Gesetzgeber hat spezifische Schutzmechanismen zur Ermöglichung einer effektiven Kontrolle durch die Öffentlichkeit, die Staatsanwaltschaft sowie die Rechtsmittelgerichte vorgesehen.

Gemäß der eindeutigen gesetzgeberischen Entscheidung sind auf das Strafurteil bezogene informelle Absprachen unzulässig. Intransparente, unkontrollierbare Deals sind im Strafprozess von Verfassungswegen untersagt. Bereits der Wortlaut des § 257c Abs. 1 Satz 1 StPO schließt jegliche sonstigen informellen Absprachen, Vereinbarungen und Gentlemeńs Agreements aus. Die Vorschriften zur Sicherung der Transparenz und Öffentlichkeit der Verständigung könnten ihre Funktion von vornherein nicht wirksam erfüllen, wenn die Regelung keinen abschließenden Charakter hätte."

Festzuhalten bleibt, dass heimliche „Deals" unzulässig sind und die materielle Wahrheit nicht einem schnellen Abschluss des Verfahrens geopfert werden darf. Die Staatsanwaltschaft hat insoweit eine besondere Kontrollfunktion. Nicht jedes Verfahren ist „verständigungsgeeignet". Verständigungen vor der Schwurgerichtskammer haben wir bislang noch nie erlebt. Bei Sexualdelikten kann durch eine Verständigung eine Vernehmung des Opfers und damit eine Retraumatisierung im Einzelfall verhindert werden. Geht man mit dem Instrument, das der Gesetzgeber bereitstellt, verantwortungsbewusst um, sind Verständigungen gerade in diesem Deliktsfeld durchaus sinnvoll. **899**

7. Indizienprozesse

Nicht immer können im Ermittlungsverfahren eindeutige Beweise erhoben werden. Nicht immer lässt sich ein Beschuldigter geständig ein. **900**

Oftmals liegen lediglich einzelne Indizien (Beweisanzeichen) vor, von denen jedes für sich betrachtet nicht ausreichend ist, um die Tat/die Täterschaft des Angeklagten zu beweisen. Das Gericht hat diese einzelnen Beweisanzeichen zu erheben und eine Gesamtwürdigung aller Indizien vorzunehmen[375]. Der Bundesgerichtshof hat dazu ausgeführt:[376]„Hauptstück des Indizienbeweises ist also nicht die eigentliche Indizientatsache, sondern der daran anknüpfende weitere Denkprozess, kraft dessen auf das Gegebensein der rechtserheblichen weiteren Tatsache geschlossen wird." **901**

Es wird also von einer nur mittelbaren Tatsache auf eine unmittelbare entscheidungserhebliche Tatsache – die Wahrheit – geschlossen.[377] In der Regel ist der von dem Bundesgerichtshof beschriebene anschließende Denkprozess die Schwachstelle im Indizienprozess, die zu Fehlern führen kann. Es gibt keine mathematische Formel in dem Sinne, dass drei Indizien zur einer Verurteilung führen müssen, bei zwei Indizien hingegen ein Freispruch zu erfolgen hat, vielmehr muss das Gericht jeweils abwägen, ob bei Betrachtung aller erhobenen Indizien, die in der Regel auch jedes für sich betrachtet von unterschiedlicher Qualität bzw. unterschiedlichem Gewicht sind, die Überzeugung gewonnen werden kann, dass der Angeklagte die ihm zur Last gelegte Tat tatsächlich begangen hat. **902**

---

375 BGH NStZ – RR 17, 383
376 BGHZ 53, 245 ff.
377 Meyer-Goßner/Schmitt StPO § 261 Rn. 25

903 Bewertet das Gericht jede einzelne Indiztatsache als unerheblich und nimmt nicht die erforderliche Gesamtwürdigung vor, besteht die Gefahr, dass der Täter freigesprochen wird. Leider trifft man Letzteres gar nicht so selten an.

904 Indizienprozesse sind in aller Regel besonders langwierige Prozesse, jedes einzelne Puzzleteil muss in der Beweisaufnahme betrachtet und anschließend gewürdigt werden. Ziel der Verteidigung ist, Zweifel zu säen.

8. Urteil

905 Erst mit Rechtskraft der Verurteilung ist der Fall geklärt, nicht etwa bereits dann,
- wenn gegen einen Beschuldigten ermittelt wird,
- wenn gegen den Beschuldigten ein (U-)Haftbefehl erlassen wurde,
- wenn die polizeilichen Ermittlungen abgeschlossen sind oder
- wenn Anklage erhoben wurde.

§ 260 Abs. 1 StPO

(1) Die Hauptverhandlung schließt mit der auf die Beratung folgenden Verkündung des Urteils.

906 Eine Verurteilung erfolgt nur dann, **wenn keine vernünftigen Zweifel entgegenstehen** und die Wahrscheinlichkeit der Täterschaft so hoch ist, dass Zweifel vernünftigerweise schweigen. Steht hingegen die Unschuld des Angeklagten fest oder kann seine Schuld nicht zweifelsfrei festgestellt werden, ist er freizusprechen. Nach abgeschlossener Würdigung aller Beweise gilt der Grundsatz in **dubio pro reo**.[378]

9. Strafzumessung

907 Hat das Gericht Täterschaft und Schuld festgestellt, hat es sich mit der Frage zu befassen, welche Sanktion tat- und schuldangemessen ist.

908 Bei den Massendelikten gibt es bei Gerichten „feste Tarife". Fährt der Täter ohne Fahrerlaubnis, hat er beim ersten Mal in der Regel 30 Tagessätze zu erwarten, beim zweiten Mal eine höhere Geldstrafe und bei dem dritten eine Freiheitstrafe. Die Gerichte rücken von diesen „Grund-Tarifen" ab, wenn ein Angeklagter sich uneinsichtig zeigt oder besondere Umstände vorliegen, die die Tat milder erscheinen lassen als die sonstigen Delikte dieser Art.

909 Schwieriger ist die Strafzumessung, wenn der Angeklagte eine Vielzahl von Delikten oder besonders schwere Straftaten begangen hat. Grundsätzlich gilt: Die Höchststrafe in dem vom Gesetzgeber bestimmten Strafrahmen ist dem besonders „schlimmen" Straftäter vorbehalten, also dem, der nicht geständig und schon einschlägig strafrechtlich in Erscheinung getreten ist.

---

378 BGH NStZ- RR 09, 90

Beispiele
(1) A hat seine Ehefrau im Streit erstochen. Er ist bislang strafrechtlich nicht in Erscheinung getreten, hat selber den Notruf abgesetzt und sofort gegenüber der Polizei die Tat gestanden.
(2) B hat schon einmal wegen Mordes in Haft gesessen. Kaum ist er nach 25 Jahren aus der Haft entlassen, ersticht er O. Nach der Tat flüchtet er, streitet in der Hauptverhandlung die Tatbegehung ab und beschimpft dort das Opfer.

Auch wenn in beiden Fällen der Angeklagte wegen Totschlags zu verurteilen ist, ist evident, dass die Schuld beider sehr unterschiedlich ist und auch ihr Nachtatverhalten. § 212 StGB schreibt einen Strafrahmen von 5 bis 15 Jahren vor. Während im Fall 2 die Höchststrafe angezeigt sein dürfte, dürfte im Fall 1 eher eine Freiheitsstrafe von 8 – maximal 10 Jahren – zu erwarten sein.

Um ein Stück weit den Prozess der Strafzumessung transparenter zu machen, möchten wir uns dieser Thematik widmen. Gar nicht so selten hören wir nach Abschluss eines Prozesses von Polizeibeamten: „Warum gab es nicht die Höchststrafe?" „So viel Milde, musste das wieder sein?"

Die Strafzumessung ist kompliziert. Vieles muss in die Waagschalen gelegt und bei der Gesamtschau berücksichtigt werden. Ein Stück weit ist Strafzumessung auch ein mathematischer Prozess, aber in keinem Fall ein leichtes Unterfangen.

Um alle Argumente für und gegen einen Angeklagten in die Waagschalen legen zu können, muss auch in dieser Hinsicht ermittelt werden. Auch deshalb halten wir es für wichtig, dass Polizeibeamte wissen, was Gerichte bei der Strafzumessung zu berücksichtigen haben.

9.1 Grundsätze der Strafzumessung nach Erwachsenenstrafrecht

Während früher lediglich der Vergeltungsgedanke im Vordergrund stand,[379] geht es heute darum, verschiedene Ziele in ein vernünftiges Verhältnis zu setzen. Die zu verhängende Strafe soll zum einen das begangene Unrecht sühnen, zum anderen aber auch **generalpräventiv** wirken. Die Bevölkerung soll erkennen, dass der Staat Gesetzesverstöße ahndet, die Strafen sollen die Bevölkerung anhalten, die Gesetze einzuhalten.[380] Aber auch der einzelne Täter soll durch die Verhängung angemessener Strafen von weiteren Straftaten abgehalten werden (**Spezialprävention**). Die Strafe ist für jeden Einzelfall zu bemessen. Es kommt immer auf die Schuld des Täters im konkreten Einzelfall an. Das Gericht hat eine **Gesamtwürdigung** vorzunehmen, bei der auch die Überlegung einzubeziehen ist, welche **Folge die Strafe für den Täter** haben wird. Ein Täter, der kleine Kinder zu versorgen hat oder ein Täter, der nicht der deutschen Sprache mächtig ist, ist möglicherweise viel strafempfindlicher, wenn das Gericht eine Freiheitsstrafe verhängt. Oder ein Täter, der im Falle einer Vollstreckung einer Freiheitsstrafe seinen Arbeitsplatz verliert, ist möglicherweise härter getroffen als derjenige, der arbeitslos ist und eine kurze Freiheitsstrafe verbüßen soll. Nebenwirkungen wie

---
379 BVerfG 109, 133
380 BVerfG 45, 256

etwa der Verlust des Arbeitsplatzes oder der sozialen Existenz sind zu berücksichtigen.[381]

914 Ein Polizeibeamter, der straffällig wird und eine Freiheitstrafe von mehr als einem Jahr erhält, verliert in der Regel seinen Beamtenstatus. Auch das wäre ein Umstand, der bei der Strafbemessung zu berücksichtigen wäre.

915 Bei Jugendlichen bzw. bei Heranwachsenden, bei denen Jugendstrafrecht zur Anwendung kommen soll, rückt der erzieherische Gedanke in den Vordergrund und damit die Überlegung, welcher Maßnahmen es bedarf, damit der Täter nicht wieder straffällig wird.

§ 46 StGB Grundsätze der Strafzumessung

(1) Die Schuld des Täters ist Grundlage für die Zumessung der Strafe. Die Wirkungen, die von der Strafe für das künftige Leben des Täters in der Gesellschaft zu erwarten sind, sind zu berücksichtigen.

(2) Bei der Zumessung wägt das Gericht die Umstände, die für und gegen den Täter sprechen, gegeneinander ab. Dabei kommen namentlich in Betracht:
- **die Beweggründe und die Ziele des Täters, besonders auch rassistische, fremdenfeindliche und sonstige menschenverachtende, die Gesinnung, die aus der Tat spricht, und der bei der Tat aufgewendete Wille,**
- **das Maß der Pflichtwidrigkeit,**
- **die Art der Ausführung und die verschuldeten Auswirkungen der Tat,**
- **das Vorleben des Täters, seine persönlichen und wirtschaftlichen Verhältnisse sowie**
- **sein Verhalten nach der Tat, besonders sein Bemühen, den Schaden wieder gut zu machen, sowie das Bemühen des Täters, einen Ausgleich mit dem Verletzten zu erreichen.**

(3) Umstände, die schon Merkmale des gesetzlichen Tatbestandes sind, dürfen nicht berücksichtigt werden.

916 Die Strafe ist für jeden Täter – auch jeden Mittäter einer Tat – individuell zu bestimmen. Welche Zumessungstatsachen spielen bei der Strafzumessung eine Rolle? Die Motive, die zu einer Tat führen, sind zu berücksichtigen, ebenso u. a. die Gesinnung, die kriminelle Energie, die Art der Tatausführung und auch die Folgen der Tat.

917 Hier einige Beispiele, die zur **Strafschärfung** führen können:
- höhere Vorsatzstufe (etwa höhere Strafe bei Tötungsabsicht als bei bedingtem Tötungsvorsatz),
- Geldgier, Gewinnsucht,
- Fremdenfeindlichkeit,
- langer Tatzeitraum,
- erhebliche Vorstrafen,
- Erfüllung mehrerer Tatbestände (etwa gefährliche Körperverletzung mit Einsatz eines Tatwerkzeugs, mit einem Mittäter gemeinschaftlich und Verursachung einer Lebensgefahr),

---

381 NSTZ-RR 10,202

- schwere Verletzungen, schwere psychische Folgen beim Opfer, hoher finanzieller Schaden,
- Folgen der Tat für Sekundäropfer (etwa: kleine Kinder verlieren durch die Tat ihre Mutter),
- rechtsfeindliche Einstellung (etwa dadurch zum Ausdruck gebracht, dass Zeugen zur Falschaussage angehalten werden),
- ungeschützter Sexualverkehr.

Hier einige Beispiele, die sich **strafmildernd** auswirken können: 918
- Sucht als Tatanlass,
- Enthemmung durch Alkohol,
- keine Vorstrafen,
- frühes Geständnis,
- schlechter Gesundheitszustand des Täters,
- geringe Lebenserwartung des Täters,
- Bemühen um Schadenswiedergutmachung,
- Schmerzensgeldzahlungen,
- Provokation durch das Opfer,
- Auslieferungshaft (wenn harte Haftbedingungen im Ausland),
- etwaige Nebenfolgen wie Einziehung von Gegenständen.

Niemals jedoch darf sich **strafschärfend** auswirken, dass der **Angeklagte** sich in der Hauptverhandlung **nicht eingelassen oder nicht gestanden** hat. 919

9.1.1 Möglichkeit der Strafmilderung, Täter-Opfer-Ausgleich, Kronzeugenregelung

Eine besondere Möglichkeit der Strafmilderung bietet der sogenannte **Täter-Opfer-Ausgleich**. Dieser kommt eher im Bereich der unteren bis mittleren Kriminalität zum Tragen. 920

Bei der Schwerkriminalität hat der Gesetzgeber die Möglichkeit der sog. **Kronzeugenregelung** geschaffen. 921

§ 46a StGB   Täter-Opfer-Ausgleich, Schadenswiedergutmachung

Hat der Täter
1. in dem Bemühen, einen Ausgleich mit dem Verletzten zu erreichen (Täter-Opfer-Ausgleich), seine Tat ganz oder zum überwiegenden Teil wieder gut gemacht oder das Wiedergutmachung ernsthaft erstrebt oder
2. in einem Fall, in welchem die Schadenswiedergutmachung von ihm erhebliche persönliche Leistungen oder persönlichen Verzicht erfordert hat, das Opfer ganz oder zum überwiegenden Teil entschädigt,

so *kann* das Gericht die Strafe nach § 49 Abs. 1 mildern oder, wenn keine höhere Strafe als Freiheitsstrafe bis zu einem Jahr oder Geldstrafe bis dreihundertsechzig Tagessätzen verwirkt ist, von Strafe absehen.

§ 46b StGB   Hilfe zur Aufklärung oder Verhinderung von schweren Straftaten (Kronzeugenregelung)

(1) wenn der Stäter einer Straftat, die mit einer im Mindestmaß erhöhten Freiheitsstrafe bedroht ist,

1. durch freiwilliges Offenbaren seines Wissens wesentlich dazu beigetragen, dass eine Tat nach § 100a Abs. 2 der Strafprozessordnung, die mit seiner Tat im Zusammenhang steht, aufgedeckt werden konnte oder
2. freiwillig sein Wissen so rechtzeitig einer Dienststelle offenbart, dass eine Tat nach § 100a Abs. 2 der Strafprozessordnung, die mit seiner Tat im Zusammenhang steht, von deren Planung er weiß, noch verhindert werde kann,

kann das Gericht die Strafe nach § 49 Abs. 1 mildern (...)

922 Erfasst sind somit sämtliche Katalogtaten. Die Regelung soll einen Anreiz für Mittäter besonders schwerer Delikte schaffen, an der Aufklärung mitzuwirken.

9.1.2 Kurze Freiheitsstrafe

923 Das Gericht darf kurze Freiheitsstrafen unter sechs Monaten nur in Ausnahmefällen verhängen. Das Gesetz verlangt eine besondere Begründung, wenn das Gericht der Meinung ist, mit einer kurzen Freiheitstrafe auf den Angeklagten einwirken zu müssen. Das Gericht muss ausführlich darlegen, warum besondere Umstände vorliegen, die eine Strafvollstreckung unerlässlich machen. Solche besonderen Umstände können etwa ein:
- besonders hoher Handlungsunwert,
- besondere Uneinsichtigkeit oder kriminelle Energie.

§ 47 StGB Kurze Freiheitsstrafen nur in Ausnahmefällen

(1) Eine Freiheitstrafe unter sechs Monate verhängt das Gericht nur, wenn *besondere* Umstände, die in der Tat oder der Persönlichkeit des Täters liegen, die Verhängung einer Freiheitstrafe zur Einwirkung auf den Täter oder zur Verteidigung der Rechtsordnung *unerlässlich* machen.

(2) Droht das Gesetz keine Geldstrafe an und kommt eine Freiheitstrafe von sechs Monaten oder darüber nicht in Betracht, so verhängt das Gericht eine Geldstrafe, wenn nicht die Verhängung einer Freiheitstrafe nach Absatz 1 unerlässlich ist. Droht das Gesetz ein erhöhtes Mindestmaß der Freiheitstrafe an, so bestimmt sich das Mindestmaß der Geldstrafe in den Fällen des Satzes 1 nach dem Mindestmaß der angedrohten Freiheitstrafe; dabei entsprechen dreißig Tagessätze einem Monat Freiheitstrafe.

9.1.3 Besondere (verpflichtende) Milderungsgründe

924 Teilweise sieht das Gesetz eine Strafmilderung zwingend vor (etwa bei der Beihilfe) oder lediglich fakultativ (etwa bei einer verminderten Schuldfähigkeit gem. § 21 StGB). Bei der fakultativen Milderung hat das Gericht ein Ermessen auszuüben.

§ 49 StGB Besondere gesetzliche Milderungsgründe

(1) Ist eine Milderung nach dieser Vorschrift vorgeschrieben oder zugelassen, so gilt für die Milderung folgendes:
1. An die Stelle von lebenslanger Freiheitstrafe tritt Freiheitstrafe nicht unter drei Jahren.
2. Bei zeitiger Freiheitstrafe darf höchstens auf drei Viertel des angedrohten Höchstmaßes erkannt werden. Bei Geldstrafe gilt dasselbe für die Höchstzahl der Tagessätze.

3. Das erhöhte Mindestmaß einer Freiheitsstrafe ermäßigt sich
   - im Falle eines Mindestmaßes von zehn oder fünf Jahren auf zwei Jahre,
   - im Falle eines Mindestmaßes von drei oder zwei Jahren auf sechs Monate,
   - im Falle eines Mindestmaßes von einem Jahr auf drei Monate,
   - im Übrigen auf das gesetzliche Mindestmaß.

(2) Darf das Gericht nach einem Gesetz, das auf diese Vorschrift verweist, die Strafe nach seinem Ermessen mildern, so kann es bis zum gesetzlichen Mindestmaß der angedrohten Strafe herabgehe oder statt auf Freiheitsstrafe auf Geldstrafe erkennen.

§ 50 StGB Zusammentreffen von Milderungsgründen

Ein Umstand, der allein oder mit anderen Umständen die Annahme eines minder schweren Falles begründet und der zugleich ein besonderer gesetzlicher Milderungsgrund nach § 49 ist, darf nur einmal berücksichtigt werden.

9.1.4 Anrechnung der Untersuchungshaft
Untersuchungshaft ist anzurechnen.

§ 51 StGB Anrechnung

(1) Hat der Verurteilte aus Anlass einer Tat, die Gegenstand des Verfahrens ist oder gewesen ist, Untersuchungshaft oder eine andere Freiheitsentziehung erlitten, so wird sie auf zeitige Freiheitsstrafe und auf Geldstrafe angerechnet. Das Gericht kann jedoch anordnen, dass die Anrechnung ganz oder zum Teil unterbleibt, wenn sie im Hinblick auf das Verhalten des Verurteilten nach der Tat nicht gerechtfertigt ist.

(2) Wird eine rechtskräftig verhängte Strafe in einem späteren Verfahren durch eine andere Strafe ersetzt, so wird auf diese die frühere Strafe angerechnet soweit sie vollstreckt oder durch Anrechnung erledigt ist.

(3) Ist der Verurteilte wegen derselbe Tat im Ausland bestraft worden, so wird auf die neue Strafe die ausländische angerechnet, soweit sie vollstreckt ist. Für eine andere im Ausland erlittene Freiheitsentziehung gilt Absatz 1 entsprechend.

(4) Bei der Anrechnung von Geldstrafe oder auf Geldstrafe entspricht ein Tag Freiheitsentziehung einen Tagessatz. Wird eine ausländische Strafe oder eine Freiheitsentziehung angerechnet, so bestimmt das Gericht den Maßstab nach seinem Ermessen.

(5) Für die Anrechnung der Dauer einer vorläufigen Entziehung der Fahrerlaubnis (§ 111a der Strafprozessordnung) auf das Fahrverbot nach § 44 gilt Absatz 1 entsprechend. In diese Sinne steht der vorläufigen Entziehung der Fahrerlaubnis die Verwahrung, Sicherstellung oder Beschlagnahme des Führerscheins (§ 94 Strafprozessordnung) gleich.

9.1.5 Strafaussetzung zur Bewährung
Wird ein Täter zu einer Freiheitsstrafe von bis zu zwei Jahren verurteilt, muss sich das Gericht mit der Frage auseinandersetzen, ob die Vollstreckung dieser Freiheitsstrafe zur Bewährung ausgesetzt werden kann. Freiheitsstrafen von mehr als zwei Jahre dürfen nicht mehr zur Bewährung ausgesetzt werden.

927 Eine Strafaussetzung zur Bewährung kommt nur dann in Betracht, wenn das Gericht zu der Ansicht gelangt, dass dem Täter eine positive Sozialprognose gestellt werden kann, der Täter also unter bestimmten Auflagen nicht mehr straffällig werden wird, sondern sich diese Verurteilung zur Warnung dienen lassen wird.

928 Die Prognose muss auf bestimmte Tatsachen gestützt werden.[382] Umstände, die eine positive Sozialprognose begründen können, sind etwa:
- erfolgte Drogentherapie oder in Kürze anstehende Therapie,
- Wirkung erlittener Untersuchungshaft,
- ernsthafte Reue,
- Bemühen um Wiedergutmachung.

Kurze Freiheitsstrafen von bis zu sechs Monaten sind bei positiver Prognose immer zur Bewährung auszusetzen.[383]

929 Argumente gegen eine positive Sozialprognose sind etwa:
- neue Straftaten während des laufenden Prozesses oder Ermittlungsverfahrens,
- mangelnde Reue,
- wiederholt einschlägige Vorstrafen.

930 Die Bewährungszeit kann zwischen zwei und fünf Jahren betragen. Das Gericht wird in der Regel geeignete Auflage festsetzen. Ein Nichterfüllen der Auflagen führt nach Anhörung des Verurteilten in der Regel zum Widerruf der Strafaussetzung und damit zur Vollstreckung der verhängten Freiheitsstrafe. Neben jeder Veränderung des Wohnsitzes kommen etwa folgende Auflagen in Betracht:
- Schadenswiedergutmachung in monatlichen Raten, die das Gericht bestimmt,
- Drogentherapie/Alkoholtherapie,
- Teilnahme an einem Antiaggressionstraining,
- Erbringung von gemeinnütziger Arbeit,
- Zahlung eines Geldbetrags an die Landeskasse oder eine gemeinnützige Einrichtung,
- Regulierung von Schulden,
- Durchführung regelmäßiger Drogenscreenings,
- Kontaktverbot zu bestimmten Personen oder Personengruppen,
- Erbringung von Unterhaltsverpflichtungen.

931 Wenn das Gericht es für notwendig erachtet, wird es einen Bewährungshelfer bestellen, der dem Verurteilten dabei behilflich ist, die Auflagen zu erfüllen, etwa eine Therapie zu beantragen. Wird kein Kontakt zum Bewährungshelfer gehalten, kann auch dies zu einem Widerruf der Strafaussetzung führen.

§ 56 StGB Strafaussetzung

(1) Bei der Verurteilung zu Freiheitsstrafe von nicht mehr als einem Jahr setzt das Gericht die Vollstreckung der Strafe zur Bewährung aus, wenn zu erwarten

---

[382] Fischer StGB § 56 Rn. 4
[383] Fischer StGB § 56 Rn. 12

ist, dass der Verurteilte sich schon die Verurteilung zur Warnung dienen lassen und künftig auch ohne die Einwirkung des Strafvollzugs keine Straftaten mehr begehen wird. Dabei sind namentlich die Persönlichkeit des Verurteilten, sein Vorleben, die Umstände seiner Tat, sein Verhalten nach der Tat, seine Lebensverhältnisse und die Wirkungen zu berücksichtigen, die von der Aussetzung für ihn zu erwarten sind.

(2) Das Gericht kann unter den Voraussetzungen des Absatzes 1 auch die Vollstreckung einer höheren Freiheitsstrafe, die zwei Jahre nicht übersteigt, zur Bewährung aussetzen, wenn nach der Gesamtwürdigung von Tat und Persönlichkeit des Verurteilten besondere Umstände vorliegen. Bei der Entscheidung ist namentlich auch das Bemühen des Verurteilten, den durch die Tat verursachten Schaden wiedergutzumachen, zu berücksichtigen.

(3) Bei der Verurteilung zur Freiheitsstrafe von mindestens sechs Monaten wird die Vollstreckung nicht ausgesetzt, wenn die Verteidigung der Rechtsordnung sie gebietet.

(4) Die Strafaussetzung kann nicht auf einen Teil der Strafe beschränkt werden. Sie wird durch eine Anrechnung von Untersuchungshaft oder einer anderen Freiheitsentziehung nicht ausgeschlossen.

§ 56a StGB Bewährungszeit

(1) Das Gericht bestimmt die Dauer der Bewährungszeit. Sie darf fünf Jahre nicht überschreiten und zwei Jahre nicht unterschreiten.

(2) Die Bewährungszeit beginnt mit der Rechtskraft der Entscheidung über die Strafaussetzung. Sie kann nachträglich bis auf das Mindestmaß verkürzt oder vor ihrem Ablauf bis auf das Höchstmaß verlängert werde.

§ 56b StGB Auflagen

(1) Das Gericht kann dem Verurteilten Auflagen erteilen, die der Genugtuung für das begangene Unrecht dienen. Dabei dürfen an den Verurteilten keine unzumutbaren Anforderungen gestellt werde.

(2) Das Gericht kann dem Verurteilten auferlegen
1. nach Kräften den durch die Tat verursachten Schaden wiedergutzumachen,
2. einen Geldbetrag zugunsten einer gemeinnützigen Einrichtung zu zahlen, wenn dies im Hinblick auf die Tat und die Persönlichkeit des Täters angebracht ist,
3. sonst gemeinnützige Leistungen zu erbringen oder
4. einen Geldbetrag zugunsten der Staatskasse zu zahlen.
(...)

§ 56c Abs. 1 StGB Weisungen

(1) Das Gericht erteilt dem Verurteilten für die Dauer der Bewährungszeit Weisungen, wenn er dieser Hilfe bedarf, um keine Straftaten mehr zu begehen. (...)

9.1.6 Verwarnung mit Strafvorbehalt

932 Eine Verwarnung mit Strafvorbehalt kommt bei Delikten der unteren Kriminalität in Betracht. Das Gericht kann die Vollstreckung einer Geldstrafe zur Bewährung aussetzen und ähnliche Auflagen wie bei der Strafaussetzung einer Freiheitstrafe verhängen, sofern eine positive Sozialprognose gestellt werden kann.

§ 59 StGB Voraussetzungen der Verwarnung mit Strafvorbehalt

(1) Hat jemand Geldstrafe bis einhundertachtzig Tagessätzen verwirkt, so kann das Gericht ihn neben dem Schuldspruch verwarnen, die Strafe bestimmen und die Verurteilung zu dieser Strafe vorbehalten, wenn
1. **zu erwarten ist, dass der Täter künftig auch ohne Verurteilung zu Strafe keine Straftaten mehr begehen wird,**
2. **nach der Gesamtwürdigung von Tat und Persönlichkeit des Täters besondere Umstände vorliegen, die eine Verhängung von Strafe entbehrlich machen, und**
3. **die Verteidigung der Rechtsordnung die Verurteilung zu Strafe nicht gebietet.**

§ 56 Abs. 1 Satz 2 gilt entsprechend.

(2) Neben der Verwarnung kann auf Einziehung oder Unbrauchbarmachung erkannt werden. Neben Maßregeln er Besserung und Sicherung ist die Verwarnung mit Strafvorbehalt nicht zulässig.

9.1.7 Maßregeln der Besserung und Sicherung

933 In der Praxis von besonderer Bedeutung sind die sogenannten Maßregeln zur Besserung und Sicherung. Während eine Strafe sich an der persönlichen Schuld und dem konkret begangenen Unrecht zu bemessen hat, ist die Maßregel von der Schuld unabhängig.[384] Bei der Anordnung einer Maßregel geht es darum, einen als gefährlich erkannten Täter zu bessern. Neben der Sicherungsverwahrung, der Führungsaufsicht, der Entziehung der Fahrerlaubnis und der Verhängung eines Fahrverbotes zählen die Unterbringung in einem psychiatrischen Krankenhaus (§ 63 StGB) und die Unterbringung in einer Entziehungsanstalt (§ 64 StGB) zu den Maßregeln. Wegen der besonderen praktischen Bedeutung soll nur auf die §§ 63, 64 StGB im Folgenden eingegangen werden.

9.1.7.1 Unterbringung in einem psychiatrischen Krankenhaus

934 Hat ein Täter eine Straftat im Zustand der Schuldunfähigkeit oder aber der sicher verminderten Schuldfähigkeit begangen, ist er dann in einem psychiatrischen Krankenhaus unterzubringen, wenn er gefährlich ist, von ihm zukünftig weitere erhebliche Taten zu erwarten sind. Es besteht gem. § 126a StPO die Möglichkeit, einen Tatverdächtigen bereits vorläufig in einer psychiatrischen Klinik unterzubringen, wenn dessen Unterbringung gem. § 63 StGB zu erwarten ist und ein Sachverständiger den Tatverdächtigen untersucht und die Voraussetzungen einer Unterbringung aus psychiatrischer Sicht in einem Gutachten darlegt. In der Regel betrifft dies Personen, die an einer paranoiden Schizophrenie erkrankt sind. Die Intention des Gesetzgebers ist, die Allgemeinheit vor gefährlichen Personen zu schützen.

---

384 Fischer StGB vor § 61 Rn. 1

Da eine Unterbringung nur dann in Betracht kommt, wenn diese verhältnismä- **935**
ßig ist, muss eine Anlasstat von einigem Gewicht vorliegen, eine Körperverletzung gemäß § 223 StGB kann unter Umständen als Anlasstat bereits ausreichend sein. Der Tatverdächtige muss zur Tatzeit etwa schuldunfähig oder mindestens sicher vermindert schuldfähig gewesen sein, und dies nicht nur als Folge eines zeitlich bedingten Rausches, sondern der Zustand des Tatverdächtigen muss länger andauern.[385] Darüber hinaus aber muss sich aus der Gesamtwürdigung von Täter und Anlasstat ergeben, dass aufgrund des Zustandes eine **Wahrscheinlichkeit höheren Grades** für weitere erhebliche Taten besteht. Dazu zählen Gewaltdelikte (Körperverletzungen, gefährliche Körperverletzungen, Tötungsdelikte), aber auch Diebstähle mittleren Ausmaßes. Die Gefährlichkeitsprognose ist mittels eines psychiatrischen Gutachtens zu belegen. Erfolgt eine Unterbringung nach § 63 StGB, ist diese zeitlich nicht begrenzt. Die Strafvollstreckungskammer überprüft jährlich, ob die Unterbringung zur Bewährung ausgesetzt, für erledigt erklärt werden kann oder die Unterbringung fortdauern muss (§ 67e StPO).

§ 63 StGB Unterbringung in einem psychiatrischen Krankenhaus

Hat jemand eine rechtswidrige Tat im Zustand der Schuldunfähigkeit (§ 20) oder der verminderten Schuldfähigkeit (§ 21) begangen, so ordnet das Gericht die Unterbringung in einem psychiatrischen Krankenhaus an, wenn die Gesamtwürdigung des Täters und seiner Tat ergibt, dass von ihm infolge seines Zustandes erhebliche rechtswidrige Taten, durch welche die Opfer seelisch oder körperlich erheblich geschädigt oder erheblich gefährdet werden oder schwerer wirtschaftlicher Schaden angerichtet wird, zu erwarten sind und der deshalb für die Allgemeinheit gefährlich ist. Handelt es sich bei der begangenen rechtswidrigen Tat nicht um eine im Sinne von Satz 1 erhebliche Tat, so trifft das Gericht eine solche Anordnung nur, wenn besondere Umstände die Erwartung rechtfertigen, dass der Täter infolge seines Zustandes derartige erhebliche rechtswidrige Taten begehen wird.

9.1.7.2 Unterbringung in einer Entziehungsanstalt

In der Praxis von größerer Relevanz ist die Unterbringung in einer sogenannten **936**
Entziehungsanstalt. Betroffen sind Täter, die Alkohol oder Drogen im Übermaß konsumieren und aufgrund der Abhängigkeit oder im Rausch eine Straftat begangen haben, wenn die Gefahr besteht, dass aufgrund der Abhängigkeit weitere erhebliche Straftaten begangen werden und eine hinreichende Aussicht einer Therapie besteht. Alkohol- oder drogenabhängigen Tätern soll die Chance einer Therapie gegeben werden.

Beispiel
A ist alkoholabhängig. In einem Zustand verminderter Schuldfähigkeit tötet er O. Die Schwurgerichtskammer verurteilt ihn zu einer Freiheitsstrafe von 8 Jahren und ordnet die Unterbringung gem. § 64 StGB an sowie einen Vorwegvollzug von zwei Jahren, wobei auf diese zwei Jahre die bereits vollstreckte Untersuchungshaft anzurechnen ist, sodass A knapp ein Jahr nach Rechtskraft des Urteils in eine Klinik verlegt wird. Weil zur Therapie auch gehört, mit Lockerungen verantwortungsvoll umzugehen und Regeln einzu-

---

385 BGH 44, 369 ff.

halten, darf A wenige Monate nach Therapiebeginn erste Ausgänge außerhalb des Klinikgeländes wahrnehmen.

937 Im vorgenannten Beispiel meldete sich einer der Beamten aus der Mordkommission und äußerte sein Unverständnis darüber, dass jemand, der wegen Totschlags verurteilt worden sei, „schon wieder draußen rumläuft". Der Fall hat sich vor Jahren zugetragen – inzwischen konnte A die Therapie erfolgreich abschließen, hat sein damaliges Umfeld verlassen und ist berufstätig. Noch regelmäßig in der Führungsaufsicht durchgeführte Tests ergeben keine Hinweise darauf, dass noch (übermäßig) Alkohol konsumiert wird. Auch ist A bislang nicht wieder straffällig geworden – ein Fall erfolgreicher Therapie. In anderen Fällen erleben wir, dass die Therapie, die nichts mit einem Kuraufenthalt zu tun hat, schon wenige Monate nach dem Beginn abgebrochen wird, die Verurteilten dann zwar ihre Restfreiheitsstrafe verbüßen, sehr häufig aber nach der Entlassung aus der Justizvollzugsanstalt wieder straffällig werden.

938 Anlasstat des § 64 StGB kann jede beliebige rechtswidrige Straftat sein. Es muss ein symptomatischer Zusammenhang zwischen dem Hang, Alkohol oder Drogen im Übermaß zu konsumieren, und der Anlasstat bestehen. Typisch ist etwa sogenannte Beschaffungskriminalität. Ob der Täter (vermindert) schuldfähig war – ist anders als bei § 63 StGB – nicht von Relevanz. Die Anforderungen an den Therapieerfolg sind eher gering. Das Gericht soll prüfen, ob die konkrete Aussicht besteht, dass eine Therapiebereitschaft für eine Erfolg versprechende Behandlung geweckt werden kann.[386]

§ 64 StGB Unterbringung in einer Entziehungsanstalt

Hat eine Person den Hang, alkoholische Getränke oder andere berauschende Mittel im Übermaß zu sich zu nehmen, und wir sie wegen einer rechtswidrigen Tat, die sie im Rausch begangen hat oder die auf ihren Hang zurückgeht, verurteilt oder nur deshalb nicht verurteilt, weil ihre Schuldunfähigkeit erwiesen oder nicht auszuschließen ist, so soll das Gericht die Unterbringung in einer Entziehungsanstalt anordnen, wenn die Gefahr besteht, dass sie infolge ihres Hanges erhebliche rechtswidrige Taten begehen wird. Die Anordnung ergeht nur, wenn eine hinreichend konkrete Aussicht besteht, die Person durch die Behandlung in einer Entziehungsanstalt innerhalb einer Frist nach § 67d Absatz 1 Satz 1 oder 3 zu heilen oder eine erhebliche Zeit vor dem Rückfall in den Hang zu bewahren und von der Begehung erheblicher rechtswidriger Taten abzuhalten, die auf ihren Hang zurückgehen.

9.2 Grundsätze im Jugendrecht

939 **§ 16a JGG Jugendarrest neben Jugendstrafe**

(1) Wird die Verhängung oder die Vollstreckung der Jugendstrafe zur Bewährung ausgesetzt, so kann abweichend von § 13 Absatz 1 daneben Jugendarrest verhängt werden, wenn
1. dies unter Berücksichtigung der Belehrung über die Bedeutung der Aussetzung zur Bewährung und unter Berücksichtigung der Möglichkeit von Weisungen und Auflagen geboten ist, *um dem Jugendlichen seine Verant-*

---

[386] NStZ 96, 274 f., NStZ-RR 11, 203

wortlichkeit für das begangene Unrecht und die Folgen weiterer Straftaten zu verdeutlichen,
2. dies geboten ist, um den Jugendlichen zunächst für eine begrenzte Zeit aus einem Lebensumfeld mit schädlichen Einflüssen herauszunehmen und durch die Behandlung im Vollzug des Jugendarrests auf die Bewährungszeit vorzubereiten, oder
3. dies geboten ist, um im Vollzug des Jugendarrests *eine nachdrücklichere erzieherische Einwirkung* auf den Jugendlichen zu erreichen oder um dadurch bessere Erfolgsaussichten für eine erzieherische Einwirkung in der Bewährungszeit zu schaffen.

(2) Jugendarrest nach Absatz 1 Nummer 1 ist in der Regel nicht geboten, wenn der Jugendliche bereits früher Jugendarrest als Dauerarrest verbüßt oder sich nicht nur kurzfristig im Vollzug von Untersuchungshaft befunden hat.

§ 13 Abs. 1 JGG   Arten und Anwendung

(1) Der Richter ahndet die Straftat mit Zuchtmitteln, wenn Jugendstrafe nicht geboten ist, dem Jugendlichen aber eindringlich zum Bewusstsein gebracht werden muss, dass er für das von ihm begangene Unrecht (…)

§ 17 JGG   Form und Voraussetzungen

(1) Die Jugendstrafe ist Freiheitsentzug in einer für ihren Vollzug vorgesehenen Einrichtung.

(2) Der Richter verhängt Jugendstrafe, wenn wegen der schädlichen Neigungen des Jugendlichen, die in der Tat hervorgetreten sind, Erziehungsmaßregeln oder Zuchtmittel zur Erziehung nicht ausreichen oder wenn wegen der Schwere der Schuld Strafe erforderlich ist.

§ 18 JGG   Dauer der Jugendstrafe

(1) Das Mindestmaß der Jugendstrafe beträgt sechs Monate, das Höchstmaß fünf Jahre. Handelt es sich bei der Tat um ein Verbrechen, für das nach dem allgemeinen Strafrecht eine Höchststrafe von mehr als zehn Jahren Freiheitsstrafe angedroht ist, so ist das Höchstmaß zehn Jahre. Die Strafrahmen des allgemeinen Strafrechts gelten nicht.

(2) Die Jugendstrafe ist so zu bemessen, dass die erforderliche erzieherische Einwirkung möglich ist.

§ 31 JGG   Mehrere Straftaten eines Jugendlichen

(1) Auch, wenn ein Jugendlicher mehrere Straftaten begangen hat, setzt das Gericht nur einheitlich Erziehungsmaßregeln, Zuchtmittel oder eine Jugendstrafe fest. Soweit es dieses Gesetz zulässt (§ 8), können ungleichartige Erziehungsmaßregeln und Zuchtmittel nebeneinander angeordnet oder Maßnahmen mit der Strafe verbunden werden. Die gesetzlichen Höchstgrenzen des Jugendarrestes und der Jugendstrafe dürfen nicht überschritten werden.

(2) Ist gegen den Jugendlichen wegen eines Teils der Straftaten bereits rechtskräftig die Schuld festgestellt oder eine Erziehungsmaßregel, ein Zuchtmittel

oder eine Jugendstrafe festgesetzt worden, aber noch nicht vollständig ausgeführt, verbüßt oder sonst erledigt, so wird unter Einbeziehung des Urteils in gleicher Weise nur einheitlich auf Maßnahmen oder Jugendstrafe erkannt. Die Anrechnung bereits verbüßten Jugendarrestes steht im Ermessen des Gerichts, wenn es auf Jugendstrafe erkennt. § 26 Absatz 3 Satz 3 und § 30 Absatz 1 Satz 2 bleiben unberührt.

(3) Ist es aus erzieherischen Gründen zweckmäßig, so kann das Gericht davon absehen, schon abgeurteilte Straftaten in die neue Entscheidung einzubeziehen. Dabei kann es Erziehungsmaßregeln und Zuchtmittel für erledigt erklären, wenn es auf Jugendstrafe erkennt.

§ 105 JGG Anwendung des Jugendstrafrechts auf Heranwachsende

(1) Begeht ein Heranwachsender eine Verfehlung, die nach den allgemeinen Vorschriften mit Strafe bedroht ist, so wendet der Richter die für einen Jugendlichen geltenden Vorschriften der §§ 4 bis 8, 9 Nr. 1, §§ 10, 11 und 13 bis 32 entsprechend an, wenn
1. die Gesamtwürdigung der Persönlichkeit des Täters bei Berücksichtigung auch der Umweltbedingungen ergibt, dass er zur Zeit der Tat nach seiner sittlichen und geistigen Entwicklung noch einem Jugendlichen gleichstand, oder
2. es sich nach der Art, den Umständen oder den Beweggründen der Tat um eine Jugendverfehlung handelt.

(2) § 31 Abs. 2 Satz 1, Abs. 3 ist auch dann anzuwenden, wenn der Heranwachsende wegen eines Teils der Straftaten bereits rechtskräftig nach allgemeinem Strafrecht verurteilt worden ist.

(3) Das Höchstmaß der Jugendstrafe für Heranwachsende beträgt zehn Jahre. Handelt es sich bei der Tat um Mord und reicht das Höchstmaß nach Satz 1 wegen der besonderen Schwere der Schuld nicht aus, so ist das Höchstmaß 15 Jahre.

940 Die wesentlichen Unterschiede im Jugendrecht lassen sich folgendermaßen zusammenfassen: Die „Schwere der Schuld" im Sinne des § 17 Abs. 2 JGG wird nicht vorrangig anhand des äußeren Unrechtsgehalts der Tat und ihrer Einordnung nach dem allgemeinen Strafrecht bestimmt, sondern es wird mehr auf die innere Seite geschaut. Gemäß § 18 Abs. 2 JGG bemisst sich die Höhe der Jugendstrafe vorrangig nach erzieherischen Gesichtspunkten.

941 Steht der Täter in seiner Reife nicht einem Erwachsenen gleich und liegen sogenannte Reifeverzögerungen (was zu ermitteln ist, etwa Brüche in der schulischen Laufbahn) vor, prüft das Gericht, welche Maßnahmen und welche Haftdauer angezeigt sind, um auf den Jugendlichen oder Heranwachsenden (Hinweis: Heranwachsender ist, wer zur **Tatzeit** das 18. Lebensjahr, aber noch nicht das 21. Lebensjahr vollendet hat.) erzieherisch so einzuwirken, dass zukünftig keine Vergehen oder Verbrechen mehr von ihm verübt werden.

942 Sind Mängel im Charakter zu beseitigen? Ist die Schule abzuschließen? Sollte eine Berufsausbildung erfolgen? Sind Therapien erforderlich und wenn ja mit welcher Dauer? Liegt ein besonders großes Aggressionspotenzial vor?

Darüber hinaus sind auch Schuld und Sühne bei dem Strafmaß zu berücksichtigen. Hat der Täter mehrere Mordmerkmale erfüllt? Ist die Ausführung der Tat besonders heftig? Liegen Vorstrafen vor, möglicherweise schon wegen gleich gelagerter Straftaten? Hat der Täter die Straftat eingeräumt? Zeigt er sich reuig? Welche Folgen hatte die Tat? **943**

Das Gericht nimmt unter den vorgenannten Aspekten eine Gesamtabwägung vor und sucht eine Strafe in dem vom Gesetzgeber vorgegebenen Rahmen. **944**

Die Maßnahme, die nach Jugendrecht ergriffen wird, verfolgt einen erzieherischen Zweck. Es wird bei mehreren Straftaten eine einheitliche Maßnahme ergriffen (nicht etwa Einzelstrafen festgesetzt, aus denen dann eine Gesamtstrafe zu bilden ist). **945**

III. Polizeibeamte als Zeugen

1. Vorbemerkungen

In der Hauptverhandlung, dem wesentlichen Teil des Strafprozesses, gilt – wie bereits beschrieben – der Grundsatz der Unmittelbarkeit. Die Tatsachen, die für die Beurteilung der, der der Anklage zugrunde liegenden Tat Berücksichtigung finden sollen, müssen also unmittelbar in die Hauptverhandlung eingebracht werden. Das kann auf unterschiedliche Weise, so u. a. durch Vernehmung eines Zeugen, geschehen. **946**

Der Zeugenbeweis, mithin die Aussage eines Zeugen über eigene Wahrnehmungen, ist noch immer das zentrale Beweismittel des Strafverfahrens. „Ohne Zeugen ist die Beweisführung, also die Rekonstruktion der Tat, in der Hauptverhandlung ausgeschlossen oder nur eingeschränkt möglich."[387] Allerdings ist der Zeugenbeweis auch als das unsicherste und damit fragwürdigste Beweismittel anzusehen.[388] Denn der Zeuge muss häufig über länger zurückliegende Vorgänge berichten. In diesen Fällen muss sich der Tatrichter ein ganz besonderes Bild von der Zeugenaussage- und Qualität verschaffen. Er muss die Eignung der Zeugenaussage anhand aller Umstände, die für oder gegen die Erinnerungsfähigkeit des Zeugen sprechen, beurteilen.[389] Wegen dieser nur begrenzten Zuverlässigkeit des Zeugenbeweises gebietet es das Recht des Angeklagten auf ein faires rechtsstaatliches Strafverfahren, dass das Gericht besondere Anforderungen an die Beweiswürdigung der Aussage stellt.[390] **947**

Dem Verhältnis zwischen Polizeibeamten und der Justiz wohnen viele Missverständnisse inne. Das Image von Richtern und Staatsanwälten bei den Beamten des Polizeivollzugsdienstes wird durch „Angeklagten freundliche" und oftmals viel zu niedrige Strafen, unangemessen empfundene Verfahrenseinstellungen **948**

---

387 Prondzinski 2011, 2
388 Detter, NStZ 2003, 1 ff. m. w. N.
389 BGH, NStZ 1993, 295
390 BVerfG, NJW 1992, 168
     BVerfG, NJW 1996, 448f (449)

und nicht transparente Absprachen geprägt. Auf der anderen Seite werden polizeiliche Ermittlungsfehler sowie polizeiliches Fehlverhalten als Grund für unbefriedigende Verfahrensabschlüsse vor Gericht genannt. Dabei rückt die Frage, wer entsprechende Fehler zu verantworten hat, zunehmend in den Diskurs. Allerdings wird auch die wichtige Rolle des Ermittlungsbeamten als Zeuge vor Gericht oft unterschätzt. Polizeibeamten kommt als Zeugen eine bedeutsame Rolle zu, weil das Verlesen von Aussagen, Berichten oder Protokollen nur ausnahmsweise zulässig ist (§§ 251, 254, 256 StPO). Eine wichtige Rolle zur Wahrheitsfindung haben insbesondere Vernehmungsbeamte sowie Führer von Vertrauenspersonen und verdeckten Ermittlern.[391] Von einem polizeilichen Zeugen als professionellem Zeugen wird ein gewisses Verständnis von den Abläufen der Hauptverhandlung und den Aufgaben der einzelnen Verfahrensbeteiligten erwartet.[392]

949 Schließlich sind das Auftreten des Polizeibeamten vor Gericht, sein Erinnerungsvermögen und weitere Aspekte der Zeugenqualität für die Wahrheitsfindung von erheblicher Bedeutung. Im Folgenden stellen wir die Rechte und Pflichten des Polizeibeamten als Zeuge vor Gericht praxisorientiert dar.

2. Die Pflichten des Polizeibeamten als Zeuge vor Gericht

2.1 Eine allgemeine Staatsbürgerpflicht

950 „Die Pflicht, Zeugnis zu geben, ist eine allgemeine Staatsbürgerpflicht."[393] Diese trifft nicht nur den Polizeibeamten, sondern alle deutschen Staatsangehörigen sowie sich im Bundesgebiet aufhaltende Ausländer und Staatenlose.[394]

951 Zu den Hauptpflichten eines jeden Zeugen zählen die Pflicht, zu einer Vernehmung bei der Staatsanwaltschaft (§ **161a Abs. 1 S. 1 StPO**) oder bei Gericht (§§ **48, 51 Abs. 1 StPO**) zu erscheinen und dort wahrheitsgemäße Angaben zu machen (§ **57 StPO**). Die Möglichkeiten, auf die Zeugenaussage vereidigt zu werden, folgen aus § **60 ff. StPO**.

§ 161a StPO Vernehmung von Zeugen und Sachverständigen durch die Staatsanwaltschaft

(1) Zeugen und Sachverständige sind verpflichtet, auf Ladung vor der Staatsanwaltschaft zu erscheinen und zur Sache auszusagen oder ihr Gutachten zu erstatten. Soweit nichts anderes bestimmt ist, gelten die Vorschriften des sechsten und siebenten Abschnitts des ersten Buches über Zeugen und Sachverständige entsprechend. Die eidliche Vernehmung bleibt dem Richter vorbehalten.

(2) Bei unberechtigtem Ausbleiben oder unberechtigter Weigerung eines Zeugen oder Sachverständigen steht die Befugnis zu den in den §§ 51, 70 und

---

391 Prondzinski 2011, 2
392 Prondzinski 2011, 3
393 KK StPO, Bader § 48 Rn. 2.
394 OLG Düsseldorf, NJW 1999, 1647 f.

§ 77 vorgesehenen Maßregeln der Staatsanwaltschaft zu. Jedoch bleibt die Festsetzung der Haft dem nach § 162 zuständigen Gericht vorbehalten.

(3) Gegen Entscheidungen der Staatsanwaltschaft nach Absatz 2 Satz 1 kann gerichtliche Entscheidung durch das nach § 162 zuständige Gericht beantragt werden. Gleiches gilt, wenn die Staatsanwaltschaft Entscheidungen im Sinne des § 68b getroffen hat. Die §§ 297 bis § 300, § 302, 306 bis 309, § 311a und 473a gelten jeweils entsprechend. Gerichtliche Entscheidungen nach den Sätzen 1 und 2 sind unanfechtbar.

(4) Ersucht eine Staatsanwaltschaft eine andere Staatsanwaltschaft um die Vernehmung eines Zeugen oder Sachverständigen, so stehen die Befugnisse nach Absatz 2 Satz 1 auch der ersuchten Staatsanwaltschaft zu.

(5) § 185 Absatz 1 und 2 des Gerichtsverfassungsgesetzes gilt entsprechend.

§ 48 StPO Zeugenpflichten; Ladung

(1) Zeugen sind verpflichtet, zu dem zu ihrer Vernehmung bestimmten Termin vor dem Richter zu erscheinen. Sie haben die Pflicht auszusagen, wenn keine im Gesetz zugelassene Ausnahme vorliegt.

(2) Die Ladung der Zeugen geschieht unter Hinweis auf verfahrensrechtliche Bestimmungen, die dem Interesse des Zeugen dienen, auf vorhandene Möglichkeiten der Zeugenbetreuung und auf die gesetzlichen Folgen des Ausbleibens.

(3) Ist der Zeuge zugleich der Verletzte, so sind die ihn betreffenden Verhandlungen, Vernehmungen und sonstigen Untersuchungshandlungen stets unter Berücksichtigung seiner besonderen Schutzbedürftigkeit durchzuführen. Insbesondere ist zu prüfen,
1. ob die dringende Gefahr eines schwerwiegenden Nachteils für das Wohl des Zeugen Maßnahmen nach den §§ 168e oder 247a erfordert,
2. ob überwiegende schutzwürdige Interessen des Zeugen den Ausschluss der Öffentlichkeit nach § 171b Absatz 1 des Gerichtsverfassungsgesetzes erfordern und
3. inwieweit auf nicht unerlässliche Fragen zum persönlichen Lebensbereich des Zeugen nach § 68a Absatz 1 verzichtet werden kann.

Dabei sind die persönlichen Verhältnisse des Zeugen sowie Art und Umstände der Straftat zu berücksichtigen.

§ 51 StPO Folgen des Ausbleibens eines Zeugen

(1) Einem ordnungsgemäß geladenen Zeugen, der nicht erscheint, werden die durch das Ausbleiben verursachten Kosten auferlegt. Zugleich wird gegen ihn ein Ordnungsgeld und für den Fall, dass dieses nicht beigetrieben werden kann, Ordnungshaft festgesetzt. Auch ist die zwangsweise Vorführung des Zeugen zulässig; § 135 gilt entsprechend. Im Falle wiederholten Ausbleibens kann das Ordnungsmittel noch einmal festgesetzt werden.

(2) Die Auferlegung der Kosten und die Festsetzung eines Ordnungsmittels unterbleiben, wenn das Ausbleiben des Zeugen rechtzeitig genügend entschuldigt wird. Erfolgt die Entschuldigung nach Satz 1 nicht rechtzeitig, so unterbleibt die Auferlegung der Kosten und die Festsetzung eines Ordnungsmittels nur dann, wenn glaubhaft gemacht wird, dass den Zeugen an der Verspätung der Entschuldigung kein Verschulden trifft. Wird der Zeuge nachträglich genü-

gend entschuldigt, so werden die getroffenen Anordnungen unter den Voraussetzungen des Satzes 2 aufgehoben.

(3) Die Befugnis zu diesen Maßregeln steht auch dem Richter im Vorverfahren sowie dem beauftragten und ersuchten Richter zu.

§ 57 StPO   Belehrung

Vor der Vernehmung werden die Zeugen zur Wahrheit ermahnt und über die strafrechtlichen Folgen einer unrichtigen oder unvollständigen Aussage belehrt. Auf die Möglichkeit der Vereidigung werden sie hingewiesen. Im Fall der Vereidigung sind sie über die Bedeutung des Eides und darüber zu belehren, dass der Eid mit oder ohne religiöse Beteuerung geleistet werden kann.

§ 60 StPO   Vereidigungsverbote

Von der Vereidigung ist abzusehen
1. bei Personen, die zur Zeit der Vernehmung das 18. Lebensjahr noch nicht vollendet haben oder die wegen mangelnder Verstandesreife oder wegen einer psychischen Krankheit oder einer geistigen oder seelischen Behinderung vom Wesen und der Bedeutung des Eides keine genügende Vorstellung haben;
2. bei Personen, die der Tat, welche den Gegenstand der Untersuchung bildet, oder der Beteiligung an ihr oder der Datenhehlerei, Begünstigung, Strafvereitelung oder Hehlerei verdächtig oder deswegen bereits verurteilt sind.

§ 61 StPO   Recht zur Eidesverweigerung

Die in § 52 Absatz 1 bezeichneten Angehörigen des Beschuldigten haben das Recht, die Beeidigung des Zeugnisses zu verweigern; darüber sind sie zu belehren.

§ 64 StPO   Eidesformel

(1) Der Eid mit religiöser Beteuerung wird in der Weise geleistet, dass der Richter an den Zeugen die Worte richtet:
„Sie schwören bei Gott dem Allmächtigen und Allwissenden, dass Sie nach bestem Wissen die reine Wahrheit gesagt und nichts verschwiegen haben"
und der Zeuge hierauf die Worte spricht:
„Ich schwöre es, so wahr mir Gott helfe".

(2) Der Eid ohne religiöse Beteuerung wird in der Weise geleistet, dass der Richter an den Zeugen die Worte richtet:
„Sie schwören, dass Sie nach bestem Wissen die reine Wahrheit gesagt und nichts verschwiegen haben"
und der Zeuge hierauf die Worte spricht:
„Ich schwöre es".

(3) Gibt ein Zeuge an, dass er als Mitglied einer Religions- oder Bekenntnisgemeinschaft eine Beteuerungsformel dieser Gemeinschaft verwenden wolle, so kann er diese dem Eid anfügen.

(4) Der Schwörende soll bei der Eidesleistung die rechte Hand erheben.

§ 70 StPO   Folgen unberechtigter Zeugnis- oder Eidesverweigerung

(1) Wird das Zeugnis oder die Eidesleistung ohne gesetzlichen Grund verweigert, so werden dem Zeugen die durch die Weigerung verursachten Kosten auferlegt. Zugleich wird gegen ihn ein Ordnungsgeld und für den Fall, dass dieses nicht beigetrieben werden kann, Ordnungshaft festgesetzt.

(2) Auch kann zur Erzwingung des Zeugnisses die Haft angeordnet werden, jedoch nicht über die Zeit der Beendigung des Verfahrens in dem Rechtszug, auch nicht über die Zeit von sechs Monaten hinaus.

(3) Die Befugnis zu diesen Maßregeln steht auch dem Richter im Vorverfahren sowie dem beauftragten und ersuchten Richter zu.

(4) Sind die Maßregeln erschöpft, so können sie in demselben oder in einem anderen Verfahren, das dieselbe Tat zum Gegenstand hat, nicht wiederholt werden.

2.2   Hauptpflichten und die sich daraus ergebenden Nebenpflichten

Der Polizeibeamte hat als Zeuge vor Gericht drei sogenannte Hauptpflichten zu erfüllen, die gesetzlich normiert sind. Im Einzelnen:

2.2.1   Die Pflicht, der Ladung des Gerichts zu folgen (Erscheinen)

Der Polizeibeamte ist (wie jeder andere Zeuge auch) verpflichtet, entsprechend der Ladung des Gerichts zu der anberaumten Vernehmung zu erscheinen. Er hat der Ladung des Gerichts zu folgen und damit pünktlich vor Gericht zu erscheinen. Die Zeugenpflicht geht anderweitigen Terminen oder Kollisionen mit weiteren beruflichen Pflichten grundsätzlich vor. Das Gericht ist auch nicht gehalten, den Vernehmungstermin mit dem Zeugen abzustimmen. Allein die sogenannte Fürsorgepflicht des Gerichts kann es gebieten, auf „dringende berufliche Hinderungsgründe" Rücksicht zu nehmen.[395]

Die Pflicht, pünktlich zu dem Termin zu erscheinen, versteht sich von selbst und es ist besonders unangenehm, wenn sich ein Polizeibeamter insoweit negativ hervortut, entweder, weil er die Zeugenladung nicht ernst nimmt und im Urlaub weilt oder aus anderen Gründen.

Die Ladung des Zeugen geschieht unter Hinweis auf verfahrensrechtliche Bestimmungen, die dem Interesse des Zeugen dienen, auf vorhandene Möglichkeiten der Zeugenbetreuung und auf die gesetzlichen Folgen des Ausbleibens.

2.2.2   Das Auftreten des Polizeibeamten vor Gericht

An den polizeilichen Zeugen werden in der Praxis besondere Anforderungen gestellt. „Er soll eine einwandfreie Auskunftsperson sein."[396] Diese, an den Polizeibeamten zu stellenden Erwartungen beginnen bereits bei dessen Auftreten. Wird von dem Schutzpolizeibeamten, der seine Aussage in der Dienstzeit tätigt, ein Erscheinen in dienstlicher Uniform erwartet, so wird im Übrigen davon

---

395   BVerfG, NStZ-RR 2002, 11
396   Wetterich 1970, 44

ausgegangen, dass der Beamte vor Gericht in geordneter und angemessener Kleidung erscheint. „In einer Zeit, in der es Mode wird, die Missachtung jeder staatlichen Autorität in salopper, oft sogar ausgesprochen schmutziger Kleidung auszudrücken, wird vom Polizeibeamten erwartet, dass er ein gutes Beispiel ordentlichen Benehmens gibt."[397] Man sollte meinen, dass es sich bei dieser Erwartung um eine Selbstverständlichkeit handelt. Doch auch wenn die von Wetterich beschriebene Forderung aus dem Jahre 1970 stammt, hat sie auch 50 Jahre später noch Aktualität. So ist uns aus der beruflichen Praxis bekannt, dass Polizeibeamte in allzu lässiger Kleidung bzw. Kaugummi kauend vor Gericht erscheinen. Einem Polizeibeamten, der (erst) durch den Vorsitzenden Richter gebeten werden muss, das Kaugummi für seine Aussage zu entfernen, könnte bereits nicht mehr die erforderliche Achtung zu Gute kommen.

Beispiele
(1) P kommt in legerer Freizeit- bzw. Sportbekleidung und weist darauf hin, dass er gerade vom Sport komme, weil er im Urlaub sei.
(2) P betritt den Sitzungssaal, schlendert betont lässig zum Zeugenplatz, nimmt dort breitbeinig Platz und lehnt sich grinsend zurück. Auf die einleitenden Worte des Vorsitzenden „Wir gehen davon aus, Sie haben sich gut vorbereitet?", entgegnet P lachend: „Davon gehen Sie aus?"
(3) P soll als Zeuge in einem Verfahren wegen versuchten Totschlags vernommen werden. Der Vorsitzende der Schwurgerichtskammer fragt: „Sie sollen damals in einem Mülleimer an einer Raststätte einen Plastikbeutel sichergestellt haben. Was können Sie zum Inhalt sagen?" P: „Nichts, ich habe da nicht reingeschaut. Ich schaue nur dann rein, wenn mich etwas wirklich interessiert."

Übrigens: In dem Beutel soll das Tatmesser gefunden worden sein!

2.2.3 Die Folgen unentschuldigten Fernbleibens

2.2.3.1 Die zwangsweise Vorführung des Zeugen

Für den Fall, dass der Zeuge der Ladung keine Folge leistet, ist die zwangsweise Vorführung zulässig (§ 51 Abs. 1 S. 3 StPO). Diese Folgen dürften bei polizeilichen Zeugen nicht (hoffentlich – uns jedenfalls nicht bekannt) praxisrelevant sein. Die Darstellung erfolgt daher nur der Vollständigkeit halber.

2.2.3.2 Ordnungsgeld- und Haft (§ 51 Abs. 1 StPO)

Gemäß § 51 Abs. 1 StPO können dem säumigen Zeugen ein Ordnungsgeld und, für den Fall, dass dieses nicht beigetrieben werden kann, ersatzweise Ordnungshaft auferlegt werden. Darüber hinaus ist die Auferlegung der Kosten, die aufgrund des Fernbleibens entstanden sind, möglich. Gemäß § 51 Abs. 2 S. 2 StPO wird von der Auferlegung der Kosten nur dann abgesehen, wenn das Ausbleiben des Zeugen rechtzeitig, mithin vor dem Termin, ausreichend entschuldigt worden ist. Polizeibeamte kommen vermehrt in „den Genuss", auf fernmündlichen Abruf geladen zu sein, mithin erst dann und nur für den Fall erscheinen zu müssen, dass die Aussage tatsächlich benötigt wird und im Übrigen (nur) „auf

---

[397] Wetterich 1970, 44

Abruf" zur Verfügung zu stehen. In diesen Fällen kommt die Verhängung von Ordnungsgeld- bzw. Haft in der Praxis nicht vor.

Laut Artkämper[398] sollen vermehrt Fälle aufgetreten sein, in denen der polizeiliche Zeuge die Ladung entweder zu spät oder gar nicht erhalten habe, sei es aufgrund von Urlaub oder anderer Abwesenheit vom Dienstort, an welchem die Ladung zur Vernehmung bewirkt wird. Dies habe dazu geführt, dass die Gerichte – anders als noch in den Jahren zuvor – vermehrt Ordnungsgelder auch gegen Polizeibeamte verhängen würden. Eine entsprechende Reaktion der Gerichte auf das Fernbleiben der Zeugen erscheint unseres Erachtens und angesichts der dargestellten Sachlage jedoch nicht nachvollziehbar. In dem von Artkämper dargestellten Fall dürfte das Fernbleiben des polizeilichen Zeugen nämlich nicht auf dessen Verschulden zurück zu führen sein, denn dem Polizeibeamten selbst kann nicht zugemutet werden, während Urlaubs- oder krankheitsbedingter Abwesenheit vom Dienstort in regelmäßigen Abständen nachzufragen, ob gegebenenfalls eine Gerichtsladung vorliegt. Es ist vielmehr Aufgabe des Dienstherrn, für die Weiterleitung der auf der Dienststelle eingehenden Ladung an den Beamten Sorge zu tragen. Ein eventueller Sorgfaltspflichtverstoß des Dienstherrn kann dem Beamten aber nicht zugerechnet werden.[399]

Anders liegt der Fall jedoch dann, wenn die Zeugenladung dem Beamten noch zugestellt werden kann, bevor dieser in den Urlaub fährt. Liegt der Vernehmungstermin dann im Zeitraum der Abwesenheit des Zeugen, ist dieser gehalten, dem Gericht den Umstand seiner Abwesenheit zu erläutern und um die Verlegung des Zeugentermins zu bitten. Anderenfalls können gegen den schuldhaft säumigen Polizeibeamten die beschriebenen Ordnungsfolgen verhängt werden.

Beispiele
(a) Der Polizeibeamte bekommt eine förmliche Ladung zur Vernehmung als Zeuge in der Hauptverhandlung (Termin, Ort und Beweisthema werden in der Ladung genannt). Der Zeuge, der bereits bei Empfang der Ladung weiß, dass er zu dem besagten Zeitpunkt im Ausland im Urlaub weilen werde, ruft kurz bei Gericht an und teilt seine Abwesenheit mit. Die zuständige Sachbearbeiterin der Serviceeinheit (Geschäftsstelle des Vorsitzenden Richters) fertigt eine Telefonnotiz, welche sie in die hintere Aktenlasche legt. Die Akten legt sie dem Richter vor. Der Richter nutzt die Aktenvorlage zur Terminvorbereitung. Die in der Aktenlasche befindliche Telefonnotiz nimmt er nicht zur Kenntnis. In der Hauptverhandlung fehlt der polizeiliche Zeuge (naturgemäß, er hat ja „abgesagt"). Der zuständige Richter erlässt einen Ordnungsgeld-/ersatzweise Haftbeschluss, welcher dem Zeugen zugestellt wird.

(b) P: „Ich habe dann Urlaub ... bin zwar zu Hause, sehe aber nicht ein, dass ich in meinem Urlaub noch arbeiten muss."

Haben wir Sie für die entsprechende Thematik sensibilisiert?

---
398 Artkämper 2007, 36.
399 Artkämper 2007, 36.

Wir halten fest:
- Private Interessen sind zurückzustellen.
- Wer nicht erscheint, hat mit Ordnungsgeld (in der Regel 200 bis 300 Euro) und ersatzweise 2 bis 3 Tage Ordnungshaft zu rechnen.
- Ebenso können dem säumigen Zeugen die Kosten des Verfahrens auferlegt werden, soweit durch sein Nichterscheinen ein weiterer Verhandlungstermin notwendig wird.
- Es ist auch möglich, dass ein Zeuge mehrmals geladen wird, weil das Gericht etwa wegen des Umfangs der Beweisaufnahme diese in unterschiedliche Themenkomplexe eingeteilt hat (etwa zunächst die Beweisaufnahme zu den Feststellungen am Tatort, an einem weiteren Tag die Beweisaufnahme zu den Feststellungen am Leichenfundort und schließlich an einem weiteren Termin die Beweisaufnahme zu den Angaben, die der Beschuldigte oder Zeugen damals gemacht hat.
- Nur in Ausnahmefällen darf ein Zeuge nicht erscheinen. Dann hat er dem Gericht zuvor die Gründe mitzuteilen und sich von der Erscheinungspflicht entbinden zu lassen. Hat der Zeuge eine Reise gebucht, hat er dies unverzüglich nach Erhalt der Ladung dem Gericht mitzuteilen und eine Kopie der Buchungsunterlagen vorzulegen. Ist ein Zeuge erkrankt und kann nicht zu dem Termin erscheinen, hat er dies ebenfalls unverzüglich dem Gericht mitzuteilen und ein ärztliches Attest vorzulegen, aus dem sich eine **Verhandlungsunfähigkeit** oder zumindest eine **Reiseunfähigkeit** ergibt.

Verhandlungsunfähigkeit bedeutet, dass der Zeuge so schwer erkrankt ist, dass er aufgrund der Erkrankung nicht in der Lage ist, in oder außerhalb der Verhandlung seine Interessen selber wahrzunehmen und keine Prozesserklärungen abgeben kann.[400] Eine Krankschreibung in Form eines sogenannten „gelben Scheins" reicht demzufolge nicht aus!

962 Beispiele
- Aufgrund von massiver Migräne ist der Zeuge in der Konzentrationsfähigkeit so erheblich eingeschränkt, dass eine Aussage nicht möglich ist.
- Aufgrund der Erkrankung ist der Zeuge nicht in der Lage zu sprechen.
- Aufgrund einer bestehenden Herzschwäche ist zu befürchten, dass der Zeuge als Folge der mit der Aussage verbundenen Stresssituation einen Herzinfarkt erleiden wird.
- Ein Magen-Darm-Infekt kann im Einzelfall geeignet sein, die Reisefähigkeit entfallen zu lassen.

963 Der Mindestinhalt des ärztlichen Attests ergibt sich aus der Entscheidung des OLG Köln[401], die wir wie folgt zusammenfassen:
- Alle Daten zur Identifizierung der Person (Vorname, Nachname, Geburtsdatum, Adresse),
- Konkrete Diagnose,
- Darlegung des Diagnoseverfahrens

---

400 Vgl. BVerfG NJW 1979, 2349
401 OLG Köln NStZ-RR 2009,112

- Gründe, warum der Patient nicht in der Lage ist, seine Interessen in dem Prozess wahrzunehmen und welche schweren Gesundheitsschäden bei einer Aussage drohen bzw. warum der Patient reiseunfähig ist.
- Insbesondere muss sich aus dem Attest ergeben, dass ein persönlicher Kontakt zwischen Patient und Arzt stattgefunden hat.
- Gibt es geeignete Maßnahmen, durch die die Verhandlungsunfähigkeit/ Reiseunfähigkeit verhindert werden kann?
- Die Angaben des Arztes müssen derart umfangreich und konkret sein, dass das Gericht in die Lage versetzt wird, selber zu prüfen, ob der Zeuge verhandlungs- oder reise(un-)fähig ist,

Der Arzt kann das Attest privat abrechnen, der Zeuge hat keinen Entschädigungsanspruch gegenüber der Landeskasse,

Legt der Zeuge das Attest bei Gericht vor, entbindet er damit den Arzt auch konkludent von der ärztlichen Schweigepflicht[402], sodass das Gericht Kontakt zu dem Arzt aufnehmen und Nachfragen stellen kann.

2.2.3.3 Genügende Entschuldigung gem. § 51 Abs. 2 StPO

Gemäß § 51 Abs. 2 StPO unterbleiben die beschriebenen Folgen, sofern der Zeuge sein Fernbleiben rechtzeitig und genügend entschuldigt.

Der Ordnungsgeldbeschluss wird dann aber nicht ohne Weiteres hinfällig. Der Polizeibeamte hat vielmehr, um die Aufhebung des festgesetzten Ordnungsmittels zu erreichen, dem Gericht nachträglich sein Fernbleiben genügend zu entschuldigen (§ 51 Abs. 2 S. 3 StPO). Genügend im Sinne dieser Vorschrift ist die Entschuldigung dann, wenn der Zeuge die ihn entschuldigenden Gründe schlüssig darlegt, mithin vorträgt, warum er nicht in der Lage gewesen sein will, rechtzeitig zu dem anberaumten Termin zu erscheinen. Darüber hinaus hat der Zeuge glaubhaft zu machen, dass ihn an dem verspäteten Vorbringen der Entschuldigungsgründe kein Verschulden trifft.

In der Praxis ist zu beobachten, dass sich polizeiliche Zeugen der Folge des Nicht- Entschuldigens nicht immer bewusst sind. Es ist vermehrt die Meinung zu hören, wenn den Zeugen an dem Fernbleiben kein Verschulden treffe, weil er sich beispielsweise zum Zeitpunkt der Ladung im Ausland befunden oder zwischenzeitlich die Dienststelle gewechselt und der Diensther es versäumt habe, die Weiterleitung des Schreibens zu veranlassen, den Zeugen kein Verschulden treffe und er mithin keine Ordnungsmittel zu befürchten habe. Der Zeuge muss aber wissen, dass sein Aufhebungsantrag bereits als unzulässig verworfen und eine etwaig nachgebrachte Entschuldigung in der Sache nicht mehr geprüft werden wird, wenn es bereits an der Glaubhaftmachung fehlt.

2.2.3.4 Das Beschwerderecht des (polizeilichen) Zeugen

Der Polizeibeamte ist nicht gehalten, einen etwaig gegen ihn ergangenen Ordnungsgeldbeschluss „hinzunehmen", wenn ihn an dem Fernbleiben tatsächlich kein Verschulden trifft. Ihm steht das Beschwerderecht aus §§ 304 ff. StPO zu. Hilft das Gericht der Beschwerde nicht ab (und hebt damit die Verpflichtung

---

402 OLG Hamm NStZ-RR 2009, 120

zur Zahlung des Ordnungsgeldes nicht auf), so entscheidet darüber das Beschwerdegericht (§ 306 StPO). Dieses entscheidet in der Sache über die Aufhebung bzw. Nichtaufhebung des Ordnungsgeldbeschlusses. Auch eine Reduzierung des Ordnungsgeldes durch das Beschwerdegericht ist möglich.[403]

§ 304 Abs. 1 StPO   Zulässigkeit

(1) Die Beschwerde ist gegen alle von den Gerichten im ersten Rechtszug oder im Berufungsverfahren erlassenen Beschlüsse und gegen die Verfügungen des Vorsitzenden, des Richters im Vorverfahren und eines beauftragten oder ersuchten Richters zulässig, soweit das Gesetz sie nicht ausdrücklich einer Anfechtung entzieht.

(...)

968 | **Unser Tipp**
Lassen Sie es gar nicht erst dazu kommen – riskieren Sie bitte keinen Ordnungsgeld-/Haftbeschluss. Sollte dieser gleichwohl gegen Sie ergehen, beantragen Sie die Aufhebung des Gerichtsbeschlusses und legen (penibel genau) dar,
- warum Sie zu dem Termin nicht erschienen sind,
  - haben Sie die gerichtliche Ladung gar nicht erhalten?
  - haben Sie sich rechtzeitig und genügend entschuldigt, das Gericht hat diese Entschuldigung aber nicht erhalten?
- (...)
- Machen Sie diese Angaben glaubhaft.
  - Gibt es Belege?
  - Gibt es Zeugen (Vorgesetzte, Kollegen?)
  - Ist eine eidesstattliche Versicherung möglich?

2.2.4   Die Aussagepflicht

969 Die sich aus dem Gesetz ergebende Aussagepflicht trifft den Polizeibeamten wie jeden anderen Zeugen. Damit untrennbar verbunden ist die Pflicht zu wahrheitsgemäßen Angaben. Vor der Vernehmung werden Zeugen zur Wahrheit ermahnt und über die strafrechtlichen Folgen einer unrichtigen oder unvollständigen Aussage belehrt (§ 57 Abs. 1 StPO). Die Pflicht zur Aussage entfällt nur, wenn dem Zeugen ein Zeugnis- oder Aussageverweigerungsrecht zur Seite steht (§§ 52 ff. StPO).

3.   Die Auskunftsverweigerungsrechte

970 Die genannten Pflichten gelten selbstverständlich nur dann, wenn kein gesetzlicher Ausnahmetatbestand vorliegt.

3.1   Gesetzliche Grundlagen

971 Die Aussage- und Zeugnisverweigerungsrechte sind in den §§ 52, 53, 53a, 54, 55 StPO normiert. Insoweit wird auf die Ausführungen im Kapitel zu den Beleh-

---

[403] LG Mühlheim, Beck RS 2007, 03247.

rungen verwiesen (vgl. insoweit K. II.). Zu der Vorschrift des § 54 StPO folgen noch weitere Ausführungen.

3.2 Das Aussageverweigerungsrecht aus § 55 StPO

Gemäß § 55 StPO kann jeder Zeuge die Auskunft auf solche Fragen verweigern, deren Beantwortung ihm selbst oder einem der in § 52 Abs. 1 StPO bezeichneten Angehörigen die Gefahr zuziehen würde, wegen einer Straftat oder einer Ordnungswidrigkeit verfolgt zu werden. Dieses Recht zur Auskunftsverweigerung folgt aus dem rechtsstaatlichen Grundsatz, dass niemand gezwungen werden darf, gegen sich selbst oder nahe Angehörige auszusagen. Das Bundesverfassungsgericht[404] hat dieses Recht eines Zeugen mit dem Grundsatz „*nemo tenetur se ipsum accusare*", dass niemand gezwungen werden könne, gegen sich selbst auszusagen, bekräftigt. Der Zeuge ist über sein Recht zur Auskunftsverweigerung zu belehren (§ 55 Abs. 2 StPO). Wenngleich die Belehrung eine „Muss"- und keine bloße „Soll" Vorschrift ist[405], ist die Belehrung nicht schon vor der Vernehmung des Zeugen zur Sache, sondern erst dann geboten, wenn konkrete Anhaltspunkte dafür vorliegen, dass eine Belastungstendenz gegeben ist. Bloße, nicht durch konkrete Umstände belegte Vermutungen oder die rein denktheoretische Möglichkeit genügen insoweit nicht.[406]

972

Eine entsprechende „allgemeine" Belastungstendenz bei polizeilichen Zeugen gibt es nicht. Diese folgt insbesondere nicht aus der Tatsache, dass der Beamte die Ermittlungen geführt und gegebenenfalls den Angeklagten belastende Indizien zusammengetragen hat. Auch der alleinige Vortrag des Angeklagten bzw. seines Verteidigers zu eventuellem Fehlverhalten des Beamten rechtfertigt die Annahme derartiger Anhaltspunkte nicht. Bei Vorliegen entsprechender Anhaltspunkte muss der Zeuge eine Aussageverweigerung jedoch ausdrücklich erklären und darf belastende Tatsachen nicht einfach verschweigen.[407] Sofern der Zeuge von dem ihm tatsächlich zustehenden Aussageverweigerungsrecht Gebrauch macht, darf dieser Umstand nicht zu Lasten des Angeklagten gewertet werden[408], was selbstverständlich ist.

973

3.3 Das Zeugnisverweigerungsrecht

Aus persönlichen Gründen zur Verweigerung des Zeugnisses berechtigt sind die in § 52 StPO aufgeführten Angehörigen des Angeklagten. Das Zeugnisverweigerungsrecht dient dem Schutz des Zeugen davor, bei wahrheitsgemäßen Angaben als Zeuge einen nahen Angehörigen zu belasten.[409] Dieses umfassende und nicht nur für einzelne belastende Fragen bestehende Recht zur Zeugnisverweigerung besteht unabhängig davon, aus welchen Gründen der Zeuge die Aussage nicht tätigen will und ob er tatsächlich eine entsprechende Zwangslage empfindet.[410]

974

---

404 BVerfGE 38, 105
405 BayObLG NJW 1984, 1246.
406 KK-StPO, Bader § 55 Rn. 9
407 KK-StPO, Bader § 55 Rn. 12
408 Klemke; Elbs 2010, Rn. 990
409 BeckOK StPO, Huber § 52 Rn. 1.
410 BGH NStZ 1982, 168.

975 Dieser Thematik dürfte bei polizeilichen Zeugen keine große praktische Bedeutung zukommen, jedenfalls nicht für die Alternative, dass Wahrnehmungen in amtlicher Eigenschaft erlangt werden. Dem Verfahren förderlich wäre es nämlich, wenn Polizeibeamte nicht gegen die eigenen Angehörigen ermitteln. In allen anderen Fällen gilt das im Kapitel Belehrungen zu den Zeugnisverweigerungsrechten Beschriebene.

3.4 Das Auskunftsverweigerungsrecht aus § 54 StPO

976 Der Gefahr, dass der Polizeibeamte sich durch Offenbarung dienstlich erlangter Kenntnisse in entsprechende Schwierigkeiten bringt, wird durch das Gesetz begegnet. Denn Zeugen sind nur dann verpflichtet auszusagen, **wenn keine im Gesetz zugelassene Ausnahme vorliegt** (§ 48 StPO).

§ 54 StPO Aussagegenehmigung für Angehörige des öffentlichen Dienstes

(1) Für die Vernehmung von Richtern, Beamten und anderen Personen des öffentlichen Dienstes als Zeugen über Umstände, auf die sich ihre Pflicht zur Amtsverschwiegenheit bezieht, und für die Genehmigung zur Aussage gelten die besonderen beamtenrechtlichen Vorschriften.

(2) (...)

§ 67 BBG[411] **Verschwiegenheitspflicht**

(1) Beamtinnen und Beamte haben über die ihnen bei oder bei Gelegenheit ihrer amtlichen Tätigkeit bekannt gewordenen dienstlichen Angelegenheiten Verschwiegenheit zu bewahren. Dies gilt auch über den Bereich eines Dienstherrn hinaus sowie nach Beendigung des Beamtenverhältnisses.
(2) Absatz 1 gilt nicht, soweit
1. **Mitteilungen im dienstlichen Verkehr geboten sind,**
2. **Tatsachen mitgeteilt werden, die offenkundig sind oder ihrer Bedeutung nach keiner Geheimhaltung bedürfen, oder**
3. **gegenüber der zuständigen obersten Dienstbehörde, einer Strafverfolgungsbehörde oder einer von der obersten Dienstbehörde bestimmten weiteren Behörde oder außerdienstlichen Stelle ein durch Tatsachen begründeter Verdacht einer Korruptionsstraftat nach den §§ 331 bis 337 des Strafgesetzbuches angezeigt wird.**

Im Übrigen bleiben die gesetzlich begründeten Pflichten, geplante Straftaten anzuzeigen und für die Erhaltung der freiheitlichen demokratischen Grundordnung einzutreten, von Absatz 1 unberührt.

(3) Beamtinnen und Beamte dürfen ohne Genehmigung über Angelegenheiten nach Absatz 1 weder vor Gericht noch außergerichtlich aussagen oder Erklärungen abgeben. Die Genehmigung erteilt die oder der Dienstvorgesetzte oder, wenn das Beamtenverhältnis beendet ist, die oder der letzte Dienstvorgesetzte. Hat sich der Vorgang, der den Gegenstand der Äußerung bildet, bei einem früheren Dienstherrn ereignet, darf die Genehmigung nur mit dessen Zustimmung erteilt werden.

(4) Beamtinnen und Beamte haben, auch nach Beendigung des Beamtenverhältnisses, auf Verlangen der oder des Dienstvorgesetzten oder der oder des

---

411 Bundesbeamtengesetz

letzten Dienstvorgesetzten amtliche Schriftstücke, Zeichnungen, bildliche Darstellungen sowie Aufzeichnungen jeder Art über dienstliche Vorgänge, auch soweit es sich um Wiedergaben handelt, herauszugeben. Entsprechendes gilt für ihre Hinterbliebenen und Erben.

§ 37 BeamtStG[412] Verschwiegenheitspflicht

(1) Beamtinnen und Beamte haben über die ihnen bei oder bei Gelegenheit ihrer amtlichen Tätigkeit bekannt gewordenen dienstlichen Angelegenheiten Verschwiegenheit zu bewahren. Dies gilt auch über den Bereich eines Dienstherrn hinaus sowie nach Beendigung des Beamtenverhältnisses.

(2) Absatz 1 gilt nicht, soweit
1. Mitteilungen im dienstlichen Verkehr geboten sind,
2. Tatsachen mitgeteilt werden, die offenkundig sind oder ihrer Bedeutung nach keiner Geheimhaltung bedürfen, oder
3. gegenüber der zuständigen obersten Dienstbehörde, einer Strafverfolgungsbehörde oder einer durch Landesrecht bestimmten weiteren Behörde oder außerdienstlichen Stelle ein durch Tatsachen begründeter Verdacht einer Korruptionsstraftat nach den §§ 331 bis § 337 des Strafgesetzbuches angezeigt wird.

Im Übrigen bleiben die gesetzlich begründeten Pflichten, geplante Straftaten anzuzeigen und für die Erhaltung der freiheitlichen demokratischen Grundordnung einzutreten, von Absatz 1 unberührt.

(3) Beamtinnen und Beamte dürfen ohne Genehmigung über Angelegenheiten, für die Absatz 1 gilt, weder vor Gericht noch außergerichtlich aussagen oder Erklärungen abgeben. Die Genehmigung erteilt der Dienstherr oder, wenn das Beamtenverhältnis beendet ist, der letzte Dienstherr. Hat sich der Vorgang, der den Gegenstand der Äußerung bildet, bei einem früheren Dienstherrn ereignet, darf die Genehmigung nur mit dessen Zustimmung erteilt werden. Durch Landesrecht kann bestimmt werden, dass an die Stelle des in den Sätzen 2 und 3 genannten jeweiligen Dienstherrn eine andere Stelle tritt.

(4) Die Genehmigung, als Zeugin oder Zeuge auszusagen, darf nur versagt werden, wenn die Aussage dem Wohl des Bundes oder eines deutschen Landes erhebliche Nachteile bereiten oder die Erfüllung öffentlicher Aufgaben ernstlich gefährden oder erheblich erschweren würde. Durch Landesrecht kann bestimmt werden, dass die Verweigerung der Genehmigung zur Aussage vor Untersuchungsausschüssen des Deutschen Bundestages oder der Volksvertretung eines Landes einer Nachprüfung unterzogen werden kann. Die Genehmigung, ein Gutachten zu erstatten, kann versagt werden, wenn die Erstattung den dienstlichen Interessen Nachteile bereiten würde.

(5) Sind Beamtinnen oder Beamte Partei oder Beschuldigte in einem gerichtlichen Verfahren oder soll ihr Vorbringen der Wahrnehmung ihrer berechtigten Interessen dienen, darf die Genehmigung auch dann, wenn die Voraussetzungen des Absatzes 4 Satz 1 erfüllt sind, nur versagt werden, wenn die dienstlichen Rücksichten dies unabweisbar erfordern. Wird sie versagt, ist Beamtinnen oder Beamten der Schutz zu gewähren, den die dienstlichen Rücksichten zulassen.

---

412 Beamtenstatusgesetz

(6) Beamtinnen und Beamte haben, auch nach Beendigung des Beamtenverhältnisses, auf Verlangen des Dienstherrn oder des letzten Dienstherrn amtliche Schriftstücke, Zeichnungen, bildliche Darstellungen sowie Aufzeichnungen jeder Art über dienstliche Vorgänge, auch soweit es sich um Wiedergaben handelt, herauszugeben. Die gleiche Verpflichtung trifft ihre Hinterbliebenen und Erben.

3.4.1 Grundsätzliches

977 Polizeibeamte (und andere Angehörige des öffentlichen Dienstes) unterliegen aufgrund des Beamtengesetzes (oder durch Tarifvertrag) einer besonderen Verschwiegenheitspflicht. Diese Pflicht gilt auch nach dem Ausscheiden des Beamten aus dem Dienst fort. § 54 StPO regelt daher die Aussagegenehmigung von Beamten und schützt so das öffentliche Geheimhaltungsinteresse. Das heißt, der (Polizei)beamte, der keine Aussagegenehmigung hat, ist zur Zeugnisverweigerung berechtigt.[413] Allerdings wird der Beamte über das entsprechende Recht durch das Gericht nicht belehrt.[414] Das sich aus § 54 StPO ergebende Aussageverweigerungsrecht gilt sowohl für richterliche als auch für polizeiliche und staatsanwaltschaftliche Vernehmungen. Die Vorschrift gilt nur für Zeugen, nicht aber für Vernehmungen als Beschuldigter. Sofern ein Polizeibeamter, der als Beschuldigter vernommen werden soll, meint, mit einer Einlassung gegen seine Verschwiegenheitspflicht verstoßen zu können, muss er sich selbst um eine entsprechende Aussagegenehmigung bemühen.

978 Wichtig ist auch noch, dass eine vorliegende Aussagegenehmigung den Polizeibeamten nur von der Pflicht zur Geheimhaltung des Amtsgeheimnisses befreit, nicht aber von der Pflicht zur Wahrung von Privatgeheimnissen aus § 203 Abs. 2 StGB sowie des Steuer-, Sozial-, Post-und Fernmeldegeheimnisses.[415]

979 Übrigens: Nicht nur Polizeibeamte und bei der Polizeibehörde Angestellte unterliegen der o. g. Amtsverschwiegenheitspflicht, sondern auch andere Personen des öffentlichen Dienstes, die nicht nur eine mechanische untergeordnete Tätigkeit (beispielsweise Hausreinigung oder Heizungsdienst) verrichten. Übt eine Person Funktionen des öffentlichen Dienstes aus, so hat diese über die ihr im Rahmen der Tätigkeit bekanntwerdenden Informationen Verschwiegenheit zu wahren (bspw. Gemeinderäte, Schiedsmänner, kirchliche Bedienstete in Fürsorge- und Verwaltungstätigkeiten, Mitarbeiter kirchlicher Erziehungs- und Beratungsstellen und weitere.[416] Auch V-Leute der Polizei werden als Personen des öffentlichen Dienstes angesehen, und zwar sowohl für den Fall, dass sie hauptamtlich tätig sind als auch für den Fall, dass sie nebenberuflich einzelnen Aufträge ausführen, sofern sie wirksam förmlich zur Verschwiegenheit verpflichtet worden sind.[417]

---

413 BeckOK StPO, Huber § 54 vor Rn. 1
414 BeckOK StPO, Huber § 54 Rn. 2
415 KK-StPO, Bader § 54 Rn. 2, 3
416 KK-StPO, Bader § 54 Rn. 8 m. w. N.
417 KK-StPO, Bader § 54 Rn. 10 m. w. N.

Allerdings wird der Beamte über das entsprechende Recht durch das Gericht nicht belehrt.⁴¹⁸ 980

3.5 Ausübung und Umfang des Zeugnisverweigerungsrechts

Doch wann (in welchen Fällen und in welchem Umfang) hat der Polizeibeamte im Einzelfall (k)eine Aussagegenehmigung? 981

Über die Ausübung und den Umfang des Zeugnisverweigerungsrechts entscheidet der Polizeibeamte als Zeuge in erster Linie selbst. Der (Polizei)Zeuge muss also zunächst beurteilen, ob es sich um eine bereits offenkundige Tatsache handelt (ist die Tatsache, zu der Angaben gemacht werden sollen, allgemein bekannt?). Ist dies der Fall, ist die Tatsache damit nicht mehr geheimhaltungsbedürftig, besteht mithin eine Aussagepflicht.⁴¹⁹ Diese Entscheidung ist nicht immer einfach zu treffen. Der polizeiliche Zeuge hat insoweit eine erhebliche Verantwortung. 982

Sind Sie sich unsicher, ob die Tatsache, zu der Sie Angaben tätigen sollen, offenkundig ist? Sind Sie sich unsicher, ob Sie zu der Frage, zu der Sie aussagen sollen, eine Aussagegenehmigung haben? 983

Wichtig zu wissen: Im Zweifelsfall ist der Zeuge berechtigt – nein, sogar verpflichtet – zunächst das Zeugnis zu verweigern.⁴²⁰ Das sollten Sie in entsprechenden Fällen auch tun, denn das Gericht würde Ihre Aussage gerne entgegen nehmen. Das Gericht muss die Vernehmung im Sinne eines Beweiserhebungsverbots nämlich nur dann unterlassen, wenn der Zeuge über einen erkennbar der Schweigepflicht unterliegenden Vorgang aussagen soll, dies auch für den Fall, dass der Zeuge selbst zur Aussage bereit ist.⁴²¹ Sollte der Zeuge trotz fehlender Aussagegenehmigung eine Aussage tätigen, so bleibt diese im Rahmen des Strafverfahrens verwertbar. Ein Verstoß gegen die Verschwiegenheitspflicht des Beamten kann aber disziplinarrechtliche Folgen nach sich ziehen, so beispielsweise die Kürzung der Bezüge oder des Ruhegehalts⁴²², weshalb die Beachtung unbedingt geboten ist. Der Zeuge ist daher gehalten, bei Zweifeln an seiner Aussagegenehmigung diese zunächst mit seinem Dienstvorgesetzten zu klären (Nr. 66 Abs. 1 S. 2 RiStBV). 984

Merke	985
– Macht der Beamte von seinem Zeugnisverweigerungsrecht Gebrauch, so begründet dies ein Beweiserhebungsverbot. – Sowohl die Aussagebefugnis als auch die entsprechende Aussagepflicht entfallen dann.⁴²³	

---

418 BeckOK StPO, Huber § 54 Rn. 2
419 BeckOK StPO, Huber § 54 Rn. 12
420 KK-StPO, Bader § 54 Rn. 12
421 KK-StPO, Bader § 54 Rn. 12
422 OVG Koblenz Beck RS 2010, 5649 ff.
423 BeckOK StPO, Huber § 54 Rn. 2

> – Wird dem Beamten eine Aussagegenehmigung erteilt, ist er zur Aussage verpflichtet. Sagt er ohne Genehmigung aus, bleiben seine Angaben verwertbar.[424]
> – Ohne Aussagegenehmigung oder nur bei Vorliegen von Zweifeln darf keine Aussage erfolgen!

4. Zuständigkeit für die Erteilung der Aussagegenehmigung

986 Für die Erteilung der Aussagegenehmigung ist der jeweilige Dienstvorgesetzte zuständig. Doch wer kümmert sich um die Einholung einer entsprechenden Genehmigung? Diese Fragen sollen nachfolgend beantwortet werden.

4.1 Einholung der Aussagegenehmigung

987 Polizeibeamte sehen sich nicht allzu selten dazu verpflichtet, eine entsprechende Genehmigung einzuholen. Auch besteht Unsicherheit über die von einer evtl. allgemeinen Aussagegenehmigung erfassten Inhalte.

988 In der Praxis geben die Gerichte dem polizeilichen Zeugen oftmals auf, die erforderliche Aussagegenehmigung eigenständig einzuholen. **Das ist nicht zulässig!** Entsprechendes Vorgehen entspricht nicht der Rechtslage und darf von dem Zeugen daher nicht gefordert werden. Kommt der Polizeibeamte im Rahmen seiner Vernehmung zu dem Ergebnis, dass für die Fragen bzw. diesen Fragenkomplex eine Aussagegenehmigung nicht vorliegt oder Zweifel daran bestehen, **so darf er keine Aussage tätigen** und muss dies gegenüber dem Gericht unmissverständlich zum Ausdruck bringen.

989
> **Merke**
>
> Für die Einholung einer entsprechenden Entscheidung über die Erteilung der Genehmigung ist nicht der Polizeibeamte, sondern die vernehmende Person (der (vorsitzende) Richter) zuständig. Deutlich wird dies in:

Nr. 66 RiStBV Vernehmung von Personen des öffentlichen Dienstes

(1) Soll ein Richter, ein Beamter oder eine andere Person des öffentlichen Dienstes als Zeuge vernommen werden und erstreckt sich die Vernehmung auf Umstände, die der Amtsverschwiegenheit unterliegen, *so holt die Stelle, die den Zeugen vernehmen will, die Aussagegenehmigung von Amts wegen ein.* Bestehen Zweifel, ob sich die Vernehmung auf Umstände, die der Amtsverschwiegenheit unterliegen, erstrecken kann, so ist dies vor der Vernehmung durch eine Anfrage bei dem Dienstvorgesetzten zu klären.

(2) Um die Genehmigung ist der Dienstvorgesetzte zu ersuchen, dem der Zeuge im Zeitpunkt der Vernehmung untersteht oder dem er im Falle des § 54 Abs. 4 StPO zuletzt unterstanden hat.

(3) Der Antrag auf Erteilung einer Aussagegenehmigung muss die Vorgänge, über die der Zeuge vernommen werden soll, kurz, aber erschöpfend angeben,

---

424   BeckOK StPO, Huber § 54 Rn. 2

damit der Dienstvorgesetzte beurteilen kann, ob Versagungsgründe vorliegen. Der Antrag ist so rechtzeitig zu stellen, dass der Dienstvorgesetzte ihn prüfen und seine Entscheidung noch vor dem Termin mitteilen kann. In eiligen Sachen wird deshalb die Aussagegenehmigung schon vor der Anberaumung des Termins einzuholen sein.

Also nochmals: Es ist nicht zulässig, dem Zeugen aufzugeben sich um die Erteilung der Aussagegenehmigung selbst zu bemühen.[425] **990**

4.2 Entscheidung über die Aussagegenehmigung

Die Entscheidung über die Erteilung der Aussagegenehmigung obliegt sodann dem Dienstvorgesetzten des Polizeibeamten (§ 67 Abs. 3 BBG, § 37 BeamtStG). Eine evtl. Verweigerung der Genehmigung obliegt i. d. R. der obersten Aufsichtsbehörde und ergeht meist schriftlich.[426] **991**

Auch die Erteilung einer beschränkten Aussagegenehmigung ist möglich. So kann dem Polizeibeamten beispielsweise die Genehmigung erteilt werden, über das von einem Zeugen (V-Mann) erlangte Wissen zu berichten, die Person des V-Mannes aber nicht zu identifizieren.[427] Dem Polizeibeamten sollte dann die Unterscheidung zwischen der vorliegenden (beschränkten) Aussagegenehmigung sowie einer eventuellen Sperrerklärung (§ 96 StPO) bewusst sein. **992**

§ 96 StPO Amtlich verwahrte Schriftstücke

Die Vorlegung oder Auslieferung von Akten oder anderen in amtlicher Verwahrung befindlichen Schriftstücken durch Behörden und öffentliche Beamte darf nicht gefordert werden, wenn deren oberste Dienstbehörde erklärt, dass das Bekanntwerden des Inhalts dieser Akten oder Schriftstücke dem Wohl des Bundes oder eines deutschen Landes Nachteile bereiten würde. Satz 1 gilt entsprechend für Akten und sonstige Schriftstücke, die sich im Gewahrsam eines Mitglieds des Bundestages oder eines Landtages beziehungsweise eines Angestellten einer Fraktion des Bundestages oder eines Landtages befinden, wenn die für die Erteilung einer Aussagegenehmigung zuständige Stelle eine solche Erklärung abgegeben hat.

Was genau hat diese Vorschrift (Verweigerung der Herausgabe bestimmter Akten und in amtlicher Verwahrung befindlicher Schriftstücke) mit der dargestellten Aussagegenehmigung zu tun? **993**

Der Zweck der Vorschrift (§ 96 StPO) liegt darin, das Dienstgeheimnis im Strafverfahren in engen Grenzen zu schützen und regelt insoweit die begrenzte Aktenvorlagepflicht der Behörden. Unter bestimmten Voraussetzungen haben Geheimhaltungsinteressen Vorrang vor der strafprozessualen Wahrheitsfindung. Um diesem Zweck zu genügen beschränkt § 96 StPO die Beschlagnahme (§ 94 StPO), die Herausgabepflicht (§ 95 StPO) sowie die Aktenvorlage und Amtshilfepflicht staatlicher Stellen gegenüber der Strafjustiz (Art. 35 Abs. 1 GG, § 161 StPO). Sofern die Voraussetzungen vorliegen und die oberste Dienstbehörde er- **994**

---

425 KK-StPO, Bader § 54 Rn. 13 m. w. N.
426 KK-StPO, Bader § 54 Rn. 14
427 KK-StPO, Bader § 54 Rn. 17

klärt, dass das Bekanntwerden des Inhalts dieser Akten bzw. Unterlagen dem Wohl des Bundes oder eines deutschen Landes Nachteile bereiten würde, ist § 96 StPO auch auf Auskunftsersuchen entsprechend anzuwenden.[428] Anderenfalls würde der dargestellte Zweck dadurch ausgehöhlt, dass zwar eine Aushändigung der Schriftstücke unzulässig, die Vernehmung der Person, die zu dem Inhalt dieses Schriftstücks Angaben machen kann, jedoch zulässig wäre. Praktische Bedeutung erlangen derartige Fälle insbesondere im Bereich der Organisierten, Betäubungsmittel- und Schwerstkriminalität.[429]

4.2.1 Die allgemeine/generelle Aussagegenehmigung per Erlass

995 Das niedersächsische Ministerium für Inneres und Sport hat im Einvernehmen mit dem niedersächsischen Justizministerium die Aussagegenehmigung für Beamte sowie Beschäftigte der Polizei mit Erlass vom 16.4.2015[430] (ergänzt am 31.8.2020) allgemein geregelt. Dabei wird vorab klargestellt, dass jeder Beamte bzw. Beschäftigte verpflichtet ist, in eigener Verantwortung zu prüfen, ob eine Angelegenheit, über die ausgesagt werden soll, unter die Pflicht zur Amtsverschwiegenheit fällt. In Zweifelsfällen sei die Entscheidung des Dienstvorgesetzten (§ 3 Abs. 5 NBG) einzuholen.

996 Vorgenanntes entspricht, wie bereits dargestellt, dem Sinn und Zweck des § 54 StPO. Unter der Voraussetzung der eigenständigen Prüfung erhält der niedersächsische Polizeibeamte damit eine generelle Aussagegenehmigung, ohne dass in jedem Einzelfall vorab eine schriftliche Genehmigung eingeholt werden muss. Diese Regelung dient dem Interesse der Verwaltungsvereinfachung und damit ganz erheblich der Verfahrensökonomie. Diese bereits vorab erteilte (allgemeine) Genehmigung zur Aussage gilt indes nicht uneingeschränkt und auch nicht unwiderruflich. Sie ist vielmehr beschränkt und gilt insbesondere nicht für:
- innerdienstliche Angelegenheiten wie Einsatzstärken, Personalstärken der Dienststelle und Namen der eingesetzten Beamten, Auswertungs- und Bekämpfungssysteme, technische Einrichtungen und Einsatzmittel, die Zusammenarbeit mit anderen Behörden,
- die Namen von Vertrauenspersonen und Informanten, wenn diesen Personen Geheimhaltung bzw. Vertraulichkeit zugesichert wurde,
- die Fälle, in denen die Aussage des Beamten dem Wohl des Bundes oder eines deutschen Landes Nachteile bereiten kann oder die Erfüllung öffentlicher Aufgaben ernstlich gefährdet oder erheblich erschwert würde.

Die Darstellung der nicht von der allgemeinen Aussagegenehmigung erfassten Informationen macht die Entscheidung darüber, ob die Frage beantwortet werden darf oder nicht, nicht einfacher. Soweit Sie Bedenken haben, ob die gestellte Frage von der Aussagegenehmigung erfasst ist oder nicht, machen Sie dies bitte deutlich und antworten Sie nicht vorschnell.

---

428 MüKo-StPO, Hauschild § 96 Rn. 1, 2
429 Auf entsprechendes Sonder-/Fachwissen kann an dieser Stelle aus Kapazitätsgründen nicht eingegangen werden.
430 RdErl. d. MI v. 16.4.2015 – 25.2a-03011/37 B –

Denn es ist Aufgabe des Gerichts, über den Dienstvorgesetzten des Polizeibeamten zu klären, ob eine Genehmigung zur Auskunft bereits erteilt ist oder erteilt werden wird.

4.2.2 Die spezielle Aussagegenehmigung

Der o. g. Erlass des MI regelt auch Bedingungen in den Fällen, in denen ein Polizeibeamter von einem Gericht oder einer Staatsanwaltschaft aufgefordert wird, als Zeuge auszusagen oder Erklärungen abzugeben, die der gesetzlichen Verschwiegenheitspflicht unterliegen, aber nicht von der generellen Aussagegenehmigung erfasst sind. In diesen Fällen, so stellt der Erlass deutlich klar, ist die Auskunft unter Hinweis auf das Fehlen einer Aussagegenehmigung zu verweigern (vgl. dazu oben) und gegebenenfalls die Entscheidung des Dienstvorgesetzten herbeizuführen.

Aber Vorsicht und nochmals: Der Erlass stellt unter Hinweis auf Nummer 66 RiStBV auch klar, dass es Aufgabe des Gerichts bzw. der Stelle, die die Auskunft begehrt, ist, die Aussagegenehmigung einzuholen – nicht aber Aufgabe des Polizeibeamten. Allein für den Fall, dass bereits bei Ladung erkennbar ist, dass über Angelegenheiten ausgesagt werden soll, die der speziellen Aussagegenehmigung bedürfen, soll sich der Polizeibeamte von sich aus bei dem Dienstvorgesetzten um eine spezielle Aussagegenehmigung bemühen. Letzteres dürfte in der Regel nicht und nur bei speziellen Tätigkeiten und Beweisfragen (V-Mann o. ä.) der Fall sein und wird durch die Autorinnen unter Bezugnahme auf die deutlichen und anderslautenden gesetzlichen Vorschriften kritisch gesehen.

Entsprechende Erlasse der anderen Bundesländer sind ähnlich lautend. Aber ungeachtet dieser Richtlinien gilt das oben Beschriebene, sich aus Bundesrecht ergebende Recht uneingeschränkt.

> **Merke**
>
> Lassen Sie sich nicht verunsichern. Haben Sie Zweifel, ob eine entsprechende Aussagegenehmigung vorliegt oder die Tatsache, zu der Sie Angaben machen sollen, von der Ihnen bekannten Aussagegenehmigung erfasst ist, so machen Sie dies deutlich. In diesen Fällen besteht ein uneingeschränktes Recht, Angaben zu verweigern. Ihre Antwort/Aussage könnte beispielsweise wie folgt lauten:
> „Ich mache von meinem Auskunftsverweigerungsrecht aus § 54 StPO Gebrauch".
> „Ich habe Zweifel, ob die Beantwortung der Frage von meiner Aussagegenehmigung erfasst ist und bitte das Gericht um entsprechende Klärung mit meinem Dienstvorgesetzten".
>
> **Merke**
>
> Über die Frage, ob die Beantwortung von der Aussagegenehmigung erfasst ist, hat nicht das Gericht (und schon gar nicht der Verteidiger) zu entscheiden. Ihre Bitte an das Gericht ist also diejenige, eben dies mit Ihrem Dienstvorgesetzten zu klären. Nur dieser entscheidet schließlich. Ihre Bitte an das

> Gericht ist in keinem Fall die, über die Frage des Vorliegens einer Aussagegenehmigung zu entscheiden!
> Lassen Sie sich insoweit nicht auf Diskussionen ein. Besonders deutlich machen Sie die Forderung so:
> „Ich habe keine entsprechende Aussagegenehmigung und mache daher von meinem Zeugnisverweigerungsrecht Gebrauch."

4.3 Versagung, Beschränkung und Widerruf der Aussagegenehmigung

1001 Versagungs- Beschränkungs- und eventuelle Widerrufsgründe betreffend die Aussagegenehmigung regeln die beamtenrechtlichen Vorschriften. Weitere Ausführungen zu den jeweiligen Pflichten des Gerichts sowie Ihrer Dienstvorgesetzten und weiteren verwaltungsrechtlichen Fragen sind nicht Gegenstand dieses Buches. Unsere Überlegungen beschränken sich weiterhin auf das Basiswissen des Polizeibeamten.

> **Merke**
> Es ist nicht Ihre Aufgabe, sich um die entsprechenden Belange zu kümmern.

5. Maßnahmen bei ungerechtfertigter Aussageverweigerung

1002 Für den Fall, dass der (polizeiliche) Zeuge die zeugenschaftlichen Angaben ohne gesetzlichen Grund verweigert, steht dem Gericht die Möglichkeit zu, diesem die Kosten des Verfahrens und zugleich ein Ordnungsgeld, ersatzweise Ordnungshaft aufzuerlegen (§ 70 StPO). Diese Vorschrift ergänzt die gemäß § 51 StPO vorgesehen Folgen bei unentschuldigtem Fernbleiben für den Fall, dass der Zeuge zwar erscheint, aber das Zeugnis oder die Eidesleistung verweigert.

1003 **Auch hier gilt:** Ihnen stehen die Rechte auf eine Gerichtsentscheidung und im Zweifel das oben dargestellte Beschwerderecht zu!

1004 Unzulässig sind Maßnahmen gemäß § 70 StPO, wenn der Zeuge zwar Angaben macht, diese nach Auffassung des Gerichts aber nicht der Wahrheit entsprichen.[431]

6. Die Form der Zeugenaussage

1005 Die Anforderungen, welche an die Form einer polizeilichen Aussage gestellt werden, sind gleich höher, als jene an gänzlich ungeschulte Zeugen. So wird von Polizeibeamten u. a. erwartet, dass diese ihre Wahrnehmung zusammenhängend zu schildern in der Lage sind. Eine entsprechend „wohlgeordnete" Darstellung erhöht den Wert einer Aussage, weil sie unnötiges Nachfragen vermeidet und damit spätere Berichtigungen weitgehend einschränkt.[432] Eine sachlich zu-

---

431 BGHSt 9, 362 ff.
432 Wetterich 1970, 48.

sammenhängende und widerspruchsfreie Schilderung erfordert eine Vorbereitung und der Aussage entsprechendes Nachdenken. Eben dieses kann und muss von einem polizeilichen Zeugen mit entsprechender Ausbildung erwartet werden können.

Beispiel (Der Fall ereignete sich vor der Pflicht zur Audio-Video-Aufnahme.)
Der Vernehmungsbeamte X hat nach deren Festnahme eine Beschuldigte (B) vernommen, die im Verdacht steht, ihr Baby getötet zu haben. Zunächst erklärt B, keine Angabe machen zu wollen, überlegt sich das dann aber anders. Noch bevor sie dem Haftrichter vorgeführt werden kann, macht sie umfassende Angaben gegenüber X. Zunächst behauptet sie, das Kind sei ihr vom Wickeltisch gefallen, danach erst unauffällig gewesen bis zum plötzlichen Atemstillstand. Als ihr erklärt wird, dass das so nicht stimmen kann, gibt sie an, das schreiende Kind gegen eine Wand geschlagen zu haben, woraufhin es nicht mehr geatmet habe. Zuvor fragte sie, ob eine Haftvermeidung möglich sei unter Hinweis auf die weiteren von ihr zu betreuenden Kleinkinder. X verweist darauf, dass nicht er, sondern der Richter entscheiden wird, er diesen aber auf die besondere Problematik hinweisen wird. Vor der Vorführung erörtert X mit dem Haftrichter diese Problematik und auch, ob der Haftbefehl deshalb außer Vollzug gesetzt werden kann. Der Haftrichter setzt den Haftbefehl nicht außer Vollzug, da B Asylbewerberin ist und deshalb eine erhöhte Fluchtgefahr angenommen wird. In der Hauptverhandlung wird X vernommen. X erzählt ausführlich, wie es zu der Vernehmung gekommen ist, dass B zunächst keine Angabe machen wollte, dann aber von sich aus um die Vernehmung gebeten hat. Er berichtet weiter, dass er versucht hat, den Anwalt der B telefonisch zu erreichen, dort aber lediglich auf den Anrufbeantworter sprechen konnte. Er legt auch ausführlich dar, dass B keineswegs getäuscht wurde, sondern ihr offen und ehrlich gesagt wurde, dass über eine etwaige Außervollzugsetzung der Richter entscheiden werde, und er tatsächlich den Richter – wie der B zugesagt – auch über die besondere Problematik und die Erörterungen mit B informiert hat.

Dieser Bericht dauert mehrere Stunden, führt aber dazu, dass kaum noch Nachfragen möglich sind, ohne auf den zuvor erstatteten Bericht Bezug nehmen zu können.

> **Merke**
> Nutzen Sie Ihre Gelegenheit, berichten Sie ausführlich! Lassen Sie das Gericht an „Ihrem Film" im Kopf teilnehmen. Schildern Sie detailreich – ohne in Überflüssiges oder Nebensächlichkeiten abzudriften!

7. Die Wahrheitspflicht

Besteht kein Aussage- oder Zeugnisverweigerungsrecht, ist der Polizeibeamte wie jeder andere Zeuge auch der sich aus dem Gesetz ergebenden Wahrheit verpflichtet. Anders als im Rahmen eines Zivilprozesses, in dem sich die Parteien gleichrangig „in Augenhöhe" gegenüberstehen, soll die Verfahrensordnung des Strafprozesses „der reinen Wahrheit Geltung verschaffen."[433]

1007 Die dem erkennenden Gericht angehörigen Personen sind bei dem Geschehen, welches der Anklage zugrunde liegt, in aller Regel nicht zugegen gewesen. Dennoch sollen sie Feststellungen treffen, aufgrund derer die Schuld und evtl. Rechtfolgen zu bestimmen sind. Das Wesen des Strafprozesses ist nicht die Überführung und damit die Verurteilung des Angeklagten, sondern eine objektive Tatsachenfeststellung aufgrund derer ein Ausspruch über Schuld, Strafe oder sonstige Maßnahmen möglich ist.[434] Die Gerichtspersonen sind daher auf wahrheitsgemäße Angaben von Zeugen angewiesen. Auch aus diesem Grunde stellt das Gesetz eine falsche Aussage vor Gericht unter Strafe.

§ 48 Abs. 1 StPO Zeugenpflichten; Ladung

(1) Zeugen sind verpflichtet, zu dem zu ihrer Vernehmung bestimmten Termin vor dem Richter zu erscheinen. *Sie haben die Pflicht auszusagen, wenn keine im Gesetz zugelassene Ausnahme vorliegt.*
(...)

§ 70 StPO Folgen unberechtigter Zeugnis- oder Eidesverweigerung

(1) Wird das Zeugnis oder die Eidesleistung ohne gesetzlichen Grund verweigert, so werden dem Zeugen die durch die Weigerung verursachten Kosten auferlegt. Zugleich wird gegen ihn ein Ordnungsgeld und für den Fall, dass dieses nicht beigetrieben werden kann, Ordnungshaft festgesetzt.

(2) Auch kann zur Erzwingung des Zeugnisses die Haft angeordnet werden, jedoch nicht über die Zeit der Beendigung des Verfahrens in dem Rechtszug, auch nicht über die Zeit von sechs Monaten hinaus.

(3) Die Befugnis zu diesen Maßregeln steht auch dem Richter im Vorverfahren sowie dem beauftragten und ersuchten Richter zu.

(4) Sind die Maßregeln erschöpft, so können sie in demselben oder in einem anderen Verfahren, das dieselbe Tat zum Gegenstand hat, nicht wiederholt werden.

§ 153 StGB Falsche uneidliche Aussage

Wer vor Gericht oder vor einer anderen zur eidlichen Vernehmung von Zeugen oder Sachverständigen zuständigen Stelle als Zeuge oder Sachverständiger uneidlich falsch aussagt, wird mit Freiheitsstrafe von drei Monaten bis zu fünf Jahren bestraft.

§ 154 StGB Meineid

(1) Wer vor Gericht oder vor einer anderen zur Abnahme von Eiden zuständigen Stelle falsch schwört, wird mit Freiheitsstrafe nicht unter einem Jahr bestraft.

---

[433] Streicher 2011, 73
[434] Streicher 2011, 73

(2) In minder schweren Fällen ist die Strafe Freiheitsstrafe von sechs Monaten bis zu fünf Jahren.

353b StGB Verletzung des Dienstgeheimnisses und einer besonderen Geheimhaltungspflicht

(1) Wer ein Geheimnis, das ihm als
1. Amtsträger,
2. für den öffentlichen Dienst besonders Verpflichteten,
3. Person, die Aufgaben oder Befugnisse nach dem Personalvertretungsrecht wahrnimmt oder
4. Europäischer Amtsträger,

anvertraut worden oder sonst bekanntgeworden ist, unbefugt offenbart und dadurch wichtige öffentliche Interessen gefährdet, wird mit Freiheitsstrafe bis zu fünf Jahren oder mit Geldstrafe bestraft. Hat der Täter durch die Tat fahrlässig wichtige öffentliche Interessen gefährdet, so wird er mit Freiheitsstrafe bis zu einem Jahr oder mit Geldstrafe bestraft.

(2) Wer, abgesehen von den Fällen des Absatzes 1, unbefugt einen Gegenstand oder eine Nachricht, zu deren Geheimhaltung er
1. auf Grund des Beschlusses eines Gesetzgebungsorgans des Bundes oder eines Landes oder eines seiner Ausschüsse verpflichtet ist oder
2. von einer anderen amtlichen Stelle unter Hinweis auf die Strafbarkeit der Verletzung der Geheimhaltungspflicht förmlich verpflichtet worden ist,

an einen anderen gelangen lässt oder öffentlich bekanntmacht und dadurch wichtige öffentliche Interessen gefährdet, wird mit Freiheitsstrafe bis zu drei Jahren oder mit Geldstrafe bestraft.

(3) Der Versuch ist strafbar.
Absatz 3a) und Absatz 4:
(...)

7.1 Die Strafbarkeit einer falschen Aussage vor Gericht

7.1.1 Der Normzweck

Wie vorstehend ausgeführt, ist das erkennende Gericht auf wahrheitsgemäße Angaben von Zeugen angewiesen. Um die „Legitimität und Autorität staatlicher Entscheidungen auf der Grundlage formalisierter Entscheidungen" sicherzustellen, wird die staatliche Rechtspflege durch die Aussagedelikte geschützt.[435]

7.1.2 Die falsche uneidliche Aussage

Die falsche uneidliche Aussage vor Gericht oder vor einer anderen zur eidlichen Vernehmung von Zeugen und Sachverständigen zuständigen Stelle ist gemäß § 153 Abs. 1 StGB mit Strafe bedroht. Als falsch anzusehen ist eine Aussage, wenn diese die Wirklichkeit unzutreffend wiedergibt. Nach der in Rechtsprechung und Literatur vertretenen sog. objektiven Theorie ist dies bereits dann der Fall, wenn der Inhalt der Aussage mit der objektiven Sachlage nicht in Einklang steht.[436] Auf das Vorstellungsbild der aussagenden Person kommt es daher

---
435   Fischer StGB Vorbem. zu § 153 Rn. 2.
436   Fischer StGB § 153 Rn. 4

nicht an;[437] insoweit ist der subjektive Tatbestand maßgebend, wobei bedingter Vorsatz ausreichend ist.

1010 Das Verschweigen von Tatsachen kann bereits den Vorwurf der falschen uneidlichen Aussage begründen, sofern der Aussagende die Unvollständigkeit seiner Angaben nicht offenbart und in der Folge den Inhalt seiner Aussage als vollständig wiedergibt. Dies führt zu der Pflicht der Aussageperson, wesentliche Tatsachen ohne Nachfragen bzw. besonderes Hinterfragen anzugeben[438] und Missverständnisse ggf. ungefragt richtig zu stellen.

7.1.3 Der Meineid

1011 Die Abgabe eines falschen Schwures steht gemäß § 154 StGB unter der erhöhten Strafandrohung von einem Jahr Mindestfreiheitsstrafe. Auf diese hohe Mindeststrafe wird auch eine erhöhte Wahrheitsvermutung gestützt. Dieser Rückschluss wird überwiegend bezweifelt, weil er in einen „Zirkelschluss" gerät. Der Meineid werde höher bestraft, weil der Eid einen höheren Beweiswert habe; der Eid wiederum habe einen höheren Beweiswert, weil der Meineid höher bestraft werde.[439] Die Diskussion um Legitimität einer erhöhten Strafandrohung sowie Akzeptanz von Wissenschaft und Praxis erhält im Rahmen unserer Ausführungen zum Thema „Basiswissen" kein Gewicht. Weitere Ausführungen zu eidesgleichen Bekräftigungen (§ 155 StGB), der falschen Versicherung an Eides statt (§ 156 StGB) und weiteren Vorschriften (§§ 157 ff. StGB) erscheinen uns entbehrlich. Festzuhalten bleibt, dass eine – eidliche wie auch uneidliche – Falschaussage mit Freiheitsstrafe bedroht ist.

1012
> **Merke**
>
> Dem Polizeibeamten als Zeugen vor Gericht gebührt aufgrund seiner Präsenz in der Gesellschaft mehr noch als jedem „normalen Zeugen", die Pflicht, das Rechtsgut der staatlichen Rechtspflege zu schützen und dem öffentlichen Interesse bei der Wahrheitsfindung behilflich zu sein.

7.2 Ergänzende Überlegungen: Polizeiliches Fehlverhalten vs. Wahrheitspflicht vor Gericht

1013 Wenngleich die gerichtlichen Verfahrensordnungen das Vorkommen von Täuschen und Lügen vor Gericht als menschlich mögliche Handlungsweisen unterstellen[440], kommt polizeilichen Zeugen allgemein ein besonderes Vertrauen entgegen. Polizeibeamte arbeiten für das Recht, sie erforschen Straftaten und tragen mit den objektiven Ermittlungen dazu bei, dass der Sachverhalt aufgeklärt werden kann. Warum die Aussage- und Wahrheitspflicht für den ermittelnden Beamten dennoch ein Problem darstellen kann, zeigen Fälle aus der Praxis, in denen sich der Beamte vor Gericht mit (s)einem vorherigen (Fehl)Verhalten konfrontiert sehen kann und dieses ggf. zu verteidigen hat. Vorheriges polizeiliches

---

437 Fischer StGB § 153 Rn. 5 m.w.N. zur älteren Rechtsprechung des RG
438 Tröndle; Fischer StGB § 153 Rn. 6
439 Tröndle; Fischer StGB § 154 Rn. 2
440 Streicher 2011, 73

Fehlverhalten stellt den Polizeibeamten im Rahmen seiner Zeugenvernehmung vor Gericht vor besondere Anforderungen.

7.2.1 Die verbotenen Vernehmungsmethoden

§ 136a StPO Verbotene Vernehmungsmethoden; Beweisverwertungsverbote

(1) Die Freiheit der Willensentschließung und der Willensbetätigung des Beschuldigten darf nicht beeinträchtigt werden durch Misshandlung, durch Ermüdung, durch körperlichen Eingriff, durch Verabreichung von Mitteln, durch Quälerei, durch Täuschung oder durch Hypnose. Zwang darf nur angewandt werden, soweit das Strafverfahrensrecht dies zulässt. Die Drohung mit einer nach seinen Vorschriften unzulässigen Maßnahme und das Versprechen eines gesetzlich nicht vorgesehenen Vorteils sind verboten.

(2) Maßnahmen, die das Erinnerungsvermögen oder die Einsichtsfähigkeit des Beschuldigten beeinträchtigen, sind nicht gestattet.

(3) Das Verbot der Absätze 1 und 2 gilt ohne Rücksicht auf die Einwilligung des Beschuldigten. Aussagen, die unter Verletzung dieses Verbots zustande gekommen sind, dürfen auch dann nicht verwertet werden, wenn der Beschuldigte der Verwertung zustimmt

§ 343 StGB Aussageerpressung

(1) Wer als Amtsträger, der zur Mitwirkung an
1. einem Strafverfahren, einem Verfahren zur Anordnung einer behördlichen Verwahrung,
2. einem Bußgeldverfahren oder
3. einem Disziplinarverfahren oder einem ehrengerichtlichen oder berufsgerichtlichen Verfahren

berufen ist, einen anderen körperlich misshandelt, gegen ihn sonst Gewalt anwendet, ihm Gewalt androht oder ihn seelisch quält, um ihn zu nötigen, in dem Verfahren etwas auszusagen oder zu erklären oder dies zu unterlassen, wird mit Freiheitsstrafe von einem Jahr bis zu zehn Jahren bestraft.

(2) In minder schweren Fällen ist die Strafe Freiheitsstrafe von sechs Monaten bis zu fünf Jahren.

Als verbotene Vernehmungsmethoden sind u. a. durch Gewalt und Drohung zustande gekommene Aussagen, die Anwendung körperlicher oder seelischer Misshandlungen, Ermüdung, vorsätzliche Täuschung bzw. die praxisrelevanten Methoden, wie beispielsweise Drohung mit einer gesetzlich unzulässigen Maßnahme oder das Versprechen eines gesetzlich nicht vorgesehenen Vorteils anzusehen (§ 136a StPO). Entsprechende Aussagen dürfen im Rahmen der Beweisführung nicht verwertet werden. Eine kriminalistische List bzw. Taktik hingegen ist zugunsten einer wirksamen Verbrechensbekämpfung erlaubt, beispielsweise den Beschuldigten „im Dunkeln tappen zu lassen", „vorgespielte Freundlichkeit und Fangfragen", oder „die bloße Ausnutzung eines Irrtums des Vernommenen."[441]

Hat es seitens der Polizeibeamten nun aber ungesetzliches Verhalten gegeben und wird der polizeiliche Zeuge entsprechend befragt, ist dieser aufgrund seiner

---
441 Habschick, 2010, 179

Wahrheitspflicht gehalten, den tatsächlichen Verlauf der Vernehmung entsprechend zu schildern. Weil Verstöße gegen die Bestimmungen des § 136a StPO strafrechtlich verfolgt werden können (§ 343 StGB), steht dem Polizeibeamten ggf. ein Aussageverweigerungsrecht gemäß § 55 StPO zur Seite. Keinesfalls aber ist es dem Zeugen erlaubt, das Geschehen anders als tatsächlich geschehen zu schildern bzw. „schön zu reden".

7.2.2 Das weisungsentsprechende Fehlverhalten im Vorfeld

1017 Nicht von der Hand zu weisen ist auch eventuelles Fehlverhalten von Polizeibeamten im Ermittlungsverfahren, welches keine unmittelbaren Auswirkungen auf die Beweisführung, indes Einfluss auf die Glaubwürdigkeit des Beamten im Hauptverfahren haben kann. Erfahrungsgemäß sind Polizeibeamte bereits bei Beginn der Ermittlungen gehalten, eine Strafanzeige zu fertigen, in welcher der konkret gegen den Beschuldigten zu erhebende Tatvorwurf zu erfassen ist. Bereits im Rahmen dieser Anzeigenfertigung werden „Weichen gestellt", denn je nach der Schwere des zu erfassenden Tatvorwurfs erklären sich Zuständigkeiten, Formerfordernisse und evtl. auch verfahrensrechtliche Möglichkeiten. Kommt in diesem Verfahrensstadium ein Ermittlungsbeamter der Weisung seines unmittelbaren Dienstvorgesetzten nach, in der Strafanzeige die schwerwiegendere Straftat zu erfassen, obwohl (lediglich) Anhaltspunkte für eine Straftat aus dem Bereich der mittleren Kriminalität vorliegen, ist dieses Verhalten als fehlerhaft zu bezeichnen. Ob derartige Fälle in der Praxis tatsächlich vorkommen, kann von uns nicht beantwortet werden. Wir stellen (lediglich) fest, dass in den Strafanzeigen oft Normen genannt werden, welche durch die tatsächlichen Feststellungen nicht getragen werden (bspw. §§ 244, 244a StGB vs. § 242 StGB). In der Praxis finden sich jedenfalls Beispiele, die ein fehlerhaftes Verhalten von Polizeibeamten erkennen lassen. Welche Erwartungen sind in diesen Fällen an die Beamten im Rahmen der zeugenschaftlichen Vernehmung, also im Rahmen ihrer Rolle als Zeuge vor Gericht mit entsprechend festzustellendem Verhalten zu stellen?

1018 Ganz klar gilt: „Schönreden" hilft nicht. Ob eine entsprechende Aussage unter § 153 StGB fällt oder nicht, kann nur im Einzelfall entschieden werden. Soweit darf es selbstverständlich nicht gehen. Aber auch das allgemeine Schönreden bzw. Rechtfertigen evtl. Fehlverhaltens hilft in der Sache nicht weiter, weil es die Glaubwürdigkeit eines polizeilichen Zeugen nicht unterstützt.

1019 **Beispiel**
Eine Richterin am Amtsgericht kommentierte eine polizeiliche Aussage wie folgt: „Der Polizeibeamte hat doch überhaupt kein Blatt vor den Mund genommen. Er hat meine Fragen frei raus beantwortet, nichts geschönt und sogar sein eigenes Verhalten kritisiert. Da kann ich doch mal richtig was mit anfangen".

Das, was die Richterin meint, ist die Loyalität und letztlich die Glaubwürdigkeit der Persönlichkeit eines Zeugen. Nichts verheimlichen, nicht rausreden, nichts schönreden, Tatsachen schildern und durch andere (den zuständigen Richter) würdigen lassen, ist das, was eine Zeugenaussage wirklich ausmacht.

7.2.3 Die Kenntnisnahme strafrechtlichen Fehlverhaltens von Kollegen

In einer noch gravierenderen „Zwangslage" befindet sich der das strafrechtliche Fehlverhalten eines Kollegen beobachtende Polizeibeamte, sei es im Rahmen einer Belehrungssituation (§ 163, 136, 136a StPO) bzw. weitergehender, gravierender Verstöße und Amtsdelikte (bspw. § 340 StGB). Wenngleich dem „zusehenden" Beamten kein eigenes Fehlverhalten vorzuwerfen sein wird, befindet er sich, wie nachfolgend näher ausgeführt wird, in einer für ihn unangenehmen Situation.

7.2.4 Die Erwartungen an den polizeilichen (Berufs)Zeugen

Erfahrungsgemäß rügen Verteidiger das Zustandekommen geständiger Angaben ihrer Mandanten oder nehmen die polizeilichen Ermittlungsbeamten auf andere Weise in die Kritik. In derartigen Fällen stellt die Aussage- und insbesondere die Wahrheitspflicht den ermittelnden Polizeibeamten vor besonderen Anforderungen. Hat dieser zuvor oft Monate- oder gar jahrelange Ermittlungen geführt und darauf „hingearbeitet, den Beschuldigten zu überführen", so wird von ihm sehr wohl eine sachlich, objektive, neutrale und insbesondere emotionslose Aussage erwartet. Prondzinski verweist auf eine Berufsbildstudie, wonach etwa ein Fünftel der befragten Polizeibeamten angegeben haben, ein gerichtlicher Freispruch komme einer Niederlage für die Polizei gleich. Weitere 26,5 % der Befragten hätten angegeben, dass sie Freisprüche von Angeklagten, welche sie aufgrund der polizeilichen Ermittlungen für überführt hielten, missbilligen würden.[442]

Aber: „Ein menschlich verständliches Erfolgsstreben birgt immer die Gefahr einer Verkennung der eigenen prozessualen Rolle in sich, die über eine Voreingenommenheit hinaus auch zu einer bewusst falschen Aussage führen kann".[443] Entsprechendes Denken und Handeln des polizeilichen Zeugen wollen wir nicht unterstellen und schon gar nicht verallgemeinern. Polizeibeamte sind sich ihrer Rolle als objektiver Ermittlungsbeamter in aller Regel bewusst. Auch müssen sie davon ausgehen, bereits bei der „kleinsten Überschreitung ihrer Befugnisse" von den Medien und der Politik angegriffen und lächerlich gemacht zu werden.[444] Dennoch ist unseres Erachtens eine Sensibilisierung auf Seiten der Polizeibeamten durch die Führungs- und Ausbildungsbehörden von Nöten. Der Polizeibeamte muss sich bereits im Rahmen seiner Ausbildung und fortan mit den Rollen als Ermittlungsbeamter und späterer Zeuge in der Hauptverhandlung befassen. Er muss seine (Doppel)Rolle und die Bedeutung seiner Aussage für die Wahrheitsfindung durch das Gericht erkennen und verstehen lernen.

„Polizeibeamte nehmen durch ihr Auftreten vor Gericht maßgeblichen Einfluss auf den Ausgang des Verfahrens. Das unterschätzen viele Polizeibeamte, wenn sie die relativ seltenen Freisprüche oder niedrigen Sanktionen in den Verantwortungsbereich von Gerichten und Vertretern der Staatsanwaltschaften betrachten."[445] Hier ist ein weiterer Appell an die Aus- und Fortbildungsinstitute sowie

---

442 Prondzinski 2011, 2
443 Artkämper 2007, 37
444 Stürenburg 2001, 84
445 Prondzinski 2011, 2

die Personalabteilungen der Polizeidienststellen zu richten. Das Themengebiet des Polizeibeamten als Zeugen vor Gericht ist zwar in den letzten Jahren – nicht zuletzt auch durch negative Erfahrungen und entsprechende Rückmeldungen der Justiz – in den Vordergrund geraten. Doch gemessen an der Bedeutung für das Strafverfahren, für die juristische Bewertung polizeilicher Einsätze und Arbeit, besitzt dieses Themenfeld noch immer keinen angemessen hohen Stellenwert.[446] Verdeutlicht werden soll dies anhand nachfolgender Überlegungen.

1024 Fehlt es den Verfahrensbeteiligten in der Gerichtsverhandlung an Verständnis dafür, dass der Polizeibeamte sich in einer Zwickmühle befindet, wenn er zuvor entweder selbst am Rande des Zulässigen gehandelt oder entsprechendes Verhalten eines Kollegen beobachtet hat und nunmehr zu wahrheitsgemäßen Angaben vor Gericht aufgefordert wird? Ist ein gewisser Korpsgeist erforderlich und auch zulässig, um handlungsfähig zu sein, um den Polizeibeamten in die Lage zu versetzen, im Rahmen der (polizeilichen) Gemeinschaft anerkannt zu sein? Oftmals führen die an den Polizeibeamten zu stellenden rechtlichen Anforderungen diesen zu (psychosozialen) Überforderungen.[447] Denn der eine Konfliktsituation bzw. das Fehlverhalten eines Kollegen beobachtende Polizeibeamte hat kaum noch einen eigenen Bewertungs- und Konfliktregelungsspielraum. Wie soll der Beamte mit einer derartigen Situation umgehen? Und wie kann er – trotz aller Kollegialität – seiner eigenen Verpflichtung nachkommen, vor Gericht die Wahrheit zu sagen?

1025 Auf diese Fragen, die den Beamten als Zeugen vor Gericht betreffen, darf es keine mehrdeutigen oder gar differenzierenden Antworten geben, weil der gerichtlichen Wahrheitspflicht oberste Priorität gebührt. Fällt das durch einen Polizeibeamten beobachtete Fehlverhalten des Kollegen bereits in den Bereich strafrechtlichen Verhaltens, trifft den Beamten eine eindeutige Verpflichtung. Aufgrund des Legalitätsprinzips des § 163 StPO muss er unverzüglich Anzeige gegen den Kollegen erstatten, denn er hat die gesetzliche Strafverfolgungspflicht zu beachten. Darüber hinaus hat der Beamte bereits bei Vorliegen eines Verdachts strafbaren Handelns des Kollegen gegen diesen einzuschreiten, beispielsweise eine bereits begonnene oder noch im Versuchsstadium stehende Handlung zu verhindern.

1026 Derartige Situationen stellen die Beamten vor nicht unerhebliche Probleme. Weil die Übergänge von zulässigem zu unzulässigem oder gar strafrechtlich relevantem Verhalten fließend sind, die abschließende rechtliche Bewertung aber nicht dem Polizeibeamten, sondern Staatsanwaltschaft und Gericht zusteht, hat der Polizeibeamte kaum eine Möglichkeit, das Geschehen konstruktiv aufzuarbeiten. Leßmann-Faust bringt es auf den Punkt: „Je mehr er oder sie sich mit dem Kollegen beschäftigt und den Vorfall mit ihm diskutiert und bewertet, umso mehr verlässt er/sie die idealtypische Rolle im Strafverfahren, ein möglichst objektiver Zeuge bzw. Zeugin zu sein."[448] Auch die Fallkonstellation, welche keine strafrechtliche Relevanz aufweist, indes Folgen für das weitere Strafver-

---

446   Prondzinski 2011, 4
447   Leßmann-Faust 2008, 71
448   Leßmann-Faust 2008, 72

fahren, so insbesondere die Beweislage und die Glaubwürdigkeit des Zeugen im Hauptverfahren haben kann, stellt den polizeilichen Zeugen vor besondere Anforderungen und nimmt ihn in die Pflicht. Wenngleich den Beamten keine Pflicht zum sofortigen Einschreiten bzw. der Fertigung einer Strafanzeige trifft, so befindet er sich auch hier in einer unangenehmen Situation, gegen den Kollegen aussagen oder handeln zu müssen.

Die Problematik erhält eine besondere Brisanz und verschärft sich noch dadurch, dass es bei der Polizei eine gewisse (Sub)Kultur zu geben scheint, die durch Kameradschaft und Solidarität geprägt wird. Behr erklärt das Bestehen dieser „cop culture" durch die Stellung der Polizeibeamten in der Bürokratie der Organisation „Polizei" sowie die Kameradschaft unter ihres gleichen. „Viele Polizisten fühlen sich als kleine Rädchen in der Organisation. Durch ihre inferiore Stellung im Bürokratiebetrieb werden sie oft genug gekränkt, beschämt und frustriert. Ihre Vorstellungen von einer richtigen Polizeiarbeit werden von den eigenen Vorgesetzten selten geteilt, die Gerechtigkeitsvorstellungen stoßen schnell auf Unverständnis, wenn sie die eigenen Reihen verlassen. Die ideologischen und realen Tröstungen der Subkultur erfahren sie durch die Bezugnahme auf ihresgleichen (sic!), durch ihre Kameradschaft in der Gefahrengemeinschaft, durch die Zeichen der Solidarität, durch das gemeinsame Wissen von (den Schattenseiten) der Gesellschaft."[449]

Prekär wird das Ganze dann, wenn der Polizeibeamte – unter der absoluten Wahrheitspflicht stehend – vor Gericht als Zeuge befragt wird und wahrheitsgemäße Angaben machen muss (und auch will). Werden die Angaben durch das Gericht und die weiteren Verfahrensbeteiligten nicht weiter hinterfragt, weil beispielsweise das Verfahren nicht konfliktträchtig verläuft, bleibt auch die Wahrheitsfrage ungeklärt. Wird die Wahrheitsfrage aber hinterfragt, werden durch den (Konflikt)Verteidiger gezielt Fragen an den Polizeibeamten gerichtet, dann gerät dieser in eine Situation, die ihn vor besondere Anforderungen stellt, welche oftmals durch die *„Mauer des Schweigens"* gelöst werden. Von „falsch verstandenem Korpsgeist" wird häufig in Zusammenhang mit polizeilicher Gewalt gesprochen. Behr erklärt den Begriff am Beispiel polizeilicher Übergriffe, die zwar vorkommen, indes nicht aufgeklärt werden können, weil die „Mauer des Schweigens" über allen liege.[450]

Beispielsweise zu nennen ist der Fall, der sich am Silvesterabend 2008 in Brandenburg ereignet hat, als ein Zivilfahnder einen Kleinkriminellen erschoss. Insgesamt achtmal soll der Beamte auf das Opfer geschossen haben. „Die Medien sprachen von einem Übermaß an Gewalt, von Machtmissbrauch und von Korpsgeist, weil nach dem Vorfall die Kollegen des Schützen nichts zur Aufklärung beitragen wollten (vgl. Berliner Tagesspiegel vom 14. und 15.1.2009)."[451] Spiegel Online berichtete, die Staatsanwaltschaft sei von einem übersteigerten beruflichen Ehrgeiz des Beamten ausgegangen, der den Kriminellen unbedingt habe an der Flucht hindern wollen. Zwei Kollegen des Polizisten, welche dazu beitragen

---

449   Behr 2000, 77
450   Behr 2010, 323
451   Behr 2009, 25

könnten, dass der Tathergang geklärt werde, würden darüber jedoch schweigen. Sie gäben vielmehr in ihren Vernehmungen an, wegen der Silvesterböller gar keinen oder nur einen Schuss wahrgenommen zu haben – eine Lüge aus „falsch verstandenem Ehrgeiz?"[452] Behr spricht von diesem Phänomen der „Mauer des Schweigens", wenn man sich bspw. „jemandem gegenüber zur Solidarität verpflichtet fühlt, weil er zur eigenen Berufsgruppe zählt und wenn diese Solidarität zu einer aktiven Handlung führt", „der entfernteste Kollege noch näher steht als der naheste Nicht-Kollege" oder „der Zusammenhalt durch gemeinsam geteilte Macht und/oder Abhängigkeit begründet oder aufrecht erhalten wird."[453] Oder von einem *„Ehrenkodex,* der besagt, dass man den eigenen Kollegen nicht an andere Instanzen ‚ausliefert'."[454]

1030 Wenngleich es auch im Rahmen der polizeilichen Kultur allgemeingültige Regeln gibt, u. a. nicht zu diskriminieren, nicht zu lügen, nichts Wesentliches zu verschweigen und nichts hinzuzufügen, so gelten in der Polizei auch sog. partikulare Regeln. Diese partikularen Handlungs- und Verhaltensmuster bezeichnet Behr als „kulturelle Handlungsmuster der Institution" bzw. „polizeiliche Handlungsmuster", welche sich auf die Vermittlung von Berufspraxis und damit eines kontextabhängigen Handlungswissens beziehen.[455] Diese Regeln führen dazu, dass – entsprechend der noch subjektiven Wahrheit – indes nicht zu detailliert berichtet und prekäre Tätigkeiten mit neutralen Begriffen bezeichnet werden. Man „schreibt also schön", umschreibt die Sachlage mit weniger vorwerfbaren Worten und versucht so, den Grenzbereich zwischen Wahrheit und Unwahrheit „zu umschiffen".

1031 Polizeibeamte, die zur Tataufklärung beitragen könnten, dies aber nicht tun, indem sie „durch offensichtliche Absprachen" oder „durch auffälliges Vergessen" keine, den Sachverhalt aufklärenden Angaben zu machen in der Lage sind, befinden sich in einem Konflikt. Da gibt es zum Einen die Wahrheitsliebe und auf der anderen Seite den Intimitätsschutz, den sozialen Nahraum, in welchem sich der Beamte befindet.[456] Erklärt wird das Schweigen auch mit der *„Abhängigkeit von der Diskretion* der Kollegen"[457], weil fast alle sog. „street-cops" von Übertretungen der Kollegen wüssten, welche sie nicht angezeigt hätten. Das Wissen der Nichtanzeige schmiede zusammen, „denn derjenige, der eine mögliche strafbare Handlung eines Kollegen einmal nicht angezeigt hat, macht sich seinerseits wegen Strafvereitelung strafbar."[458]

1032 Leßmann-Faust geht noch einen Schritt weiter und erklärt die „Mauer des Schweigens", welche sich über Fehlverhalten von Kollegen lege, mit dem (kollegialen) Verständnis „für die punktuelle Überreaktion eines Kollegen oder Kollegin."[459] Zu dem allgemeinen Verständnis hinzu komme noch die Sorge des

---

452 Diehl, Spiegel Online 2010
453 Behr 2010, 323
454 Behr 2009, 28
455 Behr 2000, 185
456 Behr 2011, 323
457 Behr 2009, 28
458 Behr 2009, 28
459 Leßmann-Faust 2008, 73

Polizeibeamten, selbst den strafrechtlichen „Hunderprozent-Anforderungen" nicht immer gerecht werden zu können und daher darauf zu hoffen, in einer entsprechenden Situation von den Kollegen auch nicht sofort angezeigt zu werden. Der Polizeibeamte, der einmal so gehandelt habe, gerate unweigerlich in einen „Kreislauf der Verbrüderung", eine Sackgasse, aus welcher der Weg zurück oft schwierig werde. Denn „wer einmal geschwiegen hat, wer nicht bei einem Fehlverhalten sofort Anzeige erstattet, ‚muss' weiter schweigen, um nicht selbst zum/zur Angeklagten der mit höherer Strafe bedrohten Strafvereitelung im Amte zu werden. Aus dem Schweigen wird dann nahezu zwangsläufig aktives Lügen, bis hin zu Falschaussage und Meineid."[460] Durch dieses Handeln in einem „Graubereich" entstehe ein Klima der Entdramatisierung und Verharmlosung.[461]

In der Praxis hören wir oft Argumente von Polizeibeamten wie beispielsweise „aber das Gegenteil kann mir doch gar keiner nachweisen", „was ich in dem Moment gedacht habe, das weiß ja keiner, da kann ich doch alles behaupten" oder „wie soll der Verteidiger das denn wissen" – oder schlimmer noch – „mit dem werde ich schon fertig".
Wir sagen immer: „Wecken Sie ja nicht den Tiger im Tank". **Denn:**
(1) Falsche Aussagen vor Gericht sind strafbar. Da geht es nicht um die Frage der Nachweisbarkeit evtl. falscher Angaben. Es geht ganz grundsätzlich um die Frage der Wahrheit, den Berufsstand des Polizeibeamten und damit letztlich um die Glaubwürdigkeit Ihrer Person. Wir erinnern noch einmal an die Angaben der bereits zitierten Richterin. Ihre Angaben wirken umso glaubhafter, desto ehrlicher Sie mit evtl. Kritik, falscher Bewertung oder tatsächlichen Ermittlungsfehlern umgehen.
(2) Der „Tiger im Tank" ist nicht zu unterschätzen. Betr. die dargelegte Problemlage ist dem Verteidiger vollumfänglich Recht zu geben. Aussagen wie „der soll mir erst einmal das Gegenteil beweisen" ist mit großer Besorgnis zu begegnen. Denn: Er wird! Der Verteidiger wird Ihnen in dem ein- oder anderen Einzelfall das Gegenteil beweisen oder zumindest große Zweifel an Ihren Angaben wecken. Dem Verteidiger stehen Informationen zur Verfügung, welche er Ihnen vorhalten kann. Evtl. objektive Feststellungen sowie Widersprüche in Ihren Angaben können geeignet sein, Rückschlüsse auf subjektive Momente zu ermöglichen und damit letztlich gesetzwidrig oder schlimmstenfalls auch strafbares Verhalten nachzuweisen. „Lassen Sie die Finger davon!"

7.2.5 Zusammenfassung

Polizeiliches Fehlverhalten, ganz gleich, ob mit strafrechtlicher Relevanz oder im Bereich eines allgemeinen Dienstvergehens liegend, kann nicht geduldet werden. Die vorgenannten Überlegungen sollen polizeiliches Fehlverhalten aber weder verallgemeinern noch verharmlosen. Sie sind vielmehr darauf gerichtet, für die Problematik zu sensibilisieren, wobei neben den ermittelnden Polizeibeamten vor allem die Führungs- und Ausbildungsebenen gefordert sind. Der Beamte

---
460 Leßmann-Faust 2008, 73
461 Leßmann-Faust 2008, 73

muss auf den richtigen Umgang mit vorherigem Fehlverhalten in der Rolle als Zeuge vor Gericht vorbereitet werden, die Ausflüsse einer etwaigen „Kettenreaktion" müssen ihm bekannt sein!

1035 Neben den Hauptpflichten eines jeden Zeugen (Erscheinens- Aussage- und Wahrheitspflicht, ggf. unter Eid), kommt dem Auftreten sowie der Aussagequalität eines polizeilichen Zeugen eine besondere Bedeutung zu. Polizeibeamte genießen vor Gericht ein besonderes Vertrauen. Ob und ggf. wie häufig es zu polizeilichem Fehlverhalten kommt, wurde von uns nicht untersucht. Polizeibeamte, die als Zeuge vor Gericht unter Wahrheitspflicht stehen und sich mit eigenem oder kollegialem Fehlverhalten konfrontiert sehen, befinden sich in einer „Zwickmühle". Ungeachtet eines evtl. Aussageverweigerungsrechts (§ 55 StPO) darf es aus dieser Situation heraus nur einen Weg geben; die „Mauer des Schweigens" muss ein Tabu sein. Die Wahrheitspflicht erfordert von dem Polizeibeamten äußerste Souveränität.

Merke
Vor Gericht darf nichts „schöngeredet" werden. Die Glaubwürdigkeit eines polizeilichen Zeugen bekommt dann eine besondere Note (vgl. Rn. 1019, das Beispiel einer Amtsrichterin).

8. Die Vernehmung des polizeilichen Zeugen

1036 **§ 68 StPO Vernehmung zur Person; Beschränkung von Angaben, Zeugenschutz**

(1) Die Vernehmung beginnt damit, dass der Zeuge über Vornamen, Nachnamen, Geburtsnamen, Alter, Beruf und Wohnort befragt wird. Ein Zeuge, der Wahrnehmungen in amtlicher Eigenschaft gemacht hat, kann statt des Wohnortes den Dienstort angeben.

(2) Einem Zeugen soll zudem gestattet werden, statt des Wohnortes seinen Geschäfts- oder Dienstort oder eine andere ladungsfähige Anschrift anzugeben, wenn ein begründeter Anlass zu der Besorgnis besteht, dass durch die Angabe des Wohnortes Rechtsgüter des Zeugen oder einer anderen Person gefährdet werden oder dass auf Zeugen oder eine andere Person in unlauterer Weise eingewirkt werden wird. In der Hauptverhandlung soll der Vorsitzende dem Zeugen bei Vorliegen der Voraussetzungen des Satzes 1 gestatten, seinen Wohnort nicht anzugeben.

(3) Besteht ein begründeter Anlass zu der Besorgnis, dass durch die Offenbarung der Identität oder des Wohn- oder Aufenthaltsortes des Zeugen Leben, Leib oder Freiheit des Zeugen oder einer anderen Person gefährdet wird, so kann ihm gestattet werden, Angaben zur Person nicht oder nur über eine frühere Identität zu machen. Er hat jedoch in der Hauptverhandlung auf Befragen anzugeben, in welcher Eigenschaft ihm die Tatsachen, die er bekundet, bekannt geworden sind. Ist dem Zeugen unter den Voraussetzungen des Satzes 1 gestattet worden, Angaben zur Person nicht oder nur über eine frühere Identität zu machen, darf er sein Gesicht entgegen § 176 Absatz 2 Satz 1 des Gerichtsverfassungsgesetzes ganz oder teilweise verhüllen.

(4) Liegen Anhaltspunkte dafür vor, dass die Voraussetzungen der Absätze 2 oder 3 vorliegen, ist der Zeuge auf die dort vorgesehenen Befugnisse hinzuweisen. Im Fall des Absatzes 2 soll der Zeuge bei der Benennung einer ladungsfähigen Anschrift unterstützt werden. Die Unterlagen, die die Feststellung des Wohnortes oder der Identität des Zeugen gewährleisten, werden bei der Staatsanwaltschaft verwahrt. Zu den Akten sind sie erst zu nehmen, wenn die Besorgnis der Gefährdung entfällt.

(5) Die Absätze 2 bis 4 gelten auch nach Abschluss der Zeugenvernehmung. Soweit dem Zeugen gestattet wurde, Daten nicht anzugeben, ist bei Auskünften aus und Einsichtnahmen in Akten sicherzustellen, dass diese Daten anderen Personen nicht bekannt werden, es sei denn, dass eine Gefährdung im Sinne der Absätze 2 und 3 ausgeschlossen erscheint.

§ 68a StPO   Beschränkung des Fragerechts aus Gründen des Persönlichkeitsschutzes

(1) Fragen *nach Tatsachen*, die dem Zeugen oder einer Person, die im Sinne des § 52 Abs. 1 sein Angehöriger ist, zur Unehre gereichen können oder deren persönlichen Lebensbereich betreffen, sollen nur gestellt werden, wenn es unerlässlich ist.

8.1 Angaben zur Person

Die Vernehmung des Zeugen beginnt mit der Vernehmung zu seiner Person.

§ 68 Abs. 1 S. 1 und S. 2 StPO   Vernehmung zur Person; Beschränkung von Angaben, Zeugenschutz

(1) Die Vernehmung beginnt damit, dass der Zeuge über Vornamen, Nachnamen, Geburtsnamen, Alter, Beruf und vollständige Anschrift befragt wird. In richterlichen Vernehmungen in Anwesenheit des Beschuldigten und in der Hauptverhandlung wird außer bei Zweifeln über die Identität des Zeugen nicht die vollständige Anschrift, sondern nur dessen Wohn- oder Aufenthaltsort abgefragt.

Beispiele
(1) Ich heiße Gregor Mustermann, bin 42 Jahre alt, verheiratet, Vater von drei Kindern und römisch-katholisch. Ich wohne in Musterhausen, Musterweg 8a. Ich bin in Musterhausen Polizist.
(2) Ich heiße (...), bin am 17.4.1984 geboren, zu laden über die Polizeiinspektion x.
(3) Ich bin Rudi Meyer, 26 Jahre alt, Polizist bei der Dienststelle in x. Wollen Sie meinen Ausweis haben? Bedenken?

Zu Fall 1: Der dem Staatsanwalt gegenübersitzende Verteidiger konnte sich das Lachen nicht verkneifen. Als Polizeibeamter kann man kaum mit den ersten Sätzen noch deutlicher machen, dass man als Zeuge vor Gericht keinerlei Erfahrungen hat.
Derartiges sollte man unbedingt vermeiden und sich strikt an das halten, was § 68 Absatz 1 StPO verlangt, nämlich folgende Angaben:
- Vorname, Nachname,
- Alter in Jahren (und niemals das Geburtsdatum!),

- Beruf,
- Dienststelle (bei Berufszeugen nicht die Privatadresse, dazu auch 8.2).

8.2 Angaben zum Wohnort

1038 Als Polizeibeamter werden Sie die Wahrnehmungen, zu denen Sie Angaben machen sollen, in der Regel in amtlicher Eigenschaft erlangt haben (nämlich während der Dienstausübung im Rahmen der dienstlichen Tätigkeit). Damit gilt § 68 Abs. 1 Satz 3 StPO. Lesen Sie diesen Passus bitte noch einmal ganz genau – und „inhalieren Sie die Aussage: **"Ein Zeuge, der Wahrnehmungen in amtlicher Eigenschaft gemacht hat, kann statt der vollständigen Anschrift den Dienstort angeben"**.

1039 In anderen Fällen gilt: Gemäß § 68 Abs. 3 StPO kann dem Zeugen gestattet sein, Angaben zu seiner Person, insbesondere zu seinem Wohn- oder Aufenthaltsort zu verweigern, wenn ein begründeter Anlass zu der Besorgnis besteht, dass durch die Offenbarung der Identität oder des Wohn- oder Aufenthaltsortes des Zeugen Leben, Leib oder Freiheit des Zeugen oder einer anderen Person gefährdet wird. In Verfahren wegen organisierter Kriminalität sind Polizeibeamte einem erhöhten Risiko ausgesetzt, Ziel von Racheakten oder Vergeltungsaktionen zu werden. Wird diese allgemeine Annahme durch konkrete Umstände verdichtet, kann dem Beamten das Verschweigen seines Wohnortes gestattet sein.[462]

1040 **Aber:** Einige Konfliktverteidiger (und manchmal auch der Richter) fragen mitunter nach dem Wohnort des polizeilichen Zeugen (es sei denn Sie haben diesen wie in obigem Beispiel erfolgt bereits freiwillig kundgetan).

> **Merke**
> Seien Sie auch auf ausdrückliche und mehrmalige Aufforderung eines jeden Verfahrensbeteiligten versichert, Ihren Wohnort (vollständige Anschrift) müssen Sie nicht preisgeben!

1041 **Beispiel**
Der Verteidiger fragt fordernd nach dem Wohnort des polizeilichen Zeugen, entweder, weil ihn oder den Angeklagten diese Antwort tatsächlich interessiert – oder, weil der Verteidiger einfach austesten will, ob er es mit einem kompetenten oder nicht versierten Zeugen zu tun hat.

1042 Ihre Antwort „den muss ich hier nicht nennen" wird den Verteidiger dann kaum zufriedenstellen. Mutmaßlich wird der Verteidiger mehrmals „nachhaken" und Sie unter deutlichem Hinweis und gegebenenfalls auch mithilfe des Gesetzestextes nochmals deutlich auffordern Ihren Wohnort zu nennen.

1043 Ein entsprechende „Bitte" könnte wie folgt lauten: „Herr Zeuge, ich lese Ihnen die Vorschrift des § 68 StPO gern noch einmal vor. Dort heißt es nämlich deutlich: "Die Vernehmung beginnt damit, dass der Zeuge über Vornamen, Nachna-

---

462 OLG Koblenz NStZ 1992, 95
    OLG Stuttgart NStZ 1991, 297

men, Geburtsnamen, Alter, Beruf und vollständige Anschrift befragt wird ... und vollständige Anschrift befragt wird ... haben Sie das nun verstanden?"

Lassen Sie sich bitte nicht verunsichern. Hat der Verteidiger vielleicht nicht korrekt (beispielsweise, weil unvollständig) vorgelesen? Lesen Sie jetzt die entsprechende Vorschrift des § 68 Abs. 1 StPO nochmals genau und vollständig. Dort heißt es nämlich in dem von dem Verteidiger in diesem Beispielsfall nicht zitierten Abs. 1 Satz 2: „Ein Zeuge, der Wahrnehmungen in amtlicher Eigenschaft gemacht hat, kann statt der vollständigen Anschrift den Dienstort angeben." **1044**

Als Polizeibeamter haben Sie die Kenntnis, zu der Sie vernommen werden sollen, in der Regel im Zusammenhang mit der Diensthandlung erlangt. In diesem Fällen greift die vorstehende Ausnahme, das heißt, Sie haben (lediglich) Ihren Dienstort zu Protokoll zu geben. Dienstort ist dabei der Ort, an dem die Behörde, der Sie angehören, ihren Sitz hat. **1045**

Entsprechendes macht auch der für Niedersachsen geltende Erlass deutlich. Der Erlass nimmt auf § 68 Abs. 1 StPO Bezug und hebt deutlich hervor, dass immer dann, wenn die Wahrnehmungen in amtlicher Eigenschaft erlangt wurden, statt des Wohnortes der Dienstort angegeben werden kann. Auch wenn es sich insoweit (nur) um eine „Kann-Vorschrift" handelt, sollten Sie, so der Vorschlag der Autorinnen, von dieser Möglichkeit stets Gebrauch machen. **1046**

Zu obigem Beispielsfall 2: Geben Sie Ihr Alter in vollen Jahren an, aber niemals das Geburtsdatum! **1047**
Zu obigem Beispielsfall 3: Das Gericht verlangt nicht die Vorlage eines Ausweises.

> **Merke** **1048**
> Die Angaben zur Person muss auch der Zeuge machen, der von seinem Zeugnisverweigerungsrecht Gebrauch machen möchte.

8.3 Angaben zur Sache

Für den Polizeibeamten gelten dieselben Regeln wie für jeden anderen Zeugen. Er hat in der Hauptverhandlung keine andere oder gar besondere Stellung. **1049**

Auch er hat – wie jeder andere Zeuge – Tatsachen zu bekunden und dem Gericht bei der Sachaufklärung zu helfen. Aufgabe des polizeilichen Zeugen ist es indes nicht „für eine Verurteilung zu sorgen". **1050**

§ 69 StPO Vernehmung zur Sache

(1) Der Zeuge ist zu veranlassen, das, was ihm von dem Gegenstand seiner Vernehmung bekannt ist, im Zusammenhang anzugeben. Vor seiner Vernehmung ist dem Zeugen der Gegenstand der Untersuchung und die Person des Beschuldigten, sofern ein solcher vorhanden ist, zu bezeichnen.

(2) Zur Aufklärung und zur Vervollständigung der Aussage sowie zur Erforschung des Grundes, auf dem das Wissen des Zeugen beruht, sind nötigenfalls weitere Fragen zu stellen. Zeugen, die durch die Straftat verletzt sind, ist insbesondere Gelegenheit zu geben, sich zu den Auswirkungen, die die Tat auf sie hatte, zu äußern.

(3) Die Vorschrift des § 136a gilt für die Vernehmung des Zeugen entsprechend.

8.3.1 Beweisthema

1051 Grundsätzlich teilt das Gericht mit der Ladung auch das Beweisthema mit.

1052 Wenn dies nicht der Fall ist oder das Thema in einem großen Ermittlungskomplex zu pauschal mitgeteilt wurde, empfehlen wir dringend, den Vorsitzenden zuvor anzurufen und nach dem Beweisthema zu fragen. Denn nur so ist eine sachgerechte Vorbereitung möglich.

1053 Häufig erleben wir, dass uns die Polizeibeamten anrufen und fragen, wozu sie wohl vernommen werden sollen.

> **Merke**
> Rufen Sie niemals zur Klärung des Beweisthemas den Sitzungsvertreter der Staatsanwaltschaft an. Von ihm werden Sie keine diesbezügliche Antwort erhalten. Er wird Sie immer an den Vorsitzenden verweisen, um nicht den Verdacht zu begründen, mit Ihnen vor Ihrer Vernehmung über den Gegenstand Ihrer Vernehmung als Zeuge gesprochen zu haben.

8.3.2 Beweiswert

1054 § 69 StPO bezweckt, dass der Zeuge aus eigener und möglichst lebendiger Erinnerung über das Beweisthema berichtet. Der Zeuge soll zunächst unbeeinflusst und im Zusammenhang schildern, was er über den Gegenstand der Vernehmung noch weiß. So soll ein möglichst unverfälschtes Bild vermittelt werden, denn nur dieses kann die Grundlage für die Beurteilung der Glaubhaftigkeit der entsprechenden Darstellung geben.

1055 Dies schließt jedoch nicht aus, dass sich ein Zeuge – insbes. ein berufsmäßiger – durch vorheriges Aktenstudium oder durch Einsicht in verfügbare schriftliche Unterlagen auf einen Vernehmungstermin vorbereitet. Nach richtigem Verständnis der allgemeinen Zeugenobliegenheiten ist ein Zeuge hierzu sogar von Gesetz wegen verpflichtet. Nichts ist nämlich der strafprozessualen Wahrheitsfindung abträglicher als ein schlecht vorbereiteter Zeuge, der seine Zeugenpflicht nicht ernst nimmt. „Unverfälscht" darf insoweit nicht mit „unvorbereitet" verwechselt werden.

8.4 Vernehmung in Abwesenheit der später zu vernehmenden Zeugen

1056 Die Zeugen sollen unbefangen sein, wenn sie vom Gericht vernommen werden. Sie sollen deshalb vor ihrer Vernehmung nicht im Saal anwesend sein, damit sie nicht die Einlassung des Angeklagten oder die Angabe anderer Zeugen hören. Erst wenn ein Zeuge endgültig entlassen wurde, darf er im Sitzungssaal verbleiben und die weiter Hauptverhandlung verfolgen.

§ 58 StPO Vernehmung; Gegenüberstellung

(1) Die Zeugen sind einzeln und in Abwesenheit der später zu hörenden Zeugen zu vernehmen.

(2) Eine Gegenüberstellung mit anderen Zeugen oder mit dem Beschuldigten im Vorverfahren ist zulässig, wenn es für das weitere Verfahren geboten erscheint. Bei einer Gegenüberstellung mit dem Beschuldigten ist dem Verteidiger die Anwesenheit gestattet. Von dem Termin ist der Verteidiger vorher zu benachrichtigen. Auf die Verlegung eines Termins wegen Verhinderung hat er keinen Anspruch. Hat der Beschuldigte keinen Verteidiger, so ist er darauf hinzuweisen, dass er in den Fällen des § 140 die Bestellung eines Pflichtverteidigers nach Maßgabe des § 141 Absatz 1 und des § 142 Absatz 1 beantragen kann.

8.4.1 Erhaltung der Unbefangenheit des Zeugen

Gemäß § 58 Abs. 1 StPO ist eine Einzelvernehmung, die in Abwesenheit der später zu vernehmenden Zeugen erfolgt, gesetzlich vorgeschrieben. Diese Verfahrensweise soll dazu beitragen, die Unbefangenheit des Zeugen zu erhalten. Darüber hinaus soll der Zeuge auch keine Kenntnis darüber erhalten, was der Angeklagte zur Sache geäußert hat. Es wird jedoch für zulässig erachtet, dass ein noch nicht vernommener Zeuge mit bereits vernommenen Zeugen in Verhandlungspausen Gespräche führt.[463] Letzteres wird durch die Autorinnen jedoch nicht empfohlen. Zum einen ist der Polizeibeamte nicht mehr unbefangen, wenn dieser vor der Verhandlung oder in Sitzungspausen Gespräche mit bereits vernommenen Zeugen führt. Selbst für den Fall, dass kein Gespräch zum Inhalt der Zeugenaussage geführt wird, werden dem noch nicht vernommenen Zeugen die Stimmung sowie etwaige Konfliktsituationen deutlich. Darüber hinaus schürt eine entsprechende Verfahrensweise Argwohn und führt schlussendlich dazu, dass der Zeuge – auf entsprechende Nachfragen der Verteidigung – das geführte Gespräch inhaltlich wiedergeben und weitere kritische Nachfragen riskieren muss. Dies aber trägt weder zur Verkürzung der Zeugenvernehmung noch zur Sachverhaltsaufklärung bei. Gleichwohl dürften entsprechende Nachfragen zulässig und durch den Polizeibeamten zu beantworten sein. Sobald der Zeuge vernommen und durch das Gericht endgültig entlassen wurde, darf er im Sitzungssaal verbleiben und die weitere Hauptverhandlung verfolgen. Kommt aber eine ergänzende Vernehmung in Betracht, so bietet sich das Entfernen des Zeugen an, was im Ermessen des Gerichts steht.[464]

8.5 Der Zeuge berichtet zunächst ohne Unterbrechung

§ 69 Abs. 1 StPO stellt klar, dass der Zeuge unbeeinflusst und im Zusammenhang schildern soll, was er über den Gegenstand der Vernehmung in Erinnerung hat (eigener Sachvortrag im Zusammenhang, ohne jedwede Unterbrechungen). Denn der Beweiswert einer Zeugenaussage hängt wesentlich davon ab, ob aus ihr selbst heraus zu erkennen ist, was der Zeuge über einen Vorgang aus lebendiger

---

463 BeckOK-StPO, Huber, StPO § 58 Rn. 1 unter Hinweis auf BGH Urteil vom 28.11.1961 – 1 StR 432/61 –; NJW 1962, 260

464 BeckOK-StPO, Huber, StPO § 58 Rn. 5 unter Hinweis auf BGH Urteil vom 28.11.1961 – 1 StR 432/61 –; NJW 1962, 260

Erinnerung schildern und was er erst bekunden kann, nachdem die Erinnerung auf irgendeine Weise aufgefrischt worden ist.[465]

1059 Folgende Darstellung macht die unterschiedlichen Erinnerungsstufen eines Zeugen deutlich und stellt insoweit die Qualität des Beweiswertes dar:
(1) gute bis sehr gute Erinnerung an den Sachverhalt,
(2) kaum Erinnerung an Geschehen, dann Einlesen in Sachverhalt, Erinnerung aufgefrischt,
(3) kaum Erinnerung Vorhalte durch das Gericht, Erinnerung aufgefrischt,
(4) auch nach Aktenstudium kommt kaum Erinnerung zurück.

Hat ein Zeuge eine gute oder gar sehr gute Erinnerung an den Sachverhalt, sind insoweit keine oder kaum Vorhalte aus den Akten geboten und kann sich der Zeuge aus eigener Erinnerung an Details eigener Wahrnehmungen erinnern, so kommt dieser Aussage eine besondere Bedeutung bei (Erinnerungsstufe 1. – (sehr) hohe Beweiskraft). Dies dürfte aufgrund der großen Anzahl an polizeilichen Ermittlungen und weiteren dienstlichen Aufgaben indes nicht der Regelfall sein. Hat der Zeuge weniger (bis kaum) Erinnerungen an das betreffende Geschehen, kommen diese Erinnerungen aber nach eigenem Einlesen in den Sachverhalt zurück, wird die eigene Erinnerung mithin aufgefrischt. Macht der Zeuge dies im Rahmen der Vernehmung deutlich, so kommt dieser Aussage eine noch große Bedeutung bei (Erinnerungsstufe 2. – große Beweiskraft). Ebenso verhält es sich mit der oben unter Ziffer 3. dargestellten Erinnerung. Hat der Zeuge aufgrund Zeitablaufs und/oder einer Vielzahl weiterer Tätigkeiten kaum eigene Erinnerung an den Sachverhalt, kommen diese eigenen Erinnerungen aber auf entsprechende Vorhalte des Gerichts zurück und macht der Zeuge dies im Rahmen seiner Aussage deutlich, so ist auch dieser Beweiswert nicht zu unterschätzen (Erinnerungsstufe 3. – ausreichende Beweiskraft). Anders verhält es sich, wenn dem Zeugen auch auf entsprechende Vorhalte oder eigene Vorbereitung kaum bis keine Erinnerung an eigene Wahrnehmungen zurückkommt.

1060 **Beispiel**
Der Vorsitzende fragt den polizeilichen Zeugen,
– ob der Angeklagte (oder ein Zeuge) im Rahmen einer (bspw. Durchsuchungs-) Maßnahme Angaben getätigt habe,
– ob der Beamte vor den ersten Angaben belehrt habe,
– ob bei der Durchsuchungsmaßnahme ein unabhängiger Zeuge anwesend gewesen sei oder
– ob er – der Polizeibeamte – bei der Maßnahme x dabei/vor Ort gewesen sei.
Der Polizeibeamte antwortet:
– „Wenn das da so steht, dann war das auch so." oder
– „das machen wir immer so."

1061 Entsprechende Aussagen haben kaum bis gar keinen Beweiswert, weil sie nicht die eigene Erinnerung des Beamten, sondern nur das wiedergeben, was „man immer so macht".

---

465 BeckOK StPO, Monka § 69 Rn. 1

> **Merke**
>
> Antworten Sie nicht „das machen wir immer so", wenn Sie tatsächlich eigene Erinnerungen an den festzustellenden Sachverhalt haben. Machen Sie deutlich, „auf welcher Erinnerungsstufe" sie sich befinden. Verstehen Sie uns bitte nicht falsch. Äußern Sie nicht „ich befinde mich gerade auf Erinnerungsstufe 3.", sondern stellen Sie klar, ob und ggf. an welche Details Sie sich erinnern, weil die Bilder des Tatortes oder die Worte des Zeugen/Angeklagten in Ihnen „noch lebendig" sind und klären Sie die Verfahrensbeteiligten auch darüber auf, warum dies so ist.

Ebenso gilt: Antworten Sie nicht, dass Sie sich an den Sachverhalt erinnern, dass Sie die Situation noch deutlich vor Augen haben, dass ein Einlesen in den Vernehmungsinhalt nicht erforderlich gewesen sei, wenn dem nicht tatsächlich auch so ist. Fühlen Sie sich nicht gefordert, „Erinnerungsstufe 1. einzunehmen", nur, weil Sie in einem schlauen Buch gelesen haben, dass (nur) diese Erinnerung einen hohen Beweiswert hat. Denn: Der Zeuge hat die Aufgabe, Erinnerungen zu eigenen Wahrnehmungen zu schildern. Er hat nicht die Aufgabe, für eine Verurteilung zu sorgen. Aber für den Fall, dass Sie sich sehr gut erinnern, seien Sie sich der Beweiskraft dieser Erinnerungen bewusst und machen Sie entsprechende Erinnerungen daher deutlich.

Wie gesagt, diese Erinnerungsqualität stellt aufgrund der Vielzahl polizeilicher Arbeiten nicht den Regelfall dar. Es ist daher keineswegs ausgeschlossen, dass sich ein (berufsmäßiger) Zeuge durch vorheriges Auffrischen seiner Erinnerungen (bspw. Aktenstudium und/oder Einsichtnahme in verfügbare schriftliche Unterlagen) auf seine Vernehmung vorbereitet. Die allgemeinen Zeugenobliegenheiten verpflichten den Berufszeugen dazu sogar. „Nichts ist nämlich der strafprozessualen Wahrheitsfindung abträglicher als ein schlecht vorbereiteter Zeuge, der seine Zeugenpflicht nicht ernst nimmt. „Unverfälscht" darf insoweit nicht mit „unvorbereitet" verwechselt werden".[466]

> **Merke**
>
> Machen Sie deutlich, dass Sie sich vorbereitet (beispielsweise die Vernehmung des Zeugen x noch einmal durchgelesen) haben. Machen Sie aber ebenso deutlich, dass im Rahmen dieser Vorbereitung Ihre eigene Erinnerung aufgefrischt wurde, Sie sich an die Vernehmungssituation, den Zeugen und eben auch die Angaben des Zeugen wieder selbst erinnern können (wie oben bereits dargelegt: wenn dem denn so war!).

Aber: Vorbereiten hat nichts mit auswendig lernen zu tun. Auswendig Gelerntes zu präsentieren macht nämlich nicht deutlich, dass der Zeuge sich an das Berichtete wirklich erinnert.

---

466 BeckOK-StPO, Monka StPO § 69 Rn. 1

1065 **Beispiel**
(1) Im Rahmen einer vor der großen Strafkammer des Landgerichts geführten Hauptverhandlung wurde der Polizeibeamte X vernommen. Auf Nachfragen des Gerichts und auch des Verteidigers konnte er sich an den zu schildernden Sachverhalt nicht erinnern. Das Nichtwissen des Polizeibeamten einerseits und die Bedeutung der durch den Beamten geführten Ermittlungen andererseits führten dazu, dass der Vorsitzende der Strafkammer die Vernehmung des Polizeibeamten abbrach und diesen zugleich für den Folgetag erneut zur zeugenschaftlichen Vernehmung lud. Der Polizeibeamte, der seine Pflicht zur Vorbereitung auf die (erneute) Zeugenvernehmung verstanden oder mutmaßlich missverstanden hatte, lernte fleißig auswendig und präsentierte den Verfahrensbevollmächtigten im Folgetermin eine „Erinnerung, die sich gewaschen hatte". Der Verteidiger hörte der Aussage des Beamten mit gehöriger Ausdauer zu, stand schließlich auf und applaudierte. Dieser Applaus und ebenso die Würdigung der Zeugenaussage durch das Gericht zeigen deutlich, welcher Wert in einer entsprechenden Aussage noch liegt.

1066 **Beispiel**
(2) Im Rahmen eines vor dem Schöffengericht geführten Verfahrens wegen des Tatvorwurfs der Vergewaltigung (§ 177 Abs. 1, 6 StGB), wurde die Polizeibeamtin vernommen, welche die Erstvernehmung des Tatopfers durchgeführt hatte. Der Aussage dieser Vernehmungsbeamtin kam aufgrund einiger Widersprüche des Opfers eine herausragende Bedeutung zu. Die Beamtin schilderte sinngemäß, dass sie sich an den Inhalt der Opferangaben nicht mehr erinnern könne und insoweit auf ihren Vermerk verweisen müsse. In Erinnerung sei ihr allein, dass „es ein ganz liebes Mädchen war". Auf Vorhalt der Vorsitzenden Richterin und Vorlesen des bezeichneten Vermerks erwiderte die Beamtin abermals: „Wie gesagt, ich muss da auf meinen Vermerk verweisen." Auf Frage der Vorsitzenden, ob die polizeiliche Zeugin in dem Vermerk die Worte des Opfers genutzt oder die Angaben mit eigenen Worten wiedergegeben habe, antwortete die Beamtin, dass es ihre (der Vernehmungsbeamtin) Worte seien, an die Worte der Opferzeugin erinnere sie sich nicht.

1067 Schlechter kann eine Zeugenaussage kaum sein. Vorliegend hatten wir es mit einem Vorwurf der Vergewaltigung zu tun, welche gemäß § 177 Abs. 1, Abs. 6 StGB mit einer Mindeststrafe von 2 Jahren Freiheitsstrafe bedroht ist. Die Polizeibeamtin hatte die Erstvernehmung des Opfers durchgeführt. Sie hatte die Angaben entgegengenommen, die die Geschädigte unmittelbar nach der Tat getätigt hatte, als ihre eigene (des Opfers) Erinnerung noch frisch war. Gleichwohl hatte die Polizeibeamtin sich in keinerlei Weise auf ihre Zeugenvernehmung vorbereitet und nicht einmal versucht, sich an die Angaben des Opfers (an das sie ja noch gute Erinnerungen hatte, zumindest daran, dass es „ein ganz liebes Mädchen" war) zu erinnern.

> **Merke**
> Der zusammenfassenden Sachverhaltsdarstellung kommt eine große Bedeutung zu. Sie haben das Recht ununterbrochen (nicht durch den Verteidiger und auch nicht durch das Gericht und die StA) zu schildern, was Sie meinen zur Sachverhaltsaufklärung beitragen zu können.

1068

Nutzen Sie diese Chance (siehe Babyfall oben S. 289, Rn. 1005)) und teilen Sie den Anwesenden mit, „was raus muss", was das Gericht (und insbesondere die Schöffen, die die Akten nicht kennen) wissen soll, bevor später Fragen an Sie gestellt werden oder der Verteidiger durch Unterbrechungen in die Lage versetzt wird, diesen „roten Faden" zu unterbrechen. In Fortbildungsveranstaltungen wird gern gesagt „lehren Sie die Tube in einem Zug ... draufdrücken und raus".

1069

8.6 Das Verhör

§ 69 Abs. 2 StPO   Das Verhör

1070

(2) Zur Aufklärung und zur Vervollständigung der Aussage sowie zur Erforschung des Grundes, auf dem das Wissen des Zeugen beruht, sind nötigenfalls weitere Fragen zu stellen. Zeugen, die durch die Straftat verletzt sind, ist insbesondere Gelegenheit zu geben, sich zu den Auswirkungen, die die Tat auf sie hatte, zu äußern.

§ 240 StPO   Fragerecht

(1) Der Vorsitzende hat den beisitzenden Richtern auf Verlangen zu gestatten, Fragen an den Angeklagten, die Zeugen und die Sachverständigen zu stellen.
(2) Dasselbe hat der Vorsitzende der Staatsanwaltschaft, dem Angeklagten und dem Verteidiger sowie den Schöffen zu gestatten. Die unmittelbare Befragung eines Angeklagten durch einen Mitangeklagten ist unzulässig.

8.6.1 Die Befragung des Zeugen

Der zusammenfassende Sachbericht des Zeugen reicht in der Regel nicht aus, um den Sachverhalt erschöpfend zu klären. Zwecks Vertiefung und Ergänzung der Aussage, der Beseitigung von Unklarheiten oder Widersprüchen folgt nun das Verhör,[467] mithin Fragen des Gerichts (Vorsitzender, Beisitzende Richter, Schöffen), der Staatsanwaltschaft, der Nebenklägervertreter, des psychiatrischen Sachverständigen (sofern beteiligt) und der Verteidiger (in dieser Reihenfolge). Die entsprechenden Nachfragen sollen auch dazu dienen in Erfahrung zu bringen, ob es sich um Kenntnisse des Zeugen selbst handelt oder ob er diese von Dritten erfahren hat. Wichtig ist ebenso zu unterscheiden, ob die Angaben auf eigene Wahrnehmungen beruhen oder ob der Zeuge selber Rückschlüsse zieht.[468] Nach Auffassung der Autorinnen sollte der Polizeibeamte – spätestens nach Lektüre vorliegender Ausführungen – in der Lage sein, bereits im eigenen

1071

---

467   MüKo StPO, Maier § 69 Rn. 16
468   MüKo StPO, Maier § 69 Rn. 16

Sachvortrag zu unterscheiden, eigene Wahrnehmungen zu bekunden und von vorschnellen Meinungsbekundungen und Schlussfolgerungen abzusehen.

8.6.2 Der Zeuge bringt eigene Unterlagen mit in die Verhandlung

1072 Darf der Zeuge zur Erfüllung dieser Zwecke eigene Unterlagen mitbringen und als Gedächtnisstütze nutzen?

1073 Diese Frage wird immer wieder gestellt und von verschiedenen Seiten immer wieder unterschiedlich beantwortet. Nach Ansicht der Autorinnen birgt ein entsprechendes Handeln zumindest (weitere) Konflikte. Denn (spätestens) der Verteidiger wird dies zum Anlass nehmen nachzufragen und festzustellen, dass der Zeuge nicht in der Lage ist, aus der eigenen Erinnerung heraus zu schildern und evtl. auch unangenehme Fragen zu beantworten.

1074 Zulässig und in entsprechenden gebotenen Einzelfällen ist die Hilfenahme solcher Unterlagen aber sehr wohl. Denn ein allgemeines und uneingeschränktes Misstrauen gegenüber dem Polizeibeamten ist keineswegs gewollt. Die Aufklärungspflicht des Gerichts gebietet es vielmehr, alles das, was zur Sachverhaltsaufklärung und Wahrheitsfindung beitragen kann, zu erforschen. Sind gewisse Aufklärungen aber erst nach Einsichtnahme in Unterlagen, sei es zur Erinnerungsstütze oder weiterer Aufklärung, möglich, so sind diese Aufklärungen gleichwohl durchzuführen. Alles Weitere ist eine Frage der Beweiswürdigung.

1075 Letzteres zeigt aber (ein weiteres Mal), dass der Polizeibeamte als Zeuge sich dieser Tatsache bewusst sein sollte. Alles das, was Sie aus der eigenen Erinnerung heraus deutlich machen können, sollten Sie also auch „auf diesen Posten stützen". Erst dann, wenn die eigene Erinnerung nachlässt, auf Details (Tabellen, Zeitangaben etc.) Bezug genommen werden soll oder die Deutlichkeit des Geschehenen erst durch Verweis auf Vermerke Präsenz erlangt, macht die entsprechende Handhabung Sinn.

1076 Ebenso sind Vorhalte und weitere Erinnerungshilfen zulässig und in einer Vielzahl von Vernehmungen auch geboten. Dies ändert nichts daran, dass der Zeuge zunächst im Zusammenhang und aus der eigenen Erinnerung heraus Angaben tätigen soll. Dies schmälert den Beweiswert der Zeugenaussage auch nicht in einem solchen Umfang, als dass dieser Beweis „nichts mehr wert" wäre. Vorhaltungen aus Protokollen, Vermerken, Urkunden und/oder anderen Akteninhalten haben vielmehr den Zweck, den Zeugen an gewisse Geschehnisse zu erinnern, die dann folgenden eigenen Erinnerungen zu erfahren und Geschehnisse somit zu konkretisieren. Als beweisverwertbar wird in diesen Fällen „nur" die jeweilige Antwort des Zeugen gesehen, nicht aber der vorherige „Vernehmungsbehelf".

1077 (Auch) hier wird ein weiteres Mal deutlich: Bekunden Sie als Zeuge (nur), dass sie (wie immer) ordentlich protokolliert haben, dass sie „immer so verfahren", dass sie „wie immer belehrt haben" oder „dass es ein ganz liebes Mädchen gewesen sei", so darf der vorherige Vorhalt aus den Akten nicht verwertet werden und die (inhaltslose) Antwort hat kaum noch Beweiswert. Der entsprechende Urkundenbeweis (Verlesung eines Protokolls [soweit zulässig], eines Gutachtens, eines Berichts etc. ist selbstverständlich weiterhin verwertbar (§§ 249 ff. StPO) – darum geht es vorliegend aber nicht.

1078 Ein letzter Hinweis zu mitgebrachten Unterlagen: Bringen Sie etwa Ihr Merkheft (oder andere Unterlagen, die gegebenenfalls von Relevanz sein können) mit, kann es passieren, dass der Verteidiger einen Antrag auf Beschlagnahme des Merkhefts als Beweismittel stellt.

8.6.3 Fragen der Verfahrensbeteiligten

1079 Die Verfahrensbeteiligten haben das Recht Ihnen Fragen zu stellen. In einer Vielzahl von Fällen stellt der Verteidiger aber überhaupt keine Frage. Der Verteidiger stellt eigenes (mutmaßliches) Wissen dar, er fasst zusammen und/oder „fabuliert". Antworten Sie in diesen Fällen aber schon auf ungestellte Fragen, so geben Sie der Verteidigung eine Plattform, die nicht den Vorschriften der StPO entspricht und in der Regel nicht zur Wahrheitsfindung beiträgt. **Daher antworten Sie nur auf gestellte Fragen!**

1080 Handelt es sich um eine Frage nach Tatsachen? Handelt es sich um eine Frage, die Sie mit Tatsachen aus der eigenen Wahrnehmung beantworten können? Nur diese Fragen sind zulässig.

1081 **Beispiele**
(1) Verteidiger fragt P: Meinen Sie, dass A Ihnen damals die Wahrheit gesagt hat?
(2) Was haben Sie von der Zeugin C gehalten?
(3) Wieso hat sich der A damals so komisch am Tatort verhalten?
(4) Sie haben also den Angeklagten vorläufig festgenommen. Herr Zeuge, welche Voraussetzungen hat denn die entsprechende Vorschrift? Kennen Sie die Vorschrift überhaupt? Sind die Erwartungen des BGH hier denn erfüllt?

1082 **Merke**
Zulässig sind nur Fragen nach Tatsachen. Schätzungen, Meinungsbekundungen etc. sind vom Fragerecht der Verfahrensbeteiligten nicht erfasst. Auch Rechtsfragen (bspw. Ihre Examinierung) sind nicht erlaubt.

Die Fragen aus den obigen Beispielen sind mithin **unzulässig**!

1083 **Beispiele**
Spätestens der Verteidiger könnte den Polizeibeamten mit folgenden Fragen konfrontieren:
(1) Haben Sie sich auf die Vernehmung vorbereitet? Wie/in welchem Umfang? Haben Sie die Protokolle gelesen?
(2) Haben Sie noch persönliche Notizen (etwa Merkbuch)? Existieren diese Notizen noch? (ggfs. mit dem Ziel, diese herbeizuziehen, um die Glaubwürdigkeit des Zeugen zu prüfen)
(3) Was ist Ihnen erst wieder bei der Vorbereitung eingefallen?

(4) Haben Sie sich im Vorfeld mit Kollegen über die Vernehmung unterhalten?
Aber auch Fragen zu folgenden Themenbereichen sind zu erwarten:
(5) Fragen zur Klärung, ob die frühere Aussage verwertbar ist, etwa Frage nach der Belehrung von Zeugen/Beschuldigten
(6) Allgemeine Fragen zum Training „Zeuge vor Gericht"
(7) Fragen zur allgemeinen Glaubwürdigkeit, Dauer seiner Beschäftigung, Erfahrungen, Qualität seiner Beobachtungsgabe

1084 Diese Fragen sind alle auf die Klärung von Tatsachen ausgerichtet und daher unaufgeregt und wahrheitsgemäß zu beantworten. Dass man sich mit Kollegen möglicherweise über eine anstehende Vernehmung unterhält, ist völlig normal und kein Geheimnis.

1085 Aus dem dargestellten Rollenverständnis des Verteidigers ist es selbstverständlich, dasss obige Komplexe hinterfragt werden.

1086 **Bzgl. des obigen Beispiels zu (5) aufgepasst:** Die Frage, ob und ggf. wie Sie den Zeugen/Angeklagten/gesondert Verfolgten belehrt haben ist eine Frage nach Tatsachen (und Sie können diese Frage auch aufgrund Ihrer eigenen Wahrnehmungen beantworten).

1087 Aber die Frage, ob Sie den Zeugen/Angeklagten/gesondert Verfolgten **richtig belehrt** haben, ob Sie nicht ergänzend hätten belehren müssen oder welche Anforderungen die Rechtsprechung an eine solche Belehrung stellt, **ist keine Frage nach Tatsachen.** Der Verteidiger stellt diese Frage aus anderen Gründen. Entweder will er Sie examinieren oder vorführen. Oder der Verteidiger will darstellen, dass Sie die Voraussetzungen nicht kennen, sich mit der Rechtsmaterie nicht auskennen und gleichwohl handeln. Diese Fragen sind unzulässig!

1088 Wie reagiert man auf derartige Fragen? Die Autorinnen antworten regelmäßig auf derartige oder ähnliche Fragen:
„Ich bin hier als Zeugin, um Tatsachen zu bekunden." oder „Eine Schätzung, Bewertung oder Werturteile gebe ich hier nicht ab!"

8.6.4 Umgang mit unzulässigen Fragen – Beanstandung von Fragen

1089 Der Staatsanwalt/Verteidiger hat die Möglichkeit, Fragen des Vorsitzenden oder der Verteidiger Fragen des Staatsanwalts zu beanstanden bzw. umgekehrt. Der Vorsitzende **kann** einzelne Fragen zurückweisen.

§ 241 Zurückweisung von Fragen durch den Vorsitzenden

(1) Dem, welcher im Falle des § 239 Abs. 1 die Befugnis der Vernehmung missbraucht, kann sie von dem Vorsitzenden entzogen werden.

(2) In den Fällen des § 239 Abs. 1 und des § 240 Abs. 2 kann der Vorsitzenden ungeeignete oder nicht zur Sache gehörende Fragen zurückzuweisen.

8.6.4.1 Ungeeignete Fragen

Ungeeignet ist eine Frage dann, wenn sie nicht der Wahrheitsfindung dient.[469]
Dazu gehören:
- Fragen zum privaten Umfeld des Zeugen,
- Suggestivfragen,
- Fangfragen,
- bereits beantwortete Fragen (Wiederholungsfragen),
- Fragen nach Werturteilen/Meinungen/Einschätzungen.

Fragen zum **privaten Umfeld** sind nicht zulässig, wenn sie nichts mit dem Sachverhalt zu tun haben.

Suggestivfragen, sind die Fragen, die die Antwort bereits vorgeben. Etwa: „Ist das so richtig, dass (...)" Bei Suggestivfragen schreitet der Vorsitzende im Allgemeinen nicht sofort ein, sondern erst dann, wenn sich diese häufen.

Ähnlich verhält es sich, wenn eine **Frage bereits beantwortet** worden ist (**Wiederholungsfragen**).

Wird nach reinen **Werturteilen** gefragt, ist die Frage unzulässig, da der Zeuge nur zu Tatsachen gehört werden soll.

Der Fragende, dessen Frage der Vorsitzende beanstandet oder zurückgewiesen hat, kann die Entscheidung der Kammer darüber beantragen.

8.6.4.2 Vorhalte und deren Bedeutung

§ 253 StPO   Protokollverlesung zur Gedächtnisunterstützung

(1) Erklärt ein Zeuge oder Sachverständige, dass er sich einer Tatsache nicht mehr erinnere, so kann der hierauf bezügliche Teil des Protokolls über seine frühere Vernehmung zur Unterstützung seines Gedächtnisses verlesen werden.

(2) Dasselbe kann geschehen, wenn ein in der Vernehmung hervortretender Widerspruch mit der früheren Aussage nicht auf andere Weise ohne Unterbrechung der Hauptverhandlung festgestellt oder behoben werden kann.

Beispiele
(1) P kann sich nicht daran erinnern, den Angeklagten im Ermittlungsverfahren als Beschuldigten vernommen zu haben. Ihm werden Teile des damaligen Vernehmungsprotokolls vorgehalten. Als sich P nun auch nicht erinnern kann, wird ihm die gesamte damalige Vernehmung vorgelesen.
P erklärt: Ich kann mich nicht erinnern, aber, wenn ich das damals so protokolliert habe, dann hat der Angeklagte das damals auch so gesagt.
(2) P erinnert sich an den Vernehmungsinhalt der Beschuldigtenvernehmung, vermag aber nicht zu erinnern, ob er bzw. wie er den Beschuldigten vor der Vernehmung belehrt hat.
Das Gericht hält ihm den Inhalt des Protokolls vor.
P erklärt: Ich erinnere mich nicht. Aber wenn ich das so protokolliert habe, dann habe ich das auch so gesagt. Ich habe damals immer sowas wörtlich diktiert. Außerdem habe ich schon damals auf die vollständige

---

[469] BGH 13, 252; 21, 334

Belehrung Wert gelegt. Ich habe grundsätzlich immer unser Formular genutzt.

1093 Wenn sich ein Zeuge nicht erinnern kann oder Widersprüche zu der protokollierten Aussage auftreten, darf gem. § 253 StPO zur Auffrischung des Gedächtnisses das Protokoll (teilweise) verlesen werden.
Vorhalte dienen allerdings nur dazu, die Erinnerung aufzufrischen, nicht die Erinnerung oder die aktuelle Aussage des Zeugen zu ersetzen.

> **Merke**
> Das Gericht kann nur die aktuelle Aussage des Zeugen für die Tatsachengrundlage des Urteils nutzen. Kann sich ein Zeuge nicht erinnern – auch nicht nach Vorhalten –, kann das Gericht auf der Grundlage dieser aktuellen Aussage keine ausreichenden Tatsachen feststellen.

1094 **Zu 1:** Es kann nicht festgestellt werden, was A in der damaligen Vernehmung gegenüber P ausgesagt hat. P erinnert sich nicht.
Die Aussage, „Wenn ich das so protokolliert habe, hat er das auch so gesagt." ersetzt nicht die Erinnerung.
Zu 2: Eine vollständige und korrekte Belehrung des Beschuldigten kann nicht sicher festgestellt werden.

8.6.4.3 Eidespflicht

1095 Das Gesetz sieht als Regelfall vor, dass der Zeuge seine Aussage beeidet. Tatsächlich ist dies in der täglichen Praxis die absolute Ausnahme.

§ 59 StPO   Vereidigung

(1) Zeugen werden nur vereidigt, wenn es das Gericht wegen er ausschlaggebenden Bedeutung der Aussage oder zur Herbeiführung einer wahren Aussage nach seinem Ermessen für notwendig hält. Der Grund dafür, dass der Zeuge vereidigt wird, braucht im Protokoll nicht angegeben zu werden, es sei denn, der Zeuge wird außerhalb der Hauptverhandlung vernommen.

(2) Die Vereidigung der Zeugen erfolgt einzeln und nach ihrer Vernehmung. Soweit nichts anderes bestimmt ist, findet sie in der Hauptverhandlung stat.

1096 Die Vereidigung erfolgt nach der Zeugenaussage. Ob vereidigt wird oder nicht, entscheidet – vorab – der Vorsitzende ebenfalls erst nach der Aussage.[470] Der Verteidiger kann wie auch der Staatsanwalt die Vereidigung beantragen. Ist der Verteidiger oder der Staatsanwalt nicht mit der Entscheidung des Vorsitzenden einverstanden, kann er Kammerbeschluss beantragen (§ 238 Abs. 2 StPO).

1097 Unter bestimmten Voraussetzungen (§ 61 StPO) kann das Gericht von der Vereidigung absehen.
Das gilt etwa bei Jugendlichen zwischen 16 und 18 Jahren, bei Verletzten oder deren Angehörigen und auch, wenn die Aussage ohne wesentliche Bedeutung ist oder aber der Zeuge schon einmal wegen Meineids verurteilt worden ist.

---

[470] Meyer-Goßner/Schmitt StPO § 59 Rn. 9

Wenn ein Zeuge vereidigt wird, wird er gefragt, ob er den Eid mit oder ohne religiöser Beteuerung leisten möchte.
Anschließend stehen alle im Sitzungssaal Anwesenden auf, der Zeuge hebt die rechte Hand und erklärt: „Ich schwöre es oder: "Ich schwöre es, so wahr mir Gott helfe!"

8.6.4.4 Pflicht der Vorbereitung

Beispiele 1098
(1) P wird im Prozess gegen A wegen Vergewaltigung vernommen. Sie soll berichten, wie A auf die vorläufige Festnahme regiert und ob bzw. wie er sich damals eingelassen hat.
P erklärt: „Ich kann mich daran nicht erinnern. Das ist schon so lange her."
(2) P wird in einem Mordverfahren nach 34 Jahren vernommen. Er soll Angaben dazu machen, ob bzw. wie er A vernommen hat. P, inzwischen schon seit Jahren in Pension, sagt aus, dass er sich nicht mal daran erinnern kann, mit A je zu tun gehabt zu haben. Er habe es im Übrigen schon in seiner Dienstzeit abgelehnt, sich auf Aussagen bei Gericht vorzubereiten, weil das ja die Erinnerung verfälschen würde.
(3) P war laut Vermerk bei einer Durchsuchung der Wohnung des Beschuldigten anwesend. Als ihn der Vorsitzende des Schwurgerichts fragt: „Wann fand die Durchsuchung statt?", erntet er lediglich ein kurzes Achselzucken. Auf die weitere Frage „Haben Sie sich nicht vorbereitet?", entgegnete P: „In dem Sinne nicht!"

Sobald der Polizeibeamte seine Ladung erhält, sollte er sich fragen, ob er sich 1099
an das Beweisthema noch erinnern kann, er gute Erinnerung hat und deshalb eine Auffrischung nicht erforderlich ist oder er nur noch vage oder grobe Erinnerungen hat.

8.6.5 Pflicht zur Vorbereitung – im Einzelnen

Der Polizeibeamte hat vor der Hauptverhandlung die Akten zu studieren, um 1100
seine Erinnerungen aufzufrischen.[471] Dies ist gerade dann unerlässlich und von Nöten, wenn der Polizeibeamte viele gleich gelagerte Delikte bearbeitet hat und der Fall, zu dem er aussagen soll, schon längere Zeit zurückliegt. Dieser Verpflichtung unterliegen auch die pensionierten Polizeibeamten.

8.6.6 Grundregel

- Gute Erinnerung = keine Vorbereitung anhand der Akten 1101
- Erinnerung an Details fehlt oder es ist gar keine Erinnerung mehr da = Studium der Akte, um die Erinnerung aufzufrischen
- In der Hauptverhandlung deutlich machen, welche Erinnerung vor dem Studium noch da war, welche Erinnerung wie aufgefrischt wurde oder ob möglicherweise trotz des Aktenstudiums zu bestimmten Teilen gar keine Erinnerung aufgefrischt werden konnte!
- Niemals auswendig lernen!

---

471   BGH St 32, 115 ff., OLG Köln NJW 1966, 1420

1102 Lösung zu den Fällen:
Fall 1: Die Aussage hat keinerlei Beweiswert.
Fall 2: Die Aussage hat keinen Beweiswert. Auch als Pensionär hätte sich der Zeuge vorbereiten müssen (etwa: Lesen des Aktendoppels in der Polizeidienststelle).
Fall 3: Leider kein Einzelfall!

8.6.7 Lange Wartezeiten

1103 Die Planung des Ablaufs des Prozesses und die Ladung der Zeugen erfolgt durch den Vorsitzenden. Er kann in der Regel nur grob abschätzen, wie lange die Vernehmung des einzelnen Zeugen dauert. Manchmal erscheinen Zeugen gar nicht und das Gericht muss deren Vorführung anordnen. Oder ein in Haft befindlicher Angeklagter soll von der Justizvollzugsanstalt gebracht werden und der Transporter steht im Stau. Oder der Angeklagte lässt sich – entgegen der bisherigen Erwartungen – nun doch zum Tatvorwurf ein.

1104 Es gibt unterschiedliche und ganz häufig auch nicht durch das Gericht vermeidbare Gründe dafür, dass Zeugen lange warten und auch bisweilen unzumutbar lange warten müssen.

8.6.8 Vorbereitung durch Fortbildung

1105 Nutzen Sie jede Gelegenheit, sich im Bereich „Der Zeuge vor Gericht" fortzubilden – aber bitte niemals fallbezogen, also zum Zwecke der Vorbereitung auf ein ganz konkretes Verfahren!

Beispiel
P ist angeklagt vor der Schwurgerichtskammer wegen versuchten Totschlags. Es besteht hinreichender Tatverdacht, dass P auf einen flüchtenden Dieb geschossen und diesen dadurch schwer verletzt hat.
In der Hauptverhandlung sagt ein Kollege auf Nachfrage der Staatsanwaltschaft aus: „Ja, es gab eine Fortbildung "Der Polizeibeamte als Zeuge vor Gericht im Hinblick auf dieses Verfahren."

9. Konfliktverteidigung – „Störfeuer" der Verteidigung?

9.1 Das konfrontative Fragerecht

1106 Das konfrontative Fragerecht der Verteidigung ist unbestritten und im Hinblick auf Art. 6 MRK als Garantie einer ordnungsgemäßen Verteidigung anzusehen.[472] Gerade in Verfahren, in denen eine Verurteilung allein oder im Wesentlichen auf der Aussage einer Person beruht, kommt einer detaillierten Befragung des Zeugen eine besondere Bedeutung zu. Doch seit einigen Jahren haben sich Anwälte auf die **sogenannte Konfliktverteidigung** spezialisiert. Ziel dieser Verteidigungsstrategie ist es insbesondere, den Zeugen anzugreifen, unglaubwürdig zu machen und somit Prozesskonflikte herbei zu führen.[473] Im Falle polizeilicher Zeugen versucht die Konfliktverteidigung zudem, die dienstlichen Maßnah-

---
472   Sommer NJW 2005, 1240 ff. (1242)
473   Habschick 2010, 177

men in Zweifel zu ziehen, den Zeugen zu verunsichern und damit ein entsprechendes Bild für die Berufs- und Laienrichter zu erzeugen. „Die Folgen der Konfliktverteidigung reichen inzwischen so weit, dass Gerichte beschränkt verurteilen müssen, um überhaupt weiterarbeiten zu können".[474]

Die Probleme haben sich in der Praxis der letzten Jahre deutlich verschärft. Die Gerichte sind oft am Ende ihrer (zeitlichen und personellen) Ressourcen angelangt, weshalb eine Verurteilung oft gar nicht bzw. nur im Wege einer das Verfahren beendenden Absprache im Einverständnis aller Verfahrensbeteiligten, dem sogenannte „Deal" und damit oft erheblich unterhalb der Tat- und Schuld angemessenen Strafe möglich scheint. Nelle-Rublack nennt diese Verfahrensweise der Verteidiger eine „die Wahrheitsfindung durch ständige Kritik am Gericht, Befangenheitsanträge und unzählige Beweisanträge ‚sabotierende Verteidigungsstrategie' " und nimmt dabei auf die Terroristen-Prozesse Bezug. Im Düsseldorfer Kurdenprozess habe diese Verteidigungsstrategie zu 353 Verhandlungstagen in 4 Jahren geführt, im Stuttgarter Rechtsextremisten-Prozess zu 120 Verhandlungstagen in 3 Jahren und habe zusätzliche Prozesskosten in Millionenhöhe verursacht.[475] Entsprechendes Verteidigerverhalten und daraus folgende, oft über Jahre andauernde Strafverfahren kennt die Praxis auch aus bei den Strafkammern der Landgerichte anhängigen Verfahren aus den Bereichen der Organisierten Kriminalität.[476] „Das vorwurfsvolle Resümee der Richter lautete bereits vor Jahren, es handele sich bei der Konfliktverteidigung um einen ‚Kampf der Rechtsanwälte gegen die Rechtsordnung mit den Mitteln des Strafprozessrechts'. Dem sei die Justiz hilflos ausgeliefert."[477] Die Politik habe bis heute versäumt, diesem Treiben mancher Anwälte ein wirksames Ende zu setzen.[478]

1107

Dieser Vorwurf dürfte zu Recht erhoben sein, denn durch Einstellungs- und Wiederbesetzungssperren im staatsanwaltschaftlichen- und richterlichen Dienst wird die ohnehin schwierige Lage noch verschärft. Indes ist hier nicht allein die Politik, sondern ist zudem die Rechtsprechung als solche gefordert. Durch eine oftmals vorschnelle Verständigung und entsprechend zügige Beendigung der Verfahren werden diese – zwar mit einem unzufriedenstellenden, weil nicht mehr Tat- und Schuld angemessenen Ergebnis – jedoch noch zeitgerecht abgeschlossen. Doch die Statistiken, insbesondere die Erledigungszahlen der Gerichte geben dann ein Bild wieder, welches die Belastungssituation nicht richtig wieder spiegelt. Erst wenn sich die mit der jeweiligen Konfliktverteidigung befassten Gerichte mit allen ihnen ebenfalls nach dem Prozessrecht zur Verfügung stehenden Mitteln gegen eine das Verfahren in die Länge ziehende Verteidigung zur Wehr setzen und der Politik mit den Folgen dieser Verfahrensweise deutlich machen, dass auch diese gefordert ist, kann „dem Treiben" innegehalten werden. Solange aber die Richter/Innen „klein beigeben" und das Verfahren in die Länge

1108

---

474 Haberschick 2010, 177
475 Nelle-Rublack 1999, 103 in Fn. 126
476 Bspw. sei auf die in den letzten Jahren bei dem Landgericht Hannover anhängigen Strafverfahren aus den Bereichen der Internationalen Betäubungsmittelkriminalität, Menschenhandelsverfahren sowie der Bandendelikte verwiesen.
477 Haberschick 2010, 77
478 Haberschick 2010, 77

ziehenden Anträgen der Verteidigung nachgeben, ohne dass dies nach den Aufklärungsgrundsätzen der Strafprozessordnung geboten scheint, wird sich an der so erfolgreich scheinenden Verteidigung nichts ändern.

1109 Neben der Politik und der Justiz[479] sind aber auch die polizeilichen Zeugen, welche zuvor als Ermittlungs- und Vernehmungsbeamte tätig gewesen sind, gefordert, „ihrer Unangreifbarkeit erhöhte Aufmerksamkeit zollen."[480] Zum Schutz dieser „Eigensicherung" müssen Polizeibeamte zum Einen die Ihnen obliegenden Pflichten – und zwar sowohl im Ermittlungsverfahren als auch als Zeuge vor Gericht – kennen und wahren. Zum anderen sind sie in der Pflicht, die ihnen als Zeuge vor Gericht zustehenden Rechte zu kennen, um mit der dargelegten Konfliktbegegnung umgehen zu können und somit weitgehend unangreifbar zu bleiben.

9.2 Die Klamauk- oder Chaosverteidigung

1110 Bei der kritischen Befragung von Zeugen seitens der Verteidigung ist zwischen der zulässigen Konfliktverteidigung und der schon als Klamauk anzusehenden „Chaosverteidigung" zu unterscheiden. Soweit es bei der konfliktträchtigen Verteidigung (noch) um die Wahrung verfahrensimmanenter Rechte geht, so handelt es sich bei der sogenannte „Chaosverteidigung" bereits um nicht mehr ein den Rechten und Interessen des Angeklagten entsprechendes Verhalten, sondern um pressewirksamen Klamauk.[481]

9.3 Die Gründe der sogenannten Klamaukverteidigung

1111 Warum gehen Verteidiger mit derartigen, nicht mehr den Verfahrensregeln der StPO entsprechenden Verteidigungsstrategien vor? Nach Artkämper[482] geschieht dies nicht mehr zur Wahrung der dem Angeklagten zustehenden Verfahrensrechte, sondern aus Gründen der eigenen Werbung des Verteidigers, der nach dem deutschen Standesrecht kaum in der Lage sei, Werbung für sich zu machen. Die Öffentlichkeit der Hauptverhandlung werde also genutzt, um mithilfe der Presse einen Namen zu erhalten, wobei es nicht darauf ankomme, ob die Schlagzeile positive oder negative Resonanz habe. „Selbst erfahrene Strafverteidiger weisen darauf hin, dass es für sie weniger interessant sei, ob sie positiv oder negativ in die Schlagzeilen geraten, erforderlich sei allein eine Presseresonanz, bei der der Name des Verteidigers erscheine. Die (zukünftige) Klientel vergisst nämlich den ‚Beigeschmack', behält aber den Namen."[483]

1112 Wenngleich Artkämper[484] das vorgenannte Interesse der Verteidiger an einer Presseresonanz für legitim hält, so weist er auch zu Recht darauf hin, dass entsprechender Klamauk mit den Mitteln der StPO effizient unterbunden werden könne. Der Übergang zwischen der, den Verfahrensregeln der StPO innewohnenden Konfliktverteidigung und der durch den Vorsitzenden des Gerichts zu

---

479 Wozu neben den Spruchkörpern die Sitzungsvertreter der Staatsanwaltschaften zu zählen sind!
480 Haberschick 2010, 177
481 Artkämper 2011 (b), S. 22
482 Artkämper 2011 (b), S. 22
483 Artkämper 2011 (b), S. 22
484 Artkämper 2011 (b), S. 22

unterbindenden **Klamaukverteidigung** ist fließend. Auch soweit seitens der Verteidigung im Grenzbereich beider Strategien agiert wird, das Fragerecht bspw. dazu genutzt wird, durch suggestives Verhalten bzw. Suggestivvorhalte und Bemerkungen eine Verunsicherung des Zeugen zu bewirken, kann entsprechendes Verteidigerverhalten mit Mitteln der StPO unterbunden werden.

Als weiterer, hervorzuhebender Grund aggressiver Verteidigung ist noch der bezweckte „**Rollentausch**" hervor zu heben, mit welchem die Verteidigung bezweckt, den Polizeibeamten vom Zeugen zum Angeklagten zu machen. Mit diesem psychologischen Mittel wird „Druck" erzeugt, der polizeiliche Zeuge wird verunsichert und im Rahmen einer oft mehrstündigen Vernehmung zu einem „Spielball" der Verteidigung. **1113**

9.4 Die Konfliktbefragung durch den Verteidiger

Der Verteidiger als anwaltlicher Beistand des Angeklagten wird versuchen, die sich gegen seinen Mandanten richtenden Tatvorwürfe zu entkräften. Sofern und sobald der polizeiliche Zeuge, der in der Vielzahl der Fälle einen Sachverhalt zu bekunden hat, der dem Angeklagten nachteilig ist, in Begriff ist, seine Angaben zu tätigen und damit die Tatvorwürfe zu bestätigen, wird der Verteidiger alles daransetzen, Zweifel an der Darstellung des Zeugen oder seiner Person zu wecken. Zu den Handlungsweisen des Verteidigers zählt auch, den polizeilichen Zeugen der Lüge zu bezichtigen, so u. a. dadurch, dass er ihm einen Irrtum oder unsorgfältige Arbeit anlastet. Der Verteidiger versucht mithin, „zu belegen, dass die Angaben des Beamten nicht verlässlich sind."[485] Auch hier ist der Polizeibeamte als Zeuge in der Pflicht. Er muss nicht nur die Gepflogenheiten vor Gericht bestens beherrschen, sondern sich darüber hinaus seiner Rechte und Pflichten bewusst sein. Zudem sollte sich der Zeuge „ein Mindestmaß an Wissen darüber beschaffen, wie er sich als Zeuge dem Gericht gegenüber verhalten sollte, welchen Zweifeln seine Angaben ausgesetzt sein können und mit welchen Angriffen seitens der Verteidigung er rechnen muss."[486] **1114**

Seitens der Polizeibeamten wird oftmals eingewandt, dass es Aufgabe des Gerichts und des Sitzungsvertreters der Staatsanwaltschaft sei, unzulässige Befragungen und Angriffe der Verteidigung gegenüber dem Zeugen abzuwehren. Das mag richtig sein. Aber der Polizeibeamte kann sich auf entsprechende Reaktionen seitens der Justiz nicht verlassen. Denn es gibt Situationen, in denen ein Eingreifen seitens des Vorsitzenden untunlich ist. Eine „Hilfestellung" durch die Staatsanwaltschaft kann den Eindruck erwecken, dass der Polizeibeamte Schutz benötige, weil die Behauptungen, unsorgfältig gearbeitet zu haben, den Tatsachen entsprächen. Auch die Staatsanwaltschaft wird daher nicht in allen Fällen, jedenfalls nicht vorschnell für den Polizeibeamten „in die Bresche springen". Es sollte daher zum Selbstverständnis eines jeden Polizeibeamten „als eines professionellen Zeugen gehören, seine Rechte zu kennen und als Zeuge keine Hilfe zu benötigen."[487] **1115**

---

485 Prondzinski 2011, 6
486 Prondzinski 2011, 6
487 Prondzinski 2011, 6

9.5 Die Darstellung des Anfangsverdachts strafbaren Verhaltens des Polizeibeamten durch die Verteidigung

1116 Handelt es sich bei den Angaben, die der Vernehmungsbeamte als Zeuge vor Gericht wiederzugeben in der Lage ist, um den Angeklagten belastende Angaben, so hat der Verteidiger des Angeklagten in der Regel ein ausgeprägtes Interesse daran, dass der Zeuge überhaupt nicht aussagt[488] oder die Aussage an Beweiswert verliert. Aus diesem Grunde greifen Verteidiger u. U. zu prozesstaktischen Maßnahmen, tragen vorheriges Fehlverhalten (beispielsweise im Rahmen der Belehrung) vor und stellen beispielsweise den Antrag, den Polizeizeugen zu belehren, dass diesem ein umfassendes Auskunftsverweigerungsrecht (§ 55 StPO) zustehe. Entsprechender Anfangsverdacht strafbaren Verhaltens besteht gegen den Polizeizeugen i. d. R. nicht. Obgleich scheuen es viele Verteidiger nicht, aufgrund psychologischer Einwirkungsmöglichkeiten den Antrag zu stellen, den Zeugen gemäß § 55 StPO zu belehren. Um auf den Zeugen effektiv psychologisch einzuwirken, werden entsprechende Anträge in Anwesenheit der Zeugen gestellt, was durch die Vorsitzenden Richter oftmals nicht verhindert wird bzw. aufgrund der zeitlichen Umstände nicht verhindert werden kann. Auch kommt es vor, dass der Verteidiger diese Belehrung im Rahmen einer allgemeinen Erklärung gleich selbst vornimmt. Der polizeiliche Zeuge muss sich der Gründe für das Vorgehen der Verteidiger bewusst sein, um sich in entsprechenden Situationen nicht verunsichern zu lassen.

9.6 Der (richtige?) Umgang mit Konflikt- und/oder Klamaukverteidigung

1117 Den Verfahrensbeteiligten steht das Recht zu, dem Zeugen Fragen zu stellen. Um die Frage einzuleiten, sind kurze Vorhalte zwar zulässig, weitergehende umfangreiche Erklärungen jedoch nicht; diese münden oft in einem vorgezogenen Plädoyer. Die zunehmende Konfliktverteidigung stellt die Verfahrensbeteiligten und Zeugen vor besondere Anforderungen.

1118 Bei der Formulierung „**Konfliktverteidigung**" oder gar „**Klamaukverteidigung**" handelt es sich eigentlich um ein Unwort. Aber es gibt die Anwälte, die tatsächlich kaum eine Gelegenheit auslassen, in der Hauptverhandlung die Richter und Zeugen in schlechtes Licht zu rücken, sie so lange zu „grillen", bis diese die Geduld verlieren.

1119 Manchmal wird auf Zeit gespielt. Ein Beweisantrag jagt den nächsten, um die schon in das Auge gefasste Revision später begründen zu können, darauf hoffend, dass dem Gericht Fehler bei der Ablehnung der vielen Anträge unterlaufen. Fragen des Staatsanwalts und jede Entscheidung des Vorsitzenden werden beanstandet, die Entscheidung der Kammer beantragt. Es werden Befangenheitsanträge gestellt. Längst nicht immer macht es Sinn, das Gericht zu reizen. Und dennoch gibt es die Anwälte, die von der ersten Minute an den Konflikt suchen.

1120 **Beispiel**
Vor einigen Jahren sagte mal ein Strafverteidiger in einer Pause auf die Frage der Staatsanwältin, ob er meine, dass das alles Sinn ergibt: „Mein Mandant hat das volle Programm gebucht, also bekommt er das volle Programm".

---

[488] Klemke; Elbs 2010, Rn. 987

Und in einem solchen Klima finden sich bisweilen auch die Polizeibeamten wieder. Polizeibeamte werden nicht selten, insbesondere in Verfahren vor dem Schwurgericht oder in Verfahren der organisierten Kriminalität, persönlich angegriffen, verunsichert.

Beispiele
Der Polizeibeamte erklärt auf die Frage des Verteidigers, ob und wie er den Zeugen (geständiger gesondert verfolgter Mittäter) nach der sog. BtM-Kronzeugenregelung belehrt habe, die Inhalte und Ausführungen seiner damaligen Belehrung. Daraufhin der Verteidiger: „Sie sind doch eine Gefahr für den Rechtsstaat!"[489]
Der Polizeibeamte, dessen Ohren (zugegebenermaßen) nicht ganz anliegen, lässt sich in einer Verhandlungspause vor dem Gerichtssaal von dem Verteidiger sagen: „Na, mit diesen Ohren können Sie aber auch nur Telefone abhören ..."
Oder auch mal ein Beispiel ohne Zutun des Verteidigers: Der Angeklagte brüllt quer durch den Sitzungssaal: „Die da drüben (gemeint ist die Sitzungsvertreterin der Staatsanwaltschaft) soll doch ihre Fresse halten!"
Oder: Der Verteidiger meint, die Fragen des Vorsitzenden dergestalt beanstanden zu müssen, dass er den Buzzer an seinem Handy nach/während jeder Frage betätigt.
Nicht selten greifen weder Vorsitzender noch Staatsanwalt ein, obwohl dies nach den entsprechenden Vorschriften geboten ist:

§ 183 GVG Straftaten in der Sitzung

Wird eine Straftat in der Sitzung begangen, so hat das Gericht den Tatbestand festzustellen und der zuständigen Behörde das darüber aufgenommene Protokoll mitzuteilen. In geeigneten Fällen ist die vorläufige Festnahme des Täters zu verfügen.

§ 185 StGB Beleidigung

Die Beleidigung wird mit Freiheitsstrafe bis zu einem Jahr oder mit Geldstrafe und, wenn die Beleidigung öffentlich, in einer Versammlung, durch Verbreiten eines Inhalts (§ 11 Abs. 3 StGB) oder mittels einer Tätlichkeit begangen wird, mit Freiheitsstrafe bis zu zwei Jahren oder mit Geldstrafe bestraft.

§ 273 StPO Beurkundung der Hauptverhandlung

(1) Das Protokoll muss den Gang und die Ergebnisse der Hauptverhandlung im Wesentlichen wiedergeben und die Beachtung aller wesentlichen Förmlichkeiten ersichtlich machen, auch die Bezeichnung der verlesenen Urkunden oder derjenigen, von deren Verlesung nach § 249 Abs. 2 abgesehen worden ist, sowie die im Laufe der Verhandlung gestellten Anträge, die ergangenen Entscheidungen und die Urteilsformel enthalten. In das Protokoll muss auch

---

[489] Übrigens: Der Beamte wird von seinen Kollegen heute noch GfdR genannt (**G**efahr **f**ür **d**en **R**echtsstaat)

der wesentliche Ablauf und Inhalt einer Erörterung nach § 257b aufgenommen werden.
Absatz 1a: Das Protokoll muss auch den wesentlichen Ablauf und Inhalt sowie das Ergebnis einer Verständigung nach § 257c wiedergeben. Gleiches gilt für die Beachtung der in § 243 Absatz 4, § 257c Absatz 4 Satz 4 und Absatz 5 vorgeschriebenen Mitteilungen und Belehrungen. Hat eine Verständigung nicht stattgefunden, ist auch dies im Protokoll zu vermerken.

(2) Aus der Hauptverhandlung vor dem Strafrichter und dem Schöffengericht sind außerdem die wesentlichen Ergebnisse der Vernehmungen in das Protokoll aufzunehmen; dies gilt nicht, wenn alle zur Anfechtung Berechtigten auf Rechtsmittel verzichten oder innerhalb der Frist kein Rechtsmittel eingelegt wird. Der Vorsitzende kann anordnen, dass anstelle der Aufnahme der wesentlichen Vernehmungsergebnisse in das Protokoll einzelne Vernehmungen im Zusammenhang als Tonaufzeichnung zur Akte genommen werden. § 58a Abs. 2 Satz 1 und 3 bis 6 gilt entsprechend.

(3) Kommt es auf die Feststellung eines Vorgangs in der Hauptverhandlung oder des Wortlauts einer Aussage oder einer Äußerung an, so hat der Vorsitzende von Amts wegen oder auf Antrag einer an der Verhandlung beteiligten Person die vollständige Protokollierung und Verlesung anzuordnen. Lehnt der Vorsitzende die Anordnung ab, so entscheidet auf Antrag einer an der Verhandlung beteiligten Person das Gericht. In dem Protokoll ist zu vermerken, dass die Verlesung geschehen und die Genehmigung erfolgt ist oder welche Einwendungen erhoben worden sind.

(4) Bevor das Protokoll fertiggestellt ist, darf das Urteil nicht zugestellt werden.

9.6.1 Warum greift gleichwohl niemand ein?

1121 „Warum sitzen die da alle so stumm rum?" „Ganz ehrlich? Da hätten Sie auch einfach einen Blumenpott hinstellen können." So oder ähnlich geben Polizeibeamte oder andere Zeugen ihren Eindruck aus der Hauptverhandlung wieder.

1122 **Unsere Antwort:** Lassen Sie uns gemeinsam versuchen, die Stimmung nicht zusätzlich anzuheizen! Der Polizeibeamte fühlt sich den Angriffen ungeschützt ausgesetzt und bisweilen auch völlig überfordert, damit umzugehen. Häufig sehen die Polizeibeamten ihre Vorurteile, der Verteidiger sei nicht an der Gerechtigkeit interessiert, bestätigt. Umgekehrt spielen die Verteidiger mit dem Vorurteil, ein Polizeibeamter sei in seiner Rolle als Zeuge nicht unvoreingenommen, verfolge lediglich das Ziel, auf eine Verurteilung seines Mandanten hinzuwirken ohne Rücksicht auf Verluste. Greift der Staatsanwalt ein, baut sich die Stimmung nicht selten weiter auf.

9.6.2 Wie geht man als Zeuge mit einer solchen Situation um?

1123
> **Merke**
> Positiv wirkt der Polizist auf das Gericht und insbesondere die Schöffen, der (trotz allem) sachlich, ruhig und souverän bleibt.

In diesem Zusammenhang werden wir oft gefragt: „Hat der Polizeibeamte eigentlich auch Rechte?" Ja – aber das widerspricht der obigen Aussage doch nicht! Dazu nunmehr im Detail und mit weiteren entsprechenden Beispielsfällen.

10. Die Rechte des Zeugen vor Gericht

10.1 Das Recht auf rechtliches Gehör

§ 69 Abs. 1 StPO Vernehmung zur Sache

(1) Der Zeuge ist zu veranlassen, das, was ihm von dem Gegenstand seiner Vernehmung bekannt ist, im Zusammenhang anzugeben. Vor seiner Vernehmung ist dem Zeugen der Gegenstand der Untersuchung und die Person des Beschuldigten, sofern ein solcher vorhanden ist, zu bezeichnen.
(...)

Gemäß § 69 Abs. 1 StPO ist der Zeuge ist zu veranlassen, das, was ihm von dem Gegenstand seiner Vernehmung bekannt ist, im Zusammenhang anzugeben. Vor seiner Vernehmung sind dem Zeugen der Gegenstand der Untersuchung und die Person des Beschuldigten, sofern ein solcher vorhanden ist, zu bezeichnen.

„Das, was ihm von dem Gegenstand bekannt ist, im Zusammenhang anzugeben" erfasst deutlich ein Recht des Zeugen auf Gehör und einen Anspruch, seine Aussage unbeeinflusst von Fragen und Vorhalten im Zusammenhang und ohne Unterbrechung tätigen zu dürfen. Der zusammenhängende Bericht wird als das Kernstück der Vernehmung zur Sache angesehen.[490] Denn nur so kann dem Richter ein möglichst unverfälschtes Bild des Geschehens vermittelt und die Grundlage für die Beurteilung der Glaubhaftigkeit der Angaben gegeben werden.[491]

Kube meint, dass der zusammenhängende Sachvortrag des Zeugen nicht durch Zwischenfragen des Gerichts oder gar der Verteidigung unterbrochen, noch durch gezielte Fragen eingeleitet werden darf.[492] **Dem stimmen wir grundsätzlich zu.** Gleichwohl werden Unterbrechungen von Seiten des Richters durch Zwischenfragen, „Anstoßfragen"[493] lenkende Hinweise oder auch Vorhalte nicht als unzulässig betrachtet, wenn das zu einer klaren, vollständigen und wahrheitsgemäßen Aussage angezeigt erscheint.[494] Entsprechende „Unterbrechungen" sollen aber nur bei Weitschweifigkeiten, Nebensächlichkeiten oder Ungereimtheiten erfolgen dürfen.[495] (Nur) wenn von dem Zeugen trotz Nachhilfe eine zusammenhängende Darstellung nicht zu erlangen ist, soll der Richter zur Vernehmung mittels Frage, Vorhalte und anderen Behelfen übergehen dürfen.[496]

Dennoch wird in der Praxis der zusammenhängende Sachbericht oft vorschnell unterbrochen, gezielt nachgefragt und „entsprechend gelenkt", „um auf den Punkt zu kommen."[497] Mit dieser Schnelligkeit des Justizalltages verliert sich die Wichtigkeit für ausführliche, zusammenhängende Zeugenaussagen. Doch allein

---

490 BGHSt 3, 281 ff. (283)
491 Prüfer DRiZ 1975, 334
492 Kube; Leineweber 1976/77, 28 m.w.N.
493 Prüfer DRiZ 1975, 334
494 BGH 1 StR 293/78
495 KK-StPO, Slawik § 69 Rn. 4 m.w.N.
496 KK-StPO, Slawik § 69 Rn. 4 m.w.H. zu Rechtsprechung
497 Artkämper 2007, 30.

anhand dieser lassen sich wichtige Anhaltspunkte für die eigene Erinnerung des Zeugen und so auch für die Glaubwürdigkeit oder Unglaubwürdigkeit eines Zeugen erkennen.[498] Dem Polizeibeamten ist daher anzuraten, in ruhiger und sachlicher Form darauf hinzuweisen, zunächst einen zusammenhängenden Bericht abgeben zu wollen.[499] § 69 Abs. 2 StPO sieht nämlich vor, zur Aufklärung und zur Vervollständigung der Aussage sowie zur Erforschung des Grundes, auf dem das Wissen des Zeugen beruht, nötigenfalls weitere Fragen zu stellen. Wenngleich manche Verteidiger darauf bestehen, dass der Zeuge lediglich Fragen beantworten, nicht indes Erklärungen abgeben möge, sollte dieser wissen, dass es ihm auch im Rahmen dieser Befragung zusteht, zusätzliche Erklärungen zur Sache abzugeben, um eventuelle Widersprüche oder Unklarheiten zu berichten, dies gegebenenfalls auch ungefragt.[500]

1129 Wie so häufig „liegt die Wahrheit in der Mitte". Bereiten Sie sich sorgfältig auf die Vernehmung vor. Legen Sie zusammenhängend dar, was Sie zur Sachverhaltsaufklärung, zur Beweisfrage beitragen können. Verlieren Sie sich nicht in „Weitschweifigkeiten" oder Nebensächlichkeiten (welche Ermittlungshandlungen haben Sie vorgenommen? Wer wurde vernommen? Wie wurde belehrt? Welche Angaben hat der Zeuge getätigt? …). Lassen Sie sich nicht verunsichern. Behalten Sie bei evtl. Unterbrechungen „den roten Faden". Bestehen Sie nötigenfalls darauf, erst einmal in Ruhe und ununterbrochen einen Sachbericht darlegen zu dürfen.

10.2 Die Wahrung der Persönlichkeitsrechte des Zeugen

1130 Die Wahrung der Persönlichkeitsrechte eines Zeugen hat oberste Priorität. Insbesondere ist der Zeuge evtl. Bloßstellungen und Beleidigungen seitens der Frageberechtigten nicht schutzlos ausgeliefert. Die Pflichten des Zeugen, vor Gericht zu erscheinen und dort eine Aussage zu tätigen, stellen einen Eingriff in seine Persönlichkeitssphäre dar. Die Fürsorgepflicht des Gerichts gebietet es daher, den Zeugen unter Wahrung dessen berechtigter Interessen in einer möglichst wenig belastenden Weise in Anspruch zu nehmen.[501] In diesem Rahmen hat der Zeuge ein Recht auf angemessene Behandlung und Schutz seiner Ehre.

10.2.1 Die Fragen zum persönlichen Lebensbereich des Zeugen

1131 **§ 68a StPO   Beschränkung des Fragerechts aus Gründen des Persönlichkeitsschutzes**

(1) Fragen nach Tatsachen, die dem Zeugen oder einer Person, die im Sinne des § 52 Absatz 1 sein Angehöriger ist, zur Unehre gereichen können oder deren persönlichen Lebensbereich betreffen, sollen nur gestellt werden, wenn es unerlässlich ist.

(2) Fragen nach Umständen, die die Glaubwürdigkeit des Zeugen in der vorliegenden Sache betreffen, insbesondere nach seinen Beziehungen zu dem Beschuldigten oder der verletzten Person, sind zu stellen, soweit dies erforder-

---

498   Prüfer 1975, 334
499   Prüfer 1975, 334
500   Kube; Leineweber 1976/77, 29
501   Kube; Leinweber 1976/77, 32.

lich ist. Der Zeuge soll nach Vorstrafen nur gefragt werden, wenn ihre Feststellung notwendig ist, um über das Vorliegen der Voraussetzungen des § 60 Nr. 2 zu entscheiden oder um seine Glaubwürdigkeit zu beurteilen.

Gemäß § 68a Abs. 1 StPO sollen Fragen nach Tatsachen, die dem Zeugen oder einer Person, die im Sinne des § 52 Abs. 1 StPO sein Angehöriger ist, zur Unehre gereichen können oder deren persönlichen Lebensbereich betreffen, nur gestellt werden, wenn es unerlässlich ist. Die Vorschrift des § 68a StPO dient dem Ehrenschutz und dem Schutz des persönlichen Lebensbereichs des Zeugen.[502] Unzulässig sind damit Fragen, die den guten Ruf des Zeugen gefährden.[503] Die Beurteilung dieser Frage erfolgt nach objektiven Maßstäben. Es kommt mithin nicht auf die persönliche Empfindlichkeit des Zeugen an.[504] Andererseits soll auch auf Gefühle des Zeugen Rücksicht genommen werden.[505]

1132

Auch von Fragen, die zum persönlichen Lebensbereich, insbesondere der Intimsphäre des Zeugen zählen, ist äußerst zurückhaltend Gebrauch zu machen.[506] Doch nicht jede Frage aus dem persönlichen Lebensbereich eines Zeugen ist unzulässig. Eine Befragung, die zur Wahrheitsforschung notwendig und damit unerlässlich ist, ist möglich. „Kann also das Gericht seiner Pflicht, die Wahrheit zu ergründen, nicht uneingeschränkt nachkommen, ohne Fragen an den Zeugen zu richten, deren Beantwortung ihm oder einem Angehörigen zur Unehre gereichen kann, geht die Pflicht zur Erforschung der Wahrheit dem Interesse des Zeugen an der Erhaltung seines Ansehens und dessen seiner Angehörigen vor."[507]

1133

Zu den Fragen des persönlichen Lebensbereichs zählen ferner solche nach Vorstrafen des Zeugen. Diese sind nur ausnahmsweise und zwar nur dann zulässig, wenn die Voraussetzungen für eine Tatbeteiligung des Zeugen oder eine Verurteilung wegen Meineides vorliegen (§ 68a Abs. 2, 61 Nr. 4 StPO) oder um die Glaubwürdigkeit des Zeugen zu beurteilen (§ 68a Abs. 2 StPO).

1134

Die Entscheidung darüber, ob eine Frage unerlässlich und damit zulässig oder gemäß § 241 Abs. 2 StPO als unzulässig zurückzuweisen ist, trifft der Vorsitzende des Gerichts bzw. nach einer Beanstandung gemäß § 238 Abs. 2 StPO das Gericht nach Beratung und pflichtgemäßem Ermessen.[508] Die Gerichte tun sich oft schwer, zwischen einer angemessenen, fairen Behandlung des Zeugen einerseits und dem Fragerecht der Verteidigung andererseits zu entscheiden. Dabei spielen der Gesichtspunkt der Wahrheitsfindung und die Amtsaufklärungspflicht des Gerichts eine entscheidende Rolle.[509]

1135

---

502 Pfeiffer StPO 2005, § 68a Rn. 1
503 BGHSt 13, 252 ff. (254)
504 KK-StPO, Slawik StPO § 68a Rn. 1 m. w. N.
505 KK-StPO, Slawik StPO § 68a Rn. 1 m. w. N.
506 BT-Drucks. 10/5385, 10
507 Pfeiffer NStZ 1982, 188
508 BGH NJW 1959, 2075 ff. (2076)
509 Kube; Leineweber 1976/77, 33

> **Merke**
> Auch der Zeuge hat ein Antrags- und Beanstandungsrecht nach § 238 Abs. 2 StPO.

§ 238 StPO   Verhandlungsleitung

(1) Die Leitung der Verhandlung, die Vernehmung des Angeklagten und die Aufnahme des Beweises erfolgt durch den Vorsitzenden.

(2) Wird eine auf die Sachleitung bezügliche Anordnung des Vorsitzenden *von einer bei der Verhandlung beteiligten Person als unzulässig beanstandet,* **so entscheidet das Gericht.**

1136 Ob Sie eine **Frage** für unzulässig halten, weil diese suggestiv oder wiederholt erfolgt oder weil Sie meinen, dass die zu erfragende Tatsache Ihnen zur Unehre gereichen könnte, **beanstanden** Sie diese Frage und erbitten die Entscheidung des Vorsitzenden.

Beispiel
„Herr Vorsitzender, ich meine, dass diese Frage unzulässig ist. Der Verteidiger fragt nach meinen körperlichen Beschwerden/Sexualpraktiken ... Ich bitte diese Frage zurückzuweisen".

10.2.2 Beleidigungen in der Hauptverhandlung

1137 Es ist eine äußerst restriktive Handhabung der Gerichte bei den die Zeugen bloßstellenden oder beleidigenden Äußerungen einzugreifen oder diese auch nur zu protokollieren. Seitens der Verteidiger beispielsweise in der Praxis vorkommende Ansprachen wie „mit diesen abstehenden Ohren, Herr Zeuge, da können Sie ja nur Telefone abhören", „Sie sind doch eine Gefahr für den Rechtsstaat" oder „der da drüben, der soll bloß seine Fresse halten" muss der Zeuge jedoch nicht unwidersprochen hinnehmen. Kommt es nämlich auf die Feststellung eines Vorgangs in der Hauptverhandlung oder des Wortlauts einer Aussage oder einer Äußerung an, so hat der Vorsitzende von Amts wegen oder auf Antrag einer an der Verhandlung beteiligten Person die vollständige Niederschreibung und Verlesung anzuordnen (§ 273 Abs. 3 StPO). Von besonderer Bedeutung sind Vorgänge oder der Wortlaut von Äußerungen immer dann, wenn diese geeignet sind, der Feststellung einer Straftat zu dienen. In diesen Fällen kommt eine Protokollierung in Betracht.[510]

10.2.2.1 Doch wer sorgt dafür, dass diese (gesetzlich vorgeschriebene) Protokollierung auch erfolgt?

1138 Es ist in erster Linie die Aufgabe des Vorsitzenden, beleidigende Äußerungen oder anderes strafrechtlich relevantes Verhalten anwesender Personen in das Hauptverhandlungsprotokoll aufzunehmen. Diese Pflicht des Gerichts, im Falle des Vorliegens von Anhaltspunkten für eine in der Sitzung begangene Straftat (§ 152 Abs. 2 StPO), den Tatbestand festzustellen und in das Protokoll aufzunehmen, wird durch § **183** GVG bekräftigt. „§ 183 erweitert die Sitzungspolizei,

---

[510] KK-StPO, Greger § 273 Rn. 20

indem er das Gericht, nicht dessen Vorsitzenden, verpflichtet, in dem besonders befriedeten Bereich einer Sitzung begangene Straftaten selbst festzustellen."

Straftat i. S. v. § 183 ist jede tatbestandsmäßig rechtswidrige und schuldhafte Handlung, die in einem Gesetz mit Strafe bedroht ist, auch Antragsdelikte. In Betracht kommen insbesondere Aussagedelikte, Beleidigung und Nötigung. Bei Vorliegen der entsprechenden Voraussetzungen ist die wörtliche Protokollierung vorgeschrieben. Eines Antrages bedarf es dazu eigentlich nicht. Denn bei Vorliegen der Voraussetzungen ist der Vorsitzende von Amts wegen dazu verpflichtet, die Protokollierung vorzunehmen. „Wird eine Straftat in der Sitzung begangen, so hat das Gericht den Tatbestand festzustellen und der zuständigen Behörde das darüber aufgenommene Protokoll mitzuteilen." (§ 183 GVG).

Die Anordnung zur Protokollierung hat also (eigentlich) von Amts wegen zu erfolgen, sprich durch den Vorsitzenden des Gerichts (Anordnung) bzw. dessen Protokollkraft (Umsetzung). Die Verfahrensbeteiligten können einen entsprechenden Antrag stellen. Soweit die Ansicht vertreten wird, dass Zeugen (und Sachverständige) kein Antragsrecht zukomme[511], halten wir dies (mit weiteren Stimmen in der Literatur)[512] für nicht haltbar. Es ist schließlich der Zeuge, der durch entblößende oder gar beleidigende Äußerungen betroffen ist. Eine entsprechende Antragstellung schadet daher nicht (und sei es nur, um damit die antragsberechtigte verfahrensbeteiligte StA „auf den Plan rufen". Eine entsprechende Antragstellung ist immer dann geboten, wenn der Vorsitzende seine vorstehend dargelegte Pflicht nicht erfüllt, was in der Praxis durchaus vorkommt. Gegen die Ablehnung des Antrages durch den Vorsitzenden steht den Verfahrensbeteiligten das Recht zu, die Entscheidung des Gerichts zu beantragen (§ 238 Abs. 2 StPO.)

Aber auch für den Fall der Untätigkeit des Gerichts oder der Staatsanwaltschaft ist der polizeiliche Zeuge nicht gehalten, die Vernehmung zunächst zu Ende durchführen und evtl. strafrechtlich relevantes Verhalten erst im Nachhinein durch seine Dienststelle klären zu lassen. Denn dem Zeugen stehen unweigerlich die nachfolgend näher dargelegten Beanstandungsrechte aus §§ 238 Abs. 2, 241 Abs. 2, 242 StPO zu.

10.3 Die Beanstandungen von Fragen und Vorhalten
§ 238 StPO   Verhandlungsleitung

(1) Die Leitung der Verhandlung, die Vernehmung des Angeklagten und die Aufnahme des Beweises erfolgt durch den Vorsitzenden.

(2) Wird eine auf die Sachleitung bezügliche Anordnung des Vorsitzenden *von einer bei der Verhandlung beteiligten Person als unzulässig beanstandet,* **so entscheidet das Gericht.**

---

511   KK-StPO, Greger § 273 Rn. 24
512   Meyer-Goßner/Schmitt StPO § 273 Rn. 26

§ 239 StPO   Kreuzverhör

(1) Die Vernehmung der von der Staatsanwaltschaft und dem Angeklagten benannten Zeugen und Sachverständigen ist der Staatsanwaltschaft und dem Verteidiger auf deren übereinstimmenden Antrag von dem Vorsitzenden zu überlassen. Bei den von der Staatsanwaltschaft benannten Zeugen und Sachverständigen hat diese, bei den von dem Angeklagten benannten der Verteidiger in erster Reihe das Recht zur Vernehmung.

(2) Der Vorsitzende hat auch nach dieser Vernehmung die ihm zur weiteren Aufklärung der Sache erforderlich scheinenden Fragen an die Zeugen und Sachverständigen zu richten.

§ 241 StPO   Zurückweisung von Fragen durch den Vorsitzenden

(1) Dem, welcher im Falle des § 239 Absatz 1 die Befugnis der Vernehmung missbraucht, kann sie von dem Vorsitzenden entzogen werden.

(2) In den Fällen des § 239 Absatz 1 und des § 240 Absatz 2 kann der Vorsitzende ungeeignete oder nicht zur Sache gehörende Fragen zurückweisen.

§ 242 StPO   Entscheidung über die Zulässigkeit von Fragen

Zweifel über die Zulässigkeit einer Frage entscheidet in allen Fällen das Gericht.

10.3.1   Die Entziehung der Befugnis zum Kreuzverhör (§ 241 Abs. 1, 239 StPO)

1143 Die in § 241 Abs. 1 StPO geregelte Möglichkeit, dem Verteidiger oder anderen Verfahrensbeteiligten die Befugnis zum Kreuzverhör zu entziehen, ist praktisch ohne Bedeutung. Das sogenannte **Kreuzverhör** (§ 239 StPO) spielt in der Praxis der deutschen Strafgerichte nahezu keine Rolle, was darauf zurückzuführen sein dürfte, dass das Kreuzverhör einen übereinstimmenden Antrag von Staatsanwaltschaft und Verteidigung voraussetzt. Wird er gestellt, so ist die Durchführung zwingend, auch wenn der Angeklagte nicht einverstanden ist.[513]

10.3.2   Die Zurückweisung von Fragen (§ 241 Abs. 2 StPO)

1144 Der Vorsitzende des Gerichts kann ungeeignete oder nicht zur Sache gehörende Fragen der Verfahrensbeteiligten zurückweisen (§ 241 Abs. 2 StPO). Diese Vorschrift schützt u. a. den Zeugen vor unzulässigen Fragen, wobei es (Anmerkung der Autorinnen: **auch hier!**) in erster Linie die Aufgabe des Gerichts ist, für die Einhaltung der Rechte des Zeugen zu sorgen.[514]

1145 Als ungeeignet i. S. d. § 241 Abs. 2 StPO sind Fragen anzusehen, welche aus tatsächlichen oder aus rechtlichen Gründen nichts zur Wahrheitsfindung beitragen können.[515]

---

[513]   KK-StPO, Schneider § 239 Rn. 4
[514]   KK-StPO, Schneider § 241 Rn. 13
[515]   KK-StPO, Schneider § 241 Rn. 6

10.3.3 Aus tatsächlichen Gründen ungeeignete Fragen

Als sachfremd werden Fragen angesehen, die keinerlei Bezug zum Prozessgegenstand oder zu den Rechtsfolgen der Tat aufweisen.[516] Weil sich beide Fallgruppen teilweise überschneiden, wird die Zurückweisung von Fragen unter dem Oberbegriff der Unzulässigkeit zusammengefasst. Als wesentliche Punkte kommen damit die Prozessrechtswidrigkeit einer Frage sowie deren fehlende Eignung, einen Beitrag zur Wahrheitsfindung zu leisten, in Betracht.[517]

Nicht zur Sache gehörende und daher unzulässige Fragen sind solche, die nicht einmal mittelbar einen Zusammenhang zu der angeklagten Tat erkennen lassen. Liegt eine Frage gänzlich neben der Sache oder dient diese offensichtlich verfahrensfremden Zwecken, so ist die Frage unzulässig[518] und daher eigentlich von Amts wegen, also durch den Vorsitzenden, zurückzuweisen.

Handelt es sich aber um Fragen zu verfahrensfremden Vorgängen, um so die Erinnerungsfähigkeit eines Zeugen zu überprüfen, können diese nicht zurückgewiesen werden. Ebenso verhält es sich mit Fragen, die ernsthaft die Klärung der Glaubwürdigkeit eines Zeugen bezwecken.

Sie merken, das ist alles eine Frage des Einzelfalls und wird sich pauschal nicht beantworten lassen. Die Gerichte nehmen von der Möglichkeit unzulässige Fragen zurückzuweisen sehr zurückhaltend Gebrauch. Ob es sich im jeweiligen Einzelfall um eine sachfremde Frage handelt, lässt sich nämlich häufig nicht genau sagen. Das Risiko, das Verfahren mit einem Revisionsgrund zu behaften, ist nicht zu unterschätzen. Oftmals muss das Gericht zunächst die Antwort hören, um darüber zu entscheiden, ob diese für die Wahrheitsfindung erheblich ist oder nicht.[519]

Die Prüfung der Glaubhaftigkeit von Zeugenaussagen ist ein wesentlicher Teil der Urteilsfindung. Fragen, welche die Glaubwürdigkeit eines Zeugen betreffen, können daher selbst dann notwendig sein, wenn dem Inhalt der Frage keine Bedeutung beigemessen wird.[520] Haben Fragen keinerlei Bezug zum Gegenstand der angeklagten Tat oder zu den Rechtsfolgen (Schuldspruch und Strafmaß), sind diese sachfremd und daher unzulässig i. S. d. § 241 Abs. 2 StPO. Liegt eine Frage „gänzlich neben der Sache" oder dient sie „offensichtlich verfahrensfremden Zwecken", so hat die Frage keinerlei unmittelbaren oder mittelbaren Bezug zu der dem Angeklagten zur Last gelegten Tat. Entsprechende Feststellungen sind im Einzelfall oft schwierig, weil der Übergang zwischen verfahrensfremden und dem Verfahren zugehörigen Fragen „schwimmend" ist. So werden beispielsweise Fragen, die zwar auf verfahrensfremde Vorgänge Bezug nehmen, dies aber, um die Erinnerungsfähigkeit eines Zeugen zu überprüfen, als zulässig angesehen.[521] Dies ist nachvollziehbar und richtig, weil die Prüfung der Erinnerungsfä-

---

516 BGHSt 2, 284 ff. (287)
517 KK-StPO, Schneider § 241 Rn. 6 m. w. N.
518 KK-StPO, Schneider § 241 Rn. 7
519 KK-StPO, Schneider § 241 Rn. 7
520 BGH NStZ 1982, 170.
521 KK-StPO, Schneider § 241 Rn. 7.
OLG Celle StV 1985, 7 f.

higkeit eines Zeugen Einfluss auf die Beweiswürdigung und damit auf die Frage der Schuld des Angeklagten haben kann. Aus diesem Grunde können auch dem ersten Anschein sachfremde Fragen wie solche nach intimen Beziehungen eines Vergewaltigungsopfers sowie solche nach Vorstrafen eines Zeugen der Sachaufklärung dienlich sein, weil sich aus ihnen „indizielle Schlüsse auf die Zuverlässigkeit der Angaben" des Zeugen bestimmen lassen.[522]

10.3.4 Aus rechtlichen Gründen ungeeignete Fragen

1151 Aus Rechtsgründen als ungeeignet werden Fragen angesehen, welche darauf abzielen, Beweis zu Fragen zu erheben, zu denen von Rechts wegen kein Beweis erhoben werden darf. Folgende Aufzählung ist rein exemplarisch.

10.3.4.1 Die Umgehung des Zeugnisverweigerungsrechts durch Befragung des Vernehmungsbeamten

1152 Fragen an eine Verhörsperson nach Angaben eines Zeugen im Rahmen der polizeilichen Vernehmung sind unzulässig, sofern der betreffende Zeuge von dem ihm nach § 52 StPO zustehenden Zeugnisverweigerungsrecht Gebrauch gemacht hat.[523] Diese Frage ist höchstrichterlich entschieden und geht auf die Vorschrift des § 252 StPO zurück.[524] Gemäß § 252 StPO darf die Aussage eines vor der Hauptverhandlung vernommenen Zeugen, der erst in der Hauptverhandlung von seinem Recht, das Zeugnis zu verweigern, Gebrauch macht, nicht verlesen werden. Das RG ging aufgrund des eindeutigen Wortlauts „darf nicht verlesen werden" noch von der Zulässigkeit der Vernehmung der Verhörperson über die früheren Angaben des Zeugen aus. Nach der neueren höchstrichterlichen Rechtsprechung folgt aus der Vorschrift des § 252 StPO jedoch nicht nur ein Verlesungsverbot der früheren Aussage, sondern ein „Verwertungsverbot der früheren Aussage" schlechthin. Eine Ausnahme von diesem Grundsatz soll nur dann bestehen, wenn der Zeuge zuvor richterlich vernommen und im Rahmen dieser richterlichen Vernehmung auf das ihm gemäß § 52 StPO zustehende Zeugnisverweigerungsrecht hingewiesen worden war.[525]

1153 Dieser Rechtsauffassung ist aufgrund des Zwecks, welcher mit der Vorschrift des § 252 StPO erreicht werden soll, zuzustimmen. Der Sinn und Zweck des § 252 StPO liegt nämlich darin, dass eine Verwertung der früheren Aussage, ganz gleich, ob diese im Rahmen einer Verlesung oder Vernehmung der Verhörperson in die Hauptverhandlung eingeführt wird, der Ausübung des Zeugnisverweigerungsrechts eines nahen Angehörigen zuwiderliefe. „Das Gesetz gewährt das Zeugnisverweigerungsrecht den in § 52 genannten Personen wegen ihrer nahen persönlichen Beziehungen zum Angeklagten. Wegen dieser Beziehungen könnte der Zeugniszwang für sie zu einem Widerstreit der Pflichten führen. Auf diese mögliche innere Belastung nimmt das Gesetz Rücksicht. Sie war dem Gesetzgeber wichtig genug, vor ihr das grundsätzliche Gebot der Aufklärung und Verfolgung von Verbrechen zurücktreten zu lassen".[526] Würde die frühere Aussage der

---

522 KK-StPO, Schneider § 241 Rn. 7
523 KK-StPO, Schneider § 241 Rn. 8
524 BGH NJW 1952, 356; BGH NJW 1952, 556.
525 BGH NJW 1952, 356.
526 BGH NJW 1952, 356 ff. (357).

das Zeugnisverweigerungsrecht ausübenden Person zwar nicht verlesen, „aber dadurch zur Grundlage der richterlichen Überzeugungsbildung werden, dass in einer dem Grundgedanken des Zeugnisverweigerungsrechts widerstreitenden Weise über ihren Inhalt durch Vernehmung des Verhörsbeamten Beweis erhoben wird",[527] so würde der sich aus dieser Vorschrift und dem Schutzgedanken ergebene Zweck unterlaufen, das Zeugnisverweigerungsrecht würde schlichtweg umgangen.

Beispiel
Der Angeklagte (A) hat (wieder einmal) seine Ehefrau (E) verprügelt. E, die derartige Handlungen des A schon oft widerspruchslos über sich hat ergehen lassen, geht nun zur Polizei und wird (nach ordnungsgemäßer Belehrung und unter Hinweis auf ihr Zeugnisverweigerungsrecht aus § 52 StPO) umfassend vernommen. Sie schildert konkret das strafbare Verhalten des A.
In der Hauptverhandlung (A und E haben sich wieder versöhnt) macht E von ihrem Zeugnisverweigerungsrecht Gebrauch.

Die Angaben der E gegenüber dem Vernehmungsbeamten können nicht verwertet werden. Das Protokoll darf nicht verlesen werden. Fragen an den Vernehmungsbeamten sind unzulässig (§ 252 StPO).

Alternative: Ebenso verhält es sich, wenn der Geschädigten zunächst gar kein Zeugnisverweigerungsrecht zusteht (keine Verwandtschaft, keine Ehe, kein Verlöbnis u. a.), diese sich in der Zeit zwischen der polizeilichen Vernehmung und der Hauptverhandlung mit dem A verlobt und in der Hauptverhandlung dann von § 52 StPO Gebrauch macht.

Bei letzterem (Alternativ)Beispiel hören wir oft Einwände und Fragen von Polizeibeamten dahingehend, dass in der polizeilichen Vernehmung doch noch gar nicht auf § 52 StPO hingewiesen werden konnte, dass doch zu diesem Zeitpunkt noch gar kein Zeugnisverweigerungsrecht bestand. Das ist richtig. Aber darauf kommt es aufgrund des Zwecks der Vorschrift auch nicht an. Denn § 52 StPO schützt die familiäre Beziehung, das „Dilemma" in dem sich Angehörige befinden, wenn sie gegen eine ihnen nahestehende Person aussagen sollen in jeder Lage des Verfahrens. Tritt dieses „Dilemma" nun aber erst kurz vor der Hauptverhandlung ein, so gilt der Schutz aus § 52 StPO gleichwohl umfassend.

10.3.4.2 Die geheimhaltungsbedürftigen Angelegenheiten
Auch Fragen, die auf die Aufdeckung von Umständen abzielen, „die einer auch im Strafprozess zu respektierenden Geheimhaltung unterliegen", sind aus Rechtsgründen ungeeignet.[528] Fragen an Polizeibeamte zu dienstlichen Angelegenheiten, für die dieser keine Aussagegenehmigung hat, sind daher unzulässig.[529] Fragen an den Beamten, die darauf abzielen, Auskunft zu der Identität eines sich im Zeugenschutzprogramm befindlichen Zeugen zu erlangen sind aber nicht bereits unzulässig, weil sich aus § 10 Abs. 3 ZSHG der „Vorrang der Wahrheitsfindung im Strafverfahren gegenüber der in § 3 S. 1 ZSHG normierten

---

527 BGH NJW 1952, 356 ff. (357).
528 KK-StPO, Schneider § 241 Rn. 8
529 KK-StPO, Schneider § 241 Rn. 8

Verschwiegenheitspflicht des geschützten Zeugen" ergibt.[530] Allerdings ist hier für den polizeilichen Zeugen Vorsicht geboten, denn es obliegt dem Gericht, einzelne Fragen zurückzuweisen, wenn es zu der Ansicht gelangt, dass die Beantwortung der Frage für die weitere Urteilsfindung ohne Bedeutung ist.

1158 **Gleichwohl:** Auch bei diesem Fall (Zeugenschutz) dürfte Ihnen keine Aussagegenehmigung vorliegen und unseres Erachtens auch nicht erteilt werden.

> **Merke**
>
> In diesen Fällen gilt daher das bereits Gesagte: Machen Sie (ggf. mehrfach und ausdrücklich) deutlich, dass Ihnen keine Aussagegenehmigung vorliegt oder, dass Sie Zweifel daran haben, dass die Beantwortung dieser Frage von Ihrer Aussagegenehmigung gedeckt ist. Und: Antworten Sie nicht, auch dann nicht, wenn mehrfach darauf gedrängt wird, sei es seitens des Verteidigers oder auch des Gerichts (ggf. sogar des nicht mit der Materie vertrauten Staatsanwalts).

10.3.4.3 Die Einschätzungen und Werturteile

1159 Der Zeuge hat im Rahmen seiner zeugenschaftlichen Pflichten Angaben zu **tatsächlichen Wahrnehmungen** zu tätigen. Fragen, die diesen „prozessual vorgegebenen Rahmen" überschreiten, sind unzulässig. Es ist daher nicht statthaft, den Zeugen zu eigenen Einschätzungen oder Werturteilen aufzufordern. Auch hypothetische Fragen sind nicht gestattet.[531]

> **Beispiele**
> Der Verteidiger fragt Sie,
> – ob Sie dem Zeugen „diesen Quatsch" geglaubt hätten,
> – ob Sie meinen, dass der Angeklagte verurteilt werden müsse,
> Er bittet sie,
> – doch einmal zu schätzen, wie weit … wie viel …

10.3.4.4 Die Suggestivfragen

1160 Vielfach werden dem Zeugen die zu den Fragen gehörenden Antworten bereits „in den Mund gelegt". („Ist es richtig, dass…" oder Sie haben doch…, oder?") Auch wird oftmals versucht, die Beweisperson durch Täuschung oder Drohung zu verwirren oder zur Unwahrheit zu verleiten.[532] **Entsprechende Suggestivfragen sind unzulässig.** Auch diese Variante gestaltet sich in der Praxis oft problematisch, weil die Verteidiger bspw. im Wege längerer Vorhalte dem Befragten eine gewisse Erwartung suggerieren. Auch kommt es oft zu unvollständigen Vorhalten, welche dem Zeugen durch eben diese Unvollständigkeit ein falsches Bild des Vorhalts vermitteln und damit zu einer erwarteten Antwort verleiten.

1161 Hier ist besondere Vorsicht geboten, denn oftmals werden Vorhalte erst dadurch falsch und suggestiv, dass unvollständig vorgehalten wird (nur ein Absatz der

---

530 KK-StPO, Schneider § 241 Rn. 8
531 KK-StPO, Schneider 241 Rn. 10
532 BeckOK StPO, Gorf § 241 Rn. 1 m. w. N.

Aussage statt zwei oder mehr Absätze oder gar nur ein Halbsatz bis zum Komma und der Rest des Satzes fehlt; dieser ergäbe insgesamt aber einen völlig anderen Sinn).

Beispiel
Dem Angeklagten (A) wird unerlaubte Einfuhr von und unerlaubtes Handeltreiben mit Betäubungsmitteln in nicht geringer Menge (§§ 29a, 30 BtMG) zur Last gelegt. Ihm wird vorgeworfen die Kurierin (K) nach Peru entsandt zu haben und durch diese sodann mehrere Kilogramm Kokain in das Bundesgebiet verbracht zu haben, um dieses hier gewinnbringend zu verkaufen. Neben dem Beweismittel des sichergestellten Kokains liegen die Aussagen der K und eines weiteren Beteiligten, in dem Verfahren aber nicht angeklagten Täters (B) vor. Der Angeklagte bestreitet den Vorwurf.
Die Verteidigerin (V) fragt den Polizeibeamten, ob der (Hauptbelastungs) Zeuge denn auch angegeben habe, dass er mit der K ein sexuelles Verhältnis gehabt habe (die V will offenbar darauf hinaus, dass K und B die Tat begangen haben – nicht aber der A).
Der Polizeibeamte (P) antwortet mit „Nein, das habe der B nicht gesagt. Davon wisse er nichts".
V hält vor: „Na, Herr Zeuge, dann will ich Ihnen mal vorlesen, was B tatsächlich bei Ihnen gesagt hat. Eine wirklich gute Erinnerung haben Sie wohl nicht!" Dann liest V aus dem Protokoll vor, erst mehrere nur wenig interessante Sätze, dass K und B sich getroffen hätten, dass über die anstehende Fahrt gesprochen worden sei, dass man morgen früh losfahren wolle ... und schließlich liest sie vor: „Und dann habe ich mit ihr geschlafen." Mit diesen Worten schaut sie den Polizeibeamten fordern und fragend an.
P bleibt dabei: „Von einem sexuellen Verhältnis weiß ich nichts, daran kann ich mich nicht erinnern, aber wenn das da so steht und ich das so protokolliert habe, dann hat B das wohl so gesagt."
Die V will auf zweierlei hinaus. Zum einen will Sie die Erinnerungsfähigkeit des P und damit die Aussage insgesamt in Frage stellen. Zum anderen will sie durch die Darstellung eines sexuellen Verhältnisses zwischen K und B deren Motiv für eine Falschbelastung des A darstellen.

Aber Vorsicht! Der Vorhalt war falsch! Die V hatte nur einen Halbsatz (bis zum Komma) vorgelesen: „Und dann habe ich mit K geschlafen." Tatsächlich war durch B folgendes protokolliert worden: „Und dann habe ich mit K geschlafen, **in einem Haus.**" Durch diesen Halbsatz bekommt das durch B Gesagte einen völlig anderen Sinn. Es war nicht von Sex die Rede, sondern davon, dass man in einem Haus die Nacht verbracht habe, um am nächsten Morgen nach Peru zu starten.

Merke
Bereiten Sie sich auf die Vernehmung vor. Denn dann sind Sie gewappnet, sich durch suggestive Fragen oder Vorhalte nicht verunsichern zu lassen. Erbitten Sie vollständige Vorhalte. Schauen Sie fragend zum Vorsitzenden oder dem Sitzungsvertreter der Staatsanwaltschaft und fragen Sie deutlich, ob der Vorhalt so vollständig war.

Beispiel
„Herr Vorsitzender, an diese Aussage kann ich mich so nicht erinnern. Ist der Vorhalt komplett?"
„Herr Vorsitzender, ich möchte Sie bitten den Vorhalt zu verfolgen. Ich erinnere mich anders…"
„Herr Vorsitzender…"
Nehmen Sie den Vorsitzenden in die Pflicht!

10.4 Die Wiederholungsfragen

1162 Ebenso unzulässig sind Wiederholungsfragen. Doch diese sind nicht ohne Weiteres von den Fragen zu unterscheiden, welche sich, statt des bereits beantworteten allgemeinen Inhalts auf ein spezielles Detail der Erinnerung beziehen und damit noch als zulässig anzusehen sind.[533] Verteidiger „spielen" oft mit dieser Undurchsichtigkeit der Detailfragen, sei es bewusst, um den Zeugen zu verunsichern oder unbewusst. Soweit und solange es sich um vereinzelt gestellte, unzulässige Fragen von Verfahrensbeteiligten handelt, ist die Vorschrift des § 241 Abs. 2 StPO geeignet, diesem Vorgehen mittels Zurückweisung einzelner Fragen zu begegnen. In der Praxis kommt es hingegen nicht selten vor, dass Verteidiger das Recht der Befragung dahingehend „missbrauchen", dass sie ununterbrochen unzulässige Fragen stellen oder minutenlange Vorhalte bzw. Erklärungen abgeben, sei es, um den Zeugen bloßzustellen, zu verunsichern oder auch, um dem Gericht gegenüber ein demonstratives Verhalten zu zeigen.[534]

1163 Gründe dieses Verteidigerverhaltens sind auch darin zu sehen, dass diese beabsichtigen, das Verfahren in die Länge zu ziehen und ggf. zum „Platzen zu bringen".[535] Noch problematischer erscheint, wie mit derartigen Strategien umgegangen werden kann, um dem durch das BVerfG gebotenen Beschleunigungsgebot nachzukommen. Auch steht im deutlichen Interesse des Zeugen, dass dieser nicht ununterbrochen einer bloßstellenden oder gar beleidigenden Befragung ausgesetzt ist. Eine entsprechend den Möglichkeiten des § 241 Abs. 2 StPO immer wieder währende Zurückweisung unzulässiger Fragen wäre kontraproduktiv und käme dem dargelegten Interesse der Verteidigung eher noch entgegen. Auch darf den Verfahrensbeteiligten das Fragerecht nicht in Gänze entzogen werden, weil das Gesetz eine entsprechende Verfahrensweise nicht vorsieht.[536]

1164 Gleichwohl stehen dem Vorsitzenden Maßnahmen zur Seite, um entsprechendem Verhalten entgegen zu wirken. So hat er u. a. die Möglichkeit, das unmittelbare Fragerecht zu beschränken, mithin dem Verfahrensbeteiligten aufzugeben, zu stellende Fragen vorab ihm bzw. dem Gericht zur Kenntnis zu geben. Ist auch nach einer entsprechenden Abmahnung des Fragenden keine Änderung zu erwarten, zeichnet sich auch danach „ein durchgängiger Missbrauch des Fragerechts" ab, kann der Vorsitzende abschnittsweise das Fragerecht entziehen.[537]

---

533 KK-StPO Schneider § 241 Rn. 11 m. w. N.
534 KK-StPO, Schneider § 241 Rn. 15
535 KK-StPO, Schneider § 241 Rn. 15
536 Meyer-Goßner/Schmitt StPO § 241 Rn. 6
537 KK-StPO, Schneider § 241 Rn. 17 m. w. N.

Entsprechendes kommt in der gerichtlichen Praxis nahezu nicht vor. Der Vorsitzende ist gehalten, Fragen, welche nicht zur Sache gehören bzw. aus tatsächlichen oder rechtlichen Gründen ungeeignet sind, zurückzuweisen (§ 241 Abs. 2 StPO). Dass dies oftmals nicht oder jedenfalls nicht mit der gebotenen Prägnanz geschieht, liegt u. a. daran, dass eine allzu forsche Ausübung der in § 241 Abs. 2 normierten Interventionsmöglichkeiten die Verhandlungsatmosphäre belasten und sogar die Wahrheitsfindung gefährden kann.[538] In der Praxis machen viele Vorsitzende von der entsprechenden Möglichkeit, Fragen der Verfahrensbeteiligten zurückzuweisen, daher äußerst zurückhaltend Gebrauch.

> **Merke**
> Bereiten Sie sich umfassend auf die Vernehmung vor. Dann sind Sie in der Lage, sich entsprechende Vorträge anzuhören, ohne „den roten Faden zu verlieren". Antworten Sie nicht vorschnell, antworten Sie nicht auf vorgezogene Plädoyers des Verteidigers, antworten Sie nicht auf Vorträge oder bloßstellende Floskeln. Auch hier gilt: **Warten Sie auf die Frage.**

- Handelt es sich überhaupt um eine Frage?
- Kann ich diese Frage mit Tatsachen beantworten?
- Kann ich diese Tatsachen aus eigener Wahrnehmung schildern?

Wenn Sie die erste Frage für sich mit „Nein!" beantworten, dann reagieren Sie gar nicht. Schweigen Sie! Weisen Sie bei den Fragen 2 und 3 ggfs. darauf hin, dass Sie nicht nach Tatsachen gefragt werden bzw. dazu keine eigene Wahrnehmung haben!

Dann wird irgendwann Ruhe einkehren. Der Verteidiger wird Sie – wenn Sie schweigen – fragend ansehen (mutmaßlich ohne eine Frage gestellt zu haben). Dann können Sie wie folgt reagieren:
- „Herr Verteidiger, wie lautet Ihre Frage?"
- „Können Sie die Frage bitte noch einmal wiederholen?"
- „Herr Vorsitzender, ich bitte darauf hinzuwirken, dass der Verteidiger mir eine Frage stellt."

10.5 Das eigene Beanstandungsrecht des Zeugen

10.5.1 Die Beanstandung der Sachleitung (§ 238 Abs. 2 StPO)

§ 238 Abs. 2 StPO Verhandlungsleitung

(2) Wird eine auf die Sachleitung bezügliche Anordnung des Vorsitzenden von einer bei der Verhandlung beteiligten Person als unzulässig beanstandet, so entscheidet das Gericht.

Gemäß § 238 Abs. 2 StPO kann eine auf die Sachleitung bezogene Anordnung des Vorsitzenden als unzulässig beanstandet werden. Über eine solche Beanstandung entscheidet das Gericht (§ 238 Abs. 2 StPO). Dieses Beanstandungsrecht wird als ein besonderer Zwischenrechtsbehelf bezeichnet, den jeder an dem Pro-

---

538 KK-StPO, Schneider § 241 Rn. 17

zess Beteiligte einlegen kann. „Zur Beanstandung berechtigt sind alle Prozessbeteiligten, die von der Anordnung betroffen sind, auch der mitwirkende Richter, Zeuge oder Sachverständige."[539] Hält der Zeuge also Fragen für ungeeignet oder nicht zur Sache gehörend (§ 241 Abs. 2 StPO), meint er, diese würden ihm „zur Unehre gereichen" oder seinen „persönlichen Lebensbereich betreffen" (§ 68a StPO), so hat er das Recht, Fragen und Vorhalte zu beanstanden. Weist der Vorsitzende des Gerichts die Beanstandung zurück, so kann der Zeuge die Entscheidung des Gerichts beantragen (§ 238 Abs. 2 StPO).

10.5.2 Das Beschwerderecht des Zeugen

1168 § 305 StPO

Entscheidungen der erkennenden Gerichte, die der Urteilsfällung vorausgehen, unterliegen nicht der Beschwerde. Ausgenommen sind Entscheidungen über Verhaftungen, die einstweilige Unterbringung, Beschlagnahmen, die vorläufige Entziehung der Fahrerlaubnis, das vorläufige Berufsverbot oder die Festsetzung von Ordnungs- oder Zwangsmitteln sowie alle Entscheidungen, durch die dritte Personen betroffen werden.

1169 Entscheidungen des Gerichts, die – wie hier – der Urteilsfällung vorausgehen, unterliegen gemäß § 305 S. 1 StPO nicht der Beschwerde, was vermuten ließe, dass sich der Zeuge mit einer Entscheidung des Gerichts, die Frage beantworten zu müssen, zufrieden zu geben habe. § 305 S. 2 StPO verweist aber neben weiteren Alternativen auch auf die Entscheidungen, durch die dritte Personen betroffen werden. Der Zeuge ist unseres Erachtens als Dritter i. S. d. § 305 S. 1 StPO anzusehen und ihm steht daher das Recht der Beschwerde gemäß § 304 StPO gegen den Gerichtsbeschluss, der die Anordnung des Vorsitzenden bestätigt, zu. Für eine entsprechende Sichtweise spräche, wenn der entsprechende Beschluss den Zeugen in seinen Zeugenrechten beschwert.[540] Es stellt sich zunächst die Frage, ob der Zeuge bereits durch die Entscheidung des Gerichts, die Frage beantworten, mithin aussagen zu müssen, beschwert ist oder aber erst durch eine im Falle der Nichtbeantwortung der Frage zu treffende Ordnungsgeldentscheidung. Als unmittelbar betroffen ist derjenige anzusehen, in dessen Freiheit, Vermögen oder sonstigen Rechte durch die Maßnahme eingegriffen wird.[541] Als Maßnahmen, durch welche Zeugen als Dritte betroffen sind, werden teilweise nur solche gemäß § 70 StPO angesehen, mithin Maßnahmen des Ordnungsgeldes- bzw. Haft. Insoweit handelt es sich indes um eine rein beispielhafte Aufzählung. Gegen eine Beschwer des Zeugen spricht ferner, dass diesem die Möglichkeit verbleibt, gegen einen Ordnungsgeldbeschluss (§ 70 StPO) das Rechtsmittel der Beschwerde zu ergreifen.

1170 Doch dies darf dem Zeugen nicht zugemutet werden! Denn eine Beschwer ist bereits in einer unmittelbaren Beeinträchtigung schutzwürdiger Interessen zu sehen. Sobald die angefochtene Frage durch Gerichtsbeschluss für zulässig er-

---

539 Pfeiffer StPO § 238 Rn. 4
540 Hanack et. al. 2002, 247.
 Thomas, NStZ 1982, 489 ff. (494).
541 KK-StPO, Zabeck StPO § 304 Rn. 28.

klärt wird, setzt sich der Zeuge im Falle der Nichtbeantwortung der Frage der Gefahr aus, dass gegen ihn ein Ordnungsgeldbeschluss (bzw. Ordnungshaft) ergeht. Allein diese Gefahr und die Notwendigkeit, gegen einen etwaig ergehenden Ordnungsgeldbeschluss angehen zu müssen, beschwert den Zeugen in seinen Rechten. Artkämper legt die bestehenden praktischen Probleme des Zeugen dar und empfiehlt, die entsprechend schriftlich oder zu Protokoll der Geschäftsstelle einzulegende Beschwerde (§ 306 Abs. 1 StPO) in der Hauptverhandlung zu beschreiben.[542] Aber weil die Erklärung über die Beschwerde nicht zu den wesentlichen Förmlichkeiten i. S. d. §§ 273, 274 StPO gehöre, sei der Zeuge dem Ermessen des Gerichts ausgeliefert, die Beschwerde in das Sitzungsprotokoll aufzunehmen.[543] Auch könne der Zeuge die Aussetzung der Vollziehung der angefochtenen Entscheidung nicht durchsetzen und müsse daher die von ihm als unzulässig angesehene Frage zunächst beantworten. Dadurch werde die zuvor eingelegte Beschwerde jedoch gegenstandslos, weil diese keinen Einfluss mehr auf den Gang des Verfahrens haben könne[544]. Eine derartige Sicht- und Verfahrensweise läuft aber dem Sinn und Zweck des Gesetzes (§ 305 S. 2 StPO) zuwider.
Dem treten wir ausdrücklich bei!

> **Merke**
> Der (polizeiliche) Zeuge hat eigene Verfahrensrechte.
> Neben der Möglichkeit auf Entschädigung für Fahrtkosten und Verdienstausfall, dem Recht auf Gehör und der Wahrung seiner Persönlichkeitsrechte steht ihm ein eigenes Beanstandungsrecht gemäß § 238 Abs. 2 StPO zu. Als an dem Verfahren nicht unmittelbar Beteiligtem und damit Drittem steht ihm zudem das Recht zu, gegen die Entscheidung des Gerichts das Rechtsmittel der Beschwerde einzulegen (§ 305 S. 2 StPO). Weil die Einlegung der Beschwerde aber keine aufschiebende Wirkung hat, kann der Zeuge die Aussetzung der Vollziehung der angefochtenen Entscheidung nicht durchsetzen. Dem Zeugen bleibt damit nur die Möglichkeit, von ihm als unzulässig beanstandete Fragen zunächst zu beantworten, um sich nicht der Gefahr auszusetzen, dass ein Ordnungsgeld- bzw. Haftbeschluss ergeht.
> Bei Zweifelsfragen bzw. in Problembereichen betreffend Geheimhaltungsfragen muss die Beantwortung der jeweiligen Frage aber bereits mangels Vorliegen einer Aussagegenehmigung scheitern. In diesen Fällen gilt uneingeschränkt: Es darf nicht geantwortet werden!

10.6 Die Zeugenentschädigung

Grundsätzlich hat ein Zeuge Anspruch auf Erstattung der ihm entstandenen Kosten. Gemäß § 71 StPO wird der Zeuge nach dem Justizvergütungs- und Entschädigungsgesetz entschädigt. Nach dem JVEG ist eine Zeugenentschädigung (§ 19 JVEG), die Zahlung von Fahrtkostenersatz (§ 5 JVEG) und Aufwandsentschädigung (§ 6 JVEG), Ersatz für sonstige Aufwendungen (§ 7 JVEG), Entschä-

---

542 Artkämper 2007, 34 f.
543 Artkämper 2007, 35 m. w. N. in Fn. 108
544 Artkämper 2007, 35

digung für die Zeitversäumnis (§ 20 JVEG), Ersatz für Nachteile bei der Haushaltsführung (§ 21 JVEG) sowie Verdienstausfallentschädigung (§ 22 JVEG) möglich.

- Verdienstausfall
  Dieser muss konkret nachgewiesen werden. Bei Polizeibeamten entfällt dieser.
- Entschädigung für Zeitversäumnis
  Grundsätzlich besteht bei fehlendem Verdienstausfall Anspruch auf den geringsten Satz der bemessenen Zeitentschädigung, nämlich 3,50 Euro pro Stunde. Sagt der Polizeibeamte in seiner Dienstzeit aus, entfällt der Anspruch.
- Haushaltsführung
  Wer nicht erwerbstätig ist, aber einen Haushalt für mehrere Personen führt, hat Anspruch auf eine Zeitentschädigung von 14 Euro pro Stunde.
- Auslagen
  Diese müssen durch Belege nachgewiesen werden (etwa: Betreuungskosten für Kinder, Kosten für einen Fahrschein/Parkschein).
- Fahrtkosten mit dem PKW
  Es besteht Anspruch auf 0,25 Euro je angefangenem Kilometer. Das gilt natürlich dann nicht, wenn der Polizeibeamte mit dem Dienstwagen anreist.

1172 **Beispiel**
P soll als Zeuge bei dem Landgericht Verden aussagen, befindet sich aber am Tag der Vernehmung aus familiären Gründen in Hamburg und nicht in der Dienststelle in Verden.
Kann er die Fahrtkosten abrechnen?

1173 Wer die Reise von einem anderen Ort als dem, unter dem die Ladung erfolgt ist (Wohnsitz oder Dienststelle) antritt, muss dies zuvor dem Gericht schriftlich mitteilen und sollte um Abladung bitten. Hält das Gericht das Erscheinen dennoch für erforderlich, hat der Zeuge Anspruch auf die erhöhten Fahrtkosten (und nur dann!).

10.7 Recht auf Rechtsbeistand
1174 **§ 68b Zeugenbeistand**

(1) Zeugen können sich eines anwaltlichen Beistands bedienen. Einem zur Vernehmung des Zeugen erschienenen anwaltlichen Beistand ist die Anwesenheit gestattet. Er kann von der Vernehmung ausgeschlossen werden, wenn bestimmte Tatsachen die Annahme rechtfertigen, dass seine Anwesenheit die geordnete Beweiserhebung nicht nur unwesentlich beeinträchtigen würde. Dies wird in der Regel der Fall sein, wenn aufgrund bestimmter Tatsachen anzunehmen ist, dass
  1. der Beistand an der zu untersuchenden Tat oder an einer mit ihr im Zusammenhang stehenden Datenhehlerei, Begünstigung, Strafvereitelung oder Hehlerei beteiligt ist,
  2. das Aussageverhalten des Zeugen dadurch beeinflusst wird, dass der Beistand nicht nur den Interessen des Zeugen verpflichtet erscheint, oder

3. *der Beistand die bei der Vernehmung erlangten Erkenntnisse für Verdunkelungshandlungen im Sinne des § 112 Absatz 2 Nummer 3 nutzt oder in einer den Untersuchungszweck gefährdenden Weise weitergibt.*

(2) Einem Zeugen, der bei seiner Vernehmung keinen anwaltlichen Beistand hat und dessen schutzwürdigen Interessen nicht auf andere Weise Rechnung getragen werden kann, ist für deren Dauer ein solcher beizuordnen, wenn besondere Umstände vorliegen, aus denen sich ergibt, dass der Zeuge seine Befugnisse bei seiner Vernehmung nicht selbst wahrnehmen kann. § 142 Absatz 1 gilt entsprechend.

(3) Entscheidungen nach Absatz 1 Satz 3 und Absatz 2 Satz 1 sind unanfechtbar. Ihre Gründe sind aktenkundig zu machen, soweit dies den Untersuchungszweck nicht gefährdet.

10.7.1 Anwaltlicher Beistand nach Wahl

Das Recht auf ein faires Verfahren ermöglicht es jedem Zeugen, sich eines Rechtsbeistandes seiner Wahl zu bedienen.[545] Auch ist es möglich, dass dem Zeugen für die Dauer seiner Vernehmung ein anwaltlicher Zeugenbeistand bestellt wird, wenn den schutzwürdigen Interessen des Zeugen nicht auf andere Weise Rechnung getragen werden kann (§ 68b Abs. 2 StPO). Diese gesetzliche Anerkennung eines Zeugenbeistandes ist durch das Zeugenschutzgesetz vom 30.4.1998 eingeführt worden, um die Rechtsstellung besonders schutzbedürftiger Zeugen zu verbessern.[546] Der Zeuge hat das Recht auf einen Rechtsanwalt seiner Wahl als Zeugenbeistand. Das Bundesverfassungsgericht leitet diesen Anspruch aus dem Rechtsstaatsprinzip her und betont, dass das Recht auf ein faires Verfahren als ein unverzichtbares Element der Rechtsstaatlichkeit des Strafverfahrens dem Betroffenen die Gewähr biete, „prozessuale Rechte und Möglichkeiten mit der erforderlichen Sachkunde selbstständig wahr(zu)nehmen und Übergriffe staatlicher Stellen oder anderer Verfahrensbeteiligter angemessen abwehren zu können."[547] Um von diesen prozessualen Befugnissen selbstständig Gebrauch machen zu können, müsse auch dem Zeugen zugebilligt werden, einen Rechtsbeistand seines Vertrauens hinzuzuziehen. Weil dem juristisch nicht geschulten Zeugen insbesondere auch die Beanstandungsrechte aus §§ 238 Abs. 2, 241 Abs. 2, 242 StPO nicht bekannt seien, müsse dieser auf sachverständige Hilfe zurückgreifen können.[548]

Nach der Neuregelung des § 68b StPO[549] kommt es für die Beiordnung des anwaltlichen Beistandes nicht mehr darauf an, ob Gegenstand des Verfahrens ein Verbrechen oder besonders bestimmtes Vergehen ist. Einschränkend regelt die Vorschrift nunmehr, dass die Beiordnung des anwaltlichen Zeugenbeistandes nur in außergewöhnlichen Situationen erfolgen soll. **Die Beiordnung erfordert nunmehr das Vorliegen besonderer Umstände.** Diese besonderen Anforderun-

---

545 BVerfGE 38, 105 ff. (120)
546 KK-StPO, Slawik § 68b Rn. 1
547 BVerfGE 38, 105 ff. (111)
548 Thomas NStZ 1982, 489 ff. (490, 494)
549 § 68b neu gef. mWv 1.10.2009 durch G v. 29.7.2009 (BGBl. I S. 2280); Abs. 1 Satz 4 Nr. 1 geänd. mWv 18.12.2015 durch G v. 10.12.2015 (BGBl. I S. 2218); Abs. 2 Satz 2 geänd. mWv 13.12.2019 durch G v. 10.12.2019 (BGBl. I S. 2128)

gen können angenommen werden bei der Vernehmung eines besonders unreifen oder psychisch beeinträchtigten Zeugen.[550]

1177 Aber: Nach der Neufassung der Vorschrift ist der Umstand, dass der Zeuge wegen seiner Aussage möglicherweise Gefährdungen ausgesetzt ist oder Repressalien seitens des Angeklagten oder durch Dritte zu befürchten hat, kein entsprechender Umstand mehr.[551] Der sich aus § 68 StPO ergebende Schutz wird insoweit als genügend angesehen.

10.7.2 Anwaltlicher Beistand für den polizeilichen Zeugen

1178 Die Vorschrift des § 68b StPO erfordert, dass der Zeuge ihm zustehende Befugnisse nicht selbst wahrnehmen und seinen Interessen nicht auf andere Weise Rechnung getragen werden kann. Zu diesen prozessualen Befugnissen zählen u.a. die durch uns im Einzelnen dargestellten Zeugnis- und Aussageverweigerungsrechte (§§ 52–55 StPO) sowie das Recht, bestimmte Fragen als unzulässig zu beanstanden sowie beispielsweise das Recht einen Antrag auf Ausschluss der Öffentlichkeit zu stellen.

1179 Der Grundsatz besagt, dass ein Zeuge seine Befugnisse eigenverantwortlich wahrnehmen kann, sofern er durch den Vernehmenden sachgerecht belehrt wird. Die Beiordnung eines Verfahrensbeistandes kommt daher nur in besonderen Situationen in Betracht. Liegen besondere Umstände vor, aus denen sich eine Überforderung des Zeugen ergibt, seine Rechte sachgerecht wahrnehmen zu können, käme ein anwaltlicher Beistand daher in Betracht. Von entsprechenden besonderen Umständen wird bei unreifen kindlichen oder jugendlichen Zeugen ausgegangen oder auch bei psychisch beeinträchtigten Erwachsenen.[552]

1180 Weitere Voraussetzung für eine Beiordnung eines anwaltlichen Verfahrensbeistandes ist die, dass keine anderweitige Interessensicherung möglich wäre. Die Beiordnung ist mithin subsidiär. Soweit den Interessen des Zeugen auf andere Weise Rechnung getragen werden kann, die insbesondere durch die in § 68 StPO vorgegebende Rechte, kommt eine Beiordnung nicht in Betracht. Weitere zeugenschützende Maßnahmen, welche die Beiordnung eines Anwalts ausschließen würden, ergeben sich aus § 168c Abs. 3 und 5 StPO (Anwesenheitsrechte bei Vernehmungen), § 168e StPO (Vernehmung von Zeugen getrennt von Anwesenheitsberechtigten), § 224 Abs. 1 StPO (Benachrichtigung der Beteiligten über den Termin – bzw. Absehen davon), § 247 StPO (Entfernung des Angeklagten bei Vernehmung von Mitangeklagten und Zeugen) und § 247a StPO (Anordnung einer audiovisuellen Vernehmung von Zeugen)[553].

1181 Die Notwendigkeit der Beiordnung eines anwaltlichen Beistandes für polizeiliche Zeugen sehen wird grundsätzlich nicht! Der Polizeibeamte hat – anders als der „normale" Zeuge eine einschlägige Ausbildung und sollte sich mit den Gepflogenheiten vor Gericht auskennen. Auch das Berufsbild und die Anforderun-

---

550 RegE BR-Drs. 178/98, 27)
551 KK-StPO, Slawik § 68b Rn. 1a
552 KK-StPO, Slawik § 68b Rn. 6
553 KK-StPO, Slawik § 68b Rn. 6

gen, die an das Auftreten eines Polizeibeamten in seiner Rolle als Zeuge vor Gericht zu stellen sind, sprechen erst einmal gegen die Notwendigkeit der Bestellung eines anwaltlichen Zeugenbeistandes. Diese Entscheidung kann aber nur dem Einzelfall vorbehalten bleiben. So mag es in bestimmten Fallkonstellationen die Schwierigkeit der Sach- und Rechtslage gebieten, dem zwar polizeilich, nicht aber juristisch geschulten Ermittlungsbeamten einen Zeugenbeistand beizuordnen, um sicherzustellen, dass u.a. die sich aus den §§ 238 Abs. 2, 241 Abs. 2, 242 StPO ergebenen Rechte und Möglichkeiten gewahrt bleiben.

> **Merke**
>
> Machen Sie sich mit den Rechten des Polizeibeamten als Zeuge vor Gericht vertraut. Belassen Sie es insoweit nicht bei der Lektüre dieses Buches. Nehmen Sie (soweit im Rahmen Ihrer Aus- und Fortbildungsveranstaltungen angeboten) an einem Seminar „Der Polizeibeamte als Zeuge" teil. Auch Fortbildungen in Rhetorik- und Vernehmungsmethodik sowie den Belehrungsfragen können Ihre Position entsprechend stärken.

11. Sonderfälle

11.1 Antrag auf wörtliche Protokollierung der Aussage des Polizeibeamten

Beispiel
Der Verteidiger stellt die Behauptung in den Raum, dass es auf die wörtliche Aussage des P ankommen, weshalb er nun die wörtliche Protokollierung dessen Aussage beantrage, da sich P strafbar gemacht habe.

§ 273 StPO Beurkundung in der Hauptverhandlung

(3) Kommt es auf die Feststellung eines Vorgangs in der Hauptverhandlung oder des Wortlauts einer Aussage oder einer Äußerung an, so hat der Vorsitzende von Amts wegen oder auf Antrag einer der an der Verhandlung beteiligten Person die vollständige Protokollierung und Verlesung anzuordnen. Lehnt der Vorsitzende die Anordnung ab, so entscheidet auf Antrag einer an der Verhandlung beteiligten Person das Gericht. (...)

183 GVG Straftaten in der Sitzung

Wird eine Straftat in der Sitzung begangen, so hat das Gericht den Tatbestand festzustellen und der zuständigen Behörde das darüber aufgenommene Protokoll mitzuteilen. In geeigneten Fällen ist die vorläufige Festnahme des Täters zu verfügen.

Grundsätzlich kann auch der Wortlaut einer Zeugenaussage beurkundungsfähig sein.[554] Nach h.M. reicht es nicht aus, dass die Aussage für die Entscheidung von wesentlicher Bedeutung ist.[555] Es muss vielmehr auf den genauen Wortlaut der Aussage ankommen. Stellt der Verteidiger diesen Antrag, muss er im Detail

---

554 Meyer-Goßner/Schmitt StPO § 273 Rn. 20
555 Meyer-Goßner/Schmitt StPO § 273 Rn. 20

begründen, welcher Teil der Aussage wörtlich protokolliert werden soll und warum er an der wörtlichen Protokollierung ein rechtliches Interesse hat. Kommt es insoweit – wie häufig – zu Diskussionen zwischen Gericht und Verteidiger, wird der Vorsitzende den Zeugen bitten, den Sitzungssaal zu verlassen, was nicht selten zusätzlich an dessen Nerven zehrt, weil er nicht versteht, warum nun „hinter seinem Rücken Gespräche geführt werden" und er eigentlich seine Aussage schnell hinter sich bringen möchte. In der Regel wird der Antrag auf wörtliche Protokollierung durch das Gericht abgelehnt, zunächst durch Anordnung des Vorsitzenden, dann (sofern der Antrag gestellt wird) durch Beschluss der Kammer

> **Merke**
> Lassen Sie sich auch hier nicht verunsichern. Bringen Sie Zeit und Muße mit.

11.2 Anträge auf Belehrung gem. § 55 StPO

1184 **Beispiel**
Der Zeuge P hat gerade Platz genommen und der Vorsitzende setzt dazu an, den Zeugen zu belehren, als der Verteidiger bereits dazwischen platzt und den Vorsitzenden auffordert, P gemäß § 55 StPO zu belehren, weil P sich möglicherweise selber im Ermittlungsverfahren strafbar gemacht habe.

1185 Derartige Anträge dienen dazu, den Zeugen vom ersten Moment an zu verunsichern.
Behauptungen, der Zeuge habe sich strafbar gemacht, verfehlen in der Regel nicht ihre Wirkung. Denn der Polizeibeamte wird (ohne konkrete Vorwürfe) belastet, sich strafbar gemacht zu haben. Er wird darüber nachdenken und verunsichert sein. Dies lenkt den Beamten von seiner eigentlichen Aufgabe ab, nämlich im Zusammenhang zu schildern und das Ermittelte „auf den Punkt zu bringen".

1186 **Aber:** Greift das Gericht zu früh ein oder unterbindet Fragen, läuft es Gefahr, einen revisionsrechtlich relevanten Fehler zu begehen.
Daher gilt auch hier: Bringen Sie Ruhe und Muße mit. Sofern Sie sich ordentlich vorbereitet haben, wird Ihnen auch „durch diesen Schachzug des Verteidigers der rote Faden nicht entgleiten".

11.3 Antrag auf Entwaffnung des Polizeibeamten

1187 **Beispiel**
P erscheint als Zeuge vor Gericht. Er trägt Uniform und Dienstwaffe. Der Verteidiger stellt den Antrag, dass P vor seiner Vernehmung seine Dienstwaffe ablegen solle. Es bestehe keine Gefahrenlage. Die Duldung eines bewaffneten Beamten im Saal erschüttere das Vertrauen in die Unabhängigkeit des Gerichts. Kein anderer dürfe bewaffnet den Saal betreten. Es werde daher unzulässig in Beschuldigtenrechte eingegriffen.

1188 Mit ähnlicher Begründung haben in der Vergangenheit Anwälte beantragt, anzuordnen, dass der Polizeizeuge vor seiner Aussage seine Dienstwaffe ablegt.

In den meisten Dienstgebäuden der Justiz besteht keine Möglichkeit, die Dienstwaffe einzuschließen, sodass die Beamten, die im Dienst und in Uniform als Zeuge vor Gericht erscheinen, notgedrungen ihre Dienstwaffe führen müssen. Sitzungspolizeiliche Maßnahmen sind Sache des Vorsitzenden. Er kann anordnen, dass „gefährliche Gegenstände" oder Waffen nicht im Justizgebäude geführt werden dürfen. Die Autorinnen haben bislang jedoch noch keinen Fall selber erlebt, in dem es um das Führen der Dienstwaffe Streitigkeiten gab. Obergerichtliche Rechtsprechung scheint zu dieser Thematik bislang zu fehlen.

IV. Exkurs Revision und Berufung

Was ist eine Revision? Wie unterscheidet sie sich von dem Rechtsmittel der Berufung?

1. Berufung

§ 312 StPO   Zulässigkeit

Gegen die Urteile des Strafrichters und des Schöffengerichts ist Berufung zulässig.

Mit einer zulässigen Berufung kann die Neuverhandlung der Sache erreicht werden mit vollständiger neuer Beweisaufnahme, es wird sozusagen eine neue Tatsacheninstanz eröffnet. Die Berufung ist anders als die Revision nicht auf die Überprüfung nur der Rechtsfragen beschränkt. Die Berufung ist zwar fristgebunden, muss jedoch anders als die Revision nicht begründet werden.

§ 324 StPO   Gang der Berufungshauptverhandlung

(1) Nachdem die Hauptverhandlung nach Vorschrift des § 243 Abs. 1 begonnen hat, hält ein Berichterstatter in Abwesenheit der Zeugen einen Vortrag über die Ergebnisse des bisherigen Verfahrens. Das Urteil des ersten Rechtszuges ist zu verlesen, soweit es für die Berufung von Bedeutung ist; von der Verlesung der Urteilsgründe kann abgesehen werden, soweit die Staatsanwaltschaft, der Verteidiger und der Angeklagte darauf verzichten.

(2) Sodann erfolgt die Vernehmung des Angeklagten und die Beweisaufnahme.

Wird Berufung eingelegt gegen ein Urteil des Strafrichters/Schöffengerichts, werden die Zeugen in der Regel erneut vor dem Berufungsgericht (Landgericht) vernommen. Dort wird eine völlig neue Beweisaufnahme durchgeführt.

2. Revision

§ 333 StPO   Zulässigkeit

Gegen Urteile der Strafkammern und der Schwurgerichte sowie gegen die im ersten Rechtszug ergangenen Urteile der Oberlandesgerichte ist Revision zulässig.

§ 335 Abs. 1 StPO   Sprungrevision

(1) Ein Urteil, gegen das Berufung zulässig ist, kann statt mit Berufung mit Revision angefochten werden.

1194 Eine Revision kann gegen Urteile des Amtsgerichts (sog. Sprungrevision) und gegen Urteile des Landgerichts bzw. Oberlandesgerichts eingelegt werden. Gegen Urteile des Landgerichts und des Oberlandesgerichts kann nur die Revision erhoben werden.

1195 Im Revisionsverfahren darf das Revisionsgericht das Urteil lediglich auf sog. Rechtsfehler prüfen. Die Beweisaufnahme wird durch das Revisionsgericht nicht wiederholt, auch nicht teilweise.[556]

1196 Konkret: Legt der Verteidiger oder die Staatsanwaltschaft gegen ein erstinstanzliches Urteil des Landgerichts Revision ein, führt der Bundesgerichtshof keine Beweisaufnahme mehr durch, vernimmt keine Zeugen, sondern prüft anhand des Urteils und des Protokolls nur, ob das Urteil auf Rechtsfehlern/Verfahrensfehlern beruht.

1197 Das Revisionsgericht liest nicht die Akten![557]

§ 337 Abs. 1 StPO   Revisionsgründe

(1) Die Revision kann nur darauf gestützt werden, dass das Urteil auf einer Verletzung des Gesetzes beruhe.

1198 In der Revision kann gerügt werden die Verletzung von Verfahrensfehlern oder/und die Verletzung des materiellen Rechts. Verfahrensfehler liegen dann vor, wenn das Gericht gegen die Regeln der Strafprozessordnung verstoßen hat, etwa zu Unrecht eine wörtliche Protokollierung abgelehnt hat, zu Unrecht Beweisanträgen nicht gefolgt ist oder das Urteil auf eine Aussage des Angeklagten gegenüber der Polizei gestützt hat, die etwa aufgrund fehlender oder mangelhafter Belehrung unverwertbar war. Ein Verfahrensfehler kann auch dann vorliegen, wenn das Gericht nicht erkannt hat, dass es Ermessen bei der Entscheidung ausüben kann oder das Ermessen falsch ausgeübt hat.[558]

1199 Materielle Fehler liegen dann vor, wenn der von dem Gericht festgestellte Sachverhalt nicht richtig rechtlich bewertet worden ist. Etwa: Erfüllt der festgestellte Sachverhalt den Tatbestand des Totschlags oder des Mordes? Ist falsch subsummiert worden? Hat das Gericht alle in Betracht kommenden Strafvorschriften geprüft? Wird die Beweiswürdigung als solche gerügt, ist die Revision unzulässig. Gerügt werden können aber **rechtliche** Fehler, die bei der Beweiswürdigung unterlaufen sind.[559]

---

556 Meyer-Goßner/Schmitt StPO § 337 Rn. 13
557 BGH 35, 238 ff.
558 BGH 22, 266 f.; BGH 18, 238
559 BGH 29, 18 ff.

1200 So kann das Revisionsgericht prüfen:
- Ist die Würdigung der Beweise, so wie sie das Gericht im Urteil vornimmt, plausibel und lückenlos?
- Liegt ein Verstoß gegen Denkgesetze vor?
- Hat das Gericht eine Gesamtwürdigung aller Beweise/Indizien vorgenommen?
- Wurde eine Zeugenaussage in der gebotenen Gründlichkeit und unter Beachtung der Regeln vorgenommen?
- Ist die Beweiswürdigung in sich widersprüchlich oder gar lückenhaft?
- Widerspricht das Ergebnis der Beweiswürdigung allgemeinen Erfahrungsgrundsätzen?

Schließlich obliegt dem Revisionsgericht auch die Prüfung, ob bei der Strafzumessung Fehler unterlaufen sind.[560]
- Ist der richtige Strafrahmen zugrunde gelegt worden?
- Lassen sich die Strafzumessungserwägungen nachvollziehen? Sind sie möglicherweise widersprüchlich?

Nicht jeder Rechtsfehler ist beachtlich, sondern das Urteil muss auf dem Rechtsfehler beruhen. Das bedeutet etwa: Hätte das Gericht einen Beweisantrag nicht rechtsfehlerhaft abgelehnt, wäre es dann möglicherweise zu einem anderen Urteil gelangt? Ein materiell rechtlicher Fehler führt grundsätzlich dazu, dass das Urteil auf diesem Fehler beruht.

1201 Das Gesetz unterscheidet zwischen absoluten (§ 338 StPO) und relativen Revisionsgründen. Ein in § 338 StPO genannter Fehler führt immer zur Aufhebung des Urteils. Dazu zählt etwa, dass ein befangener Richter mitgewirkt hat oder ein Befangenheitsantrag zu Unrecht abgelehnt worden ist, die Öffentlichkeit zu Unrecht eingeschränkt war oder das Urteil nicht innerhalb der gesetzlichen Frist zur Akte gelangt ist.

1202 Die Revision muss innerhalb von einer Frist von 4 Wochen nach Zustellung des Urteils schriftlich begründet werden. Hat der Verteidiger Revision eingelegt, erhält die Staatsanwaltschaft nach Vorliegen der schriftlichen Begründung die Gelegenheit zur Gegenerklärung. Sobald die Gegenerklärung den anderen Verfahrensbeteiligten zugestellt worden ist, werden die Akten der Staatsanwaltschaft übersandt. Dort fertigt der Rechtspfleger einen sog. Revisionsübersendungsbericht und danach werden die Akten über die Generalstaatsanwaltschaft und (bei Revision gegen ein Urteil des Landgerichts) über die Generalbundesanwaltschaft dem Revisionsgericht übersandt. Ist der Bundesgerichtshof das Revisionsgericht, geben sowohl die Generalstaatsanwaltschaft als auch die Bundesanwaltschaft eine Stellungnahme ab.

1203 Das Revisionsgericht kann ohne Hauptverhandlung durch Beschluss entscheiden (§ 349 StPO), aber auch zur Revisionshauptverhandlung laden (§ 350 StPO), in der nach dem Bericht des Berichterstatters des Senats die Verfahrensbeteiligten plädieren und ihre Anträge stellen.

---

560 Meyer-Goßner/Schmitt StPO § 337 Rn. 34 f.

1204 Hebt das Revisionsgericht das angefochtene Urteil auf (teilweise oder auch voll), kann das Revisionsgericht unter bestimmten Voraussetzungen selber entscheiden oder weist die Sache zur neuen Verhandlung an eine andere Kammer desselben Gerichts oder eines anderen Gerichts zurück (§ 354 StPO).

3. Checkliste zur Vorbereitung für die Vernehmung in der Hauptverhandlung

3.1 Grundsätzlich

1205
- Nutzen Sie jede Gelegenheit, sich auf den Ernstfall vorzubereiten!
- Besuchen Sie Fortbildungen zum Thema „Der Polizeibeamte vor Gericht"!
- Gehen Sie ruhig einmal als Zuschauer in eine Hauptverhandlung und informieren sich so über den Ablauf.

3.2 In der konkreten Situation – nachdem Sie eine Zeugenladung erhalten haben

1206
- Notieren Sie sich den Termin!
- Kennen Sie das Beweisthema?
  - Können Sie sich an den konkreten Fall erinnern?
  - Wie gut ist Ihre Erinnerung?
  - Werden Sie voraussichtlich alle (inhaltlichen und auf Tatsachen basierten) Fragen beantworten können?
  - Falls Nein:
  - Bereiten Sie sich vor. Lesen Sie sich in den entsprechenden Akteninhalt und die durch Sie getätigten Ermittlungen ein.
  - Das heißt **nicht** „Auswendig lernen", sondern: Vergewissern Sie sich, um was es geht, welche Ermittlungen Sie getätigt haben, welche Zeugen Sie vernommen haben, welche Inhalte die Zeugen Ihnen vermittelt haben.

3.3 Am Tag der Hauptverhandlung

1207
- Kleiden Sie sich ordentlich!
- Erscheinen Sie pünktlich zu Ihrem Termin!
- Und bitte: Kein Kaugummi!

3.4 Vernehmung zur Person

1208
- Geben Sie bitte Ihre vollständigen Personalien zu Protokoll:
  - ohne, dass nachgehakt werden muss und
  - ohne dass Sie Ihre Konfession oder gar Schuhgröße angeben, sondern
  - Vorname, Nachname
  - Beruf
  - Dienststelle als ladungsfähige Anschrift (§ 68 Abs. 1 StPO)
  Ihr Alter in Jahren

3.5 Antrag des Verteidigers Sie als Zeuge nach § 55 StPO zu belehren

1209
- Reagieren Sie ruhig und gelassen und
- lassen Sie den Vorsitzenden über diese Frage entscheiden.

- Reagieren Sie selbst dann noch sachlich und ruhig, sollte der Vorsitzende Sie (zu Ihrem Unverständnis) entsprechend belehren.

3.6 Vernehmung zur Sache

Fassen Sie **vorab** alles in einem Bericht zusammen, was das Gericht aus Ihrer Sicht wissen sollte und
- machen Sie deutlich, wie gut Ihre Erinnerung ist (eigene Erinnerung, aufgefrischte Erinnerung?)
- Haben Sie eine Erinnerung ohne Vorbereitung – dann machen Sie dies deutlich!
- Geben Sie ggf. auch an, warum noch Erinnerung da ist (bedeutender Fall, bekannter Beschuldigter, usw.).
- Hatten Sie zunächst keine Erinnerung und mussten die Erinnerung auffrischen?
    - Wozu mussten Sie Erinnerung auffrischen?
    - Wie haben Sie das gemacht?
- Nichts auswendig lernen!

3.7 Danach das „Frage-Antwort-Spiel"

- Handelt es sich überhaupt um eine Frage? (Antworten Sie nur auf Fragen!):
    - „Herr Verteidiger, wie lautet bitte Ihre Frage?"
    - „Herr Vorsitzender, ich bitte dem Verteidiger deutlich zu machen, dass mir konkrete Fragen gestellt werden!"
- Handelt es sich überhaupt um eine Frage nach Tatsachen?
    - Nehmen Sie keine Bewertungen vor!
    - Geben Sie keine Werturteile ab!
    - Äußern Sie keine Vermutungen!
- Werden Ihnen Vorhalte gemacht?
    - Prüfen Sie genau, ob Ihnen eine Erinnerung kommt!
    - Machen Sie dann deutlich, dass nun (... aufgrund dieses Vorhalts ... weil Sie sich nun auch noch an ... erinnern) eine eigene, konkrete Erinnerung zurückkommt!

- Erwägen Sie Unterlagen mit in die Sitzung zu nehmen?
    - Wir raten ausdrücklich davon ab;
    - Sie müssen damit rechnen, dass die Unterlagen beschlagnahmt werden (§§ 94, 98, 103, 105 StPO);

- Haben Sie mit einem Konfliktverteidiger zu tun?
    - Gehen Sie bitte nicht auf Provokationen ein!
    - Bleiben Sie (wenn und soweit möglich) ruhig und sachlich – „Wecken Sie nicht den Tiger im Tank!"
- Beantworten Sie immer nur die Frage und warten Sie danach auf die nächste Frage.
    - Fabulieren Sie nicht weiter, denn
    - legen Sie dem Verteidiger nicht die nächste Frage oder gar Kritik in den Mund!

- Vorschlag:
- „Herr Verteidiger, stellen Sie mir bitte eine konkrete Frage, die ich anhand konkreter Tatsachen beantworten kann!"

4. Muster

4.1 Anregung gem. §§ 81a, e StPO und Formulierungsvorschlag

1214 Der Beschuldigte B steht im Verdacht, (...).
Am Tatort wurden folgende Spuren festgestellt: (...)
Zur Prüfung, ob der Beschuldigte B am Tatort war, das Tatwerkzeug angefasst hat oder (...) ist es für die laufenden Ermittlungen unerlässlich, seine DNA mit den Spuren am Tatort abzugleichen.
Es wird daher angeregt, einen Beschluss gem. §§ 81a, 81e StPO zur Entnahme von molekulargenetischem Material bei dem Beschuldigten B und der molekulargenetischen Untersuchung des Materials sowie dem Abgleich mit den Tatortspuren zu beantragen und mit der Untersuchung das Landeskriminalamt in (...) zu beauftragen.
Angesichts der Schwere der Tat (...) und des Umstandes, dass andere Möglichkeiten zur Klärung, ob die am Tatort/Tatwerkzeug vorgefundenen Spuren von B stammen, nicht bestehen, ist die Maßnahme auch verhältnismäßig.

4.2 Anregung gem. § 81g StPO und Formulierungsvorschlag

1215 Der Beschuldigte ist zuletzt wegen (...) verurteilt worden (oder der Beschuldigte ist verdächtig...).
Die Straftat ist von erheblicher Bedeutung/es handelt sich um eine Sexualstraftat/ eine Wiederholungstat.
Es wird angeregt, einen Beschluss gem. § 81g StPO zur Identitätsfeststellung in zukünftigen Verfahren einzuholen, weil aufgrund folgender Umstände auch in Zukunft weitere einschlägige Delikte zu erwarten sind: (...)
Die Maßnahme ist verhältnismäßig, weil (...).

4.3 Anregung Durchsuchungsbeschluss gem. § 102 StPO und Formulierungsvorschlag

1216 Im Ermittlungsverfahren gegen (...) rege ich an, einen Durchsuchungsbeschluss gem. § 102 StPO für die Wohnung nebst Nebengelassen/PKW/Person des Beschuldigten zu beantragen.
Die Durchsuchung soll zum Auffinden folgender Beweismittel führen (...)/zur Ergreifung des Tatverdächtigen führen (Festnahme/Maßnahmen gem. § 81 StPO)
Der Tatverdacht gegen den Beschuldigten ergibt sich aus (...).
Die Durchsuchung hat sich auf die vorgenannten Räumlichkeiten zu erstrecken, weil (...)
Die Maßnahme ist verhältnismäßig, weil (...).

4.4 Anregung Durchsuchungsbeschluss gem. § 103 StPO und Formulierungsvorschlag

1217 In dem Ermittlungsverfahren gegen (...) wird angeregt, einen Durchsuchungsbeschluss gem. § 103 StPO für den Tatunverdächtigen X zu beantragen. Die Durch-

suchung soll sich auf folgende Räume erstrecken (...) und dem Ziel dienen, Spuren für eine konkrete Straftat, nämlich (...)/folgende Gegenstände zu finden (...).
Die Ermittlungen haben zu konkreten Hinweisen darauf geführt, dass sich die vorgenannten Gegenstände im Besitz des X befinden, nämlich (...).
(Die Durchsuchung soll zur Ergreifung des Beschuldigten führen, der sich bei X aufhält.)
Zwar richtet sich die Maßnahme gegen einen Tatunverdächtigen, sie ist dennoch erforderlich, weil (...).
Die Maßnahme ist verhältnismäßig, denn (...).
Aus Gründen der Verhältnismäßigkeit wird angeregt, den Durchsuchungsbeschluss mit einer Abwendungsbefugnis zu versehen und X die Möglichkeit zu geben, die Gegenstände freiwillig herauszugeben.

4.5 Anregung Durchsuchung zum Zwecke der Beschlagnahme von Krankenakten des Geschädigten und Formulierungsvorschlag

In dem Ermittlungsverfahren gegen (...) wegen (...) wird angeregt, die Durchsuchung der Klinik (...)/Arztpraxis (...) und die Beschlagnahme der dortigen Krankenakten des Geschädigten (...) zu beantragen.
Aus Gründen der Verhältnismäßigkeit soll der Durchsuchungsbeschluss mit einer Abwendungsbefugnis versehen werden.
Auf die Schweigepflichtentbindungserklärung des Geschädigten auf Bl. (...) wird hingewiesen.
Die Krankenakten werden benötigt, weil (...) (etwa zum Zwecke der rechtsmedizinischen Begutachtung der erlittenen Verletzungen/zur Rekonstruktion des Tatgeschehens).

4.6 Anregung der Beschlagnahme von Jugendamtsakten und Formulierungsvorschlag

In dem Ermittlungsverfahren gegen (...) wegen (...) wird angeregt, die Beschlagnahme der bei dem Jugendamt in (...) vorhandenen Akten zu dem Beschuldigten (...) gem. §§ 98 StPO 73 SGB X zu beantragen.
Die Jugendamtsakten sind auszuwerten, weil sie Auskunft zu (...) (psychischen Erkrankungen/aggressivem Verhalten, erfolgten Therapien ...) geben werden und die Informationen in dem wegen des Verbrechens des (...)/der im Einzelfall erheblichen Straftat des (...) von erheblicher Bedeutung ist.

4.7 Belehrung nach Beschlagnahme ohne gerichtliche Anordnung und Formulierungsvorschlag

Sie haben die Möglichkeit, die gerichtliche Entscheidung darüber, ob die erfolgte Beschlagnahme rechtmäßig ist, bei dem Amtsgericht zu beantragen.
Den Antrag können Sie bei dem Amtsgericht stellen, in dessen Bezirk die Beschlagnahme stattgefunden hat oder bei dem Amtsgericht am Sitz der zuständigen Staatsanwaltschaft.

4.8 Anregung Beschuldigtenbelehrung nach § 136 StPO und Formulierungsvorschlag

4.8.1 Erwachsene

1221 Sie stehen im Verdacht, eine Straftat gem. § (...) begangen zu haben. Der Verdacht beruht auf folgenden Tatsachen: (...)
Als Beschuldigter steht es Ihnen frei, sich zu dem Tatvorwurf zu äußern oder nicht zur Sache auszusagen.
Das Schweigen darf nicht zu Ihrem Nachteil gewertet werden.
Sie können jederzeit – also auch schon vor der ersten Vernehmung – einen von Ihnen zu wählenden Verteidiger befragen.
Möchten Sie vor der Vernehmung einen Verteidiger befragen, werden wir Ihnen bei Bedarf Informationen zur Verfügung stellen, die es Ihnen erleichtern, den Anwalt zu kontaktieren.
(Kennt der Beschuldigte keinen Anwalt, macht aber deutlich, dass er einen Anwalt wünscht: Ich kann Ihnen den Kontakt zum anwaltlichen Notdienst herstellen, wenn Sie das wüschen.)
In Fällen der notwendigen Verteidigung haben Sie Anspruch auf die Beiordnung eines Pflichtverteidigers.
Sie können einen Antrag stellen auf Beiordnung eines Pflichtverteidigers.
Dann wird zeitnah – vor der Vernehmung – ein Richter prüfen, ob ein Fall der notwendigen Verteidigung vorliegt und Ihnen deshalb ein Pflichtverteidiger beizuordnen ist.
Die Kosten eines Pflichtverteidigers trägt zunächst der Staat, im Falle einer Verurteilung müssen Sie grundsätzlich die Kosten tragen.
Ferner haben Sie Anspruch darauf, zu Ihrer Entlastung einzelne Beweiserhebungen zu beantragen. Sie können also etwa Namen von Zeugen nennen, die bestätigen können, dass Sie zur Tatzeit nicht am Tatort waren, die Tat also nicht begangen haben können. Dann würden wir diese Zeugen zeitnah vernehmen.
Die Kosten, die durch die von Ihnen angeregten Beweiserhebungen entstehen, müssen Sie ebenfalls grundsätzlich im Falle Ihrer Verurteilung tragen.
Fragen nach Ihren Personalien müssen Sie wahrheitsgemäß beantworten (Name, Anschrift, Geburtsdatum). Ansonsten kann nach § 111 Gesetz über Ordnungswidrigkeiten (OWiG) eine Geldbuße gegen Sie verhängt werden.
Haben Sie soweit alles verstanden oder noch Fragen?
Bei geeigneten Fällen:
Sie können sich zum Tatvorwurf auch schriftlich einlassen.
Es besteht die Möglichkeit, eine sog. Täter-Opfer-Ausgleich durchzuführen.

4.8.2 Jugendliche (Zusätzlich)

1222 Wir werden unverzüglich Ihre Erziehungsberechtigten bzw. Ihre gesetzlichen Vertreter informieren.
Wenn diese nicht erreichbar sind, können Sie eine andere volljährige Person benennen, die wir informieren sollen.
Hatten Sie bereits Kontakt zum Jugendamt?
Gibt es dort eventuell einen Betreuer oder einen Sachbearbeiter, der Sie oder Ihre Familie schon kennt?

Sie haben das Recht, dass Ihre Erziehungsberechtigten oder der gesetzliche Vertreter bei der Vernehmung/Durchsuchung anwesend ist. Sollten Gründe gegen die Anwesenheit der Erziehungsberechtigten sprechen, können Sie auch eine andere volljährige Person benennen, die anwesend sein soll.
Nach der Vernehmung werden wir die Akten der Staatsanwaltschaft zuleiten, die dann darüber entscheiden wird, ob Anklage erhoben wird.
Sollte es zu einer Gerichtsverhandlung kommen, wird diese bei Jugendlichen unter Ausschluss der Öffentlichkeit stattfinden.
Das bedeutet, dass keine Zuschauer teilenehmen dürfen.
Sollte Ihre Vernehmung auf Video aufgezeichnet werden, können Sie der Weitergabe von Kopien der Aufzeichnung widersprechen. Das gilt allerdings nur für die Videoaufzeichnung, nicht für das schriftliche Protokoll.
Andere Stellen, die sonst keine Akteneinsicht haben, dürfen die Aufnahme nur mit Ihrem Einverständnis erhalten.
Für die Entscheidung, welche Strafe gegebenenfalls angemessen ist, sind Ihre persönlichen Lebensverhältnisse von Bedeutung. Deshalb wird im Verfahren zu Ihrem Lebenslauf, Ihrer schulischen Ausbildung, der beruflichen Ausbildung, der Familie und auch anderen bedeutsamen Umständen gefragt. Das soll so früh wie möglich geschehen. Daher wird die Polizei Sie schon danach fragen. In der Hauptverhandlung wird ein Sozialarbeiter/eine Sozialarbeiterin der Jugendgerichtshilfe einen Bericht erstatten zu Ihren Lebensverhältnissen und Ihrem Lebenslauf und dem Gericht einen Vorschlag unterbreiten.
Wir werden deshalb die Jugendgerichtshilfe über das anhängige Verfahren informieren, damit die Jugendgerichtshilfe zeitnah zu Ihnen Kontakt aufnehmen kann.
Haben Sie soweit alles verstanden oder noch Fragen?

4.9 Anregung qualifizierte Belehrung und Formulierungsvorschlag
Nach der Belehrung (s. o.) gem. § 136 StPO:
Mir ist aufgefallen, dass Sie durch den Kollegen bislang nicht richtig/vollständig belehrt worden sind.
Denn Sie wurden bislang nicht über Folgendes (…) belehrt/Sie wurden bislang trotz bestehenden Anfangsverdachts gegen Sie nur als Zeuge, nicht aber als Beschuldigter belehrt.
Deshalb sind Ihre Angaben bislang möglicherweise nicht verwertbar. Das bedeutet, dass auf Ihre Angaben das Gericht keine Verurteilung stützen darf.
Haben Sie das soweit verstanden?

4.10 Anregung Belehrung nach Festnahme und Formulierungsvorschlag
Sie sind vorläufig festgenommen worden.
Die Festnahme erfolgte, weil Sie im Verdacht stehen, eine Straftat gem. § (…) begangen zu haben.
Der Tatverdacht beruht auf folgende Tatsachen (…).
Sie sind unverzüglich, spätestens am Tag nach Ihrer Festnahme, dem Gericht vorzuführen, das Sie zu vernehmen und über die Frage zu entscheiden hat, ob Sie weiter in Haft bleiben.
Sie habe das Recht, zu dem Tatvorwurf zu schweigen oder sich zu äußern. Ein Schweigen darf nicht zu Ihrem Nachteil gewertet werden.

Fragen nach Ihren Personalien müssen Sie allerdings wahrheitsgemäß beantworten (Name, Anschrift, Geburtsdatum). Ansonsten kann nach § 111 Gesetz über Ordnungswidrigkeiten eine Geldbuße gegen Sie verhängt werden.
Sie können jederzeit – also auch schon vor der ersten Vernehmung – einen von Ihnen zu wählenden Verteidiger befragen.
Möchten Sie vor der Vernehmung einen Verteidiger befragen, werden wir Ihnen bei Bedarf Informationen zur Verfügung stellen, die es Ihnen erleichtern, den Anwalt zu kontaktieren.
In Fällen der notwendigen Verteidigung haben Sie Anspruch auf die Beiordnung eines Pflichtverteidigers.
Sie können einen Antrag stellen auf Beiordnung eines Pflichtverteidigers.
Dann wird zeitnah – vor der Vernehmung – ein Richter prüfen, ob ein Fall der notwendigen Verteidigung vorliegt und Ihnen deshalb ein Pflichtverteidiger beizuordnen ist.
Die Kosten eines Pflichtverteidigers trägt zunächst der Staat, im Falle einer Verurteilung müssen Sie grundsätzlich die Kosten tragen.
Ferner haben Sie Anspruch darauf, zu Ihrer Entlastung einzelne Beweiserhebungen zu beantragen. Sie können also etwa Namen von Zeugen nennen, die bestätigen können, dass Sie zur Tatzeit nicht am Tatort waren, die Tat also nicht begangen haben können. Dann würden wir diese Zeugen zeitnah vernehmen.
Die Kosten, die durch die von Ihnen angeregten Beweiserhebungen entstehen, müssen Sie ebenfalls grundsätzlich im Falle Ihrer Verurteilung tragen.
Bei einstweiligem Freiheitsentzug haben Sie grundsätzlich das Recht auf medizinische Untersuchung. Dabei können Sie gegebenenfalls auf eigene Kosten- die Untersuchung durch einen Arzt oder eine Ärztin Ihrer Wahl verlangen. Während des Freiheitsentzugs haben Sie das Recht auf medizinische Unterstützung, sofern eine solche erforderlich ist. Das Recht auf medizinische Untersuchung haben Sie auch, wenn Sie, Ihr Verteidiger oder eine andere zum Schutz Ihrer Interessen berechtigte erwachsene Person die Untersuchung beantragen.
Sie können einen Angehörigen oder eine sonstige Person Ihres Vertrauens von der Festnahme benachrichtigen, soweit der Zweck der Untersuchung dadurch nicht erheblich gefährdet wird.
Ihr Verteidiger kann Einsicht in die Akte beantragen. Soweit Sie keinen Verteidiger haben, könne Sie selber die Akten einsehen, soweit der Untersuchungszweck, auch in einem anderen Strafverfahren, nicht gefährdet wird und überwiegende schutzwürdige Interessen Dritter nicht entgegenstehen.
Die Freiheitsentziehung muss verhältnismäßig sein. Insbesondere sind mildere Maßnahmen zu prüfen, wenn sie geeignet sind, den Zweck der Freiheitsentziehung zu erreichen. Die Freiheitsentziehung darf nicht länger dauern als notwendig.

4.10.1 Bei Personen unter 18 Jahren und Formulierungsvorschlag

Wenn Sie unter 18 Jahren sind, dürfen Sie mit Personen, die 18 Jahre oder älter sind, nur untergebracht werden, wenn eine gemeinsame Unterbringung Ihrem Wohl nicht entgegensteht. Mit Personen, die 24 Jahre oder älter sind, dürfen Sie nur untergebracht werden, wenn dies Ihrem Wohl dient. Dies gilt sowohl während der vorläufigen Festnahme als auch während des Vollzugs einer etwaigen Untersuchungshaft oder einstweiligen Unterbringung.

Sowohl währende der Dauer dieser vorläufigen Festnahme als auch während des Vollzugs einer Untersuchungshaft oder einstweiligen Unterbringung muss Ihre gesundheitliche, körperliche und geistige Entwicklung gewährleistet und geschützt werden. Auch Ihre Religions- und Weltanschauungsfreiheit muss gewährleistet werden. Ihnen müssen zudem Bildungsmöglichkeiten sowie Maßnahmen zur Förderung Ihrer Entwicklung und Ihrer Wiedereingliederung angeboten werden, wenn Sie sich in Untersuchungshaft oder in einer anderen Art des einstweiligen Freiheitsentzugs befinden, wenn dies – auch im Hinblick auf die Dauer des Freiheitsentzugs angemessen ist. **1226**

Unter den gleichen Voraussetzungen haben Sie ein Recht auf Familienleben, es muss Ihnen gestattet werden, von Eltern und oder gesetzlichen Vertretern besucht zu werden, wenn im Einzelfall keine rechtlichen Gründe entgegenstehen. Wenn das Gericht nach der Vorführung einen Untersuchungs-/Unterbringungsbefehl erlässt, können Sie Beschwerde einlegen oder eine Prüfung des Haftbefehls/Unterbringungsbefehls und eine mündliche Verhandlung beantragen. Wenn das Gericht Ihnen Beschränkungen für die Untersuchungshaft oder die einsteilige Unterbringung auferlegt (Überwachung des Briefverkehrs, der Telefonate, keine Teilnahme an Sportveranstaltungen o. ä.) können Sie dagegen Beschwerde einlegen oder in bestimmten Fällen eine gerichtliche Entscheidung beantragen. Eine gerichtliche Entscheidung können Sie auch gegen alle Beschränkungen beantragen, die Ihnen von der Vollzugseinrichtung auferlegt werden. Sobald Sie sich wegen des im Haftbefehl/Unterbringungsbefehl genannten Tatvorwurfs seit insgesamt sechs Monaten in Untersuchungshaft oder in einstweiliger Unterbringung befinden, ohne dass die Hauptverhandlung innerhalb dieser Zeit begonnen hat, prüft das Oberlandesgericht auch ohne Ihren Antrag, ob die Freiheitsentziehung weiter andauern darf. Die Prüfung wird spätestens alle drei Monate wiederholt. **1227**

4.10.2 Bei Ausländern

Sind Sie der deutschen Sprache nicht hinreichend mächtig oder hör- oder sprachbehindert, können Sie im gesamten Verfahren die Hinzuziehung einer Person, die für Sie dolmetscht oder übersetzt, verlangen. Im Fall einer Hör- oder Sprachbehinderung kann die Verständigung nach Ihrer Wahl auch in anderer Weise mündlich oder schriftlich erfolgen. Wenn Sie keinen Verteidiger haben, sind Ihnen in der Regel schriftliche Übersetzungen von freiheitsentziehenden Anordnungen sowie von Anklageschriften, Strafbefehlen und nicht rechtskräftigen Urteilen zur Verfügung zu stellen. Dies ist für Sie jeweils unentgeltlich. **1228**

4.11 Formulierungsvorschlag für die Belehrung des Zeugen

Sie sollen heute als Zeuge vernommen werden in einem Ermittlungsverfahren gegen (…) wegen (…).
Als Zeuge sind Sie verpflichtet, die Wahrheit zu sagen.
Sie dürfen nichts weglassen, was der Wahrheitsfindung dient und nichts hinzufügen, was sich nicht so ereignet hat. Ansonsten können Sie sich möglicherweise selber strafbar machen.
Sie müssen keine Angaben machen, wenn Sie mit dem Beschuldigten verwandt oder verschwägert sind. **1229**

Weiterhin können Sie die Antworten auf solche Fragen verweigern, deren Beantwortung Sie selbst oder einen nahen Angehörigen in die Gefahr bringen würde, wegen einer Straftat oder Ordnungswidrigkeit verfolgt zu werden.
Haben Sie das soweit verstanden?

4.12 Formulierungsvorschlag für die Belehrung des nebenklageberechtigten Verletzten

Ich möchte Sie auf folgende Rechte hinweisen:
- Sie können sich sowohl während des Ermittlungsverfahrens als auch noch nach Anklageerhebung durch eine Rechtsanwältin oder einen Rechtsanwalt vertreten lassen. Diese **sogenannten Opferanwälte** haben das Recht zur Anwesenheit bei allen Sie betreffenden Vernehmungen – zudem darf der Opferanwalt/die Opferanwältin die Akten einsehen,
- für den Fall einer eventuellen Hauptverhandlung vor Gericht ist der Opferanwalt/die Opferanwältin anwesend, kann Anträge für Sie stellen und wird am Ende der Hauptverhandlung ein Plädoyer zur Sach- und Rechtslage aus Ihrer Sicht halten,
- ggf. (nämlich nur bei Vorliegen der entsprechenden Voraussetzungen) kann Ihnen ein Opferanwalt/Eine Opferanwältin auf Ihren Antrag schon im Ermittlungsverfahren (**in bestimmten Fällen auch ohne Kosten für Sie selbst** durch das Gericht beigeordnet werden,
- darüber hinaus gibt es die Möglichkeit einer **Zeugenbegleitung** (sogenannte psychosoziale Prozessbegleitung) durch einen Mitarbeiter/eine Mitarbeiterin einer Fachberatungsstelle hin. Sie können sich zu diesem Zweck beispielsweise an ... (geben Sie die zuständige Opferhilfe an) oder an eine andere Opferschutzeinrichtung wenden. Der Mitarbeiter/die Mitarbeiterin der Opferschutzeinrichtung
  - vermittelt Sie ggf. an ein örtliches Opferhilfebüro
  - informiert über den Ablauf einer Gerichtsverhandlung
  - bietet am Tag der Verhandlung die Begleitung und Unterstützung an
  - erläutert nach der Verhandlung auf Wunsch den Verfahrensausgang
  - auch wenn Sie bereits einen Opferanwalt/eine Opferanwältin aufgesucht haben, kann eine solche Unterstützung sinnvoll und entlastend sein. Dabei geht es darum, Ihnen in der Zeit vor, während und nach der Verhandlung zur Seite zu stehen und **nicht** darum, über die Tat zu sprechen,
  - die Zeugenbegleitung ist kostenlos und freiwillig. Sie wird von erfahrenen Sozialpädagogen/innen und Psychologen/innen durchgeführt.

4.13 Belehrung des Dolmetschers/der Dolmetscherin

Der Dolmetscher/die Dolmetscherin wurde für den Beschuldigten/die Beschuldigte/den Zeugen/die Zeugin
_____ für die Sprache _____ zugezogen.

Personalien:
Name _____
Adresse _____
Büro _____
Telef. Erreichbarkeit _____

Ich bin allgemein vor dem Landgericht _____ vereidigt.
Ich bin nicht allgemein vereidigt.

Ich bin darüber belehrt worden, dass ich treu und gewissenhaft zu übersetzen habe. Ich habe Fragen und Antworten **wörtlich und vollständig** zu übersetzen. Ist eine wörtliche Übersetzung nicht möglich, so bin ich verpflichtet, dies dem Vernehmungsbeamten mitzuteilen. Wenn sich der zu Vernehmende/die zu Vernehmende mit Fragen an mich wendet, etwa um Beratung bittet, ob er/sie Angaben machen soll oder was er/sie aussagen soll, so habe ich dies umgehend dem Beamten mitzuteilen. Wenn ich den Eindruck habe, dass mich der zu Vernehmende/die zu Vernehmende nicht versteht, werde ich dies umgehend dem Beamten mitteilen. Private Gespräche während der Vernehmung sind untersagt.
Ich habe die Belehrung verstanden.

_____ _____
Unterschrift   Datum

Stichwortverzeichnis

Das Stichwortverzeichnis verweist auf die jeweiligen Randnummern.

A
Aktenaufbau 691, 778, 803
Amtsgericht 856
Anfangsverdacht 6 f., 13, 121, 211, 244, 270, 272, 284, 290, 319, 328, 331, 335 f., 509, 513, 529, 536, 549, 552, 602, 695, 1116
Anklage 2 f., 8 f., 21, 36, 39 f., 45, 54 f., 60 f., 63, 65 f., 69 f., 74, 211 f., 226, 230, 364, 371 f., 441, 656, 660, 696, 699 ff., 710, 745 f., 777, 806, 815, 834, 855, 859, 868, 872 f., 889, 905, 946, 1007, 1222
Antragsdelikte 75 f., 82, 1139
Auskunftsverweigerungsrecht 599, 600, 601, 970, 976, 1000, 1116
Aussagegenehmigung 617, 976 ff., 981, 983 ff., 995 f., 1000 f., 1157 f., 1170
Aussageverweigerungsrecht 537, 553, 564, 602, 606, 883, 969, 972 f., 977, 1016

B
Belehrung 188, 201 ff., 266 f., 273, 281, 284 ff., 289, 292, 297, 299, 305, 317, 323 f., 326, 333, 335, 339, 347, 350, 359 f., 362, 369 f., 372 ff., 382, 388, 393, 397, 432 f., 441, 442 ff., 454, 460 f., 466, 470, 472, 475 ff., 480, 486 f., 490 f., 495 f., 499, 501 f., 505 f., 509, 513, 517, 521, 528 ff., 534, 537 f., 541 f., 547 f., 550 ff., 555, 558 ff., 562 ff., 570 f., 573, 575, 588, 594, 607, 609, 613, 612 ff., 629 f., 667, 789 f., 898, 939, 951, 972, 1083, 1087, 1092, 1094, 1116, 1120, 1153, 1185, 1198, 1220, 1223 f., 1229 ff.
– Qualifizierte 550
Beschlagnahme 117, 121 f., 124, 126, 131 ff., 136, 144, 146 f., 149, 154 f., 161, 169 f., 174, 177, 180, 181, 180, 182 ff., 187 ff., 925, 994, 1078, 1218 ff.
Beschlagnahmeverbot 133
Beschuldigter 10, 19, 21, 24, 32 ff., 39 ff., 46, 48 ff., 55, 58, 60, 83, 89, 91 f., 98, 101, 110, 114, 116, 120 ff., 124 f., 146, 161, 165, 188, 202 f., 205, 207, 209 ff., 216, 222, 232 f., 236, 245 ff., 264, 267, 285 f., 288 f., 291 f., 297, 301 f., 304, 309 ff., 314 f., 317, 328, 338 f., 344, 346 ff., 352 f., 355 ff., 361 f., 364 f., 367, 370, 372 f., 375 f., 378, 382, 384, 387 f., 393 ff., 400, 404 ff., 409, 413, 415 f., 421 f., 425 ff., 432, 440, 442 f., 445 f., 448, 452 ff., 458, 460 f., 463 f., 468, 472, 474, 476 f., 479 ff., 483 f., 488 f., 492, 494, 496 f., 499 ff., 506 ff., 513 f., 516, 519, 521, 523 f., 528, 532, 536 f., 541, 547 f., 551 ff., 557, 561, 563 f., 567, 570 ff., 590, 592, 607, 612, 615, 617, 619, 631, 656, 667, 673, 675, 682, 684, 717, 726 f., 730, 743, 748, 754, 786 f., 790, 798 f., 900, 961, 976 f., 1005, 1014, 1056, 1092, 1210, 1214 f., 1217, 1221, 1223, 1231
Beweisthema 961, 1051 f., 1054, 1099, 1206
Blutentnahmen 192

D
DNA 85, 84 f., 89, 92, 91 ff., 97, 854, 1214
Dringender Tatverdacht 9, 210 ff.
Durchsuchung 109, 111, 113, 114, 113 ff., 117, 125 ff., 128, 130, 133 f., 141 f., 144 ff., 149, 152, 154 ff., 160 f., 165, 168 ff., 172, 179, 182, 187, 233, 237 f., 250 f., 259 f., 263, 282, 284, 718, 794, 1098, 1216 ff., 1222

E
Ermittlungen 1 ff., 6 ff., 52 f., 55, 57 ff., 65, 67 ff., 89, 126, 134, 210, 216 f., 224, 226, 228, 230, 238, 244, 264, 272, 289, 297, 304, 311 f., 367 f., 370, 523, 592, 656, 658, 692 f., 723, 748, 791, 802, 805, 886, 905, 973, 1013, 1017, 1021, 1059, 1065, 1206, 1214, 1217
Ermittlungspersonen 1, 50, 52, 55, 57 f., 84, 91, 101, 146, 152, 159, 180, 184, 191, 193
Ermittlungsverfahren 3, 9 f., 34, 38 f., 44, 46, 49, 51, 55, 57 f., 60, 74, 85, 92, 106, 138 ff., 146, 165, 173, 211, 245 f., 470 f., 480, 489 f., 504, 521, 562, 569, 608 ff., 635, 656, 692, 695, 713, 732, 748, 802, 805, 809, 841, 876, 878, 884 f., 900, 1017, 1092, 1109, 1184, 1216 ff., 1229 f.

Stichwortverzeichnis

F
Fahrlässigkeit 372, 512, 672, 674

G
Gefahr 15, 50, 57, 84, 91, 97, 101, 141 f., 146, 150 ff., 156, 158 f., 161, 163 ff., 168, 179 f., 184, 192 f., 204 f., 207, 216, 219, 222, 316, 382, 422 f., 453, 460, 523, 599, 601 f., 605 f., 615, 636, 673, 711, 713, 740, 860, 903, 936, 938, 951, 972, 976, 1022, 1120, 1137, 1170, 1186, 1229
Gefahr im Verzug 50, 57, 84, 91, 101, 141 f., 146, 150 ff., 156, 158 f., 161, 163 ff., 168, 179 f., 184, 192 f., 204 f., 207

H
Haftbefehl 8, 49, 71, 146, 205, 213, 224, 234, 235, 267, 278, 359, 415 ff., 547, 567, 612, 905, 1005, 1227
Haftgrund 205, 215 f., 218, 220, 222 f., 228, 567
hinreichender Tatverdacht 8 ff., 32, 211

I
Identitätsfeststellung 91 ff., 97 f., 206, 237, 239, 240, 244, 246, 248, 251, 258, 262, 265 ff., 269, 272, 275 ff., 282, 628, 1215

J
Jugendliche/Heranwachsende 54, 430

K
Konfliktverteidigung 1106 ff., 1110, 1112, 1117 f.
Krankenakten 132, 133, 359, 1218
Kronzeugenregelung 455, 458, 460, 465, 920 f., 1120

L
Landgericht 856
Legalitätsprinzip 4, 6 f., 9 f.

M
Mehrfachverteidigung 798, 799
Mündlichkeitsgrundsatz 816

N
Nebenkläger 844

O
Öffentlichkeitsgrundsatz 811
Opfer 19, 32 ff., 53, 287, 292, 303, 327, 372, 399, 400, 432, 509, 516, 532, 547, 555, 607, 609, 611, 636, 638, 653, 676, 679 ff., 686, 860, 885, 909, 917 f., 920 f., 935, 1029, 1221
Opportunitätsprinzip 9 f.
Ordnungsgeld 958, 961, 968, 1170
Ordnungshaft 146, 205, 214, 222, 224, 409, 415, 438, 567, 608, 610, 819, 909, 951, 958, 1007, 1103, 1169, 1224

P
Personalbeweis 848
Privatklage 45 ff., 855
Privatklageverfahren 866
Privatklageweg 10, 45
Prozessbeobachter 812

R
Richter
– Richtervorbehalt 162, 167 f., 192 ff., 878

S
Sachbeweis 848
Sachverständige 823, 854
Schöffengericht 864
Schweigerecht 286, 338, 420, 432, 450, 465, 475, 479 ff., 495 f., 505, 548, 560, 570, 614
Sicherstellung 49, 181, 180 f., 190, 773, 925
Spontanäußerungen 464, 529, 540, 542, 544, 548 f.
Staatsanwaltschaft 1 ff., 5 f., 8, 10 f., 13, 19 ff., 25, 28, 32 f., 38 f., 42, 44 ff., 48 ff., 54 f., 57 ff., 67, 70 ff., 76, 79, 84, 91, 101, 133, 135, 138, 146, 152 f., 156, 159, 165, 167, 169, 172, 174, 180, 184, 187, 191 ff., 205, 208, 211, 233, 237, 240, 361 f., 382, 390, 438, 470, 522, 566 f., 589, 607, 609 f., 616, 626, 630, 656 ff., 665, 687, 692 f., 732, 748, 790, 793, 802, 834, 845, 855, 859, 862, 866 f., 892 f., 898, 951, 997, 1026, 1029, 1036, 1053, 1070 f., 1105, 1115, 1120, 1141 ff., 1161, 1191, 1196, 1202, 1220, 1222
Strafantrag 45, 48, 76 ff., 82, 245, 607
Strafbefehl 66 ff., 732 f., 742, 748, 751 f., 759
Strafrichter 864
Strafverfahren 19, 32, 56, 83, 91 f., 136, 169, 183, 205, 216, 220, 246 f., 267, 441, 548, 589, 596, 607, 612, 614, 656, 659, 741, 799, 846, 891, 898, 947, 994, 1014, 1023, 1026, 1107, 1157, 1224

Stichwortverzeichnis

Strafverfolgung 1 f., 6, 12, 14, 16, 19 f., 39, 42 ff., 48, 76, 79 ff., 206, 240 f., 429, 434, 601 f., 605, 698, 728
Strafzumessung 13, 105, 345, 458, 769, 898, 907, 909 ff., 915 f., 1200

T

Tateinheit 23, 202, 696, 702, 703, 706, 709, 720, 731, 733 f., 744, 747 f., 758, 768, 771, 792
Tatmehrheit 30, 696, 708, 709, 711, 744, 774

U

Untersuchungshaft 205, 214, 220, 224 ff., 267, 316, 607, 612, 656, 792, 925, 928, 931, 936, 939, 1225 ff.

V

Verfahrenshindernis 80, 760 f., 773, 775
Verfolgungsverjährung 24
Verhältnismäßigkeit 6, 44, 115, 121, 126 f., 214, 251, 262, 1217 f.
Verjährung 19, 24, 28, 75, 80 f., 604, 772 f., 775
Vernehmung 12, 33 f., 39, 53, 57, 264 f., 267, 273, 286, 292 ff., 297 f., 302, 304, 306, 308, 320 f., 326 ff., 345, 347, 349, 365, 374, 376, 380, 382, 393, 396 f., 401, 406 ff., 410, 412, 414, 417 ff., 422, 425, 428 f., 433, 436, 438, 441, 447 f., 454, 464, 472 ff., 476, 480, 483 f., 489, 491, 496, 503 ff., 512 ff., 526 ff., 532 ff., 548, 554, 556, 558, 560 f., 563, 565, 567, 572 f., 597, 612, 615, 620 ff., 623, 626 f., 629 ff., 633, 646, 653, 656, 664, 666, 673, 679, 686 ff., 693, 786, 790, 818, 855, 879, 882, 899, 946, 951, 953, 959, 961, 969, 972, 976, 984, 988 f., 994, 1005, 1007, 1009, 1016 f., 1036, 1037, 1043, 1050, 1053 f., 1056 ff., 1063, 1065, 1083 f., 1089, 1091 f., 1094 f., 1103, 1113, 1124 ff., 1129, 1135, 1141 f., 1152 f., 1155 f., 1161, 1164, 1172, 1174 ff., 1180, 1187, 1191, 1205, 1208, 1210, 1221 f., 1224, 1231
– audio-visuelle 508
Versuch 118, 212, 244, 336, 371, 510, 636, 664, 668 f., 677, 679, 682, 684, 744, 1007
Verteidiger 39, 60, 64 f., 67, 71, 175 f., 179, 232, 267, 292, 316, 347, 354, 356, 359, 372, 376, 382, 387, 404, 409, 417, 427, 429, 432 f., 436, 439, 453, 463 f., 475, 480, 484, 488 f., 496, 501, 503 f., 522, 548, 560 f., 563, 572, 593, 596, 598, 612, 615 f., 622, 656, 687 f., 692, 779, 798 f., 803, 814, 836, 841, 843, 872, 874, 882, 897, 1000, 1021, 1028, 1033, 1037, 1041 f., 1044, 1056, 1065, 1068 ff., 1073, 1078 f., 1081, 1083, 1087, 1089, 1096, 1107, 1111 f., 1114, 1116, 1120, 1122, 1128, 1136 f., 1142 f., 1159 f., 1162, 1165, 1182 ff., 1187, 1191, 1196, 1202, 1211, 1213, 1221, 1224, 1228
– Pflichtverteidiger 316, 347, 349 f., 352 ff., 356, 359, 372, 376 f., 383, 385, 402 f., 407, 410, 412, 414, 418 ff., 428 f., 433, 485 f., 1221, 1224
– Wahlverteidiger 286, 347 ff., 353, 359, 371, 382, 404, 412, 505, 798 f.
Vollstreckungsverfahren 72 f., 799
Vorgespräch 293 f., 517, 521, 525 ff., 531 f.
vorläufige Festnahme 205, 231, 233, 239, 282 f., 1098, 1120, 1182
Vorsatz 511 f., 523, 669 ff., 1009

Z

Zeuge 1, 52 f., 55, 57, 60, 62, 67, 71, 100 ff., 107, 161, 199, 205, 226, 270, 273, 285, 316 f., 394, 410, 424, 517, 527, 535, 573, 576, 582, 588, 592, 594, 598, 601 f., 604 f., 607, 615, 619 ff., 626 f., 629 ff., 634, 642 f., 645 ff., 652 ff., 659 f., 664, 687, 692, 790, 798, 804, 817, 819 f., 823, 832, 846, 849 ff., 855, 861, 872 f., 879, 882, 888, 917, 946 ff., 951, 953, 955 ff., 966 ff., 972 ff., 988 ff., 992, 1005, 1007 ff., 1012 f., 1016, 1018 f., 1021 ff., 1025 f., 1035, 1037, 1036 ff., 1039 ff., 1049 f., 1056 f., 1059 ff., 1063, 1070 f., 1076, 1083, 1086 f., 1090, 1093, 1095, 1103 f., 1106, 1109 f., 1112 ff., 1120 f., 1125, 1124 ff., 1130, 1132 f., 1137, 1140 ff., 1144, 1148, 1150, 1152, 1157, 1159 f., 1162 f., 1167, 1169 f., 1174 ff., 1178 ff., 1183 ff., 1191 f., 1196, 1206, 1221, 1224, 1229, 1231
Zeugnisverweigerungsrecht 133, 169, 317, 414, 576, 574 f., 577, 582 f., 589, 591, 593 f., 597 f., 601, 809, 879 f., 974, 985, 1000, 1006, 1048, 1152 f., 1155 f.
zwangsweise Vorführung 951, 957
Zwischenverfahren 60, 69, 805